의병과 독립군의 무장독립운동

신 용 하

지식산업사

의병과 독립군의 무장독립운동

*Armed Struggle of Korean Righteous Army
and Independence Army*

초판 1쇄 인쇄   2003. 2. 20
초판 1쇄 발행   2003. 2. 25

지은이   신용하
펴낸이   김경희
펴낸곳   (주)지식산업사
         서울시 종로구 통의동 35-18
         전화 (02)734-1978(대) 팩스 (02)720-7900
         홈페이지 www.jisik.co.kr
         e-mail   jsp@jisik.co.kr
                   jisikco@chollian.net
         등록번호 1-363
         등록날짜 1969. 5. 8

책값   27,000원

ⓒ 신용하, 2003
ISBN 89-423-1068-0 93910

이 책을 읽고 필자에게 문의하고자 하는 이는
지식산업사 e-mail로 연락 바랍니다.

머리말

이 책은 저자가 그동안 구한말 의병과 독립군의 항일무장투쟁에 관해 발표한 논문들 가운데 열두 편을 뽑아 엮은 것이다.

조국강토에서 일본제국주의 침략자들을 몰아내고, 민족의 자유 해방과 독립을 다시 쟁취하려고 투쟁한 한국민족의 독립운동은, 한국인이 거주하는 곳이라면 전세계 어디서나 전개되었다. 이것은 세계사적으로 매우 정당한 투쟁이었다. 한국민족의 의병과 독립군의 항일무장투쟁은 독립운동에서 골간을 이루고 있다.

물론 독립운동에는 무장독립운동만 중요했던 것이 아니라 비무장독립운동도 마찬가지로 중요하였다. 실제로 한국민족 독립운동은 비무장투쟁과 무장투쟁이 서로 유기적 연관 통합과 끊임없는 인과관계의 고리로 연결되면서 거대한 독립운동으로 발전해 왔다.

그러나 일본제국주의의 한국침략과 식민지 지배는 일제의 군사적 무력에 의거한 것이 특징이었기 때문에, 일제를 타도하고 민족의 자유 해방 광복을 쟁취하기 위한 독립운동도 군사적 무장투쟁을 필수적으로 요청하였다. 실제로 한국 독립운동은 무장투쟁과 비무장투쟁의 유기적 배합과 통합을 객관적으로 요청했으며, 그만큼 독립군의 양성과 항일무장투쟁의 중요성을 부각시켰다.

한국민족은 이 요청에 따라서 외국 땅에서까지 완강하게 독립군을 양성해 가며 헌신적으로 항일무장투쟁을 전개하였다. 나라를 빼앗기고 외

국에서까지 수십 년간을 해방 광복의 그날까지 치열한 무장투쟁을 전개
한 민족은 전세계에서 한국민족의 독립운동밖에 없었다.

이 책은 2부로 나누어졌다. 1부에서는 구한말 의병의 항일무장투쟁을
다루었다. 구한말 의병운동의 기점을 사실과 일치하게 1년 더 앞당기고,
의병운동의 전개과정을 5단계로 설정하여 고찰했으며, 서울탈환작전을
주도했던 허위 의병부대와 민긍호 의병부대를 집중적으로 분석하였다.
또한 독립군의 형성을 크게 나누어 보면 의병으로부터 독립군으로 발전
한 흐름과, 신민회 애국계몽으로부터 독립군으로 발전한 흐름의 양대
흐름이 합류함을 볼 수 있는데, 여기서는 전자의 흐름의 전형으로 홍범
도 의병부대의 대한독립군으로의 발전을 고찰하였다.

2부에서는 일제 강점기 독립군의 항일무장투쟁을 다루었다. 독립군
항일무장투쟁의 대표적 전투인 봉오동전투와 청산리 독립전쟁의 내용
을 실증적으로 고찰하고, 최근 일본에서 이를 부정하며 폄하하려는 시
도를 비판하였다. 독립군 부대별 고찰로서는 봉오동전투와 청산리 독립
전쟁을 주도하거나 참가한 대한(북로)군정서 독립군, 대한신민단 독립군
및 간도 대한국민회의 대한국민군(국민회군)의 항일무장투쟁을 실증적
으로 분석하였다.

또한 저자의 관점에 따라 1932년 윤봉길 상해의거를 상해 대한민국
임시정부의 군사활동의 일부인 '특공작전'으로 보아 실증적으로 고찰하
였다. 그리고 중경 임시정부가 1940년에 창설한 한국광복군을 임시정부
의 군사활동으로 보아 독립운동사 측면에서 실증적으로 고찰하였다.

이 책의 출판을 맡아주신 지식산업사의 외우 김경희 사장과 어려운
교정을 맡아주신 직원 여러분들께 깊이 감사드리는 바이다. 이 책이 독
자들의 한국민족 독립운동사와 근대민족운동사 이해에 조금이라도 기
여할 것을 간절히 소망한다.

2003년 1월
서울대학교 사회과학대학 연구실에서 저자 삼가 씀.

차 례

제2부 독립군의 무장독립운동 __199

8

제1부 한말 의병의 무장독립운동

- 한말 의병운동의 기점에 대한 새 제의
- 한말 의병운동의 5단계 전개과정
- 허위 의병부대의 항일무장투쟁
- 민긍호 의병부대의 항일무장투쟁
- 홍범도 의병부대와 독립군의 관계

한말 의병운동의 起點에 대한 새 제의

1. 세 가지 문제제기

이번 독립기념관 개관 경축 학술 심포지엄에서는, 종래의 의병운동에 대한 학계의 연구성과들 가운데서 세 가지 문제에 대한 지금까지의 해석에 수정을 제안하여 학계의 토론에 부치고자 한다.

첫 번째 문제제기는, 종래 大韓帝國 성립 이후 구한말 義兵 (再)蜂起가 1905년 5월 元容八의 의병봉기로부터 시작되는 것으로 해석해 왔는데, 이보다 약 1년 앞서 1904년 7·8월에 서울·경기 지방을 비롯한 전국 여러 곳에 의병봉기가 있었다는 새로운 역사적 사실들이 발견되고 있음을 보고하고, 한말 의병운동의 起點을 1905년에서 1904년으로 1년 올려 잡을 것을 제안하려는 것이다.

두 번째 문제제기는, 이와 관련하여 한말 의병운동의 단계 설정을 종래의 '3단계설'에서 '4단계설'로 수정하여 한 단계를 더 설정할 것을 제안하려는 것이다.

세 번째 문제제기는, 한말 의병운동과 애국계몽운동의 관계에 대하여 여태까지 '대립'을 강조해 오던 견해를 극복하고, '상호보완적' 관계를 확고히 정립할 것을 몇 가지 역사적 사실들을 사례로 들어 제안하려는 것이다.

2. 한말 의병운동의 기점 문제

갑오·을미의병을 별도로 할 때, 한말 의병운동이 1905년 5월 강원도 原州에서 元容八의 봉기로부터 시작된다는 해석에 대하여 필자도 의문을 갖지 않았다.

그런데 1986년 3월에 국내의 한 신문사에서 구한말 당시 프랑스 신문과 잡지에 실렸던 한국사태에 대한 사진·삽화 전람회를 개최하면서 그 일부를 신문에 연재했다. 그런데 그 삽화 속에 한국인 세 사람이 일본군에게 총살당하는 장면이 있었다. 며칠 후에 일본에 있는 知友가 당시에 일본군이 펴낸《日露戰爭寫眞畫報》 제10권에 그 삽화의 원본이 되는 똑같은 사진이 실려 있다며 그 사진을 복사하여 필자에게 보내왔다.

놀라운 것은 그 사진 설명에 세 사람을 '匪賊'이라고 표현하고 있는 사실이었다. 일제는 의병을 '匪賊' '暴徒'라고 불렀으므로 이들이 의병이 아닌가 하는 의문을 바로 갖게 되었다. 특히 '匪'자는 '무장한' 적대 집단을 말하는 데 사용되었으므로, 이들이 의병을 가리킨 것임이 틀림없다고 생각되었다. 그 사진 설명의 전문은 다음과 같다.

> 8월 27일 韓國 龍山 附近에서 우리의 軍用鐵道에 妨害를 加하였다가 체포된 匪賊 金聖三, 李春勤, 安順瑞의 3人, 9월 20일 軍法會議에서 死刑宣告를 받고, 21일 오전 10시 麻浦街道 鐵道 건널목의 왼쪽 山 기슭에서 銃殺되었다.[1]

위의 설명문에는 연도가 없어《대한매일신보》를 찾아본바, 다음 기사를 확인할 수 있었다. 이로써 그것이 1904년의 일임을 밝혀냈다.

> 경의철도에 방해하든 자 김성삼, 이춘근, 안순서 3명을 본일 상오 10시에 일본 장관들이 공덕리에 나가서 포살하였더라.[2]

---

1)《日露戰爭寫眞畫報》第10卷의 寫眞說明文 참조.

위의 자료에서 1904년 8월 27일, 3명의 의병이 일본군의 경의철도 부설을 방해하는 무장활동을 하다가 체포되어, 1904년 9월 21일 서울 麻浦의 孔德里 부근 산기슭에서 일본군에게 총살당했음을 알 수 있다.

그렇다면 1904년 여름에 의병운동이 봉기된 것은 아닐까? 여기서 시사를 얻어 관계자료를 찾아보니, 이를 방증하는 자료들이 속속 발견되기 시작하였다.

우선 1904년 7월 1일자 《황성신문》에는 "排日倡義하자는 通文이 前평리원 판사 許蔿 등의 이름을 빌리어 13도에 발송되었는데, 이를 발견하면 소각해 버리라는 內部의 훈령이 나갔다"는 요지의 다음과 같은 보도가 있었다.

何許人이 排日倡義하자고 十三道에 通文을 發送하얏는데 平理院 判事 許蔿氏 等의 姓名을 像冒하므로, 再昨日 內部에서 各道에 發訓하야 檄文을 到卽燒火하라 하얏더라.[3]

이 〈통문〉이 과연 '의병봉기'를 촉구하는 통문인가를 찾아 헤맸다. 그랬더니 이 통문은 《주한일본공사관기록》에 수집되고 번역되어 철해져 있었다. 그 全文은 다음과 같다.

檄 文

백성들에게 삼가 大義를 통고한다. 우리들은 《春秋》라는 역사책에서 復讐를 중요시하고, 王은 疆土를 지키기에 힘써야 한다고 들었다. 원수가 있으되 복수를 아니하면 사람이 사람 노릇을 할 수 없고, 國土가 있으되 지키지 못하면 나라가 나라 노릇을 할 수 없다. 이것이 바로 古今에 통하는 뜻이다. 日本은 우리나라에 대하여 전번에 두 번이나 王陵을 욕보였고, 近來 乙未事變으로 國母를 弑害하여 우리의 원수가 되었으니, 저들과 같은 하늘 밑에서 살 수 없음은 어린아이와 부녀자도 모두 아는 사실이다. 저들은 最近 龍岩浦事件으로 러

---

2) 《大韓每日申報》 1904년 9월 21일자, 〈잡보(포살삼인)〉.
3) 《皇城新聞》 1904년 7월 1일자, 〈雜報(僞文像名)〉.

시아인을 내쫓을 구실을 삼아서 義로운 깃발을 올린다고 하여 돌연히 出兵해서 우리의 外部를 위협하고 〈協約〉(1904년 2월 23일의 韓·日議定書—필자)을 체결하였다.

첫째, '施政을 改善하고 (일본의) 忠告를 받아들인다.' 이것은 언뜻 보기에 좋은 것 같으나 실은 우리의 內政을 干涉하려는 것이다.

둘째, '大韓의 皇室 및 領土가 危險한 경우에는 필요한 臨機應變의 조치를 빨리 취한다.' 이것은 겉으로는 우리를 위하는 것 같으나, 실은 우리의 國權을 빼앗으려는 것이다.

셋째, '軍略上 필요한 地點을 (일본이) 때에 따라 使用한다.' 이것은 말과 행동이 어긋남을 나타내는 것이요, 우리나라를 집어삼키려는 뜻을 부드럽게 나타낸 것이다.

이 協約은 구절마다 (國際)公法에 위배될 뿐 아니라, 全國의 利를 취하는 데 털끝 하나 놓치지 않았다. 西北地方의 漁採와 鐵道는 이미 저들의 손아귀에 들어갔으며, 말이 뛰달리듯 우리 國土에 들어와 섞여 사니 國內가 황폐하게 되었는데, 여기에다 또 이 條約을 인정하였으니 一國의 疆土는 어찌 되는가. 義理로 보더라도 악독한 원수는 꼭 보복해야 하고, 時勢로 보더라도 疆土는 꼭 保存해야 한다. 앉아서 亡하기를 기다리느니보다 온갖 힘을 다하고 마음을 합하여 빨리 計策을 세우자. 進軍하여 이기면 원수를 보복하고 國土를 지키며, 불행히 죽으면 같이 죽자. 백성의 마음이 團結하여 한 소리에 서로 應하면 勇氣가 백배하고 忠臣의 갑옷과 仁義의 창이 분발되어 곧 나아가니 저들의 强制와 오만은 꺾일 것이다. 여러 同志들에게 원하노니, 이 피 쏟아지는 원한을 같이 하자. 비밀리 道內 각 同志들에게 빨리 通告하여 옷을 찢어 깃발을 만들고, 호미와 갈고리를 부숴 칼을 만들고 곳곳에 모여 形勢가 서로 돕고 머리와 끝이 서로 닿으면 우리들은 義軍을 규합하여 順理에 쫓게 되니 하늘이 도울 것이다. 저들과 러시아 군대가 서로 싸우니 병사가 戰爭 때문에 서로 피곤하고 백성이 보급품 옮기기에 응접할 틈이 없다. 또 저들의 政黨·民黨이 서로 갈등하여 國論이 未定되니 이러한 難局은 틀린 戰略을 가져올 것이다. 이것이 바로 우리들의 必勝의 기회이니 때를 놓치지 말고 지지부진한 의심을 말자. 5월 그믐날 一時에 擧事하면 宗社가 다행하며 백성과 신하가 다행이다.

光武 8년 음력 5월 5일

發文 平理院 判事　　　　　　許　　蔿

前議官	李 相 天
農商工部 商工局長	朴 圭 秉
漢城裁判所 首班判事	金 璉 植
前參奉	鄭 薰 謨[4]

이 통문은 '의병'을 일으킬 것을 통고하는 檄文임이 분명하다. 의병봉기의 지정일인 음력 5월 말일(29일)은 양력 7월 12일이니, 1904년 7월에는 의병봉기가 명백하게 촉구된 것이고, 격문과 통문이 서울과 경기도 일대를 비롯한 전국 13도에 널리 돌게 된 것이다.

이 격문의 초안자가 누구인지는 아직 명확하지 않다. 許蔿 등의 이름은 '偸名'이라고 《황성신문》은 보도했으나, 여기에는 약간 주목해야 할 사실이 있다. 이보다 6개월 후인 1904년 12월에 許蔿 등은 政友會를 조직하여 공공연히 앞장서서 매국단체 一進會를 성토하고 〈一進會聲討文〉을 발표했는데, 이 성토문의 서명자는 許蔿, 尹履炳, 宋秀萬, 李相天, 鄭薰謨, 朴正斌, 金璉植 등이었다.[5] 즉 의병봉기 격문의 서명자와 6개월 후의 〈일진회성토문〉의 서명자가 대부분 일치하는 것이다. 경상도 善山 출신이며, 여기에다 기반을 두었던 許蔿가 그 후 의병봉기는 善山에서 하지 않고 경기도 漣川·積城 일대에서 한 것도 이와 관련하여 주목할 필요가 있다. 즉 이 최초의 의병봉기 격문을 지어 전국에 발송한 세력집단과, 그 후 경기 의병장 許蔿·朴正斌 등의 세력집단 사이에는 깊은 연계가 있었음이 분명한 것이다.(필자는 이 격문의 發通勢力을 李殷瓚 집단이라고 추정하고 있는데, 아직 확증을 제시할 수 있는 단계는 아니다)

이 격문(통문)이 발통된 얼마 후인 1904년 7월 24일 정오 무렵에는, 서울 문밖(동대문 또는 남대문 밖) 10리(韓里) 지점에 마침내 일단의 '의병'이 나타나서 8명의 일본군에게 소총 수십 발을 쏘면서 공격했다가 사라진 사건이 발생하였다. 일본측 자료는 본국에 다음과 같이 전보로 보고하였

---

4) 《駐韓日本公使館記錄》 1904년도분(一叉文庫, 《對日獨立宣言》 飜譯, pp.62~64).

5) 〈旺山先生年譜〉, 《許蔿全集》(亞細亞文化社版), p.535 참조.

다고 되어 있다.

本日 正午가 지나자마자 門外 약 1里 許의 處에서 我兵士 8名에 대하여 不意에 遠方으로부터 小銃 數十發을 放銃한 자들이 있다는 급보에 접하고 我軍 司令部에서는 목하 兵을 派하여 偵察 중이다. 사실이 명료하게 되면 다시 電報하겠으나 본관의 소견으로서는 이 역시 저들 無賴雜輩가 我等의 少數임을 깔보고 威喝的 行爲를 한 것이 아닌가 생각된다.[6]

여기서 주목할 것은, 일본군 8명을 소수라고 깔보았다는 것은 이 의병대가 8명보다는 많았다는 사실과 소총 수십 발을 발사했다는 사실이다. 이것은 명백하게 의병대의 일본군에 대한 무장공격인 것이다. 그리고 약 1개월 뒤인 1904년 8월 27일에는 金聖三, 李春勤, 安順瑞 등 일단이 일본군의 군용철도로서 부설 중이던 경의철도를 폭파시켰다가 위의 3명은 일본군에게 체포되어 9월 21일 총살당한 것이었다.[7]

뿐만 아니라 1904년 8월에는 평안북도 安州에서 일단의 의병대가 국민들의 倡義를 호소하면서 일본군 병참부를 습격했다. 이 중에서 禹紀舜, 禹酒舜, 金允興, 李應夢, 羅熙豪 등 5명은 일본군에게 체포되어 8월 28일(음력 7월 18일) 총살당하였다.

安州駐 日本兵站司令官 山田定直씨가 平北觀察使 李容觀씨에게 照會하되 去月에 義兵이 南下하야 襲來安州時에 熙川居 禹紀舜, 禹酒舜, 金允興, 李應夢, 羅熙豪 등 5인이 與敵으로 同心協力하야 掠奪軍備品하고 又放謠言하야 動搖民心한 그 罪跡이 甚顯故로 음력 7월 18일 오전 9시에 依軍律 銃殺하얏다

---

6) 《日本外交文書》 第37卷 第1冊, 文書番號 第680號, 1904年 7月 24日條, 在韓國林公使ヨリ小村外務大臣宛(電報), 〈排日集會解散事情報告ノ件〉, p.601.

7) 《皇城新聞》 1904년 9월 23일자, 〈雜報(抗辨無及)〉 참조.
《朝鮮日報》 1986년 9월 29일자, 韓鎭洙 씨(87세, 대한노인회 마포지부장)의 證言 참조.
"해방 전 고종사촌형 吳基善 씨와 동네 어른들로부터 3의사가 당시 龍山驛에 있던 일본군 보급 기지창을 폭파하려다 그것이 여의치 않자 경의철도에 폭발물을 매설, 철로를 폭파시켰다는 말을 했다. 당시 파손된 鐵道를 원상복구하는 데 20여 일이 걸렸다고 들었다."

고 內部에 報告하얏더라.[8]

위의 사실은 평안도 지방에서도 1904년 8월에는 의병봉기가 시작되었음을 시사해 준다고 볼 수 있다.

또한 9월 8일에는 음력 7월 18일(양력 8월 28일)자로 된 통문이 '皇城(서울) 義兵所 金'의 명의로 강원도 春川에 나붙었는데, 일제의 황무지 개간 약탈 시도와 인부 강제모집을 규탄하고, 음력 8월 초10일(양력 9월 19일) 砲軍을 모집하여 의병을 일으켜서 경기도 驪州에 모여 서울로 진군하자는 내용이었다.

강원도 관찰사 朱錫冕씨의 報告에 의한즉 本月 8日에 음력 7월 18일出 皇城義兵所大將이라 稱한 金姓人의 不書其名字居住하고 輪到府下 春川鄕校中한 內開에 山林川澤與人丁募集을 不可施許之槪意라. 有志人은 募率砲軍하고 來月 初 10日에 來會于驪州하야 前往京城云云하얏스니 즉 此歉擾之餘에 民心疑懼하야 傳播沸騰에 無以安業이라 하얏더라.[9]

강원도에서는 이 통문이 널리 전파되어 의병봉기의 기운이 광범위하게 퍼졌음을 알 수 있다.

1904년 7·8·9월에 걸쳐 전국 각 지방에서 의병봉기가 시작되었다는 사실은, 대한제국 정부가 당황하여 1904년 9월 23일 정부회의에서 각 도별로 '의병'과 동학(여기서는 一進會를 의미)을 효유하기 위한 순찰사를 파견하기로 결정한 사실에서 이를 간접적으로 재확인할 수 있다.

三昨日 政府會議에서 各道 東學과 義兵을 曉諭鎭壓하기 위하야 巡察使를 擇差하기로 取決하고 奏本하얏는데 京畿道에 趙慶澔, 忠淸道에 鄭寅杓, 慶南에 李聖烈, 慶北에 丁奎會, 全南에 安鍾悳, 全北에 朴齊斌, 江原道에 韓鎭昌,

---

8) 《皇城新聞》 1904년 9월 8일자, 〈雜報(五民銃殺)〉.
9) 《皇城新聞》 1904년 9월 15일자, 〈雜報(匿名稱義)〉.

黃海道에 洪祐晳氏 等이더라.[10]

대한제국 정부가 전국 각도에 '의병'과 동학을 효유하고 진압하기 위한 순찰사를 파견했다는 사실은, 1904년 9월 23일 이전에 전국 각 지방에서 '의병'의 봉기가 있었기 때문에 정부회의에서 이러한 목적의 순찰사 선임과 파견이 결정된 것이라고 볼 수 있다.

또한 김윤식의 《속음청사》는, 일본의 인부 강제동원이 아주 심했던 평안북도의 여러 군에서, 1904년 양력 12월에 곳곳에 의병이 봉기했고, 이것이 柳麟錫의 영향 아래 일어난 것임을 다음과 같이 기록하였다.

平安北道 여러 郡들에서는 도처에서 義兵이 蜂起하여 邑마다 召募하였다. 乙未義兵將 柳麟錫은 丙申年간에 강을 건너 (만주로) 넘어갔다가 그후 강을 건너 돌아와서 价川에 거주했는데, 이번의 義兵 역시 이 사람으로부터 나왔다. 대개 一進會를 打破하고자 한 것이었다.[11]

또한 김윤식의 《속음청사》는 1904년 양력 12월 21일에 전달된 것으로, 전라도에서는 奇宇萬을 대장으로 한 '의병'이 봉기하고, 충청도에서도 公州儒會에서 의병을 일으켜 일진회를 공격했으므로 다수의 사상자가 발생했다고 기록하였다.[12] 1905년 양력 1월부터의 일기에는 전국 각지의 의병봉기 기록이 더 자주 줄을 이어 나오고 있다. 앞으로 1904년도의 자료들에서 이 해에 봉기한 의병들 자료가 더 발견될 것임은 예측될 수 있는 일이다.

그러나 여기까지의 고찰만으로도 우리는 한말 의병운동의 기점을 1905년 5월 강원도 원주의 元容八의 봉기에서 잡은 것은 너무 늦은 것임을 명확히 알 수 있다. 한말 의병운동 (재)봉기의 기점은 적어도 1년

---

10) 《皇城新聞》 1904년 9월 26일자, 〈雜報(巡察差下)〉.
11) 金允植, 《續陰晴史》(國史編纂委員會版) 下卷, 1904년 12월 29일조, p.121 참조.
12) 위와 같음.

앞당겨 1904년 7·8월로 잡는 것이 역사적 사실과 일치하는 것이다. 그러므로 여기서는 한말 의병운동 재봉기의 기점을 1904년 7·8월로 1년 올려 설정하여 한말 의병운동을 해석할 것을 제의하는 바이다.

3. 한말 의병운동의 단계 설정 문제

한말 의병운동의 기점을 1년 앞당겨 올린 것은 의병운동의 단계 설정에 대한 수정을 불가피하게 요구하는 것이라고 할 수 있다. '갑오·을미 의병운동'을 별도로 할 때, 한말 의병운동의 단계 설정에 대해서는 종래의 연구들에서 모두 3단계설이 널리 사용되어 왔다. 예컨대, 대표적 견해로는 ① 재기의 단계(1905. 4~1907. 7), ② 고조의 단계(1907. 8~1909. 10), ③ 퇴조와 전환의 단계(1909. 10~1914)라는 구분이 있다.[13]

종래의 단계설정에서 문제점은 의병운동의 과제와 목표가 달라진 '국권' 피탈의 前, 後가 명백히 구분되고 있지 않다는 것이라 하겠다. 즉 1905년 11월 17일 이른바 〈을사5조약〉이 강요되어 外交權을 비롯한 국권의 일부가 피탈되고, 1906년 2월 1일에는 統監府가 설치되어 통감통치가 시작됨으로써 그 이전과 이후의 의병운동의 과제와 성격이 현저히 달라졌는데도, 단계 설정에 이것이 반영되어 구분되지 않은 것이다. 1905년 11월 17일 이전의 의병운동은 〈韓·日議定書〉 폐기를 중심으로 일제의 침략을 막아 '국권의 수호'를 목표로 전개한 의병운동이었다고 한다면, 그 이후의 의병운동은 일제를 몰아내어 빼앗긴 국권을 다시 찾으려고 한 '국권의 회복'을 목표로 한 의병운동이었다. 이것은 그 과제의 성격에 큰 변동이 생긴 것이었으므로 의병운동의 단계설정에서도 반드시 반영하여 구분할 필요가 있다고 생각된다.

---

13) 姜在彦, 〈反日義兵運動の歷史的展開〉, 《朝鮮近代史研究》, 1970, pp.329~334 ; 李光麟, 《韓國史講座 : 近代篇》, 1981, pp.501~519 참조.

그러므로 여기서는 이 점을 특히 고려하여 한말 의병운동을 다음과 같이 4단계로 설정하고 '4단계설'을 제의하려고 한다.[14]

제1단계는 한말 의병운동의 '재봉기(또는 봉기) 단계'이다. 1904년 7·8월부터 1905년 11월까지의 의병운동이 이 단계에 해당한다. 일본 제국주의자들은 대한제국을 침략하여 식민지화할 것을 목적으로 1904년 2월 8일 인천항과 여순항에 정박해 있는 러시아 군함 각 2척을 기습 공격하여 격침시키고, 이틀 후인 2월 10일 러시아에 선전포고를 하여 러·일전쟁을 도발한 다음, 대규모의 일본군을 대한제국의 영토 위에 불법 상륙시켰다. 일제는 서울에 침입해서 대한제국 정부를 위협하여 일본군의 한국내 軍用地 收用과 내정간섭을 인정하는 것을 뼈대로 한 〈제1차 韓·日議定書〉를 1904년 2월 23일 강제로 조인케 하였다. 뿐만 아니라 일제는 한국에 침입시킨 일본군 중에서 제13사단과 추가 1개 여단, 騎兵 4개 중대와 2천 명의 헌병대를 차출하여 1904년 4월 3일 일본군의 韓國駐箚軍을 편성하였다. 이것은 일제가 무력으로 한국을 지배할 준비체제를 만들어가는 것이었다.

일제는 1904년 6월 6일에는 일본공사를 시켜서 대한제국 外部에 '전국황무지개간권'을 요구해 왔으며, 군용철도로서 京義線 부설의 권리를 빼앗아간 다음, 철도부설 등에 한국인 인부를 郡별로 할당하여 강제 징발하기 시작하였다. 또 일본군은 7월 20일 자의적으로 일제가 만든 〈軍事警察訓令〉에 따라 일본군 점령지역에서 한국의 치안을 일본군이 담당한다고 한국정부에 통고해 왔다. 일본군은 서울과 경기도 일원을 비롯하여 그들의 불법 점령지역 일대에서 함부로 한국인을 처벌해 가며 일본군의 軍政을 실시하다시피 하였다. 그뿐 아니라 일제는 1904년 8월 22일 〈韓·日外國人顧問傭聘에 關한 協定書〉를 강제로 체결케 하여 대한제국 정부의 各部에 일본인 고문들을 임명해서 한국 내정에 깊이 간

---

14) '甲午·乙未義兵'을 여기서는 '韓末'에 포함시키지 않았다. 여기서는 大韓帝國 성립 이후부터의 의병운동만 대상으로 해서 단계설정을 했지만, 만일 '갑오·을미의병'을 포함한다면 이것은 '5단계'로 설정할 수 있다.

섭하고 이를 통제케 하였다. 일제는 이와 같이 러·일전쟁 도발과 동시에 한국 '국권을 침해'하여 식민지 점령의 단계적 조치를 자행하면서도 언제나 표면과 입으로는 '한국독립의 유지와 동양평화의 실현'을 위한 것이라고 거짓 선전하였다. 또한 일본군의 강압에 눌린 대한제국 정부도 일제가 한국독립을 지원하기 위해 와 있는 것이니 러·일전쟁에서 일본을 후원하라고 국민에게 본뜻에 없는 훈령들을 내렸다. 이것은 일제의 한국 침략에 대한 한국민의 응전에 많은 혼란을 야기한 것이 사실이었다.

그러나, 실태를 예리하게 관찰하고 있던 일부 한국인 사이에서는 일제의 러·일전쟁 도발, 일본군의 '한국주차군'의 편성과 각종 정책이 명백히 한국 '국권의 침해'이며, 한국의 국권을 찬탈하기 위한 전단계 정책임을 간취하고, 1904년 7·8월부터 '의병봉기'를 시작한 것이었다. 즉 '제1단계의 (재)봉기 단계'의 의병운동은 일제의 武力에 의한 '국권의 침해'에 대항하여 '국권의 수호'를 목적으로, 다가오는 국권의 피탈을 막기 위하여 봉기한 것이었다. 이것은 〈을사5조약〉에 의하여 국권이 피탈된 후 '국권의 회복'을 목적으로 한 의병운동과는 목표와 성격이 다르므로 일단 구분하여 단계를 설정할 필요가 있다.

제1단계의 의병운동은 앞서 본 바와 같이 1904년 7·8월에 봉기하여 12월까지는 서울·경기도, 평안도, 전라도, 충청도 일대에서 봉기했으며, 1905년에 들어오면 1월에 徐相懋 등이 충청북도 忠州에서 봉기했고,[15] 5월에는 강원도 原州에서 元容八, 경기도 砥平에서 李文鎬, 廣州에서 具萬書 등이 봉기했으며,[16] "경기도·강원도·충청북도 및 경상북도 일대에서 의병이 일어났는데 모두 討倭를 주장하였다"[17]고 기록되었다. 일제측 자료에 의거하여 충청북도 한 지역만 보아도, 〈을사5조약〉 바로 전인 1905년 10월 현재 충청북도 일대의 의병수가 竹山이 200명, 丹陽이 270

---

15) 金允植, 《續陰晴史》 下卷, 1905년 1월 10일조, p.123 참조.

16) 黃玹, 《梅泉野錄》(國史編纂委員會版), p.338 참조.

17) 위의 책, p.325 참조.

명, 淸風이 100명, 永春이 50명, 梅浦가 40명으로서, 그 勢가 창궐하고 있다고 일제측 스스로 보고하였다.[18]

제1단계의 의병운동은 일제의 '국권 침해'에 일찍이 대항하여, 일제의 무력침략이 국권을 강탈하려는 것이므로 '의병'의 무장투쟁으로 응전해야 함을 전국민에게 일찍 알려주고, 1896년 봄에 사라졌던 의병운동을 일제가 한반도에 불법 상륙한 1904년에 즉각 '재봉기'하게 한 사실에 중요한 역사적 의의가 있다고 하겠다.

제2단계의 의병운동은 '확대기 단계'의 의병운동이다. 종래의 '재봉기 단계'가 여기에 해당한다고 볼 수 있다. 명칭만 새로 만들어 붙인 것이다. 이 단계부터는 기존의 해석에 특별히 크게 수정할 것이 없으므로 상세한 설명은 생략한다. '확대기 단계'는 1905년 11월 17일 〈을사5조약〉이 강제 체결되어 외교권을 비롯한 국권의 일부를 빼앗기고, 1906년 2월 1일 日帝統監府가 설치되어 소위 일제의 '통감통치'가 시작된 시기부터 1907년 7월 31일 군대해산이 결정된 때까지의 '국권 회복'을 목적으로 전단계의 의병운동이 확대된 단계의 의병운동이다.

제3단계의 의병운동은 '高揚期 단계'의 의병운동이다. 1907년 8월 1일 군대해산을 거부하여 대한제국의 舊軍人들이 봉기해서 의병에 합류한 때부터 일본군의 '南韓大討伐作戰'에 대항하여 격전을 치른 1909년 10월까지의 시기가 이 단계에 해당한다. 이 단계의 의병운동에서는 구군인들이 의병운동에 합류함에 따라 의병부대들에는 막강한 전투력이 생겼다. 이에 고취된 각계 각층의 국민들이 의병으로 봉기해서 의병운동이 최고조에 달했으며, 전국 도처에서 일본군을 공격하고 섬멸하여 일제 침략에 대타격을 주고 일제의 한국 병탄 일정을 지연시켰다. 또한 이 시기에는 十三道倡義大陣所의 의병연합부대가 편성되어 두 차례에 걸쳐 서울 탈환작전을 시도하였다.

---

18) 〈忠州方面義兵猖獗の狀況に關し報告の件〉, 在韓 萩原臨時代理公使→桂外務大臣, 1905年 10月 15日 電信 ;《朝鮮獨立運動》(金正明 編) 제1권, pp.3~4 참조.

제4단계의 의병운동은 '退潮와 獨立軍으로의 전환 단계'의 의병운동
이다. 1909년 11월부터 1914년 5월까지가 이 단계에 해당한다. 이 단계에
서 의병부대들은 무기와 탄약의 고갈로 말미암아 더욱 증강된 日本軍의
공격과 탄압을 막아낼 수 없어 국내에서는 의병무장투쟁이 거의 불가능
해졌으므로 의병운동은 급격히 퇴조되어 갔다. 한편 남은 의병부대들은
강인하게 항일무장투쟁을 전개하면서 국외로 망명하여 獨立軍으로 형
태와 내용을 전환시켜 나갔다.

여기서 한말 의병운동의 제1단계, 즉 '1904년 7·8월~1905년 11월의
(재)봉기 단계'를 따로 떼어 한 단계 더 설정한 것은, 한말 의병운동의
역사적 성격 변동과 전개과정을 더욱 정밀하게 고찰할 수 있게 해준다.
뿐만 아니라 일제가 러·일전쟁을 도발하면서 한국에 불법 상륙하자 한
국민족이 즉각 항일 의병무장투쟁을 전개한 사실을 밝히어, 한국민족의
애국적 전통을 더 선명히 밝혀주는 효과도 있다고 생각된다.

4. 의병운동과 애국계몽운동의 관계 문제

셋째의 문제제기인 한말 의병운동과 애국계몽운동의 관계 문제에 대
해서는, 종래 그 '대립'과 '갈등'과 '상호 경시'의 관점이 강조되어 왔다.
그리하여 애국계몽운동을 중시하는 학자들은 의병운동이 무기나 군사
훈련이나 전술에서 비교도 할 수 없을 만큼 열세여서 싸움도 되지 않는
무모한 무장투쟁을 하여 귀중한 민족의 戰力과 애국적 국민들의 목숨을
희생시킨 소모전이라고 비판하거나 소극적으로 평가하기도 했다. 다른
한편에서는 애국계몽운동이란 친일적 개화파들이 무장투쟁을 할 용기
와 애국심이 없으면서 명분상 사회적 지도급 지위들을 유지하기 위하여
전개한 일종의 親日開化運動에 불과한 것이라고 보거나 소극적으로 평
가하며, 진정한 애국운동은 항일무장투쟁인 의병운동뿐이라고 주장하기
도 하였다.[19]

이러한 극단적인 주장들은 모두 피상적인 관찰에 불과하다. 의병운동과 애국계몽운동은 방법과 형태만 달랐을 뿐 동일한 목표를 달성하기 위한 국권회복운동의 양면이었다고 볼 수 있으며, 두 운동이 모두 적극적인 국권회복운동이었고, 서로 상호 보완적이었음이 역사적 사실이다.[20]

의병운동은 국권을 빼앗긴 이상 패하여 죽더라도 총을 들지 않을 수 없다고 결의한 사람들의 항일무장투쟁으로서, 당시 이 운동은 勝敗를 초월하여 봉기한 것이었으며, 즉각의 決戰을 요구한 것이었다. 이 운동은 패전을 각오한 것이었으나 가장 강렬한 애국주의 전통을 수립하여 그 후의 국권회복운동과 독립운동을 크게 고취시켰다.

한편 애국계몽운동은 자기 민족의 '실력' '힘'이 일본 제국주의의 '실력' '힘'보다 현저히 부족하다는 사실을 객관적으로 인식한 사람들이 국권회복의 장기전에서 '최후의 승리'를 거두기 위하여 전개한 民力養成運動이었다.

종래 의병운동과 애국계몽운동을 상호 대립적인 것으로 보아 온 것은 잘못되었다. 두 방법과 형태를 띤 국권회복운동의 목표가 완전히 합일되었기 때문에 구조적으로 의병운동과 애국계몽운동은 상호 보완적이었다.

의병운동이 치열하게 전개되었기 때문에 1907년 광무황제 양위 직후 일제에게 병탄되었을 뻔했던 나라를 3년 더 지연시킬 수 있었다. 이 시기는 바로 애국계몽운동이 가장 치열하게 전개되어 뿌리를 깊이 내린 1907년부터 1909년까지의 기간이었다. 의병운동의 전력 소모는 구조적으로 애국계몽운동의 전력 생산을 더 크게 하기 위한 保衛戰 역할을 수

---

19) 朴成壽, 〈1907~1910年間의 義兵戰爭에 대하여〉,《韓國史研究》제1집, 1968 ; 〈舊韓末 義兵戰爭과 儒教的 愛國思想〉,《大東文化研究》제6·7합집, 1970 ; 〈義兵戰爭의 身分·意識構造〉,《韓國史學》제2집, 1980 참조.

20) 愼鏞廈, 〈新民會의 創建과 그 國權恢復運動〉(上·下),《韓國學報》제8~9집, 1977 ; 〈韓末 愛國啓蒙思想과 運動〉,《韓國史學》제1집, 1980 참조.

행한 것으로서, 소모전이 아니라 보위전이었다.

한편 애국계몽운동이 치열하게 전개되었기 때문에 의병운동의 지원세력이 강화되고, 근대교육을 받은 중견 간부들이 공급되어 의병전쟁이 근대적 독립항전으로 실질적인 큰 전과를 올리며 더욱 치열하게, 더욱 장기간 전개될 수 있었다. 또한 애국계몽운동이 국외에 獨立軍基地를 창건했기 때문에 의병운동의 '퇴조기 - 제4기'에 의병이 독립군으로 전환하여 발전해서 장기적 항일무장투쟁의 독립전쟁을 전개할 수 있었다.

의병운동은 '고양의 단계'(1907년 8월 이후)부터는 성격이 현저히 변화하여 애국계몽운동에 결코 적대적이지 않았을 뿐 아니라, 오히려 이를 적극적으로 보호하고 지원하였다. 애국계몽운동의 핵심인 신교육 구국운동에 대한 의병운동의 태도를 두 가지 사례에서 확인할 수 있다.

예컨대, 1907년 9월 13일 의병들이 충청북도 忠州郡 黃岡을 습격하여 일본인이 세운 학교인 줄 알고 贊明學校를 부숴버리려고 하다가, 그것이 開化自强派가 세운 학교로서 농업을 비롯한 실업과 신지식을 가르치는 학교임을 알고 이를 옹호하고 돌아갔다.[21] 또한 1910년 1월에는 의병들이 경기도 楊平郡에 있는 汶成學校에 찾아가서 그 학교 학생들에게 열심히 수업하라고 권고하고 기부금 3원까지 기증하고 돌아갔다.

　일전 義兵 10여 명이 楊平郡 西終面 汶成學校에 來到하야 該校 學員을 대하야 熱心修業하라고 勸勉하고 金貨 3圓을 贈與하얏다더라.[22]

여기서는 두 사례만 들었지만, 의병들이 學會를 옹호하고 신식학교(주로 사립학교)를 보호하며,《대한매일신보》등 언론구국활동을 적극 지원한 사례는 매우 많다.

한편 애국계몽운동이 의병운동을 지원한 사례로서 가장 대표적인 예

---

21)《皇城新聞》1907년 10월 2일자,〈雜報(義重農校)〉참조.
22)《大韓每日申報》1910년 1월 23일자,〈雜報(義兵義捐)〉.

로는 《대한매일신보》를 들 수 있다. 《대한매일신보》는 韓·英 합작으로
만들어서 일본 新聞紙法의 제약에서 벗어난 다음, 일제가 '暴徒'라고 부
르며 그러한 용어로 보도하라는 요구를 무시하고 '의병'이라는 용어로
부르면서 의병운동을 애국적 운동이라고 지지하고 적극적으로 성원하
였다. 의병운동의 고양기에는 《대한매일신보》는 '義兵消息'의 고정란을
두어 이를 보도할 정도였다. 항일 의병무장투쟁을 전개하다가 일제에게
체포된 의병부대 간부가 당시의 일제측에 진술한 기록의 하나를 예로
들면 다음과 같다.

> 본인이 許蔿와 같이 있을 당시(작년, 1907년 음력 9월 24일~25일경) 許蔿는
> 13道 인민과 各國 領事館에 보낼 檄文을 작성하여 부하 대장 金範浩로 하여금
> 送達케 하였으나, 그는 世事에 어두움을 들어 每日申報社로 하여금 送付할 것
> 을 제의하였음. 金範浩는 許蔿가 포천 소요산에 있는 興國寺의 陣中에 있을
> 때 돌아와서 그 所任을 다하였음을 보고하였음. 또한 大韓每日申報社에는 음
> 력 9월 10일 강원도의 폭도 李麟榮으로부터 13道 觀察使와 各國 領事館에게
> 보내는 檄文이 날인이 되어 보내어 온 것도 있었음. 들은 바에 의하면, 同人으
> 로부터도 申報社에 送付 關係를 신청하였었다고 함.
> 많은 暴徒들은 《大韓每日申報》의 檄文에 의하여 분개하고 일어난 자들로
> 서 지금 그 姓名을 열거하기는 곤란하나 그 중 저명한 자의 예를 들면, 작년
> 許蔿의 軍에 몸을 던진 楊州人 李東爕으로서 그는 항상 《大韓每日申報》를
> 읽고 분개하였으며, 특히 그 社說에 느낀 바 커서 술을 마시고 격분한 나머지
> 드디어 義兵이 되었다고 하였음.[23]

위의 간단한 자료에서 우리는 애국계몽운동이 의병운동을 얼마나 적
극적으로 지원했으며, 애국계몽운동과 의병운동이 얼마나 상호 보완적
이었는가를 잘 알 수 있다. 우선 관동창의대장 李麟榮은 13道 관찰사와
각국 영사관에 보내는 그의 檄文을 대한매일신보사에 보내어 송달해 줄
것을 부탁했고, 대한매일신보사는 이를 다 송달해 주었을 뿐 아니라 이

---

23) 《駐韓日本公使館記錄》 警秘發 第786號, 1908年 6月 4日條, 〈大韓每日申報 / 暴徒〉 참조.

를 신문에 보도도 해준 것이다. 뿐만 아니라 관동창의대장 이인영의 이름으로 된 〈해외 동포들에게 보내는 격문(Manifesto to All Koreans in All Parts of the World)〉이 해외에 영문으로 발송되어 샌프란시스코에서 일본총영사가 이를 필사해서 그들의 본국에 보낸 것이 《日本外交文書》에 수록되어 있는데,[24] 이것도 대한매일신보사(*The Korea Daily News*라는 英字신문도 발행하고 있었음)에서 영역하여 발송해준 것임을 이 자료에서 알 수 있다.

또한 許蔿가 전국 13도 국민과 각국 영사관에 보내는 격문도 대한매일신보사에 의뢰하여 대한매일신보사가 이를 송달해준 것임을 알 수 있다. 뿐만 아니라 楊州人 李東燮의 예에서 볼 수 있는 바와 같이 《대한매일신보》의 기사, 특히 그 社說을 읽고 분개하여 의병이 된 사람들도 다수 있었음을 알 수 있다. 이것은 애국계몽운동과 의병운동이 실제에서 매우 상호 보완적 관계를 가지고 있었음을 잘 나타내는 것이라고 볼 수 있다.

가장 온건한 점진적 애국계몽운동가라고 알려져 있는 安昌浩까지도 의병운동을 지원하여 긴밀한 연락을 했다는 기록이 있다.[25]

한말 의병운동과 애국계몽운동의 관계가 상호 보완적이라는 사실을 명확히 인식하는 것은, 한말 의병운동의 역사적 의의를 명료하게 인식하는 데 큰 도움을 줄 수 있을 것이다. 한말 의병운동의 역사적 의의로서는 특히 다음의 몇 가지 사실이 강조되어 지적될 수 있다.

첫째, 한말 의병운동은 애국주의를 높이 발양했을 뿐 아니라, 전국민에게 민족적 각성과 애국주의를 크게 고취하였다. 한말 의병운동은 나라와 겨레가 위급할 때 한국민족은 자기 목숨보다도 먼저 나라를 위하여

---

24) 《日本外交文書》第41卷 第1冊, 文書番號 第856號, 〈在桑港韓國人ヘ韓國ヨリ送付越ノ排日的檄文ニ關スル件〉 참조.
25) 《新訂版 安島山全書》, p.77. "李應俊의 말에 의하면, 이즈음 島山은 南大門밖 濟衆院 숙직실에 유숙하고 있었다 하며, 義兵大將들에게 보내는 連絡通信과 격려 편지를 한국 종이에 잘게 기록하여 그것을 한줄씩 베어 노끈을 꼬아서 人便으로 비밀리에 보냈다" 참조.

헌신하는 높은 애국주의를 가진 민족임을 과시했으며, 전국민에게 애국주의를 크게 발양시켜 더욱 높은 차원의 민족적 각성을 고취하였다.

둘째, 한말 의병운동은 反侵略 민족운동을 전민족적 전국적 항일무장투쟁으로 발전시켰다. 한말 의병운동 이전에도 반침략 무장투쟁은 있어왔으나 거의 모두가 특정계급층이 전개한 무장투쟁이었다. 예컨대, 갑오농민전쟁은 대규모의 절반 정도의 전국적 反침략 민족운동이었으나 농민계층이 추진한 운동이었다. 한말 의병운동은 일제의 무력침략에 대항하는 민족운동에서 무장투쟁의 중요성을 확고히 정립하여 전개했을 뿐아니라, 그것을 민족의 각계각층이 모두 참여한 전 민족적 항일무장투쟁으로 발전시켰으며, 전국 방방곡곡에서 모두 봉기한 완전히 전국적인 무장투쟁으로 발전시켰다.

셋째, 한말 의병운동은 일본 제국주의의 한국에 대한 완전식민지로의 병탄을 약 3년간 지연시켰다. 1907년 高宗황제의 강제 양위와 군대해산 직후 의병무장투쟁의 대대적 고양이 없었으면 그 해 말에 일제에게 병탄되었을 뻔했던 나라가 의병무장투쟁의 고양으로 1910년 8월까지 약 3개년간 병탄이 지연되었다.

넷째, 한말 의병운동은 앞서 지적한 바와 같이, 애국계몽운동을 보위하고 고취하였다. 국권회복운동의 한 산맥으로 의병무장투쟁이 치열하게 전개되어 일제의 병탄을 약 3년 지연시켰기 때문에, 이 기간에 애국계몽운동은 국민들 사이에 뿌리를 깊이 내리어 큰 성과를 낼 수 있었다. 총을 들고 목숨을 건 격렬한 의병무장투쟁이 한편에서 전개되었기 때문에 일제의 강대한 무력이 이에 대항하기에 급급해서 붓을 든 애국계몽운동을 완전히 탄압할 수가 없어 결국 의병운동이 애국계몽운동을 보위한 것이었다. 또한 의병무장투쟁의 헌신적 애국주의는 애국계몽운동가들과 국민들을 감동시켜 애국계몽운동에 더욱 열정적 헌신을 하도록 애국계몽운동을 고취하였다. 따라서 한말 의병운동은 결코 소모전이 아니라 국권회복운동·독립운동의 미래의 戰力을 생산하고 있는 애국계몽운동을 보위함으로써 더 큰 전력 생산을 위한 보위전이 되었다.

다섯째, 한말 의병운동은 그 이전까지 서로 대립하면서 별개로 민족운동들을 전개하고 있던 衛正斥邪사상과 開化사상을 처음으로 결합시키기 시작하여, 한국 근대민족운동과 근대민족주의의 발전에 하나의 중요한 이정표를 만들었다. 특히 1907년 8월 이후 제3단계(高揚의 단계) 이후의 의병운동에서는 위정척사파와 개화파는 처음으로 연합과 통합을 시작하여 그후 한국독립운동사에서 이 두 사조의 통합과 발전에 하나의 큰 계기를 만들었다.

여섯째, 한말 의병운동은 그 후 독립군 무장투쟁의 원류와 선구가 되었다. 일제 강점기의 독립군 무장투쟁에는 武官學校 설립과 獨立軍基地 창건을 중심으로 한 애국계몽운동파의 기원과, 직접적 독립군 조직의 의병운동 기원이라는 두 기원이 있었다. 그런데 한말 의병운동은 그 퇴조기에 의병장들이 만주와 러시아령 등지에 망명하여 獨立軍 창건을 추진함으로써 그 직접적 기원의 하나를 이룬 것이었다.

(독립기념관 개관기념 학술심포지엄, 1987. 8. 5)

한말 의병운동의 5단계 전개과정

1. 머리말

한국 역사에는 외래 침략자들의 침입으로 말미암아 나라와 겨레가 위기에 빠질 때마다 초야의 백성들이 자발적으로 '義兵'을 일으켜 나라와 겨례를 구하려고 목숨을 바쳐 싸우는 민족적 전통이 이어져 내려왔다. 근대에 이르러 일본제국주의자들이 한국을 식민지화하려고 침략했을 때에도 전국 방방곡곡에서 한국 민중들이 자발적으로 '의병'을 일으켜 國權을 지키고 회복하기 위한 치열한 의병운동을 전개하였다.

朴殷植은 '의병'을 정의하기를, '民軍'으로서 국가가 위급할 때에 즉각 '義'로써 분기하여 조정의 징발령을 기다리지 않고 從軍하는 사람으로 우리 민족의 '國粹'(나라의 정수)라고 다음과 같이 기록하였다.

> 義兵이란 것은 民軍이다. 國家가 危急할 때에 즉각 義로써 분기하여 조정의 徵發令을 기다리지 않고 從軍하여 敵愾하는 사람이다. 우리 민족은 본래부터 忠義가 돈독하여 三國時代부터 外患을 당함에 있어서 義兵의 적공이 가장 탁월하고 현저하였다. 조선왕조에 들어와서는 宣祖 때에 倭冠에게 짓밟힘이 8년이나 되었는데, 혹은 儒林이, 혹은 鄕紳이, 혹은 僧侶들이 모두 草野에서 奮起하였다.
> 그들은 털끝만치도 정부의 兵役制度에 의거함이 없이 오직 忠義의 격려로써 사방에서 모여들어 죽음을 각오하고 용감히 싸웠으며 敵이 물러갈 때까지

앞사람이 쓰러지면 뒷사람이 계속하였다. 殊勳과 卓絶은 日月처럼 밝게 빛났으며, 綱常을 扶植하고 疆土를 회복하는 데 크게 힘입은 바 있었다. 즉 義兵은 우리 民族의 國粹인 것이다.[1]

한국민족에게는 이러한 '義兵'의 전통이 있었기 때문에 1905년 일본 제국주의자들에게 국권의 일부를 빼앗기게 되자 전투를 제대로 할 줄 모르는 文士들과 兵器가 없는 농민들이 殉國할 뜻을 결연히 세우고 의병으로 봉기해서 적과 싸워 시체가 들에서 썩어도 후회하지 않게 된 것이라고 박은식은 다음과 같이 설명했다.

비록 선비들은 戰鬪를 배우지 않았으며, 농민들은 兵器가 없을지라도 그들은 그러나 殉國할 뜻을 결연히 세우고 맨주먹으로 칼날에 무릅써 맞서서, 뼈는 들판에 드러나고 뇌와 살갗은 창끝에 발라지면서도 조금도 후회하는 뜻이 없었다. 이야말로 歷史로 忠義를 배양해 온 효과가 아니겠는가. 日本이 2개 師團의 兵力을 출동시켜 7, 8년간 戰爭을 한 것도 義兵의 抵抗이 있었기 때문이니, 이 사람들이 아니었더라면 우리는 짐승이나 다름이 없었을 것이다.[2]

근대에 들어와서 일본 제국주의자들이 한국을 침략하여 식민지로 강점하려 하자, 한국 국민들은 이러한 전통 위에서 民軍으로서의 의병을 전국 각지에서 자발적으로 일으켜 국권을 회복하기 위한 무장투쟁을 전개한 것이었다.

2. 의병운동의 5단계 전개과정

근대에 들어와 일본 제국주의자들이 한국을 침략하여 단계적으로 식

---

1) 朴殷植,《韓國獨立運動之血史》;《朴殷植全書》(檀國大學校 東洋學研究所) 上卷, pp. 465~466.
2) 위의 책, p.466.

민지화를 추구하자, 한국 민중들은 위기의 상황에 직면할 때마다 의병운동을 일으켜 전개하였다. 이러한 근대의 항일의병운동은 1895년부터 1914년까지 전개되었는데, 그 전개과정은 다음과 같이 5단계로 나누어 볼 수 있다.[3]

제1단계의 의병운동은 이른바 '갑오·을미의병 단계'이다. 1894년 6월 일본군의 불법상륙 침략과 1895년 10월 일본측에 의한 閔妃弑害事件 및 1896년 1월 개화파 정권의 斷髮令의 강행에 분노하여 儒生들이 일으킨 의병운동이었다. 1894년 9월부터 1896년 4월까지의 의병운동이 이 단계에 해당한다. 이때의 의병운동은 衛正斥邪사상에 의거하여 儒生이 주체가 되고, '東匪餘黨'이라고 불리는 동학농민혁명운동 참가 농민들이 이에 합세하여 일본의 침략에 항거함과 동시에, 개화파 정부의 개화정책에 저항하는 反開化의 보수주의적 특징을 갖고 있었다. 이 단계의 을미의병 운동은 1896년 2월 11일 '俄館播遷'이 일어난 후 러시아 공사관에 머물고 있던 高宗이 갑오경장과 정부의 관료를 역적으로 정의하고 의병운동에 대하여 그 忠義를 인정하면서 해산하라는 詔勅을 내리어 해산을 강력히 설유하자, 위정척사파 유생들이 이에 승복하여 해산되었다. 을미의병은 비록 反開化의 보수주의적 특징을 갖고 있기는 했지만, 일본과 외세의 침략이 나라를 위험에 빠뜨릴 때에는 초야의 선비들과 농민들이 '의병'을 일으켜 침략자에 대항해서 용감히 싸운다는 한국민족의 오랜 전통을 근대에 들어 다시 부활시키기 시작했다는 점에서 중요한 의의를 가진 것이었다.

제2단계의 의병운동은 '재봉기 단계'이다. 일제가 1904년 2월 8일 러·일전쟁을 도발한 다음 한국에 불법 침입하여 한국을 일본침략군의 지배하에 두기 시작하면서 여러 가지로 국권을 침해하다가 러·일전쟁에 승리한 후 1905년 11월 17일 마침내 〈을사5조약〉을 강요해서 국권의 일부

---

3) '甲午·乙未義兵'을 별도로 하고, 러·일전쟁 후의 韓末 의병운동만 단계 구분할 경우에는, 이를 4단계로 구분하여 설정하는 것이 가장 합리적이라고 생각된다.

를 빼앗아 갈 때까지 국권을 지키기 위하여 재봉기한 의병운동 단계이다. 1904년 7·8월부터 1905년 11월까지의 의병운동이 이 단계에 해당한다. 이때의 의병운동은 러·일전쟁 도발 이후 일제가 한국을 武力으로 본격 침략해서, 반식민지화·식민지화하려는 데 대항하여 다시 국권수호를 위한 항일무장투쟁에 재봉기했다는 점에 큰 특징과 역사적 의의가 있었다.

제3단계의 의병운동은 '확대기 단계'이다. 1905년 11월 17일 〈을사5조약〉이 강제 체결되어 外交權을 비롯한 국권의 일부를 빼앗기고 1906년 2월 1일 日帝統監府가 설치되어 일제의 소위 '통감정치'가 시작된 이후부터, 1907년 7월 31일 군대해산 때까지 국권을 회복하기 위하여 재봉기한 시기의 의병운동이다. 이 시기의 의병운동은 주로 衛正斥邪派 유생들과 국권의 피탈에 분노하여 봉기한 농민들이 주체세력이 되어 전개하였다.

제4단계의 의병운동은 '고양기 단계'이다. 1907년 8월 1일 일제에 의하여 대한제국의 군대가 기만적으로 강제 해산되자, 해산당한 군인들이 봉기하여 의병에 합류한 것을 계기로 전국 방방곡곡에서 수많은 의병부대들이 봉기하여 의병운동이 최고조에 달한 시기의 의병운동이다. 1907년 8월 1일부터 1909년 10월 31일까지의 의병운동이 이 단계에 해당한다. 이 시기의 의병운동에서는 舊軍人들의 의병운동 합류에 따라 의병부대들에게 막강한 전투력이 생기어 일본군을 도처에서 공격하고 섬멸하여 일제의 침략에 대타격을 주고, 일제의 한국 병탄 일정을 지연시켰다. 이 시기에는 의병운동의 고양에 따라 十三道倡義大陣所의 의병연합부대를 편성해서 두 차례의 '서울탈환작전'을 시도하여 의병운동의 고양과 애국계몽운동의 보위에 큰 역할을 하였다. 이 시기에는 또한 증파된 일본군이 1909년 9월 1일부터 10월 31일까지 '南韓大討伐作戰'을 전개하자 이에 대해서도 용감한 항쟁을 전개하였으나 무기의 부족과 탄환의 고갈로 일본군을 격퇴하지 못하였다.

제5단계의 의병운동은 '퇴조와 독립군으로의 전환 단계'이다. 1909년

1월 1일부터 1914년 4월까지가 이 단계에 해당한다. 이 시기에 의병부대들은 무기와 탄약의 고갈로 더욱 증강된 일본군의 공격과 탄압을 막아낼 수 없어 국내에서는 의병무장투쟁이 거의 불가능하게 되었으므로 의병운동은 급격히 퇴조되어 갔다. 그러나 한편으로 남은 의병부대들은 강인하게 항일무장투쟁을 전개하면서 국외로 탈출하여 독립군으로 형태와 내용을 전환시켜 나갔다. 여기서는 각 단계의 의병운동의 전개과정의 특징을 고찰하기로 한다.

3. 甲午·乙未의병운동의 봉기

의병운동의 제1단계인 '갑오·을미의병운동'이 일어나게 된 계기는 무엇보다도 ① 일본군의 불법상륙 침략 ② 일본의 閔妃弑害 사건과 ③ 갑오경장 개화파 정권의 斷髮令에 반대하여, 國母의 원수를 갚고 친일개화파를 타도하려고 한 것이었다.

동학농민혁명운동을 구실로 일본군이 조선에 불법 침입하여 청·일전쟁을 도발하자 1894년 9월 安東 유생 徐相轍 등이 의병을 일으켰다.[4] 일본은 청·일전쟁에서 승리하여 1895년 4월 17일 下關條約을 체결해서 청국의 遼東半島를 전리품으로 획득했다. 그러나, 1주일 후인 4월 23일 러시아·독일·프랑스 3국이 요동반도를 청국에 돌려줄 것을 요청하는 '삼국간섭'을 해오자, 일본은 이에 굴복하여 5월 10일에는 요동반도를 청국에 반환하기로 결정하였다. 이를 관찰하고 있던 조선 궁정 내부에서는 민비를 중심으로 '러시아를 끌어들여 일본을 막아보자(引俄拒倭)'는 경향이 대두되었다.[5] 일본은 주한일본공사 三浦梧樓의 지휘 아래 일본공사관 호위병과 일본 낭인배들을 1895년 10월 8일(음력 8월 20일) 밤중에 기습

4) 朴宗根(朴英宰 번역), 《淸日戰爭과 朝鮮》(一潮閣), 1989, pp.200∼203 및 金祥起, 〈朝鮮末 甲午義兵戰爭의 전개와 성격〉, 《한국민족운동사 연구》 제3집, 1989 참조.
5) 姜在彦, 〈反日義兵運動の歷史的展開〉, 《朝鮮近代史研究》, 1970, pp.208∼223 참조.

범궐시키어 민비를 시해한 다음 석유를 뿌려 불태우는 만행을 자행하고, 이것을 조선 군대 내의 훈련대와 시위대의 내분인 것처럼 꾸미려고 책동하였다. 일본의 강압에 굴복한 제3차 김홍집 내각은 범인이 일본공사와 일본군·일본낭인배임에도 이를 정직하게 처리하지 못하고 무고한 훈련대 장병 李周會·尹錫禹·朴銑 등을 범인이라고 날조하여 처형하였다. 그러나 이날 밤 궁궐에서 잠을 자다 민비시해사건을 목격한 시위대 교관 미국인 다이(W. M. Dye)와 러시아인 전기기사 사바틴(G. Sabatine)이 이번 사건이 일본군의 만행임을 밝힌 증언이 《뉴욕 헤럴드》(*The New York Herald*)지에 보도됨으로써 진상이 온 세계에 폭로되었다.[6] 이에 격분한 한국 국민들 사이에서 國母弑害의 원수를 갚는다는 구호를 내걸고 일제를 몰아내며 김홍집 내각을 타도하기 위한 의병운동이 일어나기 시작하였다.

민비시해사건으로 국민들의 분노가 들끓고 있는 분위기 속에서 김홍집 내각은 1895년 12월 30일(음력 11월 15일) 국왕 高宗이 솔선수범으로 단발을 시행하고 동시에 斷髮令을 공포하고 양력 새해부터는 연호도 建陽으로 함과 동시에 상투를 자르고 단발을 실시할 것을 국민들에게 詔勅으로 발표하였다.[7]

이것은 들끓는 여론에 기름을 붓는 것이 되어 을미의병운동을 폭발시켰다. 1895년 12월에 충청도 報恩에서 文錫鳳 등이 '擧義討賊'을 절규하며 의병의 봉기를 촉구하더니, 1896년 1월부터는 각지에서 의병이 봉기하기 시작하였다. 먼저 경기도에서는 利川에서 金河洛이 봉기하여 뒤에 홍주의병에 합류했으며, 砥平에서 李春永·安承禹·金伯善 등이 봉기하였다. 충청도에서는 洪州에서 金福漢·李世永·李偰·安秉瓚·洪楗 등이 의병을 조직하여 봉기했으며, 堤川에서는 柳麟錫이 봉기하여 李弼熙·徐相烈 등 각지 의병이 여기에 합류했다.[8] 강원도에서는 春川에서 李昭應이 봉기했

---

6) F. A. Mckenzie, *The Tragedy of Korea*, 1908, p.68 참조.

7) 《舊韓國官報》第3號, 開國 504年 11月 15日條. "朕이 髮을 斷하여 臣民에게 先하노니 爾有衆은 朕의 意를 克體하여 萬國으로 並存하는 大業을 成케 하라" 참조.

고, 江陵에서는 閔龍鎬가 봉기하였다. 경상도에서는 安東에서 權世淵·柳時淵·金道鉉 등이 봉기했고, 聞慶에서 李康年(秊)이 봉기했으며, 善山에서는 許蔿·李起瓚 등이 봉기했고, 晋州에서는 盧應奎 등이 봉기하였다. 전라도에서는 長城에서 奇宇萬 등이 봉기하였다.[9] 해외인 만주 간도 三道溝에서도 金九가 참가한 金利彦 의병부대가 조직되어 江界를 공격하였다.[10]

봉기한 의병들은 당시 지방 진위대가 설치되지 않았던 유리한 조건에서 도처에서 친일파 관찰사, 친일파 군수를 처단하고 내지를 횡행하는 일본인들을 처단하면서 국모의 원수를 갚고 일본을 물리치며 친일정권을 타도할 것을 절규하였다.

갑오·을미의병의 인적 구성의 특징은, 의병장은 모두 衛正斥邪派 儒學者·儒生이었으며, 병사들도 황현이 "이웃 고을 유생이 모두 망건 쓰고 도포입고 나아갔다"고 쓴 바와 같이 위정척사사상을 가진 유생이 많았다. 그 밖에 농민병사들은 "많은 賤民이 천씩 백씩 무리를 이루어 모두 義兵이라고 칭하였다. 심지어는 東匪餘黨이 모습을 바꾸어 그림자처럼 따라다니는 자가 반이나 되었다"[11]고 쓴 바와 같이, 약 절반이 동학농민혁명운동에 참여했다가 은신하고 있던 동학농민이었다.

갑오경장의 온건개화파 정부는 전국 각 지방에서 의병운동이 일어나자 이를 진압하기 위하여 親衛隊(훈련대의 후신)를 각 지방에 파견하였다.[12] 이에 따라 왕궁의 호위가 약화된 틈을 타서 李範晋·李允用 등 친러파들이 1896년 2월 11일 국왕을 러시아 공사관으로 옮겨가는 '俄館播遷'이 일어났다.

아관파천 후 국왕은 러시아 공사관에서 개화파 각료들을 역적으로 규

8) 《從義錄》; 《독립운동사자료집》(독립운동사편찬위원회) 제1권 '의병항쟁사자료집', pp.11~79 및 619~640 참조.
9) 黃玹, 《梅泉野錄》(國史編纂委員會版), pp.192~193, 197~199 참조.
10) 金九, 《白凡逸志》(백범김구선생기념사업협회), 1947, pp.60~66 참조.
11) 《梅泉野錄》, p.198. "莠民千百成群 咸稱義旅 而甚至東匪餘黨 換面景從者 居其半" 참조.
12) 《독립운동사》(독립운동사편찬위원회) 제1권 '의병항쟁사', 1972, p.59 참조.

정하여 체포할 것과, 단발령의 중지를 발표하면서, 의병들에게 宣諭使를
파견하여 그들의 忠義를 인정하고 의병장의 '作變'의 죄를 묻지 않을 것
이니 해산하라는 詔勅을 전하였다.[13] 이에 의병부대들은 그들의 목적을
일부라도 달성했다고 보고 1896년 5월경까지에는 모두 해산하였다.

갑오의병을 별도로 하고, 을미의병운동은 약 5개월이라는 짧은 기간
에 걸친 것이었으며, 위정척사사상을 지도이념으로 한 특징을 가졌지만,
일본의 침략에 대항하여 처음으로 의병을 일으켜 무장투쟁을 전개했다
는 역사적 의의를 가졌다.

4. 한말 의병운동의 再蜂起와 확대

일본 제국주의자들은 대한제국을 침략하여 식민지화할 것을 목적으
로 1904년 2월 8일 仁川항과 旅順항에 정박해 있는 러시아 군함 각 2척
을 기습공격하여 격침시켰다. 그리고 이틀 후인 2월 10일 러시아에 선전
포고를 하여 러·일전쟁을 도발한 다음, 대규모의 일본군을 대한제국의
영토 위에 불법 상륙시켰다. 대한제국 정부는 전운이 감돌자 이미 1904
년 1월 23일에 엄정중립을 선언했으나, 일본은 이를 무시하고 불법으로
서울에 침입하여 대한제국 정부를 위협해서 일본군의 한국내 軍用地 收
用을 인정하는 것을 뼈대로 한 〈제1차 한·일의정서〉를 2월 23일 강제
로 조인케 하였다. 뿐만 아니라 일제는 한국에 침입시킨 일본군 중에서
제13사단과 추가 1개 여단, 騎兵 4개 중대와 2천 명의 헌병대를 차출하
여 1904년 4월 3일에 일본군의 韓國駐箚軍(사령부)을 편성하였다. 이것
은 일제가 무력으로 한국을 지배할 야욕을 명확히 드러낸 것이었으므로
대한제국 국민들에게 큰 충격을 주었다.

일제는 1904년 6월 6일에는 일본공사를 시키어 대한제국 외부에 '全

---

13) 黃玹, 《梅泉野錄》, p.197 참조.

國荒蕪地開墾權'을 요구해 왔다. 또, 군용철도로서 京義線을 부설하겠다고 하여 철도 부설과 도로 보수에 한국인 인부를 강제 징발하기 시작하였다. 또한 일제는 7월 20일에는 자기들이 자의적으로 만든 〈軍事警察訓令〉에 의하여 한국의 치안을 일본군이 담당한다고 한국정부에 통고해 왔다. 일본군은 서울과 경기도 일원을 비롯해서 그들이 필요하다고 인정하는 지역에서 함부로 한국인을 처벌해 가며 일본군의 군정을 시행하다시피 하였다.

그뿐만이 아니다. 1904년 8월 22일 〈韓·日外國人顧問傭聘에 관한 協定書〉를 강제로 체결케 하여, 대한제국 정부의 각 부에 일본인 고문들을 임명해서 한국 내정에 깊이 간섭하고 이를 통제케 하였다. 일제는 이와 같이 러·일전쟁 도발과 동시에 한국을 침략하여 식민지 강점의 단계적 조치를 자행하면서도 언제나 '한국독립의 유지와 동양평화의 실현'을 위해 러·일전쟁을 비롯한 모든 아시아 정책을 집행하는 것이라고 거짓선전하였다.

한국 국민들은 일제가 구호와는 정반대로 한국에 대한 침략을 단계적으로 강행해 가는 것을 보고, 이미 1904년 7·8월부터 의병운동을 재봉기하기 시작하였다.

의병운동의 재봉기(제2단계 의병운동)는 1904년 7월 1일 전후에 平理院 판사 許蔿, 전의관 李相天 등의 이름을 빌려 7월 12일(음력 5월 29일)을 기하여 '의병'을 일으킬 것을 호소하는 통문이 전국 13도에 발송됨으로써 시작되었다.[14]

許蔿 등의 통문이 유포된 직후인 7월 24일에 서울 동대문 밖 10리 지점에 의병들이 나타나서 일본군 8명에 대하여 소총 수십 발을 발사하여 공격한 후 사라진 사건이 일어났다.[15] 8월 27일에는 金聖三·李春勤·安順瑞 등 3명의 의병이 일본군이 군용철도로 부설 중인 경의철도를 폭파

---

14) 《皇城新聞》 1904년 7월 1일자, 〈雜報(僞文倂名)〉 참조.
15) 《日本外交文書》第37卷 第1冊, 1974年 7月 24日 〈電報〉(在韓國林公使ヨリ小村外務大臣宛), 〈排日集會解散事情報告ノ件〉, p.601 참조.

했다가 일본군에게 체포되었으며,[16] 이들은 9월 21일 일본헌병대에 의하여 麻浦 가도 철도 건널목 왼편의 산기슭에서 총살당하였다.[17] 또한 8월에는 평안도 安州에서 禹紀舜·禹酒舜·金允興·李熙夢·羅熙奎 등이 의병에 합류하여 국민의 倡義를 호소하면서 일본군 병참부를 습격했다가, 위의 5명은 일본군에 체포되어 8월 28일(음력 7월 18일) 총살당하였다.[18]

또한 9월 8일에는 음력 7월 18일자로 된 통문이 '皇城義兵所 金'의 명의로 강원도 春川에 나붙었는데, 일제의 황무지 약탈 시도와 인부 모집을 규탄하고 음력 8월 초10일(양력 9월 19일) 砲軍을 모집하여 의병을 일으켜서 경기도 驪州에 모여 서울로 진군하자는 내용이었으며, 이 통문으로 강원도 일대에 봉기의 기운이 치솟았다.[19] 전국에서 의병의 재봉기가 시작되자 당황한 일제는 대한제국 정부로 하여금 각 도별로 순찰사를 파견하여 의병과 동학교도들을 효유하기로 9월 23일 정부회의에서 결정하였다.[20]

특히 일본군이 경의철도 부설과 러·일전쟁 수행을 위한 노동력으로 인부 동원이 아주 심했던 평안북도에서는 柳麟錫의 영향 아래 1904년 12월 곳곳에서 의병운동이 일어나 一進會와 일본군을 공격하였다.[21]

또한 1904년 12월에는 전라북도에서 奇宇萬이 의병을 일으켰고, 충청남도 공주에서도 의병이 봉기하였다.[22]

종래의 연구는 의병 재봉기의 시점을 1905년 5월 元容八의 봉기로부터 구해 왔으나, 이상과 같이 그것은 1년 앞인 1904년 7·8월부터 봉기가 시작된 것이었다.

1905년에 들어서도 의병봉기는 계속되었다. 1905년 1월에는 徐相懋가

---

16) 《日露戰爭寫眞畵報》第10卷의 '三義兵銃殺' 설명문 참조.
17) 《大韓每日申報》1904년 9월 21일자, 〈포살삼인〉 참조.
18) 《皇城新聞》1904년 9월 8일자, 〈五民銃殺〉 참조.
19) 《皇城新聞》1904년 9월 15일자, 〈匿名倡義〉 참조.
20) 《皇城新聞》1904년 9월 26일자, 〈巡察差下〉 참조.
21) 金允植, 《續陰晴史》(國史編纂委員會版) 下卷, 1904년 12월 29일조, p.121 참조.
22) 위의 책, 1904년 12월 31일조, p.121 참조.

충청북도 忠州에서 격문을 뿌리어 4·500명의 의병을 모집하였다. 또한
서울에서 한국군과 일본군이 충돌하여 발포한 사건이 일어났다.[23] 4월에
는 "경기도·강원도·충청북도 및 경상북도 일대에서 義兵이 일어났는데
모두 討倭를 주장하였다."[24] 1905년 5월에는 강원도 原州에서 元容八이
봉기했으며, 경기도에서는 砥平에서 李文鎬, 廣州에서 具萬書 등이 봉
기하였다.[25]

특히 충청북도 지방에서는 의병의 재봉기와 무장투쟁이 활발하여, 일
제측의 자료는 1905년 10월 현재의 충청북도 일대의 의병 수를 竹山이
200명, 丹陽이 270명, 淸風이 100명, 永春이 50명, 梅浦가 40명으로서, 그
勢가 창궐하고 있다고 보고하였다.[26]

제2단계 의병운동의 특징은 1904년 7월에 전국에 발송된 허위·이상
천 등의 통문에서 잘 볼 수 있는 바와 같이, 〈제1차 한·일의정서〉를 일
제의 본격적 한국침략의 시작이라고 보고, 이의 파기와 일본군의 내정
간섭 중지, 일본군의 철병을 요구하면서 국권을 수호하기 위한 의병운
동을 전개한 것이었다. 이 시기의 의병운동은 한국정부가 러·일전쟁에
일본측은 협조하고 있었고, 토벌대가 대한제국의 관군이었으며, 일제와
한국정부가 모두 러·일전쟁 후 '한국독립의 유지'를 구호로 내걸어 강
조하고 있었기 때문에, 대규모 의병부대가 출현하지 못하고 소규모의
의병부대가 봉기하였다. 그러나 이 시기의 의병운동은 일제의 무력침략
에 대하여는 '의병'의 무장투쟁으로 응전해야 함을 전국민에게 알려주
고, 1896년 봄에 사라졌던 의병운동을 일제가 한반도에 불법 상륙한
1904년에 '재봉기'케 한 것에 중요한 역사적 의의가 있다고 하겠다.

제3단계(확대기 단계)의 의병운동은 일제가 1905년 11월 17일 〈을사5

---

23) 위의 책, 1905년 1월 10일조, p.123 참조.

24) 黃玹, 《梅泉野錄》, p.335. "四月 京畿·江原·忠淸及慶北一帶 義兵起 皆以討倭爲辭" 참조.

25) 위의 책, p.338 참조.

26) 〈忠州方面義兵犯關の狀況に關し報告の件〉, 1905年 10月 15日 電信 ; 《朝鮮獨立運動》
   (金正明 編) 제1권, pp.3~4 참조.

조약〉을 강요하여 외교권을 비롯한 국권의 일부를 빼앗아 가고 1906년 2월 1일 日帝統監府를 설치하여 한국 내정에 대한 '통감통치'를 자행하자, 〈을사5조약〉을 파기하고 일제통감부를 폐지하여, '국권을 회복'하기 위해서 봉기하고 확대된 것이었다. 〈을사5조약〉 직후에는 〈을사5조약〉 파기와 '을사5적 처단'을 요구하는 격렬한 상소운동이 전개되고, 이것이 실패하자 시종무관장 閔泳煥, 前議政 趙秉世, 전참판 洪萬植, 전참판 宋秉濬, 평양진위대 金奉學, 학부주사 李相哲, 기타 다수의 인사들이 잇달아 자결함으로써 이를 요구하였다. 〈을사5조약〉 강요 직후는 바로 겨울이고, 의병봉기의 준비에 시간이 소요되므로 바로 의병이 봉기하지는 못하고, 이른 봄이 되자 의병이 봉기하기 시작하였다.

전참판 閔宗植은 1906년 이른 봄부터 李世永·安秉瓚·鄭在鎬·黃永秀·蔡光默·朴昌魯·金相悳 등 동지들과 함께 의병봉기를 준비하다가, 드디어 1906년 5월 11일(음력 4월 18일) 충청남도 鴻山에서 의병을 일으켰다. 閔宗植 의병부대는 舒川·藍浦·保寧·結城 등을 거쳐 5월 19일에는 洪州城에 입성해서 이를 점령하였다. 이때의 민종식 의병부대는 약 1,100명에 달하는 대규모였고, 이 중에서 총을 가진 자가 약 600명, 창을 가진 자가 약 200명, 무기를 갖지 않은 선비가 약 300명이었다.[27]

민종식 의병부대가 대규모의 병력으로 봉기하여 洪州城을 점령하자, 이에 놀란 일본 헌병대 및 일제 경찰은 한국군 公州鎭衛隊와 합동하여 5월 21일, 22일, 24일, 27일 연이어 홍주성을 공격했으나, 민종식 의병부대는 이를 잘 쳐부수어 격퇴하였다. 이에 당황한 일본군은 서울로부터 보병 2개 중대, 기병 1개 소대, 기관 총대, 폭파반을 특파하여 현지의 일본헌병대 및 경찰대와 합동으로 홍주성을 공격케 하였다. 이에 의병부대와 일본군 사이에 5월 31일 새벽부터 치열한 전투가 벌어졌으며, 탄환이 떨어진 의병부대는 백병전까지 전개했으나 결국 패퇴하였다. 이 홍

---

27) 《洪陽紀事》; 《독립운동사자료집》(독립운동사편찬위원회) 제2권 '의병항쟁사자료집', pp. 249~310 및 799~821 참조.

주성 전투에서 민종식 의병부대는 83명이 전사하고 145명이 체포당했으며, 일본군은 14명이 전사하고 다수가 부상당하였다. 민종식 의병부대는 홍주성에서 패퇴하여 扶安의 茁浦로 나아가서 일본상인들을 처단하고 高敞의 禪雲寺와 茂朱의 赤裳山에서 유격전 활동을 전개하다가 민종식이 관군에게 체포되었다.[28]

민종식 의병부대가 홍주성에서 패퇴하자, 崔益鉉이 1906년 5월 23일 (음력 윤4월 1일) 泰仁의 武城書院에서 문하생들을 인솔하고 봉기하였다. 최익현 의병부대가 井邑·谷城을 거쳐 의병과 무기를 모집하면서 전라도 淳昌에 도착했을 때에는 의병 수가 약 1천 명의 대규모 부대가 되었다. 그러나 최익현 의병부대의 병사는 대부분이 백면서생들로 구성되어 있어서 전투력이 취약하였다. 6월 11일 全州와 南原의 鎭衛隊가 순창의 최익현 의병부대를 포위하자 동족 사이의 살상을 염려한 최익현은 "만약 저들이 왜라면 결사적으로 싸우는 것이 마땅하나 진위대라면 우리가 우리를 서로 치는 것이니 차마 할 수 없다"고 하여, 의병대에 항전 중지를 명령하고 진위대에게도 동족상잔의 싸움을 중지할 것을 호소하였다. 그러나 진위대는 6월 13일 최익현 의병부대를 공격하여 최익현과 그의 수제자 13명을 체포하였다. 최익현과 그의 제자들은 일본군에게 인도되어 일본 대마도에 유배되자, 최익현은 일본측이 주는 음식을 거절하고 단식을 계속하다가 순국하였다.[29]

최익현 의병부대가 해산되자, 뒤이어 전라남도 光陽에서 白樂九가 봉기했고, 전라북도 任實에서 300명의 姜在天 의병부대, 南原에서는 100명의 梁漢圭 의병부대가 봉기하여 부근 일대의 도처에서 일본군을 공격하여 섬멸하는 큰 전과를 내었다.

또한 경상북도 寧海에서는 1906년 봄에 申乭石 의병부대가 봉기하여 약 1천 명의 병력으로 경상북도와 강원도 접경의 일월산을 근거지로 하

---

28) 《朝鮮暴徒討伐誌》(朝鮮駐劄軍司令部編纂) ; 《朝鮮獨立運動》 제1권, pp.133~135 참조.
29) 《勉庵先生倡義顚末》 ; 《독립운동사자료집》 제2권 '의병항쟁사자료집', pp.51~103 및 729~748 참조.

여 盈德·寧海·平海 일대에서 신출귀몰하는 유격전을 전개하였다.[30] 또한 永川에서는 같은 시기에 鄭鏞基 의병부대가 약 600명의 병력으로 봉기하여 東大山을 중심으로 활동하였다.[31] 이 밖에도 英陽에서 金淳鉉 의병부대, 眞寶에서 李夏鉉 의병부대가 봉기하여 활동하였다.

이 시기 의병부대 구성의 특징은 의병장들이 평민 출신 신돌석을 제외하고는 모두 양반유생이었으며, 병사들은 대부분이 농민이었다는 사실이다. 또한 의병부대는 '국권회복'을 목적으로 봉기하여 무장투쟁을 전개했지만 토벌대가 대한제국 군대로 되어 한국 진위대와 전투를 하게 되는 문제를 갖고 있었다. 또한 이 시기 의병운동의 지도이념은 이전과 마찬가지로 아직은 衛正斥邪사상이었다.

제3단계 의병운동은 1906년 겨울이 되자 크게 약화되기 시작하여 1907년에는 경상도의 일월산과 동대산 부근에서 신돌석 의병부대와 정용기 의병부대가 외로운 무장투쟁을 전개하고 있었다.

5. 군대해산과 의병운동의 고양

일제는 1906년 2월 1일 統監府를 설치하여 한국의 內政國權까지 차례차례 침탈해 가면서 한국을 반식민지 상태로 만들었다가, 1907년 6월의 '헤이그밀사사건'을 악용하여 1907년 7월 19일 황제 高宗을 강제로 양위시켰다. 일제는 이완용 매국내각에게 강요하여 7월 24일 〈정미7조약〉을 강제 체결해서 대한제국 정부의 各部에 일본인 차관을 임명하여 그들이 실제로 한국을 통치하는 소위 '차관통치'를 시작했다. 7월 31일에는 일제가 이미 작성한 대한제국의 軍隊解散 詔勅을 새 황제 純宗으로부터 재가

---

30) 《申將軍實記》; 《독립운동사자료집》 제3권 '의병항쟁사자료집', pp.407~417 및 963~965 참조.
31) 《山南義陣史》; 《독립운동사자료집》 제3권 '의병항쟁사자료집', pp.373~406, 945~961 참조.

받은 형식을 취하여, 8월 1일에는 병사들을 기만해서 長官의 강연을 듣는 다고 빈손으로 훈련원에 집합시켜 놓고는 대한제국 군대의 解散式을 강행하였다.[32] 이것은 일제가 얼마 남지 않은 한국 군대까지 무장해제시켜 한국을 완전식민지로 병탄하기 위한 준비 조치였다.

그러나 한국군은 이에 복종하지 않고 봉기하기 시작하였다.[33] 시위대 제1연대 제1대대장 朴昇煥 참령은 일제의 한국군 해산에 항의하여 부하 장병들을 운동장에 집합시켜 놓고 대대장실에서 "군인으로 나라를 지키지 못하고 신하로서 충성을 다하지 못하니 만 번 죽어 아깝지 않다(軍不能守國 臣不盡忠 萬死無措)"는 유서를 써 놓고 권총으로 자결하여 순국하였다. 이것은 '군인들은 죽음으로써 나라를 지키라'는 명령과 같은 것이 되어 시위대 제1연대 제2대대 병사들이 해산을 거부하고 봉기하였다. 제1연대 제1대대가 봉기했다는 통보를 받은 제2연대 제1대대 병사들도 견습참위 南相悳의 지휘 아래 봉기하였다.[34] 봉기한 대한제국 군대 병사들은 미리 병영을 포위하고 있던 일본군과 8월 1일 오전 8시부터 11시 40분까지 무려 3시간 40분 동안 치열한 전투를 벌인 다음, 시가로 나와 남대문과 서소문 사이에서 탄환이 떨어질 때까지 일본군과 시가전을 전개하였다.[35] 봉기한 대한제국 시위대 군인들은 탄약이 떨어져 더 싸울 수 없게 되자 시민들의 비호를 받으며 성 밖으로 나가 '의병'부대에 합류하였다. 황현은 "그 곧 성 밖으로 달아난 자는 모두 義兵에 합류하였다"[36]고 기록했으며, 송상도도 "남은 군인들은 각자 흩어져 정미년 팔로 의병이 다시 봉기한 것은 이로부터이었다"[37]고 기록하였다. 일제측의 자

---

32) 〈韓國軍隊は一大隊を殘し全部解散の件〉, 1907年 7月 28日條, 〈珍田外務次官의 西園寺 總理大臣에의 報告〉; 《朝鮮獨立運動》(金正明 編) 제1권, pp.15～16 참조.

33) 成大慶, 〈韓末의 軍隊解散과 그 蜂起〉, 《成大史林》 제1집, 1965 ; 金義煥, 〈丁未年(1907) 朝鮮軍隊解散과 反日義兵鬪爭〉, 《鄕土서울》 제26집, 1966 참조.

34) 朴殷植, 《韓國痛史》 ; 《朴殷植全書》 上卷, pp.323～327 참조.

35) 〈八月一日における南大門附近戰鬪詳報報告の件〉, 〈衛秘發 第14號〉, 1907年 8月 3日 條, 〈第13師團參謀長의 秘書官에의 報告〉; 《朝鮮獨立運動》 제1권, pp.16～19 참조.

36) 黃玹, 《梅泉野錄》, p.427.

37) 宋相燾 《騎驢隨筆》(國史編纂委員會版), 南相悳條, p.121.

료도 "해산된 군인의 대부분은 지방에 도망하여 暴徒(의병에 대한 일제 측의 호칭 — 필자)의 무리에 뛰어들어, 오랫동안 禍亂의 불길을 종식하지 못하게 한 원인이 되었다"[38]고 동일한 내용의 기록을 남겼다.

일제는 서울 시위대의 해산에 뒤이어 8월 3~19일 사이에 지방 진위대도 차례로 해산시켜 나갔다. 그러나 지방 진위대의 한국군도 상당수가 해산을 거부하고 봉기하기 시작하였다. 8월 5일에는 原州鎭衛隊가 해산을 거부하여 대대장 대리 金德濟와 특무정교 閔肯鎬의 지휘 아래 시민들과 함께 봉기하여 원주읍을 점령하고 우편국·경찰서·군청 등을 습격하여 무기고를 열어서 무장을 강화하여 의병부대로 전환하였다.[39] 또한 驪州分遣隊도 해산을 거부하고 봉기하여 여기에 가담하였다. 그들은 두 부대로 나누어, 金德濟 의병부대는 약 600명이 平昌·江陵 방면으로부터 襄陽·杆城·通川 방면으로 진출하여 의병무장투쟁을 전개하기 시작했으며, 閔肯鎬 의병부대는 약 1천 명이 堤川·忠州·竹山·長湖院·驪州·洪川 방면으로 진출하여 도처에서 일본군 수비대를 격파하면서 치열한 의병전쟁을 전개하기 시작하였다.[40]

뒤이어 8월 9일에는 수원 진위대 소속의 江華分遣隊 병사들이 해산을 거부하고 봉기하였다. 그들은 副校 池弘允과 延基(起)羽 등의 지휘 아래 주민들과 함께 약 600명이 무기고를 점령하여 무장하고, 강화읍을 점령한 다음 一進會 회원인 친일파 군수를 처단했으며, 찾아온 일본군과 치열한 교전을 전개하여 그들을 물리치고 경기도와 황해도 방면으로 진출하여 의병전쟁을 전개하기 시작하였다.[41]

이 밖에도 홍주분견대의 48명의 전체 병사들이 해산을 거부하고 봉기를 시도하다가 소대장에게 속아 실패했으며, 晉州分遣隊 병사들도 해산을 거부하고 봉기를 시도하다가 일본군의 급습을 받고 무장해제를 당하

38) 《朝鮮暴徒討伐誌》(朝鮮駐剳軍司令部編纂);《朝鮮獨立運動》 제1권, p.139.
39) 朴殷植,《韓國痛史》;《朴殷植全書》上卷, pp.327~328 참조.
40) 《朝鮮暴徒討伐誌》;《朝鮮獨立運動》 제1권, pp.139~140 참조.
41) 朴殷植,《韓國痛史》;《朴殷植全書》上卷, pp.327~328 참조.

였다. 또한 安東分遣隊의 병사들도 해산을 거부하고 의병에 합류했다는 사실을 "오직 安東·原州 양진위대는 군대해산에 앞서 기회를 틈타 총을 메고 흩어져서 倭가 크게 고민하였다"[42]는 기록에서 알 수 있다. 또한 北靑鎭衛隊의 일부 병사들도 군대해산에 항의하여 해산 후 개별적으로 의병에 합류하였다.[43] 뿐만 아니라 대한제국의 군인들은 군대해산 당시에는 집단적 봉기를 하지 않은 경우에도 해산 후 귀가한 다음 다수의 군인들이 의병부대에 들어가 합류해서 의병으로 전환하였다.

일제에 의하여 강제 해산당한 군인들의 봉기와 의병으로서 전환은 제3단계(1905. 12~1907. 7. 31) 의병운동이 퇴조되고 있던 기세에 새로운 활력을 불어넣은 것이 되었다. 직업군인들의 의병부대 합류는 의병부대들로 하여금 실질적인 전투능력을 갖게 하여 의병운동이 본격적인 국권회복전쟁이 되게 하였다. 이에 따라 전국 각지에서 힘과 용기를 얻은 청년·국민들이 무수히 의병을 일으켜 의병무장투쟁은 새로운 고양기에 들어가게 되었다.[44]

해산군인들의 봉기와 의병 합류에 고취되어 전국 각지에서 일어난 의병 봉기는 전국 방방곡곡에 걸친 광범위한 것이어서, 여기서는 의병장 이름도 다 들기 어렵다. 그 중에서도 규모가 비교적 크고 기록에 자주 나오는 의병부대의 봉기만을 살피겠다. 경기도에서는 양근에서 李殷瓚 의병부대가 봉기하여[45] 경기도뿐만 아니라 강원도·황해도 일대에까지 진출하면서 강인하고 치열한 의병무장투쟁을 전개하기 시작하였다.[46] 漣川에서는 許蔿 의병부대가 봉기하여[47] 漣川·積城·楊州·洪川·開城·朔寧·安峽·兎山·伊川 등지에서 다수의 의병을 모집하고,[48] 강화분견대

42) 黃玹,《梅泉野錄》, p.427.

43) 위의 책, p.432 참조.

44) 朴成壽, 〈1907~1910年間의 義兵戰爭에 대하여〉,《韓國史硏究》제1집, 1968 참조.

45) 〈李殷瓚判決宣告書〉;《독립운동사자료집》(독립운동사편찬위원회) 별집 1 '의병항쟁재판기록', pp.254~255 참조.

46) 朴殷植,《韓國獨立運動之血史》;《朴殷植全書》上卷, pp.467~468 참조.

47) 黃玹,《梅泉野錄》, p.439.

의 해산군인인 延基羽 의병부대를 포섭하여 전투능력이 크게 강화되었
으며, 강원도 일대에서 해산군인인 金奎植 의병부대를 포섭하여 軍勢가
크게 떨쳤다.[49] 許蔿 의병부대는 두 차례나 鐵原邑을 점령하고 일본군을
소탕했으며, 抱川에서 여러 차례 일본군을 공격하여 섬멸했고, 安峽邑을
점령하여 일본군 수비대와 친일파를 소탕하는 등 눈부신 의병활동을 전
개하였다.[50] 이 밖에도 楊州에서 權俊 의병부대와 朴來秉·金錫夏 의병
부대, 坡州에서 曺仁煥 의병부대, 楊根에서 申昌鉉 의병부대, 驪州에서
金鳳基 의병부대. 開城 부근에서 玄德鎬 의병부대가 봉기하여 신출귀몰
하는 유격전을 전개하였다. 강원도에서는 閔肯鎬 의병부대와 金德濟 의
병부대, 이외에도 原州 부근에서 1907년 9월 초에 李麟榮 의병부대가 봉
기하였다.[51] 李麟榮은 '을미의병'을 일으켰다가 해산한 후 聞慶에서 은퇴
생활을 하던 중 군대해산 직후에 봉기한 李殷瓚·李求采 등이 약 500명
의 의병부대를 이끌고 찾아와 의병대장에 추대하자, 이에 응하여 1907
년 9월 2일(음력 7월 25일) 봉기해서 關東倡義大將이 되고, 전국 8도에
격문을 보내 약 1천 명의 의병부대를 편성하였다.[52] 이인영은 9월 10일
경에 각국 영사관에 보내는 격문을 부하 대장 金世榮을 서울에 잠입시
켜 발송하고 《대한매일신보》에도 게재케 하였다.[53] 또한 이인영은 다음
과 같은 〈해외동포들에게 보내는 격문(Manifesto to All Koreans in All
Parts of the World)〉도 작성하여 나라 밖에 있는 한국인들에게도 발송하
였다.

48) 《大韓每日新報》1907년 9월 7일자 〈雜報(地方消息)〉, 9월 13일자 〈雜報(坡州)〉, 9월 4일
　　자 〈雜報(地方消息)〉 및 9월 22일자 〈雜報(地方消息)〉 참조.
49) 《暴徒史料編輯資料》隆熙 2年 10月 1日條, 〈慶尙北道觀察使朴重陽報告〉 참조.
50) 愼鏞廈, 〈許蔿의 義兵活動〉, 《나라사랑》 제27집, 1977[《韓國近代史와 社會變動》(文學
　　과知性社), 1980, pp.56∼78 참조].
51) 〈李麟榮判決宣告書〉; 《독립운동사자료집》별집 '의병항쟁재판기록', pp.371∼372 참조.
52) 〈第1回 李麟榮問答調書〉; 《朝鮮獨立運動》 제1권, pp.39∼40 참조.
53) 《駐韓日本公使館記錄》, 〈警祕發 第786號〉 隆熙 2年 6月 4日條, 〈大韓每日申報告社ト
　　暴徒〉 참조.

동포여! 우리는 단결하여 조국에 우리 자신을 바쳐서 독립을 회복하지 않으면 안 된다. 우리는 야만적 일본인들의 극악한 죄악과 만행을 전세계에 고발하지 않으면 안 된다. 일본인들은 교활하고 잔인하며 진보와 人道의 敵이다. 우리는 이러한 모든 일본인들과 그들의 諜者들과 그들의 동맹자들과 야만적 일본군을 擊殺하기 위하여 우리의 최선을 다하지 않으면 안 된다.[54]

李麟榮 의병부대는 의병장 許蔿·李康年(秊)·閔肯鎬 등과 긴밀한 연락을 취해 가면서, 의병무장투쟁은 최후로 경기도에 들어가 서울을 포위해야 목적을 달성할 수 있다고 보고, 일본군 수비대와 치열한 유격전을 전개하여 이를 물리치면서 橫城·春川을 거쳐 경기도 砥平을 향해서 진군하였다. 강원도에서는 이 밖에도 蔚珍에서 朴準成 의병부대, 麟蹄에서 朴汝成 의병부대와 孫在奎 의병부대, 금강산 長安寺 부근에서 高重錄 의병부대, 春川 부근에서 池龍起·李寅在 의병부대, 三陟에서 邊鶴基 의병부대와 金雲仙 의병부대가 봉기하여 도처에서 일본군 토벌대들을 섬멸하면서 치열한 의병전쟁을 전개하였다

황해도에서는 平山에서 朴正斌·李鎭龍 의병부대가 봉기하여 강화도에서 상륙한 池弘允 의병부대와 서로 호응하면서 항일무장투쟁을 전개했다. 長湍에서는 평민 출신 金秀敏 의병부대가 봉기하여 許蔿 의병부대와 합병하면서 치열한 의병전쟁을 전개하였다.[55] 황해도에서는 이 밖에도 兎山·金川에서 李鍾協·徐相烈 의병부대, 甕津에서 許德天·閔孝植 의병부대, 金川에서 高元直 의병부대, 遂安·谷山에서 蔡應彦 의병부대가 봉기하여 일본군 토벌대를 기습하면서 치열한 항일무장투쟁을 전

---

54) 《日本外交文書》 第41卷 第1冊, 文書番號 856, 〈在桑港韓國人へ韓國ヨリ送付越ノ排日的檄文ニ關スル件〉, "Compatriot, we must unite and to consecrate ourselves to our land and restore our independence. We must appeal to the whole world about grievous wrongs and outrages of barbarous Japanese. They are cunning and cruel and are enemies of progress and humanity. We must all do our best to kill all Japanese, their spies, allies and soldiers" 참조.

55) 〈金秀敏判決宣告書〉; 《독립운동사자료집》 별집 1 '의병항쟁재판기록', pp.76~77 및 朴殷植, 《韓國獨立運動之血史》; 《朴殷植全書》 上卷, p.471 참조.

개하였다.

충청남·북도에서는 堤川에서 이강년 의병부대가 더욱 큰 규모로 재
봉기하여 강원도의 이인영 의병부대와 허위 의병부대와 긴밀한 연락을
취하면서 豊基·聞慶·丹陽·延豊·寧越·竹嶺·小白山脈 일대에서 일본
군 수비대를 격파하였다.[56] 이강년 의병부대는 1908년 7월까지 충청도·
강원도·경기도 일대에서 치열한 항일무장투쟁을 전개하였다.[57] 또한 報
恩 俗離山에서는 盧炳大 의병부대가 봉기했는데, 처음에는 200명이었던
의병이 서울 시위대 해산군인들이 합류함으로써 곧 1천 명의 대규모 의
병부대로 성장하여 활동하였다.[58] 이 밖에도 朴汝成 의병부대가 봉기하
여 忠州·陰城·堤川 등지에서 활동했으며, 忠州에서는 方仁寬 의병부
대. 淸州에서는 韓鳳洙 의병부대, 公州에서는 金順五 의병부대, 鷄龍山
에서는 李鍾元 의병부대, 連山·恩津에서는 金夫吉 의병부대가 봉기하
여 치열한 의병무장투쟁을 전개하였다.

경상남·북도에서는 전년에 寧海에서 봉기한 평민 출신 의병장 申乭石
의병부대가 日月山과 白岩山을 근거지로 의병부대의 규모를 강화하여
신출귀몰한 유격전을 전개하면서 일본군에게 큰 타격을 주었다.[59] 永川
에서는 鄭鏞基 의병부대가 東大山에서 재봉기하여 靑松·永川·淸河 등
지에서 항일무장투쟁을 전개했으며, 정용기가 전사하자 그의 부친 鄭煥
直이 의병장이 되어 興海·盈德·靑松 일대에서 치열한 의병전쟁을 전개
하였다.[60] 이 밖에도 安東에서 白南奎 의병부대, 李光烈 의병부대, 柳時
淵 의병부대 등이 봉기하여 英陽·靑松·安東 일대에서 활동하였다. 醴

---

56)《雲崗先生倡義日錄》;《독립운동사자료집》제1권 '의병항쟁사자료집', pp.205~309 및
     689~736 참조.
57) 金義煥,〈韓末義兵運動의 分析―李康年部隊를 중심으로〉,《韓國近代史硏究論集》, 1972
     및《李康年判決宣告書》;《독립운동사자료집》별집 1 '의병항쟁재판기록', p.466 참조.
58) 宋相燾,《騎驢隨筆》, 盧炳大條, p.130 참조.
59) 朴殷植,《韓國獨立運動之血史》;《朴殷植全書》上卷, p.470 및《독립운동사》(독립운동
     사편찬위원회) 제1권 '의병항쟁사', pp.574~576 참조.
60)《山南義陣史》;《독립운동사자료집》제3권 '의병항쟁사자료집', pp.373~406, 945~961
     참조.

泉에서는 張胤德 의병부대, 梁山에서는 徐炳熙 의병부대, 居昌에서는 全聖範 의병부대, 山淸에서는 朴東義 의병부대, 河東에서는 李白應 의병부대, 伽倻山에서는 徐明國 의병부대가 봉기하여 활동하였다. 安義에서는 文泰守 의병부대가 봉기하여 전라도 茂朱 德裕山을 근거지로 영남지방뿐만 아니라 호남·호서 지방까지 진출해서 치열한 의병전쟁을 전개했으며, 한때 長水邑을 습격하여 점령하기도 하였다.

전라남·북도에서는 1907년 9월 10일 淳昌에서 金東臣 의병부대가 봉기하여 활발한 무장투쟁을 전개하면서 同福의 일제 경찰관 분소, 南原의 일본군 수비대, 求禮의 일제 경찰관 분소를 습격하여 무기를 노획하였다. 또한 김동신 의병부대는 지리산을 근거지로 하여 경상남도에 진출해서 함양군 左田, 안의군 月城, 거창군 梅鶴 등지에서 일본군 수비대를 습격하여 섬멸하였다.[61] 이 밖에도 동복에서 高光洵 의병부대, 장성에서 奇三衍 의병부대, 임실에서 李錫庸 의병부대와 李南圭 의병부대, 남원에서는 全海山 의병부대와 李學士 의병부대, 흥덕에서는 劉秉淇 의병부대, 함평에서는 沈南一 의병부대, 金準(泰元) 의병부대, 曹京煥 의병부대, 보성에서는 머슴 출신인 安桂洪 의병부대, 장흥에서는 姜武景 의병부대, 해남에서는 黃斗一 의병부대 등이 봉기하여 일본군 수비대와 치열한 의병전쟁을 전개하였다.

함경남·북도에서는 포수 출신인 洪範圖·車道善 의병부대가 北靑郡에서 봉기하여 三水·豊山·北靑·厚昌 일대에서 활동하면서 후치령전투를 비롯하여 무려 37회에 걸쳐 일본군 수비대와 전투를 감행하면서 신출귀몰하는 유격전으로 일본군에게 큰 타격을 주었다.[62] 이 밖에도 高原에서는 尹東燮 의병부대, 長津에서는 宋相鳳 의병부대와 梁嚇鎭·韓永俊 의병부대, 永興에서는 盧熙泰 의병부대와 金正浩 의병부대, 北靑에서는 崔東律 의병부대가 봉기하여 치열한 의병전쟁을 전개하였다.[63]

---

61) 《朝鮮暴徒討伐誌》;《朝鮮獨立運動》제1권, pp.155~156 및 《독립운동사》제2권 '의병항쟁사', pp.589~593 참조.

62) 愼鏞廈,〈洪範圖義兵部隊의 抗日武裝鬪爭〉,《한국독립운동사연구》제1집, 1986 참조.

평안남·북도에서는 順川에서 金汝錫 의병부대가 봉기하여 德川·孟山 등지에서 일본군과 치열한 의병전쟁을 전개하여 큰 성과를 거두었다.[64] 이 밖에도 陽德에서는 申應斗 의병부대와 金改福 의병부대, 祥原에서는 天永錫 의병부대, 成川에서는 徐光道 의병부대가 봉기하여 용감한 항일 무장투쟁을 전개하였다.

국내뿐만 아니라 국외에서도 의병운동이 일어나서, 러시아령 연해주 煙秋에서는 安重根이 李範允을 총대장으로 추대하고 崔在亨의 재정 지원을 받아 유일한 국외 의병인 300명의 이범윤·안중근 의병부대를 편성하고 국내진입작전을 준비하였다.[65]

이 밖에도 여기서 낱낱이 이름을 들 수 없는 수많은 소규모의 의병부대들이 전국 각지에서 봉기하여 도처에서 과감한 항일유격전을 전개하였다.

1907년 8월 1일의 대한제국 군대해산과 해산군인의 봉기 및 의병 합류는 의병운동 고양에 하나의 결정적 계기가 되어, 이 해 말까지에는 한국인들이 '금수강산'이라고 부르는 한반도의 높고 낮은 봉우리마다 한국 민중들의 항일무장투쟁을 알리는 봉화가 치솟아 올랐다.

6. 十三道倡義大陣所의 서울탈환작전

대한제국 군대해산 후 각지에서 봉기한 의병부대들과 의병장들은 부대별로 국권회복을 위한 의병전쟁을 전개하면서도 상호간에 긴밀한 연락을 취하고 있었다.[66]

---

63) 朴殷植, 《韓國獨立運動之血史》;《朴殷植全書》上卷, p.472 참조.

64) 위의 책, p.471 참조.

65) 愼鏞廈,〈安重根의 思想과 義兵運動〉,《韓國史學》제2집, 1980[《韓國民族獨立運動史研究》(乙酉文化社), 1985, pp.141~204 재수록].

66)《大韓每日申報》1908년 11월 28일자,〈地方消息〉.

전국 각 지방 의병부대들의 이러한 긴밀한 상호연락의 조건 위에서 李麟榮 의병부대와 許蔿 의병부대는 전국의 의병부대들이 분산적으로 싸우지 말고 하나의 통합된 지휘부 밑에서 항일무장투쟁을 전개하면서 경기 지방으로 모여 서울을 포위하고 궁극적으로 서울에 진입해서 수도 서울을 탈환하여 일제통감부와 담판을 하고 일제를 한국에서 몰아내는 연합의병운동을 전개할 것을 추구하였다.

당시 경기도에서는 허위 의병부대가 활동하고 있었고, 인접 지방에서는 강원도의 이인영 의병부대와 閔肯鎬 의병부대가 가장 막강한 의병부대들로서 일본군과 치열한 의병전쟁을 전개하고 있었으며, 충청북도와 강원도·경기도 접경지대에서는 李康年(秊) 의병부대가 활동하고 있었다. 따라서 연합의병운동은 우선 허위 의병부대와 이인영 의병부대, 민긍호 의병부대, 이강년 의병부대가 중심이 되어 추진하면 성공할 수 있는 것이었다. 이인영 의병부대와 허위 의병부대 사이에 의병장 李殷瓚을 매개로 하여 충분한 사전 합의가 이루어진 후에 이인영은 1907년 11월 초(음력 10월) 전국 각 지방의 의병장들에게 의병부대를 통일하여 연합의병부대와 통합사령부를 창설해서 서울을 향해 경기 지방으로 진군하자는 다음과 같은 격문을 서북(평안도와 함경도)을 제외한 전국에 보내고, 이에 호응하는 의병부대들은 경기도 楊州에 모일 것을 호소하였다.

用兵의 요체는 그 孤獨을 避하고 一致團結하는데 있은즉, 各道의 義兵들은 統一하여 潰堤之勢를 타서 近畿에 犯入하면 天下를 들어 우리의 家物이 되게 할 수는 없을지라도 韓國의 解決에 有利함을 볼 수 있을 것이다.[67]

이인영 의병장의 이러한 격문에 호응하여 1907년 11월 말까지 경기도 양주 근방에 집결한 의병부대는 약 1만 명이 되었다.[68] 그 내역을 보면 강원도 의병이 민긍호 의병부대 2천 명과 이인영 의병부대 1천 명을 비

___

67) 《大韓每日申報》 1907년 7월 29일자, 〈義兵總大將李麟榮의 略史(續)〉.

68) 〈十三道倡義總大將李麟榮逮捕의 件〉;《朝鮮獨立運動》(金正明 編) 제1권, p.38 참조.

롯해서 약 6천 명으로 가장 많았고, 경기도의 허위 의병부대가 약 2천 명, 충청도의 이강년 의병부대가 약 500명, 평안도의 方仁寬 의병부대가 약 80명, 함경도의 鄭鳳俊 의병부대가 약 100명 등 모두 48陣에 약 1만 명이었다.[69] 이인영은 이 1만 명의 의병 중에서 해산군인의 숫자는 민긍호 의병부대에 포함된 800명, 李殷瓚·李球采가 인솔하고 온 80명, 서울·강화의 해산병 등 약 3천 명 정도였다고 설명하였다.[70]

경기도 양주에 모인 약 1만 명의 여러 의병부대의 의병장들은 회의를 열어 협의한 후에 1907년 11월 연합의병부대로서 '十三道倡義大陣所'를 성립시키고, 이인영을 13도창의총대장으로 추대하였다.[71] 이인영 총대장은 각 의병부대에 다음과 같이 도별로 陣名을 내리고 지휘체계를 정비하였다.[72]

十三道倡義總大將	李麟榮
全羅倡義大將(전라도)	文泰守
湖西倡義大將(충청도)	李康年(秊)
嶠南倡義大將(경상도)	申乭石
鎭東倡義大將(경기도·황해도)	許蔿, (亞將)朴正斌
關東倡義大將(강원도)	閔肯鎬
關西倡義大將(평안도)	方仁寬
關泚倡義大將(함경도)	鄭鳳俊

각 도의 의병부대에는 또한 '倡義留陣所'라는 명칭이 주어졌다. 예컨대 文泰守 의병부대는 '全羅倡義留陣所'라고 불리고, 그 의병장 문태수는 전라창의대장이 되는 것이었다.

---

69) 朴殷植, 《韓國獨立運動之血史》; 《朴殷植全書》 上卷, p.466 및 〈第3回 李麟榮問答調書〉; 《朝鮮獨立運動》 제1권, p.52 참조.
70) 〈第3回 李麟榮問答調書〉; 《朝鮮獨立運動》 제1권, p.53 참조.
71) 위의 자료, p.51 참조.
72) 위와 같음.

그런데《대한매일신보》는 1개월 후인 1908년 1월 초(음력 전년 12월)
의 13도창의대진소의 편성을 위의 〈李麟榮問答調書〉에서와는 약간 달
리 다음과 같이 기록하였다.[73]

十三道倡義大陣所 總大將	李麟榮
軍師長	許 蔿
關東倡義大將	閔肯鎬
湖西倡義大將	李康年(秊)
嶠南倡義大將	朴正斌
鎭東倡義大將	權重熙
關西倡義大將	方仁寬
關北倡義大將	鄭鳳俊

박은식의《한국독립운동지혈사》(1920)는 이 편성을 13도창의대진소
의 조직으로 취하여 기록하였다.[74]

13도창의대진소 연합의병부대는 대오가 갖추어지자 三山戰鬪와 麻田
戰鬪를 거친 후 '제1차 서울탈환작전'을 시작하여, 총대장 이인영과 군사
장 허위 등은 서울을 향한 진군령을 내렸다. 13도창의대진소의 서울 진
입 목적은 일제 통감부를 타격하고 담판을 지어 〈정미7조약〉을 파기하
여 국권을 회복하기 위한 것이었다.[75]

13도창의대진소는 제1차 서울탈환작전을 시작하면서 서울에 심복을
잠입시켜 각국 영사관을 순방케 해서 일제의 不義를 성토하고 "의병은
순연한 愛國血團이니 열강도 이를 국제공법 상의 戰爭團體로 인정하며
또 정의와 인도를 주장하는 나라의 同聲應援을 절규한다"[76]는 요지의 통
문을 돌렸다.

73)《大韓每日申報》1909년 7월 30일자, 〈義兵總大將 李麟榮씨의 略史(續)〉 참조.
74) 朴殷植,《韓國獨立運動之血史》;《朴殷植全書》上卷, pp.466~467 참조.
75)《大韓每日申報》1909년 7월 30일자, 〈義兵總大將 李麟榮씨의 略史(續)〉.
76) 위와 같음.

13도창의대진소 연합의병부대는 먼저 군사장 허위가 약 300명의 선봉
대를 인솔하여 1908년 1월 15일(음력 전년 12월 12일)경 동대문 밖 약 30
리의 지점에 도착하였다.

　　이 때 허위, 李康年(秊)이 와서 합하여 모두 48진에 약 1만 명에 달하였다.
　　허위를 軍師로 하고, 李康年(秊)을 湖西將으로 했으며, 李泰榮을 鎭東將으로
　　하고, 金春(俊)洙를 安撫將으로 했으며, 延基羽를 大隊長으로 하였다. 장차 京
　　城에 進入하려고 하여 약 3리(韓里 30리)의 지점에 도달하였다. 此間 戰鬪가
　　38回에 미치었다.[77]

13도창의대진소 군사장 허위의 선봉대가 서울 동대문 밖 30리 지점에
도착하면, 뒤이어 총대장 이인영이 인솔한 후속 본대와 각도 창의대장
이 지휘하는 의병부대들이 크고 작은 부대별로 長蛇의 勢로서 천천히
진군하면서 약속한 기일에 약속한 지점에 도착하기로 되어 있었다. 그
러나 이인영과 각 도 창의대장이 인솔하는 본대는 천천히 진군했으므로
약속된 기일에 약속된 장소에 정확하게 도착하지 못했다. 그러자 13도
창의대진소 연합의병부대의 본대가 미처 도착하지 못한 상태에서 군사
장 허위가 인솔하는 선봉대는 잠복 중인 일본군의 선제 공격을 받게 되
었다. 치열한 전투가 벌어졌으나 선봉대만으로서는 탄약이 고갈되어 화
력의 부족으로 일본군을 이길 수 없었다. 허위의 선봉대는 후속 본대의
도착을 기다리면서 치열한 전투를 전개하다가 후속 본대가 약속한 기일
이 되어도 도착하지 않으므로 일단 후퇴하였다.[78]
　　13도창의대진소 연합의병부대의 본대는 총대장 이인영의 인솔하에
약 2천 명이 1908년 1월 28일(음력 전년 12월 25일)경에 마침내 서울 동대
문 밖 30리 지점에 대오를 이어가면서 도착하였다. 13도창의대진소 연
합의병부대총대장 이인영은 새해 음력 정월(양력 2월)을 피해서 서울에

---

77) 〈十三道倡義總大將 李麟榮逮捕の件〉;《朝鮮獨立運動》제1권, p.38.
78)《大韓每日申報》1909년 7월 30일자, 〈義兵總大將 李麟榮氏의 略史(續)〉 참조.

진입하여 일제통감부와 승패를 결정하려고 하였다.[79]

그러나 이때 불행한 일이 일어났다. 13도창의총대장 이인영의 부친이 별세했다는 흉보가 1907년 음력 12월 25일(양력 1908년 1월 28일) 楊州군 내의 본진을 거쳐 이인영에게 통보되었다. 독실한 유학자인 총대장 이인영은 뒷일을 모두 군사장 허위에게 위임하고,[80] 동시에 이번의 '서울 탈환작전'을 일단 중지하라는 통문을 각 진에 보내도록 한 다음 부친의 장례를 치르기 위하여 귀향하였다.[81]

여기서 13도창의대진소 연합의병부대의 '제1차 서울탈환작전'은 일단 중지되고 의병부대들은 각각 본래의 留陣所로 돌아가게 된 것이었다.

종래 13도창의대진소 연합의병부대의 서울탈환작전의 중지의 원인에 대해서는 주로 총대장 이인영이 부친의 상을 당하자 '孝'를 앞세워 중단시킨 것으로 설명해 왔다. 그러나 이것은 아주 피상적인 관찰이라고 할 수 있다. 당시 13도창의대진소 연합의병부대는 동대문 밖 30리 지점에 도달할 때까지 일본군 수비대와 38회나 전투를 치르는 동안에 탄환이 고갈되어 서울진입작전을 감행하기에는 화력이 절대적으로 부족하였다. 이 위에 군사장 허위가 이끄는 300명의 선봉대가 일본군과 격전 끝에 큰 피해를 입고 있었으므로 13도창의대진소로서는 이 작전을 중지시켜야 할 필요를 절감하고 있었을 때에, 이인영의 부친의 별세 통보가 왔으므로 이인영은 의병의 희생을 줄이기 위하여 이를 가탁해서 '제1차 서울탈환작전'의 중지를 명령한 것으로 해석된다.

종래 학계에서는 13도창의대진소의 서울탈환작전은 위에서 든 제1차 작전 한번만 있었던 것으로 알려져 왔으나, 사실은 그 후 '제2차 서울탈환작전'이 더 있었다.[82]

---

79) 〈第1回 李麟榮問答調書〉;《朝鮮獨立運動》제1권, p.43 참조.

80) 《大韓每日申報》1909년 7월 31일자, 〈義兵總大將 李麟榮氏의 略史(續)〉 참조.

81) 〈第1回 李麟榮問答調書〉;《朝鮮獨立運動》제1권, p.40.

82) 愼鏞廈, 〈全國 '十三道倡義大陣所'의 聯合義兵運動〉,《한국독립운동사연구》(獨立紀念館 韓國獨立運動史研究所) 제1집, 1987 참조.

13도창의대진소의 지휘권을 위임받은 군사장 허위는 '제1차 서울탈환 작전'이 중단된 이후 임진강 유역에 근거지를 마련하고 일본군에 대하여 유격전을 전개하면서 그 일대에 의병부대의 軍政과 같은 것을 실시하고, 물자의 공급도 軍票를 발행하여 후일의 보상을 약속하고 교환하였다.[83] 이 때문에 의병부대와 농민들 사이에 더욱 굳은 단결과 연대가 이루어져서 허위 의병부대를 비롯한 경기도·황해도 일대의 의병은 더욱 강력해졌다. 이와 동시에 군사장 허위는 '제2차 서울탈환작전'을 재개할 계획으로 ① 의병을 增募하여 군사훈련을 시키고,[84] ② 무기와 화약을 구입하기 위하여 부하들을 서울에 잠입시켜[85] 화력을 보충하고,[86] 청국에까지 밀사를 파견하여 군사원조를 구했으며,[87] ③ 군량을 비밀리에 조달하여 비축하고,[88] ④ 부하 의병장을 비밀리에 서울에 잠입시켜 '제2차 서울탈환작전'에 대응하도록 준비시켰다.

그 사이에 관동창의대장 민긍호가 1908년 2월 27일 전사하여 큰 타격을 받았으나, 대신 1908년 3월 23일 미국 샌프란시스코에서 張仁煥·田明雲 등이 친일파 외부 고문 겸 일제 통감부 촉탁 미국인 스티븐스(Durham Stevens)를 처단한 사건이 일어나 보도됨으로써 이를 보상받고, '제2차 서울탈환작전'의 결정에 격려를 주었다. 군사장 허위는 각 도 창의대장의 동의를 얻은 다음에, 1908년 4월 21일 전국 13도 의병의 재거를 요청하는 통문을 전국에 발송하였다.

의병장 許蔿·李康年(秊)·李麟榮·柳仁(麟)錫·朴正斌 제씨가 본월 21일에

---

83) 《朝鮮暴徒討伐誌》;《朝鮮獨立運動》 제1권, p.167.
84) 《大韓每日申報》 1907년 2월 19일자, 〈積城義援〉 참조.
85) 《警備ニ關スル書類編冊》 第22號, 〈警祕 第124號〉, 隆熙 2年 3月 20日條, 〈警視總監의 報告, 暴徒討伐의 件〉 참조.
86) 《駐韓日本公使館記錄》, 〈警祕 第1349號〉, 隆熙 2年 4月 12日條, 〈仁川警察署長報告〉 참조.
87) 《駐韓日本公使館記錄》 隆熙 2年 2月 22日條, 〈警視廳探報員報告〉 참조.
88) 《暴徒ニ關スル編冊》, 〈警備 第144號〉, 隆熙 2年 4月 7日條, 〈警視總監의 警務局長에의 通報〉;《韓國獨立運動史資料》 제10권, p.145 참조.

速히 起兵하라고 通文을 13道에 발송하였다더라.[89]

13도창의대진소 연합의병부대의 각 도 창의대장들이 서울을 향하여 진군하자, 1908년 2~3월에는 서울 근교에서 의병 출몰에 대한 보고가 아주 드물더니, 4~6월에는 갑자기 의병부대들이 서울 근교에 출현하여 서울을 포위하고 일본군 수비대와 치열한 유격전을 벌이기 시작하였다. 1908년 4~5월에는 특히 의병부대들의 서울 근교 일본군 수비대들에 대한 공격이 격화되어 서울의 지척에서 날마다 치열한 전투가 전개되었다. 일제측 자료는 이 사정을 다음과 같이 기록하였다.

明治 41년(1908) 初頭에 있어서 暴徒의 정세는 前年 秋冬의 경부터 歸順勸獎, 討伐勵行의 결과 前年末부터의 추세를 계속하여 점차 靜穩의 域에 향하였다. 各月 衝突暴徒의 총수는 1월에는 약 9,000명, 2월에는 겨우 1,900여 명이 되었다. 폭도의 집단도 역시 개략 수명 내지 수십 명으로 되었다. 드물게 100명 이상의 대집단이 된 것이 있다고 할지라도 이것을 기왕에 비교하면 그 출몰이 크게 감소하였다. …… 敵勢가 크게 둔해지고 꺾이어 일시 사람들로 하여금 平定의 시기가 가까워졌음을 생각케 하였다. 그러다가 3월 하순에 한국정부 고문 겸 統監府 촉탁 미국인 스티븐스씨가 미국에서 排日主義의 韓人에 살해되고 그 보도가 한국 내에 전해지자 이것이 동기가 되어 형세 一變해서 敵勢가 다시 격증하고 暴徒蜂起 이래 未曾有의 熾盛을 갖게 되었으며, 심하게는 그 騷擾區域을 확대하고, 5월에는 이미 我守備隊及 憲兵警察 등과 충돌한 폭도의 총수가 1만 1,400명에 달하게 되었다.[90]

13도창의대진소 연합의병부대들의 '제2차 서울탈환작전'이 재개되어

---

89) 《大韓每日申報》 1908년 4월 30일자, 〈雜報(義兵發通)〉 참조.

90) 《朝鮮暴徒討伐誌》;《朝鮮獨立運動》제1권, p.166. 여기서 1908년 5월의 의병운동의 '未曾有의 熾盛'의 원인을 일제의 이 자료는 1908년 3월 23일의 田明雲·張仁煥의 스티븐스 처단의 보도에 구하고 있는데, 이것은 4월 21일의 의병장 許蔿·李康年·李麟榮·柳麟錫·朴正斌 등의 명의로 된 의병 서울진입의 再擧를 알리는 '通文' '檄文'을 매개로 하여 '未曾有의 熾盛'을 보게 된 것임을 주의할 필요가 있다.

각 도 의병부대들이 서울로 진군하여, 서울을 포위하고, 서울 근교에서
일본군 수비대와 치열한 전투를 벌였다. 이에 크게 당황한 일제는, 서울
에 사단 본부를 둔 일본군 제13사단, 추가 보병 1개 여단, 기병파견대(4
개 중대), 헌병대(2천 명) 등의 기존 병력만으로는 방어와 반격이 불가능
하다고 보고, 일본 본국에서 일본군 2개 연대를 한국에 증파하기로 하였
다. 그 결과 일제는 1908년 5월 7일자로 일본군 제6사단에서 보병 제23
연대와 제7사단에서 보병 제27연대를 차출해서, 서울의 일제 통감부를
방어하고 의병 토벌을 지원하기 위해 한국에 상륙시켰으며,[91] 한국인 부
랑배들을 모아 약 6천 명의 헌병보조원을 신설하였다. 일본군은 대폭 증
강된 병력으로 6월 초부터는 서울 외곽에서 의병에 대한 본격적 공세를
시작하였다.[92] 그리하여 1970년 5월말~6월에는 서울 외곽에서 한국 연
합의병부대들과 증강된 일본군 사이에 치열한 전투가 벌어졌다.

한국 의병부대들은 투지와 사기는 충천했으나 일본군에 비하여 무기
는 압도적으로 열세였고, 탄약은 공급이 지속되지 않아 고갈 상태였으
므로 일본군의 방어선을 뚫고 서울에 진입할 수가 없었다.

객관적으로 볼 때, 당시 13도창의대진소 연합의병부대의 '제2차 서울
탈환작전'은 작전 그 자체는 매우 훌륭했으나 그에 따르는 화력이 절대
적으로 부족하여 성공을 거두지 못하였다.

그럼에도 13도창의대진소 연합의병부대의 '제2차 서울탈환작전'은 ①
전국의 의병운동을 다시 크게 고양시켜, 일제의 표현을 빌리면 의병봉
기 이래 '미증유의 熾盛'을 보게 했으며, ② 소규모 의병부대들의 항일무
장투쟁의 대동단결과 상호연대의 강화를 가져왔고, ③ 의병무장투쟁의
정치적 경륜과 전략을 크게 발전시켰으며, ④ 전국민에게 애국주의를
더욱 크게 고양시켰고, ⑤ 애국계몽운동을 크게 보위하고 고취했으며,

---

91) 《暴徒ニ關スル編冊》,〈韓参通 第145號〉, 1908年 5月 7日條,〈韓國駐剳軍參謀長의 內部
　　 警務局長에의 通報〉;《韓國獨立運動史資料》 제11권, p.2 참조.
92) 《暴徒ニ關スル編冊》,〈第13師團謀 第617號〉, 1908年 6月 1日條,〈北部守備司令官命
　　 令〉;《韓國獨立運動史資料》 제11권, p.191 참조.

⑥ 수도를 공략하려 했기 때문에 한국인들의 국권회복운동과 의병 항일 무장투쟁을 전세계에 알리는 정치적 효과를 가져왔다.

1978년 6, 7월에는 종래 13도창의대진소의 연합의병부대를 구성하였던 중부지역의 의병부대들과, 증파된 일본군 사이에 하루도 쉬임이 없는 치열한 전투가 전개되었다. 의병부대들은 동쪽에 나타나는가 하면 서쪽에 번쩍 나타나서 기습공격하고 후퇴하는 유격전으로 곳곳에서 일본군 토벌대들을 섬멸하였다. 그러나 이 과정에서 의병들의 희생도 많았으며, 허위·李康年(秊)·盧炳大·신돌석·金東臣·金錫夏 등을 비롯한 다수의 의병장들이 체포되거나 전사하였다. 그럼에도 의병부대들의 불굴의 항일무장투쟁은 조금도 꺼지지 않고 타올라서, 다음 표에서 보는 바와 같이, 1908년에는 1,452회의 전투에 6만 9832명의 의병이 전투에 참가하는 최고의 고양을 보게 되었다.

의병의 전투횟수와 전투참가 의병수

연 도	전투횟수	전투참가 의병 수
1907	323회	44,116명
1908	1,452	67,832
1909	898	25,763
1910	147	1,891
1911	41	271
1912	5	23
1913	3	40
누계	2,869회	141,936명

자료 : ① 1907~1910년은 《朝鮮暴徒討伐誌》 附表 第3表.
　　　② 1911~1913년은 《韓國獨立運動史》(國史編纂委員會) 제2권, p.71.
주 : 1907년은 8~12월 4개월 동안의 통계임.

1909년에 들어서도 의병운동은 꺼지지 않고 불타올라서, 의병장이 전사한 의병부대에서는 부장들이 의병장이 되어 치열한 의병전쟁을 전개하였다. 특히 이 시기에는 그 동안의 의병전쟁의 경험이 축적되어 의병부대들의 전술, 첩보, 근무와 경계법이 더욱 교묘하고 행동도 민첩하게 발전되었다. 일제 자료는 1909년에 들어와서도 ① 임진강 유역의 황해도와 경기도 ② 소백산맥 일대, 즉 강원도와 ③ 충청북도와 경상북도의 경계지방 ④ 전라북도 서남부와 전라남도 일원에서는 의병무장투쟁이 치성하여 일본군은 매월 평균 3천여 명씩의 의병들과 전투를 하지 않으면 안 되었다.

특히 호남 일대에서는 약 500명의 全海山 의병부대가 서울 시위대의 봉기에 참여했던 鄭元執 참위를 선봉장으로 하여 전라남도 영광군 佛甲山을 근거지로 그 일대에서 맹렬한 유격전을 전개하고 있었다.[93] 또한 약 500명의 沈南一 의병부대도 섬진강 유역에서 무장투쟁을 전개하고 있었다.[94] 高光洵 부대의 부장으로 있던 林昌模 의병부대는 약 300명의 병력으로 보성 일대에서 활동하고 있었으며, 姜武景 의병부대는 약 300명의 병력으로 섬진강 유역에서 沈南一 의병부대와 연합작전을 전개하고 있었고, 머슴 출신인 安桂洪 의병부대는 약 450명의 병력으로 광양군 白雲山을 근거지로 하여 그 일대에서 신출귀몰하는 유격전을 전개하고 있었다.[95] 이 밖에도 金京久 의병부대, 姜士文 의병부대, 朴道京 의병부대, 金永伯 의병부대, 申甫鉉 의병부대, 楊允淑 의병부대 등을 비롯하여 다수의 소규모 의병부대들이 맹렬한 의병무장투쟁을 전개하고 있었다. 이 호남의 의병부대들은 1908년 4월경에 화승총을 개조하여 뇌관식 화승총을 만드는 데 성공하였다.[96] 이에 화력이 약간 증강되자 그들은 사기가 충천하여 한국의 곡창지대인 호남지방을 장악하고 일본인의 이 지방 침투와 미곡 수출을 불가능하게 봉쇄하였다.

---

93) 《全海山陣中日記》;《독립운동사자료집》제2권 '의병항쟁사자료집', pp.369~505 및 845~893 참조.
94) 《沈南一實記》;《독립운동사자료집》제2권 '의병항쟁사자료집', pp.561~593 및 915~929 참조.
95) 《澹山實記》;《독립운동사자료집》제3권 '의병항쟁사자료집', pp.317~371 및 929~944 참조.
96) 《朝鮮暴徒討伐誌》;《朝鮮獨立運動》제1권, p.202 참조.

일본군은 13도창의대진소 연합의병부대 공격에 고전하면서, 1909년 여름까지 중부지방에 묶여 있던 증파된 2개 연대를 호남지방에 이동시켜 전원 투입하고, 그 밖에 헌병경찰대와 이전의 일본군 수비대를 연합시켜 소위 '남한대토벌작전'을 1909년 9월부터 2개월 동안 실시하였다. 이 작전은 의병이 치성한 전라남도 지역과 인접한 전라북도 남부 및 경상남도 서부를 약 350리 연장으로 포위망을 형성하고, 그 포위망을 바둑판처럼 세분하여, 한정된 지역 내에서 행동부대는 전후 종횡 주야를 가리지 않고 攪拌的 수색을 하여 각 마을 명부에 오른 20~60세의 모든 남자를 실제로 대조하여 조사하고, 무기를 압수하며, 모든 의병들과 그 동정자를 빗질하듯이 2회 이상, 필요하면 10회 이상 훑어내서 근절한다는 것이었다. 또한 해상에서 수뢰정과 경비대 소수부대로 하여금 연안 섬들, 다도해로 도망하는 의병들을 색출하여 학살하도록 하였다.[97]

일본군의 이 작전이 실시됨에 따라 호남지방은 1909년 9~10월의 2개월간 살육·방화·약탈·만행의 아수라장이 되었다. 일본군은 작전지역 내의 마을에서 의병이 나온 가족들을 학살하고 가옥에 방화했으며, 수많은 농민들을 체포 투옥하였다.[98]

일본군의 이 악랄한 야수적 '남한대토벌작전'으로 沈南一·姜武景·安桂洪·林昌模·全海山·楊允淑·申甫鉉 등 103명의 의병장과 4,138명의 의병들이 일본군에게 체포되었다.[99]

일본군은 호남지역 의병운동에 대한 '남한대토벌작전'이 일단락되자 증파된 2개 연대를 계속하여 임진강 유역과 소백산 일대에도 집중 투입하여 똑같은 교반적 방법으로 야수적 토벌작전을 강행하였다. 그 결과 1909년 12월에는 허위가 체포된 후 이 의병부대를 지휘하던 의병장 權重尙과 의병장 金秀敏이 체포되어, 소백산맥 일대에서 활동하던 의병부대들과 더불어 큰 타격을 받게 되었다. 이때 의병부대는 일본군에게 치

97)《朝鮮暴徒討伐誌》;《朝鮮獨立運動》제1권, p.218 참조.
98) 黃玹,《梅泉野錄》, p.504 참조.
99)〈臨時韓國派遣隊の南韓討伐實施報告の件〉;《朝解獨立運動》제1권, p.105 참조.

열하게 응전하여 탄약이 완전히 고갈되면 백병전을 벌여가며 용감히 싸웠다. 일제가 낮추어 평가한 통계에 따르더라도, 1907년 8월부터 1909년 말까지 고양기에 일본군과 전투하다가 전사한 의병 수가 1만 6700여 명, 부상당한 의병 수는 3만 6770여 명에 이르렀다고 한다.[100] 일본군의 '남한대토벌작전' 등이 끝난 뒤 의병운동은 급속히 퇴조기를 맞았고, 독립군으로의 전환기에 들어가게 되었다.

7. 의병의 독립군으로의 전환

일본군이 소위 '남한대토벌작전'을 끝낸 1909년 11월 이후는 한국민족의 의병무장투쟁은 火力의 고갈로 현저히 퇴조하기 시작했다. 그러함에도 남은 의병들의 항일무장투쟁은 매우 완강하여 일제에게 큰 위협이 되었다. 또한 이 5단계(1909. 11.~1914. 4)의 의병운동에서는, 국내에서 의병무장투쟁이 점차 불가능해질 것임을 느낀 다수의 의병장들이 만주와 러시아령으로 망명하여 의병을 독립군으로 전환시키려는 운동을 전개하기 시작하였다.

제5단계 의병운동에서 가장 활발히 의병무장투쟁을 전개한 부대는 황해도·경기도 일대의 의병부대들이었다. 특히 황해도의 李鎭龍 의병부대(부장 韓貞萬·孔泰元·金貞安·崔順巨)는 1910년 3월 경의선의 鷄井－岺城간 철도를 파괴하고, 경기도 長湍과 황해도 延安·白川·載寧·遂安 등지를 중심으로 일본군을 상대로 신출귀몰하는 유격전을 펼쳐 큰 타격을 주었다. 그들은 積城의 감악산을 근거로 삼고 延基羽 의병부대와 연합하여 출동한 일본군을 여러 차례 기습해서 섬멸하였다.[101] 또한 池寬植은 25명의 의병들과 함께 봉기하여 이진룡 의병부대와 연락하면서

---

100) 釋尾東邦,《朝鮮倂合史》, 1926, p.427 참조.
101) 鄭喬,《大韓季年史》(國史編纂委員會版) 下卷, p.352 참조.

여러 차례 일본군과 전투하여 승리했으므로 일본군이 가장 두려워하던 새로운 의병부대였다. 이들은 1910년 3월 海州에서 일본군 수백 명의 대부대와 만나 치열한 전투를 벌였는데, 池寬植 등 3명은 전사하였다.[102]

또한 경기도에서는 延基羽 의병부대와 姜基東 의병부대가 각각 20～30명의 소규모로 경기도 楊州·抱川·朔寧·麻田과 황해도 兎山·金川·載寧 등지에 출몰하면서 유격전 활동을 하였다.[103] 또한 姜斗熙 의병부대와 蔡應彦 의병부대가 경기도·강원도·황해도 일대에 출몰하면서 용감한 유격전을 전개하였다.[104]

강원도에서는 金相泰·韓鳳瑞 의병부대가 강원도·충청북도·경상북도 접경지대에 출몰하면서 유격전에 의한 의병무장투쟁을 펼쳤다.[105]

전라도와 경상도 충청남도의 접경지대에서는 文泰守(부장 李康錫·李學魯) 의병부대가 항일 유격전을 전개하였다.[106]

경상북도와 강원도의 동해안 일대에서는 약 20여 명으로 구성된 鄭敬泰 의병부대가 이 지방 주민들과 깊은 연대를 맺고 그들의 보호를 받으며 3, 4명씩 조를 만들어 蔚珍·英陽·奉化 등지에 출몰하면서 일본군 수비대를 습격하였다.[107]

함경도에서는 洪範圖 의병부대의 부장 朴永信이 인솔하는 약 25명의 의병부대가 1911년 3월 중순, 慶源 부근의 圖們江을 건너 細川洞 쪽의 일본군 수비대를 습격해서 섬멸하였다.[108] 그 밖에 전국 각지의 산악지대에서 이름을 다 들 수 없는 소규모 의병부대들이 유격전 활동을 계속하였다. 항일의병부대의 의병장 가운데는 대규모 의병부대를 조직하는 것이 불가능해지자 3, 4인조의 特攻隊를 조직해서 적의 수뇌나 주둔지

---

102) 위의 책, p.351 참조.
103) 위의 책, p.352 참조.
104) 위와 같음.
105) 위와 같음.
106) 위와 같음.
107) 위와 같음.
108) 《朝鮮暴徒討伐誌》; 《朝鮮獨立運動》 제1권, p.238 참조.

를 공격하는 일도 자주 일어났다. 安重根 의병부대의 대원들로 조직된 4
인조 특공대가 만주에 찾아온 전 일본정부 수상이며 韓國統監이었던 伊
藤博文을 공격하여 처단한 것은 그 대표적 사례였다.

일본군은 이들 완강한 의병부대들에 대하여 1910년 11월 25일부터 1
개월 동안 경상북도·강원도·경기도 접경지역에, 1911년 9월에는 약 2개
월 동안 황해도 일대에 대규모 병력을 집중 투입하여 잔인한 토벌작전
을 자행하였다.

일제의 한국 병탄으로 완전식민지가 되어 1910년 8월 이후부터는 국
내에서 의병무장투쟁이 실질적으로 불가능해지자, 의병장들은 소규모의
부대들을 이끌고 국외로 망명하여 독립군을 편성하려는 경향이 대두되
었다. 柳麟錫은 남만주 通化縣으로 망명했다가 다시 러시아령으로 가서
독립군 조직을 준비했으며, 1910년 3월에 함경도 의병장 洪範圖는 만주
의 長白縣 汪開屯으로 망명하여 독립군 창건을 시작하였다. 황해도 의
병장 李鎭龍은 1911년 10월 남만주로 망명하여 독립군 창건을 준비하였
다. 의병장 蔡應彦도 만주로 망명하여 독립군 창건사업을 하면서 국내
에 잠입했다가 1915년 7월 평안남도에서 체포당하였다.

그리하여 1910년에는 약 1,832명의 의병이 일본군과 120회에 걸친 전
투를 했다. 그러다 1911년부터는 급격히 퇴조하여 271명의 의병이 41회
의 전투를 했고, 1912년에는 23명의 의병이 5회의 전투를 했으며, 1913년
에는 40명의 의병이 3회의 전투를 하였다. 출몰 의병 수는 물론 이보다
많아서, 1912년에 출몰횟수 163회에 출몰 의병 수 1,600명이었으며, 1913
년에는 출몰횟수 51회에 출몰 의병 수 약 500명이었고, 1914년에는 출몰
횟수 19회에 출몰 의병 수가 약 100명이었다.

그리하여 마지막 한말 의병으로서 1914년 5월에 황해도 瑞興 지방에
서 이진룡 의병부대에 속해 있던 金貞安 의병부대가 끝까지 항복하지
않고 마지막 한 사람까지 싸우다가 모두 장렬하게 전사함으로써 한말
의병무장투쟁은 그 장엄한 종언을 고하게 되었다.

8. 맺음말

한말의 의병운동은 1904년 7·8월의 재봉기 이후부터만 계산해도, 만 10년에 걸쳐 연인원 14만 2천 명이 참가해서 목숨을 바친 치열한 항일 무장투쟁을 전개하면서 무려 1만 6700여 명이 순국한 위대한 애국운동 이었다. 이 운동이 실패로 돌아간 원인으로는 다음과 같은 몇 가지 요인 을 지적할 수 있다.

첫째, 의병부대들은 무기가 매우 열악하고 탄약을 지속적으로 공급하 지 못하여 전투 중에 대부분 탄환이 고갈되었다. 무기는 중세시대의 화 승총이 대부분이었으며, 그나마도 무장하지 못한 의병이 많았다. 뿐만 아니라 탄환은 이미 1908년에 거의 완전히 고갈되다시피 하여 더 이상 치열한 전투를 전개하기 어려웠다.

둘째, 의병들은 民兵의 집합이었기 때문에 군사훈련이 절대적으로 부 족하였다. 특히 의병부대 병사들의 대부분을 구성하고 있던 농민들은 제대로 군사훈련과 전투훈련을 한 번도 받아본 일 없이 애국주의에 의 거해서 의병부대에 참가했으므로, 전투에서 여러 가지 미숙성과 비훈련 성을 드러내었다.

셋째, 통일된 군사전략적 지휘가 불충분했다. 유생 출신 의병장들은 중국 古典兵書에 기초를 둔 전근대적 군사전략에 입각하여 지휘를 하는 일이 많았으며, 평민 출신 의병장은 용감하고 완강하게 싸웠으나 현대 적 군사전략에서는 취약했다. 오직 군인 출신 의병장들만 현대적 군사 전략에 입각하여 막강한 의병부대들을 만들었으나, 사병 출신이 대부분 이고 장교 출신은 소수여서 큰 제약을 받았다. 또한 의병부대에 13도창 의대진소의 일시적 통일 외에는 전국적으로 통일된 지휘체계가 없어서 국부적 전투의 승리가 전체적 전략에 잘 연결되지 못하였다.

넷째, 일본군의 토벌작전 방법이 의병에게 식사를 제공한 마을이나 의병에 참가한 병사가 나온 마을 전체를 불지르고 살육하는 야수적 초토전술과 살육전술을 사용했기 때문에, 의병부대들은 동포들에게 피해가 너무 커서 강렬한 정신적 연대가 이루어졌음에도 실제에서는 농민들과 연계를 제한하지 않을 수 없었다.

다섯째, 한말 의병운동은 국내조건과 국제조건이 아주 불리한 조건 위에서 전개되었다. 국내에서는 정부와 통치계급이 의병운동에 대해 적대적으로 활동하는 조건 위에서 의병운동이 전개되었다. 이것은 임진왜란 때 의병운동이 정부와 통치계급의 적극적 지원과 성원 속에서 전개되었던 사실과는 매우 대조적이었다. 또한 국제적으로는 제국주의 열강이 일제의 한국 병탄을 모두 승인하는 매우 불리한 조건 위에, 의병운동은 고립무원의 상태에서 용감한 항일무장투쟁을 전개한 것이었다.

이러한 요인들로 말미암아 한말 의병운동은 국권회복의 목적을 달성하는 데는 실패했으나 다음과 같은 몇 가지 점에서 커다란 역사적 의의를 가진 민족운동이 되었으며, 한국 근대민족운동의 발전에도 획기적 공헌을 하였다. 의병운동의 주체세력들은 국권을 빼앗기고서는 처음부터 무장이 약한 의병운동이 실패할 것을 알면서도 승패를 초월하며 목숨을 건 무장투쟁을 전개한 것이었으므로, 오히려 다음에서 드는 역사적 의의는 의병운동이 성공한 측면이라고도 볼 수 있다.

첫째, 한말 의병운동은 애국주의를 높이 발양했을 뿐만 아니라 전국민에게 민족적 각성과 애국주의를 크게 고취하였다. 한말 의병운동은 나라와 겨레가 위급할 때 한국민족은 자기 목숨보다도 먼저 나라를 위하여 헌신하는 높은 애국주의를 발양하는 민족임을 과시했으며, 전국민에게 애국주의를 크게 고취시켜 더욱 높은 차원의 민족적 각성을 크게 불러일으켰다.

둘째, 한말 의병운동은 反侵略 민족운동을 전민족적 전국적 항일무장투쟁으로 발전시켰다. 한말 의병운동 이전에도 반침략 무장투쟁은 있었지만 거의 모두 특정 계급이 전개한 무장투쟁이었다. 예컨대 갑오농민전쟁은 대규모의 半전국적 反침략 민족운동이었으나 농민 계층이 추진한 운동이었다. 한말 의병운동은 민족의 각계 각층이 모두 참여한 全민족적 무장투쟁이었으며, 일제의 무력침략에 대항하는 민족운동에서 무장투쟁의 중요성을 확고히 정립하여 전개했을 뿐만 아니라, 전국 방방곡곡에서 모두 봉기한, 완전한 전국적 무장투쟁으로 발전시켰다.

셋째, 한말 의병운동은 일본 제국주의가 한국을 완전식민지로 강점하는 것을 약 3년 동안 지연시켰다. 1907년 高宗의 강제 양위와 군대해산 직후 의병무장투쟁의 고양이 없었으면, 그해 말에 일제에게 병탄되었을 뻔했던 나라가 의병무장투쟁의 고양으로 1910년 8월까지 약 3개년간 병탄이 지연된 것이다.

넷째, 한말 의병운동은 애국계몽운동을 保衛하고 고취하였다. 국권회복운동의 한 산맥으로 의병무장투쟁이 치열하게 전개되어 일제의 병탄을 약 3년 지연시켰기 때문에, 이 기간에 애국계몽운동은 국민들 사이에 뿌리를 깊이 내리어 큰 성과를 낼 수 있었다. 총을 들고 목숨을 건 격렬한 의병무장투쟁이 한편에서 전개되었기 때문에 일제의 강대한 무력이 이에 대항하기에 급급하여 붓을 든 애국계몽운동을 완전히 탄압할 수가 없었으므로 결국 의병운동이 애국계몽운동을 보위한 셈이 되었다. 또한 의병무장투쟁의 헌신적 애국주의는 애국계몽운동가들과 국민들을 감동시켜 애국계몽운동에 더욱 열정적 헌신을 하도록 애국계몽을 고취하였다. 따라서 한말 의병운동은 결코 소모전이 아니라 국권회복운동·독립운동의 戰力을 생산하고 있는 애국계몽운동을 보위함으로써 더 큰 전력생산을 위한 保衛戰이 된 것이었다.

다섯째, 한말 의병운동은 그 이전까지 서로 대립하면서 별개로 민족운동을 전개하고 있던 衛正斥邪사상과 開化사상을 처음으로 결합시키기 시작하여 한국 근대 민족운동의 발전에 하나의 중요한 이정표를 만들었다. 무엇보다 1907년 8월 고양기 이후의 의병운동에서 위정척사파와 개화파는 처음으로 연합과 통합을 시작하여, 뒤에 의병운동에서 이 두 사조의 통합과 발전에 큰 계기를 만들었다.

여섯째, 한말 의병운동은 그 후 독립군 무장투쟁의 원류와 선구가 되었다. 일제 강점기의 독립군 무장투쟁에는 武官學校 설립과 독립군 기

지 창건을 중심으로 한 애국계몽운동파의 기원과 직접적 독립군 조직의
의병운동의 기원이라는 두 기원이 있었는데, 한말 의병운동은 그 퇴조
기에 의병장들이 만주와 러시아령 등지에 망명하여 독립군 창건을 추진
함으로써 그 직접적 기원의 하나를 이루었다.

이상과 같이 한말 의병운동은 한국근대사와 한국독립운동사에 매우
큰 역사적 의의를 갖는 획기적 민족운동이었다.

(《社會運動과 社會階級》, 전예원, 1989)

許蔿 의병부대의 항일무장투쟁

1. 머리말

일본 제국주의자들이 대한제국을 식민지화하기 위한 작업의 하나로 1904년 2월 8일 러·일전쟁을 도발하고 일본군이 한국에 불법 상륙하여 침략정책을 강화해 나가자 한국민족은 1904년 7·8월부터 다시 의병을 일으켜 일본 제국주의를 조국에서 몰아내기 위한 항일무장투쟁을 다시 시작하였다.

일제는 1904년 4월에 2개 사단 규모로 한국에 설치했던 일본군 내의 이른바 '한국주차군'으로 대한제국 정부를 위협하여 각종 침략을 자행하다가, 러·일전쟁에서 승리하여 1905년 9월 5일 러·일강화조약(포츠머드조약)을 체결한 후에는 러·일전쟁에 투입했던 만주의 일본군까지 '한국주차군'에 합하여 막강한 무력으로 위협해서 1905년 11월 17일 이른바 〈을사5조약〉을 강요하여 외교권을 비롯한 한국의 국권을 강탈하였다. 일제는 이미 1906년 2월 1일 '통감부'를 설치하여 한국을 반식민지의 소위 '보호국'으로 전락시켰으며, 계속하여 한국의 완전식민지화 정책을 강행해 나갔다. 이에 응전하여 한국민족의 항일무장투쟁은 큰 규모로 더욱 확대되어 나갔다.

일제가 대한제국을 완전식민지로 병탄하기 위하여 한국민족을 완전 무장해제하는 작업의 하나로 1907년 8월 1일 대한제국 군대를 강제해산하자, 해산 군인과 각계각층의 한국민족 성원들이 전국적으로 봉기하였다. 항일의병무장투쟁은 전국에서 더욱 큰 규모로 확대되고, 한반도의 방방곡곡에서 대소 규모의 항일의병전쟁이 치열하게 전개되었다.

이 시기의 전국 의병부대들 가운데 최강이며 가장 규모가 큰 부대들 가운데 하나로서 매우 중요한 역할을 한 주목할 만한 의병부대로 허위 의병부대가 있다. 허위 의병부대는 의병장이 일찍 순국함으로써 존속기간이 비교적 짧았지만, 서울 부근인 경기도에서 편성되어 수도 서울에 설치된 일제 통감부와 일제 침략자들을 끊임없이 위협하였다.

의병장 허위는 1904년 여름의 최초의 의병 재봉기에 결정적 계기를 만들어 주었으며, 허위 의병부대는 13도창의대진소 전국 의병연합부대와 통합사령부 편성에 주도적 역할의 하나를 하고, 두 차례에 걸친 '서울탈환작전'에서 주도적 역할을 수행하였다.

이 글에서는 허위 의병부대의 편성부터 의병장 허위가 순국할 때까지 허위 의병부대의 활동을 실증적으로 밝히려고 한다.[1]

2. 1904년 경기도 의병봉기와 허위

許蔿는 경상북도 출신으로서 그곳에서 자라 모든 생활기반이 고향에 있었는데도 어떻게 하여 후일 경기도에서 의병을 일으켜 허위 의병부대가 별칭 '경기의병'으로도 불리게 되었을까? 여기에는 일찍이 1904년 러·일전쟁 발발 직후 여름에 일어난 최초의 항일의병봉기에 허위가 관련된 일과 깊은 관계가 있다.

---

1) 許蔿 의병부대의 연구로는 종래 계몽적 논문들이 중심이 되어 《나라사랑》 제27집(1977)이 '旺山許蔿 특집호'로 발행되었다. 이 특집호에 실린 논문들은 ① 이은상(許蔿의 행적과 사상) ② 강주진(허위의 정치적 경륜) ③ 신용하(허위의 의병활동) ④ 박성수(허위의 사상과 투쟁) ⑤ 이형석(수도 진군 작전의 의의) ⑥ 이구용(한말 의병사상의 許蔿의 항쟁) ⑦ 유석우(광복 운동사상의 許蔿의 위치) ⑧ 허도성(그 얼 다시 잇고자) 등이다.

旺山 許蔿는 1885년(철종 6) 음력 4월 2일 경상북도 善山郡 龜尾面 林隱里에서 아버지 許祚와 어머니 眞城李氏 사이의 4형제의 막내아들로 태어났다. 허위는 7세 때부터 맏형 舫山 許薰에게 글을 배우기 시작하여 15세까지 三經을 모두 독파했다. 그래서 《詩經》, 《書經》, 《易經》의 뜻에 조예가 깊었을 뿐 아니라, 《春秋》, 《綱目》과 같은 역사 서적과 《六韜三略》 등 고대의 전술·천문·지리·산수 등도 공부했다고 한다.[2]

일제가 1895년 10월 민비를 시해하고 뒤이어 갑오경장 내각이 12월 30일 단발령을 공포하여 1896년 1월 1일부터 이의 시행을 강행하자 전국에서 위정척사파 유생들이 의병을 일으켰다. 당시 처음에는 위정척사파 청년이었던 허위는 1896년 음력 2월 10일 의병을 일으키는 데 주도적으로 참가하였다.[3] 허위는 李起瓚·李殷瓚·趙東鎬·李起夏 등과 의론하고 의병을 일으키기로 결의하여, 김천 장날에 김천읍에 들어가서 수백 명의 장정을 모집하였다.[4] 허위는 대장에 이기찬을 추대하고, 허위는 참모장을 맡고, 다음과 같이 부서를 정하였다.[5]

대장	李起燦	軍門都摠	趙東奭
贊劃	姜懋馨	참모장	許蔿
서기	李時佐·呂永昭	中軍	梁濟安
선봉	尹鴻來		

이기찬·허위 등은 먼저 金山郡 金陵에 있는 무기고를 습격하여 그곳에 있는 무기를 입수해서 무장을 하고 金山과 星州 두 곳에 진을 친 다음, 大邱府로 진격하기 위해 각 곳에 격문을 발송해서 널리 더 많은 군사를 모집하려고 하였다. 그러나 이 소식을 들은 대구부의 관군이 먼저

---

2) 《旺山許蔿先生略傳》 참조.
3) 독립운동사편찬위원회, 《독립운동사》 제1권 '의병항쟁사', pp.243~244 참조.
4) 《旺山許蔿先生略傳》 참조.
5) 《독립운동사》 제1권 '의병항쟁사', p.244 참조.

성주에 진을 친 의병을 공격하고, 뒤이어 서울과 공주에 있는 관군까지 와서 의병을 공격했으므로 의병들은 패퇴하고 이은찬·조동호 등은 관군에게 사로잡히게 되었다.[6] 이기찬·허위 등은 패퇴한 의병 중에서 砲軍 100여 명과 유생 70~80명을 모아 尙州와 金山의 동지들과 함께 直指寺에서 다시 의병을 일으켜 黃澗과 鎭川 방면으로 향하려고 하였다.[7] 그러나 이때는 이미 '아관파천'으로 갑오경장 내각이 붕괴되었고, 전국의 의병들은 모두 해산하라는 국왕의 봉서가 田慶雲을 통하여 허위에게도 도착하였으므로, 허위 등은 의병을 해산하고 귀가하였다. 이기찬·허위 등의 을미년 의병봉기는 큰 성과가 있었던 것은 아니지만, 이것은 후일 허위가 러·일전쟁 후에 다시 봉기하여 항일의병부대를 편성하는 데 중요한 경험이 되었다.

허위는 의병을 해산한 후 귀향하여 형과 함께 초야에 묻혀서 공부를 하다가, 1898년 동지 李建奭과 함께 나라를 구하기 위한 상소를 올렸다. 이것이 작용했는지 허위는 1899년 2월에 申箕善의 추천으로 처음 관직에 나가게 되어 환구단 참봉에 임명되었다. 그 후 허위는 永禧殿 참봉·昭慶園 봉사·成均館박사·駐箚日本公使 수원·中樞院 의관 등을 거쳐 1904년 5월 28일에는 平理院 首班判事에 임명되었다.

허위는 상경하여 관직에 있던 이 시기에 張志淵을 만나 그 영향을 받고 신학문을 공부하게 되었다. 허위는 을미의병 때 위정척사파 유생으로 봉기했으나, 그는 여기서 시대에 뒤떨어지지 않고 한 걸음 더 나아가서 신학문도 공부하여 신·구학문을 모두 익힌 선비가 되었다. 허위가 1904년 고종 황제에게 제출한 10개 조목의 개혁안은, 이미 허위가 개화사상을 흡수하여 신·구학문을 다 갖춘 애국계몽사상을 가진 선비가 되었음을 증명해 주고 있다.[8] 평리원 수반판사로서의 허위는 그의 비범한

---

6) 《旺山許蔿先生略傳》 참조.
7) 〈許蔿의 兄에게 보내는 丙申陰曆 3月 8日付書簡〉 참조.
8) 《旺山許蔿先生擧義事實大略》;《獨立運動史資料集》(독립운동사편찬위원회 편) 제2권; p.237 참조.

능력과 용기를 발휘하여 당시 권세 있는 대신들의 청탁과 압력에도 굴
하지 않고 모든 소송을 공정하게 재판했으므로 신망과 칭찬이 자자하여
신문에도 보도될 정도였다.[9]

그러나 나라의 형편은 1904년에 들어서자 풍전등화의 상태에 놓이게
되었다. 일본 제국주의자들은 대한제국을 지배하기 위하여 2월 8일 인
천항에 정박해 있던 러시아 군함 2척과 旅順항에 정박해 있던 러시아
군함 2척을 기습·공격하여 격침시킨 다음, 2월 10일에 對러시아 선전포
고를 하여 러·일전쟁을 일으켰다. 일제는 그 길로 대규모의 일본군을
대한제국의 영토 위에 불법 상륙시키고, 서울에 침입하여 궁궐을 포위
하고 위협해서 1904년 2월 23일 다음과 같은 내용의 소위 〈제1차 韓·日
議定書〉를 강제로 체결하였다.

　제1조 韓日兩帝國 간에 恒久不易의 親交를 保持하고 東洋平和를 確立하기
　　　　위하여 大韓帝國政府는 大日本帝國政府를 確信하여 施設改善에 관
　　　　한 그 忠告를 容認할 것.
　제2조 대일본제국정부는 대한제국 皇室을 확실한 親誼로 安全 康寧케 할
　　　　것.
　제3조 대일본제국정부는 大韓帝國의 獨立及 領土保全을 확실히 保證할 것.

　이때 허위가 皇帝에게 제출한 改革案 10개 조목은 다음과 같다.
　① 학교를 세워 인재를 기를 것. 그 재주가 우수한 자를 골라서 외국에 유학시킬 것.
　② 軍政을 개혁하여 不時의 變에 대비할 것. 군사는 농사에서 나오고 농사는 군사에서 나
　　오는 것이니, 봄·가을로 武術을 연습케 하고 출입하면서 농부와 교환할 것.
　③ 철도를 증설하고 전기를 시설하여 교통과 산업에 이바지할 것.
　④ 석탄을 사용하여 산림을 보호·양성할 것.
　⑤ 乾畓에는 水車를 써서 물을 대도록 할 것.
　⑥ 뽕나무를 심어 누에를 치고, 못을 파서 물고기를 기르며, 또 六畜을 기르도록 할 것.
　⑦ 海港稅와 市場稅가 날로 더하고 달로 증가되어 商人들이 부지할 수가 없으니 공평히
　　정리할 것.
　⑧ 우리나라 紙幣는 폐단이 심해서 물가는 몹시 높고 화폐는 지극히 천하여 公私의 허다
　　한 財用이 고르지 못한즉, 은행을 설치하여 金·銀·銅貨를 다시 통용시킬 것.
　⑨ 노비를 해방하고 嫡庶를 구분하지 말 것.
　⑩ 官職으로 공사를 행하고, 實職 이외에는 借啣하는 일을 일체 없앨 것.
　9)《皇城新聞》1904년 6월 1일자,〈雜報(平院稱平)〉참조.

제4조 第三國의 侵害에 由하여 혹은 內亂을 因하여 大韓帝國 皇室의 安寧
과 領土保全에 危險이 있을 경우에는 大日本帝國政府는 속히 臨機
必要한 措置를 행함이 可함. 然이나 大韓帝國政府는 右 대일본제국
정부의 행동을 용이케 하기 위하여 十分 便宜를 與할 것. 대일본제국
정부는 前項 목적을 성취하기 위하여 軍略上 必要한 地點을 隨機 收
用함을 得할 것.
제5조 대한제국정부와 대일본제국정부는 상호간에 承認을 거치지 않고 後來
에 本協定 취지에 위반할 協約을 第三國 간에 訂立함을 得치 못할 것.
제6조 본 협약에 관련하는 未悉細條는 대일본제국 대표와 대한제국 외부대
신 간에 臨機 協定할 것.[10]

이 〈제1차 한·일의정서〉는 대한제국의 독립과 황실의 안녕과 동양평
화의 확립을 형식상의 명분으로 내세우면서 ① 일제의 대한제국에 대한
내정간섭, ② 군용토지의 수용, ③ 한국정부의 일본편에 선 러·일전쟁 협
력, ④ 한국인의 소요나 무장활동에 대한 일본정부의 조치 시행 허용, ⑤
러시아와의 협정 체결 배제 등을 규정한 매우 일방적이고 침략적인 협정
으로서, 대한제국의 주권을 부분적으로 크게 침해한 협정이었다.

또한 일제는 남의 국토 위에서 러·일전쟁을 도발한 후, 이의 수행을
위한 군용철도로서 '경의철도' 부설을 결정하고, 1904년 3월 12일에 우선
용산 - 마포 간의 경의선 철도공사를 시작하였다. 일제는 서울로부터 신
의주까지의 철도부지와 驛舍 부지를 한국인들로부터 부당하게 무상과
거의 다름없는 아주 싼 값으로 수용했을 뿐 아니라, 철도부설와 군사물
자 운반을 위한 역부(인부)의 징발을 강행하였다.[11] 일본군 사령부는 대
한제국 내부에 압력을 가하여 함경도를 제외한 전국에서 역부를 징발
동원하였다.[12]

---

10) 《官報》(號外), 光武 8년(1904년) 3월 8일자(《舊韓國官報》 제13권, 亞細亞文化社版),
   p.217 참조.
11) 黃玹, 《梅泉野錄》(國史編纂委員會版), p.314 참조.
12) 金允植, 《續陰晴史》(國史編纂委員會版) 下卷, p.107 및 《皇城新聞》 1904년 8월 17일자,
   〈雜報(兩道募丁)〉 참조.

일본군의 한국인 역부 징발의 방법은 소정의 저렴한 임금을 주기로 하고 각도·각군별로 역부의 동원 인원을 배정하여 의무적으로 징발하는 방법을 택하였다. 예컨대, 최초의 경우만 들어도 황해도 信川郡에는 600명이 배당되었고,[13] 경기도 金浦郡과 陽川郡에는 각각 300명씩 배당되었으며,[14] 평안도 中和로부터 安州까지는 1만 1,600여 명이 징발 동원되었고,[15] 경기도 開城으로부터 金川까지는 1,349명이 동원되었다.[16] 한국인들의 반발이 있었는데도 일본군이 한국인 역부를 강제 배정·징발한 것은 즉각 한국인들의 광범위한 저항을 불러와 경기도 파주군을 비롯하여 전국 여러 곳에서 농민폭동이 일어나기 시작하였다.[17]

일제는 그뿐 아니라 한국에 침입시킨 일본군 중에서 제13사단과 추가 1개 여단, 기병 4개 중대와 2천 명의 헌병대를 차출하여 1904년 4월 3일 일본군의 소위 '한국주차군'을 편성하였다. 이것은 바로 2개 사단 규모로 확충되어 일제가 한국 주권을 침탈하는 데 필요한 무력으로 활동하기 시작하였다.

일제는 한국 주권침탈을 위한 현지 무력이 정비되자, 1904년 5월 31일 일본정부 내각회의에서 '帝國의 對韓方針', '對韓施設綱領'이라 불리는 한국에 대한 주권침탈과 이권침탈의 기본정책을 확립하여 일본 천황의 재가를 받았다. 일제의 이러한 침탈의 첫 사업의 하나로 일본정부는 1904년 6월 6일 주한 일본공사 林權助를 통해서 한국정부에 전국의 황무지개간권을 요구하는 '荒蕪地開拓權委任契約案'이라는 것의 승인을 강요했다.[18] 이것은 長森藤吉郎이라는 일본인에게 50년간 전국 토지의

---

13) 《皇城新聞》 1904년 8월 15일자, 〈雜報(信川民情)〉 참조.

14) 《皇城新聞》 1904년 8월 16일자, 〈雜報(募役致援)〉 참조.

15) 《皇城新聞》 1904년 8월 17일자, 〈雜報(平南情狀)〉 참조.

16) 《皇城新開》 1904년 8월 16일자, 〈雜報(開尹報告)〉 참조.

17) 《皇城新聞》 1904년 8월 16일자 〈雜報(募役致援)〉, 8월 29일자 〈雜報(高陽民援)〉, 8월 31일자 〈雜報(淸州民援)〉, 9월 1일자 〈雜報(交河民援)〉, 9월 16일자 〈雜報〉, 9일 17일자 〈雜報(始興援報)〉 참조.

18) 尹炳奭, 〈日木人의 荒蕪地開拓權要求에 대하여〉, 《歷史學報》 22, 1964 참조.

약 30퍼센트가 되는 미간지의 개간권과 그 수익권을 넘겨달라는 요구였
다.[19] 한국인들은 일제의 이러한 미간지 점탈 책동에 대하여 1904년 7월
13일 宋秀萬·沈相震 등이 중심이 되어 保(輔)安會를 조직해서 저항운동
을 시작하였다.[20]

일본군은 또한 7일 20일, 자의적으로 일제가 만든 소위 '軍事警察訓
令'에 의하여 일본군 점령지역에서 한국의 치안을 일본군이 담당한다고
통고해 왔다. 일본군은 서울과 경기도 일원에 '군사경찰제도'라는 군정
을 실시하고 함경도에 군정의 실시를 선포해서 일본군이 직접 한국인의
저항을 무자비하게 학살하고 탄압하였다.[21]

일제의 대한제국 주권침탈작전이 이와 같이 노골화하자, 허위와 그의
동지들은 마침내 의병을 일으켜 항일무장투쟁을 벌이기로 결의하고
1904년 음력 5월 5일(양력 6월 25일)자로 다음과 같은 통문을 전국 각지
에 발송하였다.

檄 文
백성들에게 삼가 大義를 통고한다. 우리들은《春秋》라는 역사책에서 복수
를 중요시하고 王은 疆土를 지키기에 힘써야 한다고 들었다. 怨讐가 있으되 復
讐를 아니하면 사람이 사람노릇을 할 수 없고, 國土가 있으되 지키지 못하면
나라가 나라노릇을 할 수 없다. 이것은 바로 古今에 통하는 것이다. 日本은 우
리나라에 대하여 전번에 두 번이나 王陵을 욕보였고, 近來 乙未事變으로 國母
를 弑害하여 우리의 怨讐가 되었으니, 저들과 같은 하늘 밑에서 살 수 없음은
어린아이와 부녀자도 모두 아는 일이다.
저들은 최근 龍岩浦事件으로 러시아인을 내쫓을 구실을 삼아서 義로운 깃
발을 올린다고 하여 돌연히 出兵해서 우리의 外部를 위협하고 '協約(제1차 한·
일의정서-인용자)을 체결하였다.
첫째, '施政을 개선하고 (일본의) 忠告를 받아들인다' 이것은 언뜻 보기에 좋
은 것 같으나 실은 우리의 內政을 干涉하려는 것이다.

19) 黃玹,《梅泉野錄》, pp.308~309 및 金允植,《續陰晴史》下卷, pp.99~100 참조.
20)《皇城新聞》1904년 7월 16일자,〈雜報(保安所函請)〉참조.
21) 金允植,《續陰晴史》下卷, pp.104~105 참조.

둘째, '大韓의 皇室 및 領土가 위험한 경우에는 필요한 臨機應變의 措置를 빨리 취한다' 이것은 겉으로는 우리를 위하는 것 같으나, 실은 우리의 國權을 빼앗으려는 것이다.

셋째, '軍略上 필요한 地點을 (일본이) 때때로 使用한다' 이것은 말과 행동이 어긋남을 나타내는 것이요, 우리나라를 집어삼키려는 뜻을 부드럽게 나타낸 것이다.

이 協約은 구절마다 (國際) 公法에 위배될 뿐 아니라, 全國의 利를 취하는 데 털끝 하나 놓치지 않았다. 西北地方의 漁採와 鐵道는 이미 저들의 손아귀에 들어갔으며, 말이 뛰어달리듯 우리 國土에 들어와 섞여 사니 國內가 황폐하게 되었는데, 여기에다 또 이 條約을 인정하였으니 一國의 疆土는 어찌 되는가. 義理로 보더라도 악독한 怨讐는 꼭 보복해야 하고, 時勢로 보더라도 疆土는 꼭 保存해야 한다. 앉아서 망하기를 기다리느니보다 온갖 힘을 다하고 마음을 합하여 빨리 計策을 세우자. 進軍하여 이기면 원수를 보복하고 國土를 지키며, 불행히 죽으면 같이 죽자. 백성의 마음이 團結하여 한 소리에 서로 應하면 勇氣가 백배하고 忠臣의 갑옷과 仁義의 창이 분발되어 곧 나아가니 저들의 强制와 오만은 꺾일 것이다. 여러 同志들에게 원하노니, 이 피쏟아지는 원한을 같이 하자. 비밀리 道內 각 同志들에게 빨리 通告하여 옷을 찢어 깃발을 만들고, 호미와 갈고리를 부셔 칼을 만들고, 곳곳에 모여 形勢가 서로 돕고 머리와 끝이 서로 닿으면 우리들은 義軍을 규합하여 順理에 쫓게 되니 하늘이 도울 것이다. 저들과 러시아 군대가 서로 싸우니 병사가 전쟁 때문에 서로 피곤하고 백성이 보급품 옮기기에 응접할 틈이 없다. 또 저들의 政黨·民黨이 서로 갈등하여 國論이 未定되니 이러한 難局은 틀린 戰略을 가져올 것이다. 이것이 바로 우리들의 必勝의 機會이니 때를 놓치지 말고 지지부진한 의심을 말자. 5월 그믐날 一時에 擧事하면 宗社가 다행하며 백성과 신하가 다행이다.

光武 8년 음력 5월 5일

發文	平理院判事	許蔿
	前議官	李相天
	農商工部商工局長	朴圭秉
	漢城裁判所首班判事	金璉植
	前參奉	鄭薰謨[22]

이 통문의 요지는 〈제1차 한·일협약〉의 침략성을 조목조목 들어서 신랄히 비판하고 일제의 주권침탈 작전이 시작되었음을 국민들에게 알리면서, 1904년 음력 5월 말일(양력 7월 12일)을 기한 의병봉기를 촉구한 것이었다. 즉 1904년 양력 6월 18일에는 허위 등이 의병봉기 촉구 통문을 서울과 경기도 일대를 비롯한 전국에 돌리고, 의병봉기의 기점을 양력 7월 12일 전후(음력 5월 그믐)로 지정한 것이었다.

이 통문에 대하여 《황성신문》은 1904년 7월 1일자 보도에서 排日倡義하자는 통문이 前 평리원 판사 허위 등의 이름을 빌려 13도에 발송하였는데, 이를 발견하면 소각해 버리라는 내부의 훈령이 나갔다는 요지로 다음과 같이 보도하였다.

何許人이 排日倡義하자고 十三道에 通文을 發送하얏는데 平理院 判事 許蔿氏等의 姓名을 偸冒하므로, 再作日 內部에서 各道에 發訓하야 檄文을 到卽燒火하도록 하얏더라.[23]

《황성신문》의 위의 보도는 몰래 도용한 허위의 이름을 '偸名'이라고 했으나, 실제로는 이 통문의 작성과 발송 배경에 허위의 지도와 지원이 있었음은 틀림이 없다. 이것은 이보다 6개월 뒤인 1904년 12월에 허위 등이 政友會라는 단체를 조직하여 앞장서서 매국단체 一進會를 공공연히 성토하고 〈一進會聲討文〉을 발표했는데, 이 성토문의 서명자는 許蔿·尹履炳·宋秀萬·李相天·鄭薰謨·朴正斌·金璉植 등이었다.[24] 즉 1904년 6월 비공개 의병봉기 통문의 서명자와 12월 공개된 '일진회성토' 격문의 서명자 대부분이 일치한다는 사실에서, 허위가 주도하는 이 집단이 의병봉기 통문의 작성자이고 발송자임을 알 수 있다.

허위 등의 이 통문이 발송되고 얼마 뒤인 1904년 7월 24일 정오경에

---

22) 《駐韓日本公使館記錄》 1904年度分 ; 《對日獨立宣言》(一又文庫), pp.62~64 참조.

23) 《皇城新聞》 1904년 7월 1일자, 〈雜報(僞文偸名)〉.

24) 《許蔿全集》(亞細亞文化社版), 〈旺山先生年報〉, p.535 참조.

는 마침내 서울 문 밖(동대문 또는 남대문 밖) 10리(韓里, 4㎞) 지점에 일단의 의병이 나타나서 8명의 일본군에 대하여 소총 수십 발을 사격하면서 공격한 후 사라진 사건이 발생하였다. 일본공사는 이 사실을 다음과 같이 전보로 본국에 보고하였다.

本日 정오가 지나자마자 門外 약 1里許의 處에서 我兵士 8명에 대하여 不意에 遠方으로부터 小銃 數十發을 放銃한 자들이 있다는 急報에 접하고 我軍 司令部에서는 목하 兵을 派하여 偵察중이다. 사실이 명료하게 되면 다시 電報하겠으나, 본관의 소견으로서는 이 역시 저들 무뢰잡배가 我等의 少數임을 깔보고 威喝的 行爲를 한 것이 아닌가 생각한다.[25]

여기서 주목할 것은, 일본군 8명을 소수라고 깔보았다는 데서 이 의병대가 8명보다 훨씬 더 많았다는 사실이며, 소총 수십 발을 발사했다는 사실이다. 이것은 의병대의 일본군에 대한 무장공격임이 명백하다. 즉 적어도 1904년 7월부터는 서울 근교에서 의병대의 봉기와 일본군에 대한 무장공격이 시작된 것이었다.

그리고 약 1개월 뒤인 1904년 8월 27일에는 의병 金聖三·李春勤·安順瑞 등이, 일본군이 군용철도로 부설 중인 경의철도를 폭파시켰다가 위의 3명은 일본군에게 체포되어 9월 21일 총살당하는 사건이 일어났다.[26] 일제측 자료는 이 사건을 다음과 같이 기록하였다.

8월 27일 韓國 龍山 부근에서 우리의 軍用鐵道에 방해를 가하였다가 체포된 匪賊 金聖三·李春勤·安順瑞의 3인, 9월 20일 軍法會議에서 사형선고를 받고, 21일 오전 10시 麻浦街道 鐵道 건널목의 왼쪽 山 기슭에서 총살되었다.[27]

---

25) 《日本外交文書》第37卷 第1冊, 文書番號 第680號, 1904年 7月 24日條, 在韓國林公使ョリ 小村外務大臣宛(電報) 〈排日集會解散事情報告 ノ 件〉, p.60.

26) 《皇城新聞》1904년 9월 23일자, 〈雜報(抗辨無及)〉 참조. 또한 《朝鮮日報》1986년 3월 29일자에서 韓鎭洙 씨(87세, 대한노인회 마포지부장)의 증언에 의하면, "해방전 고종사촌형 吳基善씨와 동네 어른들로부터 3의사가 당시 龍山驛에 있던 日本軍補給 기지창을 暴破하려다 그것이 여의치 않자 京義鐵道에 暴發物을 매설, 鐵路를 暴破시켰다는 말을 했다. 당시 파손된 鐵道를 원상복구하는 데 20여일이 걸렸다고 들었다" 참조.

또한 《대한매일신보》는 이 사건을 다음과 같이 보도하였다.

> 京義鐵道 방해하는 자 김성삼·이춘근·안순서 3명을 본일 상오 10시에 日
> 本將官들이 孔德里에 나가서 砲殺하였더라.[28]

의병은 서울과 경기도에서만 봉기한 것이 아니라 경부철도 부설에 한
국인 역부의 강제동원이 자심했던 평안도 지방에서도 일어났다. 1904년
8월 평안북도 安州에서 일단의 의병대가 국민들의 '倡義'를 호소하면서
일본군 병참부를 습격했다가 이 중에서 5명은 일본군에게 생포되어 8월
28일(음력 7월 18일) 일본군에게 총살당하였다.[29]
김윤식의 《속음청사》는, 평안북도의 여러 군에서 1904년 12월에 의병
이 봉기했고, 이것은 柳麟錫의 영향임을 다음과 같이 기록하였다.

> 平安北道 여러 郡들에서는 도처에서 義兵이 蜂起하여 邑마다 召募하였다.
> 乙未義兵將 柳麟錫은 丙申年間에 강을 건너 (만주로) 넘어갔다가 그 후 강을
> 건너 돌아와서 价川에 거주했는데, 이번의 義兵 역시 이 사람으로부터 나왔다.
> 대개 一進會를 打破하고자 한 것이었다.[30]

의병봉기의 움직임은 강원도에서도 대두하였다. 강원도에서는 1904년
8월 28일(음력 7월 18일)자로 된 통문이 春川에 나붙었다. '皇城(서울)義
兵所 金'의 명의로, 일제의 황무지 개간권 침탈 시도와 역부 강제 징발
을 규탄하고 음력 8월 초10일(양력 9월 19일) 砲軍을 모집하여 의병을 일
으켜서 경기도 驪州에 모여 서울로 진군하자는 내용이었다.[31]
또한 김윤식의 《속음청사》는 1904년 12월 21일 그에게 전달된 소식으
로, 전라도에서는 奇宇萬을 대장으로 한 의병이 봉기했고, 충청도에서는

---

27) 《日露戰爭寫眞畵報》第10卷의 사진 설명문.
28) 《大韓每日申報》 1904년 9월 21일자, 〈잡보(포살삼인)〉.
29) 《皇城新聞》 1904년 9월 8일자, 〈雜報(五民銃殺)〉 참조.
30) 金允植, 《續陰晴史》 下卷, p.121 참조.
31) 《皇城新聞》 1904년 9월 15일자, 〈雜報(匿名稱義)〉 참조.

公州儒會에서 의병을 일으켜 일진회를 공격했으므로 다수의 사상자가 발생했다고 기록하였다.[32] 1905년 양력 1월부터 그의 일기에는 전국 각지에서 일어난 의병봉기 기록이 더 자주 줄을 이어 나오고 있다.

1904년 7, 8, 9월에 전국 각 지방에서 의병봉기가 시작되었다는 사실은, 1904년 9월 23일 정부회의에서, 대한제국 정부가 '의병'과 동학(여기서는 일진회를 의미)을 효유하기 위해 각 도에 순찰사를 파견하기로 결정한 사실에서도 이를 간접적으로 확인할 수 있다.

三昨日 政府會議에서 各道 東學과 義兵을 曉諭鎭壓하기 위하야 巡察使를 擇差하기로 取決하고 奏本하얏는데 京畿道에 趙慶灈, 忠淸道에 鄭寅杓, 慶南에 李聖烈, 慶北에 丁奎會, 全南에 安鍾悳, 全北에 朴齊斌, 江原道에 韓鎭昌, 黃海道에 洪祐晳씨 등이더라.[33]

대한제국 정부가 1904년 9월 전국 각 도에 의병과 동학을 효유하고 진압하기 위한 순찰사를 파견했다는 사실은, 그 이전에 전국 각 지방에서 의병봉기가 있었기 때문에 정부회의에서 이러한 목적의 순찰사 선임과 파견이 결정된 것이었음은 물론이다.

갑오·을미의병을 별도로 할 때, 종래 학계에서는 한말 의병운동이 1905년 5월 강원도 원주에서 일어난 元容八 의병대의 봉기로 시작된다는 해석을 정립해 왔다. 그러나 위의 자료와 사실들을 보면 한말 의병운동 봉기의 기점은 이보다 적어도 1년 앞서 1904년 7·8월 서울·경기지방의 의병봉기에서 시작된 것이라는 새해석을 정립할 수 있다.[34]

그리고 주목해야 할 것은, 이러한 1904년 7·8월 한말(대한제국 수립 이후) 최초의 서울·경기지방의 의병봉기는 허위 등이 작성하여 1904년 6월 18일(음력 5월 5일)자로 전국에 발송, 양력 7월 12일(음력 5월 말일)을 기하

---

32) 金允植,《續陰晴史》下卷, p.121 참조.

33)《皇城新聞》1904년 9월 26일자,〈雜報(巡察差下)〉참조.

34) 愼鏞廈,〈韓末 義兵運動의 起點에 대한 新考察〉,《韓國近代民族運動史研究》(一潮閣), 1988 참조.

여 倡義하자는 통문에 호응하여 봉기한 것임을 알 수 있다. 허위 등은 1904년 한말 최초의 의병봉기에 결정적인 역할을 하였던 것이다.

허위는 경상북도 선산 출신이며 여기에 생활기반이 있었다. 후일 허위의 항일의병부대 편성은 경기도 漣川·積城 일대에서 이루어져 '경기의병'이라는 별칭으로 불리기도 했는데, 허위가 경기의병 대장으로 추대된 것도 이 의병봉기 통문 발송 세력과 직결된 것이라고 생각된다. 즉 허위는 1904년 한말 최초의 서울·경기지방의 의병봉기를 촉구한 통문의 책임자였고 배후 지도자였으며, 이때에 이미 후일에 허위 의병부대의 주요 간부·의병장이 된 朴正斌, 李殷瓚 등과 동지적 결속이 굳게 이루어졌으며, 허위가 경기도 지방에서도 의병운동의 지도자로 이때 부상했던 것이라고 해석된다.

3. 허위 의병부대의 편성과 초기 활동

許蔿는 일제가 도발한 러·일전쟁이 진행되는 도중에 一進會라는 매국단체가 조직되어 일제에게 협력하면서 그에 매수되어 매국행위를 자행하자, 일진회를 타도하기 위하여 1904년 12월 '政友會'를 창립하였다.[35]

허위는 일진회를 타도하기 위하여 맹렬한 조직 활동을 하였다. 《대한매일신보》는 허위 등의 일진회 타도운동 준비에 대해 다음과 같이 보고하였다.

　一進會 反對黨 李容泰·許蔿·申箕善씨 이하 제인이 一進會를 打破할 계획으로 장정 5·600명을 매일 2원씩 출급 고용하야 斷髮 입회케 하되 暮夜無知에 회장 이하 주모자 수십 명을 타살하고 그 餘黨을 일병 포박코자 하난데, 此計를 一進會에서 告知하고 근일 계엄이 타일보다 尤甚하다더라.[36]

---

35) 《大韓每日申報》 1904년 12월 24일자, 〈雜報(政友會)〉 참조.
36) 《大韓每日申報》 1905년 1월 1일자, 〈雜報(妙計綻露)〉 참조.

허위는 이와 동시에 일본 제국주의가 우리의 국권을 침탈하려고 매국 간당들과 결합하여 악행을 자행하고 있으니 전국민이 나라의 독립을 지키기 위해 발분하고 궐기해야 한다고 호소하는 격문을 전국 13도에 발송하였다. 朴殷植의 《韓國痛史》는 이때의 허위 등의 격문을 다음과 같이 기록하고 있다.

방금 韓·日間 교섭은 東方安危의 분기점이다. 마땅히 好誼를 돈독히 하고 진심으로 相孚하여 輔車가 相依하고 魯衛가 相親함과 같은 연후라야 東方의 勢力이 강화하고 俄人의 탄병을 면할 것은 비단 일본의 희구뿐 아니라 我韓의 소원이라. 다행히 일본 황제가 宏謀遠慮로써 만리에 출사하여 노고를 불탄하고 滿洲 旅順을 공략하여 탐포한 俄鋒을 파쇄하고 我國과 修好하여 我疆土를 보전하고 我獨立을 공고히 하고자 하니 我韓人이 감격하여 東亞의 안정이 此戰에서 완성된다 하더니, 의외에도 使臣된 인사가 적당치 못하여 約書가 결정된지 未幾에 그 취지를 변혁하여 貧鄙賣國하는 奸黨들과 결합하여 我皇上을 위협하고 我國權을 攘奪하여 전국의 이익을 여지없이 掌握에 수탈하고 정부 大臣의 黜陟에 無不干涉하여 賄賂가 公行하고 舘庭이 成市하며 그 所愛者는 비록 간악배라도 顯用을 권하고, 그 所憎者는 비록 선량인이라도 改遞를 고하여 我皇上 維新의 治를 방해하며, 다시 그 兵民이 我境에 入하여 횡포 악행이 俄人의 貪殘에 비하여 倍過함에도 불구하고 방임하여 禁遏치 않으니 친선을 도모한다는 약속이 어찌 여차하리요. 이대로 방치하면 我三千里 疆土를 呑倂하고 我二千萬 生靈이 魚肉이 될 것이니, 설령 俄人이 동양에 肆志할지라도 그 危禍가 此境에 不至할지라. 비유컨대 도적이 隣家에 침입하거늘 대신으로 축출하고 그 공덕을 빙자하여 그 家産을 전부 탈취하면 家主된 자는 도리어 도적에게 잃음만 못하리니, 현하의 정세가 어찌 이와 相異하리오. 한국이 비록 피폐하나 이천만 인구가 同心齊憤하고 激發義氣하여 方死의 地에서 生을 구하고 將亡의 時에서 存을 圖하면 어찌 强弱을 計較하리오. 비록 氣盡力屈할지라도 束手待死하고 縮頭待亡함보다 나을 것이 아닌가. 저 日人의 탐포한 소행을 每擧기 난하나 今에 大槪를 적기하여 十三道 同胞에게 고하노니, 원컨대 제군자는 목전 일일의 安을 偸치 말고 協力發憤하여 我宗社를 공고히 하고 我 生靈을 安保케 하여 천하 萬國에 수치를 면케 하라.……[37]

허위가 정우회를 조직하여 본격적인 反일진회 투쟁을 전개하기 시작
하자, 다급해진 일제 한국주차군 헌병대사령부는 1905년 1월 초에 허위
를 구속하였다. 그간 일제는 격문 사건을 조사하다가 그 최고 주모자가
허위이며 반일제·반일진회 운동의 지도자임을 알고 그를 체포하여 투
옥한 것이었다.[38]

일제는 허위가 반일제 국권수호투쟁을 전개하는 것을 우려하여 허위
를 일제 헌병대에 구금해 둔 채 대한제국 정부와 황제에게 압력을 넣어
허위를 의정부 참찬 자리에서 사임하게 한 뒤 석방하였다. 허위는 2개월
간 집에서 나라의 앞날을 걱정하며 시국을 개탄하고 있던 중, 광무황제
의 배려로 秘書院丞에 임명되었다.[39] 그러나 일제는 가만히 있지 않았
다. 이때 勉庵 崔益鉉이 상소를 올린 글 속에서 〈한·일의정서〉를 비판
하고 일본을 '隣敵'이라 불렀다고 하여 최익현에 대한 조사를 하면서, 일
제는 허위도 그에 관련되어 있다고 주장하였다. 일본공사 鹽川은 공사
관으로 허위를 초청하여 배일운동을 중단할 것을 요청했으나, 허위는
"우리나라를 위하여 독립을 보전코자 열심하는 것은 당연하다"며 이를
당당히 거절하였다.[40]

일제는 1905년 3월 11일 〈한·일의정서〉를 반대하는 배일운동을 했다
는 이유로 崔益鉉·金鶴鎭·許蔿 3인을 일제 헌병대에 구금하였다.[41] 일
제는 이튿날 김학진을 석방하고, 다시 그 다음날 최익현을 석방했으나,
허위는 끝까지 석방시켜 주지 않았다. 일제는 허위를 무려 4개월 동안
일제 헌병사령부에 구금해 두었으나, 허위는 조금도 굴복하지 않았다.
일제는 할 수 없이 허위를 4개월여 만인 1905년 7월 13일 석방한 다음,
그의 구국운동을 봉쇄하려고 일제 헌병의 경호 아래 허위를 강제로 귀

37) 朴殷植,《韓國痛史》;《朴殷植全書》上卷, pp.222~223.
38)《駐韓日本公使館記錄》1904年 7月 2日條,〈聽取書〉참조.
39)《皇城新聞》1905년 3월 3일자,〈雜報(秘丞恩命)〉참조.
40)《皇城新聞》1905년 3월 14일자,〈雜報(鹽川質問)〉참조.
41)《皇城新聞》1905년 3월 14일자,〈雜報(三臣被押)〉참조.

향시켰다. 《대한매일신보》는 이 사실을 다음과 같이 보도하였다.

許參贊 蔿씨가 19일 상오 9시에 경부철도 제2열차를 탑승하고 善山 향제로 日憲兵 2명이 보호하야 下去하얏다더라.[42]

허위는 일제 헌병대에 의해 고향에 강제 압송당한 후 경상북도 知禮郡 三道峰 밑에서 일제 관헌의 감시를 받으며 연금된 상태의 은거생활을 하였다. 그러던 중 1905년 11월, 이른바 〈을사5조약〉을 강요하여 일제가 국권을 강탈했다는 하늘이 무너지는 것과 같은 소식을 들었다.

허위는 통분을 이기지 못한 채 은거지를 몰래 떠나서 경상남북도·전라남북도·강원도·경기도 일대를 돌면서 다수의 동지 유생들과 접촉하여 대응책을 마련하려고 하였다.[43] 이때 그가 접촉한 대표적 인물들을 몇 사람 들면, 남으로는 郭鍾錫, 북으로는 玄尙健·李學均, 서로는 柳麟錫 등과 같은 인물이었다.[44] 허위는 이때 국권회복운동에의 궐기를 호소했으며, 뒤에 경상도에서 의병장으로 활약한 鄭煥直에게 자금 2만 냥을 주선해 주어 국권회복운동에 사용하도록 돕기도 하였다.[45]

허위가 국권회복을 위한 창의를 호소하며 암약하던 중, 《旺山許蔿先生擧義事實大略》에 의하면, 허위는 1907년 4월에 광무황제로부터 창의하라는 내용의 衣帶詔를 받았다고 한다.[46] 그 사이 일제의 한국 식민지화를 위한 침략은 더욱 급진전되었다. 일제는 통감부를 설치하고 대한제국을 반식민지로 만들었다가 '헤이그 밀사사건'을 구실로 하여 1907년 7월 19일 고종을 강제 양위시키고, 7월 24일 소위 〈정미7조약〉을 늑결하여 일본인의 '차관통치'를 시작했으며, 7월 31일에는 한국군의 군대해산 조칙을 발표하고, 8월 1일에는 훈련원에서 한국군의 군대해산식을

42) 《大韓每日申報》 1905년 7월 21일자, 〈雜報(許氏去矣)〉.
43) 《暴徒史編輯資料》 隆熙 2年 10月 1日條, 〈慶尙北道觀察使朴重陽報告〉 참조.
44) 《駐韓日本公使館記錄》 1909年 4月分, 〈憲兵隊機密文書〉 참조.
45) 《旺山許蔿先生擧義事實大略》; 《독립운동사자료집》 제2권, p.240 참조.
46) 〈旺山先生文集年譜〉, 《許蔿全集》(亞細亞文化社), p.536 참조.

강행하였다. 이것은 한국민족을 완전히 무장해제시켜 무방비 상태로 만들어서 대한제국을 완전식민지로 강점하려는 준비작업이었다.

그러나 한국군은 일제의 이 군대해산에 복종하지 않았다. 대대장 朴昇煥이 일제의 한국군 해산에 항의하여 8월 1일 아침 자결한 것을 신호로 해서 시위대 제1연대 제1대대가 봉기했으며, 뒤이어 제2연대 제1대대도 南相惠의 지휘 아래 서소문 일대에서 일본군과 치열한 교전을 전개하였다. 이들은 탄환이 떨어지자 각지에 흩어져서 후에 거의 대부분이 의병부대에 합류하여 의병으로 전환하였다. 뒤이어 8월 5일에는 原州鎭衛隊가 해산을 거부하여 특무정교 閔肯鎬와 대대장 대리 金德濟의 지휘하에 봉기하였다. 그들은 두 부대로 나누어 민긍호부대는 약 1천 명이 제천·충주·죽산·장호원·여주·홍천 방면으로 진출하여 항일무장투쟁을 전개했으며, 김덕제부대는 약 600명이 평창·강릉 방면으로부터 양양·간성·홍천 방면으로 진출하여 의병활동을 전개하였다. 뒤이어 8월 9일에는 江華鎭衛隊의 장병들이 해산을 거부하고 봉기하였다. 그들은 부교 池弘允과 延基羽 등의 인솔 아래 무기고를 점령하여 주민들과 함께 약 600명이 무장하고 강화읍을 점령한 다음, 일본군과 치열한 교전을 하여 일본군을 물리치고 경기도와 황해도 방면으로 진출하여 의병활동을 전개하였다. 이 밖에도 洪州分遣隊(청주진위대 소속)·晉州分遣隊(대구진위대 소속)·安東分遣隊(대구진위대 소속)·北靑鎭衛隊의 병사들이 해산을 거부하고 봉기를 시도하다가 지휘관들에 속아 무장해제를 당했으나, 그들은 해산 후 귀가한 다음 다수가 의병부대에 들어가 합류하여 의병이 되었다.[47] 이에 대하여 일제측 자료도 "해산 당시는 폭동을 일으키지 않은 자까지도 해산 후 포도로 되어 한국 각지를 교란하여 일본인의 피해가 심하고, 수년 사이에 한국의 지방은 모두 이 해산병의 포도화에 의해 위험지역으로 변했다"[48]고 기록하였다.

---

47) 愼鏞廈, 〈閔肯鎬義兵部隊의 抗日武裝鬪爭〉, 《한국독립운동사연구》 4, 1990 참조.
48) 釋尾東邦, 《朝鮮併合史》, 1926, p.385.

일제에 의해 강제 해산당한 군인들의 봉기와 의병으로의 전환은 〈을사5조약〉 늑결 후 丙午義兵이 퇴조하고 있던 기세에 새로운 활력을 불어넣은 것이 되었다. 직업군인들의 의병부대 합류는 의병부대들로 하여금 실질적 전투능력을 갖게 하여 의병운동이 본격적인 국권회복전쟁이 되게 하였다. 이에 따라 전국 각지에서 유생들 및 농민들과 각계각층의 국민들이 무수히 의병을 일으켜 의병무장투쟁은 새로운 고양기에 들어가게 되었다.[49]

허위는 이때가 바로 총을 들고 의병부대를 편성하여 항일무장투쟁을 본격적으로 결행할 시기라고 판단하였다. 이에 허위는 우선 먼저 金溱默·王會鍾 등과 함께 1908년 9월 경기도 漣川·積城 등지에서 의병을 일으켰다. 황현은 "전 참찬 허위가 연천에서 의병을 일으켜 민긍호·이강년과 상응해서 兵聲이 크게 떨치었다"[50]고 기록하였다. 허위는 주로 경기도 漣川·積城·楊州·坡州·開城·朔寧·安峽·兎山·伊川 등에서 다수의 의병을 모집하여 의병부대를 편성 강화하고, 경기도의 위의 지역을 근거지로 삼았다.[51]

《대한매일신보》는 허위 의병부대의 의병모집 실황을 다음과 같이 보도하였다.

(……) 義兵은 積城·朔寧·安峽·兎山 등지에서 壯丁을 모집하는데 수효는 목하에 4, 500명에 달하였다고 하고, 15일 이천군에 義兵 500명이 襲來한다는 報를 聞하고 該郡守는 군내에 武器를 수합하야 何時든지 피란한다 하며, 義兵은 平康·新溪 방면으로 출몰하야 檄文을 秘傳하는데 대략 如左하니, '대저 日本은 壬辰 이래로 韓國人의 敵이 되어 數十年來로 각지에 侵入 橫行하니, 日

49) 成大慶, 〈韓末의 軍隊解散과 그 蜂起〉, 《成大史林》 1, 1965.
   金義煥, 〈丁未年(1907) 朝鮮軍隊解散과 反日義兵鬪爭〉, 《鄕土서울》 26, 1966.
   朴成壽, 〈1907~1910年間의 義兵戰爭에 대하여〉, 《韓國史硏究》 1, 1968.
   姜在彦, 〈反日義兵運動の歷史的展開〉, 《朝鮮近代史硏究》, 1970 참조.
50) 黃玹, 《梅泉野錄》, p.439.
51) 《大韓每日申報》 1907년 9월 7일자, 〈雜報(地方消息)〉; 9월 13일자, 〈雜報(坡州)〉; 9월 14일자, 〈雜報(地方消息)〉; 9월 22일자, 〈雜報(地方消息)〉 참조.

人과 混居하던 한국인민이 滅亡에 至할 것인고로 인민을 구제하기로 義兵을 모집하얏사오니 錢穀 物品을 隨力 寄附하라' 하얏다더라.[52]

허위 의병부대는 1907년 9월에 편성된 후, 한편으로 강화분견대의 해산군인인 연기우 부대를 포섭하여 전투능력이 크게 강화되었으며, 강원도 일대에서 활동하던 해산군인인 김규식 부대를 포섭하여 군세를 크게 떨쳤다.[53]

허위 의병부대가 편성된 후 1907년 9월부터 11월 중순까지 전개한 초기의 주요 항일무장투쟁을 간추려 보면 다음과 같다.

① 1907년 9월 : 鐵原里을 점령하고 漣川郡 우편취급소장을 비롯한 다수의 일본인을 총살.[54]

② 1907년 9월 : 抱川郡 외북면에서 일본군 70명과 교전, 이를 소탕.[55]

③ 1907년 10월 : 抱川 일본군 수비대와 교전.[56]

④ 1907년 10월 : 병력 약 300명을 투입해서 安峽邑을 점령하고 일진회 회원들을 색출하여 총살.[57]

⑤ 1907년 11월 : 병력 약 300명을 투입하여 포주군 高子村에서 일본군 1개 소대와 교전하여 이를 소탕.[58]

⑥ 1907년 11월 : 병력 약 300명을 투입하여 철원읍을 재차 점령하고 우편취급소를 소각했으며, 일본인 순사와 친일파들을 소탕.[59]

일제측의 자료는 그 후 허위 의병부대의 초기 활동에 대하여 다음과 같이 기술하였다.

---

52) 《大韓每日申報》 1907년 9월 21일자, 〈雜報(地方消息)〉 참조.
53) 《旺山許蔿先生擧義事實大略》 ; 《독립운동사자료집》 제2권, p.241 및 p.705 참조.
54) 《暴徒史編輯資料》 隆熙 2年 11月 18日條, 〈江原道觀察使李圭完報告〉 참조.
55) 《大韓每日申報》 1907년 10월 1일자, 〈雜報(地方消息)〉 참조.
56) 《大韓每日申報》 1907년 10월 3일자, 〈雜報(地方消息)〉 참조.
57) 《暴徒史編輯資料》 隆熙 2年 11月 18日條, 〈江原道觀察使李圭完報告〉 참조.
58) 《大韓每日申報》 1907년 11월 12일자, 〈雜報(地方消息)〉 참조.
59) 《暴徒史編輯資料》 隆熙 2年 11月 18日條, 〈江原道觀察使李圭完報告〉 참조.

　피고(許蔿)는 前議政府參贊인데, 때마침 같은 목적으로 이미 내란을 일으키
고 경기도 朔寧郡에 집결하여 陣을 친 金溱默·王會鍾 등이 초빙하여 맞이하
는 것을 기회로 隆熙元年 음력 8월 그들의 陣으로 갔으며, 그 후 다시 각기 수
백 명의 부하를 가진 적괴 金奎植·延基羽·黃淳一·黃在浩·李麟榮 朴宗漢·
金春(俊)洙·李鍾協·李弘應 등을 규합하여 軍師의 지위에서 작전 방략을 짜고
이를 각 部長에게 가르치며 부장을 지휘하여 隆熙 2년 5월까지 朔寧·楊州·長
湍·鐵原·春川·兎山 등의 군내에서 十數回 討伐軍과 交戰하다.……[60]

　허위 의병부대는 이와 같이 의병무장투쟁을 전개하는 한편, 정치외교
활동과 선전사업도 전개하였다. 의병장 허위는 1907년 음력 9월 24·25
일경 13도 인민들과 각국 영사관에 보내는 격문을 작성해서 부하 대장
金範浩를 서울에 잠입시켜 각국 영사관에 보내고, 《대한매일신보》에도
보내어 게재하게 하였다.

　본인(許蔿의 부장 李秉埰 - 인용자)이 許蔿와 같이 있을 당시(작년 음력 9월
24~25일경) 許蔿는 十三道人民과 各國領事館에 보낼 檄文을 작성하여 부하
대장 金範浩로 하여금 送達하게 했으나 그는 世事에 어두움을 들어 每日申報
社로 하여금 송부할 것을 제의하였음. 金範浩는 許蔿가 抱川 逍遙山에 있는
興國寺의 陣中에 있을 때 돌아와서 그 所任을 다하였음을 보고하였음.[61]

　허위의 이와 같이 《대한매일신보》를 통한 격문의 선전활동은 의병운
동을 고양시키는 데 상당한 공헌을 하였다.

　많은 暴徒들은 《大韓每日申報》의 檄文에 의하여 분개하고 일어난 자들로
서 지금 그 姓名을 일일이 列擧하기는 곤란하나, 그 중 저명한 자의 예를 들면
작년 許蔿의 軍에 몸을 던진 楊州人 李東燮으로서 그는 항상 《大韓每日申
報》를 읽고 분개했으며, 특히 그 社說에 느낀 바가 커서 술을 마시고 격분한

---

60)〈義兵抗爭裁判記錄〉;《獨立運動史資料集》別集 1, pp.450~451.
61)《駐韓日本公使館記錄》〈警秘發 第786號〉, 隆熙 2年 6月 4日條,〈大韓每日申報卜暴
　徒〉.

나머지 드디어 義兵이 되었다고 하였음.[62)]

허위 의병부대는 바로 서울을 둘러싼 경기도 일대에서 활동했기 때문에 일제에게 매우 큰 위협이 되었다. 뿐만 아니라 허위 의병부대의 세력은 날로 증가하여 1907년 12월 초에는 병력이 수천 명에 달하게 되었다.

加平郡 先登山 중에는 義兵 수천 명이 주둔하였는데, 그 수령은 許蔿·趙天明이라.[63)]

허위 의병부대는 이와 같이 바로 서울 부근의 경기도 일대에서 항일무장투쟁을 전개하면서 이웃 각지에 있는 다른 의병부대들과 기회가 있을 때마다 긴밀한 연락을 하고 있었다.

4. 허위 의병부대의 '十三道倡義大陣所' 참가와 麻田戰鬪

군대해산 후 각지에서 봉기한 의병부대들과 의병장들은 부대별로 국권회복을 위한 의병전쟁을 전개하면서 상호간에 긴밀한 연락을 취하고 있었다. 허위 의병부대는 특히 이인영 의병부대와 긴밀한 연락을 취하고 있었다. 《대한매일신보》는 각 지역 의병부대들과 의병장들의 상호 연락·연계관계를 다음과 같이 설명하였다.

平安道 의병은 黃海道 義將 朴基燮과 연락하고, 황해도 의병은 長淵 의장 金秀敏과 相連하고, 김수민은 鐵原 의장 前參尉 金奎植과 相通하고, 김규식은 積城·麻田 의장 許蔿와 相通하고, 許蔿는 砥平·加平 등지의 李麟榮과 通涉하고, 이인영은 堤川·永同 등지의 李康年과 相通하고, 이강년은 原州 등지의

---

62)《駐韓日本公使館記錄》,〈警秘發 第786號〉, 隆熙 2年 6月 4日條,〈大韓每日申報卜暴徒〉.

63)《大韓每日申報》1907년 12월 1일자,〈雜報(地方消息)〉참조.

의장 閔肯鎬와 連接되어 互相通牒한다 하고……[64]

전국 각 지방 의병부대들의 이러한 긴밀한 상호연락의 조건 위에서 허위 의병부대와 이인영 의병부대는 전국의 의병부대들이 분산적으로 싸우지 말고 하나의 통합된 지휘부 밑에서 항일무장투쟁을 전개하면서 경기지방에 모여 서울에 진입하여 서울을 탈환해서 일제 통감부와 담판을 하고 일제를 한국에서 몰아내는 연합작전을 추구하였다. 당시 서울 부근의 중부지방에는 경기도의 허위 의병부대, 강원도의 이인영 의병부대와 민긍호 의병부대, 그리고 강원도와 충청북도의 접경지대에서 이강년 의병부대가 4대 의병부대로서 맹렬하게 항일무장투쟁을 전개하고 있었으며, 그 밖에 다수의 작은 의병부대들이 유격전을 전개하고 있었다.

따라서 의병연합운동은 허위 의병부대·이인영 의병부대·민긍호 의병부대·이강년 의병부대가 중심이 되어 추진하고 단결하면 형성될 수 있는 것이었다. 다행히 이인영 의병부대의 중군장 李殷瓚은 허위가 1895년 을미의병을 일으켰을 때 의병부대의 동지였으므로,[65] 두 주력부대 사이에는 연합운동의 합의가 쉽게 이루어질 수 있었다.

허위 의병부대와 이인영 의병부대 사이에 먼저 충분히 사전 협의와 합의가 이루어진 후에, 이인영은 1907년 음력 10월(양력 11월) 전국 13도의 의병장들에게 통합사령부(창의대진소)와 의병연합부대를 창설하여 서울을 향해서 진군하기 위해 경기지방(楊州 부근)에 집결할 것을 호소하는 다음과 같은 격문을 서북 양도(평안도와 함경도)를 제외한 전국에 발송하였다.

用兵의 요체는 그 孤獨을 避하고 一致團結하는데 있은즉, 各道의 義兵을 統一하여 潰堤之勢를 타서 近畿에 犯入하면 天下를 들어 우리의 家物이 되게 할 수는 없을지라도 韓國(問題)의 解決에 有利함을 볼 수 있을 것이다.[66]

64) 《大韓每日申報》 1908년 11월 28일자, 〈雜報(地方消息)〉.
65) 《旺山許蔿先生擧義事實大略》;《독립운동사자료집》 제2권, p.234, 793 참조.

이인영의 이 격문에 호응하여 1개월 사이에 경기도 楊州 부근에 모인 의병 총수는 48陣에 약 1만 명이 되었다.[67] 그 내역을 보면, 강원도 의병이 민긍호 의병부대 2천 명과 이인영 의병부대 1천 명을 비롯해서 모두 약 6천 명이었고, 경기도의 허위 의병부대가 약 2천 명, 충청도의 이강년 의병부대가 약 500명, 황해도의 권중희 의병부대가 약 500명, 평안도의 방인관 의병부대가 약 80명, 함경도의 정봉준 의병부대가 약 80명, 전라도의 문태수 의병부대가 약 100명 등 모두 48진에 약 1만 명이었다.[68] 이인영은 이 1만 명 가운데 해산군인의 숫자가 민긍호 의병부대에 포함된 800명, 李殷瓚·李球采가 인솔하고 온 80명, 서울·강화·청주의 해산군인 등 당시 약 3천 명 정도였다고 설명하였다.[69] 이때 양주에 모인 1만 명의 의병들 가운데에서 단위부대로서는 경기도의 허위 의병부대와 강원도의 민긍호 의병부대가 각각 2천 명으로서 가장 큰 의병부대였음을 알 수 있다.

이인영의 격문에 호응하여 1907년 음력 11월(양력 12월) 경기도 양주에 모인 의병장들은 회의를 열어 의병연합부대로서 '13도창의대진소'를 편성하고 관동창의대장 이인영을 '13도창의총대장'으로 추대하였다. 이에 1907년 음력 11월, 경기도 양주에서 전국적인 의병연합부대로서 '13도창의대진소'가 성립된 것이었다.

13도창의총대장 이인영은 이어 각 의병부대에 도별로 陣名을 내리고 지휘체계를 처음에 다음과 같이 정비하였다.[70]

十三道倡義總大將	李麟榮	全羅倡義大將(전라도)	文泰守
湖西倡義大將(충청도)	李康年(秊)	嶠南倡義大將(경상도)	申乭石

---

66) 《大韓每日申報》 1909년 7월 29일자, 〈義兵總大將 李麟榮氏의 略史(續)〉.

67) 〈十三道倡義大將李麟榮逮捕の件〉; 《朝鮮獨立運動》(金正明 編) 제1권, p.38 참조.

68) 朴殷植, 《韓國獨立運動之血史》; 《朴殷植全書》 上卷, p.466 및 〈第3回 李麟榮問答調書〉; 《朝鮮獨立運動》 제1권, p.52 참조.

69) 〈第3回 李麟榮問答調書〉; 《朝鮮獨立運動》 제1권, p.53 참조.

70) 〈第3回 李麟榮問答調書〉; 《朝鮮獨立運動》 제1권, p.51 참조.

| 鎭東倡義大將(경기도·황해도) | 許蔿·(亞將)朴正斌 | 關東倡義大將(강원도) | 閔肯鎬 |
| 關西倡義大將(평안도) | 方仁寬 | 關北倡義大將(함경도) | 鄭鳳俊 |

또 각 의병부대는 '倡義留陣所'라는 이름을 갖게 되었다. 예컨대 허위 의병부대는 공식적으로 '鎭東倡義留陣所'라는 이름으로 불리게 되었다.

한편《대한매일신보》는 1개월 뒤인 1908년 1월 초순(음력 전년 12월), 이인영의 최초 설명과는 달리, '13도창의대진소'의 편성을 다음과 같이 기술하였다.[71]

十三道倡義大陣所總大將	李麟榮	軍師長	許 蔿
關東倡義大將	閔肯鎬	湖西倡義大將	李康年(秊)
嶠南倡義大將	朴正斌	鎭東倡義大將	權重熙
關西倡義大將	方仁寬	關北倡義大將	鄭鳳俊

《대한매일신보》가 기록한 13도창의대진소 의병연합부대의 조직에는 새로 '군사장' 직책이 나타나고, 여기에 바로 진동창의대장이었던 허위 가 선임되고 있다. 그리고 진동창의대장에는 권중희가 선임되었고, 교남 창의대장이 신돌석으로부터 박정빈으로 교체되었으며, 전라창의대장 문 태수의 이름이 보이지 않고 있다.

두 자료에 차이가 생긴 이유는 이인영이 처음 13도창의대진소를 편성 했을 때에는 격문에 호응하여 경기도 양주에 도착 예정인 각 도 의병부 대들을 망라해서 각 도별 간부진을 편성했지만, 일본군과 치열한 교전 때문에 신돌석 의병장과 문태수 의병장이 기일 안에 양주에 도착할 수 없었으므로 약간의 개편을 단행했기 때문이라고 이해된다.

또한 여기서 반드시 지적해 두어야 할 것은 '13도창의대진소'가 성립 되었다 할지라도 이 통합사령부가 당시 전국의 수많은 의병부대들을 실 제로 총지휘한 것은 아니라는 사실이다. 당시 전국 각 지방에는 수많은 의병부대들과 의병장들이 있었으며, 그들은 이인영 의병장의 격문에 찬

---

71)《大韓每日申報》1909년 7월 30일자,〈義兵總大將 李麟榮氏의 略史(續)〉참조.

성한 경우일지라도 각지의 일본군과 싸우는 조건에 따라 즉각 진지를 떠나서 경기도 양주로 집결할 처지에 있지 않은 경우가 많았다. 실제로 '13도창의대진소'를 구성한 큰 의병부대는 ① 허위 의병부대(약 2천 명), ② 민긍호 의병부대(약 2천 명), ③ 이인영 의병부대(약 1천 명), ④ 李康年(秊) 의병부대(약 500명), ⑤ 권중희 의병부대(약 500명) 등 5대 의병부대였으며, 그 밖의 각 도 의병부대들과 창의대장들은 '13도창의대진소'가 전국적 연합임을 상징화시키기 위하여 이 5대 의병부대 내의 다음 서열 의병장들을 주로 출신 도와 연고지별로 각 도 창의대장으로 선임한 것이었다고 해석된다. 그러나 당시 일본군 2개 사단의 주차군이 각 지방에서 의병을 이른바 '토벌'하고 있던 상황에서, 단시일에 전국 의병부대들과 의병장들이 한 지역에 모여 통일의병부대를 편성하는 것은 실제로 불가능하였다. 이러한 상황에서 전국적으로 가장 막강했던 5대 의병부대가 하나로 통일연합하고, 그 밖의 도에 상징적 의병대장을 선임한 것은 '전국 13도'라는 상징적 용어를 사용하기에 부족함이 없는 전국적인 조직이었다고 볼 수 있다.

'13도창의대진소'는 그 편성과정 도중과 서울탈환작전의 전개 이전에도 일본군과 여러 차례 접전하여 치열한 의병전쟁을 전개하였다. 이 중에서도 대표적인 의병전쟁이 허위 의병부대가 전개한 '麻田戰鬪'와 이인영 의병부대가 중심이 되어 전개한 '三山戰鬪'였다.

허위 의병부대는 1907년 양력 11월 8일 약 1천 명의 병력으로 경기도 麻田邑의 서남쪽인 斗日城 川新面 쪽으로부터 진출하여 마전읍을 포위해서 오전 10시부터 공격을 시작하여 일본군 마전헌병대를 섬멸하고 마전읍을 점령하였다.

허위 의병부대는 8일 낮을 마전읍에서 일본군과 친일잔당을 소탕하면서 지내다가 일본군 금화수비대가 찾아오자 이를 격퇴한 다음, 날이 어두워지자 야습을 염려하여 부근의 산악으로 철수하였다.[72] 이것이 '마

---

72)《暴徒ニ關スル編冊》,〈金秘發 第117號〉, 1907年 11月 12日條,〈江原道金城警務分遣所

전전투'로, 일본군이 참패하고 허위 의병부대가 크게 승리한 전투였다.

일본군은 허위 의병부대가 이튿날에도 마전읍을 공격하여 점령하지 않을까 두려워해서 철원헌병대에까지 긴급 구원을 요청한 형편이었다.

> 본월 8日夜 麻田憲兵分遣所로부터 鐵原憲兵分遣所에 急使로써 應援을 求來한 그 情報에 曰 麻田 부근에 약 1천의 暴徒가 있다. 8日夜 또는 9日曉 麻田邑內에 來襲하려 하는 焦眉 急에 臨迫하였다고 하였다. 따라서 憲兵中尉 太田淸松은 부하 20명 및 鐵原守備隊로부터 下士卒 5명을 인솔하고 9일 오전 7시 急行 麻田으로 향하여 翌 10일 中尉 및 下士 1명만 歸所하였다.[73]

13도창의대진소의 의병연합부대는 '서울탈환작전'이 목표이므로 대규모 전투를 삼가고 도처에서 소규모 유격전을 전개하였다. 일제측 자료는 13도창의대진소가 편성된 후 이들 의병연합부대가 서울 진입을 위하여 동대문 밖 30리 지점에 도착할 때까지 일본군과 전투한 횟수가 38회라고 추산하였다.

> 장차 京城에 들어가려고 하여 약 3里의 지점에 도달하였다. 此間 戰鬪 38回에 미치었다.[74]

허위 의병부대가 13도창의대진소 편성에 주도적으로 참가한 이후 38회의 혈전을 치렀기 때문에 이 부대는 무엇보다도 이미 탄환이 떨어져 있었다. 허위 의병부대가 가장 고통을 많이 받은 악조건이 전투 도중의 탄환의 고갈이었다. 楊根 지방에서 허위 의병부대를 취재한 영국 《데일리 메일》(The Daily Mail)지 기자 맥켄지(F. A. McKenzie)는 의병들의 무기가 절대적으로 부족하고 열악함을 지적하고, 특히 탄환의 결핍이 심

의 警務局長에의 報告〉; 國史編纂委員會, 《韓國獨立運動史》 資料 8, pp.109~110 참조.

73) 《暴徒ニ關スル編冊》, 〈金秘發 第117號〉, 1907年 11月 12日條, 〈江原道金城警務分遣所의 警務局長에의 報告〉; 《韓國獨立運動史》 資料 8, p.109 참조.

74) 〈十三道倡義大將李麟榮逮捕의 件〉; 《朝鮮獨立運動》 제1권, p.38.

각함을 보고하였다.[75] 허위 의병부대는 이러한 악조건 속에서도 굴하지 않고 13도창의대진소의 선봉부대로서 '서울탈환작전'에 참가하게 된 것이었다.

5. 許蔿先鋒隊와 제1차 서울탈환작전

13도창의대진소는 대오가 갖추어지자 허위 의병부대에서 차출한 300명을 선봉대로 하고 나머지 의병부대들을 본대로 하여 총대장 이인영과 군사장 허위는 의병연합부대에게 서울을 향한 진군령을 내리었다. 13도창의대진소 연합의병부대의 서울 진입 목적은 일제 통감부를 타격하고 그와 담판을 지어 〈을사5조약〉, 〈정미7조약〉 등을 파기해서 국권회복을 달성하기 위한 것이었다.

> 어시에 士氣를 鼓하야 京城進向의 令을 發하니, 그 목적은 入京하야 統監府를 打擊하고, 城下의 盟을 成하며, 종래의 소위 新協約 등을 破하야 大大的 活動을 企圖함이라.[76]

당시의 몇 가지 자료를 통하여 13도창의대진소 연합의병부대의 '서울탈환작전'의 목적을 좀더 자세히 정리해 보면, 그들은 서울에 진입해서 ① 일제 통감부를 타격하며 굴복시키고, ② 〈을사5조약〉, 〈정미7조약〉의 파기를 달성하여, ③ 국권을 회복하여, ④ 5賊 7奸 등 매국노를 처단한 다음, ⑤ 의병 중에서 인물을 선임하여 신정부를 조직해서, ⑥ 나라의 자주독립을 공고히 하는 것이었다고 말할 수 있다.[77] 여기서 주목할 것

---

75) F. A. McKenzie, *Korea's Fight for Freedom*(1920), pp.161~170 참조.
76) 《大韓每日申報》 1909년 7월 30일자, 〈義兵大將 李麟榮氏의 略史(續)〉.
77) 〈第1回 李麟榮問答調書〉; 《朝鮮獨立運動》 제1권, p.43 및 《暴徒ニ關スル編冊》, 〈韓憲警 乙 第404號〉, 隆熙 2年 4月 9日條, 〈韓國駐箚憲兵隊長의 內部警務局長에의 通報〉; 《韓國獨立運動史》 資料 10, p.129 참조.

은 13도창의대진소 의병연합부대의 서울탈환작전의 목적이 서울을 군
사적으로 점령한다는 군사적 목적뿐만 아니라 유리한 정치적 위치에서
국권회복 문제에 대하여 일제 통감부와 담판을 하려는 정치적 목적이
중심 위치를 차지하고 있다는 사실이다.

13도창의대진소는 이러한 목적 아래 서울탈환작전을 시작하면서 서
울에 심복을 잠입시켜 각국 영사관을 순방하게 해서, 일제의 불의를 성
토하고 의병은 순연한 애국혈단이니 열강도 의병을 국제공법상의 전쟁
단체로 인정하여 한국의 의병활동을 성원해 줄 것을 요청하는 통문을
돌리었다.

위선 腹心人을 遣하야 京城에 潛入하야 各國 領事館을 巡訪하고 通文 一
度씩을 呈與하니 그 槪意는 日本의 不義를 聲討하고 韓國의 遭遇를 該陳하고
且 義兵은 純然한 愛國血團이니 列强도 此를 國際公法上의 戰爭團體로 認하
며, 又 正義 人道를 주장하는 國의 同聲應援을 叫하얏더라.[78]

13도창의대진소의 의병연합부대는 이러한 작전 목표 아래 1908년 1월
(음력 전년 12월) 군사장 허위가 약 300명의 선봉대를 인솔하여 서울 동
대문 밖 약 30리의 지점에 도착하였다.[79] 이 선봉대는 허위 의병부대에
서 선발하여 편성한 부대로서 총지휘는 군사장 허위가 맡고 그 밑에 부
장으로서 구군인 출신인 김규식·연기우가 지휘를 담당한 정예부대였
다. 13도창의대진소 연합의병부대의 '서울탈환작전'의 선봉대가 바로 허
위 의병부대의 일부였으며, 이 선봉대의 총지휘관이 바로 허위였음을
특히 유의할 필요가 있다.

허위가 지휘하는 선봉대가 서울 동대문 밖 30리 지점에 도착하면 뒤
이어 총대장 이인영이 지휘하는 본대가 지정된 기일에 약속한 지점에
도착하여 합류해서 서울탈환을 위한 총공격을 감행할 예정이었다. 그러

---

78) 《大韓每日申報》 1909년 7월 30일자, 〈義兵大將 李麟榮氏의 略史(續)〉.
79) 〈十三道倡義大將 李麟榮逮捕의 件〉; 《조선독립운동》 제1권, p.38 참조.

나 총대장 이인영과 각 도 창의대장이 인솔하는 후속 본대는 장애를 물리치며 천천히 진군하지 않을 수 없었으므로, 약속된 기일에 약속된 장소에 정확하게 도착하지 못했다. 본대가 미처 도착하지 못한 상태에서 허위가 영솔하는 선봉대는 잠복중인 일본군의 선제공격을 받게 되었다. 허위의 선봉대와 일본군 사이에 치열한 전투가 벌어졌으나 선봉대만으로는 화력과 탄환이 부족하여 잘 무장된 일본군을 이길 수 없었다. 허위의 선봉대는 후속 본대의 도착을 기다리면서 치열한 전투를 계속하다가 약속한 시기가 되어도 본대가 도착하지 않으므로 일단 후퇴하였다.

軍師長은 旣히 軍備를 신속히 정돈하야 鐵箱相似하매 一滴의 水도 漏할 隙이 無한지라. 이에 全軍에 傳令하야 一齊進軍을 促하야 東大門外로 進迫할새 大軍은 長蛇의 勢로 徐進케 하고 氏가 三百兵을 率하고 先頭에 立하여 門外 三十里地에 進하여 全軍의 來會를 侯하야 一擧에 京城에 攻入하기로 計하더니 全軍의 來集은 時期을 違하고 日兵이 卒迫하는지라. 多時間을 激烈히 射擊하다가 後援이 不至하므로 仍히 退陣하얏더라.[80]

허위 선봉대의 동대문 밖 30리 지점에서의 전투는 대격전으로서 이 전투에서 의병장 김규식과 연기우가 적의 탄환을 맞아 부상당하였다.[81] 즉 허위 선봉대는 동대문 밖 30리 지점에서 탄환이 고갈되고 부대장들이 부상당할 때까지 치열한 혈전을 전개하다가 약속한 시간이 되어도 후속 본대가 도착하지 않으므로 할 수 없이 후퇴한 것을 알 수 있다.

허위 선봉대의 동대문 밖 30리 지점에서의 전투를 일제측 자료에서 찾아보면, 《暴徒에 關한 編冊》에는 경기도의 1월분이 모두 빠져 있고, 《朝鮮暴徒討伐誌》에는 일본군 "적성수비대와 연천수비대가 합동으로 1908년 1월 15일 경기도 동두천에서 300명의 의병과 충돌하여 의병측에 80명의 전사를 입혔다"는 표를 게재하고 있다.[82] 일제측이 《暴徒에 關한 編

---

80) 《大韓每日申報》 1909년 7월 30일자, 〈義兵總大將 李麟榮氏의 略史(續)〉.
81) 《旺山許蔿先生擧義事實大略》; 《독립운동사자료집》 제2권, p.242, 795 참조.
82) 〈京畿道及其附近暴徒討伐槪況表〉; 《朝鮮獨立運動》 제1권, p.169 참조.

冊》에서 이 부분을 빼어버린 것을 보면 일본군도 큰 손실을 입은 것이 분명하며, 의병과 일본군은 동대문 밖 30리 지점에서 전투를 시작하여 의병이 후퇴하면서 동두천에 이르러 최후의 격전이 있었던 것으로 해석된다. 일제측의 이 기록이 허위 선봉대의 전투기록이라면, 허위 선봉대의 동대문 밖 30리 지점의 전투일자는 1908년 1월 15일(음력 전년 12월 12일)경이라고 할 수 있다.

13도창의대진소 의병연합부대의 본대의 일부는 이인영의 지휘 아래 약 2천 명이 1908년 1월 28일(음력 전년 12월 25일)경에 마침내 동대문 밖 30리 지점에 대오를 이어가며 도착하였다. 13도창의대진소의 의병연합부대는 새해 음력 정월을 기해서 서울에 진입하여 총공격을 감행해서 일제 통감부와 승패를 결정지으려고 하였다.[83] 그러나 이때에 불행한 일이 일어났다. 13도창의대진소 총대장 이인영의 부친이 별세했다는 흉보가 1908년 1월 28일(음력 전년 12월 25일) 양주군 내의 본진을 거쳐 이인영에게 통보되었다. 독실한 유학자인 이인영은 후사를 모두 군사장 허위에게 맡긴 후 상을 치르기 위하여 그날로 귀향하게 되었다.[84]

이때 총대장 이인영이 군사장 허위에게 맡긴 후사의 내용은 ① 13도창의대진소의 총지휘권을 허위에게 위임하며 ② 동시에 각 진에 통문을 돌리어 이번의 서울진입 총공격을 일단 중지하고 다음 기회를 기다리도록 하라는 것이었다.[85]

이에 허위는 총지휘권을 인계받아 각 진에 통문을 돌려 13도창의대진소 의병연합부대의 '제1차 서울탈환작전'을 일단 중지시킨 것이었다.

13도창의대진소 의병연합부대의 '제1차 서울탈환작전'의 중지 원인에 대해서는 종래 주로 총대장 이인영의 孝를 忠보다 선행시켜서 부친의 喪禮를 치르기 위하여 군진을 떠나서 귀향한 때문이었다고 설명되어 왔다. 그러나 좀더 냉철하게 당시 13도창의대진소 의병연합부대의 실태를

---

83) 〈第1回 李麟榮問答調書〉;《朝鮮獨立運動》제1권, p.43 참조.

84) 《大韓每日申報》 1909년 7월 31일자, 〈義兵總大將 李麟榮氏의 略史(續)〉 참조.

85) 〈第1回 李麟榮問答調書〉;《朝鮮獨立運動》제1권, p.40 참조.

들여다보면 동대문 밖 30리 지점에 도착할 때까지 일본군과 무려 38회의 전투를 치르는 과정에서 탄환이 거의 고갈되어 총공격을 감행할지라도 화력의 결핍으로 전투를 제대로 전개하기 어려운 조건에 있었다. 그위에 늦게 도착된 본대도 기동력 있게 대부대가 일시에 도착하여 전투태세에 들어갈 수 있었던 것이 아니라 20~30명씩 소규모 부대를 이루어 長蛇의 형세로 천천히 진군해 왔으며, 장거리 강행군으로 병사들이지치고 보급도 제대로 안 되어 바로 전투에 들어가기에는 어려운 조건이었다. 이것은 정예부대인 허위 선봉대 300명이 동대문 밖 30리 지점에서 치열한 전투를 하고서도 일본군의 저지선을 돌파하지 못하고 결국후퇴한 경험에서도 인지되고 있었다고 해석된다. 그 위에 전투개시 직전의 길흉을 매우 민감하게 따지던 당시의 관습과 의식 속에서는, 서울진입작전 개시 직전의 총대장 이인영의 喪報는 불길한 것으로 받아들여져 장병들의 사기를 떨어뜨리는 데 작동했을 것이라고 추정된다. 즉 당시의 시점에서 서울 진입작전을 감행하더라도 승산이 거의 없었으므로총대장 이인영은 부친의 상보를 기회로 잡아 '제1차 서울탈환작전'을 일단 중지하여 연기시키고, 군사장 허위에게 다음 기회를 기다리도록 위임한 것이라고 해석된다. 이러한 해석이 가능한 것은 이인영이 귀향할때 군사장 허위와 각 진의 의병장들이 아무도 반대하지 않았으며, 그의귀향을 말리지 않았던 사실에서도 알 수 있다.

6. 허위 의병부대와 제2차 서울탈환작전

13도창의대진소 군사장이며 제2대 총대장인 허위와 각 도 창의대장들은 '제1차 서울탈환작전'이 실패로 돌아가자 각각 자기 의병부대들을 인솔하여 본거지로 돌아갔다.

허위는 임진강 유역의 농촌과 산촌에 근거지를 마련하였다. 허위의산하에는 曺仁煥·權俊·王會鍾·金淥默·朴宗漢·金秀敏·金奎植·延基

羽·李殷瓚·金應斗 등 다수의 의병장들이 모여 긴밀히 연락하면서 대부
대를 편성하였다. 허위 의병부대는 군율을 정비하여 조금도 민폐가 없
도록 하며, 물자의 공급은 군표를 발행하여 후일의 보상을 약속하고 교
환하였다. 이 때문에 의병들과 농민들 사이에 더욱 굳은 연대와 단결이
이루어져서 허위 의병부대는 더욱 강력하게 되었다. 일제의 북부수비관
구 사령관이 직접 대규모의 병력을 이끌고 허위 의병부대를 토벌하려고
찾아왔다가 결국 실패하고 패퇴하였다.

  전년 臨津江 유역에 출몰했던 暴徒의 수괴는 강원도 방면으로부터 침입한
曺仁煥 및 積城 출신의 權俊·王會鍾·金溙默의 무리에 불과했으나, 본년에 들
어서면서 政界의 실각자 前參政 許蔿를 總首魁로 하여 朴宗漢·金秀敏·金應
斗·李麟榮 및 李殷瓚의 무리가 경기도 혹은 강원도로부터 각기 부하 약간을
인솔하고 서로 投合하여 임진강 유역 일대에 출몰, 겁략을 자행하고 있다. 그
리고 許蔿는 排日을 구실로 하여 正義를 표방하고 또 軍律을 規定해서 劫奪暴
戾를 경계한다고 하지만, 그 內情에 있어서는 조금도 종래의 暴徒와 다름이 없
다. 즉 軍票를 발행해서 物資의 調辨을 뜻대로 하면서 말하기를 '票는 某富豪
에게 가서 錢財와 交換하여라'고 하고 만약 그 兌換을 거부하는 자에게는 他
日에 보복하여 害를 입힌다는 상태에 있다.[86]

허위 의병부대는 임진강 유역을 근거지로 해서 유격대를 각지로 파견
하여 일본군의 주둔지를 끊임없이 기습하고, 전선을 절단하여 그들의
통신을 마비시켰으며, 부근 각지의 일제 관공서와 일본인 관리, 친일분
자들을 소탕하였다. 허위 총대장의 명령에 따라 의병의 군량은 체계적
으로 공급된 반면에 일제 통감부에 내는 납세와 미곡의 반출은 엄격히
금지되었다.[87] 임진강 유역 일대는 한때 마치 허위 의병부대의 군정 아
래 있는 것과 유사하였다. 일제측 자료는 다음과 같이 기록하였다.

---

  86) 《朝鮮暴徒討伐誌》; 《朝鮮獨立運動》 제1권, p.167.
  87) 慶尙北道警察局, 《高等警察要史》, 1934, p.11 참조.

臨津江 유역에 있어서 수괴 許蔿는 누차 通告文을 발하여 納稅 또는 米穀 搬出의 停止를 명령하고 軍資食糧의 징발을 하며, 혹은 韓人巡査·憲兵補助員 에 脅迫狀을 보내고, 通信線路의 阻害, 官公署의 습격 등 跳梁이 심하였다.[88]

또한 허위와 그 산하 의병장들은 '제2차 서울탈환작전'을 전개할 준비 와 계획으로 ① 의병을 증모하여 군사훈련을 시키고, ② 무기와 화약을 구입하기 위하여 金昌植·韓元泰·李啓福·李起商 등을 비밀리에 서울로 파견했으며,[89] ③ 의병장 金奎植을 仁川에 잠입시켰고,[90] ④ 무기·탄약 등의 구입과 군사원조를 얻기 위하여 박사 慶賢秀를 밀사로 淸國革命黨 에 파견했으며,[91] ⑤ 군량을 대규모로 비밀리에 비축했고,[92] ⑥ 부하 의병 장을 비밀리에 서울에 잠입시켜 '제2차 서울탈환작전'을 서울 안에서 내 응하도록 준비시켰다.[93]

《대한매일신보》는 허위 의병부대의 군사훈련 상황을 다음과 같이 보 도하였다.

積城 甘朴山 중에 義兵 수천 명이 屯聚하여 매일 技藝를 연습하고 器械를 제조하는 중이라더라.[94]

또한 일제측 자료는 허위 의병부대의 군량 비축분 가운데 일부가 발 각된 사례를 다음과 같이 보고하였다.

---

88)《朝鮮暴徒討伐誌》;《朝鮮獨立運動》제1권, p.184.

89)《警備ニ關スル書類編冊》第22號,〈警秘 第124號〉, 隆熙 2年 3月 20日條,〈警視總監의 報告, 暴徒討伐의 件〉참조.

90)《駐韓日本公使館記錄》,〈警備 第1349號〉, 隆熙 2年 4月 12日條,〈仁川警察署長報告〉 참조.

91)《駐韓日本公使館記錄》隆熙 2年 2月 22日條,〈警視廳探報員報告〉, "積城郡 舘谷에 거주 하는 博士 慶賢秀는 賊魁 許蔿의 密書를 가지고 淸國革命黨에 內通하기 위하여 本月 25 日 출발한 모양이다" 참조.

92)《暴徒ニ關スル編冊》1908年 3月 17日條,〈憲兵隊長報告〉;《韓國獨立運動史資料》제9 권, p.344 참조.

93) 朴殷植,《韓國獨立運動之血史》;《朴殷植全書》上卷, p.468 참조.

94)《大韓每日申報》1907년 2월 19일자,〈雜報(積城義擾)〉.

본일(15일) 楊州郡 白石面 蟹踰里 방면의 정찰에 향하였다. 우연히 同地에서 暴徒의 一團과 相會하여 즉시 砲火를 開하여 맹렬한 射擊을 가하고 이어 突擊으로 옮겨 參謀長 柳鳳吉 외 5명을 生擒하였다. 나아가 彼等의 藏匿하는 粮米의 所在를 搜索, 此를 發見하였다. 白石面 弘洞에 貯藏한 346石 중 145石은 이미 他에 持去하고, 200石餘는 現在하므로써 此를 押收하고, 다시 同面 蘭谷에서 136石을 發見, 이를 압수, 운반 중이다.[95]

다른 각지의 의병부대들도 허위 의병부대와 유사하게 전투 준비를 했음은 물론이다. 허위는 각 도 의병부대들의 전열이 어느 정도 정비되자 '제2차 서울탈환작전'을 위한 전국 의병부대들의 재봉기와 경기도 집결을 각 도 창의대장들과 협의하였다. 13도창의대진소 군사장 겸 제2대 총대장 허위는 그 사이 관동창의대장 閔肯鎬의 전사로 큰 타격을 받았으나, 그 대신 1908년 3월 23일 미국 샌프란시스코에서 張仁煥·田明雲 등이 친일파 외부고문 겸 일제 통감부 촉탁 스티븐스를 처단한 사건이 일어나 보도됨으로써 이를 보상하고 재봉기 결정에 격려를 받았다. 허위는 각 도 창의대장들과 함께 1908년 4월 21일 전국 13도 의병의 再擧를 요청하는 통문을 전국에 발송하였다.

義兵長 許蔿·李康秊·李麟榮·柳仁(麟)錫·朴正斌 諸氏가 本月 21日에 速히 起兵하라고 通文을 十三道에 發送하얏다더라.[96]

또한 일제 경시총감의 극비보고는 허위 등 위의 의병장들이 연합하여 서울을 습격하려는 작전의 정보가 있다고 다음과 같이 일제 통감에게 보고하였다.

各道의 暴徒는 京城附近에 潛伏하여 不日 京城을 襲擊하려 한다는 風說이

95) 《暴徒ニ關スル編冊》, 〈警秘 第144號〉, 隆熙 2年 4月 17日條, 〈警視總監의 警務局長에의 通報〉; 《韓國獨立運動史》 資料 10, p.145.
96) 《大韓每日申報》 1908년 4월 30일자, 〈雜報(義兵發通)〉.

있다. 이를 摘錄하면 다음과 같다.

一. 許蔿는 部下 千餘名을 인솔하고 楊州·廣州로부터 京城에 이르는 4·5
里間에 있다.

二. 李康秊은 部下 500명을 인솔하고 漣川·抱川으로부터 京城에 이르는
4·5里間에 있다.

三. 柳麟錫은 部下 千명을 인솔하고 積城·麻田으로부터 京城에 이르는 4·5
里間에 있다.

四. 朴正斌은 部下 600명을 인솔하고 坡州·長湍으로부터 京城에 이르는
4·5里間에 있다.

五. 李麟永은 部下 500명을 인솔하고 高陽·楊州·始興으로부터 京城에 이
르는 4·5里間에 있다.

六. 申載永은 部下 4·500명을 인솔하고 龍仁·果川으로부터 京城에 이르는
3·4里間에 있다.

이상의 匪徒는 本月 30日까지에 通文을 飛傳하여 一擧 襲來의 計劃이라고
한다. 그러나 이것은 아마 捕風促雲의 蜚語에 지나지 않을 것이다.[97]

한국에 이주한 일본 거류민의 신문인 《京城日報》도 1908년 5월 1일
자 보도에서 《대한매일신보》의 보도와 유사한 내용으로 許蔿·李康秊(秊)·
李麟榮·柳麟錫·朴正斌의 연명으로 속히 起兵하라는 격문이 전국에 발
송되었다고 다음과 같이 보도하였다.

暴徒의 首領으로서 各方面에서 運動하고 있는 許蔿·李康秊·李麟榮·柳麟
錫·朴正斌 등은 連名으로써 4월 21일 十三道에 향하여 速히 兵을 起하라는
뜻을 호소하는 檄文을 발송했다고 한다.[98]

일제 海州경찰서장의 보고에서도, "폭도의 수괴들이 1908년 4월경에
倡義通文을 고안, 제조하여 재거의 기획을 했다"[99]고 보고하였다.

---

97) 《駐韓日本公使館記錄》 隆熙 2年 4月 21日條, 〈警視總監 丸山重俊 報告〉.
98) 《京城日報》 1908년 5월 1일자, 〈賊徒首魁 起兵을 催す〉.
99) 《駐韓日本公使館記錄》, 〈海警秘 第746號〉, 隆熙 2年 7月 8日條, 〈海州警察署長警視 平
渡信報告〉.

위의 자료들을 종합해 보면, 13도창의대진소 군사장 겸 제2대 총대장 허위와 각 도 창의대장들이 연명한 재거 통문이 1908년 4월 21일경에 전국에 발송되었고, 1908년 4월말~5월 초부터는 '제2차 서울탈환작전'이 전개되기 시작한 것이 틀림없다.

일제측 자료를 보면, 1908년 1~3월까지는 거의 퇴조했던 의병운동이 1908년 5월에 들어 정세 일변하여 의병봉기 이래 최고조의 '未曾有의 熾盛'을 보였다고 해서, 1904년 의병 재봉기 이래 꺼져가던 의병전투가 도리어 1908년 5월 최고의 치성에 달했다고 다음과 같이 보고하였다.

明治 41년(1908년) 初頭에 있어서 暴徒의 정세는 前年 秋冬의 傾부터 歸順勸獎, 討伐勵行의 결과 前年末부터의 추세를 계속하여 점차 靜穩의 域에 향하였다. 各月 衝突暴徒의 총수는 1월에는 약 9,000명, 2월에는 겨우 1,900여명이 되었다. 暴徒의 集團도 역시 개략 數名 내지 數十名이 되었다. 드물게 100명 이상의 大集團이 된 것이 있다고 할지라도 이것을 기왕에 비교하면 그 出沒이 크게 減少하였다.……賊勢가 크게 頓挫하여 一時 사람들로 하여금 平定의 時期가 가까워졌음을 생각케 했다. 그러다가 3월 하순에 한국정부 고문 겸 總監府 촉탁 미국인 스티븐스씨가 미국에서 排日主義의 韓人에 살해되고 그 보도가 韓國內에 전해지자 이것이 動機가 되어 形勢一變해서 賊勢가 다시 激增하고 暴徒蜂起 이래 未曾有의 熾盛을 갖게 되었으며 심하게는 그 騷擾區域을 擴大하고 5월에는 이미 我守備隊及 憲兵 등과 衝突한 暴徒의 총수가 1만 1,400명에 달하게 되었다.[100]

1908년 5월 의병전쟁이 의병봉기 이래 미증유의 치성을 보게 된 것은 1908년 4월 21일경 전국에 발송된 통문에 호응하여 허위 지휘하의 '제2차 서울탈환작전'이 시작되었기 때문이었음은 다시 말할 필요도 없다.

일제측의 다른 자료를 보면, 13도창의대진소 군사장 겸 제2대 총대장 허위 휘하의 의병장 金容泰가 경기도 廣州郡 내에서 다수의 의병들을 모아 놓고 오는 양력 5월(음력 4월 15일경)에 '서울'을 습격하려고 그에

---

100) 《朝鮮暴徒討伐誌》; 《朝鮮獨立運動》 제1권, p.166.

필요한 병기를 징발했음을 다음과 같이 보고하였다.

　　隆熙 2년 4월 3일
　　廣州郡內에 (洞名未詳) 暴徒 多數를 集合하고 來 韓曆 15일경 京城을 습격
　할 旨 賊徒 金容泰(연령 42세 가량으로 一眼을 失한 자)라는 者로 누차 崔馬
　場(蠶島로부터 東南方 약 10町가량)에 來하여 揚言하고 其時 必要하다고 하
　여 兵器 등을 徵發하고 있는 모양. 搜査警戒中
　　憲兵隊長(4월 4일)
　　京畿道 廣州郡內에 多數의 暴徒를 모아 京城을 襲擊하겠다고 揚言하였다
　한다. 그 巨魁는 金容泰라는 者이라고 한다.[101]

　한국 의병연합부대들의 '제2차 서울탈환작전' 시작에 당황한 일본군은
우선 4월 21일 일제경찰대를 한국 의병으로 변장시킨 '변장토벌대'를 각
20명씩 2개 부대를 편성하여 ① 楊州·積城·麻田 방면과, ② 高陽·坡州
방면으로 긴급히 출동시켰다.[102] 또한 서울에 사단본부를 둔 일본군 13사
단 참모부는 북부수비관구의 일본군을 서울 교외로 불러들여 서울을 방
어하도록 하였다.[103]
　일본군은 또한 일본 국내에 있던 제6사단의 보병 제23연대와 제7사단
의 보병 제27연대를 한국에 증파해서 5월 7일자로 한국 주차군에 증가
편입시켜 서울 근교에 배치해서 한국 의병의 서울 공격을 방어하게 하
였다.[104]
　허위 지휘하의 한국 의병연합부대들의 '제2차 서울탈환작전'에 대응

---

101) 《暴徒ニ關スル編冊》,〈韓憲警 乙 第379號〉, 隆熙 2年 4月 4日條,〈韓國駐箚憲兵隊長
　　明石元二郎의 內部警務局長 松井茂에게의 通報〉;《韓國獨立運動史》資料 10, pp.122～
　　123.
102) 《暴徒ニ關スル編冊》, 電話, 隆熙 2年 4月 20日 午後 6時半,〈永谷警視로부터 岩井警視
　　에게〉;《韓國獨立運動史資料》제10권, p.148 참조.
103) 《暴徒ニ關スル編冊》第13師團謀 第428號, 隆熙 2年 4月 27日條,〈北部守備管區司令官
　　의 韓國內部警務局長에의 通報〉참조.
104) 《暴徒ニ關スル編冊》,〈韓參通 第145號〉, 1908年 5月 7日條,〈韓國駐箚軍參謀長 牟田敬
　　九郞의 內部警務局長 松井茂에의 通報〉;《韓國獨立運動史資料》제11권, p.2 참조.

하여 일제가 일본 국내로부터 2개 연대의 병력을 서울로 실어오고 북부
수비관구의 일본군도 서울로 불러들여 전진배치해서 서울을 방어했으
므로, 1908년 5~6월에는 서울 외곽을 비롯한 경기도 일대에서 한국 의
병부대들과 일본군 사이에 치열한 전투가 전개되었다. 이 시기 서울 근
교에서 한국 의병부대들과 일본군 사이의 크고 작은 전투들의 기록이
광범위하게 남아 있다.[105]

한국 의병연합부대들의 투지와 사기는 충천했으나 병기가 열세이고
탄환이 고갈되어 의병연합부대들은 용감히 싸웠으나 증강된 일본군의
방어선을 뚫을 수가 없었다. 객관적으로 볼 때, 당시 13도창의대진소 군
사장 겸 제2대 총대장 허위의 지휘 아래 감행된 '제2차 서울탈환작전'은
작전 그 자체는 매우 훌륭했으나 화력이 절대 부족하여 서울 탈환의 목
표를 달성하는 것은 불가능하였다.

그러나 허위의 지휘 아래 13도창의대진소 연합의병부대들이 1908년 5
월 '제2차 서울탈환작전'을 전개했기 때문에 퇴조해 가던 의병운동이
1908년 5~6월에 미증유의 치성을 보이게 되고, 의병부대들의 항일무장
투쟁이 다시 치솟아 불타오르게 된 것이었다.

7. 허위 의병장이 일제 통감에게 보낸 요구조건

許蔿 의병대장이 지휘하는 전국 의병연합부대의 '제2차 서울탈환작
전'이 전개되어 의병운동이 '미증유의 치성'을 보이기 시작한 조건 위에
서, 13도창의대진소 군사장 겸 제2대 총대장 허위는 다음과 같은 30개조
의 요구조건을 朴魯天을 서울에 파견하여 일제 통감에게 통보하도록 하
고, 서울 시내에도 널리 알리도록 하였다.

---

105) 《暴徒ニ關スル編冊》, 〈警秘 第189號〉, 隆熙 2年 5月 19日條, 〈警視總監 丸山重俊의 警
務局長 松井茂에의 通報〉; 《韓國獨立運動史資料》 제11권, pp.8~9 참조.

① 太皇帝(高宗)를 復位시켜라.

② 外交權을 還歸시켜라.

③ 統監府를 철거하라.

④ 衣冠을 復古하라.

⑤ 日本人의 敍任을 시행치 말라.

⑥ 刑罰權의 自由를 회복시켜라.

⑦ 通信權의 自由를 회복시켜라.

⑧ 警察權의 自由를 회복시켜라.

⑨ 政府組織의 自由를 회복시켜라.

⑩ 軍隊施設의 自由를 회복시켜라.

⑪ 乙未・乙巳・丁未의 國賊을 자유로이 處斬케 하라.

⑫ 內地의 山林・川澤・金銀銅鑛을 침략하지 말라.

⑬ 내지의 不動産 매매를 하지 말라.

⑭ 航海權을 환귀시켜라.

⑮ 漁採의 利를 침략하지 말라.

⑯ 敎育權의 自由를 회복시켜라.

⑰ 出版權의 自由를 회복시켜라.

⑱ 軍用地를 환귀시켜라.

⑲ 일본인 居留地를 환귀시켜라.

⑳ 鐵道를 환귀시키고 물러가라.

㉑ 學會 이외를 자유롭게 해산시켜라.

㉒ 海關稅法의 自由를 회복시켜라.

㉓ 일본인의 商業을 제한하라.

㉔ 일본인의 商業物品을 제한하라.

㉕ 일본인의 上陸을 제한하라.

㉖ 國債를 시행하지 말라.

㉗ 인민의 손해를 배상하라.

㉘ (일본)은행권을 시행하지 말라.

㉙ 지방의 (일본군)兵站을 철거하라.

㉚ 일본에 현재 있는 亡命客 등을 속히 捕來하라.[106]

---

106)《暴徒ニ關スル編冊》,〈警秘 第189號〉, 隆熙 2年 5月 19日條,〈警視總監 丸山重俊의 警務局長 松井茂에의 通報〉;《韓國獨立運動史資料》제11권, pp.8~9 참조.

국권회복운동의 대표적 신문인《대한매일신보》는 13도창의대진소 군사장 겸 제2대 총대장 허위의 일제 통감부에 대한 30개조 요구조건에 대하여 다음과 같이 보도하였다.

　　근일 風說을 據한 즉 義兵所에서 統監府 派員과 交涉하고 32條의 要求書를 제출하였는데 太皇帝陛下 復位하실 事와 統監府 撤還事와 官廳의 日本人官吏 退送事와 外交權 還歸事와 그 외의 각항 중요한사건이라더라.[107]

허위 의병대장이 일제 통감부에게 보낸 위의 30개조 요구조건의 내용은 그동안 일본 제국주의자들이 대한제국을 침략하여 빼앗아간 국권과 이권을 되찾아 회복하고 일본은 한국에서 퇴각할 것을 조목화하여 요구한 것이었다. 이것은 13도창의대진소 의병연합부대가 서울을 탈환함과 동시에 일제 통감부와 담판을 지으려고 했던 '정치적 목표의 강령'과 같은 것이었다. 또한 이것은 허위 의병대장이나 13도창의대진소 의병연합부대들만이 아니라, 당시 전국에서 봉기하여 용감하게 항일무장투쟁을 전개하고 있던 '모든' 의병부대들의 '정치적 목표'를 집약한 것이기도 하였다.

허위가 지휘한 의병연합부대들의 '제2차 서울탈환작전'은 일본 정규군의 대규모 증파로 인한 두 나라 군대의 화력 차이의 확대로 말미암아 목표 달성이 어렵게 되어 갔다. 일본으로부터 한국으로 긴급히 증파된 일본육군 보병 제23연대와 제27연대는 서울 외곽에 막강한 현대적 방어 화력을 배치함과 동시에, 일본군 제27연대는 일본군 제51연대로부터 의병 토벌에 경험이 있는 하사들을 배속받은 후에 서울 근교의 陽川·金浦·通津·江華·豊德·交河·高陽·東豆川·漢江 左·右岸을 수색하는 대대적 작전을 6월 1일부터 시작하였다.[108]

107)《大韓每日新報》1908년 5월 23일자, 〈雜報(姑錄風說)〉 참조.
108)《暴徒ニ關スル編冊》, 〈第13師團謀 第617號〉, 1908년 6월 1日條, 〈北部守備司令官命令〉;《韓國獨立運動史資料》제11권, p.191 참조.

허위가 총지휘하는 의병연합부대는 1908년 5월 1개월 동안은 국권회복 의병전쟁을 주도하여 서울 외곽을 포위하고 도처에서 일본군을 공격하여 치열한 전투를 벌이면서 일본군의 서울 방어선을 흔들었다. 의병부대들의 탄환이 고갈되어 공격이 약화된 6월에도 의병부대들은 6월 3일 富平邑을 습격하여 점령하는 등 치열한 전투를 감행하였다.[109]

그러나 당시 13도창의대진소 연합의병부대는 무기가 일본군에 비해 압도적 열세이고, 1908년 6월부터는 탄환이 거의 고갈되었으므로 서울 외곽을 포위하기는 했으나 그들의 열세한 화력으로는 일본군 제23연대와 27연대의 증강된 막강한 화력을 뚫고 서울에 진입할 수가 없었다. 이에 허위가 총지휘한 13도창의대진소 의병연합부대의 '제2차 서울탈환작전'은 일본에서 한국으로 일본군 2개 연대의 긴급 증파로 말미암아 여기서 좌절당하지 않을 수 없게 되었다. 그러나 이 '제2차 서울탈환작전'이 퇴조하던 의병운동을 다시 일으켜서 1908년 5월을 의병봉기 이래 의병전쟁의 '미증유의 치성'을 불러왔음은 주목할 필요가 있다.[110]

8. 허위 의병장의 殉國

許蔿 의병대장은 민가에 은신하여 의병연합부대들의 '제2차 서울탈환작전'을 지휘하고 있다가 의병연합부대들의 대공세가 있은 후 일본군의 증파된 무력이 반격을 가하기 시작한 무렵인 1908년 6월 11일 일본헌병대의 급습을 받고 체포당하는 불행을 맞았다.[111] 당시 허위 지휘하에 의병부대 소속 金모라는 의병 한 명이 일본군 경성헌병대 鐵原分遣隊에 생포되었는데, 고문을 이기지 못하여 허위 의병장이 은신하고 있는 촌

---

109) 《暴徒ニ關スル編冊》, 〈警秘 第2390-1號〉, 隆熙 2年 6月 9日條, 〈警視總監의 警務局長에의通報〉;《韓國獨立運動史資料》제11권, p.193 참조.

110) 愼鏞廈, 〈全國'十三道倡義大陣所'의 聯合義兵運動〉,《한국독립운동사연구》1, 1987 참조.

111) 《暴徒史編輯資料》第27號, 〈江原道觀察使 李圭完報告〉 참조.

락을 토설했다.[112] 일본헌병대는 헌병대위 이하 12명의 헌병을 극비리에 급파하여, 1908년 6월 11일 새벽 7시 경기도 永平郡 西面 柳洞의 허위가 은신하고 있던 朴政淵의 집을 급습하여, 민간인 복장으로 변장하고 있던 허위 의병장을 체포하였다.[113]

허위 의병장은 6월 17일 서울로 이송되어 심문을 받았다.[114] 일본측은 헌병사령관 明石元二郎이 부하와 함께 직접 허위를 심문했는데, 의병장 허위는 明石에게 동양평화를 위해서도 한국의 국권을 회복시켜야 한다고 조금도 굽힘 없이 당당히 주장하고, 일제 침략을 다음과 같이 비판하였다.

일본은 말로는 韓國 保護를 주장하지만 內實은 韓國을 滅亡시키려고 하는 禍心을 包藏하고 있다. 이 때문에 우리들은 좌시할 수 없어 한 목숨을 버려 義兵을 일으킨 것이다.[115]

일본 헌병사령관 明石은 이에 대하여 다음과 같은 말로 허위를 설득하려고 하였다.

日本의 韓國에 대하는 것은 비유하면 病者를 按摩하는 것과 같다. 팔다리와 몸둥이를 주무르고 두드리면 一見 病者를 苦痛에 떨어뜨리는 것같이 보일지 모르지만 이것은 병자를 治療하기 위해서 하는 것이며, 마침내는 병자의 병은 낫게 될 것이다.[116]

의병장 허위는 책상 위에 있는 겉은 붉은색이나 내면의 심은 남색으로 된 연필을 가리키며 다음과 같이 明石을 반박하였다.

---

112) 《明石元二郎》 上卷, p.427 참조.
113) 《暴徒ニ關スル編冊》, 〈韓憲警 乙 第746號〉, 1908年 6月 18日條, 〈韓國駐箚憲兵隊長 明石元二郎의 警務局長 松井茂에의 通報〉; 《韓國獨立運動史》 資料 11, p.196 참조.
114) 《皇城新聞》 1908년 6월 19일자, 〈地方消息一通〉 참조.
115) 《明石元二郎》 上卷, pp.426~431.
116) 《旺山許蔿先生擧義事實大略》; 《獨立運動史資料集》, pp.243~245, 796 참조.

이 연필을 보라. 일견 붉은색이지만 그 내면은 남색이지 않은가. 귀국이 韓國을 대하는 것이 이와 같다. 그 껍질과 내면이 크게 다름은 다툴 것도 없이 명백한 것이다.[117]

일본 헌병사령관 明石은 심문과정에서 의병장 허위의 인품과 식견에 승복하여 마음속으로 내내 그를 존경했으며, 허위를 참으로 國士라고 감탄을 감추지 못하였다.

재판과정에서 당시의 한국인 판사·검사들이 서로 바꾸어 가면서 의병을 일으킨 연유를 묻자, 허위는 다음과 같이 응답하였다.

너희들은 비록 韓國에서 났으나 한결같이 교활한 倭賊의 走狗이니 이런 말을 할 것이다. 나는 大韓國의 당당한 義兵將이다. 너희들과 변론하고자 하지 않으니 다시는 묻지 말라.[118]

또한 일제 재판관이 "의병을 일으키게 한 것은 누구이며 대장은 누구냐"고 묻자, 허위는 웃으면서 다음과 같이 대답하였다.

'義兵이 일어나게 한 것은 伊藤博文이요, 大將은 바로 나다.'
'어째서 伊藤이라고 하느냐.'
'伊藤이 우리나라를 뒤집어 놓지 않았으면 義兵은 반드시 일어나지 않았을 것이다. 그러니 義兵을 일으킨 것은 伊藤이 아니고 누구이겠느냐.'[119]

허위는 1908년 7월 7일 平理院에 회송되어,[120] 京城控訴院에서 제1회 신문을 받고,[121] 1908년 9월 18일 일제 재판장에 의해 사형선고를 받았다.[122] 허위는 1908년 10월 21일 오전 10시 형이 집행되어 순국하였다.[123]

---

117) 위와 같음.
118) 위와 같음.
119) 위와 같음.
120) 《京城日報》 1908년 7월 8일자, 〈許蔿の護送〉 참조.
121) 《大韓每日申報》 1908년 9월 19일자, 〈雜報(許蔿氏의 訊問)〉 참조.

형이 집행될 때 일본 승려가 불경을 외어주려 하자 허위는 다음과 같이
거절하였다.

忠義의 귀신은 스스로 마땅히 하늘로 올라갈 것이요, 혹 지옥으로 떨어진대
도 어찌 너희들의 도움을 받아 복을 얻으랴.[124]

한 한국인 검사가 "시신을 거둘 사람이 있는가" 하고 질문하자, 허위
는 "사후의 거둠을 어찌 괘념할 것인가, 이 옥중에서 썩어도 좋으니 속
히 형을 집행하라"고 응답했다고, 《대한매일신보》는 의병대장 허위의
순국 모습을 다음과 같이 보도하였다.

의병대장 許蔿씨를 사형에 처함은 已爲報道하엿거니와 檢事 某씨가 사형을
집행할 시에 許蔿氏를 대하여 絞刑死를 現行하거니와 후에 친족에게 或有遺
言이거던 詳言하라 한데, 許蔿씨가 안색을 不變 曰 余爲國事타가 不幸被捉하
야 今當死刑하니 就死而已오 친족에게 更無他言이로다 한즉, 檢事 某씨가 曰
屍身을 收去할 자가 친족 중에 有誰乎아 한데, 許蔿씨가 又答曰 死後斂屍를
何足掛念이리오 此 獄中에서 腐爛이 亦爲無妨하니 速行絞刑하라 하얏다더
라.[125]

이렇게 한 나라의 멸망을 앞두고 자기의 일생을 자기 조국의 국권회
복에 바친 13도창의대진소 군사장이며 제2대 13도창의총대장이 순국하
였다.[126] 그 후 의사 安重根은 제5회 공판에서 의병장 허위에 대하여 다
음과 같이 말하였다.

許蔿와 같이 盡忠竭力과 勇猛의 기상을 同胞 二千萬民이 가졌다면 오늘의

---

122) 〈許蔿判決宣告書〉;《獨立運動史資料集》 별집 1, pp.450~452 참조.
123)《大韓每日申報》 1908년 10월 22일자, 〈雜報(義將歸天)〉 참조.
124)《旺山許蔿先生擧義事實大略》; 앞의 책, p.245, 796 참조.
125)《大韓每日申報》 1908년 10월 24일자, 〈雜報(天日無光)〉.
126) 〈旺山先生文集年譜〉,《許蔿全集》(亞細亞文化社), p.538 참조.

國辱을 받지 않았을 것이다. 지금까지 高官들은 자기 있음을 알고 나라 있음을 알지 못하는 자가 많았다. 그는 그렇지 않았다. 그러므로 그는 官界의 高等의 忠臣이라고 말해야 할 것이다.[127]

의병대장 허위가 순국한 뒤에는 허위 의병부대는 허위 휘하의 부장으로 있던 權重熙·高在植 등이 지휘하며 임진강 유역에서 항일무장투쟁을 계속하게 되었다.

9. 맺음말

이상에서 1904년 여름 의병봉기의 격문을 돌려 의병 재봉기의 전기를 만들고, 1907년 9월에 편성되어 활동한 허위 의병부대와 의병장 허위의 항일무장투쟁을 허위가 순국한 시기까지 고찰하였다.

허위 의병부대의 활동한 기간은 의병장 허위가 1908년에 순국하여 비교적 짧았으나, 허위 의병부대의 항일무장투쟁에 대해서는 특히 다음의 몇 가지 특징을 주목할 필요가 있을 것이다.

첫째, 허위와 그의 동지들은 1904년 2월 23일의 〈제1차 한·일의정서〉 강제 체결이 일제의 대한제국 국권에 대한 심각한 침해라고 보고 그 뒤에도 계속되는 국권의 침해에 대항하여 일찍이 1904년 음력 5월 5일자로 通文을 작성하여 전국에 돌려서, 1904년 음력 5월 말일(양력 7월 12일)을 기하여 의병 봉기할 것을 호소하였다. 이 통문에 호응하여 1904년 7·8월부터 먼저 경기도에서부터 의병봉기가 시작되었다. 종래 한말 의병의 재봉기를 1905년 5월 강원도에서의 元容八의 봉기로 보아왔는데, 이보다 약 1년 앞서 허위 등이 격문·통문 활동과 호소에 의하여 1904년 7·8월에 경기도에서 의병 재봉기가 시작되었으며, 이것이 그 후

---

127) 《駐韓日本公使館記錄》 1908年 12月 2日條, 〈第5回 安應七의 供述要旨〉.

경상북도 善山 출신인 허위가 영남에서 의병을 일으키지 않고 경기도에서 의병을 일으킨 기초가 된 것이었다.

둘째, 허위 의병부대는 1907년 8월 1일 일제에 의한 대한제국 군대의 강제해산 후 해산군인들의 의병봉기를 계기로 포착하여 1907년 9월에 경기도 漣川·積城 등지에서 편성되었다. 허위 의병부대는 지역적으로 볼 때는 이른바 '경기의병'으로 성립된 것이었다. 허위 의병부대는 편성 직후 해산군인들로 구성된 延基羽부대와 金奎植부대를 포섭하여 막강한 실질적 전투력을 갖고 초기에 鐵原·抱川·安峽 등지를 점령하면서 일본군을 공격하여 일제에게 큰 타격을 주었다. 허위 의병부대는 이 과정에서 급속히 성장하여 1907년 11월 말경에는 병력 약 2천 명의 대부대로 발전하였다.

셋째, 허위 의병부대는 강원도의 이인영 의병부대와 긴밀히 협의하여 1907년 12월(음력 11월) 전국의 의병연합부대와 통합사령부로서 13도창의대진소를 편성하는 데 주도적으로 참가하였다. 13도창의대진소에는 약 1만 명의 의병들이 참가했는데, 그 내역을 보면 강원도 의병이 閔肯鎬 의병부대 2천 명과 李麟榮 의병부대 1천 명을 비롯해서 모두 약 6천 명이었고, 경기도의 허위 의병부대가 약 2천 명, 충청도의 李康年(秊) 의병부대가 약 500명, 황해도의 權重熙 의병부대가 약 500명, 평안도의 方仁寬 의병부대가 약 80명, 함경도의 鄭鳳俊 의병부대가 약 80명, 전라도의 文泰守 의병부대가 약 100명 등이었다. 단위부대로서는 허위 의병부대와 민긍호 의병부대가 각각 2천 명으로서 가장 큰 의병부대였다. 13도창의총대장은 이인영이 추대되고, 허위는 처음에 경기도·황해도 의병부대를 지휘하는 鎭東倡義大將을 맡았다가, 곧 전군의 참모총장에 해당하는 군사장을 맡게 되었다. 허위 의병부대는 13도창의대진소를 편성하는 과정에서 경기도 麻田邑을 점령하여 일본헌병대를 소탕하는 '麻田戰鬪'를 감행하여 큰 승리를 거두었다.

넷째, 허위 의병부대는 13도창의대진소가 '제1차 서울탈환작전'을 감행할 때 300명을 선발하여 선봉대를 편성해서 서울 동대문 밖 30리 지점까지 진출하여 1908년 1월 15일경 일본군과 치열한 전투를 벌였다. 허위 선봉대는 이 전투에서 부장 연기우와 김규식이 부상을 입을 정도로 혈전을 전개했으며, 일본군도 큰 손실을 입었다. 허위 선봉대는 탄환이 고갈되고 13도창의대진소의 본대는 약속한 시일에 도착하지 않아 후퇴하였다. 13도창의대진소 본대는 1908년 1월 28일경 동대문 밖 30리 지점에 도착했으나 허위 의병부대를 포함하여 그 사이 서울 진입 행군 도중에 이미 38회나 일본군과 치열한 전투를 한 결과 탄환이 거의 고갈된 상태여서 서울탈환 공격을 감행하기 어려운 조건이었다. 그 무렵 총대장 이인영의 부친이 별세했다는 喪報가 도착하자 이인영은 이를 계기로 포착하여 '제1차 서울탈환작전'을 일단 중지시키고 군사통수권을 허위에게 넘겨준 후 喪禮를 치르러 귀향하였다. 이에 13도창의대진소 의병연합부대는 군사장 겸 제2대 총대장으로서 허위가 지휘하게 되었다.

다섯째, 허위 의병부대를 비롯하여 각 도 의병대장들과 의병부대들은 ① 의병을 증모하여 비밀리에 훈련시키고, ② 무기와 탄약을 구입하여 무장을 보강하며, ③ 군량을 비축하고, ④ 서울에 의병장을 잠입시켜 내응세력을 조직하며, ⑤ 각 의병부대들간의 연락을 긴밀히 강화했다가, 1908년 4월 21일 13도창의대진소 군사장 겸 제2대 총대장 허위의 총지휘 아래 허위·이강년·이인영·유인석·박정빈 등의 이름으로 '제2차 서울탈환작전'의 시작을 알리는 통문을 전국에 발송하고 작전을 시작하였다. 이에 호응하여 전국에서 의병무장투쟁이 다시 치솟아 오르고 중부지방의 의병부대들은 '제2차 서울탈환작전'에 참여하여 다시 경기도에 진입해서 서울 외곽을 포위하여 서울 근교에 진출하였다. 그리하여 1908년 2～3월에는 급속히 퇴조해 가던 의병전쟁이 4～5월에는 형세 일변하여 1904년 재봉기 이래 의병전쟁의 '미증유의 치성'을 결과하였다. 일제는 매우 당황하여 일본으로부터 2개 연대를 한국에 급파하여 서울 방어에 투입함으로써 가까스로 의병부대들의 서울 진입을 저지하였다. 허위가 총지휘한 '제2차 서울탈환작전'은 일본군의 증파로 서울을 탈환하지는 못했지만, 1908년 2～3월에 거의 퇴조되어 가던 의병운동이 4～5월에 갑자기 고양되어 1904년 의병봉기 이래 '미증유의 치성'의 최고조에 도달하게 했는바, 이것은 허위가 지휘한 의병연합부대의 '제2차 서울탈환작전'이 가져온 큰 성과의 하나였다.

여섯째, 허위 의병장은 '제2차 서울탈환작전'을 전개함과 동시에 일본 제국주의자들이 대한제국을 침략하여 빼앗아간 국권과 이권을 회복하며 일본은 한국에서 퇴각할 것을 요구하는 30개조의 요구조건을 일제 통감부에 통보하고 국민들에게도 홍보하였다. 이것은 허위 의병부대와 13도창의대진소 의병연합부대의 '정치적 목표의 강령'과 같은 성격을 가진 것으로서, 당시 의병 항일무장투쟁의 높은 정치의식 수준을 나타내는 것이었다고 볼 수 있다.

일곱째, 허위 의병부대는 수도 서울을 둘러싼 경기도에서 항일무장투쟁을 전개함으로써 서울에 설치했던 일제 총감부를 직접적으로 위협했으며, 일제에게 실질적으로 심대한 타격을 주었다. 또한 허위 의병부대가 수도 서울의 지척에서 일본침략군을 쳐부수며 항일무장투쟁을 전개한 것은, 국민들과 지식인들을 크게 각성시키고 사기를 크게 높여 주었으며, 국민의 애국심과 애국주의를 크게 고양시켰다.

허위 의병부대의 항일무장투쟁은 한국근대사와 한국민족독립운동사에서 하나의 이정표를 세운 찬란히 빛나는 민족운동이었다.

(朴永錫博士回甲紀念論文集《韓國民族運動史論叢》, 1992)

閔肯鎬 의병부대의 항일무장투쟁

1. 머리말

근대에 들어와 일본 제국주의자들이 한국을 침략하여 식민지화를 추구하던 시기에 한국민족은 국권을 지키고 회복하기 위하여 수많은 의병부대들을 편성해서 과감한 항일무장투쟁을 전개하였다. 이 중에서 閔肯鎬 의병부대는 단위부대로서는 가장 규모가 크고 전투력이 가장 강했던 의병부대였으며, 존속기간에 끊임없이 의병전쟁을 전개하여 큰 위훈을 세운 의병부대였다. 그럼에도 이에 대한 본격적 연구논문이 아직까지 한 편도 나오지 못해서, 민긍호 의병부대의 활동을 소상히 구명하는 작업은 학계의 연구과제 가운데 하나로 되어 있는 형편이라고 하겠다.[1]

한말의 항일의병운동은 1895년부터 1914년까지 전개되었는데, 그 전개과정은 다음과 같이 5단계로 나누어 볼 수 있다.

제1단계 의병운동은 이른바 '甲午·乙未義兵'의 단계이다. 이것은 직접적으로는 1894년 6월 일본군의 불법적인 한반도 상륙침입과 1895년 10월 일제의 閔妃弑害事件 및 1896년 1월 단발령의 강행에 분노하여 유생들이 일으킨 의병운동이었다. 1894년 9월 전후부터 1896년 4월까지의

---

1) 姜在彦,〈反日義兵運動의 歷史的 展開〉,《朝鮮近代史研究》, 1970, pp.329~334.
   愼鏞廈,《韓國近代民族主義의 形成과 展開》(서울대출판부), 1987, pp.185~250.
   趙東杰,《韓國民族主義의 成立과 獨立運動史研究》(지식산업사), 1989, pp.23~75 참조.

의병운동이 이 단계에 해당된다. 이 시기의 의병운동은 衛正斥邪思想에 의거하여 유생이 주체가 되고 '東匪餘黨'이라고 불리는 동학농민혁명운 동에 참가했던 농민들이 이에 합세하여 일본의 침략에 항거함과 동시에 개화파 정부의 개화정책에 저항하는 反개화 보수주의의 특징도 갖고 있 었다. 이 시기의 갑오·을미의병 운동은 1896년 2월 11일 '아관파천'이 일 어난 후 러시아 공사관에 머물고 있던 高宗이 갑오경장정부의 각료들은 역적으로 정의하고 의병운동에 대하여 그 충의를 인정하면서 해산하라 는 조칙을 내리어 설유하자, 유생들이 이에 승복하여 해산되었다. 갑 오·을미의병은 비록 반개화의 보수주의의 특징도 갖고 있었지만, 일본 과 외세의 침략이 나라를 위험에 빠뜨릴 때에는 초야의 선비들과 농민 들이 의병을 일으켜 침략자에 대항해서 용감히 싸운다는 한국민족의 오 랜 전통을 근대에 들어 다시 부활시키기 시작했다는 점에서 중요한 의 의를 가진 것이었다.

제2단계 의병운동은 '재봉기 단계'이다. 이것은 일제가 1904년 2월 8일 러·일전쟁을 도발한 다음 한국에 불법침입하여 한국을 일본 침략군의 지배 아래 두기 시작하면서 여러 가지로 국권을 침해하다가 러·일전쟁 에서 승리한 후 1905년 11월 17일 〈을사5조약〉을 강요해서 국권의 일부 를 빼앗길 때까지, 국권을 지키기 위하여 재봉기한 의병운동이다. 1904 년 7·8월부터 1905년 11월까지의 의병운동이 이 단계에 해당한다.[2] 이 때의 의병운동은 일제가 러·일전쟁 도발 이후 한국을 무력에 의거하여 본격적으로 침략해서 半식민지·식민지화하는 데 대항하여 다시 국권수 호를 위한 항일무장투쟁에 재봉기했다는 점에 큰 특징과 역사적 의의가 있었다.

제3단계 의병운동은 '확대기 단계'이다. 이것은 1907년 11월 17일 〈을 사5조약〉이 강제 체결되어 외교권을 비롯한 국권의 일부를 빼앗기고

---

2) 愼鏞廈, 〈韓末 義兵運動의 起點에 대한 新考察〉(獨立紀念館 韓國獨立運動史研究所 第 1回 학술심포지엄 발표논문, 1987. 8. 5),《韓國近代民族運動史研究》, 1988, pp.2~23 참조.

1906년 2월 1일 일제 통감부가 설치되어 이른바 일제의 '통감통치'가 시작된 이후부터 1907년 7월 31일 군대해산 때까지의 국권을 회복하기 위하여 재봉기한 시기의 의병운동이다. 이 시기의 의병운동은 주로 위정척사파 유생들과 국권피탈에 분노하여 봉기한 농민들이 주체세력이 되어 전개되었다.

제4단계 의병운동은 '고양기 단계'이다. 이것은 1907년 8월 1일 일제에 의하여 대한제국의 군대가 기만적으로 강제 해산되자 해산 군인들이 봉기하여 의병에 합류한 것을 계기로 전국 방방곡곡에서 수많은 의병부대들이 봉기하여 의병운동이 최고조에 달한 시기의 의병운동이다. 1907년 8월 1일부터 1909년 10월 31일까지의 의병운동이 이 단계에 해당한다. 이 시기의 의병운동에서는 해산 군인들이 의병운동에 합류함에 따라 의병부대에는 막강한 실질적 전투력이 생겨 일본군을 도처에서 섬멸하고 공격해서 일제 침략에 심대한 타격을 주고, 일제의 한국병탄 일정을 지연시켰다. 이 시기에는 의병운동의 고양에 따라 13도창의대진소의 의병연합부대를 편성해서 두 차례의 '서울탈환작전'을 시도하여 의병운동의 고양과 애국계몽운동의 보위에 큰 역할을 하였다. 이 시기의 끝에는 또한 증파된 일본군이 1909년 9월 1일부터 10월 31까지 이른바 '南韓大討伐作戰'을 전개하자, 이에 대해서도 용감한 항쟁을 전개하였으나 무기의 부족과 탄환의 고갈로 일본군을 격퇴하지 못하였다. 우리가 고찰하려고 하는 閔肯鎬 의병부대는 이 단계에서 항일무장투쟁을 전개하여 의병운동의 고양기 형성 그 자체에서부터 크게 기여한 의병부대였다.

제5단계 의병운동은 '퇴조와 獨立軍으로의 전환 단계'이다. 1909년 11월 1일부터 1914년 5월까지가 이 단계에 해당한다. 이 시기에 의병부대들은 무기와 탄약의 고갈로 말미암아, 더욱 증강된 일본군의 공격과 탄압을 막아낼 수 없어 국내에서는 의병무장투쟁이 거의 불가능해졌으므로 의병운동은 급격히 퇴조되어 갔으나, 한편 남은 의병부대들은 강인하게 항일무장투쟁을 전개하면서 국외로 탈출하여 독립군으로 내용과 형태를 점차 전환시켜 나갔다.

이 글에서는 제4단계 '고양기 단계'에서 봉기하여, 이 시기를 고양기 단계로 만드는 데 결정적 역할 하나를 수행하면서 막강한 전투력을 갖고 항일무장투쟁을 전개한 민긍호 의병부대의 활동을 고찰하기로 한다.

2. 군대해산과 민긍호 의병부대의 봉기

일제는 한국 병탄을 노린 단계적 침략정책으로서 〈을사5조약〉을 강제 체결하여 국권의 일부를 빼앗아 간 다음 1906년 2월 1일부터 統監府를 설치하고 2개 사단의 한국에 불법 주둔시킨 일본군(소위 韓國駐箚軍)을 무력으로 하여 통감통치를 자행하면서 한국을 우선 半식민지 상태로 만들었다. 이어 일제는 1907년 6월의 '헤이그밀사사건'을 구실로 악용하여 1907년 7월 19일 광무황제를 강제로 양위시키고 허수아비 황제 純宗을 등극시켰다. 일제는 이완용 매국내각에 강요하여 7월 24일 〈정미7조약〉을 강제 체결해서 한국정부의 각 부에 일본인 차관을 임명하여 일제가 지배하는 이른바 '차관통치'를 시작했다. 7월 31일에는 일제가 작성한 군대해산 조칙을 새 황제 순종으로부터 재가받는 형식을 취하여, 8월 1일에는 병사들을 기만해서 훈련원에 집합시켜 대한제국 군대의 해산식을 강행하였다.[3] 이것은 일제가 대한제국을 완전히 무장해제시켜서 한국을 완전히 무방비 상태로 만들고 한국을 완전식민지로 병탄하기 위한 직접적 준비로 자행한 것이었다.

당시 대한제국 군대의 배치 상황은, 서울에 시위대 제1연대(3개 대대)와 제2연대(3개 대대)를 두었고, 지방에는 水原·淸州·原州·大邱·光州·海州·安州·北淸의 8곳에 鎭衛隊(모두 8개 대대)를 두었다. 1개 대대(약 500~600명)씩의 진위대는 전국을 8개 구역으로 나누어 각각 자기의 구역

---

3) 〈韓國軍隊は一大隊を殘し 全部解散の件〉, 1907年 7月 28日條, 〈珍田外務次官の西園寺總理大臣への報告〉;《朝鮮獨立運動》(金正明 編) 제1권, 1967, pp.15~16 참조.

에서 주요 지점에 다시 分遣隊를 두고 있었다.[4] 예컨대 原州鎭衛隊(약 600
명)는 原州에는 약 250~300명의 군대를 주둔시키고, 자기의 관할구역 내
에서 麗川分遣隊(파견주둔대), 春川分遣隊, 竹山分遣隊, 江陵分遣隊, 高城
分遣隊 등을 두고 있었다.

그러나 일제의 군대해산에 대하여 한국군은 복종하지 않고 봉기하기
시작하였다.[5] 시위대 제1연대 제1대대장 朴昇煥 참령이 일제의 한국군
해산에 항의하여 권총 자결을 해 순국한 것을 신호로 제1연대 제1대대
병사들이 해산을 거부하고 봉기하였다. 제1연대 제1대대가 봉기했다는
통보를 받은 제2연대 제1대대 병사들도 견습 참위 南相憲의 지휘 아래
봉기하였다.[6] 봉기한 대한제국 군대 병사들은 미리 병영을 포위하고 있
던 일본군과 8월 1일 오전 8시부터 11시 40분까지 무려 3시간 40분 동안
치열한 전투를 벌인 다음, 시가로 나와 남대문과 서소문 사이에서 탄환
이 떨어질 때까지 일본군과 치열한 시가전을 전개하였다.[7] 그들은 탄환
이 떨어져 더 싸울 수 없게 되자 시민들의 지원을 받으며 성밖으로 나
가 의병부대에 합류하였다. 黃玹은 "그 곧 城 밖으로 달아난 자는 모두
의병에 합류하였다"[8]고 기록하였다. 宋相燾도 "남은 軍人들은 각자 흩
어져 팔도 의병이 다시 일어난 것은 이로부터였다"[9]고 기록하였다. 일본
군의 자료도 "해산된 군인의 대부분은 지방에 도망하여 暴徒의 무리에
뛰어들어 오랫동안 화란의 불길을 종식시키지 못하게 한 원인이 되었
다"[10]고 기록하였다.

---

4) 독립운동사편찬위원회 편,《독립운동사》제1권 '의병항쟁사', 1972, pp.469~470 참조
5) 成大慶,〈韓末의 軍隊解散과 그 蜂起〉,《成大史林》제1집, 1965
   金義煥,〈丁未年(1907) 朝鮮軍隊解散과 反日義兵鬪爭〉,《鄕土서울》제26집, 1966
   朴成壽,〈1907~1910年間의 義兵戰爭에 대하여〉,《韓國史研究》제1집, 1968 참조.
6) 朴殷植,《韓國痛史》;《朴殷植全書》(檀國大 東洋學研究所) 上卷, pp.323~327 참조.
7)〈八月一日における南大門附近戰鬪詳報報告の件〉,〈衛秘發 第14號〉, 1907年 8月 3日
   條,〈第13師團參謀長の秘書官への報告〉;《朝鮮獨立運動》제1권, pp.16~19 참조.
8) 黃玹,《梅泉野錄》(國史編纂委員會), p.428 참조.
9) 宋相燾,《騎驢隨筆》(國史編纂委員會), 南想憲條, p.121 참조.
10) 朝鮮駐箚軍司令部編,《朝鮮暴徒討伐誌》;《朝鮮獨立運動》제1권, p.139.

일제는 서울 시위대의 해산에 뒤이어 지방 진위대도 차례로 해산시켜 나갔다. 진위대 제5대대인 原州鎭衛隊의 해산 예정일은 8월 10일이었고, 原州鎭衛隊 소속의 江陵分遣隊와 麗川分遣隊(派遣隊)의 해산 예정일은 8월 13일이었다. 그러나 원주진위대가 이에 불복하여 제일 먼저 봉기하였다.

원주진위대에 서울 시위대의 해산과 봉기의 소식이 여러 가지 통로로 8월 1일 오후에 알려지자 영내 병사들이 동요하기 시작하였다. 대대장 참령 洪裕馨이 극력 부하들을 훈유했으나 애국심에 불타는 분노한 병사들의 반항심을 북돋웠을 뿐이었다. 대대장 홍유형이 군부의 전보명령에 의해 상경길에 오르자 해산명령을 받으러 가는 것임을 판단한 병사들은 특무정교(오늘날의 특무상사에 해당) 민긍호를 지휘자로 하여 본격적으로 봉기준비를 시작하였다. 민긍호 등은 우선 8월 3일 1소대를 상경 길에 급파하여 홍유형을 데려다가 원주진위대를 지휘하여 서울로 쳐들어 갈 것을 구상하였다. 민긍호 등에 의해 급파된 1소대는 상경길 도중의 砥平에서 홍유형을 붙잡아 협박해서 원주진위대를 지휘하여 서울로 진군할 것을 요구하였다. 홍유형은 위협에 눌려 이를 승낙한 다음 병사들을 기만해서 밤중에 驪州로 도망하여 위급을 면한 다음 서울로 도망해 버렸다. 민긍호 등은 또한 다른 1소대를 竹山에 급파하여 동지를 규합케 하였다.

민긍호 등 원주진위대 병사들은 8월 5일 오후 2시 마침내 봉기하였다. 민긍호 등이 이 날을 봉기일로 택한 이유는 이 날이 原州邑 장날이어서 많은 농민들과 포수들이 장터에 모이기 때문이었다. 민긍호 등은 8월 5일 오후 2시 급격한 비상나팔을 불어 장교와 병사들을 모두 집합시킨 후 봉기를 선언하고 장교들을 위협하여 봉기에 동의한 대대장 대리 정위 金德濟 만을 남겨두고 봉기에 반대한 6명의 장교들(정위 權泰熙, 부위 權泰榮·張世鎭·白南肅·李玄珪, 참위 李顯用)을 체포한 다음, 장꾼과 읍민들 중에서 호응자를 모집하고, 무기고를 열어 병사들은 물론이요 호응한 장꾼과 읍민들에게도 모두 무기(약 1,600정)와 탄환(약 4만 발)을 분배하여 대오를 편성하였다. 이에 민긍호 의병부대가 탄생하였으며, 그들은 일제히 총성을 울려 구국을 위한 봉기를 알렸다.

"8월 1일 軍隊解散의 風評에 이어 京城侍衛隊의 反亂 기타 訛傳이 原州鎭衛隊에 도달하자 營內一般에 動搖가 일어났다. 大隊長 參領 洪裕馨이 극력 部下의 訓諭에 노력하였으나 도리어 部下의 反抗心을 앙양하였다.

大隊長 洪은 8월 2일 軍部의 電命에 의하여 上京의 길에 올랐다. 그러자 特務正校 閔肯鎬는 不平의 同志를 선동하고 大隊長代理 正尉 金德濟를 협박하여 與黨으로 해서 全員이 일거에 暴徒가 되어 武器彈藥을 분배하고 地方無賴의 徒를 嘯集하여 武器를 주었다. 一部는 8월 3일 大隊長 洪을 도중 砥平에서 붙들어서 협박하기를 大隊를 指揮하여 京城에 進出하도록 하였다. 이에 洪은 그들을 기만하여 夜暗을 타서 驪州로 도망하여 難을 免하고 上京할 수 있었다. 또한 다른 一部는 同日 竹山에 이르러 同志를 규합하였다."[11]

"8월 5일 오후 2시 지나 原州鎭衛 第5大隊는 갑자기 騷擾를 시작하여 급격한 非常喇叭로써 散兵을 拾集하였다. 동시에 마침 舊歷 7월 27일 原州市日로서 그렇게도 雜沓하였던 市民도 周章 앞을 다투어 逃走하는 등 사태는 보통이 아닌 不穩의 모양이 있고, 곧 義兵이라고 칭하는 暴徒의 一團이 鎭衛兵士와 結托하고 먼저 邦人家屋에 浸入, 이들을 살해하려 한다고 하였다."[12]

봉기한 원주진위대 병사들과 농민들은 우선 원주읍 우편취급소, 군청, 경찰분견소를 습격하고, 미처 도망하지 못한 일본인을 처단한 다음, 원주읍을 완전히 장악하고 일본인의 물품들을 모두 압수하여 군수물자를 조달하였다. 이어 그들은 약 300명을 급파해서 원주읍 동남방 남산에 도망간 일본경찰대를 추격하여 남산을 점령하였다. 일본군은 충주수비대를 급파하여 원주를 구원하게 하자 봉기한 민긍호 의병부대는 남산 부근에서 2시간 동안 치열한 교전 끝에 일본군 수십 명을 사살하고[13] 충주

---

11)《朝鮮暴徒討伐誌》;《朝鮮獨立運動》제1권, p.139.
12)《暴徒ニ關スル編冊》1907年 9月 20日條,〈遭難始末書〉;《韓國獨立運動史資料》(國史編纂委員會) 제8권, p.35.
13)《大韓每日申報》1907년 8월 20일자,〈東來所聞〉참조.

수비대를 패주시켜 충주로 쫓아버렸다.[14]

8월 6일에는 驪州分遣隊(파견주둔대) 병사들이 파견대장의 만류를 거부하고 "본대에 있는 士卒들이 軍隊解散事에 연유하여 亂을 일으켜 움직이고 있은즉 우리들도 死生을 같이 해야 한다"고 하면서 파견대장을 감금하고 봉기하여 원주로 향해서 합류하였다.[15]

원주진위대의 봉기를 주도한 인물인 민긍호는 서울에서 태어나 1897년(광무 원년)에 진위대에 입대하여 군인이 되고, 원주진위대 高城分遣隊에 배속되었다가 후에 春川分遣隊에 전입되었다. 1900년(광무 4년)에 正校(오늘날의 상사)로 진급되어 춘천분견대에 있다가, 1901년 特務正校(오늘날의 특무상사)로 발탁되어 원주진위대 본대로 전입되었다.[16] 민긍호의 그 밖의 출생연도와 경력은 전혀 자료가 없는 것으로 보아서 본관은 여흥 민씨였지만 빈한한 집에 태어나 군에 병졸로 입대해서 사병으로서는 1907년 당시 진급의 상한인 특무정교까지 올라간 30대의 애국적 고참병사였던 것으로 보인다.

민긍호 의병부대는 봉기 때부터 주로 해산 군인과 농민들 및 포수들로 구성된 의병부대로서 그 안에 소부대들을 편성하여 부장급 의병장들에게 지휘를 맡겨서 각각 기민한 유격전을 전개하도록 한 것이 특징이었다. 민긍호는 자기 산하에 32개 단체(의병소부대)가 있다고 스스로 밝힌 바 있었다.[17] 민긍호 의병부대에 속한 부장급 의병장들을 자료에서 보이는 대로 들어 가나다순으로 배열하면 다음과 같다.[18]

金敬和 金德興 金相希 金顯國(金致永의 改名) 盧勉相 朴乃益 朴河南 申順模 吳

---

14) 《暴徒ニ關スル編冊》 1907年 9月 20日條, 〈遭難始末書〉;《韓國獨立運動史資料》 제8권, p.36 및《朝鮮暴徒討伐誌》;《朝鮮獨立運動》 제1권, p.139 참조.

15) 《官報》 隆熙元年 9月 21日字, 〈韓國將校의 免官〉 참조.

16) 宋相燾,《騎驢隨筆》, 閔肯鎬條 ; 報勳處,《獨立有功者功勳錄》 제1권, 1986, p.603 참조.

17) 《暴徒ニ關スル編冊》, 〈警秘 第58號〉 1907年 11月 15日條, 〈內部警務局長의 統監에의 報告〉;《韓國獨立運動史資料》 제8권, p.122 참조.

18) 《暴徒ニ關スル編冊》;《韓國獨立運動史資料》제8권, p.93, 124, 150, 254, 280, 288 및 제9권, p.371, pp.379~380 참조.

正黙 劉秉勳 尹起榮 尹成玉 尹在玉 李姜永 鄭明善 朱光燮 朱光植 朱基俊 崔
道煥 崔順仁 崔仁淳 韓甲復 韓相說 韓幸福

원주진위대의 해산 군인들과 농민들·포수들로 형성된 의병부대는 8
월 8일 처음에는 둘로 나뉘어 金德濟는 약 600명을 지휘해서 平昌 江陵
방면으로부터 襄陽 杆城 高城 通川 歙谷 지방으로 진출하고, 민긍호는
약 1천 명을 지휘하여 堤川 忠州 竹山 長湖院 驪州 洪川의 각 방면으로
진출하였다. 그런데 김덕제가 지휘한 부대는 출발 후 1개월도 안 되어
수많은 의병장들의 이름 속에서 김덕제의 이름이 사라져버린 것을 보
면, 봉기 직후 전사했거나 다른 변고로 김덕제가 지휘했던 부대도 모두
민긍호가 지휘하게 된 것으로 보인다. 민긍호 의병부대의 특징 가운데
하나는 처음부터 의병부대를 다수의 소집단으로 분할하여 유격전을 전
개하면서 원래의 원주진위대와 그 분견대 담당지역 안의 여러 고을의
일본군 수비대를 끊임없이 공략한 데 있었다. 일본군의 자료는 이 사실
을 다음과 같이 기록하였다.

"閔肯鎬는 大部隊의 首魁가 되어, 數多의 小集團으로 分割해서 堤川, 忠州,
竹山, 長湖院, 驪州, 洪川 등의 각 지방에 隱現出沒하여 橫暴를 進하였다."[19]
"暴徒로 化한 叛兵及 暴民은 同日 이후 數個의 群으로 나누어져 각 지방을
橫行하면서 掠奪하였다."[20]

일본군은 원주에서 민긍호 의병부대가 봉기하자 8월 6일 서울의 일본
군 보병 제47연대 제3대대장 下林 소좌를 지휘관으로 하여 보병 2개 중
대, 기관총 4정, 공병 1개 소대로 된 토벌지대를 편성해서 민긍호 의병
부대를 토벌하게 하였다. 일본군 토벌지대는 8월 7일 서울을 출발해서 8
월 10일 원주에 도착하여 며칠 동안 부근 토벌작전을 시작했으나 민긍

---

19) 《朝鮮暴徒討伐誌》;《朝鮮獨立運動》 제1권, p.140.

20) 위의 책, pp.139~140.

호 의병부대가 기민하게 은현출몰하면서 유격전을 전개했기 때문에 일본군은 며칠간 조금도 얻은 바가 없었다. 이 사실을 일본군측 자료는 다음과 같이 기록하였다.

"二水頭, 砥平을 거쳐 10일 原州에 도달하였다. 그러나 地形에 밝은 土民의 庇護를 받는 저들 暴徒의 諜報勤務는 매우 敏活해서 교묘히 我行動을 偵知하여 隱現出沒하기 때문에, 支隊는 原州 도착 후 그 附近의 掃蕩에 노력했으나 수일간 조금도 얻은 바가 없었다."[21]

민긍호 의병부대 봉기의 큰 충격과 영향 아래 다른 진위대 해산군인들의 봉기와 의병 합류가 뒤를 이었다.[22]

민긍호 의병부대는 우선 원주진위대와 그 분견대들이 담당했던 구역의 서울 가까운 지역에 신속하게 진출하여 과감한 유격전을 전개하기 시작하였다.

3. 민긍호 의병부대의 전투 (1)

(1) 驪州邑 습격 점령 전투

민긍호 의병부대는 우선 다수의 분할된 의병유격대들을 지리에 익숙한 驪州·長湖院·竹山·堤川·忠州·洪川 방면에서부터 공략하게 하였다. 이에 민긍호 의병부대의 한 유격대 약 200명은 1907년 8월 12일 경기

---

21) 위의 책, p.141
22) 原州鎭衛隊 병사들의 봉기에 뒤이어 8월 9일에는 水原鎭衛隊 소속 江華分遣隊 병사들이 해산을 거부하고 봉기하였다. 이 밖에도 洪州分遣隊(淸州鎭衛隊 소속) 48명의 전체 병사들이 해산을 거부하고 봉기를 시도하다가 실패했으며, 晋州分遣隊(大邱鎭衛隊 소속) 병사들도 해산을 거부하고 봉기를 시도하다가 일본군의 급습을 받고 武裝解除를 당하였다. 安東分遣隊(大邱鎭衛隊 소속)의 병사들도 해산을 거부하고 의병에 합류했으며, 北淸鎭衛隊의 일부 병사들도 해산에 항의하며 군대해산 이후 개별적으로 의병에 합류하였다. 군대해산 당시에 집단적으로 봉기하지 않은 경우에도 해산 후 귀가한 다음 다수의 해산 군인들이 의병부대에 들어가 합류하여 의병으로 전환하였다.

도 여주(원주진위대 소속 여주분견대의 주둔지)에 진출하여 여주읍을 습격해서 점령하고 警務分遣所를 포위하여 일본경찰관들을 처단하였다. 이것은 민긍호 의병부대가 일본군 수비대로서는 여주까지 진출해 오리라고 상상도 하지 못한 기민한 기동력과 진출력으로 일본군 수비대의 허를 찔러 기습유격전을 전개해서 쟁취한 완벽한 승리의 전투였다.

민긍호 의병부대의 이 부대는 여주에서 농민들에게 권유하여 의병을 모집한 다음 陰竹을 거쳐서 長湖院 방면으로 향하였다. 이때에는 농민들이 합세하여 의병 수는 1천 명이나 되었으며, 다수의 보급물자가 조달되었다.[23]

일본군 사령관은 민긍호 의병부대가 기민한 속도로 삽시간에 여주까지 진출하여 일본인을 처단하는 것을 보고 경악하여 강원도 강릉의 일본인은 더욱 위험하다고 판단하고 긴급하게 元山守備隊로부터 일본군 보병 제60연대 제11중대를 군함 葛城號에 실어서 8월 13일 강릉에 상륙시켜 일본인들을 경비하게 하였다.

(2) 洪川 습격 전투

민긍호 의병부대의 한 유격대 약 70~80명은 1907년 8월 14일 오후 3시에 동·서 두 길을 나누어 橫城을 통과해서 洪川邑을 습격하여 일본인들의 가옥을 훼파하고 돌아갔다.[24]

(3) 堤川邑 점령 전투

민긍호 의병부대의 한 유격부대 350명은 1907년 8월 15일 충청북도 제천에 진출하여 末安 중위가 지휘하는 일본군 소부대를 공격해서 4시간의 교전 끝에 일본군을 패퇴시키고 제천읍을 점령하였다. 일본군은 밤중에 포위되어 공격당하자 저항하다가 패주하여 충주로 퇴각하였다.[25]

---

23) 《大韓每日申報》 1907년 8월 16일자, 〈地方警報〉 및 《朝鮮暴徒討伐誌》; 《朝鮮獨立運動》 제1권, p.141 참조.
24) 《大韓每日申報》 1907년 8월 22일자, 〈處處義兵〉 참조.

(4) 竹山 습격 점령 전투

민긍호 의병부대의 다른 유격대 약 300명은 1907년 8월 15일, 위의 유격대가 제천의 일본군을 공격하는 시간에 竹山邑을 습격하여 점령해서 일본인들을 색출하여 처단하고 보급물자를 조달하였다.[26]

(5) 長湖院 전투

민긍호 의병부대의 한 유격대는 1907년 8월 16일 일본군 忠州守備隊로부터 파견되어 온 일본군 電線호위병 1개 분대를 장호원에서 공격하여 섬멸하였다.

또한 민긍호 의병부대의 한 유격대 150명은 1907년 8월 18일 서울로부터 충주로 증원되어 가는 일본군 보병 제51연대의 蘆澤 대위가 인솔하는 일본군 1개 소대를 공격하여 패주시켰다.[27]

(6) 利川 부근 전투

민긍호 의병부대의 한 유격대는 1907년 8월 19일 서울로부터 電線검사를 위해 파견된 일본군 공병 1개 분대를 이천 동남방 약 20리(8km) 지점에서 습격하여 섬멸하였다.[28]

민긍호 의병부대가 원주와 충주를 연결하는 선을 확보하면서 서울 외곽 이천 부근까지 유격대를 진출시키며 그 세력이 날로 증가하고 영향력이 각지에 전파되자, 일본군 사령관은 매우 당황하여 일본군 보병 제51연대 제2대대(2중대 缺), 제52연대 제2중대, 기관총 4정, 기병 제17연대

---

25) 《大韓每日申報》1907년 8월 18일자, 〈義兵消息〉 및 8월 22일자, 〈義兵消息〉 및 《朝鮮暴徒討伐誌》;《朝鮮獨立運動》제1권, p.141 참조.

26) 《大韓每日申報》1907년 8월 16일자, 〈地方警報〉 및 8월 17일자 〈處處義兵〉 및 《朝鮮暴徒討伐誌》;《朝鮮獨立運動》제1권, p.141 참조.

27) 《大韓每日申報》1907년 8월 18일자, 〈義兵消息〉 및 《朝鮮暴徒討伐誌》;《朝鮮獨立運動》제1권, p.141 참조.

28) 《大韓每日申報》1907년 8월 21일자, 〈義兵興起〉 및 《朝鮮暴徒討伐誌》;《朝鮮獨立運動》제1권, p.141 참조.

제3중대의 1소대, 공병 1소대로서 1개 지대를 편성해서 기존 수비대의 지원을 받으며 민긍호 의병부대를 포위해서 토벌하게 하였다.[29]

(7) 長湖院 부근 촌락 전투

민긍호 의병부대의 한 유격대 약 300명은 1907년 8월 2일 장호원 동남방 약 10리 지점에 있는 촌락에서, 서울에서 충주로 가는 군량을 호위하는 일본군 제50연대 소속 소부대를 공격하여 패주시키고 군량을 노획하였다.[30]

(8) 梨浦 전투

민긍호 의병부대의 한 유격대 80명은 1907년 8월 23일 한강의 배편으로 일본군 1개 분대가 충주를 출발하여 서울로 향하자 여주 하류 약 40리 지점에 있는 梨浦 부근의 양안에서 이를 공격했으며, 이들이 살아보려고 배를 대어 강안에 상륙하자 육박전을 전개하여 섬멸하였다.[31]

(9) 忠州邑 습격 전투

민긍호 의병부대의 유격대 600명은 두 부대로 나누어 강릉에서 온 200명과 함께 대부대가 1907년 8월 23일 오전 11시 30분부터 대낮에 충주읍을 습격하여 점령하는 대담한 작전을 전개하였다. 일본군 忠州守備隊도 준비가 되어 있어서 격전이 벌어졌으나 중과부적이어서 대타격을 입었다. 일본군은 충주읍을 일시 점령당하여 정치적으로 대타격을 입은

29)《朝鮮暴徒討伐誌》;《朝鮮獨立運動》 제1권, pp.141~142 참조. 이어서 일본군 사령관은 8월 21일 利川·長湖院·驪州 방면의 민긍호 의병부대의 유격대를 '토벌' 하기 위해서 大田의 보병 제14연대 제3대대장 不破 少佐에게 제9중대 및 水原守備 중인 제3중대를 속하게 하여 그 方面에 파견함과 동시에 서울의 제51연대 제9중대를 楊根·利川 방면에 파견하여 不破討伐隊에 策應하게 하였다.

30)《大韓每日申報》 1907년 8월 21일자,〈義兵興起〉및《朝鮮暴徒討伐誌》;《朝鮮獨立運動》 제1권, p.142 참조.

31)《朝鮮暴徒討伐誌》;《朝鮮獨立運動》 제1권, p.142 참조.

반면에 민긍호 의병부대의 손실은 사상자 20명에 불과하였다.[32] 민긍호 의병부대의 대낮 충주읍 습격은 일본군의 간담을 서늘하게 하고 전국의 의병들과 국민들의 사기를 크게 진작시켰으며, 전국 각지에서 의병봉기를 크게 격려하였다.

(10) 利川 북방 고지 전투

민긍호 의병부대의 한 유격대 400명은 1907년 8월 30일 利川 북방 고지에서 서울로부터 이천 방면으로 전선 수리 호위를 위해 파견되어 온 일본군 1개 소대를 공격하여 패주시켰다.[33]

(11) 山地洞 전투

민긍호 의병부대 산하 한 유격대는 1907년 8월 30일 광나루 북방 약 30리 지점에 있는 山地洞에서 일본군 1개 중대와 조우하여 치열한 교전을 벌였다.[34]

(12) 南亭子 부근 전투

민긍호 의병부대의 한 유격대 약 300명은 1907년 8월 30일 槐山의 남방 약 5리 지점에 있는 南亭子 부근에서 청주로부터 충주를 향하여 탄약과 식량을 수송 호위 중인 일본군 1개 분대를 급습하여 패주시키고 탄약과 식량을 모두 노획하였다.

이 유격대는 충주로부터 괴산으로 파견되는 일본군 분견대도 습격하여 충주로 패주시켰다.[35]

민긍호 의병부대의 봉기 직후 이러한 눈부신 의병무장투쟁의 성과는

---

32) 《大韓每日申報》 1907년 8월 24일자, 〈義兵消息〉 및 《朝鮮暴徒討伐誌》; 《朝鮮獨立運動》 제1권, pp.142~143 참조.
33) 《朝鮮暴徒討伐誌》; 《朝鮮獨立運動》 제1권, p.143 참조.
34) 《大韓每日申報》 1907년 8월 31일자, 〈各地情況〉 및 《朝鮮暴徒討伐誌》; 《朝鮮獨立運動》 제1권, p.143 참조.
35) 《朝鮮暴徒討伐誌》; 《朝鮮獨立運動》 제1권, p.143 참조.

전국 각지의 의병봉기에 큰 자극과 격려를 주었다.

(13) 洪川邑 습격 점령 전투

민긍호 의병부대의 유격대 약 600명은 1907년 9월 7일 2부대로 나누어 남·북 양방면으로부터 洪川邑을 습격하여 6시간을 교전해서 일본군 수비대와 지원대인 境澤中隊에게 대타격을 주었다. 의병부대의 손실은 약 20명이었다. 일본군이 의병부대의 홍천 공격은 더 없을 것이라고 판단하고 境澤중대를 춘천으로 귀환시키자, 민긍호 의병부대의 유격대 200명은 9월 10일 재차 홍천읍을 습격하여 점령해서 일본군의 시설물들과 청사들을 모두 소각시켜 버렸다.[36]

(14) 狼川邑 습격 점령 전투

민긍호 의병부대의 유격대 600명은 두 부대로 나누어 200명은 위와 같은 1907년 9월 10일 재차 홍천읍을 습격하여 점령하도록 양동작전을 하고, 같은 시간에 약 400명은 狼川邑을 습격하여 점령해서 군청의 다수 총기와 탄약을 노획하여 의병부대에 무기와 탄약을 공급하였다.[37]

(15) 沙亭里 전투

민긍호 의병부대의 한 유격대 약 200명은 陰城 無極場 부근의 沙亭里에서 1907년 9월 19일 무극장으로 향하고 있던 일본군 忠州守備隊와 조우하여 치열한 교전을 벌이었다.[38] 일본군은 버티지 못하고 남방 산 위로 패주하였다. 의병이 이를 맹렬히 추격하자 일본군은 동서를 구분하지 못하고 흩어져 도주했으므로 의병대는 무극장으로 향하였다.[39]

---

36) 《大韓每日申報》 1907년 9월 13일자, 〈地方情報〉 및 《朝鮮暴徒討伐誌》; 《朝鮮獨立運動》 제1권, p.144 참조.

37) 《朝鮮暴徒討伐誌》; 《朝鮮獨立運動》 제1권, p.144 참조.

38) 《大韓每日申報》 1907년 9월 20일자, 〈地方情形〉 및 《朝鮮暴徒討伐誌》; 《朝鮮獨立運動》 제1권, p.145 참조.

39) 《大韓每日申報》 1907년 9월 24일자, 〈地方消息〉 참조.

(16) 長湖院邑 습격 전투

민긍호 의병부대의 한 유격부대 약 400명은 1907년 9월 19일 동남방으로부터 장호원읍을 습격하여 약 2시간의 치열한 교전을 하며 일본군 장호원수비대에게 심대한 타격을 주고 패주시켰다. 의병부대의 손실은 10명이었다.[40] 의병부대는 부근의 전선을 모두 파괴하고 돌아갔다.[41]

(17) 原州 文幕 전투

민긍호 의병부대의 한 유격대 약 100명이 1907년 9월 22일 原州 서방 文幕 부근에서 야영으로 잠을 자다가 일본군 정찰소대의 야습을 받고 10명이 전사하는 피해를 입었다.[42]

(18) 酒泉 전투

민긍호 의병부대의 한 유격대는 1907년 9월 23일 강원도 平昌 부근 酒泉에서 일본군 토벌대를 기습하여 치열하게 공격해서 심대한 타격을 주고 퇴각하였다.[43]

(19) 鳳腹寺 전투

민긍호 의병부대의 한 유격대 약 350명은 횡성군 甲川面 甲川里 동방 약 10리 지점에 있는 鳳腹寺를 근거지로 하여 활동하고 있었는데, 기관총 2정을 가진 일본군 2개 소대가 토벌을 한다고 찾아왔으므로 1907년 9월 23일 산 정상에서 이를 맞아 치열한 격전 끝에 격퇴시켰다. 일본군은 토벌에 실패하자 봉복사에 방화하여 불태우고 돌아갔다.[44]

---

40)《大韓每日申報》1907년 9월 22일자,〈地方消息〉및《朝鮮暴徒討伐誌》;《朝鮮獨立運動》제1권, p.145 참조.
41)《大韓每日申報》1907년 9월 27일자,〈地方形情〉참조.
42)《朝鮮暴徒討伐誌》;《朝鮮獨立運動》제1권, p.145 참조.
43)《大韓每日申報》1907년 10월 4일자,〈地方消息〉참조.
44)《朝鮮暴徒討伐誌》;《朝鮮獨立運動》제1권, p.145 참조.

(20) 沙灘 전투

민긍호 의병부대의 한 유격대 약 200명은 1907년 9월 24일 이른 새벽 楊根 서북방 약 10리 지점의 沙灘에서 숙영 중인 일본군 보병 제51연대 소속 1개 소대를 습격하여 2시간의 교전 끝에 이를 섬멸하여 버렸다.[45]

(21) 龜浦 전투

민긍호 의병부대의 한 유격대 약 200명은 1907년 9월 25일 양근 상류 약 15리 지점에 있는 龜浦에서 일본군 1개 소대와 조우하여 격전 끝에 이를 패주시켰다. 또한 이 직후 구포 방면으로 이동하던 다른 한 유격대 약 300명은 총소리를 듣고 찾아온 일본군 보병 제51연대 소속 1개 정찰 중대를 공격하여 패주시켰다.[46]

(22) 沒雲峙 전투

민긍호 의병부대의 한 유격대 약 250명은 1907년 9월 27일 平昌 부근 의 沒雲峙에서 일본군 토벌대와 조우하여 일본군을 기습해서 다수의 사 상자를 내게 하고 패주시켰다.[47]

4. 宣諭使·觀察使의 귀순 권유와 민긍호의 거절·비판

일제는 해산당한 구군인들이 봉기하여 의병부대를 편성하고, 의병전쟁 을 전개하여 큰 성과를 내면서 서울 근교까지 진출하고, 이에 고무되어 전국적으로 유생과 농민을 비롯한 각계각층의 의병이 일어나자 크게 당 황하였다. 그래서 나온 대책의 하나로, 그들이 내세운 허수아비 황제 純宗

---

45) 《大韓每日申報》 1907년 9월 29일자, 〈地方情形〉 및 《朝鮮暴徒討伐誌》；《朝鮮獨立運動》 제1권, p.145 참조.
46) 《朝鮮暴徒討伐誌》；《朝鮮獨立運動》 제1권, p.145 참조.
47) 《大韓每日申報》 1907년 10월 4일자, 〈地方消息〉 참조.

의 이름으로 의병들은 해산하여 귀순하라는 조칙을 만들어서 각 도에 선
유사를 파견하여 의병장들을 회유하는 귀순공작을 하도록 하였다.

일제는 순종의 이름으로 1907년 8월 27일 강원도 선유사에 洪祐晳, 경
상북도 선유사에 金重煥, 충청남·북도 선유사에 李舜夏, 경기도 선유사
에 鄭寅興을 각각 임명하였다.[48] 각 도의 선유사들은 황제의 조칙과 선유
사의 인장, 귀순자 勿侵憑票 등 관계 서류와 자료를 갖고 1907년 9월 24일
일제히 서울을 출발하여 담당지역으로 향하였다.[49]

민긍호 의병부대에 대한 선유는 강원도 선유사 洪祐晳이 담당하였다.
홍우석은 뒤로 일본군을 이끌고 가서 만일 민긍호가 선유에 응해 귀순
하지 않을 경우에는 이를 습격하여 생포하려고 획책하였다. 이때의 강
원도 선유사 홍우석의 보고서(1907년 12월 17일자)가 이를 잘 설명하고
있다.[50]

---

48) 《宣諭日記》(奎章閣圖書, No.26079), 전5책 참조.
49) 《宣諭日記》 제1책(京畿宣諭使 鄭寅興行宣日記), 1907년 9월 2일조 참조.
50) 《宣諭日記》 제3책(江原道宣諭使 洪祐晳日記) 참조. 그 일부를 보면 다음과 같다.
　"更探騷擾地方則 原州隊 解散兵丁이 出沒 於洪川·橫城等地이다. 故로 內於十月八日에
冒險馳往 于洪川則 匪徒之燒盧邑戶가 至爲一百七十餘戶라. 滿目亂灰에 愁慘이 莫甚하
야 招集 餘存之民及 各面洞長하야 到底開諭亨오되 所謂首書記는 隱避不現하고 巡檢三
名은 被捉於匪徒云이나 實是附從이오며 轉向橫城之路에 匪魁閔肯鎬之書가 自步撥 二次
來傳故로 該書類는 已爲粘報本部이며 細擧聖詔之惻怛하야 脩說民生之爰業하며 時勢形
便을 反覆論辯하야 釋兵歸化之意로 回書飭諭하고,
　直抵橫城郡則 該郡守는 已爲帶印徑歸하고 首書記之父 吳正默은 頃以首校로 率退吏
韓相烈과 郡隷數三名과 與砲軍數百名으로 混合匪類에 脹肚相連하고 首尾相應이다이온
故로 此兩軍首吏之陰從匪徒가 萬萬可痛이옵기 該書記名色은 爲先除汰하고 該期詗捉之
意로 嚴訓該郡이오며,
　居民則 官旣徑歸에 導率이 無人하야 喫怯懷疑에 捷遑未定하야 之東之西에 莫之所向
故로 這這招集하야 剴切宣諭則 民情이 庶可安靖이오며,
　閔肯鎬之書가 又爲來到이론바 其執迷難回는 非書可解요 惟面是諭故 約日期會於原州
之意로 答送이고,
　(十月) 十五日에 抵原州境하야 沿路人民을 逐洞曉諭하고 本使幸期을 亦爲知委于該郡
이러니 郡主事李宅珠와 首書記安在允이 率邑中父老四十餘人하고 來候於五里之外하니
可見其固守良心에 不爲亂類所境이오며, 抵郡之後에 招致境內解事人四百餘名하야 與守
隊警官 及一進會員으로 同會于客舍하야 諭之以順逆禍福하고 爲亂兵之歸化하야 勿侵憑
票를 繕揭告示 於坊曲이러니 人心이 洽然하야 離散之戶가 幾盡還棲하고 咸戴聖恩. 而感
泣이오며,
　及到(十月)十八日下午에 閔肯鎬約會書을 答送故로 本使與委員 及保護隊小尉警務補

강원도 선유사 홍우석의 보고서를 보면, 민긍호에게 몇 차례 서신을 보내어 답서를 받고, 마침내 1907년 양력 10월 18일 하오 原州郡 臺壓店에서 회동하기로 약속이 이루어졌음을 알 수 있다. 그러나 홍우석은 保護隊라는 이름으로 일본군을 끌고 나갔으므로 민긍호는 500명의 의병들과 함께 2리 떨어진 산 위에 진을 치고, 부하 3, 4명을 보내어 詔勅을 받은 다음 5개조의 요구사항을 제시하여 그 실시를 요구하고, 선유사의 선유 접수를 거절하였다. 홍우석은 민긍호를 습격하여 체포하려고 대낮이 아니라 밤중에 일방적으로 민긍호와 회동하자는 서신을 보내어 획책했으나 이를 알아차린 민긍호가 응하지 않은 것이었다.[51]

강원도 선유사 홍우석이 민긍호를 선유·귀순시키는 데 실패하자, 이어서 이번에는 강원도 관찰사 黃鐵이 귀순 권고에 나섰다. 황철은 민긍호에게 "의병을 일으키면 禍가 되고 일본을 따르면 福을 얻는다"[52]고 하면서, 다음과 같은 서신을 횡성군수 沈興澤으로 하여금 직접 들고 가서 면담하여 전하도록 민긍호에게 보내어 일본군에게 귀순할 것을 권유하였다.[53]

一進會會員等으로 出往于該郡臺壓店하야 起堅太極旗 而標視矣러니 渠亦率徒五百餘名 來往於相望二里地之山上 故로 招到渠徒中 所謂渠徒中 所謂解事者三四名 於小溪之北하고 聖詔를 欠奉申諭하옵고 腎腸을 誕溥하와 語盡辭渴 而渠以不成說之五條强請許施이오나 瞑頑之說이 猝難歸化故로 責之論之之際에 日已昏暮則 彼及疑懷襲擊故로 期使歸順하야 乃緩其心 而更期翌日約會하고 還入于本郡이온바,

第念該魁가 恐或懷疑 遠避일가 하야 當日夜에 單率委員하고 與邑中父老 與郡主事로 更往臺壓店하야 保護兵巡을 一倂除去하고 使父老而紹介閔肯鎬하고 本使가 裁書雇人 而招之하며 送言而喻之에 幾爲達曙 而待之이오되 因不來到하고 繼以翌十九日午正에 更往其處하야 苦俟來會 而彼以加何思想으로 終不來待故로 不得已 還歸러니,

前者解散隊中 正副校及兵丁之執迷暴動者二十七名과 砲軍六名及隨從者二十八名이 咸廳詔勅之宣諭하고 感回良心에 志願歸化하야 銃丸及外他軍用物品을 持納於本使所往處하고 其自知犯罪함을 自首語願書故로 一倂蕩滌하야 如天하옵신 聖德을 感服케하야 許令自新하옵고 勿侵票票를 ――繕給하야 以示軍警間勿問之意하야 無使亂審復萌에 各歸安業케 하옵고……"

51)《宣諭日記》제3책, 1907년 10월 18일조 참조.
52) 朴殷植,《韓國獨立運動之血史》;《朴殷植全書》上卷, p.467 참조.
53)《韓國獨立運動史資料》제8권, pp.134~114 참조.

蓋國依於民ᄒ고 民依於兵ᄒ니 民出賦稅ᄒ야 贍補國用ᄒ고 兵以禦侮贍ᄒ야 保全國權ᄒ노니 二者相制에 不可闕一이라. 兵若妄動이면 民陷塗炭ᄒ고 兵出無名이면 事故不成ᄒ며 順德者는 興ᄒ고 逆德者 亡흠이 必要ᄒ 影響이 在此ᄒ지라. 現今我韓形便이

太皇帝陛下께옵셔

祖宗舊法을 欽承ᄒ사

新皇帝陛下께옵셔

大位를 陟ᄒ시니 孰不蹈舞贊祝이오며 兵隊解散ᄒ라신 詔勅은 日後徵兵之計에 出ᄒ야시니 軍人資格으로 言之면 皇命을 欽遵흠이 固當ᄒ 事由요 一時激昂흠은 一介匹夫의 勇에 不過인디 度德量力치 못ᄒ고

皇命을 抗拒ᄒ고 聚衆結黨ᄒ야 據險守要ᄒ고 朝聚暮散ᄒ며 東閃西忽ᄒ야 剽殺長吏ᄒ고 掠奪鄕里ᄒ야 蚊山을 不量ᄒ고 螳斧를 自成ᄒ며 與外國莫强之兵으로 相與杭衡ᄒᆷ 以無智無敎鳥合之衆으로 猝當有記律鷲勇之兵ᄒ야 譬如驅群羊而格猛虎는 不待智者而可明이라. 近又步騎砲工等兵이 多數進入於本道ᄒ엿슨즉 機械之精巧와 糧積之豊裕가 曷以抵當이며 貴等이 一審之害ᄒ야 至漁全國人民이 無不受毒ᄒ야 村落이 燒盡ᄒ고 家室이 蕩掃ᄒ며 老幼妻孥가 顚連流離ᄒ야 男啼女哭에 雲愁雨慘ᄒ니 是果利於日本乎아 利於我韓乎아. 現今風高木脫ᄒ고 霜雪將至ᄒ기시니 未諳貴等이 眺粮을 從何辦得이며 器械을 從何備求이며 亦將從何駐札ᄒ야 支過全冬乎아. 且以本省言之라도 民戶被燒가 多而三四百戶요 小而四五十戶라. 無辜生靈이 號泣彷徨에 靡所止泊케ᄒ오니 是誰之咎며 是誰之由오. 雖然이나 轉危爲安ᄒ고 回眺作笑가 此時에 在ᄒ여시니 以時勢言ᄒ건디 貴等이 投戈擲銃ᄒ고 效順歸化ᄒ야 蠻觸之蝸은 可抛ᄒ고 渤海之犢를 是買ᄒ야 農者農ᄒ고 商者商ᄒ고 拔其俊異에 奏聞拜官ᄒ고 世世子孫이 公享太平흠이 曷不休哉아 嘗試言之컨디 我國形勢가 忍辱吞恨ᄒ고 君臣上下가 奮勵圖治ᄒ야 廣設其學校ᄒ야 導養智識ᄒ고 擴張其實業ᄒ야 扶植國力 然後에 庶可以挽回獨立之權이요 不然하면 雖君臣上下가 同死社稷이라도 何補於國이며 何賴於民이리요. 肆昔吳王이 臥薪嘗膽ᄒ고 沛公이 忍辱漢中이 良油는也라. 本使가 職在方伯ᄒ야 亦是聖化中一物이라. 安肯俯首聽命於外人ᄒ야 只圖一身之榮華와 目前之利益哉아. 窃以一省之人民이 不下於百餘萬 而猿鶴沙虫이 不免胥溺之嘆ᄒ니 十人이 將死ᄒ면 究一人死ᄒ고 百人이 將死ᄒ면 球十人死ᄒ면 豈非極樂海中에 慈悲大航乎아. 玆以馳告ᄒ니 潘然改圖ᄒ야 生命財産을 保護ᄒ고 安寧秩序을 維持ᄒ야 棄擲一時妄動之前愆ᄒ고

更圖改過勿憚之古訓ᄒ야 若歸順 皇明즉 依左開 另施흠

　隆熙元年(一九〇七) 十月 日

　　　　　　　　　江原道觀察使 黃鋕 ⬚章

鎭衛隊前特務正校 閔肯鎬部下一同

左　開

一, 先使知事人으로 爲使价ᄒ야 說明歸順之意事

一, 歸順處所을 以某地約束事

一, 縣白旗於前ᄒ고 銃口는 向地事

一, 一切軍器彈藥等件을 交付于本道事

一, 監視語本道警務廳事

一, 本使가 素裹于

天陛蕩滌罪過亟圖自新事　⬚印

　민긍호는 강원도 관찰사 황철이 선유사를 대신하여 횡성군수를 보내
어 제출한 서신을 받아보고, 횡성군수 심홍택에게 일본군이 막강하다고
할지라도 유격전의 방법을 쓰면 대항할 수 있음을 말하고, 일본군을 끌
고 와서 자기 부대를 토벌하려고 획책한 선유사 홍우석을 규탄한 다
음,[54] 다음과 같은 답서를 황철에게 보내어 귀순을 거절하고 황철의 주
장을 비판하였다.[55]

　　前 特務正校 閔肯鎬 痛哭瀝血 謹仰復于江原道觀察使閣下

　　伏以肯鎬 至頑絶悖ᄒ야

　　國母被殺而猶尙不死ᄒ고

　　君父被脅而且保頑縷ᄒ니 自顧罪惡이 胡至此極이잇고 第今 下諭ᄒ심을 伏
　承ᄒ와 辭旨의 眷眷ᄒ심과 禍福의 切切ᄒ심을 伏讀ᄒ오니 淚歎沾巾이오며 汗
　欲沾背이오나 肯鎬之志則 雖使肯呼로 欲奪이라도 尙不可得커든 況使外人奪
　之乎잇가, 辭意을 反復ᄒ야 蒼天을 仰指ᄒ옵고 危言으로 復達하오니 詳察ᄒ
　옵소서

54)《韓國獨立運動史資料》第8권, p.112 참조.

55)〈새資料 : 韓末 義兵將 閔肯鎬의 公翰〉,《韓國學報》제34집, 1984 ;《韓國獨立運動史資
　料》제8권, pp.114~115 참조.

太皇帝陛下께옵셔와

新皇帝陛下께옵셔 果是自 上으로 自行而傳ᄒᆞ시며 受ᄒᆞ신 事온잇가. 乙未
以後로 臣民之痛이 尙此戴天而況今夷虜縱肆에 君父被脅而至於

聖祖五餘年 疆土와 三千里地人民이 一朝盡入於被虜之手하니 惡毒憤痛ᄒᆞ
와 天地에 엇지 立ᄒᆞ며 日月을 엇지 對ᄒᆞ릿가 是以로 不勝忠激ᄒᆞ와 倡起我旅
ᄒᆞ니 寓意로 揣之ᄒᆞ면 兵出無名은 아니오며 肯鎬의 意見이 若此ᄒᆞ則 各各我
兵이 豈有異哉릿가. 以被之極凶言之ᄒᆞ면 人口也와 家舍也와 牛馬也와 甚至
於 山林川澤也에 皆有稅物之程式預算則 彼必行之乃己니 此豈

祖宗舊法乎잇가. 約以外國莫强之兵으로 謂之不可杭衡則 是은 張子房이 不
必報韓이오 文天祥이 不必輔宋이니 豈里也哉잇가. 夫人之有憤激也에 只可以
義里肝膽으로 言之오 不可以强弱禍福으로 計之이니 今肯鎬以世世受

國恩之後로 豈不欲報讎於彼虜乎. 且 敎示中 全國人民이 無不受毒ᄒᆞ야 村
落燒盡과 男女離散이 是誰之由오ᄒᆞ야 歸咎我兵ᄒᆞ시니 是는 閣下只言其末而
不言其本也로소이다. 夫我兵之起가 若非倭虜之無道則 豈有是哉리요, 然則 全
國受毒이 咎在倭虜乎잇가 咎在義兵乎잇가. 夫兩鋒相交에 共戰共鬪는 勢固然
矣언니와 至若倭虜가 燒殘無罪之閭里邑府는 是何心腸乎잇가.

閣下若以義兵으로 解散則我東人民이 更不受困於彼虜 而可享太平乎잇가.
今聞擧國士庶가 亦手百衣로 將欲齊聲辦語各國公使ᄒᆞ야 質之以千下世界에
或有譎壓 而奪人之國者아鬼다ᄒᆞ니 若然則 義兵은 姑舍ᄒᆞ고 我東民心을 縱可
見矣니 此亦謂之非而斥之乎잇가. 前日宣諭使之下來에 若其眞實詔勅인디 雖
以單騎라도 可以諭之語義兵 而不此之爲ᄒᆞ고 乃以炭幕步撥로 付送ᄒᆞ니 此是
漢賊曹操挾天子 以令諸侯之意을 可見而 又況以倭兵隨之ᄒᆞ고 誘義陣而欲陷
ᄒᆞ야 蹤跡心腸이 到處綻露ᄒᆞ니 此必有疑於義兵之害宣諭使故也니 個非愚妄
之甚乎잇가, 義之一字가 何等重大而 豈有殺害奉命使臣之理乎잇가. 我東人物
이 若是凋殘ᄒᆞ니 倭優之外에 又添一瑞之患也로소이다. 今 閣下之飭諭가 洞
澈人腸ᄒᆞ야 愛民之惻怛과 憂國之至誠이 逈出於宣使行爲ᄒᆞ시니 肯鎬가 雖不
敎解兵이나 將以此諭로 輪于各陣ᄒᆞ고 環于群黎ᄒᆞ야 使之咸知閣下의 至誠惻
之意케ᄒᆞ노니 此肯鎬之仰報閣下之萬一也로소이다. 瀆冒尊威 不勝悚惶之至

丁未 九月 二十日

　　　　鎭衛營倡義司令部大將 前特務正校 閔肯鎬　| 章 |

江原道觀察使 黃鐵 閣下

　　민긍호가 강원도 관찰사 황철의 주장을 조목조목 비판한 내용은 다음과 같이 정리할 수 있다.

① 국권을 침탈 당한 후 肯鎬의 義兵을 일으킨 意志는 긍호 자신으로 하여금 빼앗고자 해도 빼앗을 수 없는 것이거든 하물며 타인이 宣諭 따위로 빼앗을 수 있는 것이 아니다.

② 詔勅과 宣諭는 太皇帝(고종)와 新皇帝(순종)가 과연 임금 스스로 行하고 傳한 것이라고 할 수 없다.

③ 乙未年 이후로 국민의 고통이 하늘에 닿았으며 이제 또 삼천리 강토와 인민이 하루아침에 일본의 손에 들어가니 그 惡毒에 분통하여 살아서 日月을 대할 수가 없다.

④ 이 때문에 愛國心을 이기지 못하여 의병을 일으킨 것이지 名分이 없는 起兵이 아니며, 긍호의 의견이 이와 같을 뿐 아니라 모든 의병들의 의견이 이에 다르지 않다.

⑤ 일본의 흉악을 들자면 인구·家舍·우마·산림·天澤에 모두 자기들의 세금을 강징하고 국가재정을 저들이 모두 장악하여 빼앗아 간 것만 보아도 알 수 있는 일이다.

⑥ 귀하의 선유에 일본군이 막강하므로 대항할 수 없다는 것이라든지 의병을 해산하지 않으면 개인이 禍를 입고 선유에 응하면 개인이 福을 얻는다는 것은, 자기나라에 報國하는 이치를 잃어버린 것으로서 義兵의 激起함은 義里肝膽으로 결행한 것이요 강약과 화복을 計算하여 일어난 것이 아니다.

⑦ 이제 긍호가 대대로 나라의 은혜를 입었는데 어찌 저 일본 오랑캐에게 원수를 갚을 것을 바라지 않겠는가.

⑧ 귀하의 선유에서 일본군에 의해 촌락이 불타고 백성이 이산한 것을 의병의 허물로 돌린 것은 귀하가 末만을 말하고 本을 말하지 않은 것이다. 일본 오랑캐가 무도하지 않았으면 어찌 義兵의 봉기가 있었을 것인가. 전국의 毒을 받음이 일본 오랑캐의 허물 때문인가, 의병의 허물 때문인가.

⑨ 의병과 일본군이 서로 전투를 벌이는 것은 당연히 있을 수 있는 일이지만, 일본 오랑캐들이 아무 죄가 없는 閭里와 邑村을 불태우고 살육하는 것은 어떠한 마음보에서 나온 것인가

⑩ 귀하는 만약 의병이 해산하면 우리나라 인민들이 저들 일본 오랑캐의 곤

욕을 다시 받지 않고 太平을 누리게 된다고 생각하는가.

⑪ 듣건대 전국의 선비와 서민들이 赤手白衣로 소리를 가지런히 해서 각국 공사와 담판하여 전 세계에 다른 국가를 빼앗고 간휼하게 탄압한 나라가 일본을 제외하고 또 있는가를 질문한다 하는데, 귀하는 이것도 역시 잘못 이라고 배척하려 하는가.

⑫ 전날 宣諭使가 내려옴에 만약 그것이 진실한 詔勅이라면 비록 單騎로라 도 직접 와서 의병을 선유할 수 있을 것인데 그렇게 하지 않고 軍幕을 치고 步撥을 보내어 이를 부친 것은 마치 漢나라 도적 曹操가 天子를 끼고 諸候에게 令을 내린 것과 같은 것임을 볼 수 있다.

⑬ 또한 선유사가 뒤에 일본군을 따라 오게 한 것은 義兵陣을 꾀어 내어 함 정에 빠뜨리고자 한 행적과 마음보임이 완전히 탄로되었다.

⑭ 선유사가 의병의 害를 입지 않을까 의심한 것은 심히 어리석고 망령된 것이다. 의병이 '義'를 무엇보다도 중대하게 여기는데 奉命使臣을 살해할 이치가 있겠는가. 우리나라 인물이 이와 같이 조잔하니 일본침략의 근심 이외에 또 인물빈곤의 근심이 첨가된다.

⑮ 긍호가 귀하의 飭諭에 따라 의병을 해산할 수 없으나 飭諭를 각 의병진 에 돌려읽게는 할 터이니 그리 알라.

민긍호가 강원도 관찰사 황철에게 보낸 답서는 형식상 예의가 깍듯이 갖추어져 있으나 조목조목이 애국충절에 넘쳐 있고 매우 날카로운 비판 이며 당당한 것임을 위에서 잘 알 수 있다.

황철은 민긍호의 답서를 받고 다시 민긍호에게 횡성군수 심흥택을 파 견하여 제2차 서신을 보내서, 천하의 대세가 이미 기울어졌으니 마음을 바꾸어 귀순하면 태평을 함께 누릴 수 있으나, 그렇지 못하면 만사휴이 니 이번의 좋은 기회를 잃지 말고 귀순하라고 거듭 독촉하였다.[56]

---

56) 《韓國獨立運動史資料》 제8권, pp.116~117 참조. 江原觀察使 黃鐵의 閔肯鎬에게 보낸 第2次 書信의 全文은 다음과 같다.

前書가 太涉倉卒ㅎ야 未能罄竭所蘊矣이러니 接得貴書ㅎ니 不覺血淚自의 墮也라. 夫 以我國今日之形勢로 言之則內修之政이 不擧ㅎ고 外攘之略이 不競뿐더러 文不足以華國 ㅎ고 武不足以固圉ㅎ야 駸駸然至于今日에 莫可收拾ㅎ야 外人之壓侮가 滋甚ㅎ境遇에 至 ㅎ얏시니 熟不扣胸通哭이리요마는 人而不能明見天下之大勢면 不可謂之智也요 不度目前

민긍호는 이에 대하여 다음과 같은 제2차 답서를 보내어서 황철의 귀
순 권유를 비판하였다.[57]

前日 下諭ᄒ시믈 俺泣仰復ᄒ엿삽더니 閣下 眷眷하시믈 마지 못ᄒ셔 上憂
國家ᄒ시고 下念民情ᄒ오셔 橫城郡守 沈興澤을 派送ᄒ와 一封書角으로 又爲
勉諭ᄒ시니 肯鎬雖愚나 豈不知至誠惻怛之意乎잇가. 第有一言仰陳ᄒ노니 竝
呑六國而强秦이 不久ᄒ고 求地三晋而智伯이 先亡ᄒ니 此豈非兵識의 務廣地
者亡之之理耶. 然則 今日之讎倭가 圖人之國을 不以其德而只以其譎ᄒ니 班班
古史의 然而不亡者未之有也. 夫山河를 不能系語包桑則 昔之北과 今之南이
似或無可否於其間 而昔雖忍痛語北이나 猶以我國

君上으로 自行我國政令ᄒ야 人民이 不有受困於彼 故只知有 我國之君이러
니 今則不然ᄒ야 曰統監而專主我國之政ᄒ니 於是乎 山林川澤과 土地人民이
非我國

君上의 所假措乎也 以生靈之裾로 言之컨딘 正若坐偶人於房中 而刮其皮抉
其目ᄒ야 不知其痛而偶之形이 己缺ᄒ니 然則義兵之害가 甚歟잇가 讎倭之毒
이 尤乎잇가. 見今謀身密者는 其門이 朱ᄒ고 謀國忠者는 其血이 赤ᄒ니 肯鎬

之迫害ᄒ고 徒逞匹夫之忿爭이면 不可謂之勇也요 不顧生靈之羸瘠ᄒ고 專事螳臂之拒轍
이면 不可謂之仁也라. 嘗試言之컨딘 甲午日淸之戰과 甲辰日露之役을 苟究其源則擧由我
大韓에 外交失當之由니 易尙言哉라. 大抵我
帝國이 自擅箕以來로 歷至羅麗之前에 只有依賴之志ᄒ고 全無獨立之想ᄒ야 根抵가 未固
ᄒ고 枝葉이 凋殘ᄒ니 志士之恢憂가 至此而當何加哉라. 貴書日擧國臣庶가 赤手白衣로
將欲談判於列强公使ᄒ야 質之二國際公法云者必因曩日海牙平和會議問題ᄒ야 致此呶呶
나 然이나 此는 國際法上에 容許치 아니ᄒ는 바요 不過書生對案空談이니 何哉오 李儁之
割刃과 李瑋鍾之未返이 己爲前鑑則縱有獨立之志氣라도 便是鐵船之渡海라. 經云人必自
侮而後에 人이 侮之ᄒ고 國必自伐而後에 國이 伐之라ᄒ니 朽木에 蠹生ᄒ고 臭肉에 蛆現
이 豈非炳然如觀火乎아. 爲今之計건딘 明析利害ᄒ야 取舍乎此가 可以謂之智요 聞善言
則怳然自悟ᄒ야 改而勿憚이 可以謂之勇也요 憂人之憂ᄒ고 慘人之慘이 可以謂之仁也라.
故로 本使가 不負眷眷之誼ᄒ야 將派道內橫城郡守沈興澤ᄒ야 告以血誠ᄒ노니 翻然改悟
ᄒ야 上以答
皇上陛下之宸憂ᄒ고 下以副本使之厚望ᄒ야 偃武息戈ᄒ고 修德養力이면 必至大成之日
이 猶爲未晩이나 再三深諒ᄒ야 以此布諭部衆ᄒ야 革心歸順이면 公享太平이 卽今日之好
機會여늘 若執迷不悟ᄒ고 恕拒本使之血誠이면 倘俊悔之何及가. 書不盡言
　　　　　　　　　　　隆熙元年 十一月 六日
　　　　　　　　　　　　　　　江原道觀察使 黃 鐵
　　前 鎭衛隊 前 特務正校 閔 肯 鎬 部下 一同

57)《韓國獨立運動史資料》제8권, pp.117~118.

가 非不知以身投之於倭則 位可高於明治之世요 富可肩於八逆之列이나 然而 此非肯鎬之志也. 若使强賊으로 逐迫肯鎬而勢不能敵ᄒ야 不可容於世界土壤 則 亦豈無魯連所踏之茫茫大海乎잇가. 今閣下敎曰 偃武息戈修德養力이면 必 至大成之日이 猶爲未晩이라ᄒ시니 此乃肯鎬之大有望於閣下也로소니 閣下有 志於大成則 何必以肯鎬之釋兵與否로 爲審哉잇가. 如肯鎬者는 置之一邊ᄒ고 力圖大成則 肯鎬亦當仰念 閣下의 扶國濟民之澤ᄒ야 雖無解兵之敎라도 必隕 首以報矣리니 惟閣下는 且燭且諒焉ᄒ소서. 以若肯鎬之庸庸碌碌으로도 猶尙 戀戀於閣下者는 前後所敎辭旨가 徹人肝瞞ᄒ야 示之以憂國憂民之情ᄒ시니 此肯鎬之所以執筆 而不覺淚下也로소이다. 語不知裁ᄒ니 惟恕之察之

丁未 十月 初四日

鎭衛營倡義司令部大將

前特務正校 閔肯鎬

江原道觀察使 黃 鐵 閣下

민긍호의 위의 제2차 답서의 요지는 특히 다음 점을 강조한 것이었다.

① 肯鎬는 요즈음 倭가 비록 강하나 언젠가 반드시 亡하고야 말리라는 것을 아노니, 역사에서 보면 강국 秦이 여섯 나라를 병탄하고서 오래 가지 못 한 것은 영토를 넓히는 일에만 힘쓰는 자의 반드시 망하는 이치 때문이 니, 오늘날 원수 왜가 간휼한 책략으로 남의 나라를 침략했으니 어찌 반 드시 망하지 않을 리 있겠는가.

② 우리나라의 임금이 우리나라의 政令을 스스로 行하여 인민이 저들에게 곤핍을 받지 않아야 우리나라의 임금일 터인데, 오늘은 그렇지 못해서 統 監이 우리나라의 정치를 전적으로 主宰하니 산림 川澤과 토지 인민이 우 리나라 임금의 다스릴 수 있는 바가 아니지 않는가.

③ 백성들의 생활은 統監의 치하에서 살갗을 벗기우고 눈을 뽑히는 것 같은 고통 속에 있는데, 의병의 害가 더 심하다고 보는가 원수 倭놈의 毒이 더 심하다고 보는가.

④ 오늘날 자기 一身을 도모하여 일본과 친밀한 자는 그 관직이 높고 나라 를 위하여 忠誠한 자는 그 피를 흘려 붉으니, 긍호가 자신을 일본에게 투 강하면 明治의 통치세상에서 지위가 높아지고 富가 여덟 역적과 어깨를 나란히 할 수 있음을 모르는 바 아니나, 이것은 긍호의 뜻이 아니다.

⑤ 만약 긍호가 강한 도적 倭와 싸워서 勢가 敵을 이기지 못하여 이 세상의 흙 속에 묻히지 못하고 망망 대해 속에 떠돌지라도 조금도 후회하지 않는다.

위의 두 답서는 민긍호가 얼마나 고결한 애국자이며 겨레를 위한 희생정신의 소유자였는가를 잘 알려주고 있다.[58]

민긍호 의병부대는 선유사와 강원도 관찰사의 순종 칙유를 내세운 귀순 권유를 단호히 거절하고, 국권회복을 위한 항일무장투쟁을 계속하였다.

5. 민긍호 의병부대의 전투(2)

(23) 縣倉里 전투

민긍호 의병부대의 한 유격대 약 300명은 1907년 10월 2일 襄陽郡 麒麟面의 縣倉里 남단에 척후병을 내보냈다가 일본군 江陵守備隊의 정찰대가 찾아오자 못이기는 체하고 포위망 안으로 끌어들이어 현창리 북·서·남의 3면에서 이를 공격하여 섬멸하였다.[59]

(24) 梧柳亭 전투

민긍호 의병부대의 한 유격대 약 60명은 1907년 10월 5일 洪川 서방 약 10리 지점에 있는 梧柳亭 부근에서 일본군 小林토벌대와 조우하여 약 3시간의 격전 끝에 일본군을 패주시켰다. 유격대 손실은 6명의 전사자를

---

58) 愼鏞廈, 〈韓末 義兵將 閔肯鎬의 公翰의 解題〉,《韓國學報》제34집, 1984 참조. 여기서도 밝힌 바와 같이 일제강점기 애국지사들 사이에서는 민긍호 의병장의 이 답서들이 筆寫되어 널리 愛讀되었던 것 같다. 朴殷植의《韓國獨立運動之血史》와 宋相燾의《騎驢隨筆》에 민긍호의 답서 내용이 요약되어 수록되어 있다.

59)《大韓每日申報》1907년 10월 20일자,〈地方消息〉및《朝鮮暴徒討伐誌》;《朝鮮獨立運動》제1권, p.150 참조.

낸 것뿐이었다.[60]

(25) 寧越邑 습격 전투

민긍호 의병부대의 한 유격대 약 400명은 1907년 10월 6일 寧越邑을 습격하려 했는데, 일본군 寧越守備隊가 이를 알고 영월 서방 1킬로미터 고지에서 경계를 하자, 의병대는 대부분이 세 방면에서 일본군을 공격하여 9시간 동안 치열한 교전을 하고, 그 사이에 의병대의 일부는 읍내로 들어와 영월읍 습격의 목표를 달성하고 퇴각하였다.[61]

(26) 楡木洞 전투

민긍호 의병부대의 한 유격대 약 70명은 1907년 10월 7일 洪川 부근의 楡木洞에서 동·서 양측 고지를 선점하여 기다리고 있다가 홍천을 출발하여 이동하는 일본군 藤江小隊를 공격하여 타격을 주고 이를 패주시켰다.[62]

(27) 義尙洞 전투

민긍호 의병부대의 한 유격대 약 300명은 1907년 10월 10일 咸昌 부근의 義尙洞에서 일본군 咸昌守備隊로부터 파견된 정찰대와 조우하여 약 3시간의 격전 끝에 일본군 정찰대에 대타격을 주고 이를 패주시켰다.[63]

(28) 芳湖洞 전투

민긍호 의병부대의 한 유격대 약 250명은 1907년 10월 16일 오후 5시 陰城 부근의 芳湖洞에서 일본군 忠州守備隊로부터 파견된 정찰대와 조

---

60) 《大韓每日申報》 1907년 10월 9일자, 〈地方消息〉 및 《朝鮮暴徒討伐誌》; 《朝鮮獨立運動》 제1권, p.151 참조.
61) 《大韓每日申報》 1907년 10월 12일자, 〈地方消息〉 참조.
62) 《大韓每日申報》 1907년 10월 15일자, 〈地方消息〉 및 《朝鮮暴徒討伐誌》; 《朝鮮獨立運動》 제1권, p.151 참조.
63) 《朝鮮暴徒討伐誌》; 《朝鮮獨立運動》 제1권, p.151 참조.

우하여 치열한 격전 끝에 일본군 정찰대에 대타격을 주고 이를 패주시 켰다. 유격대의 손실은 전사자 12명이었다.[64]

(29) 法泉浦 전투

민긍호 의병부대의 한 유격대 약 100명은 1907년 10월 17일 漢江 상류 法泉 서측의 고지에서 기다리고 있다가 일본군 부상병 운송선이 忠州를 출발하여 龍山을 향해서 한강을 올라오던 도중 法泉浦 하류 10리 지점 에 도달하자 이를 공격하여 長湖院으로 패주시켰다.

이 보고를 받은 일본군 利川守備隊가 1907년 10월 18일 오후 3시 정 찰대 25명을 법천포에 내보내자 법천포 부근의 興湖里 서북방 1킬로미 터 고지에 주둔하고 있던 민긍호 의병부대의 한 유격대 약 400명은 일 본군 정찰대를 공격하여 큰 타격을 주고 패주시켜 버렸다.[65]

(30) 蒼洞里 전투

민긍호 의병부대의 한 유격대 약 80명은 寧越로부터 堤川에 이르는 도로를 차단하고 있다가 1907년 10월 17일 일본군 연락병 소부대가 제 천 동방 약 35리 지점에 있는 蒼洞里 부근에 도착하자 이를 습격하여 섬멸해 버렸다.[66]

(31) 通川邑 습격 전투

민긍호 의병부대의 한 유격대 약 80명은 작은 병력임에도 1907년 10 월 2일 새벽 7시경 동·북 산 위와 서방 평지의 3면으로부터 포위하는 형세로 通川邑을 습격하고 4시간 여의 교전 끝에 일본군 通川守備隊를 패주시켰다. 이 때문에 통천우편취급소는 당분간 폐쇄되었다.[67]

---

64) 《朝鮮暴徒討伐誌》;《朝鮮獨立運動》제1권, p.152 참조.

65) 《大韓每日申報》 1907년 10월 22일자, 〈地方消息〉 및 《朝鮮暴徒討伐誌》;《朝鮮獨立運動》 제1권, p.152 참조.

66) 《朝鮮暴徒討伐誌》;《朝鮮獨立運動》제1권, p.152 참조.

(32) 高城邑 습격 점령 전투

민긍호 의병부대의 한 유격대 약 400명은 1907년 10월 20일 高城邑을 습격하여 점령하고 일본군의 기관과 순검의 가옥을 소각하였다.[68]

(33) 上杻峙 전투

민긍호 의병부대의 한 유격대 300명은 1907년 10월 21일 原州에서 약 50리 지점에 있는 上杻峙에서 대기하고 있다가 강원도 선유사 일행과 일본군 호위병 20명을 공격하여 오후 6시까지 전투를 해서 일본군 2명을 처단하고 2명을 부상시켰다. 선유사 일행은 원주로 도망하였다.[69]

(34) 屯村 전투

민긍호 의병부대의 한 유격대 약 150명은 일본군 橫城守備隊의 山本小隊가 의병을 찾아 출동했다는 정보에 접하자, 1907년 10월 27일 새벽 橫城郡 古毛谷面 屯村 부근의 서남방 고지와 남방 고지 두 곳에 매복하고 기다리다가 이를 공격하여, 오전 6시부터 8시 15분까지 치열한 전투 끝에 일본군 소대에 대타격을 가하고 이를 패주시켰다.[70]

(35) 音室 전투

민긍호 의병부대의 한 유격대 약 300명은 1907년 10월 30일 강원도와 충주·청풍 사이의 도로상에 있는 音室 부근에서 일본군 忠州守備隊에 속한 1소대를 공격하여 패주시켰다.[71]

---

67) 《暴徒ニ關スル編冊》,〈金秘收 第39號의 47〉, 1907年 10月 29日條,〈金城警務顧問分遣所의 警務顧問에의 報告〉;《韓國獨立運動史資料》제8권, pp.69~70 참조.

68) 《暴徒ニ關スル編冊》,〈金秘收 第39號의 47〉, 1907年 10月 29日條,〈金城警務顧問分遣所의 警務顧問에의 報告〉;《韓國獨立運動史資料》제8권, p.70 참조.

69) 《暴徒ニ關スル編冊》,〈春秘收 第242號〉, 1907년 10月 26日條,〈春川警務顧問支部의 警務總監에의 報告〉;《韓國獨立運動史資料》제8권, pp.67~68 참조.

70) 《暴徒ニ關スル編冊》,〈原秘發 第40號〉, 1907年 10月 29日條,〈原州分遣所의 警視統監에의 報告〉;《韓國獨立運動史資料》제8권, pp.71~72 참조.

71) 《朝鮮暴徒討伐誌》;《朝鮮獨立運動》제1권, p.154 참조.

(36) 朴達嶺 전투

민긍호 의병부대의 한 유격대 약 400명은 1907년 10월 31일 강원도의 朴達嶺 부근에서 충주-평창 간의 일본군 전선가설 엄호소대를 공격하여 이를 패주시켰다.[72]

(37) 伊川邑 습격 점령 전투

민긍호 의병부대의 한 유격대 약 300명은 1907년 11월 5일 새벽 6시경 伊川邑을 습격 점령하였다. 일본측은 일제경찰대, 일진회원들과 兎山守備隊가 출동하여 저항했으나 의병유격대는 이들을 격전을 통해 소탕하여 패주시키고, 하루 종일 읍내를 점령하여 보급품을 조달하고 철수하였다.[73] 의병대의 이천읍 점령 전투 과정에서 가옥 121호가 불타고, 일제의 공문서류가 모두 소각되었다. 또한 의병대는 일제의 군청, 경찰관분파소, 우편취급소를 모두 헐어버렸다.[74]

(38) 三馬峙 전투

민긍호 의병부대의 한 유격대 약 150명은 일본군 春川守備隊가 보병 1개 소대와 기병 6기 및 일본 경찰대로 토벌대를 편성하여 출동했다는 정보를 입수하자, 1907년 11월 6일 洪川郡 三馬峙에서 매복하여 기다리고 있다가 일본군이 이 지점에 도착하자마자 오전 11시 30분경 기습공격하여 일본군 토벌대에 대타격을 가하고 이를 패주시켰다.[75]

(39) 臨溪邑 습격 전투

민긍호 의병부대의 한 유격대 약 100명은 1907년 11월 7일 4시경 旌善

---

72) 《朝鮮暴徒討伐誌》;《朝鮮獨立運動》 제1권, p.154 참조.
73) 《暴徒ニ關スル編冊》,〈金秘發 第117號〉, 1907年 11月 12日條,〈金城警務分遣所의 警務局長에의 報告〉;《韓國獨立運動史資料》 제8권, pp.109~110 참조.
74) 《暴徒ニ關スル編冊》,〈金秘發 第119號〉, 1907年 11月 13日條,〈金城警務分遣所의 警務局長에의 報告〉;《韓國獨立運動史資料》 제8권, pp.118~119 참조.
75) 《暴徒ニ關スル編冊》,〈春秘發 第41號의 1〉, 1907年 11月 15日條,〈春川警務顧問支部의 內部警務局長에의 報告〉;《韓國獨立運動史資料》 제8권, p.125 참조.

에서 약 75리 지점에 있는 下林溪에 있는 일본군 旌善分派所를 나팔을
불며 습격하여 3시간 격전 끝에 이를 섬멸하고 일본군 분파소를 소각시
켜 버렸다. 의병부대는 한 사람의 손실도 입지 않은 완벽한 승리였다.[76]

(40) 江陵 북방 전투

민긍호 의병부대의 한 유격대 약 60명은 1907년 11월 19일 강릉 북방
약 25리 지점에서 일본군 江陵守備隊 소속 일본군 약 30명과 조우하여
격전 끝에 일본군에 대타격을 가하고 이를 패주시켰다. 의병대의 손실은
전사 3명이었다.[77]

(41) 三街里 전투

민긍호 의병부대의 한 유격대 약 150명은 1907년 11월 19일 金城郡 三
街里 부근에서 일본군 金城守備隊를 습격하여 일본군에게 대타격을 주
고 이를 패주시켰다.[78]

(42) 連谷 전투

민긍호 의병부대의 의병장 尹起榮이 지휘하는 한 유격대는 1907년 11
월 19일 강릉군 連谷面에서 출동한 일본군 江陵守備隊 30명과 치열한
전투를 하여 일본군에 대타격을 주고 이를 강릉읍으로 패주시켰다. 이
전투에서 유격장 윤기영과 13명의 의병이 전사하였다.[79]

(43) 楊口邑 전투

민긍호 의병부대의 한 유격대 약 120명은 1907년 11월 20일 새벽 楊口

---

76) 《暴徒ニ關スル編冊》, 〈原警秘收 第46號의 1〉, 1907年 11月 25日字, 〈原州分遣所의 警
務局長에의 報告〉; 《韓國獨立運動史資料》 제8권, pp.141～142 참조.

77) 《朝鮮暴徒討伐誌》; 《朝鮮獨立運動》 제1권, p.157 참조.

78) 《大韓每日申報》 1907년 11월 23일자, 〈地方消息〉 및 《朝鮮暴徒討伐誌》; 《朝鮮獨立運
動》 제1권, p.157 참조.

79) 《朝鮮暴徒討伐誌》; 《朝鮮獨立運動》 제1권, p.157 참조.

를 기습하여 일본 경찰대를 소탕하고 양구읍에 주둔하였다. 일본군 春川
守備隊와 경찰대는 긴급 출동하여 이날 저녁 7시에 공격을 가해왔으므로
의병대는 이를 맞아 치열한 격전 끝에 격퇴하고 다음날 아침 양구읍으로
부터 철수하였다.

의병대가 11월 21일 양구군 善安里에 주둔하고 있을 때 일본군 춘천수
비대가 밤 8시에 공격해 왔으므로 치열한 전투 끝에 이를 격퇴하였다.[80]

(44) 麟蹄 동북방 전투

민긍호 의병부대의 한 유격대 약 400명은 1907년 11월 21일 麟蹄 동북
방 35리 지점에서 일본군 麟蹄守備隊의 정찰대와 조우하여 치열한 전투
를 전개해서 이를 격퇴시켰다.[81]

(45) 大和驛 전투

민긍호 의병부대의 한 유격대 약 270명은 1907년 11월 23일 강원도 大
和驛에 진을 친 忠州守備隊의 1소대를 공격하여 일본군에게 심대한 타
격을 주고 이를 패주시켰다.[82]

(46) 南倉洞 전투

민긍호 의병부대의 한 유격대 약 200명은 1907년 11월 27일 새벽 6시
경 洪川邑 서남방 약 30리 지점에 있는 南倉洞에서 조우한 洪川守備隊
의 1소대와 치열한 전투를 전개하여 일본군을 격퇴하였다.[83]

(47) 陽德院 전투

민긍호 의병부대의 한 유격대 약 200명은 1907년 11월 27일 洪川 서남

---

80) 《暴徒ニ關スル編冊》,〈春秘發 第48號〉, 1907年 11月 26日條,〈春川警務顧問支部의 內
　　部警務局長에의 報告〉;《韓國獨立運動史資料》제8권, pp.147~148 참조.
81) 《朝鮮暴徒討伐誌》;《朝鮮獨立運動》제1권, p.157 참조.
82) 《大韓每日申報》1907년 12월 6일자,〈地方消息〉및《朝鮮暴徒討伐誌》;《朝鮮獨立運
　　動》제1권, p.158 참조.
83) 《朝鮮暴徒討伐誌》;《朝鮮獨立運動》제1권, p.158 참조.

쪽의 陽德院에서 일본군 洪川守備隊와 조우하여 치열한 전투를 전개하여 일본군에 타격을 주고 이를 격퇴하였다.[84]

(48) 江陵邑 습격 전투

민긍호 의병부대는 민긍호의 직접 지휘 아래 江陵邑을 습격하려고 하였다.[85] 민긍호는 먼저 江陵守備隊 앞으로 "일본군의 攻來할 것을 기대하고 있다"[86]는 편지를 보내서 전투를 요구하였다. 일본군은 이에 놀라 강릉수비대 이외에 일본 海軍陸戰隊 1개 중대를 강릉에 상륙시켜 합동해서 강릉을 지키도록 하였다.[87]

민긍호 의병부대는 집결된 약 1천 명의 병력으로 1907년 11월 27일 새벽 4시에 강릉읍 습격을 개시하였다.[88] 민긍호 의병부대는 우선 일본군의 저항을 분쇄하면서 제1단계 작전으로 강릉읍의 외곽 서북방과 남서방 고지를 점령하는 데 성공하였다. 이에 민긍호 의병부대는 강릉읍을 서·남·북의 3면에서 포위하여 제2단계의 분열적 포위작전으로 강릉읍의 내부를 점령하려 했으나, 증파된 일본육전대의 3시간에 걸친 완강한 저항으로 강릉읍을 점령하는 데는 실패한 채 일본군에게 심대한 타격만 주고 11월 27일 오전 7시 30분 외곽으로 철수하였다.[89]

민긍호 의병부대는 11월 28일 오전 10시 30분에 북방으로부터 제2차 공격을 시작하였다. 의병대는 강릉읍 중앙으로부터 2,500미터 지점까지 점령하여 2시간의 격전 끝에 강릉읍을 거의 점령하는 데 성공하는 듯했

---

84) 위와 같음.

85) 《暴徒ニ關スル編冊》,〈春秘發 第53號〉, 1907年 12月 11日條,〈春川警務署의 內部警務局長에의 報告〉;《韓國獨立運動史資料》 제8권, p.265 참조.

86) 《暴徒ニ關スル編冊》,〈報告書〉, 1907年 11月 15日條,〈長箭巡査駐在所의 元山警察署長에의 報告〉;《韓國獨立運動史資料》 제8권, p.124.

87) 《暴徒ニ關スル編冊》,〈春秘發 第52號〉, 1907年 12月 10日條,〈春川警務署의 內務警務局長에의 報告〉;《韓國獨立運動史資料》 제8권, p.262 참조.

88) 《大韓每日申報》 1907년 12월 6일자 및 12월 8일자,〈地方消息〉 참조.

89) 《暴徒ニ關スル編冊》,〈江陵 第167號〉, 1907年 11月 30日條,〈江陵警務分遣所의 內部警務局長에의 報告〉;《韓國獨立運動史資料》 제8권, p.160 참조.

으나, 일본군 육전대의 저항이 결사적인 데 대하여 탄환이 고갈되다시
피 하여 더 이상 전진하지 못하고 작전을 중단한 채 襄陽 방면으로 철
수하였다.[90] 이 전투는 민긍호 의병부대가 수행한 가장 대규모 격전으로
서 쌍방에 다 같이 많은 사상자를 낸 격전 중의 격전이었다.[91]

(49) 襄陽 부근 전투

민긍호 의병부대의 한 유격대 약 300명은 1907년 11월 28일 사령부라
고 쓴 큰 깃발을 들고 襄陽으로 가는 큰 길 위에서 진군하다가 일본군
1소대와 조우하여 이를 포위해 1시간여의 격전 끝에 섬멸하여 버렸다.[92]

(50) 旌善邑 습격 점령 전투

민긍호 의병부대의 한 유격대 약 250명은 1907년 12월 4일 밤 11시 30
분경 旌善邑을 기습 공격하여 저항하는 일본군 수비소대를 섬멸하고 정
선읍을 점령하는 데 성공하였다. 일본군이 萩原小隊를 급파하여 구원하
려 하자 의병대는 보급 노획물을 수습하고 이튿날 12월 5일 오후 1시에
철수하였다. 의병대의 피해는 전사 4명뿐인 대승리의 전투였다.[93]

6. 민긍호 의병부대의 十三道倡義大陣所 및 서울탈환작전 참가

민긍호 의병부대가 위와 같은 항일 의병무장투쟁을 전개하는 동안에

---

90) 《暴徒ニ關スル編冊》, 〈報告 第32號〉, 1907年 11月 30日條, 〈原州警務分署報告〉; 《韓
    國獨立運動史資料》 제8권, p.162 참조.
91) 《暴徒ニ關スル編冊》, 〈春秘發 第56號〉, 1907年 12月 16日條, 〈春川警務署의 內部警務
    局長에의 報告〉; 《韓國獨立運動史資料》 제8권, pp.282~283 참조.
92) 《暴徒ニ關スル編冊》, 〈報告書〉, 1907年 12月 5日字, 〈巡査部長의 元山警察署長에의 報
    告〉; 《韓國獨立運動史資料》 제8권, pp.244~245 참조.
93) 《暴徒ニ關スル編冊》, 〈旌警秘 第681號〉, 1907年 12月 6日條, 〈旌善分派所의 警視統監
    에의 報告〉; 《韓國獨立運動史資料》 제8권, pp.246~247 참조.

중부지방의 의병부대들 가운데 의병장 李麟榮, 許蔿, 李殷瓚 등을 중심으로 전국의 의병부대들을 연합하여 하나의 지휘체계 밑에 묶어서 효율적 의병전쟁을 수행함과 동시에 서울탈환작전을 감행하려고 하는 움직임이 대두하게 되었다.

이인영은 우선 강원도지방 의병부대부터 통합하였다. 자신이 관동창의대장이 되고, 민긍호를 진위대사령부장에 임명한 적이 있으며,[94] 허위 의병부대와 사전 협의와 합의가 이루어지자, 1907년 11월(음력 10월) 전국 각 지방의 의병장들에게 의병부대들은 통일해서 의병연합부대와 통합사령부를 창설, 서울탈환을 위해 경기지방으로 진군하자는 다음과 같은 격문을 서북 양도(평안도와 함경도)를 제외한 전국에 보내고, 이에 호응하는 의병부대들은 경기도 楊州에 모일 것을 호소하였다.

"用兵의 요체는 그 孤獨을 避하고 一致團結하는 데 있은즉, 各道의 義兵을 統一하여 潰堤之勢를 타서 近畿에 犯入하면 天下를 들어 우리의 家物이 되게 할 수는 없을지라도 韓國의 解決에 有利함을 볼 수 있을 것이다."[95]

이인영의 이 의병통일 호소에 호응하여 모인 의병의 총수는 48진에 약 1만 명에 달했다.[96] 그 내역을 보면, 강원도 의병이 민긍호 의병부대 2천 명과 이인영 의병부대 1천 명을 비롯해서 약 6천 명이었고, 경기도의 허위 의병부대가 약 2천 명, 충청도의 이강년 의병부대가 500명, 황해도의 권중회 의병부대가 500명, 평안도의 방인관 의병부대가 80명, 함경도의 정봉준 의병부대가 80명, 전라도의 문태수 의병부대가 100명 등 모두 48진에 약 1만 명이었다.[97] 이인영에 따르면, 이 1만 명 병력 가운데

94) 《暴徒ニ關スル編冊》, 〈原秘發 第50號〉, 隆熙元年 11月 28日條, 〈原州警務分署의 警務局長에의 報告〉; 《韓國獨立運動史資料》 第8권, p.157 참조.
95) 《大韓每日申報》 1909년 7월 29일자, 〈義兵大將 李麟榮氏의 略史(續)〉 참조.
96) 〈十三道倡義大將李麟榮逮捕の件〉; 《朝鮮獨立運動》 제1권, p.38 참조.
97) 朴殷植, 《韓國獨立運動之血史》; 《朴殷植全書》 上卷, p.466 및 〈第3回 李麟榮問答調書〉; 《朝鮮獨立運動》 제1권, p.52 참조.

서 해산군인의 숫자가 민긍호 의병부대에 포함된 약 800명, 이은찬·이구채가 인솔하고 온 약 80명, 서울·강화·청주의 해산병 등 약 3천 명이었다고 하였다.[98]

이인영의 격문에 호응하여 1907년 12월(음력 11월) 경기도 양주에 모인 의병장들은 회의를 열어 협의한 후에 통일의병연합부대로서 13도창의대진소를 창립하고 이인영을 13도창의총대장으로 추대하였다.[99]

여기서 주목할 것은 13도창의대진소를 구성한 의병부대들 중에서 단위부대로서 가장 규모가 큰 부대가 민긍호 의병부대(약 2천 명)와 허위 의병부대(약 2천 명)였으며, 이 중에서 민긍호 의병부대에는 해산 군인이 약 800명 포함되어 이것이 주축이 되었기 때문에, 민긍호 의병부대가 가장 막강한 부대였다는 사실이다.

이인영은, 처음의 편제를 약간 수정하여[100] 실제로 양주에 도착한 의병장과 그 부대들을 중심으로 하여 1908년 1월 초순 13도창의대진소의 편성을 다음과 같이 최종적으로 확정하였다.[101]

十三道倡義大陣所　總大將	李麟榮
軍師長	許 蔿
關東倡義大將	閔肯鎬
湖西倡義大將	李康年(秊)
嶠南倡義大將	朴正斌
鎭東倡義大將(경기도·황해도)	權重熙
關西倡義大將	方仁寬
關北倡義大將	鄭鳳俊

98) 〈第3回 李麟榮問答調書〉;《朝鮮獨立運動》제1권, p.53 참조.

99) 愼鏞廈,〈全國 '十三道倡義大陣所'의 聯合義兵運動〉,《한국독립운동사연구》제1집, 1987 참조.

100) 〈第3回 李麟榮問答調書〉;《朝鮮獨立運動》제1권, p.51 참조. 십삼도창의대진소의 처음 편성은 十三道倡義總大將에 李麟榮, 全羅倡義大將에 文泰守, 湖西倡義大將에 李康年, 嶠南倡義大將에 申乭石, 鎭東倡義大將에 許蔿(亞將) 朴正斌, 關東倡義大將에 閔肯鎬, 關西倡義大將에 方仁寬, 關北倡義大將에 鄭鳳俊 등이었다.

101) 《大韓每日申報》1909년 7월 30일자,〈義兵大將 李麟榮氏의 略史(續)〉참조.

여기서 주목할 것은 13도창의대진소의 전국 의병연합부대 내부 구성은 이인영 의병부대, 허위 의병부대, 민긍호 의병부대, 이강년 의병부대 등을 골간으로 했으며, 이 중에서 가장 막강한 전투력을 가졌던 부대는 민긍호 의병부대 2천 명과[102] 허위 의병부대였다는 사실이다. 그 밖의 각 도 의병장은 이인영 의병부대와 허위 의병부대의 다음 서열의 의병장을 각 도 창의대장에 임명해서 '전국 13도'의 체제를 갖춘 것이었다. 예컨대, 관서창의대장 方仁寬은 이인영 의병부대(관동창의대진소)의 左軍將이었고, 관북창의대장 鄭鳳俊은 이인영 의병부대의 左先鋒將이었으며, 진동창의대장 權重熙는 이인영 의병부대의 右軍將이었고, 교남창의대장 朴正斌은 허위 의병부대의 亞將이었다.

원래 13도창의대진소에 참가하겠다고 호응해 왔던 전라창의대장 文泰守와 교남창의대장 申乭石은 자기 근거지에서 일본군과 전투를 하고 있었거나 행군을 차단당했기 때문에 13도창의대진소 의병연합부대에 최종적으로 참가할 수 없었던 것으로 보인다. 당시 전국 각 지방에는 수많은 의병부대들과 의병장들이 있었으며, 그들은 이인영 의병장의 격문에 찬성한 경우일지라도 각지의 일본군과 싸우는 조건에 따라 즉각 진지를 떠나서 경기도 양주에 집합할 처지에 있지 않은 경우가 많았다. 따라서 실제로 13도창의대진소를 구성한 큰 의병부대는 ① 이인영 의병부대 ② 허위 의병부대 ③ 민긍호 의병부대 ④ 이강년 의병부대 등 중부지방에서 항일무장투쟁을 전개하고 있던 4대 의병부대였으며, 나머지 각도 의병부대와 창의대장들은 그들의 연합의병부대가 전국적 연합부대임을 상징화하기 위하여 이 4대 의병부대 내의 다음 서열의 의병장들을 주로 각 도 창의대장으로 배정한 것이었다.

당시 일본군 2개 사단의 주차군이 각 지방에서 의병을 토벌하고 있던 상황에서 단시일에 전국 의병부대나 의병장들이 한 곳에 모여 통일의병

---

102) 《暴徒ニ關スル編冊》, 〈報告書〉, 隆熙元年 11月 27日條, 〈江陵守備隊長의 元山守備隊長에의 報告〉; 《韓國獨立運動史資料》 제8권, p.150 및 〈報告書〉, 隆熙元年 12月 7日條; 《韓國獨立運動史資料》 제8권, p.254 참조.

연합부대를 편성하는 것은 실제로 불가능했다. 이러한 조건에서 전국적으로 가장 막강한 4대 의병부대가 하나로 통일연합하고, 그 밖의 도에 대하여 상징적 의병대장들을 배정한 것은 당시의 조건에서는 '전국 13도'라는 상징적 용어를 사용할 수 있는 전국적인 규모였다고 상대적 의미에서 말할 수 있을 것이다.

13도창의대진소는 성립되자 바로 '서울탈환작전'을 추진하였다. 그런데 13도창의대진소를 창립하기 위하여 의병부대들이 砥平을 거쳐 양주로 모이는 과정과 성립 후 서울을 향하여 부대별로 진군하는 과정에서 일본군과 쉴 없는 전투들을 하였다. 이 중에서 가장 큰 전투는 지평군의 '三山里전투'였다.

이인영의 지휘 아래 양주를 가기 위해 지평에 모인 이인영부대는 약 1천 명이었으나,[103] 민긍호 의병부대를 비롯해서 각지 의병들이 모여 든 결과 약 5천 명에 달하게 되었다.[104] 의병부대들은 서울로 통하는 도로선에 있는 松用洞, 伊雲里, 板館垈洞에 20~30명씩의 보초를 세우고 일본군의 기습공격에 대비하면서 양주로 이동할 준비를 하고 있었다.[105] 각지 의병부대들이 지평군 삼산리에 대규모로 집합하고 있다는 보고를 받은 일본군은 원주수비대를 출동시켰을 뿐만 아니라, 서울로부터 赤倉대위가 인솔하는 토벌중대를 급파했으며,[106] 11월 6일에는 坂部 소좌가 인솔하는 山砲隊까지 출동시켰다.[107] 그리하여 지평군 삼산리 일대에 약 600명의 일본군이 출동하여 의병을 공격하기 시작하였다.[108]

103)《暴徒ニ關スル編冊》,〈京秘發 第44號의 1〉, 1907年 11月 5日條,〈原州分遣所의 警務局長에의 報告〉;《韓國獨立運動史資料》제8권, p.93 참조.

104)《暴徒ニ關スル編冊》,〈韓憲警 乙 第404號〉, 隆熙 2年 4月 9日條,〈韓國駐箚憲兵隊長 明石元二郎의 內務警務局長 松井茂에게의 通報〉;《韓國獨立運動史資料》제10권, pp.128~129 참조.

105)《暴徒ニ關スル編冊》,〈原秘發 第46號의 1〉, 1907年 11月 10日條,〈原州分遣所의 京城警視廳에의 報告〉;《韓國獨立運動史資料》제8권, p.104 참조.

106)《暴徒ニ關スル編冊》,〈京秘發 第44號의 1〉, 1907年 11月 5日條,〈原州分遣所의 警視統監에의 報告〉;《韓國獨立運動史資料》제8권, p.94 참조.

107)《暴徒ニ關スル編冊》,〈原秘發 第46號의 1〉, 1907年 11月 10日條,〈原州分遣所의 京城警視廳에의 報告〉;《韓國獨立運動史資料》제8권, p.105 참조.

이에 13도창의대진소를 수립하려고 모여든 각지 의병부대 5천 명은 1907년 11월 7일 오전 9시부터 그날 해질 때까지 찾아온 일본군 대부대와 하루 종일 치열한 전투를 전개하였다. 의병연합부대는 화력은 열세였지만 수적으로 우세했으며, 적개심에 불타고 있었으므로 일본군을 용감하게 공격하였다. 일본군은 의병부대를 도저히 토벌할 수 없자 의병토벌작전에서는 이색적으로 산포대를 내세워 산포의 포격을 이튿날까지 하여 전투가 8일까지 2일간이나 계속되었다. 이 전투에서 일본군은 수십 명의 사상자를 내었으며, 일본군의 추산에 의하면 의병연합부대도 약 200~300명의 사상자를 내었다.[109] 이것이 '三山전투'인데, 의병전쟁 중에서 가장 규모가 컸다. 13도창의대진소의 간부로 활동하다가 후에 탄약을 구입하러 서울에 잠입하여 활동하던 중 체포된 의병장 金壎은 三山戰鬪에 대하여 일제의 심문에 다음과 같이 응답하였다.

"許蔿及 李麟榮과 行動을 共히 하던 間에 日本軍과 衝突 戰鬪한 일이 數十回인 바, 就中 砥坪郡 三山에서 戰鬪하였을 時는 義兵의 數 약 5,000명, 日本兵 약 5·600명으로 多數의 死傷者를 出한 大衝突이었다.[110]

민긍호 의병부대도 이 '삼산전투'에 참가하여 주력의 하나로서 용감히 싸웠다. 그 후 민긍호 의병부대는 경기도 동부 일대에서 수많은 의병전투들을 전개하다가 13도창의대진소가 성립되어 의병연합부대가 서울을 향해 진군하자, 麟蹄→楊口→淮陽郡 文登里 방면으로 이동하다가[111] 그 한 부대가 회양군 虎峴洞 부근에서 12월 7일 淮陽守備隊를 만나 이

---

108) 《暴徒ニ關スル編冊》, 〈韓憲警 乙 第404號〉, 1908年 4月 9日條, 〈韓國駐箚憲兵隊長의 內部警務局長에의 通報〉; 《韓國獨立運動史資料》 제10권, p.129 참조.

109) 《暴徒ニ關スル編冊》, 〈警秘發 第115號〉, 1907年 11月 12日條, 〈江原道金城分遺所의 警務局長에의 報告〉; 《韓國獨立運動史資料》 제8권, p.108 참조.

110) 《暴徒ニ關スル編冊》, 〈韓憲警 乙 第404號〉, 1908年 4月 9日條, 〈韓國駐箚憲兵隊長의 內部警務局長에게의 通報〉; 《韓國獨立運動史資料》 제10권, p.129 참조.

111) 《暴徒ニ關スル編冊》, 〈春秘發 第59號〉, 1907年 12月 20日條, 〈春川警務署의 內部警務局長에의 報告〉; 《韓國獨立運動史資料》 제8권, pp.287~288 참조.

를 섬멸하는 '虎峴洞전투'를 치르고,[112] 이어 경기도 加平으로 진출하여
1907년 12월 8일 가평군 竹屯里 부근에서 일본군 토벌대를 섬멸하였
다.[113] 이것이 민긍호 의병부대의 '죽둔리전투'이다. 민긍호 의병부대는
이후 1908년 1월 중순까지 가평군 일대에 주둔하면서 '서울탈환작전'을
준비했던 것으로 보인다. 당시의 일본군 보고서는 민긍호 의병부대의
동정에 대해 다음과 같이 보고하였다.

> 賊魁 閔肯鎬의 行動에 관하여 각종의 情報를 종합하건대 左와 如하다.
> ① 先般 江陵에서 敗한 彼는 일시 橫城郡內에 있었으나 轉하여 麟蹄方面으
> 로 나와 목하 加平方面에 있는 것 같다.
> ② 일시 심히 衰勢이었던 彼徒도 各地 敗竄의 徒를 모아 昨今 약간 優勢에
> 至하고 있는 것 같다.
> ③ 閔의 家族은 橫城郡本部에 潛伏하였다는 報가 있다. 探査中이다.[114]

13도창의대진소는 편성대오가 갖추어지자 1908년 1월 '서울탈환작전'
을 시작하여, 총대장 이인영과 군사장 허위는 의병연합부대에게 서울을
향한 진군령을 내렸다. 이 중에서 군사장 허위가 300명의 선봉대를 인솔
하여 서울 동대문 밖 30리 지점에 먼저 도착하였다. 그리고 뒤이어 총대장
이인영이 인솔하는 후속의 본대와 관동창의대장 민긍호 등 각 도 창의대
장의 의병부대들이 長蛇의 勢로 천천히 진군하면서 약속한 기일에 약속
한 지점에 도착하기로 되어 있었다.

그러나 총대장 이인영과 각 도의 창의대장이 인솔하는 후속 부대들은
도중에 차단하는 일본군과 끊임없이 전투를 하면서 전진해야 했으므로
약속한 기일에 약속한 지점에 도착하지 못하였다. 일본군측 자료에 따

---

112) 《暴徒ニ關スル編冊》, 〈金秘發 第155號〉, 1907年 12月 12日條, 〈金城警務分署의 警務局
　　長에의 報告〉; 《韓國獨立運動史資料》 제8권, pp.268~269 참조.
113) 《暴徒ニ關スル編冊》, 〈春秘發 第52號〉, 1907年 12月 10日條, 〈春川警務署의 內部警務
　　局長에의 報告〉; 《韓國獨立運動史資料》 제8권, p.261 참조.
114) 《暴徒ニ關スル編冊》, 〈春秘 第70號〉, 1908年 1月 14日條, 〈警務局長의 統監代理에의 報
　　告〉; 《韓國獨立運動史資料》 제8권, p.435 참조

르면, 13도창의대진소의 의병부대들이 동대문 밖 30리 지점에 도착할 때까지 일본군과 전투한 횟수가 38회나 된다고 하였다.[115] 13도창의대진소의 본대가 미처 도착하지 못한 상태에서 허위의 선봉대는 1907년 1월 15일경 잠복중인 일본군의 선제공격을 받게 되었다. 치열한 전투가 벌어졌으나 선봉대만으로서는 화력이 부족하여 일본군을 이길 수 없었다. 선봉대는 치열한 전투 끝에 선봉대의 의병장 金奎植과 延基羽가 적의 탄환을 맞고 부상당하는 등 손실이 막대하여 일단 후퇴하였다.[116]

13도창의대진소 연합의병부대의 본대 일부는 이인영의 인솔로 약 2천 명이 1908년 1월 28일(음력 전년 12월 25일)경 마침내 서울 동대문 밖 30리 지점에 대오를 이어가며 도착하였다. 연합의병부대는 새해 음력 정월을 기해서 서울에 진입하여 일제 통감부와 승패를 결정지으려고 하였다. 그러나 이때 불행한 일이 일어났다. 13도창의대진소 총대장 이인영의 부친이 별세했다는 흉보가 1908년 1월 28일(음력 전년 12월 25일) 양주군 내의 본진을 거쳐 이인영에게 통보되었다. 독실한 유학자인 이인영은 亡父의 死顔을 보고 장례를 치르기 위하여 뒷일은 모두 군사장 허위에게 맡기고, 서울진입작전을 중지하라는 통문을 각 의병들에게 돌리도록 지시하고는 그날로 귀향하였다. 여기서 13도창의대진소의 '제1차 서울탈환작전'은 일단 중지되고 의병부대들은 각각 본대로 돌아가게 되었다.

여기서 주의할 것은 종래 13도창의대진소 연합의병부대의 '서울탈환작전'의 중지 이유에 대하여 총대장 이인영의 '忠'보다 '孝'를 앞세운 행동을 들어왔는데, 이것은 피상적 관찰이라는 사실이다. 당시 13도창의대진소 의병연합부대는 동대문 밖 30리 지점까지 도달하는 과정에서 일본군과 수많은 전투들을 치렀기 때문에 탄약과 무기의 절대적 부족으로 승리의 전망이 매우 흐려 있었다. 이것은 300명의 허위 선봉대가 동대문

---

115) 〈十三道倡義大將李麟榮逮捕の件〉;《朝鮮獨立運動》제1권, p.38 참조.
116) 《旺山許蔿先生擧義事實大略》;《독립운동사자료집》(독립운동사편찬위원회 편) '의병항쟁사자료집', p.242, 795 참조.

밖 30리 지점에서 일본군과 치열한 전투를 하고서도 일본군의 저지선을
돌파하지 못했던 경험에서도 확인된다고 볼 수 있다. 그 후 도착한 후속
본대도 탄약이 고갈된 피로한 부대들이 되었으니, 이러한 상태에서 서
울 진입을 시도하더라도 승리할 전망은 매우 흐려 있었다. 이러한 조건
에서 총대장 이인영은 부친의 喪報에 접하자 일단 서울진입작전을 중지
토록 하고, 지휘권을 군사장 허위에게 넘겨주면서 '일정 기간'을 벌어서
'제2차 서울탈환작전'을 준비할 수 있도록 한 것이 아닌가 해석된다.

민긍호 의병부대도 13도창의대진소 의병연합부대의 '제1차 서울탈환
작전'이 중지됨에 따라 서울 근교까지 진출했다가 다시 철수하여 강원
도·경기도·충청북도의 접경지대의 본래 작전지역으로 돌아가서 다시
유격전을 전개하게 되었다.

7. 민긍호 의병부대의 전투(3)

민긍호 의병부대는 13도창의대진소 의병연합부대에 참가하여 서울
근교로 진군하는 과정에서나, 서울탈환작전 중지 후 다시 본래의 작전
지역으로 돌아오는 과정에서 일본군과 여러 차례 전투를 전개하였다.

(51) 自浦洞 전투

민긍호 의병부대는 민긍호 자신이 약 1천 명의 의병대를 2명의 副將
과 함께 직접 지휘하여 橫城 부근에 주둔하고 있을 때, 일제의 原州守備
隊와 원주경찰대가 출동하자 1907년 12월 19일 횡성군 屯內面 自浦洞에
서 朱基俊이 지휘하는 한 유격대 150명을 잠복시켰다가 공격하게 하여
일본군에 심대한 타격을 주고 이를 패주시켰다.[117]

---

117) 《暴徒ニ關スル編冊》, 〈原秘發 第4號의 1〉, 1908年 1月 7日條, 〈原州警察分署長의 警務
　　局長에의 報告〉; 《韓國獨立運動史資料》 제8권, p.424 참조.

(52) 珍富 부근 전투

민긍호 의병부대의 한 유격대 약 300명은 역시 1907년 12월 19일 平昌郡 珍富 서북방 약 100리 지점에서 일본군 珍富守備隊의 1소대와 조우하여 치열한 격전 끝에 일본군에 심대한 타격을 주고 이를 패주시켰다.[118]

(53) 寧越 북방 전투

민긍호 의병부대의 한 유격대 약 200명은 1907년 12월 26일 강원도 영월 북방 약 20리 지점에서 일본군 寧越守備隊의 토벌대가 출동하자 이를 맞아 치열한 전투 끝에 이를 패주시켰다.[119]

(54) 楸洞里 전투

민긍호 의병부대의 韓甲復이 지휘하는 유격대 30명은 1907년 12월 28일 횡성군 靑龍面 楸洞里에서 휴식 도중 일본군 洪川守備隊의 기습을 받고 참패했으며, 유격장 한갑복이 전사하였다.[120]

(55) 林塘里 전투

민긍호 의병부대의 한 유격대 약 400명은 양구군 林塘里에 주둔하고 있다가 일본군 楊口守備隊가 출동했다는 정보를 입수하고 동방 고지로 이동하여 진을 치고 기다리고 있었다. 1908년 1월 3일 양구수비대가 의병이 아직도 그대로 있는 줄 알고 林塘里에 찾아오자 이를 동방 고지로 유인하여 공격해서 심대한 타격을 주고 이를 패주시켰다.[121]

---

118) 《大韓每日申報》 1908년 1월 8일자, 〈地方消息〉 및 《朝鮮暴徒討伐誌》;《朝鮮獨立運動》 제8권, p.159 참조.
119) 《朝鮮暴徒討伐誌》;《朝鮮獨立運動》 제1권, p.160 참조.
120) 《大韓每日申報》 1908년 1월 7일자, 〈地方消息〉 및 《朝鮮暴徒討伐誌》;《朝鮮獨立運動》 제1권, p.160 참조.
121) 《暴徒ニ關スル編冊》, 〈春秘發 第1號의 1〉, 1908年 1月 7日條, 〈春川警察署의 內部警務局長에의 報告〉;《韓國獨立運動史資料》 제8권, pp.428～429 참조.

(56) 春川 부근 전투

민긍호 의병부대의 한 유격대 약 200명은 1908년 1월 5일 춘천군 佳谷에서 일본군 토벌대와 교전하다가 퇴각했다. 또한 춘천군 芳川里 부근에서도 약 200명의 유격대가 일본군과 교전하여 이를 패주시켰다.[122]

(57) 狼川 부근 전투

민긍호 의병부대의 한 유격대 약 200명은 1908년 1월 6일 狼川 동남방약 50리 지점에서 일본군 狼川守備隊의 1소대와 조우하여 치열한 전투끝에 이에 심대한 타격을 주고 이를 패주시켰다.[123]

(58) 樂豊驛 부근 전투

민긍호 의병부대의 한 유격대 약 500명은 1908년 1월 7일 樂豊驛 부근에서 출동한 일본군 江陵守備隊와 치열한 교전을 하여 이에 심대한 타격을 주고 이를 패주시켰다.[124]

(59) 倉里 전투

민긍호 의병부대의 한 유격대 약 200명은 1908년 1월 8일 狼川 서남倉里에서 일본군 狼川守備隊와 조우하여 이를 공격해서 패주시켰다.[125]

(60) 抱川 서북방 전투

민긍호 의병부대의 한 유격대 약 200명은 1908년 1월 9일 抱川 서북방에서 抱川守備隊와 조우하여 이를 공격해서 섬멸해 버렸다.[126]

---

122) 《大韓每日申報》1908년 1월 12일자, 〈地方消息〉 참조.
123) 《朝鮮暴徒討伐誌》; 《朝鮮獨立運動》 제1권, p.175 참조.
124) 위와 같음.
125) 《大韓每日申報》1908년 1월 18일자, 〈地方消息〉 및 《朝鮮暴徒討伐誌》; 《朝鮮獨立運動》 제1권, p.175 참조.
126) 위와 같음.

(61) 橫城 서방 전투

민긍호 의병부대의 한 유격대 약 40명은 1908년 1월 10일 橫城 서방에서 일본군 原州守備隊의 기습을 받아 크게 참패하였다.[127]

(62) 鳳基 전투

민긍호 의병부대의 한 유격대 약 100명은 1908년 1월 17일 金城郡 鳳基에서 일본군 金城守備隊의 공격을 받고 치열한 교전 끝에 이를 격퇴하였다.[128]

(63) 洪川 부근 전투

민긍호 의병부대의 한 유격대 약 40명은 1908년 1월 17일 洪川 부근에서 일본군 春川守備隊의 기습을 받고 치열하게 응전했으나 참패하였다.[129]

(64) 楡木亭 부근 전투

민긍호 의병부대의 한 유격대 약 50명은 1908년 1월 21일 楡木亭 부근에서 일본군 珍富守備隊와 조우하여 치열한 격전 끝에 이를 격퇴하였다.[130]

(65) 長湖院 동방 전투

민긍호 의병부대의 한 유격대 약 60명은 1908년 1월 31일 長湖院 동방 漢江 右岸에서 일본군 토벌대와 조우하여 1시간의 격전 끝에 이를 패주시키고 觀德 동북방 산골로 퇴각하였다.[131]

---

127) 위와 같음.
128) 위와 같음.
129)《大韓每日申報》1908년 1월 28일자,〈地方消息〉및《朝鮮暴徒討伐誌》;《朝鮮獨立運動》제1권, p.175 참조.
130)《朝鮮暴徒討伐誌》;《朝鮮獨立運動》제1권, p.175 참조.
131)《大韓每日申報》1908년 2월 13일자,〈地方消息〉참조.

(66) 麟蹄 북방 전투

민긍호 의병부대의 한 유격대 약 150명은 1908년 2월 5일 인제 북방 약 60리 지점에서 일본군 麟蹄守備隊와 조우하자 이를 치열하게 공격하여 심대한 타격을 주고 패주시켰다. 유격대의 손실은 단지 전사 1명이었다.[132]

(67) 文幕 부근 전투

민긍호 의병부대의 한 유격대 약 60명은 1908년 2월 22일 文幕 부근에서 일본군 原州守備隊의 1소대의 기습을 받고 치열하게 교전했으나 참패하였다.[133]

(68) 芝浦 西方 전투

민긍호 의병부대의 한 유격대 약 100명은 1908년 2월 22일 芝浦 서방 약 20리 지점에서 일본군 芝浦守備隊와 조우하여 치열한 교전 끝에 이에 심대한 타격을 주고 이를 패주시켰다. 의병대의 피해는 전사 8명에 불과하였다.[134]

(69) 淸洞 부근 전투

민긍호 의병부대의 한 유격대 약 30명은 1908년 2월 25일 珍富 淸洞 부근에서 일본군 珍富守備隊와 조우하여 치열한 교전 끝에 이를 격퇴시켰다.[135]

---

132)《大韓每日申報》 1908년 2월 16일자, 〈地方消息〉 및《朝鮮暴徒討伐誌》;《朝鮮獨立運動》제1권, p.176 참조.

133)《朝鮮暴徒討伐誌》;《朝鮮獨立運動》제1권, p.176 참조.

134) 위와 같음.

135)《大韓每日申報》 1908년 3월 4일자, 〈地方消息〉 및《朝鮮暴徒討伐誌》;《朝鮮獨立運動》제1권, p.176 참조.

8. 민긍호 의병장의 戰死 殉國

13도창의대진소 연합의병부대의 '제1차 서울탈환작전'이 중지된 전후의 의병운동의 상황은 추운 겨울철의 기상조건과 탄약의 고갈로 매우 불리하였다. 중부지방의 산악에는 살을 에이는 추위와 함께 흰 눈이 깊게 녹지 않고 쌓여서 은신도 어려웠고, 이동과 공격도 어려웠다. 반면에 일본군은 눈 위에 난 발자욱 때문에 의병부대들을 추격하기 쉬웠다. 이러한 조건을 이용하여 일본군은 의병부대들에 반격과 토벌을 강화했으며, 특히 실질적 전투력이 강했던 민긍호 의병부대에 대해서는 집중적으로 대규모 토벌대를 투입하여 공격을 강화하였다.

이러한 조건에서 민긍호 의병부대는 50~60명의 소규모 부대들로 편대를 분산시켜 유격전으로 일본군의 공격에 대항하였다. 민긍호 의병부대는 위에서 본 바와 같이 수많은 전투에서 일본군 수비대를 패주시키고 크게 승리했음에도, 1908년 2월에는 탄약이 극도로 고갈되어 큰 작전을 수행하기 어려운 처지에 놓이게 되었다. 민긍호가 직접 지휘하는 약 90명의 소부대는 1908년 2월 27일 오전 11시 原州의 講林 朴達峙 부근에서 일본군과 조우하여 치열한 전투 끝에 이를 격퇴하고 우회하여 登子峙 아래 10리 지점에 있는 蕨德里에서 숙영하게 되었다. 일본군 충주수비대와 경찰대는 이 정보를 탐지하고 2월 28일 출동하여 獅子山과 九龍山 방면을 우회해서 2월 29일 오전 11시 궐덕리를 동·남 양방면으로 포위하여 공격하였다. 민긍호 의병대의 일부는 궐덕리 서방고지를 점령하여 완강히 저항하고, 민긍호 의병대의 대부분은 촌락 주위의 벽을 엄폐물로 하여 완강히 저항했으나 3시간 30분 만에 탄환이 완전히 떨어져 촌락을 일본군에 점령당했으며, 민긍호는 가옥 내부를 수색하는 일본군과 경찰대에게 체포당하고 말았다.[136]

---

136)《朝鮮暴徒討伐誌》;《朝鮮獨立運動》제1권, p.174 참조.

이날(1908년 2월 29일) 밤 민긍호 의병부대의 한 유격대 50~60명이 대장 민긍호를 구출하기 위하여 朴達峙 동북방으로부터 촌락을 기습해서 숙영하는 일본군에게 심대한 타격을 주고, "우리 대장 閔氏여 어딘가 그 있는 곳에서 소리를 지르라"고 크게 외쳤다. 이를 알아들은 민긍호가 포박당한 채 탈출하거나 의병부대에 빼앗길 것 같자 일본군은 매우 다급함을 느끼고 민긍호를 사살하였다. 이렇게 하여 위대한 의병장 민긍호는 짧지만 장렬한 일생을 마치고 전사 순국한 것이었다.

이 부분을 일본군의 보고에서 보면 다음과 같다.

① 2월 29일 오후 5시 講林에 도착 宿營하였다.
② 同夜 朴達山 동북방으로부터 閔肯鎬의 左右軍 약 5, 60명이 來襲, 我隊 宿舍를 포위하고(약 50미터 거리에 접근) 大聲吶喊 猛射를 시작하였다.
③ 我隊는 此 賊襲을 당하여 거의 混亂케 되었으나, 전원 決死 혹은 便所 혹은 井中 등의 장애물을 이용하여 맹렬히 응사하기 약 1시간에 賊의 包圍를 解破하고 我 一部는 該村 西南高地로 攀登, 一部 該村落 中의 河溝 岸을 이용하여 격퇴에 크게 노력하였다. 賊은 同 11시경에 이르기까지 連續 猛射하면서 大呼하여 曰, '我 大將 閔氏여 어딘가 그 있는 곳에서 聲을 揚하라' 하였다.
④ 此際 捕縛한 閔肯鎬는 逃走하려는 모양이므로써 부득이 射殺하였다.[137]

민긍호 전사 이후에 민긍호 의병부대는 그의 부장들이 각각 유격대를 지휘하여 독립적 활동을 했으므로, 하나의 통일된 지휘자를 가진 민긍호 의병부대는 수십 개의 유격부대로 나누어져 해체되었다. 민긍호 의병부대의 부장들로서 橫城 동북부와 洪川 지방에서 민긍호 전사 후 유격부대를 지휘한 의병장들은 金顯國(민긍호 전사 후 김치영의 개명), 韓相說, 鄭明善, 劉秉勳, 盧勉相, 朴河南, 尹在玉, 申順模 등이었다고 그 병력 수와 함께 일본군측은 다음과 같이 보고하였다.

---

137) 《暴徒ニ關スル編冊》, 〈暴徒討伐景況第42號〉, 1908年 3月 12日條, 〈第13師團參謀部의 警務局에의 通報〉;《韓國獨立運動史資料》 제10권, pp.43~44.

一. 過般來 橫城郡 東北部로부터 洪川郡에 亘하여 出沒하고 있는 賊魁及
　　그 部下槪數 좌기와 如한 것 같다.
　　① 金顯國(閔肯鎬의 死後 金致永의 改名)　　부하 100여명
　　② 韓相說　　　　　　　　　　　　　　　　同　　200여명
　　③ 鄭明善　　　　　　　　　　　　　　　　同　　　70여명
　　④ 劉秉勳　　　　　　　　　　　　　　　　同　　　40여명
　　⑤ 盧免相　　　　　　　　　　　　　　　　同　　　20여명
　　⑥ 朴河南　　　　　　　　　　　　　　　　同　　　30여명
　　⑦ 尹在玉　　　　　　　　　　　　　　　　同　　　30여명
　　⑧ 申順模　　　　　　　　　　　　　　　　同　　　30여명…
一. 賊魁 韓相說下에 副將 嚴鍾燮이란 자가 있다. 彼는 일찌기 臼居小隊에
　　격파당하여 목하 驪州方面에 있는 것 같다. 本人은 儒者로서 民間에 勢
　　力이 있다 한다.
一. 過般來 橫城郡 東部及 北部에서 수회의 타격을 受한 賊徒는 그 후 少數
　　의 群으로 나뉘어 목하 洪川郡 南部를 경유 西方으로 이동하고 있는 것
　　같다.[138]

　여기서 민긍호 의병부대는 민긍호 전사 후 그 부장들에 의해 나뉘어
서 지휘된 것을 명확히 알 수 있다. 민긍호 전사 후 민긍호 의병부대가
완전히 해체된 것이 아니라 부장들에 의해 다수 유격대로 분화되어 항
일무장투쟁을 계속해서 전개한 것이었다.

9. 민긍호 의병부대의 특징

　민긍호 의병부대는 1907년 8월 5일 봉기 이래 1908년 2월 29일 민긍호
가 전사할 때까지 7개월의 과정만 보아도, 강원도와 경기도·충청북도의
접경지대를 중심으로 광범위한 작전지역에서 치열한 항일무장투쟁을

---

138) 《暴徒ニ關スル編冊》, 〈警秘 第542號〉, 1908年 3月 31日條, 〈警務局長의 副統監에의 報
　　告〉；《韓國獨立運動史資料》 제9권, pp.379~380.

전개하여 큰 성과를 낸 의병부대였다. 민긍호 의병부대는 1907년 8월 이후 전국 각지에서 봉기한 다른 의병부대들과 근본적으로 성격을 같이하고 있지만, 정밀하게 보면 동시에 다음과 같은 몇 가지 특징을 갖고 있음을 알 수 있다.

첫째, 민긍호 의병부대는 해산 군인이 주축이 된 의병부대였다. 의병대장 민긍호가 구한국군대의 특무정교 출신이었을 뿐 아니라, 병사들도 다수가 구한국군대의 해산 군인들이었다. 물론 민긍호 의병부대에는 이 밖에도 농민과 포수와 유생들도 다수 참가해서 수적으로는 이들이 오히려 해산 군인들 수보다 많은 때도 있었으나, 민긍호 의병부대의 주축은 어디까지나 해산 군인이었다. 이인영의 설명에 따르면, 민긍호 의병부대의 숫자가 절정에 달했을 때에는 의병대원 2천여 명 가운데서 약 800명이 해산 군인이었다.[139]

둘째, 민긍호 의병부대는 전투력이 실질적으로 막강한 의병부대였다. 해산 군인들은 이미 군사훈련을 잘 받은 훈련된 군인들이었으며, 군대 해산 후 대부분 자기 무기를 가지고 봉기했기 때문에 비교적 현대무기와 장총으로 무장되었고, 이미 사격훈련도 받았던 터라 정확한 사격을 할 수 있었다. 또한 이 해산 군인들이 의병부대를 주도했기 때문에 이 부대에 참가한 농민들과 포수들도 곧 해산 군인들로부터 배워서 정확한 사격을 할 줄 알고, 군대식으로 생활하고 작전하며 전투할 줄 알게 되었다. 이 특성은 민긍호 의병부대에게 막강한 전투력을 갖게 하여, 민긍호 의병부대는 단위부대로서는 전국에서 가장 실질적 전투력이 강한 의병부대가 되었다.

셋째, 민긍호 의병부대는 기동력이 빠른 부대였다. 민긍호 의병부대는 대원들이 대부분 해산 군인과 포수 및 농민들이었기 때문에 기동력과 강행군을 중시하여 민첩하고 인내력이 매우 강하였다. 또한 작전지역을 과거에 原州鎭衛隊와 驪州分遣隊의 관할구역을 중심으로 삼았기

---

139) 〈第3回 李麟榮問答調書〉;《朝鮮獨立運動》제1권, p.53 참조.

때문에 이전부터 지리와 지형을 잘 알고 친숙한 지역에서 의병전투들을 전개하게 되어 더욱 기동력을 높일 수 있었다.

넷째, 민긍호 의병부대는 유격전 부대였다. 당시 전국의 모든 의병부대들이 무기와 탄약과 군사훈련 부족의 열세 속에서 경험적으로 유격전이 유리함을 터득하여 유격전을 주로 했지만, 기회만 있으면 정면전을 시도하는 경우도 많았다. 이에 비하여 민긍호 의병부대는 처음부터 작전을 유격전만 채택하여 유격전 부대로만 시종하였다. 1907년 10월 강원도 관찰사가 민긍호에게 횡성군수를 보내어, 무력으로는 잘 무장되고 막강한 일본군을 이길 수 없으니 귀순하라고 설득했을 때, 민긍호가 다음과 같이 유격전을 채택하면 일본군을 감당할 수 있다고 응답한 곳에서 민긍호 의병부대의 의도적인 유격전 선택과 민긍호 의병부대의 유격전 부대의 성격이 엿보인다고 할 수 있다.

> "자기들(민긍호 의병부대 – 인용자)은 日本軍隊와 對敵하기 어려운 일임은 물론이나 對敵할 수 없을 때에는 四散하고 또 틈을 보아 集合하여 暴動하면 여하히 勇猛한 日本軍隊라 할지라도 討伐이 困難할 것이라 생각한다. 이렇게 자기들(민긍호 의병부대 – 인용자)은 이 目的을 永遠히 繼續하려는 것이다."[140]

일본군은 실제로 민긍호 의병부대가 유격전을 채택하고 있기 때문에 도저히 토벌이 되지 않는다고 다음과 같이 보고하였다.

> "當 原州邑에서 5, 6리 거리에 있는 각처에는 暴徒가 100, 200, 혹은 3·400명 가량씩 屯集하고 있는 모양이며, 當守備隊가 討伐하려고 이에 向한즉 그들은 機敏하게도 이를 察知하고 遁走하여 自在로 그 蹤迹을 감추고, 討伐隊가 떠나가면 다시 現出하여 暴行을 하는 現況으로 到底히 이를 全滅함은 至難하다."[141]

---

140)《暴徒ニ關スル編冊》,〈春秘發 第44號〉, 1907年 11月 12日條,〈觀察使의 暴徒歸順 勸誘에 關한 件〉;《韓國獨立運動史資料》제8권, p.112.

141)《暴徒ニ關スル編冊》,〈原秘發 第53號의 1〉, 1907年 12月 3日條,〈原州警務分署의 警務局長에의 報告〉;《韓國獨立運動史資料》제8권, p.235.

"管內 暴徒의 動勢에 就하여는 不絶히 偵察警戒하고 있으나, 彼等은 항상 我軍隊及 警察의 隙을 窺하여 각처에 出沒해서 今日 甲地에 橫行하다가 明日에 至하면 홀연 乙地에 集合하여 變幻 出沒이 거의 捕風提雲의 感이 있다. 특히 彼等은 地方의 地理에 精通함으로써 我討伐隊가 向할 時는 間道로 1日에 10里(韓里로는 100里 - 인용자) 혹은 15, 6里(韓里로는 150, 160里 - 인용자)의 먼 지방에 도주하여 그 종적을 감추고, 또 彼等은 항상 各日本軍隊及 警察의 駐留地에 行商人 혹은 각종의 방법으로써 密偵者를 出하여 시종 我軍隊 警察의 行動을 通報하는 等事가 있다."[142]

다섯째, 민긍호 의병부대는 언제나 현대적 의병전쟁을 수행했으며, 그 안에 부분적으로 구한국군의 일본군에 대한 대적 전투의 성격이 포함되어 있었다. 민긍호 의병부대는 구한국군의 해산 군인들이 주축이 된 의병부대였기 때문에, 유격전을 채택했을 때에도 언제나 현대적 전략으로 이를 수행했으며, 비록 무기와 탄약이 고갈되어 일본군을 몰아내지는 못했지만 구한국군의 일본군에 대항한 국권회복전쟁의 성격을 포함하는 특징이 있었다고 볼 수 있다. 물론 해산 군인이 주축이 된 군대는 이 밖에도 延基羽 의병부대, 金奎植 의병부대, 許俊 의병부대, 金德濟 의병부대 등 다수 있었다. 그 중에서 민긍호 의병부대가 단위부대로서는 전국에서 가장 규모가 크고 막강한 의병부대였다.

여섯째, 민긍호 의병부대는 전국적으로 다른 진위대의 해산 군인들과 일반 국민들의 의병봉기를 유도하고 고취하고 선도하는 데 결정적 영향을 준 의병부대였다. 민긍호 의병부대는 의병운동이 미약해 있던 군대 해산 직후인 1907년 8월 초순에 일찍이 대규모로 봉기하여, 강원도지방뿐만 아니라 먼저 서울 근교의 경기도지방과 충북지방까지 진출해서 다수의 읍들을 점령하는 등 연전연승하여, 전국의 해산 군인들과 국민들에게 큰 충격과 용기와 고무를 주고 그들의 의병봉기에 영향을 끼쳤다. 민긍호 의병부대의 눈부신 초기 항일무장투쟁 성과에 한없이 고무되어,

142) 《暴徒ニ關スル編冊》, 〈春秘發 第51號〉, 1907年 12月 6日條, 〈春川警務署의 內部警務局長에의 報告〉; 《韓國獨立運動史資料》 제8권, p.249.

뒤 이어서 전국적으로 일반 국민들의 의병봉기가 계속된 것이었다. 그리하여 민긍호 의병부대는 의병운동의 '고양기 단계'(1907. 8. 1~1909. 10. 31)의 성립 자체에 선도적이고 결정적인 큰 역할을 수행한 것이었다.

10. 맺음말

이상 고찰한 바와 같이, 민긍호 의병부대는 일제가 대한제국을 식민지화하기 위한 조치의 하나로 1907년 8월 1일 대한제국 군대를 해산하기 시작하자, 原州鎭衛隊 병사들과 농민·포수들이 민긍호를 지도자로 1907년 8월 5일 봉기하여 편성한 의병부대였다.

원주진위대의 봉기와 민긍호 의병부대의 편성은 서울 시위대의 8월 1일 봉기에 바로 뒤 이은 것으로서, 지방 진위대의 봉기로는 최초였으며 가장 규모가 컸다. 이 때문에 원주진위대의 봉기와 민긍호 의병부대의 편성은 다른 진위대 병사들의 봉기와 의병부대 합류에 결정적 영향을 미쳤을 뿐만 아니라, 중부지방을 비롯한 각 지방 민간인들의 연이은 의병봉기에도 결정적으로 큰 영향을 끼쳤다. 구군인들의 봉기와 의병부대 편성이 꺼져가던 의병운동에 갑자기 활기와 전투력을 불어넣어, 이에 큰 용기와 고무를 얻은 전국 각지의 민간인 청장년들이 의병운동에 봉기했기 때문이었다. 일본군의 자료는 의병장 許蔿, 李京三, 金萬軍, 高石伊, 金君必, 李韓昌, 韓基錫, 韓甲復, 尹起榮, 李康年, 邊鶴基, 曺仁煥 등의 의병부대들은 직접적으로 민긍호 의병부대의 봉기에 고취되어 일어난 의병부대들이었으며, 민긍호 의병부대와 직접적으로 밀접한 협력 연락관계를 갖고 활동한 의병부대들이라고 기록하였다. 원주진위대의 봉기와 민긍호 의병부대의 편성은 서울 시위대의 봉기와 함께 그 자체가 의병운동의 '고양기 단계'를 만드는 데 결정적 역할을 한 것이었다.

또한 민긍호 의병부대의 작전 활동지역은 매우 일찍이 1907년 8월 초순부터 이미 原州·橫城을 중심으로 하여 驪州·忠州·竹山·春川·江陵

을 연결하는 서울 동·남부 외곽의 중부지방이어서, 전국에 미치는 군사적 정치적 정신적 영향력이 더욱 심대하였다.

민긍호 의병부대는 규모가 가장 컸을 때에는 약 2천 명에 달했는데, 그 중에서 약 800명이 해산 군인이어서 단위부대로서는 전국적으로도 가장 규모가 컸을 뿐만 아니라 가장 전투력이 강한 의병부대였다. 민긍호 의병부대는 이 병력을 다수의 소부대들로 분할해서 지방농민들과 잘 밀착하여 은현출몰하는 유격전의 방법으로 기민하게 의병전투들을 전개하였다.

그리하여 ① 1907년 8월 12일의 驪州邑 습격 점령 전투를 비롯해서 ② 洪川 습격 전투 ③ 堤川 전투 ④ 竹山邑 습격 점령 전투 ⑤ 長湖院 전투 ⑥ 利川 부근 전투 ⑦ 長湖院 부근 촌락 전투 ⑧ 梨浦 전투 ⑨ 忠州邑 습격 전투 ⑩ 利川 북방 고지 전투 ⑪ 山地洞 전투 ⑫ 南亭子 부근 전투 ⑬ 洪川邑 습격 점령 전투 ⑭ 狼川邑 습격 전투 ⑮ 沙亭里 전투 ⑯ 長湖院邑 습격 전투 ⑰ 原州文幕 전투 ⑱ 酒泉 전투 ⑲ 鳳腹寺 전투 ⑳ 沙灘 전투 ㉑ 龜捕 전투 ㉒ 沒雲峙 전투 ㉓ 縣倉里 전투 ㉔ 梧柳亭 전투 ㉕ 寧越邑 습격 전투 ㉖ 楡木洞 전투 ㉗ 義尙洞 전투 ㉘ 芳湖洞 전투 ㉙ 法泉浦 전투 ㉚ 蒼洞里 전투 ㉛ 通川邑 습격 전투 ㉜ 高城邑 습격 점령 전투 ㉝ 上杻峙 전투 ㉞ 屯村 전투 ㉟ 音室 전투 ㊱ 朴達嶺 전투 ㊲ 伊川邑 습격 점령 전투 ㊳ 三馬峙 전투 ㊴ 臨溪邑 습격 전투 ㊵ 江陵 북방 전투 ㊶ 三街里 전투 ㊷ 連谷 전투 ㊸ 楊口邑 전투 ㊹ 麟蹄 동북방 전투 ㊺ 大和驛 전투 ㊻ 南倉洞 전투 ㊼ 陽德院 전투 ㊽ 江陵邑 습격 전투 ㊾ 襄陽 부근 전투 ㊿ 旌善邑 습격 점령 전투 (51) 三山里 전투 참가 (52) 虎峴洞 전투 (53) 竹屯里 전투 (54) 自浦洞 전투 (55) 珍富 부근 전투 (56) 寧越 북방 전투 (57) 楸洞里 전투 (58) 林塘里 전투 (59) 春川 부근 전투 (60) 狼川 부근 전투 (61) 樂豊驛 부근 전투 (62) 倉里 전투 (63) 抱川 서북방 전투 (64) 橫城 서방 전투 (65) 鳳基 전투 (66) 洪川 부근 전투 (67) 楡木亭 부근 전투 (68) 長湖院 동방 전투 (69) 麟蹄 북방 전투 (70) 文幕 부근 전투 (71) 芝捕 서방 전투 (72) 淸洞 부근 전투 등과, 그 밖의 다수의 소전투들을 전개하였다.

민긍호 의병부대의 의병전투들을 보면 1907년 8~9월의 전투에서는 연전연승을 하고 있고, 1907년 10월 이후~12월은 탄환의 부족으로 여러 곳에 화약제조장을 만들어 탄환을 공급하면서도 유격전으로서 승세와 기선을 잡고 있으며, 1908년 1월 이후는 탄환의 고갈 상태와 쌓인 눈으로 고전하고 있음을 볼 수 있다. 민긍호 의병부대가 가장 고통을 받은 것은 탄환의 부족이었다. 그럼에도 1907년 말경까지에는 민긍호 의병부대의 민활한 유격전으로 말미암아 일본군은 매우 큰 손실과 심대한 타격을 입고 "저들은 항상 일본군대 및 경찰의 허점을 노려서 각처에 출몰하여 오늘 갑지에 횡행하다가 명일에는 홀연히 을지에 집합하여 變幻出沒이 바람을 잡고 구름을 잡는 감이 있다.……일본 토벌대가 향할 때는 저들은 하루에 100리도 가고 150, 160리도 간다"고 비명을 질렀다.

일제는 민긍호 의병부대의 항일무장투쟁이 큰 성과를 내며 활발히 전개되자 매우 당황하여 황제 순종의 조칙을 빌려서 선유사를 민긍호에게 파견하여 귀순을 권유했으나, 민긍호는 면담과 귀순 권유를 모두 거절하고 일제를 규탄하였다. 강원도 관찰사가 두 차례나 귀순 권유 서신을 횡성군수에게 들려 보내어 "의병을 일으키면 일신에 禍가 되고 일본을 따르면 일신의 福을 얻는다"는 요지의 설득을 하자, 민긍호는 "국권을 빼앗기고 국민이 도탄에 빠져 있는 때에 肯鎬가 일본에 투강하면 일본 치하에서 지위가 높아지고 富가 8역적과 어깨를 나란히 할 수 있음을 모르는 바 아니나, 긍호의 뜻은 나라를 찾는 데 있으므로 강한 도적 倭와 싸워서 설혹 이기지 못하여 흙 속에 묻히지 못하고 영혼이 망망대해에 떠돌게 될지라도 조금도 후회하지 않는다"는 요지의 답서를 보내어 친일관료들을 통렬히 규탄하고 국권회복을 위한 항일무장투쟁을 계속하였다.

민긍호 의병부대는 1907년 겨울 이인영, 허위 등이 중심이 되어 13도창의대진소의 전국 의병연합부대를 창설하자, 여기에 참가하여 허위 의병부대·이인영 의병부대·이강년 의병부대와 함께 4대 핵심부대의 하나가 되었다. 민긍호 의병부대는 그 중에서도 가장 전투력이 강한 부대로 참가하였고, 민긍호는 관동창의대장의 직책을 담당하였다. 13도창의 대진소가 '제1차 서울탈환작전'을 시작할 때 민긍호 의병부대는 加平을 거쳐 서울 근교까지 진출하였다. 이 과정에서 민긍호 의병부대는 '三山里전투 참가', '虎峴洞전투', '竹屯里전투' 등을 비롯해서 다수의 크고 작은 전투들을 치렀다. 1908년 1월 28일 '제1차 서울탈환작전'이 중지되자 민긍호 의병부대는 다시 본래의 작전지역으로 돌아가 유격전 활동을 전개하였다.

민긍호가 지휘하는 유격대 약 90명이 原州의 講林 朴達峙 부근에서 작은 유격전을 전개한 후 蕨德里에 宿營하고 있을 때, 1908년 2월 29일 정보를 입수한 일본군과 일본경찰대가 궐덕리를 포위하여 기습 공격하였다. 민긍호의 소유격대는 3시간 30분을 완강히 저항하여 교전을 전개하다가 탄환이 완전히 고갈되어 마을을 일본군에게 점령당하고, 민긍호는 일본군의 포로가 되었다. 이날 밤 민긍호 의병부대의 한 유격대 50~60명이 대장 민긍호를 구출하기 위해 궐덕리를 기습하여 "우리 대장 閔씨여 어딘가 그 있는 곳에서 소리를 지르라"고 크게 외치며 마을을 점령해 들어오자, 일본군은 심대한 타격을 입고 패주하면서 포박당한 민긍호를 사살해 버렸다. 그리하여 일세를 풍미한 위대한 의병장 민긍호는 짧지만 장렬한 일생을 마치고 1908년 2월 29일 밤 전사 순국하였다. 민긍호 전사 후 민긍호 의병부대는 몇 사람의 부장들에 의해서 소부대로 나누어져 유격전 활동을 전개하였다.

민긍호 의병부대의 특징으로서는 ① 해산군인이 주축이 된 의병부대였으며, ② 단위부대로서는 전투력이 전국에서 가장 강한 의병부대였고, ③ 기동력이 매우 빠른 의병부대였으며, ④ 처음부터 의도적으로 유격전술을 채택한 유격전 부대였고, ⑤ 그 안에 구한국군의 일본군에 대한 대적 전투의 성격을 내포하고, 현대적 의병전쟁을 수행한 의병부대였으며, ⑥ 군대해산 바로 뒤에 강원도뿐만 아니라 서울 근교의 경기도와 충청북도 지방에까지 진출하여 연전연승함으로써, 전국에서 다른 진위대 해산 군인들과 일반 국민들의 의병봉기에 결정적 영향을 주고, 의병운동의 '고양기 단계' 성립 자체에 결정적으로 큰 역할을 한 의병부대였다.

민긍호 의병부대는 한국독립운동사와 한국근대사에서 불멸의 공훈을 세운 찬란히 빛나는 의병부대였다고 할 것이다.

(《한국독립운동사연구》 제4집, 1990)

洪範圖 의병부대와 獨立軍의 관계

1. 머리말

일제가 한국을 완전식민지로 병탄하기 위하여 한국민족을 완전 무장해제시키는 작업의 하나로 1907년 8월 1일 대한제국 군대를 강제 해산하자, 해산 당한 군인과 각계각층의 한국민족 성원들이 전국에서 봉기하여 항일의병운동이 전국적으로 확대 고양되었다. 홍범도 의병부대는 이때 함경도지방에서 일어난 의병부대였다.

홍범도 의병부대는 주로 백두산 연맥과 개마고원에서 산짐승을 사냥하던 포수들로 구성된 의병부대로서 실질적 전투력을 가진 국내 최강의 의병부대 가운데 하나였다. 이러한 특성에 기초하여 홍범도 의병부대는 그의 활동지역에서 능동적으로 일본군을 공격해서 일본군에게 커다란 타격을 주고 연전연승하였다. 일본군도 홍범도 의병부대만은 정규군보다 더 막강한 기동성 높은 의병부대임을 인정하지 않을 수 없었다.

우리가 1910년 이후 獨立軍 형성의 계보를 고찰해 보면, 크게 나누어 '의병으로부터 독립군으로 발전한 흐름'과 '新民會·애국계몽운동으로부터 독립군으로 발전한 흐름'이란 두 흐름이 합류하고 있음을 볼 수 있는데, 홍범도 의병부대는 '의병으로부터 독립군으로 발전한 흐름'의 가장 대표적인 전형이라고 볼 수 있다. 여기서는 홍범도 의병부대가 벌인 의병전쟁의 특징과 독립군으로 전환하는 과정을 밝히어, 첫째 흐름의 구체적 사례를 고찰하려고 한다.

2. 홍범도 의병부대의 형성과 조직

일제의 대한제국 군대 강제해산(1907. 8. 1)에 통분하여 시위대 제1연
대 제1대대가 대대장 朴昇煥의 자결을 신호로 봉기하고, 제2연대 제1대
대도 봉기하여 서소문에서 일본군과 치열한 접전을 벌였으며, 8월 5일
에는 原州鎭衛隊의 군인들이 봉기하고, 8월 9일에는 江華鎭衛隊의 군인
들이 봉기하였다. 군인들의 봉기와 의병에의 합류는 의병운동에 큰 활
력을 불어넣어 전국 각지에서 각계각층의 참가에 의한 의병봉기가 뒤따
르게 되었다. 이에 당황한 일제는 의병탄압의 한 방법으로 1907년 9월 7
일 〈銃砲及火藥類團束法〉을 제정 공포하여 한국 민간인이 가지고 있는
무기와 탄약, 그리고 무기가 될 만한 것을 모두 거두어 들이도록 하고
위반자를 처벌하도록 하였다. 이것은 한국민족을 민간인까지 완전무장
해제시켜 의병운동을 불가능하게 하려 한 조치였다. 山砲手들이 사냥을
위하여 가지고 있는 무기와 탄약도 물론 여기에 해당되었다. 특히 함경
도 砲手隊들은 지역 특성상 가장 많은 무기를 갖고 있었기 때문에 일제
는 가장 중요시하였다. 일제의 무기·탄약회수반이 함경도의 산포수들을
찾아 들어와서 총기의 납부를 요구한 것은 1907년 10월이었다.

이때 함경도 北靑郡 安山社(面)와 安坪社 2面의 직업적 산포수들은
통칭 '安山社砲契'라고 알려져 있던 동업조합을 만들어 조직화된 포수생
활을 하고 있었다. 홍범도는 1893년부터 '안산사포계'에 가입하여 1907년
당시에는 捕捎대장(통칭)의 직책을 맡고 있었다. 이 직책은 관리들과 교
섭하여 세금으로서의 포획물 양을 정하고 이를 납부하는 직책이었다.
일제가 북청의 파발교 부근에 병참주재소를 차려놓고, 먼저 각 면의 면
장들을 내세워 산포수들의 총기를 회수하도록 하자, 홍범도는 '안산사포
계'의 동료 포수들에게 총기와 탄약을 일본군에게 납부하라는 일본군의

요구를 거부하고 의병을 일으키자고 제의하고 설득하였다. 당시 '안산사포계'의 契長은 林昌根(70세)이라는 은퇴한 포수였으나,[1] 임창근은 원로였기 때문에 계장으로 추대된 것이었고, 실제로 이때 '안산사포계'의 포수들을 이끌고 의병봉기를 일으킨 것은 처음부터 포연대장 홍범도였다.[2] 여기서 우리가 명기해 두어야 할 것은 홍범도 의병부대 형성의 모태가 된 것은 북청군 안산사와 안평사 2개 면의 포수들의 조합조직인 '안산사포계'라는 사실이다.

홍범도의 인솔 아래 약 70명의 포수들은 머리에 革冠을 쓰고 1907년 11월 15일 북청군 안평사 嚴方洞에 모여 의병에 봉기하였다. 봉기한 포수의병들은 11월 16일부터 20일까지 우선 북청군의 친일파들을 모두 소탕하기 위하여 군내 일진회 회원들을 색출해서 처단하였다. 일제는 홍범도 의병부대 봉기의 항일 국권회복운동의 성격과 본질을 알지 못하고, 아직도 이것을 산포수들의 일진회 회원들에 대한 반발 정도로 보고서 이번에는 기만술책으로 포수들의 총기를 거두어 가려고 하였다. 일본군과 일제경찰은 북청군 일대의 모든 포수들에게 그들이 총기를 회수하려는 것이 아니라 총기에 名票를 붙여 검사도장을 찍어서 총기 사용권을 주기 위한 것이므로, 파발교 옆의 일본군병참주재소에 총기를 가져와서 보이고 명표를 받아 붙여 총기를 계속 사용하라고 속였다.[3] 이에 속은 다른 73명의 군내 포수들이 그들의 총기를 갖고 파발교 옆 일본군병참주재소에 나타나자 일제는 이번에는 銃票 도장이 북청 警察本署에 있으니 面任을 데리고 본서에 가서 날인한 다음 총과 총포를 돌려주겠다고 다시 속이고, 포수들의 총기 73정을 거두어 가버렸다.[4] 일부 순박

1) 《暴徒ニ關スル編冊》(이하 《編冊》이라고 함), 〈秘號外〉 1907年 12月 4日條 ; 《韓國獨立運動史資料》(國史編纂委員會) 제8권, p.873 참조.
2) 《編冊》(第3巡査隊報告), 1908年 10月 13日條, 〈邊海龍廳取書〉 ; 《韓國獨立運動史資料》 제1권, p.280 참조.
3) 《編冊》, 〈受, 第3752號, 北靑郡守報告書第1號〉, 1907年 12月 4日條 ; 《韓國獨立運動史資料》 제8권, p.377 참조.
4) 《編冊》, 〈北靑郡守報告〉, 1907年 11月 24日條 ; 《韓國獨立運動史資料》 제8권, p.169 참조.

한 포수들이 일제의 기만술책에 완전히 속은 것이었다. 홍범도는 이 보고를 받고 파발리에서 총기를 거두어 돌아가는 일본군을 공격하기 위하여 포수의병들을 인솔하고 厚峙嶺으로 달려가서, 北靑邑으로 가는 고개 길목을 지키고 있다가 일본군을 공격하여 섬멸한 것이 홍범도 의병부대가 벌린 항일의병투쟁의 시작이 되었다.[5]

홍범도 의병부대 봉기 당시의 부대편성을 보면, 대원 69명을 7개대로 편성하고, 지휘자를 都督, 그 밑에 副都督을 2명 두었다. 도독은 공석으로 되어 있는데, 추정하건대 안산사포계의 契長 林昌根을 예우하기 위해 비워둔 것으로 보인다. 부도독에는 洪範圖와 車道善이 동급으로 임명되었다.[6] 봉기 당시의 1隊는 10명씩 什長制였으나 봉기 후 채 1년도 안 되어 1隊가 150명으로 증가하여 홍범도 의병부대의 대원은 한때 약 1,050명까지 증가하였다. 일제 자료는 다음과 같이 보고하였다.

"土人의 言에 의하면 甲山·三水의 賊 7隊 중 1隊는 3월초 二里社(甲山 남방 약 5리)에서 我軍의 공격을 受하였고 他의 6隊(1隊 약 150명)는 三水郡에 집합하였다 한다."[7]

홍범도 의병부대는 병력이 1천여 명의 대부대로 급성장하자, 1907년 연말에는 의병부대의 조직을 구한국군 편제를 참작해서 분대(25명)를 최소단위로 하고, 2개 분대를 1개 소대(50명)로, 2~3개 소대를 1개 중대(100~150명)로 편성하여, 각각 중대장－소대장－분대장의 지휘 명령계통을 정비하였다.[8] 군율을 제정하여 이를 관장하는 都監司와 헌병에 해당하는 軍中機察을 두었다.[9] 또한 일본군 수비대의 동태를 신속하게 조

5) 《編冊》, 〈報告書第5號〉, 1907年 11月 28日條 ; 《韓國獨立運動史資料》 제8권, p.177 참조.

6) 《編冊》, 〈警秘第165號〉, 1907年 12月 9日條, 〈別紙第2號〉 ; 《韓國獨立運動史資料》 제8권, pp.387~389 참조.

7) 《編冊》, 〈韓暴通第25號〉, 1908年 4月 3日條 ; 《韓國獨立運動史資料》 제10권, p.402 참조.

8) 《編冊》, 〈北靑守備區司令官報告〉, 1908年 3月 13日條 ; 《韓國獨立運動史資料》 제10권, p.115 참조.

9) 《編冊》, 〈咸秘 號外〉, 1907年 12月 20日條, 〈別紙〉 ; 《韓國獨立運動史資料》 제8권, p.407

사하여 보고하는 정보원으로서 약 38명의 遊士를 두어 첩보를 수집해서
보고하게 했으며, 군량보급 책임자로는 軍糧都監을 두고, 활동지역 곳곳
의 民家에 비밀리에 兵站部를 두었다.[10]

홍범도 의병부대의 무기는 대부분 화승총이었다. 예컨대, 좀더 정확
하게 1개 중대 150명의 무장상태를 계산해 보면, 화승총 136정(90.6%),
단발총 9정(6%), 30년식총 3정(2%), 10연발총 1정(1.4%)의 구성비율이었
다.[11] 화승총의 탄약은 처음에는 화약으로 제조하여 상당한 기간 자체
조달하였다.

홍범도는 1908년 3월 17일까지는 차도선과 동급으로서 부대를 공동지
휘하면서 실질적으로 전 부대를 총괄하였고, 일제의 계략에 빠져 차도
선이 일시 이탈한 뒤부터는 명실공히 도의병장으로서 함경도 함흥 이북
의 모든 의병부대들을 지휘하였다. 홍범도는 한자는 알지 못했으나 劉
基云이라는 지식이 많고 유능한 부관 비서가 그를 충실하게 도와서 불
편이 없었다.

"洪範圖는 一丁字도 모른다. 자기의 성명도 쓸 수 없는 사람이라 아직까지 부
하에게 연설 같은 것을 한 일도 없다. 다만 劉基云이란 자가 일체의 일을 하고
있었다."[12]

"洪範圖는 一丁字도 모르며, 부하에 대한 命令같은 것도 모두 劉基云이란 자
가 일체의 일을 처리하고 있다."[13]

홍범도는 漢字는 몰랐으나 국문(한글)은 알았으며 탁월한 지도력을

참조.

10) 《編冊》, 〈第3巡査隊報告書〉, 1908년 10월 13일조, 〈邊海龍聽取書〉;《韓國獨立運動史資
料》 제12권, p.280 참조.

11) 《編冊》, 〈暴徒討伐景況第56號〉, 1908年 4月 6日條;《韓國獨立運動史資料》 제10권, p.404
참조.

12) 《編冊》, 〈第3巡査隊報告書〉, 1908年 10月 13日條, 〈林在春訊問調書〉;《韓國獨立運動史
資料》 제12권, p.282 참조.

13) 《編冊》, 〈秘癸第9號〉, 1908年 11月 2日條;《韓國獨立運動史資料》 제12권, p.484 참조.

갖고 있어서, 그의 휘하에는 기라성 같은 수많은 의병장들이 각 지대를 맡아 크게 활약하였다.

3. 홍범도 의병부대의 의병전투

홍범도 의병부대는 의병봉기 이후에 일본군과 벌인 전투로서 최초의 ① 厚峙嶺전투 ② 獐項理전투 ③ 仲坪場전투 ④ 三水城전투 ⑤ 甲山邑 점령전투 ⑥ 雲承里전투 ⑦ 牧丹村전투 ⑧ 細谷전투 ⑨ 農里전투 ⑩ 橋別里전투 ⑪ 高巨里전투 ⑫ 吾足里전투 ⑬ 三水외곽전투 ⑭ 駒嶺전투 ⑮ 蟾岩전투 ⑯ 薪田洞전투 ⑰ 金昌전투 ⑱ 上南社전투 ⑲ 樺下洞전투 ⑳ 陽化場전투 ㉑ 東德山전투 ㉒ 新成里전투 ㉓ 靈洞전투 등을 비롯하여, 전후 약 37회에 걸쳐 일본군과 치열한 전투를 전개하여, 일본군 수비대를 섬멸하기도 하고, 때로는 고전을 하기도 하면서, 전체적으로 일본군에게 심대한 타격을 주었다.

일본군 수비대는 홍범도 의병부대 포수들의 정확한 사격과 기민한 기동력과 비호처럼 치고 이동하는 유격전에 큰 타격을 받고 홍범도 의병부대를 가장 두려워하여 대규모의 토벌 병력을 집중적으로 투입했다. 일제는 홍범도 의병부대가 당시 전국의 항일의병부대들 가운데에서 최강의 의병부대임을 인정하고, 홍범도에게는 '날으는 홍범도'라는 별명을 붙였다. 여기서는 위의 전투들을 일일이 설명할 지면이 없으므로 몇 개 전투만 골라 간단한 설명을 붙이기로 한다.

홍범도 의병부대의 최초의 항일전투인 厚峙嶺전투를 보면, 1907년 11월 22일 북청군 후치령의 고개 길목을 지키고 있다가 기만술책으로 포수들의 총 73정을 거두어서 말 3필에 싣고 돌아가는 일본군 2명과 일본순사 1명을 오후 4시경 유격전으로 공격하여 전멸시킨 후, 무기를 모두 되찾았다.[14]

홍범도 의병부대는 같은 날 이어서 후치령에서 甲山을 거쳐 北靑으로 가던 우편마차 호위 일본군 2명과, 북청으로 향하던 惠山鎭 木材廠 소속 일본인 1명을 유격전으로 공격하여 전멸시키고 무기를 노획하였다.[15] 홍범도 의병부대는 이튿날인 11월 23일에도 후치령에서 대기하고 있다가 북청에서 혜산진으로 향하는 일본군 新谷 소위와 병졸 2명과 우편마차 호위병들을 유격전으로 공격하여 전멸시키고 무기를 노획하였다.[16]

일본군 北靑守備隊는 홍범도 의병부대의 연이은 공격에 큰 타격을 받고 경악하여, 1907년 11월 24일 宮部 보병대위의 지휘 아래 2개 소대 57명을 급파하여 북청 쪽에서 후치령의 홍범도 의병부대를 공격하게 하고,[17] 靑砥 보병대위와 野上 警部의 1隊는 新豊里 쪽에서 후치령을 공격하게 하여 홍범도 의병부대를 협공하였다. 그러나 홍범도 의병부대는 11월 25일 후치령에서 대기하고 있다가 오후 12시 30분부터 3시까지 무려 2시간 반 동안 일본군 협공부대들을 요격 섬멸하였다.[18] 당시 일제의 비밀정보자료는 일본군의 참패에 대하여 다음과 같이 보고하였다.

"鈴木 순사로부터 듣건대 26일 新豊里 수비대원이 得聞한 정보에는 北靑에서 厚峙嶺으로 향한 宮部大尉의 1隊와 新豊里에서 厚峙嶺으로 향한 靑砥大尉의 1隊 및 野上 警部의 一行은 <u>全滅당하고</u> 賊은 新豊里 공격을 목적으로 이미 1里되는 곳에 내도하였다고 하며, 당시 同隊에 있던 三木少佐는 同隊員을 철수하여 同夜는 右方 高地에서 露營하고 익 27일은 新豊里에서 甲山 방면으로 1리 반되는 鷹德嶺을 적에게 약취당할 우려가 있으므로 同嶺까지 철퇴하였다고 한다."[19](밑줄―인용자)

---

14) 《編冊》, 〈北靑郡守報告〉, 1907年 11月 29日條 ; 《韓國獨立運動史資料》 제8권, pp.169~170 참조.

15) 《編冊》, 〈警視松下報告書〉, 1907年 11月 29日條 ; 《韓國獨立運動史資料》 제8권, p.184 참조.

16) 《編冊》, 〈咸興憲兵分遣隊長 電報〉, 1907年 11月 25日條 ; 《韓國獨立運動史資料》 제8권, p.171 참조.

17) 《朝鮮暴徒討伐誌》 ; 《朝鮮獨立運動》(金正明 編) 제1권, p.164 참조.

18) 《編冊》, 〈警視松下報告書〉, 1907年 11月 29日條 ; 《韓國獨立運動史資料》 제8권, pp.184~185 참조.

19) 《編冊》, 〈警視松下秘號外〉, 1907年 12月 1日條 ; 《韓國獨立運動史資料》 제8권, p.367

일본군의 이 비밀보고서에서도 홍범도 의병부대가 연 3일간 후치령
전투에서 일본군을 섬멸했음을 잘 알 수 있다.

獐項里전투를 보면, 홍범도 의병부대는 약 200명의 병력으로서 일본
군 수비대의 삼엄한 경비망을 뚫고 1907년 12월 15일 北靑↔甲山 가도
상의 장항리와 승호리 부근에서 일본군 보급물자 호위병과 우편호위병
을 요격하여 전멸시키고, 많은 물자와 무기를 노획하였다.[20] 일본군은
즉각 북청수비대로부터 50명의 병력을 급파하여 대항하게 하였다. 그러
나 홍범도 의병부대는 약 100명의 병력으로 12월 16일 이 증파된 일본군
중대를 장항리에서 다시 섬멸하였다.[21] 홍범도 의병부대가 장항리전투
에서 얻은 두 차례의 연승으로 육로가 차단되어 북청을 거치는 일제의
우편물 수송이 상당한 기간 중단되었다.[22]

다음 三水城전투를 보면, 홍범도 의병부대가 仲坪場전투에서 승리한
후 삼수성에 들어가서 일본군 수비병을 몰아내고 일진회 회원들을 처단
하여 삼수를 지배하자, 일본군은 惠山鎭守備隊와 甲山守備隊를 연합하
여 출동시켜서 삼수를 포위 공격하였다. 홍범도 의병부대는 1907년 12월
31일 약 400명의 의병으로 포위 공격해 들어오는 일본군을 성벽을 엄폐
물로 하여 치열하게 공격해서 약 3시간의 격전 끝에 일본군을 패주시켰
다. 일본군은 이 전투에서 참패하여 큰 피해를 입고 夜暗을 이용하여 혜
산진으로 도망하였다.[23] 일본군은 삼수성전투에서 참패하여 피해뿐만
아니라 북한 일대에서 말할 수 없이 위신이 추락했으며, 홍범도 의병부
대의 사기와 위신은 하늘을 찌르는 듯 앙양되었다.

甲山邑 점령전투를 보면, 홍범도 의병부대에게 일본군이 삼수성에서
참패했다는 보고를 받고 일본군 동부수비관구사령관 丸井 소장은 경악

참조.
20) 《編冊》, 〈電報〉, 1907年 12月 16日條 ; 《韓國獨立運動史資料》 제8권, p.395 참조.
21) 《朝鮮暴徒討伐誌》 ; 《朝鮮獨立運動》 제1권, p.164 참조.
22) 《編冊》, 〈松下警視電報〉, 1907年 12月 18日條 ; 《韓國獨立運動史資料》 제8권, p.401 참조.
23) 《朝鮮暴徒討伐誌》 ; 《朝鮮獨立運動》 제1권, p.164 참조.

하여 제50연대 제3대대장 三木 소좌가 지휘하는 약 200명의 '대토벌대'를 편성하여 삼수에 있는 홍범도 의병부대를 공격하게 하였다.[24] 홍범도 의병부대는 적이 막강한 화력의 대부대로 삼수에 진격해 온다는 보고를 받고 소수의 전위부대로 하여금 仲坪場 남방 2천 미터의 고지를 선점하여 일본군의 진로를 차단하며 지연작전을 하다가 후퇴하도록 하고는, 삼수에 있는 의병 주력부대를 신속히 갑산 쪽으로 이동하도록 하였다. 일본군 토벌대는 1908년 1월 9일 홍범도 의병부대의 유인작전에 걸려 중평장에서 의병부대와 조우하자, 이를 공격하는 데 시간을 모두 허비하였다. 일본군은 1월 10일 의병 전위부대가 후퇴하자 그들이 승전하는 것인 줄 알고 추격하면서 삼수를 포위하여 들어가보니 홍범도 의병부대는 그림자도 찾을 수 없었다.[25] 일본군은 홍범도 의병부대의 유인작전에 넘어간 것이었다.

홍범도 의병부대는 일본군이 의병 전위부대에 유인되어 삼수로 진격하는 시간에 약 300명의 병력으로 하루 전에 삼수를 출발하여 1월 10일 새벽 6시 갑산읍을 공격해서 갑산수비대와 경찰관 주재소의 일본군을 섬멸하고 다시 갑산우체국을 점령하여 전신·전화선을 모두 절단했으며, 일제의 통신기관과 일제기관들을 파괴하였다.[26] 허를 찔린 일본군은 갑산읍에서 섬멸당한 반면에 홍범도 의병부대는 무려 9시간 동안이나 갑산읍을 점령했다가 많은 군수물자를 노획하고 유유히 二里社 방면으로 사라졌다.[27]

일본군 토벌대장 三木 소좌는 갑산의 참패소식을 듣고 1월 11일 급히 갑산에 도착했으나, 홍범도 부대는 이미 이리사로 사라진 뒤였다. 뿐만 아니라 홍범도 의병부대는 일본군이 의병부대를 찾아 헤매는 동안에 약

24) 위의 책, p.181 참조.

25) 《朝鮮暴徒討伐誌》;《朝鮮獨立蘿動》 제1권, pp.181~182 참조.

26) 《編冊》,〈警視松下報告〉, 咸秘第100號의1, 1908年 2月 5日條 ;《韓國獨立運動史資料》 제9권, pp.310~314 참조.

27) 《編冊》,〈咸興警察署長報告〉, 咸秘第245號, 1908年 2月 13日條 ;《韓國獨立運動史資料》 제9권, pp.310~319 참조.

60명의 의병대를 갑산군 上南社에 파견하여, 이 지방의 악질 일진회 회
원 48명을 처단하였다. 일본군 토벌대는 1주일 동안을 의병부대를 찾아
헤맸으나 홍범도 의병부대의 그림자도 찾지 못하고 1월 19일 갑산으로
돌아왔다.[28]

홍범도 의병부대의 갑산읍 점령과 일본군 갑산수비대의 섬멸은 의병
부대가 신출귀몰하는 유격전을 전개하여 쟁취한 빛나는 대승이었다. 이
작전에서 일본군은 비참하게 패전했을 뿐만 아니라 신출귀몰하는 의병
부대에 완전히 농락당하여 갈팡질팡하였다. 이 작전으로 당시 한국 국
민들뿐 아니라 일본군까지도 홍범도를 '날으는 홍범도'라고 부르게 되
었다.

여기서는 지면 관계로 4개 전투의 사례밖에 들지 못했지만, 현재까지
알려진 37개의 전투들이 모두 격전이었다. 홍범도 의병부대는 靈洞戰鬪
를 끝으로 탄환이 고갈되어 1908년 9월 소부대들로 분산해서 홍범도 자
신은 啓陽洞 우릉골에 근거지를 설치하고 탄환보급책을 추진하였다.

4. 홍범도 의병부대의 특징

홍범도 의병부대는 1907년 8월 1일 이후에 전국 각지에서 봉기한 다
른 의병부대들과 근본적으로는 동일한 성격을 갖고 있지만, 정밀하게
보면 다음 몇 가지 특징을 갖고 있음을 알 수 있다.

첫째, 홍범도 의병부대는 대부분이 산포수들로 구성된 포수 의병부대
였다.[29] 물론 포수 이외에도 농민들과 광산노동자들이 이 부대에 참가했
다. 그러나 홍범도 의병부대의 절대다수를 구성한 것은 백두산 연맥과
개마고원에서 산짐승을 사냥하며 생활하던 산포수들이었다. 포수들은

---

28) 《朝鮮暴徒討伐誌》;《朝鮮獨立運動》 제1권, p.182 참조.

29) 《編冊》, 〈第3巡査隊報告書〉, 1908年 10月 13日條, 〈邊海龍聽取書〉;《韓國獨立運動史資
料》 제12권, p.280 참조.

우선 무엇보다도 정확한 사격을 했으며, 그들이 사냥하던 산악지대의 지리와 지형을 작은 개울과 바위와 동굴의 위치와 모양까지도 세밀히 알고 있어서 이를 전투에 이용할 수 있었다. 따라서 홍범도 의병부대가 주로 포수들로 구성되었다는 사실은 이 부대가 산악의 유격전에서는 정규군보다 더 유리하고 높은 전투력을 가질 수 있게 하였다. 이것은 南韓지방 의병부대들의 병사가 주로 군사훈련을 받지 못한 농민들로 구성되었던 사실과는 상당히 다른 특징이라고 볼 수 있다.

둘째, 홍범도 의병부대는 기동력이 매우 빠른 부대였다. 산포수들은 전에 호랑이 등 맹수를 사냥하던 방식으로 매우 민첩하게 행동했으며, 빠른 행군, 비호같은 공격과 재빠른 철수를 자유자재로 하였다. 이것은 유격전에는 매우 유리한 조건이었다. 이 때문에 홍범도 의병부대는 항일전투에서 동에 번쩍, 서에 번쩍 하여 일본 정규군이 도저히 따를 수가 없었다. '날으는 홍범도'라는 별명은 이 부대의 기동력에 대한 찬탄이었다고 볼 수 있다.

셋째, 홍범도 의병부대는 의병장과 병사가 모두 良人身分(平民)으로 구성된 평민 의병부대였다. 포수는 원래 良人 신분이었고, 총대장 홍범도는 양인 출신이었으며, 부하 의병장들도 모두 포수로서 양인 출신이었다. 뿐만 아니라 함경도지방은 조선왕조 시대에도 신분계급의 분해와 대립이 첨예화하지 않은 지역이었다. 이와 같이 홍범도 의병부대가 하나의 동질적 양인 신분[평민]으로 구성되었다는 사실은 의병장과 병사 사이에, 그리고 병사들 내부에 더욱 공고한 통합과 단결과 융합을 가져오게 하였다. 이것은 양반유생이 의병장이 된 지역에서 때때로 신분갈등이 일어나기도 했던 의병부대들과는 다른 특징이라고 할 수 있다.

넷째, 홍범도 의병부대는 '막강한 실질적 전투력'을 가진 의병부대였다. 위의 특징들의 결과로 홍범도 의병부대는 국내 최대규모의 의병부대는 아니었지만 전투력에서는 국내 최강의 의병부대였다. 적 일본군도 홍범도 의병부대를 최강의 우수한 의병부대라고 보았다.[30] 홍범도 의병부대는 최강의 실질적 전투력을 갖고 있었기 때문에 일본군과 벌인 전

투에서 연전연승한 승리의 부대가 될 수 있었다. 다른 지역의 전투력이
약한 의병부대는 기습전을 할 때는 승리하고 조우전을 할 때는 패전하
는 것이 일반적 현상이었지만, 홍범도 의병부대는 기습전과 조우전에서
모두 승리했으며, 그 스스로 능동적인 대규모 공격(습격)전과 매복전을
자유자재로 감행하여 일본군에게 심대한 타격을 주었다. 일본군이 실제
로 가장 큰 피해를 입은 의병부대가 바로 홍범도 부대였다. 이것은 명분
을 중시하고 실질적 전투력은 오히려 약했던 일부 위정척사 양반유생이
지휘하는 의병부대들과는 다른 특징이었다고 볼 수 있다.

다섯째, 홍범도 의병부대는 지방 백성들과 밀착되고 백성들의 절대적
지지와 지원을 받은 의병부대였다. 일본군은 지방 농민들이 홍범도 의
병부대를 위하여 자진해서 酒食을 제공할 뿐 아니라 일본군의 동태까지
정찰해 가면서 적극 지원하고 있는 사실에 경악하여 여러 차례 상부에
보고하였다.[31] 홍범도 의병부대가 막강한 일본 정규군을 도처에서 쳐부
수고 연전연승할 수 있었던 배경에는 지방농민들의 이러한 적극적 지지
와 성원이 있었음을 주목할 필요가 있다.

5. 홍범도 의병부대의 독립군으로의 전환 발전

홍범도는 의병부대에 공급하던 무기와 탄약이 완전히 고갈되고, 무기
와 탄약을 구입하기 위해 러시아에 파견한 부하 의병장들이 모두 실패
하자, 직접 부하 의병장 權 모와 함께 의병 20명을 인솔하고 러시아령
煙秋로 가서 무기·탄약 조달을 위해 분투하였다.

그러나 홍범도 역시 빈손으로, 이 목적을 달성할 수가 없었다. 그는
다시 귀국하여 국내에서 이를 조달해 보려고 진력했으나 당시의 조건에

---

30) 《編冊》, 〈第3巡査隊報告書〉, 1908年 10月 13日條 ; 《韓國獨立運動史資料》 제12권, pp.
274~275 참조.
31) 《編冊》; 《韓國獨立運動史資料》 제8권, p.588 및 제12권, p.275 참조.

서는 뜻대로 되지 않았다. 이때 선배 의병장 毅菴 柳麟錫은 의병이 존속할 수 없는 국내조건에서 의병무장투쟁 계속을 고집하고 있는 홍범도를 격렬하게 비판하고, 때를 기다려 힘과 智를 기를 것을 주장하였다.[32] 홍범도는 마침내 국외로 망명할 것을 결심하여, 귀가할 것을 희망하는 의병들은 집으로 돌려보내고 외국에까지라도 끝까지 그를 따라가겠다는 의병들만 이끌고 1910년 3월에 만주의 長白縣 汪開屯으로 망명하였다. 홍범도 일행은 이곳에서 安圖縣 쪽으로 약 20에이커의 토지를 개간하여, 한편으로 농사를 짓고 사냥을 해서 식량과 경비를 조달하면서, 다른 한편으로 군사훈련을 하며 의병무장투쟁을 준비하는 현대판 둔전병 생활을 하였다.

홍범도 일행은 망명지에서 이러한 생활 도중에 1911년 3월 朴永信을 선봉장으로 하여 함경북도 慶源의 細川洞에 있는 일본군 수비대를 습격하는 의병활동을 하였다.[33] 또한 1912년 홍범도는 의병장 蔡應彦과 長白府에서 회동하고 십장 沈石萬 등을 비밀리에 국내에 파견하여 일본군의 경비상황을 조사시키기도 하였다.[34] 그러나 홍범도 일행의 왕개둔 근거지는 경제적으로 유지되기 어려웠다. 이 무렵에 이 부근을 방문한 朴殷植은 다음과 같이 기록하였다.

"나는 요즘 中國과 露領 사이를 유랑하면서 두루 각처의 동포들을 방문하여 보았다. 그들은 산에서 사슴을 쏘아 잡거나 땔나무를 해서 시장에 팔며, 감자를 심어 양식으로 삼고 엿을 팔아 糊口하는 사람들이 많았으니, 이들은 모두가 지난날 義兵將領들이었다. 그들은 쓰러져 가는 집에서 굶주림과 추위에 떨면서도 근심하는 빛이 없었고, 오로지 중얼거리는 것은 祖國뿐이었고, 잠자리에서도 祖國이었다. 술을 마신 후에는 비분강개하여 서로 노래를 부르며 통곡하곤 했다. 世俗의 소위 명예니 功利 따위는 一身을 더럽히는 물건처럼 여겼다. 오직 속에 가득히 끓는 피는 忠義와 비분에서 터져 나오는 것으로서 죽은 후

32) 《毅菴集》 卷16, 〈與洪汝千範圖〉, 〈答洪汝千〉 참조.
33) 《독립운동사》 제5권, 《독립군전투사》 상, p.662 참조.
34) 《每日申報》 1912년 4월 27일자 참조.

에라야 끝날 결심이었으니 어찌 참된 義士라 하지 않으랴. 나는 그들을 깊이 존경하고 아낀다."[35]

홍범도 일행은 만주 장백현 왕개둔에서의 궁핍이 극에 달하여 도저히 지탱할 수 없게 되자, 1913년에 다시 러시아령 블라디보스토크로 이동하였다. 홍범도는 블라디보스토크에서 그의 일행으로 勞動會를 조직하고, 회장을 맡았다. 그리고 회원은 철도공사 등 노동에 종사하면서 매달 노임의 절반을 무기비로 저축하여 항일무장투쟁 준비를 하면서 재기의 날을 기다리던 중 3·1운동을 맞게 되었다.

홍범도 등은 1919년 본국에서 3·1운동이 폭발하고 3월 13일에는 間島의 龍井에서, 3월 17일에는 러시아령 블라디보스토크에서 독립만세 시위운동이 일어나 독립운동이 間島와 러시아령에서도 급격히 고양되자, 즉각 독립군을 창설하기 위한 무기구입에 진력하였다. 일제의 정보자료는 홍범도 등이 1919년 3월 18일경에 간도 방면에서 온 동지들과 함께 총기를 구입하는 등 독립군 창설사업을 전개하고 있음을 밝혀 놓았다. 일제의 1919년 3월 21일자 보고는 다음과 같다.

"또한 洪範圖 등 元 暴徒派의 者는 國民議會의 命이라고 하면서 暴擧準備에 분주한 중으로서 間島 방면으로부터 온 자들과 함께 포시에트 지방에서 비밀리에 銃器購入에 노력하고 있다."[36]

여기서 주목할 것은 홍범도 등의 독립군 창설사업이 용정의 3·1운동 5일 후부터, 그리고 블라디보스토크의 3·1운동 이튿날부터 매우 일찍 민첩하게 바로 시작되었다는 특징적 사실이다. 이것은 독립군 형성의 두 흐름 가운데 '의병으로부터 독립군으로의 발전'이라는 흐름의 큰 특징이라고 할 수 있다.

---

35) 朴殷植,《韓國獨立運動之血史》;《朴殷植全書》上卷, p.637.
36)《朝鮮獨立運動》제2권,〈朝憲機第150號〉, 1919年 3月 21日字, p.765.

홍범도가 구 의병들을 근간으로 하여 독립군 창설활동을 한다는 일제의 정보보고는 3월부터 6월까지 계속되고 있다.[37]

"또한 정보에 의하면 賊魁 洪範圖는 근래 舊部下를 蒐集하여 李의 휘하에 加하려고 해서 秋豊방면에서 활동하고 있다고 한다."[38]

"洪範圖·車道善 一派 역시 露領 各地에서 舊暴徒 및 不逞勞動者를 集合시키고 있다."[39]

홍범도는 이와 같이 3·1운동 직후인 1919년 3~6월에 처음에는 러시아령에서 間島와 러시아령에 흩어져 있던 구 의병과 노동회의 회원들을 골간으로 하여 '대한독립군'이라는 독립군 부대를 창설하였다. 일제의 정보자료에 따르면 홍범도는 신민단의 병력과 합하여 약 500명을 인솔하고 1919년 8월 초에 간도로 향하였다고 한다.[40] 이때의 병력 500명은 대한독립군과 신민단을 합친 것이기 때문에, 대한독립군만의 병력이 얼마인지는 정확하지 않으나, 이를 半分하면 약 250명 정도가 아닌가 추정된다. 그 후의 일제자료들에서 대한독립군의 병력을 300명으로 보고하고 있는 것을 보면, 홍범도는 북간도에서 다시 대기하고 있던 추종병력을 합쳐 약 300명의 병력으로 백두산 부근 茂山間島에 근거지를 설치하고 독립전쟁을 시작했음을 알 수 있다.

홍범도의 대한독립군 조직은 소대 - 중대 - 대대의 편제를 채택하여 1개 소대를 50명으로 하고, 2개 소대를 1개 중대, 4개 중대를 1개 대대로 하였다.[41] 따라서 대한독립군은 처음에는 3개 중대로 편성되었다. 대한독

37) 《現代史資料》 26, 〈朝鮮〉 2, p.94, 98, 107 참조.

38) 《現代史資料》 26, 〈朝鮮〉 2, 〈騷密第2439號, 獨立運動ニ關スル件(國外日報第71號)〉, 1919年 5月 16日條, p.176.

39) 《現代史資料》 26, 〈朝鮮〉 2, 〈騷密第3693號, 獨立運動ニ關スル件(國外日報第84號)〉, 1919年 6月 7日條, p.197.

40) 《現代史資料》 26, 〈朝鮮〉 2, 〈朝憲機第268號, 獨立運動ニ關スル件(國外日報第120號)〉, p.263.

41) 《現代史資料》 27, 〈朝鮮〉 3, 〈間島地方不逞鮮人團 東道軍政署·同督軍府及東道派遣部

립군 사령관은 洪範圖, 부사령관은 朱建, 참모장은 朴景哲(喆)이었다.[42]
대한독립군은 처음부터 투지와 사기는 높았으나 언제나 무기와 병참의
보급에 곤란을 받는 가난한 군대였다. 이에 대한독립군은 무기와 재정
지원을 받기 위해 간도의 大韓國民會(회장 具春先) 산하에 들어가서 대
대적으로 지원을 받고 군총 300정과 탄환 매총당 1,200발, 권총 22정, 기
관총 등을 기본장비로 충분히 무장하였다.[43]

6. 大韓獨立軍의 독립전쟁 시작

홍범도 의병부대에서 발전한 대한독립군은 백두산 기슭의 北間島 지
방에 이동하여 근거지를 설치하자마자 1919년 8월부터 모든 독립운동가
들의 오랜 소망의 하나였던 독립전쟁을 시작하여 국내 진입작전을 대담
하게 감행하였다. 대한독립군은 두만강을 건너서 1919년 8월 함경남도
惠山鎭에 진공해 들어가 일본군 수비대를 습격해서 섬멸하였다.[44] 이것
이 3·1운동 후 독립군 단체들의 독립전쟁 중에서 최초의 국내 진입작전
이며, 이 중요한 업적을 홍범도가 지휘하는 대한독립군이 수행해낸 것
이다. 이러한 재빠른 국내 진입작전은 대한독립군이 함경도에서 활동하
던 홍범도 의병부대에서 발전 편성된 독립군 부대였기 때문에 가능했다
고 볼 수 있다. 대한독립군은 계속하여 다음 달인 1919년 9월에는 함경
남도 甲山郡에 진입해서 金井駐在所 등 일제 식민지 통치기관을 습격
섬멸했으며, 다시 다음 달인 1919년 10월에는 평안북도 江界의 滿浦鎭에
진입하여 이를 점령하고, 慈城郡으로 진출해서 일본군과 교전하여 일본

等ノ行動ニ關スル件〉, 1920年 7月 26日條, p.362 참조.

42) 〈高警第343185號, 間島에 있어서의 不逞鮮人團의 狀況〉, 1920년 10월 28일조 ; 《韓國獨
立運動史資料篇》(國史編纂委員會) 제3권, p.632 참조.

43) 《現代史資料》 27, 〈朝鮮〉 3, p.87, 345 참조.

44) 愛國同志援護會 編, 《韓國獨立運動史》, p.305 참조.

군 70여 명을 살상하고 일본군을 패주시켜 승리했다.[45] 이것이 독립군 부대가 국내에 진입하여 이룩한 최초의 큰 승전이었다.

대한독립군이 국내 진입작전에서 승리하자 일본군은 대경실색하여, 이로부터 압록강·두만강 연안의 경비를 엄중 강화하고 연안 주민에 대한 탄압과 박해를 강화하였다.

上海臨時政府에서도 대한독립군의 큰 승전에 놀라고 고무되어 1919년 10월 26일 江邊八郡 臨時地方 交通事務局 參事 吳東振과 金應植에게 40일간의 예정으로 출장을 명하여, 홍범도가 지휘하는 대한독립군의 실상과 일본군과의 교전에서 승리를 확인하였다.[46] 이로써 보아도 대한독립군의 이 국내 진입작전이 독립운동가들과 한국민족의 사기를 얼마나 크게 진작시켰는가를 알 수 있다.

대한독립군은 1920년 이른 봄이 다가오자 대규모 국내 진입작전을 준비하였다. 대한독립군뿐만 아니라 3·1운동 후에 조직된 여러 독립군 단체들이 대한독립군의 국내진입 유격전의 승리에 고무되어 끊임없이 크고 작은 국내진입 유격전을 전개하였다. 일본군측 자료에 의하면, 1920년 1월부터 3월까지 3개월 동안에 독립군 부대들의 국내 진공이 24회에 이르렀다.[47] 상해 임시정부의 통계에 따르면, 1920년 3월 1일부터 6월 초까지 독립군 부대들의 국내진입 유격전이 32회에 이르렀으며, 日帝官署와 경찰관 주재소를 파괴한 것이 34개소에 달하였다.[48] 이에 대응하여 일본군도 증강되었다.

대한독립군은 대규모 국내 진입작전을 위한 준비로 간도의 國民會軍과 軍務都督府와 연합하여 1920년 5월 28일 '大韓北路督軍府'를 편성하고, 군무도독부의 근거지인 汪淸縣 鳳梧洞에 병력을 집결시켰다. 이때

---

45) 《朝鮮民族運動年鑑》 1919年 10月 24日條 : 《朝鮮獨立運動》 제2권, p.208 참조.
46) 《朝鮮民族運動年鑑》 1919年 10月 24日條 ; 《朝鮮獨立運動》 제2권, p.208 참조.
47) 《現代史資料》 27, 〈朝鮮〉 3, 〈對岸不逞鮮人ノ江岸侵入情況一覽表〉(1920年 自一月至三月), 1920年 3月 29日條, pp.647~648 참조.
48) 《獨立新聞》(第88號) 1920년 12월 25일자, 〈大韓民國 臨時政府 軍務部 발표, 北懇島에 在한 我獨立軍의 戰鬪情報〉 참조.

일본군 19사단이 越江追擊大隊를 편성하여 독립군을 토벌하겠다고 두
만강을 건너 봉오동까지 찾아오자, 大韓北路督軍府는 봉오동에 매복하
고 있다가 일본군 추격대대를 섬멸하여 일본군은 전사 157명, 중상 200
여 명, 경상 100여 명의 참패를 당하였다.[49] 독립군의 피해는 경미한 것
이었다. 이것이 유명한 '봉오동전투'로서, 이 전투에는 홍범도가 지휘하
는 대한독립군이 큰 역할을 수행하였다.

또한 대한독립군은 1920년 10월의 청산리 독립전쟁에도 참가하여 중
요한 역할을 했음은 근래에 밝혀진 바와 같다.[50]

7. 맺음말

지금까지의 고찰에서 밝혀진 바와 같이 홍범도 의병부대는 함경도 지
방에서 1907년 11월부터 활동하던 산포수 의병부대였다. 포수들은 정확
한 사격을 하고, 그들이 사냥하던 지역의 지리와 지형을 거울같이 자세
히 알고 있었으며, 험산준령에서 맹수를 쫓던 방식으로 기동력이 비호
같이 빨랐으므로 유격전에서는 잘 무장된 일본 정규군보다도 더 유리한
조건을 갖출 수 있었다.

산포수들로 구성된 홍범도 의병부대는 이러한 유리한 조건에 기초하
여 막강한 실질적 전투력을 가지고 의병대원들의 생활근거지였던 함경
도 일대에서 치열한 항일무장투쟁을 전개하여 厚峙嶺전투를 비롯해서,
獐項里전투, 仲坪場전투, 三水城전투, 甲山邑점령전투, 雲承里전투, 牧丹
村전투, 細谷전투, 農里전투, 橋別里전투, 高巨里전투, 吾足里전투, 三水

---

49) 《獨立新聞》(第88號) 1920년 12월 25일자, 〈北懇島에 在한 我獨立軍의 戰鬪情報〉 참조.
50) 愼鏞廈, 〈獨立軍의 靑山里獨立戰爭의 硏究〉, 《韓國民族獨立運動史硏究》(乙酉文化社),
    1985.
    ──, 〈獨立軍의 鳳梧洞戰鬪와 靑山里獨立戰爭〉, 《韓國近代民族運動史硏究》(一潮
    閣), 1988 참조.

외곽전투, 驅嶺전투, 蟾岩전투, 薪田洞전투, 金昌전투, 上南社전투, 樺下洞전투, 陽化場전투, 東德山전투, 新成里전투, 靈洞전투 등 전후 약 37회에 걸쳐 일본군과 치열한 전투를 전개하여 일본군 수비대를 섬멸하거나 격퇴하였다.

일본군 수비대는 홍범도 의병부대 포수들의 정확한 사격 및 민첩한 기동력과 비호처럼 치고 이동하는 유격전에 큰 타격을 받고, 홍범도 의병부대를 가장 두려워하여 대규모의 토벌 병력을 집중 투입하였다. 일본군은 당시 전국 의병부대들 가운데에서 홍범도 의병부대가 실질적으로 최강의 의병부대임을 인정하였다.

홍범도 의병부대는 ① 함경도와 평안북도 동부 일대에서 일제의 침략활동을 저지시키고 교통·통신을 마비시켰고, ② 이 일대의 親日派·一進會 회원을 소탕했으며, ③ 이 일대의 국권회복운동과 항일투쟁을 비약적으로 고양시켰고, ④ 전국에서 국민들의 애국주의 정신을 고취했으며, ⑤ 일제 침략자들에게 한국민족은 나라가 위기에 처하면 산간벽촌의 평민 포수까지도 조국과 민족을 위해 목숨을 바쳐 싸우는 애국적 민족임을 잘 보여주었다.

홍범도 의병부대는 탄약이 고갈되고 무기의 보급을 받을 수가 없어 국내에서는 더 이상 싸울 수 없게 되자, 1910년 3월 만주의 간도로 망명하였다. 그들은 망명 후에도 군사훈련을 하면서 의병활동을 전개했으며, 1910년에 러시아령 연해주에 망명하자 勞動會를 조직하여 철도공사 등에 종사한 노동임금을 저축해서 의병 재봉기의 준비를 진행하였다.

홍범도 일행은 1919년 3·1운동이 일어나자, 용정의 3월 13일의 독립만세시위 5일 후, 블라디보스토크의 3월 17일의 독립만세 시위 이튿날인 3월 18일부터 즉각 독립군 편성을 시작해서 3월부터 6월 사이에 대한독립군을 편성했으며, 1919년 8월 초에는 약 300명의 병력으로 北間島에 들어왔다. 대한독립군은 창설되자마자 1919년 8월 함경남도 惠山鎭에 국내진입을 감행하여 일본군 수비대를 섬멸하였다. 이것이 3·1운동 후 독립군이 단행한 최초의 국내진입작전이었다.

대한독립군은 이어서 1919년 9월에는 茂山으로 국내진입을 단행했으며, 甲山에 진입하여 金井駐在所를 공격해서 점령하였다. 1919년 10월에는 다시 江界의 滿浦鎭을 점령하고 계속하여 慈城郡으로 진출해서 일본군과 교전하여 적 70여 명을 살상하는 큰 승리를 거두었다. 대한독립군의 이러한 대담한 국내진입작전은 모든 독립군 부대들에게 국내진입의 문을 넓게 열어주었다. 대한독립군이 그 후 1920년 6월 7일의 봉오동전투와 10월 21~26일의 청산리 독립전쟁에서 큰 역할을 하고 승리했음은 근래와 밝혀진 바와 같다.

홍범도 의병부대의 대한독립군으로의 전환 발전은 '의병에서 독립군으로의 전환 발전'한 하나의 전형적 경우라고 볼 수 있으며, 그 특징은 매우 민첩한 先制性이라고 하겠다. 맨 먼저 독립군을 조직했고, 맨 먼저 국내진입작전을 단행했으며, 매우 적극적 능동적으로 공세적 위치에 선 것을 이 유형의 큰 특징으로 볼 수 있지 않을까 한다.

(독립기념관 개관 2주년 기념
제3회 독립운동사 학술심포지엄, 1989. 9. 5)

제2부 독립군의 무장독립운동

鳳梧洞戰鬪와 靑山里獨立戰爭

1. 머리말

한국 무장독립운동사에서 독립군의 鳳梧洞戰鬪와 靑山里獨立戰爭이 가장 규모가 컸고, 가장 크게 승리한 전투였음은 모두 아는 바이다.

올해로 봉오동전투·청산리 독립전쟁 대승리 70주년을 맞이하여 독립군의 승전 요인이 무엇이었는가를 중심적 문제의식으로 하면서, 이 두 대전투(또는 독립전쟁)의 경과를 간략히 정리하려고 한다.

3·1운동 후 1920년 전반기까지 만주와 러시아령 일대에서는 3·1운동에 의하여 비약적으로 고양된 독립운동 역량을 무장투쟁으로 발전시키기 위하여 약 40여 개의 독립군 단체들이 조직되었다. 이 독립군 단체들이 모두 다 잘 무장되어 있었던 것은 아니지만, 이 중에서도 北路軍政署, 西路軍政署, 國民會軍(大韓國民軍), 軍務都督府, 大韓獨立軍, 義軍府, 光復團, 大韓新民團, 韓民會軍, 義民團, 血誠團, 光復軍總營, 新興學友團, 普合團, 光韓團, 大韓正義軍政司 등은 비교적 잘 무장되어 있던 독립군 부대들이었다고 볼 수 있다.

이 중에서 홍범도가 지휘하는 대한독립군이 1919년 8월 독립운동 단체들의 오랜 꿈의 하나인 국내진입작전을 대담하게 감행, 함경남도 惠山鎮에 진입하여 일본군 수비대를 습격 섬멸한 이래,[1] 이에 고무된 여러 독립군 부대들이 그 해 겨울부터는 실력과 기회만 있으면 끊임없이 크고 작은 국내진입 유격전을 감행하였다. 일본군측 보고자료에 의하면, 1920년 1월부터 3월말까지 3개월 사이에 독립군 부대들의 국내진입 유격전이 24회에 달하였다.[2] 또한 상해 임시정부의 집계에 의하면, 1927년 3월 초부터 6월 초까지 약 3개월 사이에 독립군 부대들의 국내진입 유격전이 32회에 달했으며, 日帝官署와 軍警駐在所를 파괴한 것이 34개소에 달하였다.[3]

독립군 부대들의 이러한 국내진입작전 가운데에서 대한신민단 독립군의 朴承吉 소대 30명이 1920년 6월 4일 두만강을 건너 함경북도 鍾城郡 江陽洞으로 진입하여 일본군 憲兵軍曹 福江이 인솔하는 순찰소대를 격파하고 귀환한 유격전이 있었다.[4] 이에 분개한 일본군 南陽守備隊는 수비대장 新美중위의 인솔로 1개 중대가 두만강을 건너 간도로 철수한 독립군 부대를 추격하였다. 일본군은 三屯子에 이르러 무고한 한국인 민간인을 학살하고,[5] 계속 독립군을 추격하는 것을 대한신민단의 朴承吉 소대는 三屯子 서남방에 매복해 있다가 일본군 추격 중대를 기습하여 큰 손실을 입히고 패주시켜 버렸다.[6] 이것이 '三屯子戰鬪'였다.

삼둔자전투는 대한신민단 朴承吉 소대와 일본군 남양수비대의 추격 중대 사이에 벌어진 소규모 전투였지만, 일본군이 처음으로 두만강을 건너서 간도에까지 추격했다가 독립군에게 패전한 첫 전투였다. 그리고 이 삼둔자전투는 바로 봉오동전투로 이어지는 고리가 되었고, 봉오동전투는 다시 청산리 독립전쟁으로 이어지는 고리가 되었다.

---

1) 愛國同志援護會 編, 《韓國獨立運動史》, 1956, p.305 참조.
2) 〈對岸不逞鮮人ノ江岸侵入情況一覽表〉(1920年 自 1月 至3月), 1920年 3月 29日字 ; 《現代史資料》(姜德相 編) 27, pp.647~648 참조.
3) 《獨立新聞》 1920년 12월 25일자, 〈大韓民國 臨時政府 軍務部 發表, 北墾島에 在한 我獨立軍의 戰鬪情報〉 참조.
4) 〈復命書〉, 在間島局子街分館警察署, 機密第59號, 1920年 7月 6日字 ; 《現代史資料》 27, p.632 참조.
5) 〈電報〉, 第168號, 1920年 6月 11日字 ; 《現代史資料》 27, p.607 참조.
6) 《獨立新聞》 1920년 12월 25일자, 〈北墾島에 在한 我獨立軍의 戰鬪情報〉 참조.

2. 독립군의 봉오동전투 대승리

함경북도 羅南에 사단본부를 두고 있던 일본군 제19사단은 일본군이
'三屯子戰鬪'에서 패전한 데에 크게 분개해서 安川 소좌가 지휘하는 越
江追擊大隊를 편성하여, 두만강을 건너 국내진입작전을 전개하는 독립
군 근거지인 간도의 和龍縣 鳳梧洞까지 들어가서 독립군을 '섬멸'하고
오도록 하였다.[7]

독립군측은 이에 앞서 崔振東이 지휘하는 대한독립군과 安武가 지휘
하는 국민회군(대한국민군)이 상당한 기간의 협상 끝에 1920년 5월 28일
경 합동에 성공하여 '大韓北路督軍府'라는 이름의 연합부대를 편성해서
최진동의 군무도독부 근거지인 봉오동에 주둔하고 있었다. 그뿐만 아니
라 李興秀가 지휘하는 대한신민단 독립군 60여 명의 1개 중대도 대한북
로독군부와 연합작전을 펴면서 봉오동에 주둔하고 있었다. 봉오동 일대
에 주둔하고 있던 독립군 총 병력은 약 700명 정도로 추정된다. 이때 대
한북로독군부의 간부진은 다음과 같았다.[8]

大韓北路督軍府	府長	崔振東
	副官	安 武
北路第一軍司令部	部長	洪範圖
	부관	朱 建
	참모	李秉埰
	餉官	安危同
	군무국장	李 園
	군무과장	具滋益
	회계과장	崔鍾夏

---

7) 〈電報〉, 第166號, 1920年 6月 15日字 ;《現代史資料》 27, p.608 참조.
8) 〈國民會制令〉,《國民》第73號, 1920年 5月 8日字 ;《現代史資料》 27 및 《獨立新聞》
　1920년 12월 25일자, 〈北墾島에 在한 我獨立軍의 戰鬪情報〉 참조.

	검사과장	朴施源
	통신과장	朴 英
	輜重과장	李尙洙
	餉務과장	崔瑞日
	피복과장	林炳極
	제1중대장	李千五
	제2중대장	姜尙模
	제3중대장	姜時範
	제4중대장	曺權植
第2中隊第3小隊	제1분대장	李化日

대한북로독군부와 신민단의 독립군 연합부대가 봉오동 일대에 진을 치고 있을 때 일본군 제19사단의 安川 추격대대가 독립군을 추격하여 봉오동 골짜기 입구까지 찾아 들어온 것이었다. 대한북로독군부 부장 최진동과 사령부장 홍범도는 일본군 1개 대대가 독립군 소부대를 추격하여 봉오동에 접근하고 있다는 보고를 받자 이를 섬멸하기로 결정하고, 봉오동 주민을 대피시킨 후에 제1중대장 李千五는 중대원을 인솔하고 봉오동 윗마을 서북단에, 제2중대장 姜尙模는 동산에, 제3중대장 姜時範은 북산에, 제4중대장 曺權植은 서북남단에 매복하여 일본군을 기다리게 하고, 사령부장 홍범도 자신은 2개 중대를 이끌고 서산북단에 매복하였다. 李興秀의 대한신민단 독립군은 일본군이 진입해 들어오는 남단에 매복하였다.[9]

최진동과 홍범도는 군무국장 李園으로 하여금 본부 병력과 잔여 중대를 인솔하고 서북고지에서 탄약과 식료를 공급하면서, 만일의 경우에 퇴로를 확보하도록 하였다. 그들은 전 독립군에게 일본군 추격대대의 본대가 독립군의 포위망 안에 완전히 들어올 때까지 이동도 하지 말고 매복해 있다가 사령부장의 발포 신호에 따라 일제사격으로 총공격을 가

---

9) 〈鳳梧洞戰況略圖〉;《現代史資料》27, p.639의 '新民團의 位置' 참조.

해서 포위망 안에 들어온 일본군을 섬멸해 버리도록 하였다. 사령부장 홍범도는 또한 제2중대 제3소대 제1분대장 李化日에게 약간의 병력을 주어 高麗嶺 북쪽 1,200미터 고지와 그 북쪽 마을에 대기하고 있다가 일본군이 나타나면 교전하는 체하면서 일본군을 포위망 안으로 유인해 오도록 하였다.[10]

독립군이 봉오동 골짜기의 동서남북에 완벽한 포위망을 쳐놓고 매복하여 기다리고 있는 줄을 알지 못하고, 일본군 安川 추격대대는 1920년 6월 7일 오전 6시 30분 봉오동 골짜기 입구에 도착하여 척후수색대를 봉오동 쪽으로 내보냈다. 독립군 李化日分隊는 이를 맞아 유인하기 위한 교전을 한다는 것이 너무 용감히 싸워서 일본군 척후수색대가 참패를 당하고 퇴각해 버렸다.

일본군 추격대대 본대가 여기서 돌아갔으면 봉오동전투는 없었을 것이나, 일본군은 독립군을 일종의 민병집단에 불과한 것으로 얕보고 대오를 정돈하여 같은 날인 6월 7일 11시 30분에 봉오동 골짜기 안으로 진입하기 시작하였다. 일본군 척후병이 오후 1시에 독립군의 포위망 안에 도착해도 독립군이 이를 통과시켜 주자 일본군 추격대대 본대는 안심하고 독립군 포위망 안으로 깊숙이 들어오게 되었다.

사령부장 홍범도는 이때를 기다렸다가 일제공격을 명하는 신호 총성을 울리었다. 매복해 있던 독립군이 동서남북의 4면에서 정확히 조준을 하고 있다가 맹렬한 집중사격을 가하니 일본군은 상대가 될 수 없었다. 일본군은 神谷중대와 中西중대를 전면에 내세워 필사의 응전을 하고, 기관총 중대까지 난사를 했으나 독립군이 매복해 은폐하고 있어서 정확한 조준을 할 수 없었으므로 막대한 전사자만 내었다. 일본군은 포위망 안에 빠져서 3시간을 응전하다가 사상자가 격증하자 더 버티지 못하고 후퇴하기 시작하였다. 강상모가 지휘하는 독립군 제2중대는 도주하는 일본군을 추격하여 또다시 심대한 타격을 주었다.[11] 일본군은 완전히 참

---

10) 《獨立新聞》 1920년 12월 25일자, 〈北墾島에 在한 我獨立軍의 戰鬪情報〉 참조.

패하여, 일본군측 자료에 따르면 미처 대피하지 못하고 봉오동에 남아 있던 노인과 어린이 등 한국인 민간인 16명을 학살한 다음 패잔병을 이끌고 퇴각하였다.[12] 이것이 독립군과 일본군 사이의 봉오동전투이다.

상해 임시정부 군무부의 발표에 따르면, 이 봉오동전투에서 일본군은 전사 157명, 중상 200여 명, 경상 100여 명을 내고 참패하였다.[13] 한편 독립군의 피해는 경미하였다.[14] 독립군은 봉오동전투에서 대승리를 쟁취한 것이었다.

중국신문《上海新聞報》는 봉오동전투에 대하여, 일본군이 한국 독립군에게 대패해서 일본군이 150명의 전사자와 수십 명의 부상자를 내었고, 독립군은 160정의 소총과 3정의 기관총을 노획했으며, 일본군은 이 패전 후에 중국의 和龍縣이 관할하는 治江의 渡口 통행을 금지하고 있다고 다음과 같이 보도하였다.

"6월 6일 밤에 일본군 수명이 강을 건넜다가 獨立軍에 체포되어 그중 5명이 죽었다. 對岸의 (일본군)大隊는 이 전투의 소식을 듣고 모두 강을 건너 사격을 개시했으나 뜻밖에 獨立軍이 산길을 모두 잘 알고 四路에 잠복하여 기습공격을 했으므로 日本軍은 大敗했으며, 당시 전사자가 150명, 부상자가 수십 명이었고 나머지는 모두 강을 건너 도주하였다. 이번의 전쟁에서 (독립군은) 소총 160정, 기관총 3정, 手銃 수 개를 노획하였다. 日本軍은 이번의 失敗 후에 장차 우리의 和龍縣이 관할하는 治江의 渡口의 통행을 모두 封禁하고 교통을 끊을 것이라고 한다."[15]

상해 임시정부의《獨立新聞》도 독립군의 봉오동전투에서의 대승리를 대대적으로 보도하였다.[16] 간도의 대한국민회도 통고문〈號外〉를 발

---

11) 위와 같음.
12)〈電報〉, 暗號 第952號, 1920年 7月 6日字 ;《現代史資料》27, p.609 참조.
13)《獨立新聞》1920년 12월 25일자,〈北墾島에 在한 我獨立軍의 戰鬪情報〉참조.
14)《獨立新聞》의 위의〈北墾島에 在한 我獨立軍의 戰鬪情報〉에 따르면, 봉오동전투에서 독립군의 피해는 전사 4명, 중상 2명의 경미한 것이었다고 한다.
15)《上海新聞報》1920年 6月 27日字 ;《現代史資料》27, p.617.

행하여 각 지회를 통해서 이 지방 한국인들에게 한국 독립군이 봉오동
전투에서 대승리를 쟁취했음을 널리 알리고, 이것이 독립전쟁의 본격적
시작이므로 그에 대한 준비의 강화를 촉구하였다.[17] 일본군은 한국의 독
립운동가들(不逞團)과 한국인들이 봉오동전투를 '獨立戰爭의 第1回戰'[18]
이라고 부르면서 기세를 높이고 있다고 보고하였다.

한국민족의 독립군은 봉오동전투에서 이상과 같이 대승리를 획득했
다. 종래 봉오동전투에 참가한 독립군 부대는 軍務都督府, 大韓獨立軍,
國民會軍만으로 알려져 왔으나, 사실은 여기에 大韓新民團 獨立軍도 참
가하여 중요한 전투활동을 하였다.

3. 독립군의 근거지 이동

일본군은 봉오동전투에서의 패전에 큰 충격을 받고, 패전 직후 그 전
보 보고에서 봉오동에 있는 독립군 부대들이 정식의 군복을 착용하고
임명 등에 사령을 쓰며 예식을 제정하고 전적으로(정규군과 같은) 통일
된 군대조직을 갖추고 있다고 경악하여 다음과 같이 보고하였다.

"금회 (봉오동전투에서) 다음의 사실을 확인하였다. 對岸 不逞鮮人團은 正
式의 軍服을 사용하고 그 任命 등에 辭令을 쓰며 禮式을 制定하고 있는 등 전
적으로 統一된 軍隊組織을 이루고 있다. 그러나 支那측은 이를 묵인하고 있는
상황이므로 이제 警告를 줄 필요가 있다."[19]

일본군은 봉오동전투 참패 후 독립군의 막강함을 체험하고, 독립군은

16) 《獨立新聞》 1920년 6월 22일자, 〈獨立軍勝利〉 및 1920년 6월 24일자, 〈獨立軍連戰連
   勝〉 참조.
17) 〈號外〉, 1920년 6월 10일자 ; 《現代史資料》 27, pp.615~616 참조.
18) 〈電報〉 第166號, 暗 第8203號, 1920年 6月 15日字 ; 《現代史資料》 27, p.608 참조.
19) 〈電報〉 密 第102號, 1920年 6月 15日字 ; 《現代史資料》 27, p.585.

중국 군경으로서는 진압할 수 없는 막강한 군대이며, 독립군이 더욱 증강되고 있으므로 독립군이 間島 지방을 장악하게 될 뿐 아니라, 독립군이 계획하고 있는 국내진입작전이 본격적으로 감행되면, 일제의 식민지 통치는 심각한 위협을 받게 될 형편이라고 다음과 같이 보고하였다.

"이상과 같이 間島에 있어서의 不逞鮮人團의 威力은 더욱 强大를 加하여 무시할 수 없는 現勢에 在한 것으로 볼 수 있다. 이에 一朝에 그들이 兇威를 나타내기에 이르면 支那軍警 같은 것은 도저히 이를 鎭定할 수 없으며 홀연히 間島地方은 그들에게 유린될 것임은 명료한 것이다.……그들이 壯丁의 모집, 銃器의 준비, 軍糧의 징발 등 극력 軍資와 武力充實에 노력하고 있는 것을 보면 그들이 계획하고 있는 朝鮮國境의 습격 및 間島地方 日本官憲의 取締에 대한 反抗的 行動은 기회를 타서 감행하기에 이를 것이라고 관측할 수 있다."[20]

이상과 같이 봉오동전투에서 참패한 충격을 받고 한국민족 독립군 부대들의 군세 증강에 놀란 일본군은, 이에 대해 두 가지 대책을 추진하였다. 하나는 만주군벌 張作霖에게 압력을 가하여 일본군의 지도와 감시하에 중국군을 출동시켜서 독립군을 토벌하는 대책이었고,[21] 다른 하나는 1920년 7월 하순부터 〈間島地方不逞鮮人剿討計劃〉이라는 일본군의 직접 출동에 의한 독립군 토벌 계획을 입안하여 8월에 이를 확정한 것이었다.[22]

중국측의 만주군벌 張作霖은, 중국군이 독립군을 토벌하지 않으면 일본군이 만주에 직접 출병하여 독립군을 토벌하겠다는 일제측의 대대적 위협에 굴복하여, 일본군 파견장교의 감시하에 중국군을 출동시켜 한국 독립군을 토벌하겠다고 1920년 7월 24일 일본군에게 통지하였다. 일본군이 8월 15일 이에 동의하자, 중국측은 駐延吉 中國陸軍 第2混成旅團

---

20) 〈今後ニ於ケ間島地方不逞鮮人團行動ニ關スル觀察〉, 高警 第21186號, 1920年 7月 21日 字 ; 《現代史資料》 27, p.358.
21) 《間島出兵史》(上) ; 《朝鮮統治史料》(韓國史料研究所 編) 제2권, pp.6~8 참조.
22) 〈間島地方不逞鮮人剿討計劃〉, 1920年 8月 調表 ; 《現代史資料》 28, pp.116~121 참조.

步兵 第1團長 孟富德을 사령관으로 하여 한국 독립군 토벌을 목적으로 중국군을 출동시키게 되었다.[23]

그러나 孟富德과 중국군 간부들 가운데에는 일본군의 강요에 굴복한 중국군의 한국 독립군 토벌에 찬성하지 않는 사람이 많았으며, 중국 관헌의 간부들 가운데에는 한국인들과 친분이 있고 한국민족 독립운동에 대한 동정자가 많이 있었다. 이에 間島의 대한국민회를 비롯한 독립운동 단체의 간부들은 중국군 토벌대 편성의 정보를 입수하자 孟富德의 중국군측과 비밀리에 교섭한 결과 양측의 비밀 타협이 이루어지게 되었다.[24] 타협의 요지는, 독립군은 중국측 입장을 고려하여 현재 일본측에 잘 알려진 근거지를 일본측 눈에 잘 띄지 않는 삼림지대로 옮기는 근거지 이동을 단행하고, 중국군은 독립군의 이동행군과 삼림지대에서 새 근거지 건설을 방해하지 않는다는 것이었다.[25]

독립군과 중국군 사이에 이러한 비밀 타협이 이루어지자, 만주 吉林省의 延吉縣, 琿春縣, 汪淸縣, 和龍縣의 4현에 근거지를 설치했던 한국민족의 독립군 부대들은 1920년 8월 하순부터 근거지 대이동을 시작하게 되었다. 먼저 延吉縣 明月溝(중국명칭 廟溝)에 근거지를 설치했던 홍범도가 지휘하는 대한독립군이 1920년 8월 하순 제일 먼저 근거지를 이동하여 1920년 9월 21일경에 安圖縣과 접경지대인 和龍縣 二道溝 漁郞村 부근에 도착하였다.[26] 뒤이어 국민회군, 신민단, 의군부, 광복단, 의민단 등도 대한독립군이 이동하여 주둔한 二道溝 漁郞村 부근으로 이동하였다.[27] 崔振東이 지휘하는 軍務都督府는 북방의 羅子溝 방면으로 이동하였다.[28]

23) 〈齋情 第1號〉, 1920년 8月 25日字 ;《現代史資料》28, p.95 참조.

24) 〈孟司令官代表 崔鴻鈞의 具春先에게의 書簡〉;《現代史資料》27, pp.122~123 참조.

25) 愼鏞廈, 〈獨立軍의 靑山里獨立戰爭의 硏究〉,《韓國民族獨立運動史硏究》(乙酉文化社), 1985, pp.403~404 참조.

26) 〈電報〉, 1920年 9月 21日字 ;《現代史資料》28, p.264 참조.

27) 〈十月中得タル情報ニ據ル 間島地方不逞鮮人情報槪況〉;《現代史資料》28, p.392 참조.

28) 〈不逞鮮人團의 合同計劃〉, 間情 第20號, 1920年 10月 18日字 ;《現代史資料》28, p.361

단위 독립군 부대로서는 가장 규모가 큰 북로군정서는 마지막으로 9월 17~18일 근거지였던 汪淸縣 西大坡를 떠나, 10월 12~13일에 걸쳐 三道溝 靑山里 부근에 도착하였다.[29]

孟富德의 중국군은 1920년 8월 28일부터 9월 27일까지 1개월간 한국민족의 독립군을 수색 토벌한다고 출동해서 독립군 부대들의 근거지 대이동만 결과한 채 아무런 독립군 토벌도 하지 못하고 작전을 종결하였다. 출동한 500명의 중국군은 독립군을 토벌할 의사도 없었을 뿐 아니라, 설령 의사가 있었다 할지라도 한국민족의 독립군은 이미 수천 명의 막강한 군대로 성장하여 만일 토벌을 하려고 한다면 중국군이 섬멸될 형편이었다.

그 결과 중국군을 동원하여 한국 독립군을 토벌해 보려던 일본군의 기도는 완전히 실패하게 되었으며, 중국군에 파견되었던 일본군 정보장교들도 독립군 토벌은 일본군이 직접 주체가 되어 실행하지 않으면 불가능하다는 비밀보고서를 일본군사령부에 제출하고 임지로 돌아갔다.[30]

4. 일본군의 間島침입과 '庚申年 大討伐'

일제는 중국군을 동원한 독립군 토벌이 완전히 실패로 돌아가자, 그들이 이미 작성하여 1920년 8월에 확정한 〈間島地方不逞鮮人剿討計劃〉에 의거하여 일본군이 직접 間島에 출병해서 독립군을 토벌하기로 결정하였다. 그러나 간도는 중국 영토이기 때문에 일본군이 중국의 주권을 침해하여 간도에 침입할 구실이 없었다. 이에 일제는 그들이 매수하여 조종하는 마적단의 하나로 하여금 1920년 10월 2일 琿春을 습격해서 일본영사관에 방화하도록 한 이른바 '琿春事件'을 조작하였다. 일제

참조.

29) 〈秘間情 第13號〉, 1920年 10月 13日字 ; 《現代史資料》 28, p.392 참조.
30) 〈齋情 第12~13號〉; 《現代史資料》 28, pp.105~116 참조.

는 일본영사관을 보호한다는 구실로 羅南에 사단본부를 두고 있던 제19
사단 중에서 우선 安部大隊를 10월 2일 그날로 琿春에 불법 파견함과
동시에, 일본정부는 1920년 10월 7일 내각회의에서 일본 육군성이 제출
한 〈간도지방불령선인초토계획〉에 따라 한국민족의 독립군을 토벌할
목적으로 일본군을 間島에 출병할 것을 결정하였다.[31] 그러나 중국 영토
인 간도에 일본군을 출병시키려면 중국정부의 승인이 필요했으므로, 일
본정부는 중국정부에 온갖 교섭과 공작을 하고 압력을 가했지만 중국정
부는 10월 13일 이를 최종적으로 거부하였다.[32]

일본정부와 일본군은 중국 중앙정부의 거부로 합법적인 間島出兵이
불가능하게 되자, 만주군벌 張作霖의 묵인하에 제국주의자들의 본색을
드러내어 중국정부의 거부에 관계없이 일본군을 간도에 출병시켜서 군
사작전을 단행할 것을 10월 14일 일방적으로 선언하였다.[33] 이것은 중국
의 주권을 완전히 무시하고 자행된 일본군의 間島侵入이었다.

일본군이 불법적 간도 침입을 자행하면서 한국민족의 독립군 토벌을
위해 동원한 병력의 규모는 제19사단 전부, 제20사단 일부, 그리고 시베
리아 연해주 주둔군(소위 浦潮軍)인 제11사단·제13사단·제14사단의 일
부 등 5개 사단에서 차출된 2만 5천 명의 거대한 규모였다.[34]

그 내역을 세분해 보면, 일본군은 독립군 토벌을 위해 제19사단 사령
부를 침입작전 기간에 會寧으로 이동 설치함과 동시에 19사단 전부를
동원하고, 龍山의 제20사단으로부터 1개 대대와 보조병력을 차출하여
첨가하며, 시베리아의 제14사단으로부터도 일부 병력을 차출하여 19사
단에 편입시킨 다음, 제19사단을 중심으로 한 약 1만 2천 명의 병력을
磯林(이소바야시)지대(약 4천 명), 木村(기무라)지대(약 3천 명), 東(아즈마)

31) 〈大正九年十月閣議決定〉；《現代史資料》 28, pp.184～186 참조.
32) 〈間島出兵に關する件〉, 1920年 10月 14日字 ；《朝鮮獨立運動》(金正明 編) 제3권, p.193
    참조.
33) 위와 같음.
34) 《間島出兵史》(上) ；《朝鮮統治史料》, pp.43～44 참조.

지대(약 5천 명)의 3개 지대로 나누었다. 그리하여 北間島 일대를 3개 구역으로 분할하여 磯林지대가 甲區인 琿春 - 草帽頂子 지방, 木村지대가 乙區인 西大坡 - 蛤蟆塘 - 百草溝 지방, 東지대가 丙區인 龍井 - 延吉(局子街) - 頭道溝 · 二道溝 · 三道溝 지방을 각각 1개 구역씩 맡아 오지에 들어가 내부에서 좁게 포위하여 독립군 각 부대들을 수색해서 전투를 통해서 독립군 부대들을 모두 섬멸하도록 하였다.[35]

또한 외곽의 포위병력으로는 위의 3개 지대 외에 연해주 주둔군[浦潮軍]으로부터 제11사단의 일부를 바라바시에서 土岾子 방면으로, 제13사단의 1부대를 三當口에서 老黑山 · 羅子溝 방면으로 진군시켜 동북 방면으로부터 밀고 내려오게 했으며, 제14사단의 제28여단을 포세트灣에 상륙시켜 琿春 · 凉水泉子 · 延吉(局子街) 부근을 거쳐 會寧을 향해서 진군하면서 동방에서부터 밀고 들어오게 하였다.[36] 또한 龍山의 제20사단에서 차출한 일부 병력과 朝鮮憲兵隊와 朝鮮總督府警察隊를 동원하여 두만강과 압록강 연안의 국경수비를 담당하면서 독립군이 포위망을 탈출하는 경우 독립군의 국내진입을 막고 필요하면 명령에 따라 강을 건너 독립군 토벌에 책응하게 하였다.[37] 그리고 關東軍의 일부 병력을 동원하여 중국군과 합동 형식으로 西間島로 독립군이 이동하는 것을 막고, 서쪽으로부터 北間島의 독립군에 압박을 가하도록 하였다.[38] 그리고 비행기까지 동원하였다.[39]

일본군은 이 거대한 병력으로 독립군을 이중으로 포위하여 섬멸하려고 하였다. 즉 ① 일본군 5개 사단에서 차출한 2만 5천 명의 병력과 관동군에서 동원한 병력으로 북간도의 독립군 부대들 전체를 동서남북으로 모두 넓게 포위하여 그 포위망을 조여 들어가고, ② 그 포위망 안에서

---

35) 《間島出兵史》(上) ; 《朝鮮統治史料》제2권, p.44 참조.

36) 위의 책, pp.43~44 참조.

37) 〈鴨綠江對岸不逞鮮人剿討計劃ニ關スル件通牒〉, 1920年 10月 13日字 ; 《現代史資料》 28, pp.198~203 참조.

38) 〈大臣ヨリ關東軍司令官ヘ電報案〉; 《現代史資料》 28, p.197 참조.

39) 《間島出兵史》(上) ; 《朝鮮統治史料》제2권, p.43 참조.

다시 제19사단 주력의 1만 2천 명의 3개 지대 병력으로 각 지대가 1개 구역씩 맡아 오지에 들어가서 내부에서 독립군 부대를 좁게 포위하여 독립군 각 부대를 수색해서 전투를 통하여 독립군 부대들을 모두 섬멸한다는 것이었다.[40]

일본군은 독립군 토벌의 작전 목표를 2단계로 나누어 설정하였다. 즉 ① 제1단계에서는 작전 개시일로부터 1개월 이내에 독립군 무장대를 철저히 색출하여 섬멸하고, 반복토벌을 되풀이 실시하여 독립군을 전원 섬멸하거나 검거해서 독립군의 무장항쟁을 근원까지 철저히 박멸한다는 것이고, ② 제2단계에서는 제1단계가 끝난 후로부터 다시 1개월 이내에 촌락에 잠복하고 있는 독립군 지원세력과 민간인 독립운동가들을 철저히 색출하여 무장독립운동은 말할 것도 없고 비무장독립운동까지 완전히 뿌리를 뽑겠다는 것이었다.[41]

일본군은 그들의 작전목표에 따라 넓은 포위망을 조여 들어오면서 磯林지대가 10월 14일 琿春河 골짜기에 출동하기 시작했으며, 木村지대가 10월 17일 汪淸 방면으로 출동했고, 東지대가 10월 18일 二道溝 漁郎村 일대에 있는 독립군 부대들과 三道溝 靑山里 부근에 있는 북로군정서 독립군을 찾아서 출동하였다.

우리가 고찰하는 광의의 청산리 독립전쟁은 일본군 東지대가 이도구와 삼도구 일대의 독립군 부대들을 포위 섬멸하려고 시도하자, 북로군정서 등 독립군 부대들이 반격을 가하여 일어난 일련의 전투들을 총칭한 독립전쟁을 가리키는 것이다.

---

40) 위의 책, p.44 참조.
41) 위의 책, pp.40~41 참조.

5. 독립군의 청산리 독립전쟁

일본군이 독립군 토벌을 목표로 間島 침입을 시작했을 때, 三道溝 靑山里 부근에 도착한 북로군정서 독립군(약 600명)은 安圖縣界의 삼림지대에 새로운 근거지를 세울 것인가, 또는 長白縣 방면으로 향하여 西路軍政署와 통합할 것인가를 논의하면서 전력을 가다듬고 있었다.

또한 二道溝 漁郎村 부근으로 이동한 大韓獨立軍(약 300명), 國民會軍 (약 250명), 大韓新民團(약 200명), 義軍府(약 157명), 義民團(약 100명), 韓民會軍(약 200명) 등 5개 독립군 부대 대표들은 삼도구 북합마당에서 '대표자회의'를 열고, 홍범도를 사령관으로 하여 하나의 독립군연합부대를 편성하며, 군사행동을 통일하여 일본군의 공격에 대응하기로 결정하였다.[42]

또한 三道溝 靑山里의 金佐鎭이 지휘하는 북로군정서와 二道溝의 홍범도 연합부대는 일본군과 일전을 전제로 전투준비를 하면서 연합작전을 협의하였다.[43] 北路軍政署 硏成隊長이었던 李範奭은 이도구와 삼도구 일대의 독립군 부대들이 연합작전을 전개하기로 합의하여 작전지역을 분담했다고 회고하였다.[44] 당시 일본군의 정보자료도 북로군정서와 홍범도 부대 등이 공동작전을 하기로 결정했다고 보고하였다.[45] 김좌진 부대와 홍범도 부대의 연합작전회의에서는, 일본군과 교전에서 승패는 미지수지만 독립군의 전쟁은 중국측의 감정을 해하고 일본군의 증파를 결과할 것이므로 분전의 호기가 아니니 은인자중하여 피전하자는 '避戰策'이 채택되었다.[46]

---

42) 〈十月中得タル情報ニ據ル間島地方不逞鮮人行動槪況〉;《現代史資料》 28, pp.402~403 및 〈秘間情 第11號, 不逞鮮人團ノ行動〉;《現代史資料》 28, pp.353~354 참조.

43) 〈不逞鮮人團ノ行動〉, 秘間情 第18號, 1920年 10月 18日字;《現代史資料》 28, p.359 참조.

44) 李範奭,《우둥불》, 1971, pp.88~99 참조.

45) 〈各不逞團ノ合同〉, 秘間情 第14號, 1920年 10月 16日字;《現代史資料》 28, p.356 참조.

그러나 이도구와 삼도구 일대를 포위한 일본군 東지대가 김좌진 부대 (북로군정서)와 홍범도 연합부대를 섬멸하겠다고 포위망을 조이면서 추격해 들어오자 독립군 부대들은 피전책을 버리고 적극적 반격을 시작하였다. 청산리 독립전쟁의 최초 전투는 김좌진이 지휘하는 북로군정서 독립군이 1920년 10월 21일 오전 9시부터 일본군 東지대의 山田步兵聯隊를 삼도구 청산리의 白雲坪 부근에서 섬멸하여 최초의 대승리를 획득한 전투였다. 북로군정서 독립군은 일본군 山田步兵聯隊가 그들을 토벌하겠다고 청산리 입구까지 찾아오자, 청산리 골짜기 백운평 부근 절벽 위의 유리한 지형에 병력을 매복시켜 놓고 일본군을 이 공터로 유인하여 집중사격으로 기습 섬멸해 버렸다. 이 백운평전투에서 일본군은 김좌진 부대의 기습 섬멸전에 걸려서 모두 200~300명의 전사자를 내고 참패하였다.[47]

청산리 독립전쟁의 두 번째 전투는 完樓溝전투로서, 홍범도 연합부대 (大韓獨立軍, 國民會軍, 新民團, 韓民會軍, 義民團과 光復團 200명 추후 참가)가 이도구 완루구에서 1920년 10월 21일 늦은 오후부터 22일 새벽에 걸쳐 일본군 東지대 본대와 대전해서 奇計를 발휘하여 다른 일본군 한 부대를 끌어넣어서 독립군이 협공하여 일본군 東지대의 한 부대에 약 400명의 손실을 준 전투였다.[48]

청산리 독립전쟁의 세 번째 전투는 泉水坪전투로서 북로군정서 독립군이 연성대를 중심으로 하여 수행한 전투였다. 북로군정서 독립군은 白雲坪전투에서 승리한 후 백리 길을 강행군하여 二道溝 甲山村에 도착했을 때 일본군 1개 기병중대가 泉水坪(샘물골)에 주둔하고 있다는 정보를 동포주민으로부터 제공받았다. 金佐鎭이 영솔하는 북로군정서 독립군은 李範奭이 지휘하는 연성대를 전위공격대로 내세워 이를 기습해서 일본군 기병 제27연대 소속 전초기병중대 110여 명을 전원 섬멸하였

46) 〈不逞鮮人團ノ行動〉, 秘間情 第47號, 1920年 10月 29日字 ; 《現代史資料》 28, p.381 참조.
47) 朴殷植, 《韓國獨立運動之血史》 ; 《朴殷植全書》 上卷, p.639 참조.
48) 《獨立新聞》 1920년 12월 25일자, 〈北墾島에 在한 我獨立軍의 戰鬪情報〉 참조.

다.[49] 일본군은 오직 4명만이 용케도 말을 찾아 타고 탈출했을 뿐이었다. 북로군정서 독립군의 피해는 전사 2명과 부상 17명으로 경미하였다.[50]

청산리 독립전쟁의 네 번째 전투는 최대의 격전이었던 漁郎村전투였다. 이 전투에는 북로군정서가 주력으로, 홍범도 연합부대가 지원군으로 참가하였다. 북로군정서 독립군은 천수평전투에서 일본군 1개 기병중대를 섬멸한 후 바로 다음 전투를 준비하여 어랑촌 서남단 고지[51]를 선점하는 작전을 개시하였다. 왜냐하면 천수평에서 도망쳐 간 4명의 일본군 기병이 어랑촌에 설치한 그들의 기병연대사령부에 사태를 보고했을 것이고, 이렇게 되면 일본군 대부대의 공격이 있을 것이 틀림없기 때문이었다. 북로군정서 독립군이 어랑촌 서남단의 고지를 점령하고 전투태세에 들어갔을 때, 일본군도 이 고지를 선점하려고 달려왔으나 이때는 이미 이 고지가 북로군정서 독립군에게 선점된 뒤였다. 일본군은 고지 밑에서 고지 위에 있는 북로군정서 독립군을 포위한 후 병력과 화력의 우세를 믿고 연대병력으로 기병연대장 加納 대좌의 지휘 아래 10월 22일 9시경부터 고지 밑에서 위의 독립군을 향하여 공격을 시작하였다. 북로군정서 독립군은 위에서 아래를 내려다보는 유리한 지형을 이용하여 기어올라오는 일본군을 공격하였다. 그러나 일본군 東지대의 주력은 어랑촌에 진을 치고 이 부근 일본군 병력 5천 명을 모두 집결시키고 있었으므로 일본군의 숫자는 시간이 갈수록 증가한 반면에, 북로군정서의 숫자는 600명에 불과하였다. 북로군정서는 수적으로 열세였으나 유리한 지형에서 감투정신으로 용전분투하여 일본군에게 심대한 타격을 주고 일본군의 돌격을 저지하며 血戰을 전개하고 있었다.

이때 홍범도 연합부대는 완루구전투를 치르고 서쪽으로 이동하던 중에 북로군정서 독립군이 일본군 연대병력에 포위되어 혈전을 전개하고 있다는 통보를 받고, 이를 지원하기 위하여 북로군정서 전투지역으로

---

49) 李範奭, 《우등불》, pp.56~64 참조.
50) 李範奭, 〈屍山血河의 靑山里戰役〉, 《新東亞》 1969년 3월호 및 《우등불》, p.63 참조.
51) 《獨立新聞》 1921년 3월 12일자, 〈北路我軍實戰記〉(二) 〈經戰將校 金勳氏談〉.

찾아왔다. 홍범도 연합부대는 북로군정서 독립군이 선점하고 있는 고지 바로 옆의 最高標高에 진을 치고 일본군을 맹공격하였다. 북로군정서 독립군이나 홍범도 연합부대나 모두 지형이 유리했기 때문에 돌격해 올라오는 일본군을 내려다보면서 기관총과 소총을 정확히 조준하여 퍼부었다. 일본군은 파상적으로 대대적 돌격을 감행했다가 격전 후에 약 300명의 전사자와 수많은 부상자를 내고 공격이 둔화되었다.[52]

일본군은 그러나 병력과 화력의 우세를 믿고 단념하지 않은 채 계속 공격을 시도하여, 오전 9시부터 시작된 전투가 해가 기울 때까지 그칠 줄을 몰랐다. 일본군의 공격은 치열했으나 유리한 지형을 차지한 독립군은 동포들의 성원을 받아가며 더욱 용감하게 응전하여 일본군의 전진을 좌절시켰다. 마침내 해가 져서 고지에 어둠이 내리기 시작하자 일본군은 고지점령을 단념하고 패퇴하였다

독립군은 이 치열한 어랑촌전투에서도 승리했으므로 북로군정서 독립군을 홍범도 연합부대가 있는 고지의 최고표고로 집합시켜서 추격하려는 적을 최종적으로 분쇄하고, 어둠을 타서 다시 부대를 소부대들로 나누어 安圖縣 방면으로 이동함으로써 어랑촌전투는 종결되었다.[53]

일본군은 어랑촌전투에서 크게 패하여 기병연대장을 비롯하여 다수의 전사자와 부상자를 내었다. 상해 임시정부는 어랑촌전투에서 전사한 일본군이 300명이라고 발표했으며, 부상자의 추계는 내지 않았다.[54] 李範奭은 이 전투에서 일본군의 전사자와 부상자를 加納연대장을 포함하여 약 1천 명이라고 추산하였다.[55] 한편 독립군도 그 동안의 전투들 가운데서 어랑촌전투에서 피해가 가장 많았다.[56] 이범석은 이 전투에서 북로군정서

52) 《獨立新聞》 1920년 12월 25일자, 〈北墾島에 在한 我獨立軍의 戰鬪情報〉 참조.

53) 李範奭, 《우둥불》 pp.64~74 및 《獨立新聞》 1920년 12월 25일자, 〈北墾島에 在한 我獨立軍의 戰鬪情報〉 참조.

54) 《獨立新聞》 1920년 12월 25일자, 〈北墾島에 在한 我獨立軍의 戰鬪情報〉 참조.

55) 李範奭, 《우둥불》, pp.73 참조.

56) 〈墾北視察員報告〉, 高警 第37231號, 1920년 11月 25日字 ; 《朝鮮獨立運動》 제2권, p.126 참조.

의 전사자와 부상자가 100여 명에 달했다고 회고하였다.[57] 일본군도 그들의 전보 보고문에서 어랑촌전투에서 일본군이 패전한 사실을 간접적으로 인정하였다.[58]

어랑촌전투를 끝내고 이튿날인 10월 23일부터 독립군 부대들은 安圖縣 黃口嶺 방면으로 소부대를 편성해서 이동하였다. 독립군은 이동하는 도중에도 전투를 벌였는데, 북로군정서 독립군은 일본군 소부대들과 조우하여 맹개골전투, 萬麒溝전투, 쉬溝전투, 天寶山전투 등을 치렀다.[59] 한편 홍범도 연합부대는 天寶山전투와 古洞河谷전투를 치렀다.[60]

이렇게 하여 1920년 10월 21일 아침부터 10월 26일 새벽까지 6일간에 걸쳐 연속적으로 전개된 한국 독립군과 일본군 사이의 10여 개 전투들로 구성된 청산리 독립전쟁은 한국민족 독립군의 대승리로 일단 막을 내리게 되었다.

6. 청산리 독립전쟁의 결산

지금까지 고찰한 청산리 독립전쟁에서 일본군의 손실은 정확히 얼마나 되었는가? 상해 임시정부의《獨立新聞》은 일본군의 전사자를 약 1,200명이라고 추산하였다.[61] 이것은 상해 임시정부 군무부의 공식 추산이기도 하였다. 북로군정서가 청산리 독립전쟁 직후에 상해 임시정부에 제출한 정식 보고서에서는 일본군 전사자가 연대장 1명, 대대장 2명, 기

---

57) 李範奭,《우등불》, p.73 참조.
58) 〈電報〉朝特 第114號, 1920年 10月 25日字 ;《現代史資料》 28, p.222 참조.
59) 《獨立新聞》 1921년 3월 12일자, 〈北路我軍實戰記〉(二) 〈經戰將校 金勳氏談〉 및 李範奭,《우등불》, p.481 참조.
60) 〈不逞團 / 脫出及糧食 / 補充〉, 間情 第44號, 1920年 10月 28日字,《現代史資料》 25, p.379 및〈電報〉, 朝特 第120號, 1920年 10月 28日字 ;《現代史資料》 28, pp.226~227 및《間島出兵史》(上) ;《朝鮮統治史料》 제2권, pp.58~59 참조.
61) 《獨立新聞》 1920년 12월 13일자, 〈我軍의 活動〉 참조.

타 장교 이하 사병 1,254명 등 합계 1,257명이며, 부상자는 장교 이하 약 200여 명이라고 하였다.[62] 북로군정서 연성대장 李範奭은 일본군의 전사자와 부상자를 합하여 加納 연대장을 포함해서 약 3,300명이었다고 하였다.[63]

한편 중국의 《遼東日日新聞》은 청산리 독립전쟁에서 일본군의 전사자를 약 2천 명으로 추산하였다.[64] 朴殷植도 주로 중국인들의 보도와 전언에 의거하여 청산리 독립전쟁에서 일본군 전사자를 약 2천 명으로 추정하였다.[65]

일본군측은 청산리 독립전쟁에서 자기들의 피해에 대한 공식 발표는 하지 않고, 단지 "기대에 反하여 成績이 뜻밖에 좋지 않아서 다소 失敗로 終結되었다는 비난을 면하기 어렵다"[66]고 하여, 추상적으로만 패전을 인정하였다. 다른 자료에 따르면, 일본영사관의 비밀보고에서 일본군은 연대장 1명, 대대장 2명, 소대장 9명, 병사 800여 명의 사상자를 낸 피해를 입었다고 하였다.[67]

한편, 독립군의 피해에 대해서, 이범석은 북로군정서 독립군의 피해를, 전사 60여 명, 부상 90여 명, 실종 200여 명으로서 실종자는 그 후 대부분 부대로 복귀했다고 증언하였다.[68] 상해 임시정부가 파견한 墾北視察員 安定根의 당시 상해 임시정부에 제출한 비밀보고서에서는 10월 22일부터 3일간의 전투에서 독립군 부대의 전사자와 부상자가 약 300여 명이라고 보고하였다.[69] 여기에 10월 21일의 白雲坪전투와 25, 26일의 소전투들에서 입은 피해를 합치면, 독립군의 전사자는 약 130여 명, 부상

62) 《獨立新聞》 1921년 1월 18일자, 〈大韓軍政署報告〉 참조.
63) 李範奭, 《우둥불》, p.83 참조.
64) 朴殷植, 《韓國獨立運動之血史》; 《朴殷植全書》 上卷, pp.692~693 참조.
65) 朴殷植, 《韓國獨立運動之血史》; 《朴殷植全書》 上卷, pp.692~693 참조.
66) 〈暗號電報, 暗 No.17762, 別電〉, 1920年 11月 22日字; 現代史資料》 28, p.304.
67) 朴殷植, 《韓國獨立運動之血史》; 《朴殷植全書》 上卷, pp.672~673 참조.
68) 李範奭, 《우둥불》, p.83 참조.
69) 〈墾北視察員報告〉, 高警 第37231號, 1920年 11月 25日字; 《朝鮮獨立運動》 제2권, p.126 참조.

자는 약 220명, 합계 350여 명의 사상자를 낸 것으로 추정된다.[70]

한국민족 독립군은 이와 같이 청산리 독립전쟁에서 일본군을 패배시켰을 뿐 아니라, 일제가 1920년 8월에 확정하여 집행한 〈間島地方不逞鮮人剿討計劃〉과 間島侵入作戰을 무위로 끝나도록 완전히 붕괴시켜 버렸다. 앞에서 쓴 바와 같이 일본군은 5개 사단에서 차출한 2만 5천 명의 병력으로 독립군 토벌을 위해 간도에 침입할 때 작전을 2개월 이내에 2단계로 나누어, 제1단계에서는 무장독립군을 완전히 섬멸하고, 제2단계에서는 촌락에 잠복하고 있는 비무장 독립운동세력까지 완전히 뿌리뽑아서 간도 지방에서 한국민족의 독립운동을 완전히 소멸시킬 것을 목표로 하였다. 그러나 일본군은 이 목표를 달성하기는커녕, 청산리 독립전쟁에서 패배하여 제1단계의 목표조차 달성하지 못하고 작전이 실패하였다. 최근 학계의 일부에서는 독립군이 이때 새 주둔지 또는 근거지를 지키지 못하고 철수하여 북쪽의 密山으로 이동한 것은 결국 독립군이 패배한 것으로 보아야 하지 않느냐며 의문을 제기하는 것도 보았으나, 이것은 전적으로 잘못된 관점이다.

청산리 독립전쟁의 10여 개 전투들은 모두 '유격전의 묶음'이며, 정규전에서는 지역방위가 큰 의미를 갖는 경우가 많지만, 유격전(특히 남의 나라에서의 유격전)에서는 지역방위는 전혀 의미가 없는 것이고, 오직 적에게 얼마나 큰 타격을 주고 적의 작전 목표를 얼마나 분쇄했느냐에 의미가 있는 것이다. 10배가 넘는 일본 정규군의 포위망 속에서 독립군이 10여 차례 전투에서 일본군을 크게 타격하여 막대한 손실을 주고 일본군의 간도침입작전의 목표를 근본적으로 분쇄시켰으며, 재빨리 포위망을 뚫어 안전지역으로 이동한 것은 유격전에서 거둔 큰 승리이다.

그리하여 한국 독립군의 청산리 독립전쟁은 일본군 대병력의 간도침입작전을 완전히 실패하게 하고, 만주지방 한국민족의 독립운동을 보위하였을 뿐 아니라, 이를 통하여 간접적으로 국내의 독립운동도 보위하

---

70) 愼鏞廈, 〈獨立軍의 靑山里獨立戰爭의 硏究〉, 《韓國民族獨立運動史硏究》, p.501 참조.

는 커다란 역사적 역할을 수행하였다. 독립군의 청산리 독립전쟁은 한국민족의 무장독립운동사에서 가장 크고 빛나는 승리를 쟁취하고, 한국민족의 독립정신과 투지를 온 민족과 세계에 크게 드높인 것이었다.

7. 맺음말 — 청산리 독립전쟁의 승리 요인

청산리 독립전쟁 70주년을 맞이하여 특히 거울삼아서 주목해야 할 것은, 그 대승리를 쟁취하게 한 요인을 음미하는 것이 아닐까 한다. 북로군정서 총재 徐一은 1921년 1월 15일 상해 임시정부에 그 요인을 다음과 같이 보고하였다.[71]

1) 日本軍의 失敗 이유
  ① 兵家에서 가장 기피하는 輕敵의 행위로 險谷長林을 별로 수색과 경계도 없이 盲進하다가 항상 일부 혹은 전부의 함몰을 당한 것.
  ② 局地戰術에 대한 경험과 연구가 부족하여 森林과 林地 중에서 종종의 自相衝突을 낳은 것.
  ③ 일본군인의 壓戰心과 避死逃生하는 怯懦心은 극도에 달하여 軍紀가 문란하며 射法이 不精하여 1발의 효과도 없는 亂射를 행한 뿐인 것.

2) 獨立軍의 全勝 이유
  ① 생명을 돌아보지 않고 奮勇決鬪하는 독립에 대한 軍人精神이 먼저 敵의 心氣를 압도한 것.
  ② 양호한 陣地를 先占하고 완전히 준비를 하여 사격 성능을 극도로 발휘한 것.
  ③ 應機隨變의 전술과 銳敏迅速한 활동이 모두 敵의 意表에서 벗어나서 뛰어난 것

한편 청산리 독립전쟁의 지휘관의 하나였던 북로군정서 연성대장 이

---

71)《獨立新聞》1921년 1월 18일자, 〈大韓軍政署報告〉 참조.

범석은 독립군 전승의 요인을 다음과 같이 지적하였다.[72]

① 만주의 특수한 地形을 잘 이용한 것.
② 망국 10년의 치욕이 뼈에 사무쳐서 용전분투한 것.
③ 우수한 士官青年學徒가 있었던 것.
④ 왕성한 공격정신이 있었던 것.
⑤ 마을 사람들의 열렬한 협조가 있었던 것.
⑥ 독립군은 홑옷과 초신(짚신)으로 민첩한 행동을 할 수 있었던 것.
⑦ 독립군은 그 곳 地理에 정통했던 것.
⑧ 독립군은 전투의식이 적보다 더 강했던 것.
⑨ 독립군의 지휘력이 적보다 더 우수했던 것.
⑩ 적이 피동적 위치에 있었던 것.
⑪ 적의 무거운 외투와 가죽구두 차림이 산악전에 불편했던 것.
⑫ 민중들이 흉악한 적을 미워한 것.

여기에 필자가 추가하여 강조하고 싶은 것은 청산리 독립전쟁 승리의 요인 가운데 심층에 있는 간도의 한국민족 동포들의 지원 역할에 대한 것이다. 청산리 독립전쟁은 앞에서 밝힌 바와 같이 '유격전의 묶음'이었으며, 널리 아는 바와 같이 유격전에서는 군대와 주민 사이의 결합의 정도가 승리의 중요한 요인의 하나가 되는 것이었다. 간도의 한국민족 동포(주민)들은 청산리 독립전쟁에서 독립군과 거의 완전히 결합되어 있었는데, 이것은 다른 전쟁의 승리에서는 보기 드문 청산리 독립전쟁에서 승리할 수 있었던 특수 요인이었다고 하겠다. 이 독립전쟁에서 간도의 한민족 동포들이 수행한 역할 몇 가지를 들면 다음과 같다.

첫째, 간도의 한민족 동포들은 자기 아들들을 독립군 병사로 바쳤다. 그들은 모두 항일독립전쟁에 목숨을 바치기로 자원하여 나선 청년들이었기 때문에 독립군 병사들의 감투정신은 의무병으로 징집된 일본군 병사들과는 처음부터 비교할 수 없을 만큼 우월하고 강렬한 것이었다.

---

72) 李範奭, 《우둥불》, pp.83~84 참조.

둘째, 간도의 한민족 동포들은 독립군의 군자금을 거의 모두 부담하였다. 그들은 대부분 가난한 소작농들이었음에도 독립군의 무기 등 모든 장비 구입 자금을 성금으로 바치었다.

셋째, 간도의 한민족 동포들은 독립군에게 식량(및 의류) 등 보급을 전담하여 공급해 줌으로써 승전의 조건을 만들어 주었다. 당시 독립군 부대들은 보급대가 없는 모두 굶주린 부대들이었다. 간도의 한민족 동포들은 굶주린 독립군 병사들을 어느 촌락에서나 마치 돌아온 아들처럼 반가이 맞아서, 자기들은 굶으면서도 독립군을 급양하였다. 그들은 치열한 전투 중에도 생명의 위험을 돌보지 않고 부인들까지 戰場에 식료를 가지고 와서 독립군 병사들을 급양하였다.[73]

넷째, 간도의 한민족 동포들은 일본군이 소위 '庚申年 大討伐'을 자행하자 이에 적극 항거하고 더욱더 적개심에 불타서 항쟁하였다. 일본군의 비밀보고서에는 다음과 같이 기록되었다.

"日本軍隊 出動 이래 地方民心은 날로 惡化를 계속하고 있다. 日本軍隊 때문에 殺傷당한 賊徒의 家族 등에는 彼等의 部隊에 投入하는 자가 많다. 討伐이 전개됨에 따라서 民心은 서로 反比例하여 점차 險惡해지고 있는 것이 사실이다."[74]

다섯째, 간도의 한민족 동포들은 일본군 토벌대의 군용전화선을 절단하여 일본군의 통신을 마비시키는 등의 방법으로 일본군의 작전을 방해하고 독립군을 지원하였다.[75]

여섯째, 간도의 한민족 동포들은 독립군에게 언제나 정확한 정보를 공급하여 독립군으로 하여금 언제나 정확한 작전의 수립을 가능하게 하여 승전의 조건을 만들어 주었다. 천수평전투와 완루구전투는 한민족 동포

---

73) 《獨立新聞》 1920년 12월 28일자, 〈女子의 一片丹誠〉 및 李範奭, 《우둥불》, p.69 참조.
74) 〈不逞鮮人ノ行動〉, 秘間情 第47號, 1920年 10月 29日字 ; 《現代史資料》 28, p.383.
75) 〈電報〉, 朝特 第119號, 1920年 10月 28日字 ; 《現代史資料》 28, p.226 참조.

들의 정확한 정보 제공에 의거하여 독립군이 일본군을 선제공격해서 승리한 전투들이었다.

일곱째, 간도의 한민족 동포들은 일본군에게 허위정보를 제공하여 일본군을 패전케 하고 독립군 작전의 승리를 지원해 주었다. 예컨대 청산리 독립전쟁의 최초 대전투인 白雲坪전투는, 독립군이 어떻게 일본군을 백운평 위에 있는 절벽 밑의 좁은 공지로 유인할 수 있느냐가 승패의 관건이었는데, 한민족 동포들이 독립군의 요청에 응하여 독립군이 만들고 부탁한 허위정보를 그대로 일본군에게 제공함으로써 독립군이 매복한 지점에 일본군이 유인되어 섬멸된 것이었다.

여덟째, 간도의 한민족 동포들은 독립군으로 하여금 지형과 지리를 이용하게 지원하여 독립군에게 승전의 조건을 만들어 주었다. 청산리 독립전쟁에서 독립군의 연이은 승전 요인 가운데에는 독립군이 적절하게 지형과 지리를 이용한 것이 크게 작용했다. 독립군만이 지형과 지리를 잘 이용하고 일본군은 언제나 그렇게 하지 못한 것은, 현지의 한민족 동포들이 독립군과 한편이 되어 지리를 언제나 독립군에게 붙였기 때문이었다. 간도의 한민족 동포들은 그들만이 알고 있는 밀림의 지리를 독립군에게만 알려 주고, 어디서나 길 안내가 되어 주었으며, 독립군을 위하여 언제나 기꺼이 지리의 향도가 되어 주었다.

이러한 승전의 복합적 요인에 의거하여 독립군은 한국독립운동사에서 찬란히 빛나는 청산리 독립전쟁의 대승리를 쟁취한 것이었다.

(청산리대첩 70주년 및 독립기념관 개관 3주년 기념
제4회 독립운동사 학술 심포지엄, 1990. 10. 20)

일본의 鳳梧洞戰鬪·靑山里獨立戰爭 부정론 비판

1. 일본 연구자의 새로운 도전

항일 독립군의 1920년 봉오동전투와 청산리 독립전쟁은 한국민족이 일본제국주의 침략군에 대항하여 싸워 이긴 1920년대의 대표적 전투들이라고 알려져 왔다.

이 주제에 대하여 1985년에 서울과 동경에서 각각 매우 다른 결론을 낸 연구 결과가 발표되었다. 그 하나는 1985년 3월 1일 발행된 필자의 저서로서, 여기서는 봉오동전투와 청산리 독립전쟁의 실제 내용을 비교적 상세히 실증적으로 고찰하였다.[1]

다른 하나는 1985년 4월 20일 발행된 일본 방위대학 전 교수 사사키(佐佐木春隆)의 저서로서, 여기서는 봉오동전투에서 승리한 것은 일본군이었고 독립군은 패전했으며, 청산리전투 같은 것은 존재하지도 않았다고 주장하였다.[2]

두 저서는 서로 집필중임을 모르는 상태에서 씌어지고 발행되어 전혀 상반된 결론을 내린 것이었다.

사사키 교수는 봉오동전투에 대하여 安川越境追擊大隊가 봉오동에

---

1) 愼鏞廈, 《韓國民族獨立運動史硏究》(乙酉文化社), 1985 참조.
2) 佐佐木春隆, 《朝鮮戰爭前史としての韓國獨立運動の硏究》(東京 : 國書刊行會), 1985 참조.

진입하여 독립군 24명을 전사시키고 부상자 다수를 낸 전과를 얻었고, 일본군의 피해는 단지 전사자 1명뿐이었다고 기술했다.

　　이 安川隊의 월경추격은 일·중간에 논의를 불러일으켰다. 군대가 무단히 타국 영토에 진입하여 교전하고 주민에 피해를 주었으므로 당연한 것이다. 또한 전술의 獨立新聞의 보도와 같이 逆宣傳을 받았다.[3]

고 하여 독립군이 봉오동전투에서 일방적으로 패한 것을 《獨立新聞》이 독립군이 승리한 것으로 '역선전'을 한 것이라고 주장하였다.

　사사키는 또한 청산리전투에 대하여, 그러한 전투는 실제로는 존재하지 않았다고 주장했다. 또 한국에서의 연구에 대해

　　저서에 따라 기술의 표현에는 차가 있지만 어느 것이나 독립군의 대승을 전하고 무장투쟁의 상징으로서 민족정신의 고양을 돕고 있는 것이다.……그러나 아무래도 일본군의 손해가 과다하다. 전투의 기간이나 종류로 보아서 전술상식으로서는 생각할 수 없는 숫자이며, 일본군의 부대이름도 명백히 오류다. 이제 다시 바로잡기는 어려운 입장에 있다 할지라도, 한국에는 '청산리대전'을 '만들어 낸 이야기'라고 단정하는 사람이 적지 않기 때문에 문제인 것은 부정되지 않는다. 일·한의 상호이해를 깊게 하는 장래의 규범이 되는 것은 진실의 역사 외에는 없다고 생각한다.[4]

고 해서, 타인의 말을 빌린 형식을 취하여 청산리 독립전쟁을 '만들어 낸 이야기'이며 진실의 역사에서는 이러한 전투는 없었다고 주장하였다.

　필자가 고찰한 바로는 물론 사사키의 주장은 역사의 진실과 일치하지 않는다. 사사키는 그의 주장을 뒷받침하기 위하여 일본군의 보고자료에만 의존하면서, 봉오동전투와 청산리전투에서 일본군이 패했다고 직접 보고한 자료가 없음을 밝히고 있다. 그러나 일본군의 보고는, 전투의 '패

---

3) 위의 책, p.49.
4) 위의 책, pp.507~508.

배'를 직접 보고하는 일이 거의 없다는 점을 주목할 필요가 있다. 예컨 대, 일본군은 1942년 6월 5~7일 미드웨이 해전에서 일본해군 연합함대 가 거의 궤멸당하는 패전을 하고서도, 미드웨이 해전에서 일본군이 대 승리를 얻었다고 보고하고 발표했다. 지금도 실제로는 미드웨이 해전에 서 일본군의 참패를 모든 전문연구가가 알고 있으나 일본군의 보고문서 에 패전보고는 존재하지 않는다.

봉오동전투와 청산리 독립전쟁은 중국영토에서 한국민족독립군과 일 본군 사이의 전투이므로, 일본인 연구자들은 ① 한국측 사료와 ② 중국 측 사료도 ③ 일본측 사료와 마찬가지로 매우 중시하여야 할 것이다. 또 한 세 나라의 자료들을 치밀하게 교차 검증하고, 전후 정황증거까지도 신중하게 검토할 필요가 절실한 것이다. 당시 한국측 사료와 중국측 사 료는 봉오동전투와 청산리 독립전쟁에서 독립군이 승전하고 일본군이 패전했다는 직접 보고를 남기고 있다.

필자는 봉오동전투와 청산리 독립전쟁에서 독립군이 승전한 사실에 대해서는 실증적 연구결과를 이미 발표한 바 있으므로, 여기서는 약간 의 정황증거에 대하여만 논급하여, 사사키 주장의 허구성을 인식하는 데 돕기로 한다.

2. 봉오동전투에 대하여

上海의 《獨立新聞》은 1920년 6월 7일 봉오동전투에서 독립군이 승전 했고, 일본군은 157명의 전사자를 냈다고 발표했다.[5] 또 중국신문인 《상 해신문보》도 일본군이 봉오동전투에서 150명의 전사자를 내고 패전했 다고 보도했다.[6] 반면에 독립군의 피해는 매우 경미한 것이었다.

---

5) 《獨立新聞》 1920년 12월 25일자, 〈北墾島에 在한 我獨立軍의 戰鬪情報〉 참조.
6) 《上海新聞報》 1920年 6月 27日字 ; 《現代史資料》(姜德相 編) 27, p.617 참조.

한편 일본측은, 독립군이 24명의 전사자를 내고 패전했으며, 일본군은
1명의 전사자만 내고 승전했다고 보고했다. 그러나 일본군의 정황 보고
에는 독립군의 상태에 대한 승전보고와는 다른 보고가 있음을 주목할
필요가 있다.

  "我越江追擊隊에 반항 交戰한 不逞團은 該戰鬪(봉오동전투-인용자)에서
비상한 대승리를 얻고 아군을 조선측에서 격퇴한 것과 같이 고취하고 있다. 또
한 이를 獨立戰爭의 第1回會戰이라 칭하며, 금후 계속될 전투에 대해서 양식
의 준비, 간호대의 조직, 兵員의 모집 등에 더욱 힘쓰고 있다. 다음과 같은 격
문을 띄워 크게 선전에 노력하고 있으며, 금회의 전투를 교묘히 악용하여 기세
를 높이고 있다. 봉오동 방면에는 다수의 불령단이 집합하고 있는 모양이다.
또한 이를 기회로 하여 각 단체간의 결속을 굳게 하고 있다. 금회의 추적은 도
리어 惡結果를 후에 잉태한 것이라고 관찰된다."[7]

  만일 봉오동전투에서 독립군이 승리하지 않고 일본군이 승리했다면,
봉오동전투 직후 어떻게 독립군의 사기가 이처럼 충천하고, 독립군의 기
세가 급속히 상승했겠으며, 일본군 스스로 금회의 추격이 나쁜 결과를 잉
태했다고 자탄했겠는가? 규모는 별도로 하고 봉오동전투에서 독립군이
승전했고 일본군이 패전한 사실은 이 정황자료에서도 간접적으로 엿보이
는 것이다.
  봉오동전투 직후 일본군은 그 보고에서

  "앞서의 교전의 적(독립군-인용자)은 두만강 대안 독립군의 전부인 것 같다."[8]

고 하면서,

---

7)〈電報〉第166號, 暗No.8203(發信 堺總領事代理, 受信 內田外務大臣), 1920年 6月 15日
  字 ;《現代史資料》27, p.608.
8)〈電報〉, 朝特第45號(發信 朝鮮軍司領令官, 受信 陸軍大臣), 1920年 6月 15日字 ;《朝鮮
  獨立運動》(金正明 編) 제3권, p.178.

"금회 다음의 사실을 확인하였다. 對岸不逞鮮人團은 정식의 군복을 사용하고 그 임명 등에 辭令을 쓰며 예식을 제정하고 있는 등 전적으로 통일된 군대 조직을 이루고 있다."[9]

고 지적하였다. 또한 일본군은 봉오동전투 직후 일본군의 동태에 대하여 다음과 같이 보고하였다.

이상과 같이 간도에 있어서의 不逞鮮人團의 위력은 더욱 强大를 加하여 무시할 수 없는 現勢에 在한 것으로 볼 수 있다. 이에 하루아침 그들이 흉위를 나타내기에 이르면 支那軍警 같은 것은 도저히 이를 진정할 수 없으며, 홀연히 간도지방은 그들에게 유린될 것임은 명료한 것이다.…… 그들이 장정의 모집, 銃器의 준비, 군량의 징발 등 극력 軍資와 무력충실에 노력하고 있는 것으로 보아 그들이 계획하고 있는 조선국경의 습격 및 간도지방 일본관헌의 취체에 대한 반항적 행동은 기회를 타서 감행하기에 이를 것이라고 관측할 수 있다.[10]

위의 정황보고 자료들은 봉오동전투에서 독립군이 승전하고 일본군이 패전한 큰 충격이 독립군에게는 갑작스러운 사기의 충천, 위력의 증강을 가져온 반면에, 일본군에게는 경악과 좌절감과 장래에 대한 깊은 우려를 갖게 했다는 사실을 간접적으로 잘 나타내주는 것이라고 할 수 있다.

일본군은 봉오동전투 직후 1920년 7월에 〈간도지방불령선인초토계획〉이라는 일본국 수 개 사단의 출병에 의한 독립군 토벌계획을 입안하여 8월에 이를 확정했는데,[11] 그 입안과정을 보면 이것도 봉오동전투에서 일본군의 패전 대충격에 대한 일본군 수뇌부의 대응 가운데 하나였음을 명백히 알 수 있다. 일본군은 봉오동전투에서 패전의 큰 충격을 받

---

9) 〈電報〉, 密第102號(發信 朝鮮軍司令官, 受信 陸軍大臣), 1920年 6月 15日字 ; 《現代史資料》 27, p.585.
10) 〈今後ニ於ケル間島地方不逞鮮人團, 行動ニ關スル觀察〉, 高警第21186號, 1920年 7月 21日字 ; 《現代史資料》 27, p.358.
11) 〈間島地方不逞鮮人焦討計劃〉, 1920年 8月調表 ; 《現代史資料》 28, pp.116~121 참조.

고 경악하여 그 대응책으로서 〈간도지방불령선인초토계획〉을 입안한
것이었다. 또한 일본군이 봉오동전투에서 독립군 24명을 사살했다고 한
보고는, 그 직후 중국측이 일본군은 독립군이 아닌 민간 조선인 부녀자
와 어린애들까지 살해했다고 강경하게 항의하여 외교분쟁이 일어난 것
으로 보아,[12] 민간인을 사살하였음을 알 수 있다. 여기서도 일본군 보고
의 허구성과 사사키의 봉오동전투에서 일본군이 승리했다는 주장의 허
구성을 잘 알 수 있다.

3. 청산리 독립전쟁에 대하여

널리 아는 바와 같이 일본군은 처음에 중국군을 출동시켜 독립군을
‘토벌’하려 했다가, 이것이 독립군의 근거지 대이동만 가져오고 실패로
돌아가자, 일본군이 직접 ‘출병’하여 〈간도지방불령선인초토계획〉을 집
행하기로 하였다. 일본군은 중국영토로 되어 있는 간도에 침입할 구실
이 없으므로, 그들이 매수하여 조종하는 마적단의 하나로 하여금 1920
년 10월 2일 훈춘을 습격해서 일본영사관에 방화하도록 한 ‘훈춘사건’을
조작하였다. 일제는 중국정부의 거부를 무시하고 일본영사관과 일본교
민을 보호한다는 구실로 10월 14일부터 본격적으로 대규모 간도침입작
전을 시작하였다.

일본군이 간도침입을 자행하면서 항일독립군 ‘토벌’을 위해 동원한
병력의 규모는 제19사단 전부, 제20사단 일부, 그리고 시베리아 연해주
주둔군(소위 浦潮軍)인 제11사단·제13사단·제14사단의 일부 등 5개 사
단에서 차출된 약 2만 5천 명의 거대한 규모였다.[13]

이 중에서도 19사단을 주력으로 하여 여기에 20사단으로부터 차출된

---

12) 〈電報〉第190號, 暗No.9458(發信 堺總領事代理, 受信 內田外務大臣), 1920年 7月 5日
字 ;《現代史資料》27, p.608 참조.
13) 《間島出兵史》(上) ;《朝鮮統治史料》(韓國史料硏究所 編) 제2권, pp.43~44 참조.

1개 대대와 보조병력을 참가시키고, 시베리아 제14사단으로부터도 일부 병력을 차출하여 19사단에 편입시킨 다음, 제19사단 중심의 약 1만 2천 명의 병력을 磯林(이소바야시)지대(약 4천 명), 木村(기무라)지대(약 5천 명), 東(아즈마)지대(약 3천 명)의 3개 지대로 나누었다.

일본군은 이 거대한 병력으로 독립군을 2중으로 포위하여 '섬멸'하려고 하였다. 즉, (1) 일본군 5개 사단에서 차출한 2만 5천 명의 병력과 관동군에서 동원한 일부 병력으로 북간도의 독립군 부대들 전체를 동서남북으로 모두 넓게 포위하여 포위망을 죄어 들어가고, (2) 그 포위망 안에서 다시 제19사단 주력의 3개 지대의 병력으로 북간도 일대를 3개 구역으로 분할하여 磯林지대가 갑구인 훈춘 - 초모정자 지방, 木村지대가 을구인 서대파 - 합모당 - 백초구 지방, 東지대가 병구인 용정 - 국자가(延吉) - 두도구・이도구・삼도구 지방을 각각 1개 구역씩 맡아 오지에 들어가서 내부에서 독립군 부대를 좁게 포위하여 독립군 각 부대를 수색해서 전투를 통하여 독립군을 모두 섬멸한다는 것이었다.[14]

일본군은 간도침입작전의 목표를 2단계로 나누어 설정하였다. 즉, (1) 제1단계에서는 작전 개시일로부터 1개월 이내에 독립군 무장대를 철저히 색출하여 '섬멸'하고 반복토벌을 되풀이 실시하여 독립군을 전원 '섬멸'하거나 검거해서 독립군의 무장항쟁을 근원까지 철저히 '박멸'한다는 것이고, (2) 제2단계에서는 제1단계가 끝난 후로부터 다시 1개월 이내에 촌락에 잠복하고 있는 독립군 지원세력과 민간인 독립운동가들을 철저히 색출하여 무장독립운동은 말할 것도 없고 비무장독립운동까지 발본색원하겠다는 것이었다.[15] 이 작전목표에 따르면 일본군의 간도침입작전은 1920년 10월 14일부터 본격적으로 개시되었으므로, 1920년 12월 14일까지는 제2단계 목표까지 달성하고 종료할 예정이었다.

우리가 고찰하는 광의의 청산리 독립전쟁은 일본군 東지대가 이도구

---

14) 위의 사료, pp.43~44 참조.
15) 위의 사료, pp.40~41 참조.

와 삼도구 일대와 독립군 부대들을 포위 섬멸하려고 시도하자 김좌진이 지휘하는 북로군정서 등 독립군 부대들이 반격을 가하여 1920년 10월 21일 아침부터 26일 새벽까지 연이어 전개된 일련의 전투들을 총칭하는 것이다. 이도구와 삼도구 일대에서 독립군과 일본군 東지대 사이에 치열한 대소 규모의 전투들이 있었음은 한국과 중국측 자료만이 아니라 일본군의 자료에서도 매우 많이 나오므로, 사사키가 '청산리전투' 같은 것은 실제에는 존재조차 하지 않은 '만들어 낸 이야기'라고 한 것은 참으로 황당무계한 주장인 것이다.

북로군정서 독립군은 1920년 10월 21일 오전 9시경 삼도구 청산리 백운평 부근에서, 일본군 야마다 보병연대를 처음으로 매복 기습하여 승전했으며, 이어서 洪範圖가 지휘하는 독립군 연합부대(大韓獨立軍, 國民會軍, 新民團, 韓民會軍, 義民團, 光復團)가 완루구전투에서 일본군을 공격하여 큰 손실을 입혔고, 이어서 북로군정서 독립군이 천수평전투에서 일본군 기병연대 전초대를 습격하여 섬멸하였다. 뒤이어 어랑촌전투에서는 북로군정서가 주력으로, 홍범도 연합부대가 지원군으로 전투하여 혈전을 전개해서 독립군과 일본군이 다같이 많은 사상자를 내었다.

이어 독립군 부대들은 맹개골전투, 萬麒溝전투, 쉬구전투, 천보산전투, 古洞河谷전투 등 소규모 전투에서 일본군을 기습하여 상당한 성과를 내었다. 오지의 밀림에 들어간 일본군 수색토벌대 중에서 磯林지대와 木村지대는 큰 전투 없이 작전을 완수했으나, 東지대는 김좌진의 북로군정서 독립군과 홍범도 연합부대와 연이은 유격 기습전에 걸려 참패한 것이었다.[16]

상해《獨立新聞》은 청산리 독립전쟁의 대소 10여 개 전투에서 김좌진 부대와 홍범도 부대에게 패하여 일본군의 전사자가 1,200명에 달했다고 추산하였다.[17] 북로군정서가 청산리 독립전쟁 직후 상해임시정부

---

16) 愼鏞廈,〈獨立軍의 靑山里獨立戰爭의 戰鬪들의 구성〉,《史學研究》 38집, 1984 참조.
17)《獨立新聞》 1920년 12월 13일자,〈我軍의 活動〉참조.

에 제출한 보고서에서는 일본군 전사자를 1,254명, 부상자는 장교 이하 200여 명이라고 하였다.[18] 중국의《遼東日日新聞》은 청산리 독립전쟁에서 일본군 전사자를 약 2천 명으로 추산하였다.[19] 박은식도 주로 중국인들의 보도와 전언에 의거하여 청산리 독립전쟁에서 일본군의 전사자를 약 2천 명으로 추정하였다.[20] 사사키는 일본군의 손실이 전술상식으로는 생각할 수 없는 과다한 숫자라는 점을 들어 특히 박은식을 비판하고, 청산리 독립전쟁의 실재 자체와 일본군의 패전을 부정하였다. 그러나 설혹 일본군의 전사자 숫자가 당시 독립운동가에 의하여 약간 과대 추산되었다고 가정할지라도, 일본군이 패전했다는 사실은 명확하며, 일본군 부대 이름 등도 정확한 것이다.

일본군은 1920년 10월 21일, 청산리 독립전쟁 도중에 다음과 같은 정황보고를 일본 육군대신에게 상신하였다.

峰密溝 및 靑山里 부근에 있어서 東支隊의 戰鬪에 徵함에 이 방면에 있는 賦徒는 金佐鎭의 지휘하에 있는 軍政署의 일파와 독립군 중 洪範圖의 지휘하는 일단과를 합하여 기관총 등의 신식병기를 갖고 약 6,000으로 구성된 것 같으며, 타방면과 달리 頑强히 抵抗을 계속하고 있다.[21]

일본군의 이 정황보고는 주의 깊게 읽을 필요가 있다. 당시 일본군은 다른 보고서들에서는 김좌진 부대와 홍범도 연합부대의 총병력을 2천 명이라고 정확하게 파악하고 있으면서도, 청산리 독립전쟁 도중(10월 25일)의 정황보고에서는 자기들 東지대 병력 5천 명보다 김좌진·홍범도 부대의 병력이 더 많은 6천 명이어서 중과부적이기 때문에 이기지 못한 것처럼 해석을 유도하고 있으며, 무엇보다도 다른 방면과는 달리 청산

---

18)《獨立新聞》1921년 1월 18일자,〈大韓軍政署報告〉참조.

19) 朴殷植,《韓國獨立運動之血史》;《朴殷植全集》上卷, pp.672~673 참조.

20) 위의 책, pp.672~673 참조.

21)〈電報〉, 朝特第114號, 1920年 10月 25日字(發信 朝鮮軍司令官, 受信 陸軍大臣);《現代史資料》28, p.222.

리 부근에서는 김좌진·홍범도의 독립군이 완강히 저항하여 전투가 계속되고 있음을 보고하고 있지 않은가? 일본군의 이 자료는 청산리 독립전쟁이 실재했던 사실을 명확히 증명함과 동시에 일본군의 패전을 간접적으로 알려주는 것이라고 볼 수 있다.

일본군은 1920년 11월 22일 당시에 작전의 '실패'를 인정하는 보고도 다 감추지 못하고 남기고 있다.

일본군 受持구역 내에서의 불령선인의 토벌은 이미 각 부대 공히 일단락을 고하였다. 그 효과는 일찍이 조선군을 2개 연대의 병력을 갖고 2개월 간에 소탕할 수 있다고 믿은 기대에 反하여 성적이 뜻밖에 좋지 않아서 다소 失敗로 종결되었다는 비난을 면하기 어렵다.[22]

일본군의 보고는 '성적이 뜻밖에 좋지 않아서 다소 실패로 종결'되었다고 했지만, 그들의 보고대로 다른 방면과는 달리 봉밀구와 청산리 부근에서는 김좌진 부대와 홍범도 부대의 완강한 저항을 받아서 그들의 수색토벌작전이 실패로 종결되었으며, 이 지역의 전투(청산리 독립전쟁)에서 뜻밖에 패전한 것이 틀림이 없다.

일부 연구자들은 독립군이 청산리·어랑촌 지역을 방위하지 못하고 철수했으며, 결국 일본군이 이 지역을 점령한 것은 독립군이 패전하고 일본군이 승리한 것으로 보아야 한다고 주장하는 것을 사석에서 들은 일도 있다.

이러한 견해는 독립군의 청산리 독립전쟁이 '유격전의 묶음'이라는 사실을 간과한 것이다. 유격전에서는 '공격하고 달아나는 것(hit and run)'이 기본전술이며, 청산리 독립전쟁에서 독립군은 일본군을 지리를 이용하여 기습하고 철수하는 유격전으로 심대한 타격을 준 것이었지, 처음부터 지역방위는 생각조차 한 것이 아니었다. 더구나 한국민족 독

---

22) 〈暗號軍報〉, 暗No.17762, 別電, 1920年 11月 22日字(發信 堺總領事代理, 受信 內田外務大臣) ;《現代史資料》 28, p.304.

립군에게 남의 땅인 중국영토에 대한 지역방위가 무슨 의미가 있었겠는 가. 독립군의 청산리 독립전쟁은 10여 회의 유격전투로서 일본군을 쳐 서 승리하고 북쪽으로 철수한 유격전인 것이다.

또한 일본군이 청산리 독립전쟁에서 패전함으로써 일제의 간도침입 작전이 상당 부분 실패로 귀결되었다는 사실은, 일본군이 원래의 작전 목표대로 1920년 12월까지 철수하지 못하고, 1921년 5월에야 철수를 완 료했으며, 철수 당시까지도 작전의 제2단계 목표인 비무장독립운동세력 의 발본색원은커녕 제1단계 목표인 무장독립운동의 발본도 모두 달성하 지 못했다는 사실에서 보조적으로 확인할 수 있다.

일본이 최근 군사대국화와 해외파병을 시도함에 발맞추어, 일본의 일 부 연구자들이 과거 일제의 남의 나라 침략과 식민지 강점과 착취를 근 대화의 은혜를 준 것으로 설명하려 획책하고, 남의 나라 독립운동을 격 하하며, 독립군 무장투쟁의 성과도 부정하려는 추세가 대두하고 있음을 경계할 필요가 있을 것이다.

(연변대학, 제2차 조선학 국제학술토론회 주제발표논문, 1991. 8. 12)

大韓(北路)軍政署 獨立軍의 연구

1. 머리말

일본제국주의 침략자들을 조국 강토에서 몰아내고 민족의 해방과 독립을 다시 찾으려고 투쟁한 한국민족의 독립운동에서 독립군의 무장투쟁은 그 골간을 이루고 있는 것이라고 말할 수 있을 것이다.

물론 한국민족의 독립운동에는 무장투쟁만이 중요했던 것이 아니라, 비무장투쟁도 마찬가지로 중요했으며, 비무장투쟁과 무장투쟁은 서로 유기적 연관과 통합과 끊임없는 인과관계의 고리로 연결되면서 커다란 흐름의 독립운동으로 발전해 왔다. 그러나 일본제국주의의 한국 침략과 식민지 지배는 일제의 군사적 무력에 의거한 것이 특징이었기 때문에, 일제를 타도하고 해방을 쟁취하기 위한 독립운동도 군사적 무장투쟁을 필수의 것으로 요구하였고, 무장투쟁과 비무장투쟁의 유기적 배합과 통합을 객관적으로 요청했으며, 그만큼 독립군의 양성과 항일무장투쟁의 중요성을 부각시켰다고 볼 수 있다.

한국민족독립운동사에서 독립군의 기원은 기본적으로 한말 의병운동과 신민회운동, 두 흐름의 합류였다고 말할 수 있다. 이 가운데서 특히 신민회는 이미 구한말에 '독립전쟁전략'을 수립하여 채택하고 이를 실천하기 위한 독립군 양성의 준비로 매우 일찍 독립군기지 창설운동을 전개하였다.

신민회의 독립전쟁전략의 기본 골자는, 장차 독립군의 국내진입이 편리하고 일제의 통치력이 미치지 않는 滿洲의 韓滿 국경 가까운 지대에 移住民으로 구성된 新韓民村을 형성하고, 여기에 '무관학교'를 설립해서 애국청년들을 모집하여 독립군 장교와 병사를 일본 정규군에 대항할 수 있도록 철저히 교육하고 훈련해서 정예의 독립군을 양성해 두었다가, 실력이 충분히 양성되거나 일제의 침략 야욕이 더욱 팽배하여 만주지방이나 태평양 지대로 팽창하려고 할 때, 불가피하게 중일전쟁, 러일전쟁, 미일전쟁이 일어나면 이것은 일제에게도 힘겨운 전쟁이 될 것이므로, 이를 절호의 기회로 기민하게 포착해서 밖으로부터 독립군이 독립전쟁을 전개하여 국내진입을 감행하고, 안에서는 그동안 애국계몽운동이 배양한 실력으로 애국적 국민들이 총단결해서 내외 호응하여 일거에 봉기해서, 한국민족의 실력으로 일본제국주의를 몰아내고 국권을 회복한다는 것이었다.

신민회 회원들은 이 독립전쟁전략을 실천하려고 1910년부터 만주와 러시아령 沿海州에 망명하여 독립군 창건의 핵심체로서 '武官學校' 설립을 중심으로 한 독립군기지 창설운동을 정력적으로 전개하였다. 신민회 회원들은 1911년에 만주의 奉天省 柳河縣 三源堡에 신흥무관학교를 설립하고, 뒤이어 1913년에 吉林省 汪淸縣 羅子溝 大甸子에 東林(일명 대전)무관학교와 密山縣 蜂蜜山子에 密山무관학교를 설립하여 그 후 독립군 창건의 기초를 만들었다.[1]

1919년 3·1운동이 일어나서 그 성과로 독립운동의 기세가 급격히 고양되고 독립운동 역량이 비약적으로 성장하자, 만주의 西間島·北間島 지방과 러시아령 연해주 지방에서는 3·1운동의 성과를 무장투쟁으로 집약하여 발전시키려는 독립군 조직 운동이 급속히 일어나게 되었다.

---

1) 愼鏞廈, 〈新民會의 創建과 그 國權恢復運動〉(上·下),《韓國學報》제8~9집, 1977[《韓國民族獨立運動史研究》(乙酉之化社), 1985, pp.11~140 재수록] ; 〈新民會와 獨立軍基地 創建運動〉,《韓國文化》제4집, 1983[《韓國近代民族運動史研究》(一潮閣), 1988, pp.126~166 재수록] 참조.

각 지방의 독립운동가들은 이전에 무관학교에서 양성해 놓은 독립군 장교들과 졸업생들, 구 의병들과 만주 러시아령의 동포 자제들, 그리고 국내에서 찾아오는 애국청년들을 규합하여 일시에 다수의 독립군 단체들을 조직하였다.

청산리 독립전쟁이 일어난 1920년 10월까지 만주와 러시아령에서 자발적으로 조직된 독립군 단체들의 이름만 들어보아도 북간도 지방의 大韓獨立軍, 國民會軍, 軍務都督府, 大韓新民團, 大韓(北路)軍政署, 韓民會軍, 義民團, 義軍府, 光復團, 大韓正義軍政司, 朝鮮獨立軍, 義團, 大韓獨立軍備團, 興業團, 光(匡)正團, 野團, 琿韓軍務部, 國民議事部, 大震團, 白山武士團, 血誠團, 太極團, 勞農會, 光榮團 등과, 서간도 지방의 西路軍政署, 新興學友團, 光韓團, 大韓獨立義勇團, 大韓獨立靑年聯合會, 光復軍司令部, 光復軍總營, 天麻山隊, 普合團, 義成團 등과, 러시아령의 大韓獨立軍決死隊, 大韓新民團, 靑龍隊, 사할린義勇隊, 이만義勇隊 등 거의 40여 개 단체에 달하였다.

이러한 다수의 독립군 단체들은 그 숫자는 많고 항일무장투쟁의 의욕도 높았지만, 반드시 잘 무장되어 있거나 군사훈련을 잘 받은 병사들로 편성되었던 것은 아니었다. 한국민족 교민단체들의 지원을 잘 받은 어떤 독립군 단체들은 비교적 잘 무장되어 있었고 전투능력도 컸지만, 어떤 독립군 단체들은 빈약한 무기에 실질적 전투능력을 제대로 갖추지 못한 경우도 있었다. 위의 40여 개 독립군 단체들 가운데에서 大韓軍政署는 규모와 실질적 전투능력이 가장 컸던 최강의 정예부대였으며, 청산리 독립전쟁의 주역이었다.

지금까지 대한군정서에 대한 연구는 청산리 독립전쟁 연구의 일환과 일부로서의 연구에 집중되어 있었다.[2] 다음 단계의 연구는 한 단계 더

---

2) 독립운동사편찬위원회 편, 《독립운동사》 제5권, 〈北路軍政署와 靑山里大捷〉, 1973.
　申載洪, 〈北間島에서의 武裝抗日運動—北路軍政署를 중심으로〉, 《韓國史學》 제3집, 1980.
　李康勳, 〈靑山里獨立戰鬪〉, 《軍史》 제5집, 1982.

심층으로 들어가서, 이 시기 한국민족 독립군 단체들의 각 단체별 부대별 집중연구가 필요한 것으로 볼 수 있다.

이 글에서는 대한군정서 독립군의 전체를 그 성립부터 신민부로 발전적 통합을 할 때까지 자료가 허락하는 범위 내에서 그 내부구조를 실증적으로 고찰하고, 청산리 독립전쟁에서 승전의 기본 요인으로 작용했던 대한군정서 독립군의 특징을 밝히려고 한다.

2. 대한(북로)군정서의 성립

대한군정서의 기원은 1911년 3월에 徐一 등 大倧敎 신도들이 조직한 重光團에서부터 시작된다.[3] 羅喆(羅寅永)·吳赫(吳基鎬) 등이 1909년에 창시한 대종교(처음 이름은 檀君敎)는 단군을 숭배하면서 민족의식을 고취하는 민족종교로서, 1910년 8월 일제가 나라를 식민지로 병탄하자 독립운동을 위하여 만주로 總本司를 이전할 것을 모색하고, 1910년 10월 25일 북간도의 和龍縣 三道溝에 支司를 설치하였다.[4] 뒤이어 대종교 東道本司 책임자 서일 등 애국적인 대종교 신도들은 1911년 3월에 독립운동 단체로서 重光團을 창립하였다. 그러나 초기에 중광단은 무장투쟁 준비는 하지 못하고 주로 독립정신과 애국사상을 고취하는 정신교육에 치중

朴永錫,〈日帝下 滿洲·露領地域에서의 抗日民族運動—北路軍政署 獨立軍兵士 李雨錫의 活動을 중심으로〉,《東方學志》제34~35집, 1983.

愼鏞廈,〈獨立軍의 靑山里戰鬪〉,《軍史》제8집, 1984.

———,〈獨立軍의 靑山里獨立戰爭의 硏究〉,《韓國民族獨立運動史硏究》, 1985.

方相鉉,〈滿洲獨立軍의 庚申大捷〉,《白山學報》제30·31합집, 1985.

金靜美,〈朝鮮獨立運動史上における1920年 10月—靑山里戰鬪の歷史的意味を求めて〉,《朝鮮民族運動史硏究》第3輯, 1986.

愼鏞廈,〈獨立軍의 鳳梧洞戰鬪와 靑山里獨立戰爭〉,《韓國近代民族運動史硏究》, 1988 참조.

3)《獨立新聞》1920년 4월 22일자,〈大韓軍政署略史〉참조.

4) 朴永錫,〈大倧敎의 民族意識과 民族獨立運動〉,《日帝下獨立運動史硏究》(一潮閣), 1984, pp.234~282 참조.

하였다.[5]

1919년 3·1운동이 일어나자 만주의 대종교 신도들은 金賢默 등이 기독교도·천도교도·학생 등과 함께 약 900명 정도로 一隊를 이루어 1919년 3월 18일 화룡현 삼도구 청산리 지방에서 태극기를 흔들며 독립만세 시위운동을 전개하였다.[6] 또한 3월 24일에는 安圖縣 지방에 거주하는 대종교 신도 약 200명이 關地라는 마을에 모여 독립만세를 부르고 독립 대축하회를 열었으며, 수많은 신도와 학생들이 長白縣 十六通溝 德水洞에 이르러 지도자 金中建을 방문하고 독립시위운동을 전개하였다.[7]

또한 3월 26일 百草溝에서는 대종교 신도 300명이 기독교 신도(300명), 학생(350명), 기타 인사(250명) 등과 함께 1,200명의 대집단을 이루어 각자 태극기를 흔들면서 韓族獨立宣言祝賀會를 열고 독립만세를 연달아 불렀는데, 대종교를 대표하여 桂和가 金錫九·具子益 등과 함께 연설을 하였다.[8] 이 밖에도 만주의 대종교 신도들은 중광단을 중심으로 하여 도처에서 독립만세운동을 전개하였다.

중광단은 1919년 4월에 孔敎會 등 다른 종교 신도들과 합작하여 더 전투적인 독립운동 비밀결사로서 '大韓正義團'으로 확대 개편되었다. 이때 단장은 서일이었으며, 단원은 약 1만 5천 명이었다고 하는데, 이것은 두 종파의 신도 수로 보인다.

"間島 局子街에서 大倧敎徒로 된 自由公團(正義團)이라는 秘密團體를 조직하였다. 團員은 1만 5,000에 달한다. 단장 徐一(大倧敎 東道司敎의 직에 있는 자)은 곧 局子街에서 총회를 열 것이라고 한다. 회의 목적은 韓國의 獨立에 있다. 그리하여 計劃費로서 月 1인 1圓씩을 회원으로부터 징수한다고 한다."[9]

---

5) 《獨立新聞》 1920년 4월 22일자, 〈大韓軍政署略史〉 참조.

6) 〈獨立運動ニ關スル件〉(國外第18報), 朝憲機第169號, 1919年 4月 1日字 ; 《現代史資料》 (姜德相 編) 26, 〈朝鮮〉 2, p.100 참조.

7) 〈獨立運動ニ關スル件〉(國外第34報), 騷密第301號, 1919年 4月 17日字 ; 《現代史資料》 26, 〈朝鮮〉 2, p.124 참조.

8) 〈獨立運動ニ關スル件〉(國外第24報), 朝憲機第176號, 1919年 4月 7日字 ; 《現代史資料》 26, 〈朝鮮〉 2, pp.111~112 참조.

대한정의단은 독립쟁취를 위한 무장투쟁을 목적으로 했으나 아직 무장을 갖추지는 못하고 4대 綱領, 7대 約章을 제정하여 단원을 모집하면서 비밀리에 세력을 확대하며 무장투쟁의 준비를 서두르고 있었다. 대한정의단의 4대 강령, 7대 약장, 3대 符信은 다음과 같았다.

四大綱領
一. 正大한 義理의 闡揚
一. 正當한 義務의 履行
一. 正直한 義務의 獎勵
一. 正順한 義擧의 贊同
七大約章
一. 誓約을 必踐
一. 命令을 必遵
一. 良民을 勿侵
一. 他團을 勿涉
一. 規律을 必守
一. 役務를 必擔
一. 妄言을 勿作
三大符信
一. 團長의 印證 또는 證券의 號數가 있지 않은 경우에는 聽從하지 않을 것.
一. 團長의 召集命令에 의하여 屆期 集合할 것.
一. 誓約書와 同號의 證券이 있지 않으면 團員이라고 인정하지 않을 것. 단, 證券을 분실했을 때는 保證連署로서 청원함. 또한 本證券의 號數를 비밀로 할 것.[10]

대한정의단은 위의 강령과 약장을 포명함과 동시에 各區에 分團 또는

9)〈獨立運動ニ關スル件〉(國外第47報), 騷密第848報, 1919年 4月 25日字 ;《現代史資料》 26,〈朝鮮〉 2, p.143.
10)〈獨立運動ニ關スル件〉(國外日報第113號), 騷密第6080號, 1919年 8月 2日字 ;《現代史資料》 26,〈朝鮮〉 2, p.249.

支團을 설치하였다.[11] 또한 대한정의단은 《民報》, 《新國報》를 순국문으로 발간하여 민간에 배포해서 동포들의 독립사상을 더욱 공고히 하면서 대한정의단의 취지에 기초하여 독립을 얻기 위한 대가는 오직 血戰뿐이라는 정신을 널리 선양하고 고취하였다. 1919년 8월경의 대한정의단의 세력은 5개 분단과 70여 개 지단을 설치할 정도로 확대되었다.[12]

대한정의단은 이러한 조직기반 위에서 독립군 편성을 위한 준비로 각지에서 대한정의단의 결사대원 또는 斷指결사대원을 모집하여 모두 1,037명의 명부에 등록한 결사대원을 확보하였다. 이것은 즉 대한정의단의 독립군 자원자인 것이었다. 安圖縣의 대한정의단의 경우를 보면 金廷一·金禹鍾·李泰極 등을 주무자로 하여 약 300~400명의 결사대원을 확보해서 50명씩 교대로 沙河국민학교에서 木銃을 가지고 훈련을 시작하였다. 교관은 安錫鎭·元某 등 2인이었는데, 교관이 불충분하여 羅副尉를 초빙하기로 하였다. 무기는 한국인 砲手(獵師)가 소지한 것을 수집했는데, 오연발총과 管打銃이었으며, 內島山에 거주하는 중국인을 통하여 군총 구입을 꾀하였다.[13] 이 사례에서도 대한정의단의 독립군 조직을 위한 노력의 일단을 볼 수 있다.

대한정의단은 1919년 8월(음력 7월) 그 산하에 독립군 무장단체로 '大韓(獨立)軍政會'를 조직하였다. 이것은 대한정의단이 독립군의 무장투쟁을 시작하기 위하여 정의단 산하에 편성한 독립군 무장단체였다. 대한정의단은 군정회를 편성하면서 다음과 같은 倡義檄文을 발표하였다.

咨我同胞 大韓人아, 今我 大韓正義團은 獨立軍政會를 조직하고 正理와 大義로써 同志者를 규합하야 天下萬世의 公賊 日本에 聲罪行討하려 하노라.

頑彼日本이 向已 不義로써 我大韓帝國을 合倂하고 이제 또 不義로써 我大韓獨立을 沮害하야 人道의 正義도 不思하며 世界의 公論도 不顧하고 오직 狼

---

11) 《獨立新聞》 1920년 4월 22일자, 〈大韓軍政署申請書〉(第2號) 참조.
12) 《獨立新聞》 1920년 4월 22일자, 〈大韓軍政署略史〉 참조.
13) 〈排日鮮人ノ行動ニ關スル件〉; 《現代史資料》 27, 〈朝鮮〉 3, pp.225~226 참조.

子의 野心으로 野雛의 河腹만 充하야 감히 東洋의 平和를 파괴하며 人權의 平等을 억압하니 이는 我神聖民族으로 하여금 永히 奴隷案에 編하여 野蠻種의 대우를 與함이라.

此를 엇지 忍하며, 此를 엇지 耐하리오.

起하라. 來하라. 十年의 大恥를 快雪함도 是日이며 萬古의 大義를 申明함도 是日이니라. 五條約의 勒成을 忿憤하야 漢城挾室에서 以刀自裁하던 閔泳煥公이 다시 無한가, 有하거던 속히 그 義忠을 盡할지며, 國賊五大臣을 射殺하야 政府를 澄淸하려던 羅寅永公이 다시 無한가, 有하거던 속히 그 義志를 奮할지며, 義士를 召聚하야 對馬島에서 餓食하던 崔益鉉公이 다시 無한가, 有하거던 속히 그 義節을 表할지며, 하얼빈 정거장에서 公賊 伊藤을 砲하던 安重根公이 다시 無한가, 有하거던 속히 그 義狹을 發할지며, 海牙萬國平和會席에서 熱血을 一灑하던 李儁公이 다시 無한가, 有하거던 속히 그 義烈을 揚할지며, 漢城 鍾路街에서 賣國賊 李完用을 刺殺하려던 李在明公이 다시 無한가, 有하거든 속히 義憤을 激할지며, 故義兵將 閔宗植 許蔿 姜基東 諸公이 다시 無한가, 有하거든 속히 그 義勇을 屬할지어다. 오호라, 誰가 祖宗이 無하며 誰가 子孫이 無한가. 上으로 神聖의 榮을 祖宗에게 專歸하려거든 下으로 奴隷의 辱을 子孫에게 不遺하려거든 此時를 勿失하라. 此身을 不有하라. 一身을 殉하야 百身을 贖함이 人道의 元勳이니라. 少數를 牲하야 多數를 活함이 正義의 公德이니라. 誰가 生을 不欲가마는 奴隷코 生은 生의 辱이며 誰가 死를 不惡아마는 神聖코 死는 死의 榮이니라.

本團은 正義匡扶를 綱領으로 하며 祖業恢復을 목적으로 하는 바, 群策群力을 一團으로 結合하고 聚人聚財를 雙方으로 進行하노니, 惟我同胞 大韓男妹아, 智謀가 有한 者는 智謀로, 勇氣가 有한 자는 勇氣로, 技藝가 有한 자는 技藝로 각자 逞能義投하며, 武器가 有한 자는 武器로, 粮米가 有한 자는 粮米로, 金錢이 有한 자는 金錢으로 各自 隨力隨捐하야 써 公賊 日本을 討滅하야 天下의 公憤을 雪하며 我韓獨立을 鞏固하야 萬世의 光榮을 遺하라.

士無餘命은 壽를 惡함이 아니며 士無餘財는 貨를 惡함이 아니라. 時運所至에 能히 我身을 私有치 못하며 大勢所驅에 감히 我富를 猶有치 못하나니 諒哉하여 勗哉이다.

大韓民國 元年 七月

大韓正義團[14]

이것은 독립군 편성을 위해 이에 참가할 것을 호소한 격문임을 바로 알 수 있다.

대한정의단은 장정과 무기와 군자금이 어느 정도 준비되어 실제로 본격적 군사훈련과 독립군 편성의 과제가 절박하게 대두되자, 이 과제를 누구에게 위탁하여 합작할 것인가의 문제에 부딪히게 되었다. 왜냐하면 대한정의단의 대종교 지도자들이나 공교회의 유교 지도자들은 군사문제에는 비전문가들이었기 때문이었다.

대한정의단의 서일 등 대종교 지도자들은 이 문제를 신민회 계통의 무관인 金佐鎭·曹成煥·李章寧 등을 초빙하여 그들과 합작해서 해결하였다. 김좌진은 光復會 시기에 대종교와도 관련을 갖고 있었다. 그리하여 1919년 8월에 김좌진 등이 대한정의단의 군정회를 맡게 되고, 모집한 장정(결사대원)들의 군사훈련과 독립군 편성의 과제를 수행하게 되었다.

그러나 대한정의단의 대종교 지도자들이 신민회 계통의 민족주의자들과 합작한 것은 공교회 계통의 유교 지도자들과 신도들에게 즉각 반발을 불러일으켰다. 왜냐하면 신민회 계통의 민족주의자들은 철저한 共和主義者들이었고, 반면에 공교회 계통의 민족주의자들은 君主制를 지지하는 復辟主義者들이었기 때문이다. 대한정의단과 대한군정회가 신민회 계통의 무관들과 합작해서 공화주의 단체로 되자, 복벽주의자들인 공교회 계통의 지도자들은 이에 반발하여 李珪·金星極·姜受禧 등이 이탈해서, 金星極 등은 복벽파의 독립군 단체로 '大韓光復團'을 새로 조직하고,[15] 李珪·姜受禧 등 역시 복벽파의 독립군 단체로 '大韓正義軍政司'를 새로 조직하였다.[16]

14) 〈大韓正義團倡義檄〉;《韓國獨立運動史》(國史編纂委員會 編) 제3권, 資料篇, pp.606~608.

15) 〈不逞鮮人ノ根據地移動ニ關スル件〉, 1920年 7月 14日字 ;《現代史資料》27, 〈朝鮮〉3, p.356 及 〈不逞鮮人根據地並ニ各組織ニ關スル件〉, 1920年 8月 10日字 ;《現代史資料》27, 〈朝鮮〉3, p.369 참조.

16) 愛國同志援護會 編,《韓國獨立運動史》, 1956, pp.306~308 및 申載洪, 〈北間島에서의 武裝抗日運動—北路軍政署를 중심으로〉,《韓國史學》제3집, 1980 참조.

그 결과 대한정의단과 산하 무장단체인 대한군정회는 대종교 계통의 민족주의자들과 신민회 계통의 민족주의자들이 합작한 순연한 공화주의 독립군 단체가 된 것이었다.

대종교 계통의 민족주의자들과 신민회 계통의 민족주의자들은 동일한 단체인 대한정의단과 대한군정회의 명목만의 분리가 무의미하므로 1919년 10월 대한정의단과 대한군정회를 모두 합하여 전체를 '大韓軍政府'로 개편하였다. 대한군정부를 창립한 주요 인물은 徐一·玄天默·金佐鎭·曹成煥·李章寧·桂和·李範奭·朴性泰·鄭信·朴斗熙·李鴻來·尹昌鉉·羅仲昭·金星 등이었다고 한다.[17] 그리고 그들은 대한군정부를 總裁府와 司令部로 나누어 총재부는 주로 대종교 계통에서 단체의 대표와 民政·民事를 관장하도록 하고(주로 이전의 대한정의단의 업무), 사령부는 주로 신민회 계통에서 군사(주로 이전의 대한군정회의 업무)만을 전담하도록 하였다. 대한군정부의 총재는 대종교의 徐一, 부총재는 玄天默이었고, 사령부의 사령관은 신민회 계통의 金佐鎭이었다. 즉 대한군정부의 독립군은 신민회 계통의 김좌진이 전적으로 책임을 지고 창설하게 된 것이었다.

대한군정부는 성립과 동시에 상해의 대한민국 임시정부에 성립 사실을 보고하여, 산하 독립군 군사기관으로서의 公認을 신청하였다. 임시정부는 1919년 12월에 〈國務院 제205호〉로서 명칭을 대한군정부로부터 '大韓軍政署'로 변경할 것을 조건으로 이를 승낙하였다. 그 이유는 대한군정부도 '정부'라는 이름을 가져서 임시정부의 '정부'와 중첩되어 동격의 2개 정부가 존재한 것으로 오인될 소인이 있다고 보았기 때문이었던 것으로 추측된다. 이에 대한군정부는 임시정부의 명칭 변경 요구를 받아들여 '대한군정서'로 공식 이름을 바꾸고, 이 뜻을 임시정부에 전보로 보고하여 그 이후부터는 공식적으로 대한군정서가 되었다.[18]

---

17) 愛國同志援護會 編, 《韓國獨立運動史》, 1956, p.310 참조.
18) 《獨立新聞》 1920년 4월 22일자, 〈大韓軍政署申請書〉(第2號) 및 〈大韓軍政署略史〉 참조.

대한민국 임시정부는 이 무렵에 서간도에서 韓族會·新興武官學校가 중심이 되어 편성한 독립군 단체에게 '西路軍政署'라는 명칭을 이미 보내었으므로, 북간도의 대한군정서에 대해서는 이와 대비하여 '北路軍政署'라는 별칭을 지어 애용하였다. 이로 말미암아 세간에서는 '대한군정서'라는 공식 명칭보다 '북로군정서'라는 별명이 구분이 쉬워 더 널리 애용되고 더 유명해졌다. 그러나 북로군정서 대원들은 그들이 한국 독립군의 主宗이라는 자부심도 곁들여 반드시 공식 명칭인 '대한군정서'라는 이름을 사용하였다.[19]

대한군정서의 문건들은 군정서 성립의 역사를 스스로 다음과 같이 간략히 밝히었다.

> 기원 4244년 3월에 重光團을 조직하고 同志를 규합하야 復國을 斷할새 위선 精神敎育을 진력하다. 民國元年 3월에 獨立을 宣言한 후에 正義團으로 개칭하고 趣旨書와 綱領을 發布하야 團員을 增募하다. 民報와 新國報를 純國文으로 발간하야 民間에 배포하야 써 국민의 獨立思想을 공고히 하되 本團趣旨에 基하야 獨立의 代價는 오직 血戰뿐이란 精神을 더욱 鼓動시키다.
>
> 民國元年 8월에 軍政會를 조직하다. 此時 正義團의 세력은 5分團과 70여의 支團을 置하다. 軍事知識의 양성과 武器購入이 本會의 목적인 바, 此를 實行함에는 第一曰 金錢이라. 고로 民間에 軍資金을 모집하다.
>
> 10월에 軍政府를 立하야 執行機關으로 實際에 착수하다.
>
> 12월에 臨時政府 國務院 第205號에 의하야 軍政署라고 개칭하야 公認한 軍事機關이 되다.[20]

> 本署는 그 由來가 稍遠하야 國恥 이후에 곧 重光團의 名義로서 同志를 暗結하야 一向 秘密과 靜愼으로서 進行하다가 獨立宣言 이후에 다시 大韓正義團으로 개칭하고 四大綱領을 布明하야 各區에 分斷 또는 支團을 分置하였나이다. 그러나 本地는 敵人의 세력이 猖獗無比하므로 더욱 機密을 藏하야 다만

---

19) 愼鏞廈, 〈獨立軍의 靑山里獨立戰爭의 硏究〉,《韓國近代民族獨立運動史硏究》, pp.426~427 참조

20)《獨立新聞》1920년 4월 22일자, 〈大韓軍政署略史〉.

處女의 姿만 取하다가 及其毛羽가 略豊하고 窟이 槪備함에 靜極必動의 機로
軍政會를 조직하고 倡義檄을 天下에 聲佈하였노라. 本署는 民族上 統一을 謀
하야 大同無偏의 幸福을 期圖하므로 軍政機關 組立한 日에 곧 우리의 일반
신뢰하는 바 臨時政府에 報達 또는 申請하야 國務院 第205號로써 嘉納함을
承하고 軍政府는 軍政署로 依命 改稱하고 此意를 곧 電達 또는 覆達하였도
다.[21]

이상에서 본 바와 같이 대한군정서는 대종교 계열의 민족주의자들과
신민회 계열의 민족주의자들이 합작하여, 총재부는 행정·재정·조직·
경리 등 민사와 자치를 총재 서일을 중심으로 하여 대종교 계열의 독립
운동가들이 주로 담당하고, 사령부는 군사 부문을 전담하여 사령부장
(사령관) 김좌진을 중심으로 신민회 계열의 독립운동가들이 주로 담당
하는 체제로 출발하였다.[22]

대한군정서가 대종교 계통의 민족주의 독립운동가들과 신민회 계통
의 민족주의 독립운동가들의 합작으로 성립되었다는 사실은 이 독립군
단체의 성격을 형성하는 데 큰 의미를 갖는 것이 되었다.

대한군정서의 대종교 계통은 처음에는 공화주의에 대하여 선명한 소
신이 없다가 철저한 공화주의자들인 신민회 계통과 합작함으로써 공화
주의를 지원하게 되고, 대한군정서 전체가 적극적으로 공화주의를 지향
하는 진취적 독립군 단체로 확립되었다. 또한 이 때문에 대한군정서는
모든 종류의 군주제를 부정하고 한국 역사상 최초의 공화국(민국) 체제
로 수립된 대한민국 임시정부를 조선왕조를 계승하는 정통성을 가진 정
부로 적극 지지해서, 그 산하의 공식 군사기관이 될 것을 청원하여 그
승낙을 받은 것이었으며, 시종일관하여 상해 대한민국 임시정부와 긴밀

---

21) 《獨立新聞》 1920년 4월 22일자, 〈大韓軍政署申請書〉(第2號).
22) 新民會 계열의 민족주의자들은 民主共和主義者들이었으나 金佐鎭 등도 역시 國祖로서
    檀君을 숭배했으며, 大倧敎 신도들과 光復會에서 이미 합작한 경험이 있었으므로 김좌진
    은 대종교 계열의 민족주의자들과 대한군정서에서 다시 합작할 수 있는 충분한 조건이 갖
    추어져 있었다고 볼 수 있다.

한 관계를 갖게 된 것이었다.

또한 특히 주목할 것은 대한군정서의 대종교 계통 지도자들이 김좌진 등 신민회 계통의 무관들과 합작했기 때문에 대한군정서는 그의 독립군을 가장 진취적이고 최강인 정예부대로 만들 수 있었다는 사실이다. 신민회는 이미 구한말 시기부터 국권회복을 위한 독립전쟁전략을 수립하고 만주에 무관학교와 독립군기지를 창건할 계획을 추진하면서 일본 정규군과 현대전에서 대전하여 승리할 수 있는 정예 독립군의 창건과 훈련방법을 연구하고 수립하여 신흥무관학교 등에서 실천한 국권회복운동 단체였으며, 김좌진은 신민회 주요 회원이었고 그 산하 공식청년기관인 靑年學友會 漢城聯會에서 활동하다가 그 후 서간도로 이주하여 신흥무관학교 설립의 중핵이 되었던 한성연회의 李東寧·李會榮·尹琦燮·金佐鎭·李圭鳳·張道淳·李慶熙 등의 一團의 한 주요 구성원이었다.

대한군정서가 이상과 같이 대종교 계통과 신민회 계통의 합작으로 성립되고, 특히 대한군정서의 독립군을 관장하는 사령부는 김좌진을 사령관으로 하여 신민회 계통의 지도자들이 전담했기 때문에, 김좌진 등 신민회 계통은 동일한 신민회 계통의 민족주의자들이 조직한 서로군정서·신흥무관학교와 매우 긴밀한 관련과 유대를 가졌다. 특히 군사에 대해서는 군사상 일체의 중요안건과 士官練成과 무기구입 등 광범위한 사항에 걸쳐 긴밀히 상호부조할 것을 내용으로 하는 조약을 1920년 5월 대한군정서 사령관 김좌진과 서로군정서 대표 成駿用(헌병대장) 사이에 체결하기도 하였다. 그 조약 내용을 보면 다음과 같다.

吉林·奉天 兩省에 在하는 軍政署는 원래 동일 취지의 軍事機關이므로 양 대표자 협의의 결과 업무진행 발전상 協同一致를 하기 위하여 다음의 條約을 체결한다.

一. 양 기관은 臨時政府를 절대 옹호하며 만약 분에 맞지 않은 희망이나 道가 아닌 野心으로 政府에 反抗하는 자가 있을 때에는 이를 合力 聲討하여 正義에 歸一시킬 것.

一. 양 기관의 誠意 親睦을 꾀할 것은 물론이오, 軍事上 一切의 重要案件은

相互協議하여 추호라도 抵觸 또는 睽違가 없도록 기할 것.

一. 양 기관은 士官의 敎練과 武器購入에 대하여, 혹은 不意의 事에 대하여 相互扶助해서 光復大業의 萬全의 完成을 기할 것.

一. 양 기관의 登錄된 軍人으로서 사사로이 스스로 背歸하는 자에 대해서는 서로 照會하여 返還함은 물론이오 이미 연합한 제3기관에 비밀히 영합하는 일이 있을 때에는 상호 이를 懲治하여 後弊의 杜絶을 기할 것.

一. 본 조약은 양 대표 捺印日로부터 실효가 있는 것으로 한다.

大韓民國 2년 5월 29일

大韓軍政署代表　司令官　金佐鎭 印
西路軍政署代表　憲兵隊長　成駿用 印[23]

대한군정서와 서로군정서의 이러한 긴밀한 관계의 심층에는 대한군정서의 성립구조에 사령부를 중심으로 한 신민회 계통의 무관들과 합작이 특징적으로 기초되어 있었음을 주목할 필요가 있다. 이 때문에 이러한 긴밀한 관계에 의거하여 1920년 7월 일본군의 수색작전으로 서로군정서가 근거지인 柳河縣을 떠나 安圖縣으로 이동하고 신흥무관학교 사관생도 약 300명이 三仁坊에 주둔했을 때 서로군정서 독판 李相龍과 사령관 李靑天은 대한군정서 사령관 김좌진에게 친서를 보내어 이 사실을 긴급히 알려서 대책을 협의했으며,[24] 서로군정서 대표 金東三은 1920년 8월 25일 西大坡의 대한군정서 사령부에 도착하여 대책을 협의하고,[25] 1주일간 체류한 후 8월 31일 서간도로 돌아갔다.[26]

대한군정서가 성립한 약 10개월 후인 1920년 7~8월경의 대한군정서 조직과 그 간부는 다음과 같았다.[27]

---

23) 〈東·西間島軍政署聯絡ニ關スル件〉;《現代史資料》27,〈朝鮮〉3, p.394 참조.

24) 〈陣中日誌〉(大韓軍政署 司令部日誌) 1920년 7월 29일조 ;《독립운동사자료집》(독립운동사편찬위원회 편) 제10권, p.50 참조.

25) 《陣中日誌》1920년 8월 25일조 ;《독립운동사자료집》제10권, p.56 참조.

26) 《陣中日誌》1920년 8월 31일조 ;《독립운동사자료집》제10권, p.57 참조.

27) 《陣中日誌》1920년 7, 8월분 ;《독립운동사》(독립운동사편찬위원회 편) 제5권, pp.368~369에서 뽑아 정리한 것임.

총　　재	徐　一	度支국장	尹挺鉉
부 총 재	玄天默	募損국장	崔壽吉
총재부비서장	金　壘	徵募국장	金禹鍾
비　　서	尹昌鉉	징모과장　金國鉉	李時權
사 령 관	金佐鎭	기계국장	梁　玄
사령부 부관	朴寧熙	기계보관과장	徐　靑
참 모 장	李章寧	警信국장	蔡奎伍
참모副長	羅仲昭	제1분국장	李敏柱
참　　모	鄭寅哲	제10분국장	崔柱鳳
서무부장	任度準	제21분국장	姜　勳
재무부장	桂　和	제33분국장	李根植
인사국장	鄭　信	통신과장	蔡信錫
경리국장	崔益恒	군사정탐대장	許中權
군법국장	金思稷	지방시찰장	金錫九
이　　사	南鎭浩	경비대장　許活	李敎性
稽查국장	金京俊	軍醫正	朱見龍

한편, 위와 같은 시기인 1920년 8월 孟富德의 중국군이 독립군을 수색
토벌한다고 했을 때, 위의 간부진의 실제와 같이 정확하고 상세한 것은
아니지만 중국측이 7월에 조사한 대한군정서의 실태는 다음과 같다고
하였다.[28] (다음 쪽 표 참조)

3. 대한군정서의 근거지 설치

대한(북로)군정서는 1919년 가을부터 준비를 시작하여 1920년 이른 2
월 초에 북간도의 汪淸縣 西大坡 十里坪의 깊은(30리 떨어진) 삼림 속에
다 근거지를 설치하였다.

---

28) 〈陶道伊ノ派遣セシ調査員ノ齋セル不逞鮮人團體ノ實況ニ關シ報告ノ件〉, 1920年 8月
　　12日字 ;《現代史資料》27, 〈朝鮮〉3, p.371 참조.

中國軍이 조사한 大韓軍政署

團名	大韓軍政署									合計一	備考
所在地	汪淸縣 春明鄉	托盤嶺 西大坡(朝鮮名)								一	機關銃 三挺은 實見하지 않았으나 해당 署員의 所報에 의거하여 기록하였다. 警衛隊 二〇〇名은 오로지 警衛로서 西大坡부근의 경계를 맡고 있고,
首腦者 氏名	徐一	金佐鎭	玄天默	羅仲紹	李天乙	尹昌鉉	尹友鉉	金爀	金載龍		
職名	總裁	司令官	副總裁	士官敎官	同	同	經理局長	通信局長	軍議政	九名	
兵數 및 中國人有無	警衛兵 二〇〇名	中國人은 참가한 자 없음								二〇〇名	
武器數 및 種類	機關銃 三挺	連發銃 三〇〇挺	三八年式 一一挺	舊式先込銃 一五挺	南部式拳銃 八挺	七連發拳銃 八挺	구카式拳銃 一〇挺			三七一	
糧食充實有無	充實										
活動時期	未定										
服裝樣式	完備되지 않았음										
駐屯 情況	朝鮮式 草家15間	天幕3個所	其他民家를 借用	家15間	天幕3個所						
操練 狀況	舊韓國陸軍式의 操練方法을 채택										
士官學校數 및 氏名과 敎師	士官學校 一個所	敎員 羅仲紹 舊韓國陸軍營長	李天乙 同上	同中國語擔當 尹昌鉉	元道尹公署通譯		學生 四〇〇名	敎員 三名	學生 四〇〇名		

이곳은 小汪淸으로부터 90리(36킬로미터) 떨어진 깊은 삼림지대였는데, 소왕청 입구에서부터 약 60리가 되는 西大坡 十里坪까지는 원래 우마차가 통행할 수 없는 산길뿐이던 것을 대한군정서가 근거지를 설치한 후 4월에 군정서가 길을 닦아 牛車가 통행할 수 있는 도로를 만들었다. 또 십리평에서부터 약 30리(12킬로미터) 떨어진 삼림 속의 근거지 병영까지 이르는 길 역시 우마차는 통행할 수 없고 인부에 의해서만 통행과 운반이 가능한 삼림 속의 오지였다.

當地로부터 不逞鮮人 軍政署 集會地點까지의 교통로는 小汪淸 입구로부터 약 6里로서 西大坡의 十里坪이라고 칭하는 지점에 이르기까지는 본년 3월경까지는 牛馬車의 通行이 불능했으나 그들의 一派는 根據를 둔 관계로 이 사이의 道路를 수리하여 본년 4월경부터 牛車의 통행할 수 있는 도로를 만들었다. 그리하여 十里坪으로부터 약 3里의 森林中에 該不逞鮮人輩는 兵營을 建設했다고 한다. 이 사이의 3里는 牛馬車도 通行할 수 없고 모든 것을 人夫의 손에 의하여 운반중이라고 한다.[29]

대한군정서가 근거지를 설치한 서대파 십리평의 오지는 속칭 '양진산'이라고 칭하는 그다지 높지 않은 산기슭으로서, 동쪽으로 약 100리(40킬로미터)를 가면 琿春 荒溝에 도달하고, 동북쪽으로 100리(40킬로미터)를 가면 羅子溝에 도달하며, 북쪽으로는 러시아령 煙秋지방에 통하고, 남쪽으로 약 140~150리(56~60킬로미터)를 가면 凉水泉子 방면으로 통하는 교차점에 위치하여 지리상으로 어떤 곳으로부터도 이를 공격하는 것이 곤란한 전략상 유리한 위치를 가진 지점이었다.

軍政署는 當地로부터 東北에 當하고 當館으로부터 약 13리 半, 大汪淸으로부터 9리 半의 地點으로서 周圍森林의 奧地에 설치하였다. 該地는 속칭 양진山이라고 칭하는 기슭으로서 그 地는 가장 樞要의 土地일지라도 그다지 高地라고 칭할만한 곳은 아니다. 그리하여 東方으로 약 10里에 琿春 荒溝에 도달

---

29) 〈不逞鮮人行動報告ノ件〉;《現代史資料》 27, 〈朝鮮〉 3, p.349.

하고, 東北으로 10里에 羅子溝, 北方은 露領 煙秋地方으로 통하며, 南方은 약 14, 5里로서 凉水泉子 방면으로 통하는 交叉點에 位置하여 地理上 어디로부터 이를 攻擊해도 困難한 場所이라고 한다.[30]

大汪淸으로부터 大韓軍政署 근거지까지 이르는 경로를 보면, 꼬불꼬불한 냇물을 따라 낸 도로로 약 40리(16킬로미터)를 가면 一次島(통칭 첫째섬, 한국인 30호의 촌락)라는 섬 모양의 지형의 촌락이 나오고, 일차도로부터 약 10리(4킬로미터)에 二次島(한국인 약 20호의 촌락)가 있으며, 이차도로부터 약 10리에 三次島(한국인 약 10호의 촌락)가 있고, 그로부터 약 5리(2킬로미터)에 四次島(한국인 약 10호의 촌락)가 있으며, 또 약 5리를 더 가면 十里坪에 도착하게 된다. 十里坪에서 동북쪽으로 약 25리(10킬로미터)를 가면 大韓軍政署의 練兵場에 도달하게 되는데, 십리평으로부터 연병장으로 약 5리(2킬로미터)까지는 간신히 牛車가 통행할 수 있도록 도로를 닦았으나, 나머지 20리는 한 명씩의 보행도 곤란을 느낄 만한 산길로 연결되어 있는 오지에 근거지를 설치하였다. 또한 大汪淸으로부터 우차가 통행하는 도로는 75리(30킬로미터)라 할지라도 이는 겨울철 結氷 때에 曲流를 따라서 통행하는 것이고, 여름철에는 우차의 통행이 전혀 불가능한 지점이었다.[31] 이것은 대한군정서가 지리상으로 중국군이나 일본군의 공격로를 차단할 수 있는 요새의 밀림 오지에 그들의 근거지를 설치했음을 나타내는 것이다.

대한군정서는 그뿐만 아니라 서쪽으로는 一次島 외곽으로부터 동쪽으로 荒溝까지, 남쪽으로는 남산의 정상으로부터 북쪽으로는 북산너머의 기슭까지, 警戒線과 警衛線을 쳐서 참호를 파고 24시간 경계하게 하여 근거지에 적과 외부인의 접근을 방지하고 근거지를 엄중하게 보위하였다.[32]

---

30) 〈不逞鮮人根據地並ニ各組織ニ關スル件〉;《現代史資料》27, 〈朝鮮〉 3, p.367.
31) 위와 같음.
32) 〈軍政署本部所在地附近見取圖〉;《現代史資料》27, 〈朝鮮〉 3, p.374 참조.

대한군정서는 이 근거지에 1920년 2월 병영과 연병장을 건설하였다.
병영은 원래 8棟을 건설할 예정이었다. 그들은 밀림의 수목을 벌목하여
약 5~6晌(중국의 면적 단위)의 토지면적을 평지로 만들고 그곳에 병영
을 건설하였다. 그 가옥의 구조는 중국식 6칸방 5동과 5칸방 2동을 만들
어서, 1동은 사무소로 사용하고 1동은 노동자의 거처로 충당한 외에 5동
은 전부 군인의 거처로 사용하였다. 병영의 1동의 크기는 길이가 60尺,
폭이 20척이었으며, 구조는 사옥 외부의 벽을 丸木으로 조합하여 간격
없이 만들어서 널판의 대용이 되게 했으며, 천장은 인도 木棉을 펼쳐서
천막식으로 중앙을 높게 하여 비와 이슬을 막게 하였다.

(兵營建設의 情況) 該兵營은 住屋 外部의 塀은 材木을 組合했으며, 天井은
天竺木綿을 펼쳐서 天幕式으로 中央을 높게 하여 비가 새는 것을 방지하도록
만들었다. 그리고 그들의 예정은 8棟을 건축하려고 착수하여 이미 5棟은 완전
히 만들어져서 住居하고 있으며, 1棟은 건축 중으로서 이미 半 이상 완성되었
다고 한다.[33]

兵營建設所在地는 위와 같이 곤란한 장소를 선정하여 설치한 것으로서 深
林의 奧地이기 때문에 樹木을 벌목하여 중국晌으로 약 5,6晌 토지의 면적을
平地로 만들고 그곳에 兵營을 건설하였다. 그 家屋의 構造는 中國式 6間房 5
棟, 5間房 2棟을 만들어 1棟은 事務所에 충당하고 1棟은 勞動者의 居住에 충
당한 외에 5棟은 全部 軍人 등이 起居하게 하였다. 그 1棟의 길이는 60尺, 폭
은 20尺으로서 構造는 外掘을 丸木으로써 組合시킨 것일 뿐이지만 간격없이
될 수 있어서 板塀의 代用이 되는 것이었으며, 天井은 天竺木綿을 펴서 中央
을 높게 하여 비가 새는 것을 방지하는 天幕이다.[34]

또한 대한군정서 근거지의 연병장은 십리평으로부터 약 15리(6킬로미
터) 떨어진 상·하 두 곳에 밀림을 벌목하고 나무뿌리를 캐어내서 평지를

33) 〈不逞鮮人行動報告ノ件〉;《現代史資料》27,〈朝鮮〉3, p.349.
34) 〈不逞鮮人根據地並ニ各組織ニ關スル件〉;《現代史資料》27,〈朝鮮〉3, p.367.

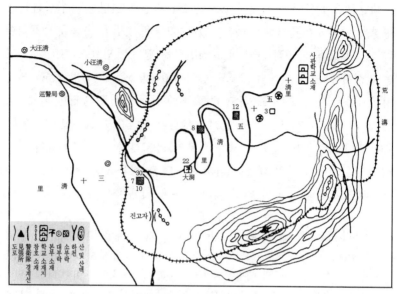

대한군정서 근거지 약도(Ⅰ)

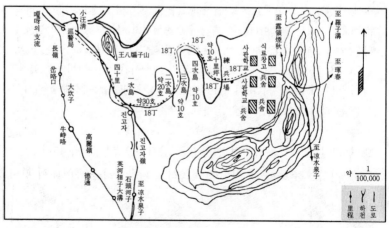

대한군정서 근거지 약도(Ⅱ)

만들어 1町步 四方位(또는 중국면적으로 2晌)의 연병장을 건설해서 군사를 매일 조련하게 하였다. 즉 연병장은 병영 부근에 1정보 면적의 것을 2개 건설한 것이었다.

十里坪으로부터 東北으로 약 1里 半에 軍政署 練兵場이 있다. 該地는 材木을 伐木하고 木根을 掘鑿하여 약 中國 2晌地 넓이를 가진 平地를 만들었다고 한다.[35]

軍政署本部는 西大坡 十里坪으로부터 약 3里의 山奥에 所在한다. 十里坪의 부근 上下 2개소에 1町步四方位의 練兵場을 건설하고 軍士가 매일 操練을 하고 있었다.[36]

대한군정서는 汪淸縣 西大坡 十里坪의 밀림의 오지에 이러한 근거지를 설치하면서 수많은 노동자와 군인을 동원하여 20여 개의 天幕舍를 치고 29개의 가마솥을 걸어놓고 대규모 역사를 하였다. 물론 이러한 대한군정서의 근거지 설치는 중국관헌의 묵인 아래 진행된 것이었다. 일제의 보고에 따르면, 서대파에 다녀온 중국관헌은 귀환 후에 이 지방에 한국인의 집단이 없다고 복명하였다고 한다.

間島 軍政署가 汪淸縣 西大坡(浦)에 건축중의 宿舍는 이미 기초가 되는 柱木을 세우는 것을 끝내었다. 該地에 있어서 人員의 實數(그들은 1,200~1,300이라고 과장하고 있다)에 대해서는 알 수 없을지라도 목하 그 一部는 民家에 숙박하고 대부분은 廣木목면(3월 하순 琿春에서 구입했다)이라고 칭하는 布를 가지고 調製한 20여 개의 天幕舍에 기거하고 29개의 가마솥을 세워서 炊焚하고 있다. 그들은 中國官憲과 脈絡이 있으며, 軍政署의 外交部長 金永學은 누누이 延吉道尹 公署에 출입한다고 한다. 또한 西大坡(浦)에 집중 중의 朝鮮人이 宿舍를 新築 中임은 局子街 부근에 있어서 中國官邊 公知의 事實로서, 不

---

35) 〈不逞鮮人根據地並ニ各組織ニ關スル件〉;《現代史資料》27,〈朝鮮〉3, p.367.
36) 〈軍政署ニ拘禁セラレ居リタル朝鮮人ノ談話ニ關スル件〉;《現代史資料》 27,〈朝鮮〉
   3, p.239.

逞鮮人 取締(표면상)의 命을 받아서 該地方에 간 軍警은 西大坡(浦)에 이를지라도 하등 干涉하는 일이 없고, 歸還後 그 地方에 集團 없음을 復命하는 것이 보통이라고 한다.[37]

대한군정서는 이상과 같이 지리상 가장 적합하고 유리한 지대라고 판단하여 왕청현 서대파 십리평의 밀림 속에 병영과 연병장을 건설하고 警衛線을 쳐서 철통같은 근거지를 설치한 것이었다.

4. 대한군정서의 독립군 편성

대한군정서의 독립군 편성을 위한 장정의 모집은 기본적으로 '自願志望制'에 의거하였다. 첫째로 대한군정서 독립군 장정 모집의 모체가 된 것은 大韓正義團 시기에 독립군 요원으로 모집한 결사대원 1,037명이었다. 대한정의단 시기인 1919년 4월부터 정의단 간부들과 조직은 독립군 편성의 준비로 그 지망자들을 결사대원 또는 斷指결사대원으로 모집하기 시작하여 1919년 10월에는 지망자가 1,037명에 이르러서 이들을 명부를 만들어 비밀리에 조직 관리하고 있었는데, 이들 중에서 독립군에 적임인 자가 선발되어 대한군정서 독립군의 장정으로 근거지에 들어오게 되었다.[38]

또한 대한군정서 간부들은 북간도 각지에서 독립군 지망자를 모집하였는데, 1920년 3월에 약 300명의 장정이 왕청현 서대파의 대한군정서 근거지에 들어와 집합하게 되었다.

軍政司軍務署 警務總長 徐一은 百草溝 기타 各地로부터 약 300명의 壯丁을

---

37) 〈間島軍政署ノ情況ト支那官憲トノ關係〉, 1920年 5月 11日字, 朝鮮軍司令部通報 ;《現代史資料》28, 〈朝鮮〉4, p.80.
38) 〈排日鮮人ノ行動ニ關スル件〉;《現代史資料》27, 〈朝鮮〉3, pp.225~226 참조

徵募하고 목하 汪淸에 集合시키고 있다. 또한 本月(3월 – 인용자) 25일 露國으로부터 38年式銃 400정, 大砲 3문, 機關銃 2정이 도착한다는 정보가 있다. 嚴戒中.[39]

대한군정서는 또한 독립군 大隊 편성 후에는 각 대대별로 그 管區 내에서 더욱 조직적으로 장정을 모집하였다. 방법은 30戶를 1區로 하여 18세 이상 35세까지의 신체 건강한 자와 지망자 중에서 15~25명을 선발하여 독립군 병사로 필요한 장정은 바로 입대를 명하고, 그 밖의 장정들은 유사시에 소집명령에 응한다는 서약을 하도록 했으며, 35세 이상의 사람으로서 상당한 지식을 갖고 지방에서 신망이 있는 사람은 각 부대 또는 각 구의 직원에 임명하기도 하였다.

"各大隊는 그 管區內에서 일제히 壯丁의 募集을 개시하였다. 현재 제4대대 管區인 延吉縣 守信鄕 二道溝 방면에 있어서는 崔錫禹, 李遠復 양인이 8월 1일경부터 募集을 위하여 奔走하고 있다. 그 모집의 방법은 평균 30戶를 1區로 하여 18세 이상 35세까지의 健康體者 및 志望者중 每區 15명 내지 25명을 선발하여 所要者는 바로 入隊를 命하고 其他者는 有事의 際에 召集命令에 응한다는 誓約을 하도록 하며 35세 이상의 者로서 상당한 知識이 있고 地方에 信望이 있는 자는 各部隊 또는 各區의 職員에 任命하고 있다고 한다."[40]

대한군정서는 이러한 여러 가지 경로와 방법으로 독립군에 응모한 장정이나 독립군 병사가 될 것을 승낙한 장정에 대해서는 일정한 양식을 가진 軍券을 교부하여 그가 대한군정서 독립군 장정임을 증명하였다.[41] 그리하여 적임자를 선발해서 현역으로 근거지에 입영시키고, 나머지 현역 이외에 군권을 교부받은 장정들은 재향군인으로 간주하여 일단 유사시에 동원소집을 할 수 있게 하였다.

---

39) 〈不逞鮮人ノ徵兵及武器蒐集ノ件〉;《現代史資料》27, 〈朝鮮〉3, p.345.
40) 〈大韓軍政署側ノ行動二件スル件〉;《現代史資料》27, 〈朝鮮〉3, p.366.
41) 《韓國獨立運動史》(國史編纂委員會 編) 제3권, 資料篇, p.634 참조.

"軍政署는 汪淸縣 春明鄕 西大坡에 根據를 有하고……根據地 부근에는 武官學校를 설치하여 15,6세 이상 40세까지의 靑壯年者를 强徵하여 일면 幹部를 양성함과 共히 不絶히 兵員의 充實에 노력하고 있음으로써, 現役 이외에 소위 在鄕軍人에 상당한 자들을 地方各地에 散在케 하여 一旦有事時에는 命令一下에 動員召集을 할 수 있을 것 같다."[42]

대한군정서는 이렇게 모집하여 현역으로 입영시킨 장정들로 독립군을 편성하고 맹렬한 군사훈련을 실시하였다.

대한군정서 독립군의 편제는 소대 - 중대 - 대대의 편제였으며, 1소대를 50명으로 하고, 2개 소대를 1개 중대로 했으며, 4개 중대를 1개 대대로 하였고, 哨兵과 尖兵의 제도를 실시하여 본대와 연락을 긴밀하게 하였다.[43] 이 조직 편제에 의거하면 대한군정서 독립군의 1개 소대는 50명, 1개 중대는 100명, 1개 대대는 400명이었다.[44]

대한군정서 독립군의 총 병력에 대해서는 여러 가지 기록이 나오는데, 근거지 설치 직후에는 약 1,100여 명이었던 것으로 보인다. 이 가운데 600여 명이 일반 군인이었고, 약 300명이 士官練成所의 사관생도였으며, 나머지 약 200명이 경비대였던 것으로 추정된다. 대한군정서 독립군의 복장은 황색 모자를 쓰고, 帽章은 중국식과 거의 같은데 太極徽章을 붙였으며, 옷은 白服을 착용하고 소매에 紫色의 橫線을 붙였다.

"현재 훈련을 종료한 것은 그들의 칭하는 軍人으로서 그 수는 600여 명이고

---

42) 위의 책, pp.630~631.

43) 〈不逞鮮人ノ根據地移動ニ關スル件〉, 1920年 7月 14日字 ; 《現代史資料》 27, 〈朝鮮〉 3, pp.355~356 참조.

44) 〈不逞鮮人行動報告ノ件〉 ; 《現代史資料》 27, 〈朝鮮〉 3, p.350에서는 大韓軍政署 獨立軍의 編制가 25명을 1小隊로 하고 50명을 1中隊로 하며 100명을 1大隊로 한다는 정보를 수집하여 보고하고 있다. 이것은 틀린 정보이거나 大韓軍政署가 최초에 大隊를 편성해 놓고 아직 定員의 병사를 다 채우지 못했을 때의 잠정적 상태를 보고한 것이 아닌가 한다. 당시의 다른 모든 자료들과 그 후의 회고록들은 大韓軍政署 獨立軍의 編制가 50명을 1小隊로, 100명을 1中隊로 하고 있음을 밝히고 있다. 예컨대, 士官練成所 졸업생 300여 명으로 구성된 연성대는 4개 中隊로 편성되어 있었다.(李範奭, 《우둥불》, p.41 참조)

지금 또 300여 명의 在營中의 것이 있다 한다. 이들 學生과 不逞鮮人 등의 服裝은 黃色幅子를 쓰고 帽章은 支那式에 방불하고 太極徽章을 붙였으며, 白服을 착용하고 소매에 紫色의 橫線을 붙였는데 마치 일본군인과 상당히 흡사한 바가 있다고 한다. 그리하여 該所에 集合해 있는 不逞鮮人은 적어도 1,000명을 내려가지 않는다고 한다."[45]

대한군정서에 체포되어 서대파에서 구금생활을 하다가 도망한 일제 밀정의 보고에 따르면, 서대파 근거지에서 무장된 군정서 군인은 약 600명, 사관연성소 생도 약 300명, 기타 약 200명이었다. 근거지 이동 당시의 경우를 보면, 선발대가 약 500명(사관연성소 졸업생 300명과 경비대 약 200명)이었고 본대가 약 600명이었다 한다.[46] 이 자료에 따르면, 대한군정서 독립군의 서대파 근거지의 총 병력은 약 1,100명이었다고 볼 수 있다.

이 중에서 경비대란 서대파 십리평 일대의 대한군정서 근거지를 호위하는 警護線(근거지의 지도 참조)과 總裁府와 前進 哨所를 지키는 부대로서, 1920년 7월 22일에는 경비대를 模範隊라고 개칭하고 사관연성소 본부교사 李範奭을 중대장으로 겸임시켰다.[47] 대한군정서는 근거지의 핵심을 사관연성소에 두었기 때문에, 경비대의 병사는 일반군인으로 충원했지만, 경비대의 장교는 사관연성소 학도대 장교를 임명하는 일이 많았다. 예컨대 대한군정서는 1920년 7월 1일 사관연성소 학도단 제1학도대 제3구대장 李敎性과 제2학도대 제3구대장 許活을 경비대장으로 임명하였다.[48] 경비대는 사관연성소 학도대와 긴밀하게 연결되었음을 여기서도 알 수 있다.

한편 일본군측 자료는 1920년 7월 1일 현재 대한군정서 독립군의 병

---

45)〈不逞鮮人行動報告ノ件〉;《現代史資料》27,〈朝鮮〉3, pp.349~350.

46)〈軍政署ニ拘禁セラレ居リタル朝鮮人ノ談話ニ關スル件〉;《現代史資料》 27,〈朝鮮〉 p.239 참조.

47)《陣中日誌》1920년 7월 22일조 ;《독립운동사자료집》제10권, p.48 참조.

48)《陣中日誌》1920년 7월 1일조 ;《독립운동사자료집》제10권, p.39 참조.

력을 4개 대대로 보고했으며, 배치 상황을 다음과 같이 조사 보고하였다.[49]

대한군정서 독립군의 대대 배치

司令官	金佐鎭	
대대구분	대대장	주둔지
第1大隊	李 良	汪淸縣 春明鄕 西大坡 上村
第2大隊	楊春錫	汪淸縣 春明鄕 西大坡 楡樹河
第3大隊	任度準	汪淸縣 春明鄕 西大坡 大坎子
第4大隊	玄 甲	延吉縣 守信鄕 二道坡

위의 대한군정서 독립군의 대대 편성을 대한군정서 독립군 편제에 의거하여 기계적으로 산출해 보면, 대한군정서 독립군의 총 병력은 약 1,600명에 달하는 것으로 된다. 실제로 일제의 정보보고에는 대한군정서 독립군의 병력을 1,600명이라고 보고한 것도 있다.

"軍政署는 汪淸縣 春明鄕 西大坡에 根據를 有하고……主되는 役員을 擧한다면 총재 徐一, 부총재 玄天默, 사령관 金左鎭, 참모장 羅仲昭 등으로서, 隊員 약 1,600명, 軍銃 약 1,300정, 권총 약 150정, 기관총 7문 및 수류탄 80을 有한다."[50]

위의 대한군정서 독립군 4개 대대의 병력 배치를 보면, 제1, 제2, 제3 대대는 근거지인 西大坡에 배치되어 있고, 제4대대는 별도로 멀리 延吉縣 守信鄕 二道溝에 배치되어 있었음을 알 수 있다. 즉 왕청현 서대파의 근거지에 있던 대한군정서 독립군은 3개 대대로서 병력 약 1,100명이었고, 1개 대대는 별도로 연길현에 배치되어 있었다. 이 연길현에 배치되

---

49) 〈間島地方不逞鮮人團 東道軍政署·同督軍部及東道派遣部等ノ行動ニ關スル件〉, 1920年 7月 26日字 ; 《現代史資料》 27, 〈朝鮮〉 3, p.361 참조.

50) 〈北間島地方의 抗日團體狀況〉, 高警第34318號, 1920年 10月 28日字 ; 《韓國獨立運動史》(國史編纂委員會 編) 제3권, 資料篇, p.630.

어 있던 제4대대는 그 후 일제측 자료에 '軍政署 別派'라고 하여 약 300명의 부대가 연길현 北蛤蟆塘 지방에서 활동하고 있었던 것으로 나타나고 있다.[51]

대한군정서 독립군은 위의 4개 대대의 병력 중에서 각지와 교통 연락을 위하여, 제1대대 제1중대를 汪淸縣 春耕鄕 羅子溝(綏芬大甸子)에 주둔시키어 東寧縣 三岔口를 거쳐 러시아령 방면 연락을 담당하도록 했고, 또한 제2대대 제1중대 제1소대를 汪淸縣 春明鄕 楡樹河 동북방 荒溝嶺에 주둔시켜 琿春縣의 독립운동 단체들과 연락을 담당하도록 했으며, 제3대대 제1중대를 高麗嶺에 주둔시켜 경비 임무를 담당하도록 했고, 제4대대 제1중대는 延吉縣 守信鄕 長二溝에, 제4대대 제2중대는 和龍縣 智新社 西作洞에 주둔시켰으며, 본부와 分駐屯地 사이에는 1일 1회 지정한 중간 지점에서 통신원이 만나 信書의 교환과 연락을 수행하도록 하였다.[52] 대한군정서 독립군은 이러한 배치망을 통하여 동일계통인 서로군정서는 물론이요 군무도독부 등 다른 독립군 단체들과도 기민한 연락을 취하였다.[53]

대한군정서 독립군은 또한 무기 구입과 운반 거점으로서 寧古塔 지방에도 운반대와 경비대를 파견하여 주둔시켰다.[54]

일본군의 압력에 굴복하여 중국군이 출동하기 시작한 무렵인 1920년 8월에 구한국군의 前 副尉 金奎植, 전 부위 洪忠植, 전 參尉 金燦洙 및 朴亨植 등이 서울로부터 군정서 파견원 李成奎와 동반하여 대한군정서 독립군에 입영했으며,[55] 구한국군의 무관이었던 金赫, 柳佑錫 등도 서간

51) 〈不逞鮮人團ノ狀況〉, 秘間情第14號, 1920年 10月 16日字 ;《現代史資料》28,〈朝鮮〉4, p.356 및〈十月中得タル情報ニ據ル間島地方不逞人鮮行動槪況〉 ;《現代史資料》28,〈朝鮮〉4, p.396 참조.

52) 〈間島地方不逞鮮人團 東道軍政署・同督軍部及東道派遣部等ノ行動ニ關スル件〉, 1920年 7月 26日字 ;《現代史資料》27,〈朝鮮〉3, p.361 참조.

53) 《陣中日誌》1920년 7월 24일조 ;《독립운동사자료집》제10권, p.49 참조.

54) 〈不逞鮮人根據地並ニ各組織ニ關スル件〉;《現代史資料》27,〈朝鮮〉3, p.368.

55) 《陣中日誌》1920년 8월 20일조 ;《독립운동사자료집》제10권, p.55 참조.

도 撫松縣으로부터 대한군정서 본부에 도착하여 입영하였다.[56] 이에 대한군정서는 근거지 이동에 앞서 보병 1개 대대를 추가 편성해서 대대장에는 김사직, 중대장에는 金奎植·洪忠熹·金燦洙·吳祥世, 소대장에는 李敎性·許活 외에 사관연성소 졸업생 10명을 임명하였다.[57] 金奎植 등 구한국군 장교들이 대한군정서 독립군에 입영하여 군정서 독립군의 지휘력과 전투능력은 더 한층 보강되었다고 할 수 있다.

대한군정서 독립군의 큰 특징 가운데 하나는 군사훈련을 철저히 받은 것이었다. 대한군정서는 편성된 독립군 병사들을 철저히 훈련시켜 소총 취급방법, 체조, 학과 등을 철저히 가르쳤다.[58] 그들은 병사들에게 매일 강훈련을 실시하였다. 매일 오전 9시부터 11시까지의 오전 훈련에는 제식훈련을 철저히 실시했고, 오후 훈련은 오후 2시부터 밤중까지 계속하여, 주로 사격술과 총검술을 비롯한 총기 사용 훈련과 학과훈련을 철저히 실시하였다.[59] 연병장에서 병사들을 매일 조련하면서 때때로 일본군 모형을 만들어 놓고 이를 표적으로 실탄사격을 시켰다.[60] 군사훈련 방법은 구한국군대식 방법을 주로 원용했으며,[61] 중국군 장교를 초빙하기도 하고, 러시아 사관학교 출신인 姜필립(제1차세계대전에 참전했던 러시아 騎兵將校 출신)을 교관으로 초빙하여 외국식 훈련방법을 참작하기도 하였다.[62]

대한군정서 독립군이 다른 독립군 부대와 다른 또 하나의 특징은 별도로 '기관총 중대'를 창설한 사실이었다. 대한군정서 독립군 편제 안에 '기관총대'가 있고, 그 제1소대장에 金德善(宣), 제2소대장에 崔麟杰이

---

56) 《陣中日誌》1920년 8월 22일조 ;《독립운동사자료집》제10권, p.55 참조.

57) 《陣中日誌》1920년 9월 12일조 ;《독립운동사자료집》제10권, p.59 참조.

58) 〈不逞鮮人行動報告ノ件〉;《現代史資料》27, 〈朝鮮〉3, p.349 참조.

59) 〈不逞鮮人行動報告ノ件〉;《現代史資料》27, 〈朝鮮〉3, p.350 참조.

60) 〈軍政署ニ拘禁セラレ居リタル朝鮮人ノ談話ニ關スル件〉;《現代史資料》27, 〈朝鮮〉3, p.239 참조.

61) 〈不逞鮮人行動報告ノ件〉;《現代史資料》27, 〈朝鮮〉3, p.349 참조.

62) 〈不逞鮮人行動報告ノ件〉;《現代史資料》27, 〈朝鮮〉3, p.350과〈不逞鮮人ノ行動〉, 秘聞情第18號, 1920年 10月 13日字;《現代史資料》28, 〈朝鮮〉4, p.359 참조.

임명된 것을 보면 이것이 기관총 중대임을 알 수 있다.[63] 이러한 기관총
대는 당시에는 막강한 중화기 부대로서 전투능력을 획기적으로 높이는
편대였다.

대한군정서 독립군은 이 시기 다수의 독립군 부대들 가운데서도 규모
가 가장 크고 철저하게 잘 훈련되었으며, 전투능력이 가장 큰 최강의 정
예 독립군 부대가 되었다.

5. 대한군정서의 士官練成所

대한군정서 사령관 金佐鎭은 근거지를 설치하고 독립군을 편성함과
동시에 이전부터 준비한 士官練成所(무관학교)를 1920년 2월초 근거지
안에 있는 西大坡 上村에 설립하였다. 독립군 창설의 기초로서 독립군
편성과 동시에, 또는 그 이전에 무관학교를 설립하여 독립군의 근간이
되도록 한다는 방식은 신민회가 구상하고 주장한 방식이었으며, 신민회
의 주요 회원이었던 김좌진이 근거지 창설, 독립군 편성과 동시에 사관
연성소를 개설한 것은 신민회의 국권회복운동 방략과 깊이 관련된 것이
었다.

대한군정서 사령관 김좌진은 사관연성소를 설립하기 위하여 이미 그
가 대한정의단의 군정회로부터 독립군 창설을 위임받자마자 1919년 8월
서간도 柳河縣의 신흥무관학교와 신흥학우단에 연락하여 교관과 졸업
생을 선발해서 보내줄 것을 요청하였다. 신흥무관학교와 신흥학우단에
서는 이에 응하여 교관 李範奭과 졸업생 金勳(金春植), 朴寧熙, 吳祥世,
白鍾烈, 姜華麟, 崔海, 李雲崗 등을 파견하였다.[64] 신흥무관학교는 신민
회 회원들이 설립한 무관학교로서, 여기서도 대한군정서의 사관연성소

---

63) 《獨立新聞》 1921년 1월 18일자, 〈大韓軍政署報告〉 참조.
64) 元秉常, 〈新興武官學校〉;《독립운동사자료집》(독립운동사편찬위원회 편) 제10권, pp.
   30~31 참조.

설립이 신민회 계통과 연결되고 있음을 볼 수 있다. 사령관 김좌진은 이들을 교사와 교관으로 하여 사관연성소를 설립하였다.

사관연성소 생도는 모집한 장정(18세 이상 30세 이하) 중에서 초등교육이나 중등급 교육을 받은 신체 건강하고 우수한 청년을 300여 명 선발하였다. 일제측 자료를 보면 사관생도 중에서 약 80퍼센트가 보통학교 졸업생이며 그 중에는 만주의 한국인 청년들뿐 아니라 국내에서 한국인 교사로부터 독립사상을 교육받고 만주로 건너온 청년도 많았다고 하였다.[65] 나머지 20퍼센트는 중등교육을 받았거나 동급의 교육을 받은 학도이었다. 당시 보통학교는 오늘의 중등교육의 일부도 포함한 것이었으며 취학연령도 높았으므로, 당시로서는 기초중등교육을 받은 청년들을 선발한 것이었다.

대한군정서 사관연성소의 소장은 사령관 김좌진이 맡고, 교수부와 학도단을 두어 교수부장에는 羅仲昭, 본부교사에는 李範奭, 학도단장에는 朴寧熙를 임명하였다. 학도단은 제1학도대(150명)와 제2학도대(150명)의 두 개의 학도대로 구성하고, 각 학도대에 3개의 區隊(각 50명)를 두어 신흥무관학교 졸업생들을 구대장으로 임명해서 사관생도들을 교육·지휘하게 하였다. 1920년 7월 초의 대한군정서 사관연성소의 조직과 간부는 다음과 같았다.[66]

소　　장	金 佐 鎭	(사령관 겸임)
교수부장	羅 仲 昭	(참모부장 겸임)
본부교사	李 範 奭	
체육교사	金　　觀[67]	(러시아사관학교 출신)

---

65) 〈十月中得タル情報ニ據ル間島地方不逞鮮人行動槪況〉;《現代史資料》28, 〈朝鮮〉4, p. 402. "西·北路軍政署 武官學校의 生徒 약 8割은 公立普通學校의 卒業生으로서 鮮內地로부터의 入學者도 日本側敎育을 받은 자가 많다. 그들은 在學中 몰래 鮮人敎師로부터 극단적인 排日的 敎育을 받았기 때문으로 因한 것이 많다고 한다" 참조.

66) 《陣中日誌》;《독립운동사자료집》 제10권, pp.39~59에서 작성함.

67) 〈不逞鮮人根據地並ニ各組織ニ關スル件〉;《現代史資料》27, 〈朝鮮〉3, p.368 참조.

학도단장   朴 寧 熙(사령부 부관 겸임)
제1학도대장   崔 峻 衡
第1區隊長   韓 建 源
제2구대장   姜 華 麟
제3구대장   李 敎 性(강화린으로 교체)
제2학도대장   吳 祥 世(서리)
제1구대장   金 勳
제2구대장   白 鍾 烈
제3구대장   許 活(백종렬로 교체)

대한군정서 사관연성소의 교육·훈련은 당시의 긴급한 필요에 응하여 6개월 과정의 속성과로 하였다. 처음 입교하면 소총취급방법·체조·학과 등을 중심으로 교육을 시작했으며,[68] 매일의 과목은 ① 정신교육 ② 역사(세계 각국 독립사와 한·일관계사) ③ 군사학(러시아 사관학교 사용 교과서를 번역한 것) ④ 術科(병기의 操用法, 부대의 지휘운용법) ⑤ 叩令法 등이었다.[69] 사관생도 가운데 학력 부족자에 대해서는 별도로 십리평에 사관연성소 支所를 설치하여 교연을 보충하기로 하였다.[70]

군사훈련과 연습은 기본적으로 구한국군식 방법에 의거했으며,[71] 러시아 사관학교 기병과 출신으로서 제1차세계대전 때 기병대위로서 출전한 경력이 있는 姜필립을 사관연성소 교관(사령부 부관 겸임)으로 임시 채용하여 러시아식을 참작하기도 하였다.[72]

신흥무관학교의 교관이었던 이범석이 대한군정서 사관연성소에서 교육과 군사훈련의 실무 책임 교관이었고, 신흥무관학교 졸업생인 박영희가 학도단장이며, 강화린·백종열이 학도대의 교사로 동시에 추천되고

---

68) 〈不逞鮮人行動報告ノ件〉;《現代史資料》27, 〈朝鮮〉3, p.369 참조.
69) 〈間島地方不逞鮮人團 東道軍政署·同督軍部及東道派遣部等ノ行動ニ關スル件〉;《現代史資料》27, 〈朝鮮〉3, p.362 참조.
70) 《陣中日誌》1920년 7월 22일조;《독립운동사자료집》제10권, p.50 참조.
71) 〈不逞鮮人行動報告ノ件〉;《現代史資料》27, 〈朝鮮〉3, p.349 참조.
72) 위의 자료, p.350 참조.

있는 것을 고려하면,[73] 대한군정서 사관연성소의 교육과 군사훈련은 신흥무관학교의 그것과 대체로 동일한 것이었다고 볼 수 있다.

대한군정서 사관연성소에서 사관생도들의 군사훈련은 특히 엄격하고 철저하였다. 그들은 매일 철저한 강훈련을 받았으며, 일본군인의 모형을 만들어 놓고 이를 표적으로 실탄사격 훈련도 수시로 실시하였다.[74] 또한 때때로 사관연성소에서 사관생도 모두를 남군과 북군으로 나누어 대항연습의 조우전을 실시해서 훈련시키기도 하였다. 예컨대 1920년 7월 14일에는 사관연성소에서 제1학도대는 姜華麟이 지휘하여 북군이 되고 제2학도대는 李範奭이 지휘하여 남군이 되어서 대항 조우전을 연습한 다음 참모장의 평가를 받았다.[75] 총기 사용과 사격훈련도 소총에만 그치지 않고 각 구대에 기관총부를 두어 기관총 사격훈련도 철저히 실시하였다.[76]

대한군정서는 이러한 전투연습과 훈련을 군정서를 지원해 주는 동포들의 公民대표들에게 관람시키기도 하고,[77] 上慶里의 사립 東一學校 학생 22명에게 견학시키기도 하였다.[78]

대한군정서 사관연성소의 사관생도들은 회색의 군복을 착용하며 모두 상등병 격의 견장을 붙이고, 6개월간 이와 같은 철저한 교육과 군사훈련을 마치면 소위 자격을 갖게 되고 소부대의 지휘관이 될 수 있게 되었다. 물론 사관연성소 졸업생이 모두 바로 소위로 임관되는 것은 아니고 독립군의 필요에 따라 소수만 소위로 임관되었지만, 모두 소위 자격과 소부대 지휘관이 될 자격을 갖추고 있어서 독립군이 필요하면 언제든지 장교와 지휘관을 임명하여 공급할 수 있었다.

---

73) 《陣中日誌》 1920년 7월 11일조 ; 《독립운동사자료집》 제10권, p.44 참조.
74) 〈軍政署ニ拘禁セラレ居リタル朝鮮人ノ談話ニ關スル件〉; 《現代史資料》 27, 〈朝鮮〉 3, p.239 참조.
75) 《陣中日誌》 1920년 7월 14일조 ; 《독립운동사자료집》 제10권, p.45 참조.
76) 《陣中日誌》 1920년 7월 5일조 ; 《독립운동사자료집》 제10권, p.42 참조.
77) 《陣中日誌》 1920년 8월 25일조 ; 《독립운동사자료집》 제10권, p.56 참조.
78) 《陣中日誌》 1920년 8월 27일조 ; 《독립운동사자료집》 제10권, p.56 참조.

西大坡로부터 汪淸河 上里의 3리(12킬로미터 – 인용자) 지점에 있는 西大坡
上村의 軍政署 직영의 武官學校에는 현재 약 400명의 在學生이 있다. 灰色의
軍服을 착용하고 누구나 上等兵格의 肩章을 붙인 18세로부터 30세까지의 靑
年이다. 6개월의 講習을 完了하면 모두 小尉格이 되며 1小部隊의 指揮官이 될
수 있게 되어 있다.[79]

대한군정서 사관연성소의 제1회 졸업식은 1920년 9월 9일 군정서 본
영에서 성대하게 거행되었다. 직원과 내빈이 운집했으며, 기쁨에 넘친
졸업생들은 경례를 올리고 애국가를 제창하였다. 소장 金佐鎭의 개식사
와 총재 徐一, 부총재 玄天默의 훈시가 있었고, 曹成煥·金赫 등의 축사
와 최우등 졸업생 金王鉉의 답사가 있은 뒤에 소장 김좌진의 졸업장 수
여를 끝으로 모두 만세를 부르는 속에서 폐식하였다. 졸업식 후 오후 7
시에는 '독립혼'이라는 제목의 연극을 상연하여 대성황을 이루었다.[80]

대한군정서는 사관연성소 졸업식 후에 이 무렵 대한군정서에 입영한
구한국군 장교들을 포용하여 1920년 9월 12일 보병 1개 대대를 추가 편
성했는데, 대대장은 金思稷, 중대장은 金奎植(구한국군 副尉)·洪忠熹(구
한국군 부위)·金燦洙(구한국군 참위)·吳祥世 등이었고, 소대장은 李教
性·許活 외에 10명을 사흘 전 졸업한 사관연성소 졸업생 가운데에서 임
명하였다.[81] 즉 약 300명의 사관연성소 제1회 졸업생 가운데 10명이 졸
업 직후에 소대장으로 임명되었다.

또한 대한군정서는 근거지 이동에 당하여 1920년 9월 12일 사관연성
소 졸업생 280명(후에 약 300명)으로 研成隊(敎成隊, 旅行隊)를 조직했는
데, 최초의 간부는 다음과 같았다.[82]

79) 〈間島地方不逞鮮人團　東道軍政署·同督軍部及東道派遣部等ノ行動ニ關スル件〉;《現
代史資料》27, 〈朝鮮〉3, p.362.

80)《陣中日誌》1920년 9월 9일조;《독립운동사자료집》제10권, pp.58~59 참조.

81)《陣中日誌》1920년 9월 12일조;《독립운동사자료집》제10권, p.59 참조.

82) 위와 같음.

教成隊長　　　羅仲昭
副官　　　崔峻衡
中隊長　　　李範奭
小隊長　　　李敏華·金勳·李鐸·南益

대한군정서 사관연성소 졸업생으로 편성된 研成隊(교성대)는, 대원 모두가 현대 전략 전술과 군사학 교육, 그리고 군사훈련을 철저하게 받아 강철같이 정신무장을 한 소위 자격을 가진 사관생도 출신으로 구성되었기 때문에, 참으로 막강한 정예부대였다. 교성대(연성대)는 대한군정서 독립군의 최정예 주력부대가 되어 그 후의 청산리 독립전쟁에서 승리를 담보한 부대가 되었다.

6. 대한군정서의 警信 조직

대한군정서는 지방의 警査와 通信을 담당하는 일종의 초소와 연락기관 같은 조직으로서, 大韓軍政署章程 제24조에 의해 〈警信分局規制〉를 제정해서 警信分局을 설치하였다.

경신분국의 직권은 통신상의 직권으로서 ① 新報 전파 ② 보도 또는 통신 전달 ③ 署令 또는 宣諭文의 廣布 ④ 荷物運輸 등의 일을 하고, 警査上의 직권으로서 ① 민정 시찰 ② 각 단체 행동관찰 ③ 敵情 정찰 ④ 군사상 비밀 警査 ⑤ 不好漢 출몰 조사 ⑥ 임원 신분 경호 ⑦ 군인 신분 경호 등이었다.

경신분국은 인구 약 100호마다 편의에 따라 警信分課를 두도록 하였다.[83] 경신분과의 임원은 과장 1인, 통신원 5인, 경사원 3인, 서기 1인을 두도록 했으며, 각 분과 내에는 分區로서 인구 매10호마다 統을 편성하여 統首를 두어서 활동하게 하였다. 대한군정서의 〈경신분국규제〉를

---

83) 〈不逞鮮人行動報告ノ件〉 1920年 6月 25日字 ; 《現代史資料》 27, 〈朝鮮〉 3, p.350 참조.

보면 다음과 같았다.

제1조 警信分局은 大韓軍政署章程 제24조에 의하여 설치한다.

제2조 경신분국은 警信局의 分機關으로서 地方에 관한 警査 또는 通信上의
. 사무를 分掌한다.

제3조 경신분국은 그 설치한 순서에 의하여 警信第一分局, 第二分局의 명
칭을 세운다.

제4조 경신분국의 職權은 다음과 같다.

　一. 通信上의 職權

　　가. 新報 傳播에 관한 건

　　나. 報道 또는 通信 傳達에 관한 건

　　다. 署令 또는 宜諭文 廣布에 관한 건

　　라. 荷物運輸에 관한 건

　二. 警査上 職權

　　가. 民情視察에 관한 건

　　나. 各團體行動에 관한 건

　　다. 敵情 偵察에 관한 건

　　라. 軍事上 秘密 警査에 관한 건

　　마. 吾旗中 不好漢 출몰에 관한 건

　　바. 任員身分에 관한 건

　　사. 軍人身分에 관한 건

제5조 경신분국은 該地方 또는 人事上 편의에 따라 약간의 課를 둔다.

제6조 경신분국의 임원은 국장 1인, 局員 약간인, 서기 1인으로 한다.

제7조 경신분국의 임원의 직무는 다음과 같다.

　一. 分局長은 局內事務를 掌轄하고 소속 국원 및 課長을 감독한다.

　一. 局長은 분국장의 지휘를 받아 局務에 종사한다.

제8조 警信分課는 역시 그 설립 순서와 같이 警信分局 第一分課, 第二分課
라 명칭한다.

제9조 경신분과의 임원은 課長 1인, 通信員 5인, 警査員 3인, 서기 1인으로
한다.

제10조 경신분과 임원의 직무는 다음과 같다.

　一. 課長은 課務를 管理하고 所屬員 및 統首를 감독한다.

一. 通信員은 課長의 지휘를 받아서 一般 交通에 종사한다.

一. 警査員은 과장의 지휘를 받아서 一切 警査에 종사한다.

一. 書記는 該課 文簿를 정리한다.

제11조 警信分局은 名課內를 分區하여 약간의 統을 만든다. 統은 10戶로 편성하고 統首를 둔다. (단 10호 미만 5호 이상은 隣落隔遠의 때는 이에 인접하는 統 안에 합하여 組合할 수 있다.)

제12조 警信分課는 報達 또는 請願 등의 서류가 該管內分局을 경유하고 分局은 직접 警信本局에 전달한다.

제13조 경신분과는 該區內에 警査 등의 서류를 密粘 封緘하여 警査員 또는 課長 1명의 圖章을 지면에 날인한 후 직접 警信本局에 전달한다.

제14조 본 규칙은 반포일로부터 시행한다.[84]

즉, 대한군정서의 경신조직은 十家作統하여 맨 밑에 統과 統首를 두고 課內에 通信員과 警査員을 두어 어떠한 사건이 발생하거나 정보가 있으면 즉시 分課長·分局長에게 보고하고, 분국장은 警信本局長에게 보고하는 체제였다. 후에는 1분과에 경호원 5명씩 두어 주야 교대로 경계의 임무도 수행하였다.[85]

대한군정서의 이러한 警信 조직에 대하여 일제는 이를 군정서의 '첩보기관'[86]이라고 보았는데, 이것은 警信組織의 기능 가운데 극히 일부만 본 것에 불과한 것이다.

대한군정서는 실제로는 이 경신조직에 의거하여 그 세력권 내에서 한국인 동포에 대한 자치를 실시하고, 대한군정서의 경신조직 조직원에 대해서는 군정을 실시하였다. 현재 기록에 나오는 것으로는 '警信 第34 分局'[87]까지 나타나는데, 대한군정서는 그 세력권을 적어도 34개 分局으로 나누어서 만주군벌의 통치와는 별개로 한국인의 자치를 내용상으로

84) 〈大韓軍政署派遣制令〉;《現代史資料》27, 〈朝鮮〉3, pp.79~80.

85) 〈不逞鮮人行動報告ノ件〉;《現代史資料》27, 〈朝鮮〉3, p.350 참조.

86) 〈大韓軍政署制令〉, 高警第1636號, 國外情報,〈對岸不逞鮮人ノ諜報機關ニ關スル件〉1920年 6月 8日字;《現代史資料》27, 〈朝鮮〉3, p.80 참조.

87) 《陣中日誌》1920년 7월 11일조;《독립운동사자료집》제10권, p.44 참조.

실시한 것이었다. 그리고 경신조직의 통신원과 경사원에 대해서는 이를 대한군정서 독립군의 군인신분과 동격의 것으로 간주했으며, 따라서 군율을 적용하였다. 이 사실은 경신국장이 육군형법과 동 징벌령 각 40부를 본부에서 인쇄해 간 사실에서도 재확인할 수 있다.[88] 대한군정서가 왜 처음의 명칭을 군정부라고 했는가 하는 이유를 여기서도 미루어 알 수 있다.

대한군정서 경신조직의 기능은 매우 광범위하여 군사상의 통신과 경사뿐만 아니라 '한국인 주민에 대한 보호'도 중요한 임무였다. 예컨대 경신 제33분국 관내에서 중국 마적 25명이 침입하여 한국인 2명과 중국인 1명을 납치해 간 사건이 발생했는데,[89] 이에 대하여 대한군정서는 사령관 김좌진이 직접 마적단에게 편지를 써서 경신 제33분국 제2과장 崔國正을 임시교섭원으로 선정하여 파견해서 석방교섭을 시켰으며,[90] 결국 한국인 동포 2명을 석방시키는 데 성공하였다.[91]

대한군정서의 경신조직은 분국별로 敵情(일본군·관헌 동향)에 관한 보고를 사령부에 직접 했을 뿐 아니라,[92] 중국군의 동향도 항상 면밀하게 관찰하여 보고하였다.[93]

또한 대한군정서의 간부가 지방출장을 가는 경우에는 경신분국이 경호했을 뿐만 아니라 경신분국의 간부들 집에서 유숙하여 안전을 보장하였다.[94] 경신분국은 또한 의무금과 군수품의 조달 공급의 일도 하였고,[95] 군정서 독립군 병사와 사관연성소 사관생도들의 사기를 진작시키기 위하여 주민들이 갹출한 성금으로 선물이나 犒饋用 가축을 사 보내어 대

---

88) 《陣中日誌》 1920년 7월 1일조 ;《독립운동사자료집》 제10권, p.40 참조.

89) 《陣中日誌》 1920년 7월 1일조 ;《독립운동사자료집》 제10권, p.40 참조.

90) 《陣中日誌》 1920년 7월 2일조 ;《독립운동사자료집》 제10권, pp.40~41 참조.

91) 《陣中日誌》 1920년 7월 4일조 ;《독립운동사자료집》 제10권, p.42 참조.

92) 《陣中日誌》 1920년 7월 11일조 ;《독립운동사자료집》 제10권, p.44 참조.

93) 《陣中日誌》 1920년 7월 19일조, 8월 5일조, 9월 5일조 ;《독립운동사자료집》 제10권, p.47, 52, 57 참조.

94) 《陣中日誌》 1920년 7월 4일조 ;《독립운동사자료집》 제10권, p.42 참조.

95) 《陣中日誌》 1920년 7월 13일조 ;《독립운동사자료집》 제10권, p.45 참조.

한군정서 독립군과 한국인 주민과의 연대감을 강화하는 노력도 하였다.[96] 무기운반대를 긴밀히 조직할 필요가 있을 때에는 경신분국별로 무기운반대가 조직 동원되기도 하고, 경신분국장을 무기운반대 중대장에 임명하기도 하였다.[97]

대한군정서의 경신조직이 이와 같이 중요한 역할과 기능을 수행했기 때문에, 일제는 비밀조직인 이 대한군정서 경신조직을 색출하기에 혈안이 되었으며, 다수의 警査員과 通信員이 일제에게 체포되기도 하였다.[98]

대한군정서가 간도와 기타 만주지역에 이러한 치밀하고 민첩한 경신조직을 설치한 것은 대한군정서의 큰 특징 가운데 하나였으며, 이것이 대한군정서 독립군을 대규모 최강의 부대로 만드는 데 기초적 조건을 형성한 것이었다고 볼 수 있다.

7. 대한군정서의 武器와 軍資金

대한군정서 독립군은 3·1운동 직후 만주와 러시아령에서 조직된 독립군 부대들 가운데에서 무장이 가장 잘 되어 있었다. 일제의 한 조사보고는 대한군정서의 무기에 대하여 소총이 약 1,300정, 권총이 약 150정, 기관총이 7문, 수류탄 80(상자)을 갖고 있다고 하였다.[99] 대한군정서 독립군의 병사 1인당 무장은 소총 1정에 실탄 500발, 수류탄 1개였으며, 精粟(좁쌀) 6升과 朝鮮鞋(짚신) 1족씩 휴대하게 하였다.[100] 소총은 주로 러시아식 장총과 기병총이 절반을 넘었으며, 그 밖에 일본제 30년식과 38

---

96) 《陣中日誌》 1920년 7월 15일조, 7월 30일자 ; 《독립운동사자료집》 제10권, p.46, 51 참조.

97) 《陣中日誌》 1920년 7월 30일조 ; 《독립운동사자료집》 제10권, p.51 참조.

98) 《陣中日誌》 1920년 7월 23일조 ; 《독립운동사자료집》 제10권, p.48 참조.

99) 〈北間島地方의 抗日團體狀況〉 1920年 10月條, 高警第34318號, 1920年 10月 28日字 ; 《韓國獨立運動史》(國史編纂委員會 編) 제3권, 資料篇, p.630 참조.

100) 〈間島地方不逞鮮人團　東道軍政署·同督軍部及東道派遣部等 / 行動ニ關スル件〉;《現代史資料》 27, 〈朝鮮〉 3, p.361 참조.

년식 등이었다.[101]

대한군정서 독립군이 무기를 풍부히 갖추고 있다는 사실은 일제의 모든 비밀 정보자료에서 포착되고 있었다. 예컨대, 일제의 밀정으로 대한군정서에 체포되어 노역에 종사하다가 도망해 나온 자는 군총과 수류탄 등 대한군정서에 무기가 풍부함을 다음과 같이 확인하여 보고하였다.

> "武器로서는 軍銃과 手榴彈이 豊富하며 機關銃도 5정있다.……銃器·彈藥 모두 豫備가 充分히 貯藏되어 있었다. 그러나 최근 노령에서 銃器 500정을 買入했을지라도 日本軍의 警戒가 엄중하기 때문에 운반할 수가 없어서 니콜리스크 부근의 地中에 매몰해 두었다는 것을 들었다."[102]

또한 일본군의 다른 첩자의 보고도 대한군정서 독립군의 무기가 풍부하며 탄약은 牛車 20량분이 있었음을 눈으로 보았다고 다음과 같이 보고하였다.

> "목하 金佐鎭이 지휘하는 軍政署部隊는 약 600명으로서 機關銃 4정(內 2정은 고장이었으나 최근 수리하였다)을 갖고 있으며 銃器 약 500정은 新式이다. 彈藥은 가장 豊富하며 그 精數는 상세히 알 수 없으나 牛車 약 20輛에 積載한 量을 갖고 있음을 實見하였다. 爆彈은 적어도 1,000개를 내려가지 않는다."[103]

대한군정서 독립군의 무기와 무장에서 주목할 것은 기관총과 대포 등으로 중무장을 했다는 사실이다. 당시 다수의 독립군 부대들이 대체로 소총으로 무장하고 있었으며, 기관총을 1정이라도 가진 독립군 부대는 매우 드물었다는 사실을 고려하면, 이 중무기의 소유는 대한군정서 독립군의 큰 특징 가운데 하나임을 알 수 있다.

---

101) 〈不逞鮮人行動報告ノ件〉;《現代史資料》27, 〈朝鮮〉3, p.350 참조.

102) 〈軍政署ニ拘禁セラレ居リタル朝鮮人ノ談話ニ關スル件〉;《現代史資料》27, 〈朝鮮〉3, p.239 참조.

103) 〈不逞鮮人ノ行動〉, 秘間情 第18號, 1920年 10月 18日字;《現代史資料》28, 〈朝鮮〉4, p.358 참조.

대한군정서 독립군의 기관총에 대해서는, 독립군 편성과 동시에 기관 총 2대를 구입한 기록이 나오며,[104] 그 후의 구입분을 합하여 기관총이 4 정으로서, 그 중 2정은 고장난 것을 최근 수리했다는 보고가 있기도 하 고,[105] 또 기관총은 모두 5정인데, 그 중 4정은 서양식이고 1정은 일본식 인데, 그 1정은 방아쇠가 고장이 나서 사용할 수 없다는 보고도 있고,[106] 또 기관총을 7정 소유하고 있다는 보고도 있다.[107] 李範奭은 기관총 6정 을 가졌던 것으로 회고하였다.[108] 어쨌든 대한군정서 독립군이 4정 이상 의 기관총을 소유하고 있었음은 분명하다. 이 점은 대한군정서 사관연 성소의 학도대에 기관총부를 두었던 사실이나, 또한 대한군정서 독립군 의 편제에 기관총대가 있어 그 제1소대장을 金德善, 제2소대장을 崔麟 杰이 맡고 있어서 이것이 기관총 중대임을 알 수 있는 사실에서도 재확 인된다.[109]

대한군정서의 대포 구입에 대해서는, 일제의 보고는 포 2문을 구입하 여 곧 도착하게 되어 있다고 다음과 같이 보고하였다.

"軍政署는 作戰의 계획상 銃器의 整備를 가장 緊要하다고 하여 間斷없이 이의 充實에 노력하고 있다. 근래 砲 2문(制式 미상) 및 다수의 銃器 彈藥이 도착하게 되어 있다. 軍政署는 이들의 到來를 기다려 對戰行動에 나설 계획이 라고 한다."[110]

대한군정서 독립군의 연성대장이었던 李範奭은 대한군정서 독립군이

104) 〈不逞鮮人ノ徵兵及武器蒐集ノ件〉, 咸鏡北道知事電報要旨 ;《現代史資料》 27,〈朝鮮〉 3, p.345 참조.
105) 〈不逞鮮人ノ行動〉;《現代史資料》 28,〈朝鮮〉 4, p.358 참조.
106) 〈軍政署ニ拘禁セラレ居リタル朝鮮人ノ談話ニ關スル件〉;《現代史資料》 27,〈朝鮮〉 3, p.239 참조.
107) 〈北間道地方의 抗日團體狀況〉;《韓國獨立運動史》 제3권, 資料篇, p.630 참조.
108) 李範奭,《우둥불》, p.45, 66 참조.
109) 《獨立新聞》 1921년 1월 18일자,〈大韓軍政署報告〉 참조.
110) 〈不逞鮮人ノ行動〉;《現代史資料》 28,〈朝鮮〉 4, p.359.

청산리 독립전쟁의 白雲坪전투와 漁郎村전투(마록구전투)에서 박격포 2
문을 사용했다고 증언하였다.[111] 이 증언을 참조하면 일본군 첩자에 의
하여 대한군정서가 구입했다고 보고된 포 2문은 박격포 2문이었다고 볼
수 있다.

대한군정서는 이러한 무기를 러시아에서 구입했는데, 이 무기구입을
위하여 총재 徐一이 직접 러시아에 출장가거나,[112] 간부들이 러시아에
출장가서 구입에 힘을 쏟았다.[113] 대한군정서의 무기구입처는 주로 ① 시
베리아에서 철수하는 체코 군인과 ② 러시아 과격파였다. 체코군은 시
베리아에서 철수하려고 블라디보스토크에서 기다리는 동안 그들의 무
기를 비교적 저렴하게 한국 독립군에게 판매하였다.[114] 대한군정서는 이
체코군으로부터 다량의 무기를 구입하였다.[115]

대한군정서는 또한 군정서 사령부관 겸 사관연성소 교관으로 임시 채
용한 전 러시아군 기병대위 姜필립의 안내로 러시아인과 러시아에 귀화
한 한국인들을 통하여 러시아 과격파로부터도 다량의 무기를 구입하였
다.[116] 일제의 조사보고에서 "露國過激派와 軍政署와의 관계는 가장 밀

---

111) 李範奭, 《우둥불》, p.45, 66 참조.
112) 《陣中日誌》 1920년 7월 23일조 ; 《독립운동사자료집》 제10권, p.48 참조.
113) 〈大韓軍政署側ノ行動ニ關スル件〉; 《現代史資料》 27, 〈朝鮮〉 3, p.366 참조.
114) 李範奭, 《우둥불》, p.25, "제1차세계대전 때 독일과 오스트리아가 러시아와 單獨 講和條
    約을 체결함으로서 체코슬로바키아는 오스트리아의 鐵鎖로부터 解放되어 미·영·불의 원
    조 아래 자유민주국으로 獨立하게 되었다. 이 소식이 전해지자 오스트리아에서 참전하였
    던 체코슬로바키아인 2개 軍團은 東歐戰線으로부터 시베리아를 경유, 서부에 이르러 연합
    군과 손을 잡고 싸워서 개선 귀국하려는 생각을 하게 되었다. 그래서 이들은 러시아를 가
    로질러 우랄산맥을 넘어 블라디보스토크에 집결했다. 서쪽으로 떠나는 배를 기다리는 동
    안 그들은 韓國 獨立運動의 이야기를 전해 듣고 지난날 그들 자신이 오스트리아 帝國의
    鐵蹄 아래 지내온 노예생활을 회상하여 우리에게 동정심을 보였다. 마침내 그들은 블라디
    보스토크의 武器庫에 저장한 武器를 우리 北路軍政署에 팔게 되었다. 이 매매는 깊은 밤
    빽빽한 森林 속에서 이루어졌다. 복수와 설욕에 쓰여질 이 武器는 삼림 속으로 한 무데기
    씩 한 무데기씩 우리 손에 운반되어 왔다" 참조.
115) 〈不逞鮮人ノ銃器運搬〉; 《現代史資料》 27, 〈朝鮮〉 3, p.345 ; 〈金永璿ノ武器購入ニ關
    スル件〉; 《現代史資料》 27, 〈朝鮮〉 3, p.365 및 〈不逞鮮人兵器密輸送ノ件〉; 《現
    史資料》 27, 〈朝鮮〉 3, p.366 참조.
116) 〈不逞鮮人行動報告ノ件〉; 《現代史資料》 27, 〈朝鮮〉 3, p.350 참조.

접하여 현재 군정서의 武備는 전혀 과격파의 원조에 의한다"[117]고 하여
강필립의 활동을 설명하고 있는 데서도 볼 수 있는 바와 같이, 대한군정
서는 다량의 무기를 러시아 과격파로부터도 비교적 저렴하게 구입했음
을 알 수 있다. 이뿐만 아니라 대한군정서는 러시아백군과 기타 무기상
등 구입할 수 있는 모든 곳으로부터 무기를 구입하였다.

대한군정서는 구입한 무기를 무기운반대를 편성하여 근거지까지 인
력으로 운반하였다. 일본군과 중국군경이 특히 국경지방과 철도·도로
에서 독립군 쪽에 무기 운반하는 것을 엄중히 경계하고 수색하여 압수
했으므로, 이를 피하기 위하여 대한군정서는 산간의 밀림을 택해서 단
시일에 무기운반을 완료했다.[118]

무기운반대는 상설부대가 아니라 필요에 따라 수시로 조직되는 임시
부대였으며, 경신분국별로 관내의 군적자를 긴급 동원하여 편성하거나
경비대를 무기운반대로 대치하여 편성하였다.[119] 무기운반대의 조직은
군대조직에 의거하여 편성했고, 경호병과 소대장은 군정서 독립군의 현
역군인 가운데서 차출하여 임명했다.[120] 무기운반대 중대장은 경비대 중
대장 중에서 임명하거나,[121] 경신분국장을 임명하기도 했고,[122] 무기운반
대의 총지휘관은 모연대장 출신을 임명하기도 하였다.[123]

무기운반 방법은, 소총의 경우 대개 무기운반대원 한 사람이 양어깨
에 2정씩 4정을 메고 운반했으며, 운반속도를 긴급히 높일 필요가 있는
경우에는 무기운반대원 한 사람이 한쪽 어깨에 1정씩 2정을 메고 신속
하게 강행군을 하여 운반하였다.[124] 이 때문에 한번 구입하는 무기의 규

117) 〈不逞鮮人ノ行動〉;《現代史資料》 28, 〈朝鮮〉 4, p.359.
118) 朴永錫, 〈日帝下 滿洲·露領地域에서의 抗日民族運動—北路軍政署 獨立軍兵士 李雨錫
    의 活動을 중심으로〉,《東方學志》 제34·35집, 1983 참조.
119)《陣中日誌》 1920년 7월 23일조 ;《독립운동사자료집》 제10권, p.49 참조.
120)《陣中日誌》 1920년 7월 9일조 ;《독립운동사자료집》 제10권, p.44 참조.
121)《陣中日誌》 1927년 7월 26일조 ;《독립운동사자료집》 제10권, p.49 참조.
122)《陣中日誌》 1920년 7월 30일조 ;《독립운동사자료집》 제10권, p.51 참조.
123)《陣中日誌》 1920년 8월 4일조 ;《독립운동사자료집》 제10권, p.52 참조.
124) 〈不逞鮮人ノ狀況〉, 秘間情 第19號, 1920年 10月 18日字 ;《現代史資料》 28, 〈朝鮮〉 4,

모가 크면 무기운반대의 규모도 커질 수밖에 없어서, 대한군정서의 무기운반대 규모는 최소 200명부터[125] 최대 1,500명에까지[126] 이르렀다. 예컨대, 대한군정서 총재 徐一이 무기 구입을 위해 러시아에 가서 무기운반대 500명을 시급히 모집하여 보내라는 서신을 보내오자, 대한군정서 본영은 3일 기한으로 무기운반대 500명을 본영에 집결하게 하였다.[127]

무기 운반 경로는 대체로 세 방면이 있었다. ① 烏蘇里 沿線 방면으로부터 汪淸縣 奧地 방면으로 들어가는 것, ② 秋風 방면으로부터 汪淸縣 오지 방면으로 들어가는 것, ③ 남부 연해주 지방으로부터 琿春縣으로 들어가는 것 등이었다.[128]

대한군정서는 이상과 같은 과정으로 독립군의 무장 강화에 힘썼으며, 심지어 근거지 이동 중에도 대량의 무기를 구입하여 공급하였다. 일제의 조사자료는 다음과 같이 보고하였다.

"露領 黑龍江 방면에 있어서 中露聯合宣傳部와 軍政署간의 교섭에 의한 銃器 약 3,000정의 讓渡問題는 過般 李東輝의 알선에 의해 협의되어 이미 受領을 위해 三岔口에 파견되었던 軍政署 運搬隊 약 400명은 各人 4정씩을 휴대해서 합계 약 1,600정을 搬入하였다. 그중 약 800정을 西大坡 부근에 있는 同署 本部에 두고, 나머지 800여정은 목하 三道溝 방면에 진출한 同署部隊에 送達하려고 10월 13일 약 400명의 運搬隊는 各人 2정씩을 휴대하고 延吉縣 尙義鄕 銅佛寺 北溝를 통과하여 山路로 二道溝 방면으로 향하였다."[129]

대한군정서 독립군은 이와 같은 간고한 노력으로 무장을 강화하여 수많은 독립군 부대들 가운데서도 중무기로 가장 잘 무장된 최강의 독립

---

p.360 참조.

125) 〈在露不逞鮮人ノ所持セシ銃器ノ件〉, 1920年 5月 10日字, 間島派遣員電報 ; 《現代史資料》 27, 〈朝鮮〉 3, p.286 참조.

126) 〈大韓軍政署側ノ行動ニ關スル件〉 ; 《現代史資料》 27, 〈朝鮮〉 3, p.366 참조.

127) 《陣中日誌》 1920년 7월 23일조 ; 《독립운동사자료집》 제10권, pp.48~49 참조.

128) 〈北間島地方의 抗日團體狀況〉 ; 《韓國獨立運動史》 제3권, 資料篇, pp.635~636 참조.

129) 〈不逞鮮人ノ狀況〉, 秘間情第19號, 1920年 10月 18日字 ; 《現代史資料》 28, 〈朝鮮〉 4, p.360.

군 부대가 된 것이었다.

대한군정서는 이러한 무기구입과 식량 등 기타 군수품 조달을 위하여 막대한 군자금이 필요하였다. 대한군정서의 군자금은 ① 간도에 거주하는 동포로부터의 징수금, ② 기부금, ③ 국내에서의 募捐金 등으로 조달하였다. 동포로부터 징수금 징수는 처음에는 간도 대한국민회 등 다른 단체와 중첩되어 충돌이 있기도 했으나,[130] 상호 협정에 의하여 징수지역을 구획함으로써 상호제휴하여 협력하기로 약속하고 원만히 해결하였다.[131]

대한군정서는 징수금을 징수하면서, 예컨대 평균 토지 15晌(약 5정보) 이상을 가진 한국인 동포에 한하여 100원 이상 3,000원을 재력에 따라 일정한 기한까지 출연하도록 포달하고, 이를 부담할 재력이 없는 일반 농민에 대해서는 평균 좁쌀 2말과 짚신 2족씩 납부하도록 하였다. 또한 대한군정서는 이러한 군자금을 징수하면서, 그 부담을 한꺼번에 주어 재원을 일시에 고갈시키지 아니하려고 전기와 후기로 나누는 분납방법을 채용하여 실시하였다.

"각 단체의 勢力範圍는 대체에 있어서 區劃되어 軍資軍糧의 모집에 際해서도 他의 세력범위를 犯하지 아니할 것을 豫히 協定하고 있는 것 같다. 그래서 그 모집의 時期에 있어서는 상당히 考慮를 拂하고 軍政署와 如한 것은 흡사히 納稅徵收와 如히 分納主義를 채용하여 前期·後期로 하여 徵收하고, 또 그 財源을 일시에 고갈하지 아니하기에 주의한 형적이 있다. 최근 득한 정보에 의하면 평균 토지 15晌(약 5정보) 이상을 有한 자에 限하여 100圓 이상 3,000圓을 本年 8월부터 11월까지의 間에 出捐하도록 布達하고 一般民에 대해서도 평균 粟 2斗, 草鞋 2足分을 납부하도록 命하였던 것 같다."[132]

---

130)《獨立新聞》1920년 1월 13일자, 大韓獨立軍의 1920년 12月〈喩告文〉참조.

131)〈間島國民議派ト正義團派トノ提携ニ關スル件〉1919年 12月 10日字;《現代史資料》27,〈朝鮮〉3, p.389 참조.

132)〈北間島地方의 抗日團體狀況〉;《韓國獨立運動史》제3권, 資料篇, pp.633~634.

　대한군정서는 군자금을 징수하기 위하여 미리 재력을 조사해서 고지서를 발부하고 간도 각 방면에 募捐隊를 파견하여 이를 징수하였다.[133] 징수한 군자금에 대해서는 다음 그림과 같은 '受納票'를 발부하여 이를 증명하고, 부담이 중첩되지 않도록 했으며, 이후의 상호협조 징표로 삼게 하였다.[134]

府政軍大

收納票第　　　號

一、金　　　　也
一、右記金額을 大韓獨立에 關한 準備金으로 領收함
一、國家光復大業을 爲하야 盡力하는 誠忠을 嘉尙하야 此票를 交付함

大韓民國元年　月　日
大韓軍政府財務署募捐局

大韓軍政署財務署府募捐局章

대한군정서의 군자금 수납표

　대한군정서는 군자금을 모집하기 위하여 간도뿐만 아니라 국내에도 모연대를 파견해서 활동하였다. 예컨대, 1920년 8월에 대한군정서는 李杰, 許精, 李鴻來, 金光淑 등의 모연대를 함경북도에 파견하여 활동하게 하다가 일본군 수비대에 발각되어 교전하고 돌아왔다. 이때의 문서를 보면, 군자금의 기부를 받고 수납표와 함께 "右人이 光復에 軍資金 ○

---

133) 〈大韓軍政署側ノ行動ニ關スル件〉；《現代史資料》27,〈朝鮮〉3, p.366 참조.
134) 〈間島國民議派ト正義團派トノ提携ニ關スル件〉；《現代資史料》27,〈朝鮮〉3, p.389
　　참조.

○圓을 捐約했으므로 玆에 특히 感謝狀을 수여함"이라고 쓴 감사장을 발부했음을 알 수 있다.[135]

대한군정서는 또한 만주·러시아령 지역과 국내로부터 재력 있는 애국적 인사들이 자발적으로 보내온 기부금을 접수하여 군자금에 보충 사용했음은 더 설명할 필요도 없다.

대한군정서는 이러한 군자금 모집활동으로 앞서 본 바와 같은 다량의 무기를 풍부히 구입했으며, 근거지의 군량은 약 4~5개월분을 미리 준비하였다.[136] 이로 보아 대한군정서 독립군은 매우 잘 무장되어 있었고, 서대파 근거지에서는 군량도 충분히 확보했음을 알 수 있다.

8. 대한군정서의 근거지 이동

만주와 러시아령에서 3·1운동 후 급속히 편성되어 성장한 40여 개의 독립군 단체들 가운데에서 홍범도가 지휘하는 대한독립군이 1919년 8월 맨 먼저 국내진입작전을 대담하게 감행하기 시작하였다.[137] 대한독립군은 1919년 8월 처음으로 두만강을 건너 함경남도 惠山鎭에 진입하여 일본군 수비대를 습격해서 섬멸했으며,[138] 1919년 9월에는 함경남도 甲山郡에 진입하여 金井駐在所 등 일제 식민지 통치기관을 습격했고, 1919년 10월에는 평안북도 江界의 滿浦鎭에 진입하여 이를 점령하고 慈城郡으로 진출하여 일본군과 교전해서 일본군 70여 명을 살상시키고 일본군을 패주시켰다.[139]

---

135) 〈不逞鮮人團擊攘〉, 高警第29412號, 1920年 9月 20日字 ;《現代史資料》 27, 〈朝鮮〉 3, pp.496~497 참조.

136) 〈不逞鮮人行動報告ノ件〉 ;《現代史資料》 27, 〈朝鮮〉 3, p.350 참조.

137) 愼鏞廈, 〈洪範圖의 大韓獨立軍의 抗日武裝鬪爭〉,《韓國學報》 제43집, 1986[《韓國近代民族運動史研究》(一潮閣), 1988, pp.292~342 재수록] 참조.

138)《韓國獨立運動史》(愛國同志援護會 編), 1956, p.305 참조.

139)《朝鮮民族運動年鑑》 1919年 10月 24日條 ;《朝鮮獨立運動》 제2권, p.208 참조.

그 이후 독립군 부대들은 실력과 기회만 있으면 끊임없이 크고 작은 국내진입 유격전을 감행하여 일본군 수비대를 공격하였다. 일제 자료에 따르면, 1920년 1월부터 3월까지 3개월 사이에 독립군 부대들의 국내진입 유격전이 24회에 이르렀다.[140] 상해 임시정부의 집계에 따르면, 1920년 3월 1일부터 6월 초까지 약 3개월 사이에 독립군 부대들의 국내진입 유격전이 32회에 달했으며, 일제관서와 군경주재소를 파괴한 것이 34개소에 달하였다.[141] 특히 국경지대인 함경북도 穩城郡과 鍾城郡 등지에는 이틀이 멀다하고 독립군 부대들의 국내진입 유격전이 감행되었다.

이러한 과정 속에서 대한신민단의 朴承吉이 지휘하는 독립군 1개 소대가 和龍縣 月新江 三屯子를 출발하여 두만강을 건너서 1920년 6월 4일 오전 5시에 鍾城郡 江陽洞으로 진입하여 일본군 憲兵軍曹 福江이 인솔한 憲兵巡察小隊를 격파하고 귀환하였다.[142] 이에 일본군 南陽守備隊의 1개 중대는 新美 중위의 인솔로 두만강을 건너 중국 간도에 귀환한 대한신민단 독립군 朴承吉 부대를 추격해서 三屯子에 이르러 무고한 한국인 민간인들을 학살하였다.[143] 일본군 新美 중대가 계속 독립군을 추격하자 대한신민단 독립군 박승길 부대는 삼둔자 서남방의 산기슭에 매복하여 일본군을 기다리다가 6월 6일 이를 공격하여 섬멸해버렸다. 이것이 삼둔자전투로서 일본군이 처음으로 두만강을 불법 월강하여 간도까지 독립군을 추격했다가 패전한 것이었다.[144]

羅南에 본부를 두고 있던 일본군 제19사단은 新美 중대의 이 패전에 크게 분개하여 安川 소좌가 지휘하는 월강추격대대를 편성해서 두만강

---

140) 〈對岸不逞鮮人ノ江岸侵入情況一覽表〉(1920年 自 1月 至 3月) 1920年 3月 29日字 ; 《現代史資料》 27, 〈朝鮮〉 3, pp.647~648 참조.

141) 《獨立新聞》 1920년 12월 25일자, 〈北墾島에 在한 我獨立軍의 戰鬪情報〉 참조.

142) 愼鏞廈, 〈大韓新民團 獨立軍의 研究〉, 《東洋學》(檀國大 東洋學研究所) 제18집, 1988 참조.

143) 〈電報, 第168號〉(發信 堺總領事代理, 受信 內田外務大臣) 1920年 6月 11日字 ; 《現代史資料》 27, 〈朝鮮〉 3, p.607 참조.

144) 《獨立新聞》 1920년 12월 25일자, 〈北墾島에 在한 我獨立軍의 戰鬪情報〉 참조.

을 건너 간도에 추격해 들어가 독립군을 섬멸하고 오도록 하였다. 일본
군 安川 추격대대는 간도에 건너오자 安山 후방 고지에서 독립군의 공
격을 받았음에도 和龍縣 鳳梧洞 입구에까지 독립군의 주둔지를 탐색하
며 추격해 찾아 들어왔다.[145]

鳳梧洞은 서대파와 마찬가지로 독립군의 또 하나의 근거지였다. 당시
봉오동에는 崔振東이 지휘하는 軍務都督府와, 洪範圖가 지휘하는 大韓
獨立軍과, 安武가 지휘하는 國民會軍(정식 명칭 大韓國民軍)이 연합하여
'大韓北路督軍府'라는 독립군 연합부대를 형성하여 주둔하고 있었고, 여
기에 다시 李興秀가 지휘하는 大韓新民團 독립군 60명이 가세하여 함께
주둔하고 있었다.[146] 봉오동과 그 일대의 독립군 병력은 700~900명으로
막강한 것이었다. 당시 독립군 연합부대인 대한북로독군부의 府長은 崔
振東이었고, 부관은 安武, 사령부장은 洪範圖였다.[147]

대한북로독군부 독립군과 대한신민단 독립군은 일본군이 두만강을
건너 봉오동 근거지로 독립군을 추격하여 온다는 보고를 받고, 독군부
장 최진동과 사령부장 홍범도의 지휘로 봉오동 골짜기를 포위하여 동서
남북의 산기슭에 독립군 중대별로 전투지역을 분담하여 매복한 다음,
제2중대 제3분대(분대장 李化日)로 하여금 촌락 앞의 고지에 매복해 있
다가 일본군이 골짜기 입구로 진입해 오면 저항하는 체하면서 독립군의
주력이 매복하고 있는 봉오동 골짜기의 포위망 안으로 유인해 오도록
하였다.[148] 독립군 부대들이 완벽한 포위망을 쳐놓고 기다리고 있는 줄
모르고 일본군 월강추격대대는 1920년 6월 7일 오전 6시 30분 봉오동 골
짜기 입구에 도착하여 전위중대를 내보냈다. 독립군 李化日分隊는 이를

---

145) 〈電報, 第166號〉(發信 堺總領事代理, 受信 內田外務大臣) 1920年 6月 15日字 ;《現代史
資料》27, 〈朝鮮〉3, p.608 참조.

146) 〈復命書〉, 在間島局子街分館警察署, 機密第5號, 1920年 7月 6日字 ;《現代史資料》27,
〈朝鮮〉3, p.632 참조.

147) 〈國民會制令〉, 國民 第73號, 1920年 6月 15日字 ;《現代史資料》27, 〈朝鮮〉3, pp.80~81
참조.

148) 《獨立新聞》1920년 12월 25일자, 〈北墾島에 在한 我獨立軍의 戰鬪精報〉참조.

맞아 골짜기 안으로 유인하기 위한 교전을 한다는 것이 너무 용감히 싸워서 일본군 전위중대가 참패를 하고 퇴각해 버렸다.

그러나 일본군 월강추격대대 본대는 독립군의 전투병력을 대수롭지 않다고 판단하고 대오를 정돈하여, 같은 날인 6월 7일 11시 30분에 봉오동 골짜기 안으로 진입하기 시작하였다. 일본군의 척후병이 오후 1시에 독립군의 포위망 안에 도착해도 독립군이 이를 통과시켜 주자 일본군 월강추격대대 본대는 안심하고 독립군의 포위망 안에 깊숙이 들어오게 되었다. 이에 매복해 있던 독립군 부대들이 4면에서 정확히 조준을 하고 있다가 맹렬한 집중사격을 가하니 일본군은 상대가 될 수 없었다. 일본군은 神谷 중대와 中西 중대를 전면에 내세워 필사의 응전을 하고 기관총 중대까지 맹렬한 난사를 했으나, 독립군이 매복해 있어서 정확한 조준을 할 수가 없었으므로 탄약만 허비하고 막대한 희생만 내었다. 일본군은 포위망 안에서 3시간을 응전하다가 사상자가 격증하자 더 견디지 못하고 참패하여 돌아갔다. 이것이 鳳梧洞戰鬪이다.[149]

상해 임시정부 군무부에 의하면, 이 봉오동전투에서 일본군은 전사 157명, 중상 200여 명, 경상 100여 명을 내고 완전히 참패하였다.[150] 한편 독립군의 피해는 전사 4명, 중상 2명으로 경미하였다.[151] 독립군 부대들은 봉오동전투에서 대승리를 한 것이었다.

봉오동전투에서 독립군의 대승리와 일본군의 패배는 독립군과 일본군에게 다 같이 큰 충격을 주었다. 독립군과 한국민족은 사기가 앙양되어 봉오동전투를 '獨立戰爭의 第1回戰'[152]이라고 칭하면서, 계속하여 교전이 있을 것을 예견하고, 군사행동에 대한 독립군 각 부대들간의 연합방법, 식량 준비, 병사 모집, 간호대 조직 등 재전투준비를 신속히 강화

---

149) 愼鏞廈, 〈獨立軍의 鳳梧洞戰鬪와 靑山里獨立戰爭〉, 《韓國近代民族運動史硏究》(一潮閣), 1988, pp.254~262 참조.

150) 《獨立新聞》 1920년 12월 25일자, 〈北墾島에 在한 我獨立軍의 戰鬪情報〉 참조.

151) 위와 같음.

152) 〈電報, 第166號〉, 暗 No.8203(發信 堺總領事代理, 受信 內田外務大臣), 1920年 6月 15日字 ; 《現代史資料》 27, 〈朝鮮〉 3, p.608.

하였다.[153]

한편 일본군은 독립군을 민병단이라고 생각했다가 봉오동전투를 겪고 나서는 독립군 부대들이 정식 군복을 착용하고, 그 임명에 사령을 쓰며, 예식을 제정하는 등 전적으로 정규군과 같이 통일된 군대조직을 갖고 있음을 알았다.[154] 그리고 독립군 부대들의 위력이 매우 강대하여 그들이 활동을 시작하면 중국군경은 도저히 이들을 진정시킬 수 없고, 간도는 독립군의 지배하에 들어갈 것이며, 독립군 부대들이 한반도로 국내진입을 본격적으로 감행하면 일제의 식민지 통치는 심각한 위협을 받게 될 것이라고 판단하여, 독립군의 군세를 매우 두려워하게 되었다.[155]

일본군은 봉오동전투에서 참패한 충격을 받고 한국민족 독립군 부대들의 군세의 증강에 놀라 두 가지 대책을 세웠다. 하나는 만주군벌 張作霖에게 압력을 가하여 일본군의 감시와 지도하에 중국군을 출동시켜서 독립군을 토벌하는 대책이었고,[156] 다른 하나는 1920년 7월 하순부터 〈間島地方不逞鮮人剿討計劃〉이라는 일본군의 직접 출동에 의한 독립군 '토벌'계획을 입안하여 8월에 이를 확정한 것이었다.[157]

일본군이 〈간도지방불령선인초토계획〉이라는 간도침입에 의한 독립군 '토벌'작전을 수립해 놓고, 중국측에게 일본군이 간도에 출병하여 그들이 직접 독립군을 토벌하겠다고 대대적 위협을 가하자, 만주군벌 張作霖은 이에 굴복하여 일본군 파견장교의 감시하에 중국군을 출동시켜 한국 독립군을 토벌하겠다고 1920년 7월 24일 일본군에게 약속하였다.

일본군이 8월 15일 이에 동의하자, 중국측은 駐延吉 中國陸軍 第2混

153) 〈電報, 朝特第45號〉(發信 朝鮮軍司令官, 受信 陸軍大臣), 1920年 6月 15日字 ;《朝鮮獨立運動》 제3권, p.178 참조.

154) 〈電報, 密第102號〉(發信 朝鮮軍司令官, 受信 陸軍大臣), 1920年 6月 15日字 ;《現代史資料》 27, 〈朝鮮〉 3. p.585 참조.

155) 〈今後ニ於ケル間島地方不逞鮮人團ノ行動ニ關スル觀察〉, 高警 第21186號, 1920年 7月 21日字 ;《現代史資料》 27, 〈朝鮮〉 3, p.358 참조.

156) 《間島出兵史》(上) ;《朝鮮統治史料》(韓國史料研究所 編) 제2권, pp.6~8 참조.

157) 〈間島地方不逞鮮人剿討計劃〉 1920年 8月 調表 ;《現代史資料》 28, 〈朝鮮〉 4, pp.116~121 참조.

成旅團 步兵第1團長 孟富德을 사령관으로 하여 한국 독립군 토벌을 위해서 중국군을 출동시키게 되었다.[158] 그러나 중국관헌의 간부들 중에는 일본군의 강요에 굴복한 중국군의 출동에 불만을 가진 사람이 많았고, 한국인들과 친분이 있어 한국 독립운동에 동정을 가진 사람이 다수 있었으므로, 중국군 출동 정보는 한국인들에게 제공되었다.

이에 간도의 대한국민회를 비롯한 독립운동단체 대표들과 孟富德의 중국군측 사이에 비밀협상이 이루어지게 되었다. 그 요지는, 중국군은 일본군의 간도 침입을 막기 위하여 이번에는 부득이 실제로 출동하지 않을 수 없으니, 독립군은 중국군의 체면을 세워주어서 일본군에게 잘 알려진 현재의 근거지를 떠나 삼림지대로 근거지를 이동하면, 중국군은 독립군의 이동행군과 삼림지대에서의 새 근거지 설치를 방해하지 않겠다는 것이었다.[159]

독립군측과 중국군측의 이 '협상'에 의거하여 吉林省의 延吉, 琿春, 汪清, 和龍의 4縣에 근거지를 설치했던 한민족 독립군 단체들은 1920년 8월 하순부터 근거지 대이동을 시작하게 되었다. 홍범도가 지휘하는 대한독립군이 1920년 8월 하순에 제일 먼저 근거지였던 延吉縣 明月溝(중국명 廟溝)를 떠나 1920년 9월 21일경에는 安圖縣과 접경지대인 和龍縣 二道溝 漁郎村 부근에 도착하였다.[160] 뒤이어 국민회군, 신민단, 의군부, 광복단, 의민단 등도 각각 그들의 근거지를 떠나 9월 말경에 이도구 지방에 도착하였다. 봉오동에 근거지를 두었던 崔振東이 지휘하는 군무도독부군은 북방으로 이동하여 9월 말경에 羅子溝 지방에 도착하였다.[161]

---

158) 〈齋情第1號〉 1920年 8月 25日字 ; 《現代史資料》 28, 〈朝鮮〉 4, p.95 참조.
159) 愼鏞廈, 〈獨立軍의 靑山里獨立戰爭의 硏究〉, 《韓國民族獨立運動史硏究》, 1985, pp.403~404 참조.
160) 〈電報〉 1920年 9月 21日字(發信 關東軍參謀長, 受信 次長) ; 《現代史資料》 28, 〈朝鮮〉 4, p.264 참조.
161) 〈北路督軍府ト國民會トノ葛藤之件〉, 1920年 8月 29日字 ; 《現代史資料》 27, 〈朝鮮〉 3, p.398 및 〈齋情第22號〉 1920年 10月 1日字 ; 《現代史資料》 28, 〈朝鮮〉 4, pp.113~114 참조.

다른 독립군 부대들도 각각 모두 근거지 이동을 단행하였다.

대한군정서는 9월 초에도 근거지 이동을 단행하지 않고 정세를 관찰하고 있었다. 일제측이 맹부덕에게 왕청현 서대파 십리평에 근거지를 설치하고 있는 대한군정서 독립군을 토벌하라고 압력을 가하자, 맹부덕은 9월 6일 200명의 중국군을 小汪淸으로부터 서대파 십리평으로 파견하였다. 대한군정서측에서는 사령관 金佐鎭, 참모장 李章寧, 참모副長 羅仲昭, 본부교사 李範奭 등이 이들을 맞이하여 큰 소 두 마리와 돼지 한 마리를 잡아서 성대히 대접하고 교섭을 행하였다.[162] 중국군은 하룻밤 묵으면서 대한군정서측과 협상을 한 결과, 원만한 교섭이 이루어져서 9월 7일 임지로 돌아갔다.[163]

대한군정서와 중국군 사이의 협상 내용은 1개월을 기한으로 근거지를 이동해서 대한군정서 독립군 전부를 다른 삼림지대에 은둔시키거나 국내진입시키고, 중국군도 1개월 기한을 조건으로 대한군정서 독립군을 추격하거나 행군을 방해하지 않기로 약정한 것이었다.[164]

대한군정서는 무기구입을 위하여 러시아에 출장 갔던 총재 徐一과 재무부장 桂和가 9월 7일 본영으로 귀환하고, 기계국장 梁玄과 玄甲이 무기운반대 3개 중대와 함께 본영으로 귀환하자,[165] 9월 9일 오전 10시에 사관연성소 제1회 졸업식을 거행하고 근거지 이동 준비를 시작하였다.[166] 대한군정서는 9월 12일 보병 1개 대대를 편성하여 대대장에 金思稷, 중대장에 金奎植·洪忠熹·金燦洙·吳祥世, 소대장에 李敎性·許活과 사관연성소 새 졸업생 10명을 임명했으며, 사관연성소 졸업생 280여 명으로 敎成隊를 조직하여 대장에 羅仲昭, 부관에 崔峻衡, 중대장에 李範奭, 소대장에 李敏華·金勳·李鐸·南益 등을 임명하여 대오를 정비하였다.[167]

---

162) 《陣中日誌》1920년 9월 6일조 ;《독립운동사자료집》제10권, p.58 참조.

163) 《陣中日誌》1920년 9월 7일조 ;《독립운동사자료집》제10권, p.58 참조.

164) 〈對中國交涉ニ關スル上申書〉1920年 9月 18日字(春溪柳讚熙로부터 大韓國民會에게) ;《現代史資料》27,〈朝鮮〉3, p.101 참조.

165) 《陣中日誌》1920년 9월 7일조 ;《독립운동사자료집》제10권, p.58 참조.

166) 《陣中日誌》1920년 9월 9일조 ;《독립운동사자료집》제10권, pp.58~59 참조.

대한군정서 독립군은 사관연성소 졸업생 등 약 300명과 경비대 약 200명, 합계 500명으로 선발대(일명 旅行隊)를 편성하고, 나머지 독립군 600명으로 본대를 편성하여 2개 부대를 나누어서 9월 17~18일 서대파 십리평의 근거지를 출발하였다.[168] 출발에 앞서 땅 속에 묻어두었던 총기와 탄약을 파내어 牛車 20량에 적재하고 행군하였다.[169]

대한군정서 독립군은 9월 18일 大坎子 黑熊洞에 도착하여 그곳 땅속에 묻어 두었던 총기 50정과 탄약 1천 발을 파내어 정비한 다음 독립군 군인 100여 명을 이곳에 잔류시키고 출발하였다. 대한군정서는 행군하는 도중에 여행에 부적합한 다수의 경비대 군인을 일시적으로 분산 귀가시켜서 새 근거지 설치 후 재소집 통보에 따라 집합하게 하였다. 대한군정서 독립군은 9월 20일 대감자에서 미리 집합하여 있던 사관연성소 입학지원자 50명에게 시험을 보여 일행에 가담시킨 다음, 21일 新興洞에 도착하였다. 대한군정서 독립군은 和龍縣 三道溝 靑山里 방면을 향하여 행군해서 청산리에 도착하면, 安圖縣과 경계를 이룬 삼림지대에 새로운 근거지를 설치할 것인가, 또는 長白縣 방면으로 향하여 서로군정서와 통합할 것인가를 정세를 보아 결정하기로 하였다.[170]

대한군정서 독립군 사령관 김좌진이 삼도구 청산리 방면을 향하여 이동한 것은 안도현에 이동해온 서로군정서와 합동하여 새 근거지를 백두산 서쪽 방면의 仍頭山 부근에 설치하려는 복안이었으나, 간부들은 이 경우 식량의 공급의 어려움에 고심하였다.[171] 대한군정서 독립군은 10월 12~13일에 걸쳐 삼도구 청산리 부근에 도착하였다.[172]

167)《陣中日誌》1920년 9월 12일조 ;《독립운동사자료집》제10권, p.59 참조.

168)〈軍政署ニ拘禁セラレ居リタル朝鮮人ノ談話ニ關スル件〉;《現代史資料》27,〈朝鮮〉3, p.239 참조.

169)〈不逞鮮人ノ行動〉, 秘間情第18號, 1920年 10月 18日字 ;《現代史資料》28,〈朝鮮〉4, p.358 참조.

170)〈軍政署ニ拘禁セラレ居リタル朝鮮人ノ談話ニ關スル件〉;《現代史資料》27,〈朝鮮〉3, p.240 참조.

171)〈不逞鮮人ノ行動〉, 秘間情第18號, 1920年 10月 13日字 ;《現代史資料》28,〈朝鮮〉4, p.355 참조.

중국군은 대한군정서 독립군이 서대파 십리평의 근거지를 떠나 이동해 가버린 후인 9월 19일에 맹부덕이 400명의 군대를 인솔하고 서대파로 향하다가, 대한군정서 독립군이 이미 서대파의 근거지를 떠났다는 보고를 받고 행군을 중지했으며, 일제측은 일본군 밀정으로 있는 중국인을 시키어 대한군정서가 버리고 간 사관연성소의 빈 막사와 병사 11동을 불태웠는데, 약 10시간 정도 불꽃이 솟았다고 한다.[173]

중국군은 1920년 8월 28일부터 9월 27일까지 1개월 동안 한국민족의 독립군을 '수색' '토벌'한다고 출동해서 독립군 부대들의 근거지 대이동이라는 결과만 가져온 채, 독립군 토벌을 하지 못하고 종결하였다. 중국군은 독립군을 토벌할 의사가 없었을 뿐 아니라, 설령 의사가 있었다고 할지라도 한국민족의 독립군은 이미 수천 명의 막강한 군대로 성장해 버려서 전투가 벌어진다면 맹부덕이 이끄는 500명의 중국군이 섬멸될 형편이었다. 그 결과 중국군을 동원하여 한국민족 독립군을 토벌해 보려던 일본군의 기도는 완전히 실패로 돌아가게 되었다. 맹부덕의 중국군에 파견되어 중국군의 독립군 토벌을 감시하고 독려한 일본군 고위 정보장교는, 중국군의 독립군 토벌이 완전실패이며 독립군의 토벌은 일본군이 직접 주체가 되어 실행하지 않으면 불가능하다는 비밀보고서를 제출하고 原隊로 복귀하였다.[174]

독립군의 근거지 대이동의 결과 한국민족의 독립군 부대들은 주로 두 방향으로 집결하게 되었다. 즉 崔振東이 지휘하는 軍務都督府와 일부의 독립군 부대들은 북쪽으로 이동하여 羅子溝 북방에 집결하였다. 한편

---

172) 〈秘間情第15號〉, 間島日本總領事館, 1920年 10月 18日字 ; 《現代史資料》 26, 〈朝鮮〉 4, p.355 참조.
173) 〈間島地方ニ於ケル支那官憲ノ不逞鮮人討伐槪要〉 ; 《現代史資料》 28, 〈朝鮮〉 4, p.94 참조. 孟富德의 중국군은 明月溝에 근거지를 설치했던 大韓獨立軍에 대해서도 이동한 며칠 후에 근거지에 도착하여 빈 兵舍만 불태웠고, 國民會軍의 근거지였던 一兩溝에 출동했던 王德琳이 인솔한 중국군도 국민회군이 이동한 며칠 후에 근거지에 도착해서 빈 막사만 부수고 돌아왔다. 모두 동일한 방식이었다.
174) 〈齋情第12∼13호〉 ; 《現代史資料》 28, 〈朝鮮〉 4, pp.105∼116 참조.

김좌진이 지휘하는 대한군정서는 삼도구 방면으로 이동하였고, 대한독
립군, 국민회군, 신민단, 의군부, 한민회군, 의민단, 광복단 등은 이도구
방면으로 이동하였다. 이에 이도구와 삼도구 일대에 가장 막강한 독립
군 부대들의 병력이 집결하게 되었다.

9. 대한군정서의 청산리 독립전쟁

한국민족의 독립군 부대들이 밀림 속으로 근거지 대이동을 단행한 것
은 일본 제국주의자들을 매우 당황시켰다. 일제는 중국군을 출동시킨
한국 독립군 토벌이 완전히 실패로 돌아가자, 그들이 이미 1920년 8월에
확정한 〈間島地方不逞鮮人剿討計劃〉에 의거하여 일본군이 직접 間島
에 출병해서 독립군을 토벌하기로 결론지었다. 그러나 간도는 중국의
영토로 되어 있었기 때문에 일본군은 중국의 주권을 침해하여 간도에
침입할 구실이 없었다.

이에 일제는 그들이 매수하여 조종하는 만주 마적단의 하나로 하여금
1920년 10월 2일 琿春을 습격해서 상가를 약탈하고, 일본영사관을 습격
하여 방화하도록 유도한 이른바 '琿春事件'을 조작하였다. 그리고 일제
는 10월 2일 혼춘을 습격한 300명의 마적단에는 만주 마적들과 함께 ①
러시아인 5~8명, ② 중국관병 약간 명 ③ 不逞鮮人(한국인 독립운동가)
30여 명이 포함되어 있다고 주장하였다.[175] 일제가 이러한 억지 주장을
한 것은, ① 러시아인이 포함된 것으로 하여 이 마적단이 보통의 마적단
이 아니라 과격파(볼셰비키파)가 포함된 정치적 집단임을 주장하고, ②
중국관병이 포함되었다고 조작해서 마적과 중국군이 결탁되어 있는 것
으로 트집잡아 일본군의 간도 출병에 반대하는 중국군의 발언권을 봉쇄

---

175) 〈琿春事件に就て〉, 朝特報第43號, 1920年 10月 23日字, 朝鮮軍參謀部 ; 《朝鮮獨立運動》
    (金正明 編) 제3권, pp.202~203 참조.

하며, ③ 불령선인이 포함된 것으로 조작해서 한국독립군 토벌의 구실을 만들기 위한 것이었다.

일본 육군성은 '혼춘사건'을 구실로 내세워 10월 6일부터 〈간도지방 불령선인초토계획〉에 따라 일본군을 龍井 등 간도 각 주요지역에 불법 출병시키라는 명령을 해당 각 사단에 하달하고, 출병계획을 일본 내각 회의에 제출하였다. 일본정부는 1920년 10월 7일 내각회의에서 한국민족의 독립군 토벌을 목적으로 간도에 출병할 것을 결정하였다.[176] 일본 정부의 이러한 결정을 받아서 일본 육군참모부는 10월 7일 밤에 羅南에 본부를 둔 제19사단과, 시베리아에 출병하여 주둔해 있던 3개 사단의 浦潮파견군에게 일본정부의 결정을 통보하고 〈간도지방불령선인초토계획〉에 의거한 일본군의 본격적 병력 출동을 명령하였다.[177]

간도는 중국의 영토로 되어 있었기 때문에, 일본군의 출병에는 반드시 사전에 중국정부의 승인이 필요하였다. 일본정부는 이 승인을 구하려고 온갖 교섭과 공작을 하며 압력을 가했으나, 중국정부는 10월 13일 결국 일본의 요청을 최종적으로 거부하였다.[178] 일본 제국주의자들은 중국정부의 거부로 합법적인 '간도 출병'이 불가능해지자 침략자의 본색을 드러내어 중국영토인 간도에 일본군을 그대로 출병시켜 군사작전을 단행하기로 결정하고, 10월 14일 이를 일방적으로 선언하였다.[179] 이것은 중국의 주권을 완전히 무시한 '침입' 선언이었는데, 중국의 중앙정부가 거절한 사안이었음에도 만주군벌 張作霖은 일본의 위세를 두려워하여 항의하지 않았다. 일본군은 10월 16일 만주군벌에게 일본군이 10월 17일 0시를 기하여 간도의 東寧·琿春·延吉·汪淸·和龍 등 5縣에 출병하여 한국민족의 독립군 토벌을 위해서 2개월간 군사행동을 할 것임을 일방적으로 통고하였다.[180] 이와 같이 일본군의 간도 출병은 출병이 아니라

---

176) 〈大正九年十月七日閣議決定〉;《現代史資料》28, 〈朝鮮〉4, pp.184~186 참조.

177) 《間島出兵史》(上);《朝鮮統治史料》(韓國史料研究所 編) 제2권, pp.25~26 참조.

178) 〈間島出兵に關する件〉, 1920年 10月 14日字;《朝鮮獨立運動》제3권, p.193 참조.

179) 위와 같음.

중국정부의 거부를 무시하고 불법적으로 자행한 간도 침입이었다.

일본군이 간도 침입을 자행하여 한국민족의 독립군을 토벌하려고 동원한 병력은, 제19사단 전부, 제20사단 일부, 제11사단·제13사단·제14사단 일부 등 5개 사단에서 차출된 2만 5천 명에 달하는 대병력이었으며, 여기에 관동군 일부까지 지원병력 구실을 하도록 배치하였다.

일본군은 이 거대한 병력으로 독립군을 이중 포위하여 섬멸하려고 하였다. 즉 ① 일본군 5개 사단에서 차출한 2만 5천 명의 병력과 관동군에서 동원한 병력으로 북간도의 독립군 부대 전체를 동서남북으로 모두 넓게 포위하여 포위망을 좁혀 들어가고, ② 그 포위망 안에서 다시 제19사단을 보강하여 3개 支隊를 편성해서 1만 2천 명의 병력으로 북간도를 갑(琿春-草帽頂子 지방)·을(百草溝-西大坡-蛤蟆塘 지방)·병(龍井-局子街-二道溝·三道溝 지방)의 3개 구역으로 나누어서, 각 지대가 책임지역의 오지에 들어가 내부에서 좁게 포위하여 독립군 각 부대를 수색해서 전투를 통하여 독립군 부대들을 모두 섬멸한다는 것이었다.

일본군은 독립군 토벌의 작전목표를 2단계로 나누어 설정하였다. 즉, 제1단계에서는 작전 개시일로부터 1개월 이내에 독립군 무장대를 철저히 색출하여 섬멸하고, 반복 토벌을 되풀이 실시하여 독립군을 전원 섬멸하거나 검거해서, 독립군의 무장항쟁을 근원까지 철저히 박멸한다는 것이었다. 제2단계는 제1단계가 끝난 후로부터 다시 1개월 이내에 촌락에 잠복하고 있는 독립군 여당과 민간인 독립운동가를 철저히 색출하여 무장독립군 운동은 말할 것도 없고, 비무장 독립운동까지 뿌리를 뽑겠다는 것이었다.

일본군은 이러한 작전목표를 달성하기 위한 외곽 포위망의 동원 병력으로 시베리아 연해주 파견군[浦潮軍]인 제11사단의 한 부대를 바라바시에서 土門子 방면으로, 제13사단의 한 부대를 三岔口에서 老黑山·羅子溝 방면으로 진군시켜, 동북방면으로부터 밀고 내려오게 했으며, 제14사

---

180)《間島出兵史》(上) ;《朝鮮統治史料》제2권, pp.39~40 참조.

단의 제28여단을 포세트만에 상륙시켜 琿春·凉水泉子·局子街 부근을
거쳐 會寧을 향해 진군하면서 동방으로부터 밀고 들어오게 하였다.[181]
또한 龍山에 사단본부를 둔 제20사단의 차출 병력과 조선헌병대와 조선
총독부 경찰대를 동원하여 두만강과 압록강 연안의 국경수비를 담당하
면서 독립군의 국내진입을 방어하고, 필요하면 명령에 따라 강을 건너
남방으로부터 독립군 토벌에 책응하도록 하였다.[182] 한편 관동군은 일부
병력을 동원하여 중국군과 합동 형식으로 서간도로의 독립군의 이동을
막고 서방으로부터 독립군에게 압박을 가해 들어오도록 하였다.[183]

일본군은 또한 이와 함께 내부에서 독립군을 포위하고 오지에 들어가
서 독립군 부대들을 직접 색출하여 전투할 병력으로 제19사단 병력 전
부와, 여기에 龍山의 제20사단으로부터 1개 대대와 그 밖의 特種砲隊·
機關銃隊 등 보조병력을 차출하여 첨가하고, 시베리아 연해주 파견군
제14사단으로부터도 일부 병력을 차출하여 19사단에 편입시킨 다음, 이
오지에 들어갈 19사단 전부와, 여기에 첨가된 병력을 다음과 같이 3개
지대로 편성하였다.[184] 그리고 간도 침입기간 동안 제19사단 사령부를 羅
南에서 會寧으로 이동 설치하였다.[185]

(1) 磯林(이소바야시)支隊
支隊長 육군소장 磯林直明
步 兵 제38旅團 司令部
步 兵 제75연대(제1·제3대대의 각 2중대 및 제2대대 결여. 機關銃 2개소
        대, 特種砲隊, 通信班, 丙衛生班을 附加)
步 兵 제78연대 제3대대(機關銃 1개소대, 通信班 4분의 1, 戊衛生班을 부가)

181) 위의 책, pp.43~44 참조.
182) 〈鴨綠江對岸不逞鮮人剿討計劃ニ關スル件通牒〉, 1920年 10月 13日字, 朝鮮憲兵隊司令
    部副官 ;《現代史資料》28,〈朝鮮〉4, pp.198~203 참조.
183) 〈大臣ヨリ關東軍司令官ヘ電報案〉;《現代史資料》28,〈朝鮮〉4, p.197 참조.
184) 《間島出兵史》(上) ;《朝鮮統治史料》제2권, pp.41~43 참조.
185) 〈暗號電報, 第13903號〉(發信 西澤書記官, 受信 內田外務大臣), 1920年 10月 24日字 ;
    《現代史資料》28,〈朝鮮〉4, pp.148~149 참조.

騎 兵　제27연대 제3중대(半소대 결여)

野砲兵　제25연대 제2대대, 野砲 1중대, 山砲 1소대(山砲는 추가하여 編成
　　　　上 配屬함)[186]

工 兵　제19대대 제2중대

憲 兵　약간

(2) 木村(기무라)支隊

支隊長　육군 보병대좌 木村益三

步 兵　제76연대(제1·제3대대의 각 2중대 및 제2대대 결여. 機關銃 2개小
　　　　隊, 特種砲隊, 通信班, 甲衛生班을 부가)

騎 兵　제27연대 제2중대의 1소대

山砲兵　제1중대 (1개 소대 결여. 추가하여 編成上 배속함)[187]

工 兵　제19대대 제1중대의 1소대

憲 兵　약간

(3) 東(아즈마)支隊

支隊長　육군 소장 東正彦

步 兵　제37여단 사령부

步 兵　제73연대(제1대대 및 제10중대 결여. 特種砲隊, 乙衛生班을 부가)

步 兵　제74연대 제2대대(機關銃 2개 소대, 通信班, 丁衛生班을 부가)

騎 兵　제27연대(제2중대의 1개 소대 및 제3중대 결여)

野砲兵　제25연대 제1대대. 野砲 1개 중대. 山砲兵 1개 중대(山砲는 추가하
　　　　여 編成上 배속함)[188]

工 兵　제19대대 제3중대

憲 兵　약간

茂山주둔 步兵 1개 대대 추가[189]

---

186) 〈電報, 朝特第107號〉(發信 朝鮮軍司令官, 受信 陸軍大臣), 1920年 10月 22日字 ;《現代
　　史資料》28, 〈朝鮮〉 4, p.219 참조.

187) 위와 같음.

188) 위와 같음.

189) 〈電報, 朝特第118號〉(發信 朝鮮軍司令官, 受信 陸軍大臣), 1920年 10月 28日字 ;《現代
　　史資料》28, 〈朝鮮〉 4, pp.225～226 참조.

⑷ 師團直轄部隊
步 兵 제74연대 제1대대 본부 및 제3중대
飛行機班
無線電信班
비둘기通信班

위의 3개 지대의 병력은 모두 약 1만 2천 명으로서, 磯林지대가 약 4
천 명, 木村지대가 약 3천 명, 東지대가 약 5천 명으로 구성되어 있었다.
이 가운데서 東지대는 병력은 물론이요 화력도 기병과 포병에 중점을
두었기 때문에 가장 막강하였다.

일본군은 이 3개 지대가 북간도의 오지에 들어가서 ① 磯林지대가 甲
區인 琿春 - 草帽頂子 지방의 독립군을 안에서 다시 포위하여 섬멸하고,
② 木村지대가 乙區인 百草溝 - 西大坡 - 蛤蟆塘 지방의 독립군을 포위
하여 섬멸하며, ③ 東지대가 丙區인 龍井 - 大屈溝 - 局子街 - 頭道溝·二
道溝·三道溝 지방의 독립군을 안에서 다시 포위하여 섬멸한다는 면밀
한 작전계획을 세웠다.[190]

일본군은 이러한 작전계획에 따라 실제로 10월 7일부터 간도에 침입
하기 시작하여 집결한 부대들을 정돈해서, 磯林지대가 10월 14일 琿春
河 골짜기의 평야지대에 출동하기 시작했으며, 東지대가 10월 15일 龍
井에 도착하여 작전을 시작했고, 木村지대가 10월 17일 汪淸 방면으로
출동하였다.[191] 대한군정서 독립군이 이동해 주둔한 이도구 청산리 지방
과 홍범도의 대한독립군, 국민회군, 신민단, 의군부, 한민회군, 의민단 등
이 이동해 주둔한 이도구 지방을 담당한 일본군은 東지대였다.

일본군 東지대 사령부는 10월 17일 밤 김좌진이 지휘하는 약 600명의
대한군정서 독립군이 삼도구 청산리 부근의 골짜기에 주둔하고 있고,
이도구에도 홍범도가 인솔하는 대한독립군을 비롯하여 몇 개의 독립군

---

190) 《間島出兵史》(上) ; 《朝鮮統治史料》 제2권, p.44 참조.
191) 위의 자료, pp.44~53 참조.

부대들이 주둔하고 있다는 보고를 받고, 이 독립군 부대들을 포위 섬멸하겠다고 다음과 같이 포위공격 작전명령을 발하였다.[192]

① 山田討伐隊(보병 제73연대장이 지휘하는 보병 5개 중대를 주력으로 한 聯隊)는 가능한 한 속히 병력의 일부로써 獨立軍의 西方지구의 退路를 차단하고 主力은 獨立軍을 수색하여 토벌에 들어갈 것.

② 騎兵聯隊(연대장 加納大佐)는 主力으로서 後車廠溝, 前車廠溝, 昇平嶺 방면으로부터 우회하여 二道溝 老嶺 방면에서 獨立軍의 退路를 차단할 것.

③ 步兵 제74연대의 2개 중대, 機關銃 1소대, 野砲 1소대는 頭道溝에 도착하여 명령을 기다릴 것.

④ 기타의 諸部隊는 現在地(10월 16일의 배치 지역) 부근에서 獨立軍의 토벌에 종사할 것.

⑤ 支隊長은 頭道溝에 이동할 것.

일본군 東지대는 삼도구 청산리 부근에 있는 김좌진이 지휘하는 대한군정서 독립군을 토벌하려고 山田討伐聯隊를 龍井으로부터 삼도구로 보내어 10월 20일을 기해서 대한군정서 독립군을 공격하라는 작전명령을 내렸다.[193] 한편 東지대 지대장 東正彦이 지휘하는 본대는 이도구 방면에 있는 독립군 부대들(홍범도 연합부대)을 토벌·섬멸하기 위해서 19일 오전 8시에 이도구로 출동하였다. 일본군 東지대는 기병부대와 포병부대를 포함한 약 5천 명의 막강한 병력으로 삼도구와 이도구 일대를 포위하여 그 안에 있는 김좌진의 대한군정서 독립군과 홍범도 연합부대를 10월 20일을 기해서 공격하여 섬멸하려고 한 것이었다.[194]

청산리 독립전쟁은 이러한 일본군 東지대의 포위 공격에 대하여 대한군정서, 대한독립군, 국민회군, 신민단, 의군부, 한민회군, 의민단, 광복

---

192) 위의 자료, p.56 참조.

193) 〈電報, 朝特第102號〉(發信 朝鮮軍司令官, 受信 陸軍大臣), 1920年 10月 19日字 ;《現代史資料》10, 〈朝鮮〉 4, pp.216~217 참조.

194) 〈暗號電報, 第56號〉, 暗 No.15600(發信 頭道溝諏訪分館主任, 受信 內田外務大臣), 1920年 10月 9日字 ;《現代史資料》28, 〈朝鮮〉 4, p.318 참조.

단의 독립군 부대들이 공격을 가해서 1920년 10월 21일 아침부터 26일 새벽까지 만 6일간 전개된 10여 개의 전투들을 가리키는 것이다.[195]

대한군정서 독립군은 일본군에 대전 공격하기 위하여 가까이 이도구에 있는 독립군 부대 지휘관들과 연합작전을 모색하였다.[196] 이도구에 이동하여 주둔해 있던 대한독립군, 국민회군, 신민단, 한민회군, 의민단 등의 독립군 부대들은 이에 앞서 10월 13일 대표자회의를 열고 홍범도를 사령관으로 하여 하나의 연합부대를 편성해서 통일된 군사행동을 전개할 것을 결정했다.[197] 김좌진의 대한군정서 독립군과 홍범도 연합부대

---

195) 청산리 독립전쟁에 대해서는, 삼도구 청산리의 백운평전투만을 청산리 독립전쟁(또는 청산리전투)이라고 부르는 협의의 개념과, 삼도구와 이도구 일대에서 전개된 한국민족의 독립군과 일본군 東支隊 사이의 10여 차례의 전투들을 묶어서 청산리 독립전쟁이라고 부르는 광의의 개념이 있다. 만일 협의의 개념을 취하면 청산리 독립전쟁은 백운평전투를 수행한 대한군정서 독립군 단독의 독립전쟁이 된다. 만일 광의의 개념을 취하면 청산리 독립전쟁에는 백운평전투뿐만 아니라 이도구에서 전개된 完樓溝전투, 泉水坪전투, 漁郞村전투, 맹개골전투, 萬麒溝전투, 쉬溝전투, 天寶山전투, 古洞河谷전투 등도 포함하게 되며, 청산리 독립전쟁에 참가한 독립군 부대도 대한군정서와 함께 大韓獨立軍, 國民會軍, 新民團, 韓民會軍, 義軍府軍, 光復團, 義民團 등도 참가한 것이 된다. 위의 전투들은 삼도구와 이도구의 연속된 동일지역에서 동일한 일본군 東지대를 상대로 하여 10월 21일부터 26일 새벽까지 연속되어 전개된 한 묶음의 전투들이므로, 여기서는 광의의 개념을 취하기로 한다. 또한 광의의 개념을 취할 때 청산리 독립전쟁과 청산리전투 중에서 어떠한 용어가 더 적합한 것인가의 문제는 광의의 청산리 독립전쟁은 그 안에 크고 작은 다수의 전투들을 포함하고 있어서 하나의 독립전쟁으로 보아 손색이 없고, 또한 이것을 청산리전투라는 용어로 부르면 그 안에 포함된 청산리 백운평전투 등 다른 전투들과 혼동을 일으키기 쉬우므로, 여기서는 청산리전투가 아니라 청산리 독립전쟁이라는 용어를 사용하기로 한다.[愼鏞廈, 〈獨立軍의 靑山里獨立戰爭의 硏究〉, 《韓國民族獨立運動史硏究》(乙酉文化社), 1985, pp.422∼426 참조]

196) 〈各不逞團ノ合同〉, 秘間情第14號, 1920年 10月 16日字 ; 《現代史資料》 28, 〈朝鮮〉 4, p.356 참조.

197) 〈十月中得タル情報ニ據ル間島地方不逞鮮人行動槪況〉 ; 《現代史資料》 28, 〈朝鮮〉 4, pp.402∼403 참조. 이때 5개 독립군 단체가 일본군에 대항하기 위한 군사행동의 통일을 위하여 洪範圖 연합부대를 편성하고 결정한 사항은 다음과 같았다.

① 5개 단체(大韓獨立軍과 國民會軍을 합하여 하나의 國民會로 보면 4團)의 武力을 갖고 軍事行動의 統一을 기할 것.

② 國籍者(한국인의 國民會에 등록된 자)의 總動員을 행하고 예정의 부서에 취임시킬 것.

③ 軍糧·軍需品의 긴급 징집에 착수할 것.

④ 警察隊를 조직하여 각 방면에 密行시켜서 日本軍隊의 動靜을 探査할 것.

⑤ 日本軍隊에의 應戰은 그 虛를 찌르거나 山間에 유인하여 必勝을 기하도록 하고 그 이외에는 戰鬪를 개시하지 않을 것.

의 수뇌들은 10월 19일 廟嶺에서 합석하여 일본군에 대한 대항책을 결정하기 위한 연합작전회의를 개최하였다. 이 날의 연합작전회의에서는 대한군정서 부총재 玄天默 등이 일본군과 교전하면 승패는 미지수이지만, 독립군의 전쟁은 중국측의 감정을 해하고 일본군의 증파를 결과할 것이므로 분전의 호기가 아니니 은인자중하여 避戰하자고 주장하여, 갑론을박 끝에 피전책이 결정되었다. 당시 대한군정서에 침투해 있던 일본군 밀정은 다음과 같이 보고하였다.

　　"제2차 日本軍隊의 三道溝 同信場(上村)에의 도착 前日, 廟嶺에서 玄天默, 桂和, 李範奭, 安熙(武의 오식), 李學根, 洪範圖, 朴永(寧의 오식)熙 등 軍政署側 및 洪範圖側의 首惱가 會合하여 日本軍對應策에 대하여 토의하였다. 戰鬪할 것인가 回避할 것인가의 兩派의 의론이 百出하였으나 결국 玄天默 등이 主唱하는 다음의 논지에 기초하여 당분간 日本軍의 攻勢를 回避할 것을 결의하였다. 琿春事變에 의해서 드디어 日本軍隊가 출동하여 我作戰에 장애를 가져온 것이 심대하다. 이제 間島에서 日本軍隊와 交戰하면 그 勝敗는 미지수에 속할지라도 그 때문에 支那側의 感情을 害하고 日本側은 多大의 兵員을 增派하기에 이를 것이다. 我團體는 실로 內外獨立의 爪牙로서 역시 光復의 萌芽이다. 奮戰의 好機는 멀지 않았다. 時下 隱忍自重을 요한다. 운운."[198]

대한군정서와 홍범도 연합부대의 연합작전회의의 이러한 피전책의 결정으로, 김좌진은 일본군을 공격하기 위하여 이미 전투준비를 하고 있던 대한군정서 독립군 병사들을 달래어 후방으로 철수하도록 했으며, 홍범도도 일본군이 멀리 지나가는 것을 산 위에서 내려다보면서 끓어오르는 전의를 억제하였다.[199]

독립군 부대들은 자제하고 있었지만, 이도구와 삼도구에 침입해 들어온 일본군은 행군하는 도중에 들른 작전지역 내의 한국인 촌락에서 한

───────────────

198)〈不逞鮮人ノ行動〉, 秘間情第47號, 1920年 10月 29日字 ;《現代史資料》28,〈朝鮮〉4, p.381
　　참조.
199) 위와 같음.

국인들이 세운 학교와 교회와 민가들을 불태우고, 무고한 한국인 촌락민들을 수상하다고 생각되면 모조리 무차별 학살하는 살인 만행을 자행하였다.[200] 일본군의 야수적 학살 방화 만행은 이도구와 삼도구 일대에서뿐만 아니라 일본군이 침입한 북간도 전역의 도처에서 자행되었다. 일본군 자신의 비밀보고에 의해서도 일본군의 학살 방화 만행으로 두만강 對岸 간도의 한국인 촌락들은 폐허가 되었다.[201]

대한군정서를 비롯한 독립군 부대들은 처음에 피전책을 채택했다가 일본침략군이 야수적으로 한국인 촌락들을 불지르고 선량한 동포들을 학살하며 들어오는 것을 보고, 결정을 바꾸어 일본군을 공격하기로 하였다. 이미 독립군에 자원하여 응모했을 때부터 조국광복의 독립전쟁에 기꺼이 목숨을 바치기로 결의했던 독립군 병사들이, 끓어오르는 애국심과 분노와 전의를 누르지 못하여, 병력의 압도적 열세를 무릅쓰고 일본군과 단호한 결전을 요구하고 나섰기 때문이었다. 이에 대한군정서 독립군 사령관 김좌진과 장교들은 결정을 바꾸어 일본침략군을 공격하여 섬멸하기로 결의함으로써 청산리 독립전쟁이 시작되었다.

청산리 독립전쟁의 첫 전투는, 김좌진이 지휘하는 대한군정서 독립군이 1920년 10월 21일 일본군 東지대의 토벌연대인 山田步兵聯隊를 삼도구 청산리 골짜기의 백운평 부근에서 섬멸한 백운평전투였다. 여기서 시작된 전투는 이도구 지방으로 옮겨지면서 1920년 10월 26일 새벽까지 약 6일간 10여 차례 대소 전투들이 전개되어 한국민족의 독립군 부대들이 일본군을 패전시키고 이도구에서 철수할 때까지 연속되었다.

청산리 독립전쟁을 구성하는 이 연속된 전투들 가운데에서 백운평전투, 泉水坪전투, 맹개골전투, 萬麒溝전투, 쉬溝전투 등은 대한군정서 독

---

200) 〈電報, 朝特第113號〉(發信 朝鮮軍參謀長, 受信 參謀次長), 1920年 10月 24日字 ; 《現代史資料》 28, 〈朝鮮〉 4, p.221 및 〈電報, 朝特第115號繼續〉(發信 朝鮮軍司令官, 受信 陸軍大臣), 1920年 10月 26日字 ; 《現代史資料》 28, 〈朝鮮〉 4, p.224 참조.

201) 〈暗號電報, 第376號〉, 暗 No.16077(發信 堺總領事代理, 受信 內田外務大臣), 1920年 10月 27日字 ; 《現代史資料》 28, 〈朝鮮〉 4, p.294 참조.

립군이 단독으로 수행한 전투이고, 漁郎村전투와 天寶山전투는 대한군정서 독립군과 홍범도 연합부대가 공동으로 수행한 전투이며, 完樓溝전투와 古洞河谷전투는 홍범도 연합부대가 단독으로 수행한 전투였다. 청산리 독립전쟁의 전체에 대해서는 이미 상세한 글을 쓴 바 있으므로, 여기서는 이 글의 주제에 따라 대한군정서 독립군이 단독 또는 공동으로 수행한 전투만을 간략하게 설명하기로 한다.[202]

대한군정서 독립군은 일본군이 청산리로 접근해 오자 피전책을 버리고 일본군과 일전을 벌이기 위하여 전열을 정비했는데, 이때 개편되어 전투에 참여한 대한군정서 간부들은 다음과 같았다.[203]

사 령 관		金佐鎭
참모부관		羅仲昭
부 관		朴寧熙
硏成隊長		李範奭
從軍장교		金敏華, 金勳, 白鍾烈, 韓建源
대대장서리		洪忠熹
제1중대장서리		姜華麟
제2중대장(대대장 서리 겸)		洪忠熹
제3중대장		金燦洙
제4중대장		吳祥世
대대 부관		金玉玄
제1중대	제1소대장	申熙慶
	제2소대장	姜承慶
제2중대	제1소대장	蔡 春
	제2소대장	金明河
제3중대	제1소대장	李詡求
	제2소대장	鄭冕洙

202) 愼鏞廈, 〈獨立軍의 靑山里獨立戰爭의 硏究〉, 《韓國民族獨立運動史硏究》(乙酉文化社), 1985, pp.387~514 참조.

203) 《獨立新聞》 1921년 1월 18일자, 〈大韓軍政署報告〉 참조.

제4중대	제1소대장	金東燮
	제2소대장	李雲崗(서리)
기관총대	제1소대장	金德善(서리)
	제2소대장	崔麟杰
제1중대	特務正士	羅尙元
제3중대	특무정사	權重行

대한군정서 독립군 사령관 김좌진은 일본군 東지대의 山田步兵聯隊가 청산리 입구에 도착했다는 보고를 받자, 일본군을 공격하여 섬멸하기 위해서 군정서 독립군을 2개 弟隊로 나누었다. 제1제대는 本隊로서 주로 경비대 병사들로 편성하여 사령관 김좌진이 직접 지휘해서 제2제대가 잠복한 지점의 건너편 四方頂子의 산기슭에 매복시켜 배치하였다. 제2제대는 사관연성소 졸업생을 중심으로 편성한 최정예의 연성대로서, 연성대장 李範奭의 지휘 아래 이를 후위대로 하여 일본군의 추격에 대항하는 최전면을 담당하되, 지리를 이용하여 청산리 백운평 바로 위쪽 골짜기의 길목 절벽 위에 매복하게 하였다. 당시 대한군정서는 행군 도중에 전투에 부적합한 다수의 인부들과 경비대 군인들을 귀가시켰기 때문에, 실제의 전투병력은 본대(약 300명)와 연성대(약 300명)를 합하여 약 600명이었다.[204]

대한군정서 독립군이 이와 같이 병력을 배치한 길목은 청산리 계곡에서도 폭이 2~3리로 가장 좁고 양쪽에는 깎아지른 듯한 절벽이 있으며, 그 골짜기의 중앙에는 공지가 되어, 단 하나의 오솔길이 이 공지를 통과하는 지점이었다. 이 지점은 매복하여 적을 기습하기에는 매우 적합한 지형이었다.

특히 대한군정서 제2제대가 매복한 지형은 공지를 아래로 내려다보는 깎아지른 듯한 절벽 위였다. 예컨대 李敏華가 지휘하는 중대가 매복한 우측 지구는 경사가 60도나 되는 산허리였고, 金勳이 지휘하는 중대

---

204)《獨立新聞》1920년 12월 13일자, 〈我軍의 活動〉 기타 참조.

가 매복한 중앙 정면은 경사가 90도나 되는 깎아지른 절벽 위였다.[205] 이
러한 절벽 위에서 앞에 소나무 가지와 잣나무 가지로 위장을 하고 널려
진 밀림의 나무둥지를 천연적 엄폐물로 하여 두껍게 쌓인 낙엽 속에 전
신을 파묻으면, 어떠한 적들도 발견하기가 어려웠다. 약 800미터 떨어진
곳에서 김좌진이 지휘하는 제1제대도 동일한 전투준비를 했음은 물론이
다. 대한군정서 독립군은 완전히 엄폐된 상태에서 매복하여 기습섬멸전
을 전개하려고 절벽 아래의 공지를 향해서 銃口를 모았다.

대한군정서 독립군은 일본군을 이 공지로 유인하기 위하여 白雲坪과
松林坪 등 이 근방 촌락에 남은 한국인 노인들에게, 독립군이 보잘것없
는 병력으로 무기도 제대로 갖추지 못한 채 일본군의 토벌에 낭패하여
사기가 떨어질 대로 떨어져서 하루 전에 허둥지둥 계곡 끝으로 도망했
다는 허위정보를 퍼뜨리고 이를 일본군에게 제공하게 하였다.

일본군은 1920년 10월 21일 오전 8시, 바로 하루 전에 대한군정서 독
립군 부대가 행군해 온 길을 따라 백운평 위의 대한군정서 독립군이 매
복하고 있는 절벽 아래의 공지에 진입하기 시작하였다. 일본군 전위부
대는 安川 소좌가 지휘하는 선발보병 1개 중대를 중심으로 편성한 부대
였다.[206] 일본군 전위부대는 백운평을 점령하여, 독립군이 패색이 짙어
하루 전에 도망했다는 정보를 수집한 다음, 독립군의 말들이 남긴 말똥
을 채집하여 온도를 측정해 보면서 절벽 밑의 꼬불꼬불한 단 하나의 소
로를 따라 조심스럽게 접근해 왔다. 말똥은 하루 전의 것이므로 완전히
식고 많이 말라 있어서 독립군이 적어도 하루 전에 이 소로를 지나갔음
을 명확히 증명해 주고 있었다. 일본군 전위부대는 독립군이 일전을 결
의하여 돌아서서 매복한 채 공격 태세를 완벽하게 갖추고 기다리고 있
는 줄은 상상도 하지 못하고 절벽 밑의 공지 안으로 들어섰다.

대한군정서 독립군은 일본군 전위부대의 전 병력이 공지 안에 모두

---

205) 《獨立新聞》 1921년 3월 1일자, 〈三一節의 産物인 北路我軍實戰記〉 참조.
206) 《間島出兵史》(上) ; 《朝鮮統治史料》 제2권, p.57 참조.

들어서서 일본군의 전면이 이범석이 지휘하는 제2제대의 매복지점으로 부터 10여 보 앞에 도달하자, 1920년 10월 21일 오전 9시 연성대장 이범 석의 신호 총성으로 일시에 기습공격을 시작하였다. 대한군정서 독립군 의 600여 정의 소총과 4정의 기관총과 2문의 박격포의 화력이 일시에 일본군 전위부대의 머리 위에 불을 토하며 쏟아져 내렸다.[207]

일본군 전위부대는 응사를 시도했으나 독립군이 어디에 은폐하고 있 는지를 정확히 알지 못하므로 총탄이 날아오는 방향을 향한 막연한 응 사도 아무런 효력이 없었다. 약 30분간의 교전 후에[208] 일본군 전위부대 200명은 거의 섬멸되었다.[209]

뒤이어 도착한 일본군 山田 토벌연대 본대는 전위부대가 거의 전멸한 것에 크게 놀라 산포와 기관총으로 결사적으로 응전해 왔다. 그러나 일 본군은 목표를 명확히 조준할 수가 없어서 화력만 허비하였다. 반면에 나라를 빼앗기고 설욕의 날을 기다리던 독립군은 사기충천하여 정확하 게 조준해서 모든 화력을 퍼부었으므로 시간이 흐를수록 일본군 사상자 만 늘어갔다.[210] 일본군은 다시 보병 2개 중대와 기병 1개 중대로 1부대 를 편성해서 매복한 대한군정서 독립군의 옆면을 우회하여 제2제대를 포위해 보려고 시도하였다. 그러나 절벽 위에서 정확하게 조준하여 사 격하는 대한군정서 독립군의 공격에 막대한 희생만 내고 패주하였다.[211]

일본군은 다음에 다시 대오를 정돈해 가지고 매복한 대한군정서 독립 군 제2제대의 정면과 측면을 산포와 기관총으로 반격해 왔다. 그러나 독 립군은 절벽 위에서 완전히 은폐해 있었으므로, 일본군이 아무리 중화 기로 반격을 해도 아무런 효과가 없었다. 반면에 대한군정서 독립군은 조준 사격을 정확히 했으므로 일본군은 여기서도 계속 사상자를 냈을

207) 李範奭, 《우둥불》, p.45 참조.
208) 《間島出兵史》(上) ; 《朝鮮統治史料》 제2권, p.57 참조.
209) 《獨立新聞》 1920년 12월 25일자, 〈北墾島에 在한 我獨立軍의 戰鬪情報〉 참조.
210) 李範奭, 〈屍山血河의 青山里戰役〉, 《新東亞》 1969년 3월호 참조.
211) 《獨立新聞》 1920년 12월 25일자, 〈北墾島에 在한 我獨立軍의 戰鬪情報〉 참조.

뿐이었다. 일본군 山田 토벌연대 본대는 자기 편의 시체를 쌓아 은폐물을 만들고 필사적 반격을 시도했으나 모두 200~300명의 전사자만 낸채 더 견디지 못하고 숙영지로 패주하였다.[212] 이것이 유명한 청산리 백운평전투로서, 대한군정서 독립군이 쟁취한 최초의 완벽한 승리였다.

대한군정서 독립군은 백운평전투에서 크게 승전한 후 퇴로가 차단될 것을 염려하여 그날로 백리길을 강행군해서 10월 22일 새벽 2시 30분에 이도구 甲山村으로 철수하였다. 이 시각에 이도구에서는 홍범도 연합부대가 일본군 동지대 본대와 완루구전투를 전개하고 있었다.[213]

대한군정서 독립군은 이도구 갑산촌에 도착하여 동포들이 제공하는 차조밥으로 허기를 면하고 있을 때, 마을 사람들로부터 일본군 1개 기병대가 泉水坪(샘물골) 마을에 들어가서 머물고 있다는 정보를 얻었다. 대한군정서 독립군 사령관 김좌진은 작전회의를 열고 천수평의 일본기병대를 선제공격하기로 결정하였다. 대한군정서 독립군 병사들은 이때 치열한 전투와 허기와 백리길의 강행군으로 극도로 피곤하였으나, 그들은 선제공격이 아니고는 적을 섬멸할 수 없다고 판단한 것이었다.

대한군정서 독립군 병사들은 한 시간 정도 잠을 자고 다시 전투준비에 들어가서, 10월 22일 새벽 4시 30분경 연성대가 선두에 서고 본대가 뒤에 서서 泉水坪을 향해 진격하였다. 일본군은 기병 제27연대 소속 島田(시마다) 중대장의 지휘하에 있던 기병중대(前哨) 120기로서, 독립군이 아직도 백 리 밖 청산리 부근에 있다고 착각했음인지 소수의 기병 순찰만 세워 놓고 병력을 촌락 안에 모아 놓았으며, 토성 안에 말을 매어 놓은 채 깊이 곯아떨어져 있었다.[214]

대한군정서 독립군 연성대는 10월 22일 새벽 5시 30분경 일본군 기병 전초대가 잠자고 있는 촌락과 말을 매어 놓은 토성 안으로 총탄을 퍼부으며 돌격해 들어갔다.[215] 뒤이어 군정서 독립군 본대도 마을 안으로 돌

---

212) 朴殷植, 《韓國獨立運動之血史》; 《朴殷植全書》上卷, p.639 참조.
213) 《獨立新聞》1920년 12월 25일자, 〈北墾島에 在한 我獨立軍의 戰鬪情報〉참조.
214) 李範奭, 《우둥불》, pp.56~64 참조.

격해 들어갔다. 일본군은 잠을 자다가 놀라 깨어 허둥지둥 뛰어나와서 응사하며 말을 찾았으나, 말은 이미 사살되거나 달아나 버린 후였으며, 일본군은 전의를 상실한 상태에서 독립군의 예리한 기습공격에 대항할 여유와 능력이 전혀 없었다. 한 차례 혼전이 있은 다음 일본군은 4명이 용케도 말을 타고 탈출한 이외 나머지 116명은 전원이 섬멸되었다. 대한군정서 독립군의 피해는 전사 2명과 부상 17명의 경미한 것이었다.[216]

이것이 천수평전투로서, 대한군정서 독립군이 기습섬멸전을 과감히 단행하여 완벽한 승리를 얻은 두 번째 전투였다.

대한군정서 독립군은 천수평전투에서 승리하자마자 숨돌릴 사이도 없이 다음 전투를 준비해야 하였다. 왜냐하면 천수평에서 탈출한 4명의 일본군 기병이 어랑촌에 설치한 일본군 제27기병연대 사령부에 사태를 보고했을 것이고, 따라서 일본군 대부대의 공격이 있을 것이 명백히 예견되었기 때문이었다. 이에 대한군정서 독립군은 앉아서 적을 기다리는 것보다 먼저 지형이 유리한 고지를 선점하여 선제공격을 가하는 것이 승리를 보장하는 것이라고 판단하고, 천수평으로부터 달려가서 어랑촌의 서남단 874고지[217]를 선점하였다. 얼마 후에 일본군도 이 고지를 선점하려고 달려왔으나 이때는 이미 대한군정서 독립군이 이 고지를 선점한 후이었다.

일본군은 고지 밑에서 고지 위에 있는 독립군을 공격해야 할 불리한 지형에 처하게 되었으나, 압도적으로 우세한 병력과 화력을 믿고 산 아래에서 고지를 포위하여 22일 오전 9시경부터 공격을 시작하였다. 고지 위의 대한군정서 독립군의 병력은 600명이었는데, 고지 아래의 일본군 은 처음부터 그 4배나 되는 병력이었다.[218] 뿐만 아니라 일본군은 이도구·

215) 《間島出兵史》(上) ; 《朝鮮統治史料》 제2권, p.57 참조.
216) 李範奭, 〈屍山血河의 靑山里戰役〉, 《新東亞》 1969년 3월호 및 《우둥불》, p.63 참조.
217) 《間島出兵史》(上) ; 《朝鮮統治史料》 제2권 p.58 및 《獨立新聞》 1921년 3월 12일자, 〈北路我軍實戰記〉 '經戰將校金勳氏談' 참조.
218) 《獨立新聞》 1921년 3월 12일자, 〈北路我軍實戰記〉 '經戰將校金勳氏談' 참조.

삼도구 일대의 병력을 이곳에 모두 집합시키고 있었으므로 일본군의 총병력은 5천 명이나 되었으며, 공격에는 보병뿐만 아니라 기병연대와 포병대가 주축을 이루고 있었다.

대한군정서 독립군은 병력과 화력에서는 열세였으나 고지 위에서 아래를 내려다보는 유리한 지형에서 불굴의 감투정신으로 기어올라오는 일본군을 공격하였다. 대한군정서 독립군의 생명을 돌아보지 않는 용전분투로 일본군은 몇 차례나 고지를 향하여 돌격해 올라오다가 좌절되고, 다시 돌격해 올라오다가 좌절되는 것을 되풀이하였다. 그러나 일본군은 병력과 화력의 확실한 압도적 우세를 믿고 단념하지 않고 산포와 기관총을 주무기로 하여 집요하게 공격을 재개하였다. 대한군정서 독립군은 바로 이 전투가 전사할 자리라고 각오하고, 소총과 기관총을 퍼부으며 박격포까지 응사하면서 참으로 용감하게 혈전을 전개하였다. 일본군은 대한군정서 독립군과 혈전 후에 무려 300명의 전사자와 수많은 부상자를 내었다.[219] 어랑촌 874고지의 전투는 대한군정서 독립군에게나 일본군에게나 모두 생명을 건 혈전과 고전의 연속이었다.

대한군정서 독립군이 일본군과 혈전을 전개하고 있던 도중에 홍범도 연합부대가 이 지역으로 이동해 왔다. 완루구전투를 치르고 서방으로 이동하던 홍범도가 지휘하는 대한독립군(300명), 국민회군(250명), 신민단(200명), 한민회군(200명), 의민단(100명), 광복단(200명), 의군부(150명) 등 1,400명의 독립군 연합부대는 대한군정서 독립군이 일본군 동지대의 대병력에 포위되어 혈전을 전개하고 있다는 군정서 소대장의 긴급 연락을 받고 이를 지원하러 온 것이었다. 홍범도 연합부대는 대한군정서 독립군이 선점하고 있는 고지 바로 옆의 최고 標高에 진을 치고, 군정서 독립군을 지원하기 위하여 일본군을 맹공격하기 시작하였다. 이에 일본군은 대한군정서 독립군을 포위했던 병력을 나누어 홍범도 연합부대와도 전투를 하지 않으면 안 되었다.

---

219) 《獨立新聞》 1920년 12월 25일자, 〈北墾島에 在한 我獨立軍의 戰鬪情報〉 참조.

대한군정서 독립군이나 홍범도 연합부대 독립군이나 모두 지형이 유리했기 때문에 돌격해 올라오는 일본군을 위에서 내려다보면서 정확한 조준 사격을 가하여 대타격을 주었다. 일본군은 그동안의 패전을 기어이 설욕하려고 기병대로 천수평의 서북방 고지를 따라 독립군 부대들의 측면을 공격하고, 정면에는 포병과 보병으로 결사적 공격을 감행하였다. 오전 9시부터 시작된 치열한 전투가 해가 기울 때까지 그칠 줄을 몰랐다. 독립군 병사들은 하루 종일 굶었기 때문에 부근 촌락의 동포들이 주먹밥을 지어 전쟁마당의 총탄을 무릅쓰고 날라다가 병사들의 입에 넣어 주었다.[220] 일본군의 공격은 치열했으나 독립군 부대들은 동포들의 성원에 한층 더 사기 충천하여 더욱 용감하게 분전하였다.

독립군이 얼마나 용감하게 목숨을 바쳐 분전했는가 하나의 사례를 들면, 대한군정서 독립군 기관총대 제2소대장 崔麟杰은 기관총 사수가 전사하자 자기가 직접 사수가 되어 용전분투하였다. 그러다 중기관총을 끌고 다니던 말이 쓰러져 이동마저 불가능하게 되자, 스스로 자기 몸에 기관총을 묶고 몰려 올라오는 일본군을 집중사격하여 패주시킨 후에 기관총 탄환이 떨어지자 장렬하게 전사하였다.[221]

어랑촌 부근의 고지들에 어둠이 내리자 전투는 종결되었다. 이것이 유명한 어랑촌전투로서, 청산리 독립전쟁 중에서 가장 치열한 격전이었다.

일본군은 어랑촌전투에서 큰 손실을 입어 기병 연대장 加納 대좌를 비롯해서 다수의 전사자와 부상자를 내었다. 대한군정서 사령부는 일본군의 전사자와 부상자를 합하여 모두 1,600명이라고 발표했으며,《中國官邊》은 일본군의 전사자와 부상자를 모두 1,300명이라고 추산하였다. 박은식에 의하면, 일본영사관의 비밀보고서에서도 일본군의 피해가 加納 연대장을 비롯하여 대대장 2명, 소대장 9명, 하사 이하 병사의 전사자가 800여 명에 달했다고 보고했다 한다.[222] 상해 임시정부는 어랑촌전

---

220)《獨立新聞》1920년 12월 28일자,〈女子의 一片丹誠〉참조.
221) 李範奭,《우둥불》, p.71 참조.
222) 朴殷植,《韓國獨立運動之血史》;《朴殷植全書》上卷, pp.672~673 참조.

투에서 일본군 전사자를 300여 명이라고 발표했으며, 부상자 추계는 내지 않았다.[223] 대한군정서 독립군 연성대장 이범석은 이 전투에서 일본군 전사자와 부상자를 加納 연대장을 포함하여 약 1천 명이라고 추정하였다.[224]

한편 독립군도 그동안의 전투들 가운데서는 어랑촌전투의 피해가 가장 컸다.[225] 이범석에 의하면, 이 전투에서 대한군정서 독립군의 전사자와 부상자만도 100여 명에 달했다고 한다.[226]

일본군은 그들의 모든 보고서마다 독립군을 패배시켰다고 하면서도 어랑촌전투에서 일본군이 패전한 사실을 간접적으로 인정했다. 일본군은 이 전투에서 독립군의 총 병력이 2천 명 미만이었음을 정확히 파악하고 있으면서도, 어랑촌전투의 독립군 병력이 6천 명에 달했고, 완강히 저항하여 중과부적이었기에 일본군이 패전한 듯이 해석하도록 유도하는 허위보고를 내었다.[227] 어랑촌전투에서 패전한 일본군 東지대는 일본 조선군사령관의 승인을 받을 여유도 없이 다급해서, 먼저 茂山으로부터 대대장이 지휘하는 보병 2개 중대와 會寧에 주둔한 제74연대 제1대대를 급히 어랑촌 일대에 증원하여 투입하고, 사후에야 승인을 신청했을 정도로 고전했으며 패배하였다.[228] 청산리 독립전쟁 중에서 최대의 격전인 어랑촌전투는 독립군으로서는 기습섬멸전이 되지 못하고 정면전이 되어 독립군도 막대한 희생을 내었지만, 일본군은 더 큰 피해를 입고 고지를 점령하지도 못한 채 패전하여 철수한 것이었다.

독립군은 어랑촌전투의 혈전에서도 승리했으므로 대한군정서 독립군

223) 《獨立新聞》 1920년 12월 25일자, 〈北墾島에 在한 我獨立軍의 戰鬪情報〉 참조.

224) 李範奭, 《우둥불》, p.73 참조.

225) 〈墾北視察員報告〉, 高警第37231號, 1920年 11月 25日字 ; 《朝鮮獨立運動》 제2권, p.126 참조.

226) 李範奭, 《우둥불》, p.73 참조.

227) 〈電報, 朝特第114號〉(發信 朝鮮軍司令官, 受信 陸軍大臣), 1920年 10月 25日字 ; 《現代史資料》 28, 〈朝鮮〉 4, p.222 참조.

228) 〈電報, 朝特第118號〉(發信 朝鮮軍司令官, 受信 陸軍大臣), 1920年 10月 28日字 ; 《現代史資料》 28, 〈朝鮮〉 4, pp.225~226 참조.

을 홍범도 연합부대가 있는 최고 표고로 집합시켜서, 추격하려는 적을 최종적으로 분쇄하고, 다시 부대를 나누어 어둠을 타서 安圖縣 黃口嶺 방면을 향하여 이동하기 시작하였다.

대한군정서 독립군은 어랑촌전투에서 승리한 그날 밤은 萬鹿溝(별칭 完樓溝)의 삼림 속에서 露營을 하고, 다음 날인 10월 23일 아침 ○嶺 방면으로 소부대들로 병력을 나누어서 출발하였다. 대한군정서 독립군은 이 행군 도중에 일본군 소부대들과 조우하여 몇 차례 소규모 전투들을 단행하였다.

대한군정서 독립군이 10월 23일 하오 3시경 맹개골 삼림 속을 통과할 때 일본군 기병 30명이 이 골짜기의 길로 진입하는 것을 발견하였다. 대한군정서 독립군은 곧 삼림의 변두리에 매복했다가 일본군이 접근해 오자 일제히 공격을 가하여 적 기병 10여 명을 사살하고 나머지 일본군을 패주시켰다. 이것이 맹개골전투이다. 이 전투에서 대한군정서 독립군은 전리품으로 군마 5필, 군용지도 4장, 기타 다수의 장구를 노획하였다.[229]

대한군정서 독립군은 그 후 맹개골로부터 약 20리 떨어진 삼림 속에서 휴식 중일 때, 전방 약 100미터 지점에서 일본군 보병 약 50명이 밀집해서 서서히 행군해 오는 것을 발견하였다. 대한군정서 독립군은 당시 소부대들로 나누어 행군하고 있었으므로, 처음에는 그것이 뒤따라오는 아군인지 일본군인지 판별하지 못하고, 사령관 김좌진이 큰소리로 "我軍인가?" 하고 소리쳐 물었다.[230] 일본군은 이 소리를 듣고 즉각 산개하여 전투 태세를 취하므로 대한군정서 독립군은 그제야 그것이 일본군인 줄 알고 일제 공격을 감행하여 일본군 30여 명을 즉각 사살하고 나머지를 패주시켰다.[231] 이것이 萬麒溝전투이다.

대한군정서 독립군은 10월 23일 밤을 삼림 속에서 숙영한 다음 24일

---

229)《獨立新聞》1921년 3월 12일자,〈北路我軍實戰記〉'經戰將校金勳氏談' 참조.

230) 大韓軍政署 독립군은 이때 부대를 약 50명씩 소부대로 나누어 편성해서 약속한 목표 지점으로 행군했으므로 金佐鎭과 李範奭은 동행하지 않고 별개의 소부대를 지휘하였다.

231)《獨立新聞》1921년 3월 12일자,〈北路我軍實戰記〉'經戰將校金勳氏談' 참조.

아침 쉬구로 향하였다. 이때 일본군 騎砲 6문과 步兵 100여 명이 방심한 채 촌락의 전방을 통과하여 대한군정서 독립군 50명이 행군하고 있는 삼림 쪽으로 서서히 올라오는 것을 발견하였다. 대한군정서 독립군 50명은 즉각 일본군을 공격하여 일본군 騎砲를 모두 섬멸하고 동시에 뒤따라오는 보병을 다수 살상하여 패주시켰다. 또한 마침 이때 삼림의 좌편으로부터 일본군 기병 1개 소대가 나타나서, 말은 촌락에 매어두고 산개하여 삼림 쪽으로 올라왔다. 대한군정서 독립군은 이를 발견하여 약 20분간 공격을 가해서 그들 대부분을 섬멸하고 飢渴이 심하므로 전투를 중지한 채 삼림 속으로 돌아왔다.[232) 이것이 쉬구전투이다.

대한군정서 독립군의 이범석이 인솔하는 1개 중대는 10월 24일 밤 9시경 天寶山 부근을 지나가다가 천보산의 銀銅鑛을 수비하고 있던 일본군 1개 중대를 습격하여 일대 백병전을 벌였다.[233) 또한 10월 25일 새벽에는 식량 조달차 나갔던 홍범도 휘하의 한 독립군 부대가 천보산의 일본군 수비중대를 습격하였다.[234) 천보산 은동광의 일본군 수비중대는 이 전투에서 큰 타격을 입고 延吉(局子街)에 주둔한 石塚大隊를 급파하여 나머지 일본군을 구원하였다.[235) 이것이 천보산전투이다.

이 전투 후에 홍범도 부대는 10월 25일 한밤중부터 26일 새벽까지 古洞河 골짜기에서 일본군 2개 소대를 섬멸한 고동하골짜기 전투를 수행하였다. 이것이 청산리 독립전쟁의 마지막 전투였다.

이렇게 해서 1920년 10월 21일 아침부터 10월 26일 새벽까지 6일간에 걸쳐 삼도구 청산리와 이도구 일대에서 숨가쁘게 전개된 대한군정서를 비롯한 한국민족의 독립군 부대들과 일본군 사이의 청산리 독립전쟁은 독립군의 승리와 일본군의 패전으로 막을 내리었다.

---

232) 위와 같음.
233) 李範奭,《우둥불》, p.481 및 〈電報, 朝特第124號〉(發信 朝鮮軍司令官, 受信 陸軍大臣) ;《現代史資料》28,〈朝鮮〉4, p.229 참조.
234) 〈十月中ノ情報ニ據ル間島地方不逞鮮人行動槪況〉;《現代史資料》28,〈朝鮮〉4, pp. 405~406 참조.
235) 《間島出兵史》(上) ;《朝鮮統治史料》제2권, p.59 참조.

그러면 청산리 독립전쟁에서 일본군과 독립군의 피해는 얼마나 되었는가? 대한군정서 총재 徐一이 청산리 독립전쟁 직후에 상해 임시정부에 제출한 공식 보고서에서는 ① 일본군 전사자가 연대장 1명, 대대장 2명, 기타 장교 이하 사병 1,254명(이 중에 적의 自傷擊殺者 500여 명), 합계 1,257명이며, ② 부상자는 장교 이하 200여 명이라고 하였다. 또한 대한군정서의 이 보고서에서는 대한군정서 독립군이 노획한 전리품으로서 기관총 4정, 소총 53정, 기병총 31정, 탄약 5천 발, 군도 5자루, 나팔 2쌍, 말안장 31개, 군용지도 4부, 팔목시계 4개, 기타 피복, 모자, 모포, 지도가방, 휴대용 천막, 군대 수첩 등을 약간 노획했다고 보고하였다.[236] 상해 임시정부의 《독립신문》은 "金佐鎭씨 부하 600명과 洪範圖씨 부하 300여 명은 大小戰爭 10여 회에 倭兵을 擊殺한 자 1,200여 명"[237]이라고 하여 일본군 전사자를 약 1,200여 명으로 계산하였다. 상해 임시정부 군무부의 추산은 이것이었다고 볼 수 있다.

대한군정서 독립군 연성대장이었던 이범석은 청산리 독립전쟁에서 일본군 전사자와 부상자가 加納 연대장을 포함해서 약 3,300명이었다고 추산하였다.[238] 이범석의 추산은 전사자와 부상자를 별도로 나누어 구분하지 않았다.

한편, 당시 중국의 《遼東日日新聞》은 "日兵 사망이 2,000명, 團長 1명이 포로가 되었다. 한인은 1,000여 정의 무기와 기관총 몇 정을 노획했다"[239]고 하여, 청산리 독립전쟁에서 일본군 전사자를 약 2천 명으로 추산하였다. 朴殷植도 이러한 당시의 보도들과 중국인과 한국인들의 傳言에 의거하여 청산리 독립전쟁에서의 일본군 전사자를 약 2천 명으로 추정하였다.[240]

---

236) 《獨立新聞》 1921년 1월 18일자, 〈大韓軍政署報告〉 참조.

237) 《獨立新聞》 1920년 12월 13일자, 〈我軍의 活動〉 참조.

238) 李範奭, 《우둥불》, p.83 참조.

239) 朴殷植, 《韓國獨立運動之血史》;《朴殷植全書》 上卷, p.693 참조.

240) 위의 자료, p.692 참조.

한편, 일본군측은 청산리 독립전쟁에서 자기들의 피해에 대한 공식 발표는 하지 않고, 단지 "기대에 반하여 성적이 뜻밖에 좋지 않아서 다소 실패로 종결되었다는 비난을 면하기 어렵다"[241]고 하여, 간접적으로 그리고 추상적으로만 패전을 인정하였다. 다른 자료에 의하면, 앞서 본 바와 같이 일본영사관의 비밀보고서에서 일본군은 연대장 1명, 대대장 2명, 소대장 9명, 병사 800여 명의 사상자를 낸 피해를 입었다고 보고했다 한다.[242]

청산리 독립전쟁에서 독립군의 피해에 대해서는 대한군정서 독립군 연성대장 이범석의 증언이 참고가 된다. 이범석은 대한군정서 독립군의 피해를 전사 60여 명, 부상 90여 명, 실종 200여 명으로서 실종자는 그 후 대부분 부대로 복귀했다고 증언하였다.[243] 당시 상해 임시정부가 간도에 파견했던 墾北視察員 安定根은 청산리 독립전쟁 때 독립군에 종군하면서 상해 임시정부에 상당히 정확한 비밀보고서를 제출했는데, 이 보고서에 따르면 독립군 부대들은 10월 22일부터 3일간의 전투에서 300명의 전사자와 부상자를 내었다.[244] 여기에 21일의 백운평전투와 25·26일의 소전투들에서의 피해를 합치면, 청산리 독립전쟁에서 독립군 전사자는 130여 명, 부상자는 약 220명, 합계 350여 명의 사상자를 낸 것으로 추산된다.[245]

당시 일본군은 간도 침입을 자행할 때, 앞에서도 밝힌 바와 같이 5개 사단에서 차출한 2만 5천 명의 대병력으로 작전을 2개월 이내에 2단계로 나누어서, 제1단계에서는 무장독립군을 완전히 섬멸하고, 제2단계에서는 촌락에 잠복하고 있는 비무장 독립운동세력까지 뿌리뽑아 간도지방에서 한국민족의 독립운동을 완전히 소멸시킬 것을 작전목표로 했다.

241) 〈暗號電報〉, 暗 No.17762, 別電, 1920年 11月 22日字 ; 《現代史資料》28, 〈朝鮮〉4. p.304.

242) 朴殷植, 《韓國獨立運動之血史》; 《朴殷植全書》上卷, pp.672~673 참조.

243) 李範奭, 《우둥불》, p.83 참조.

244) 〈墾北視察員報告〉, 高警第37231號, 1920年 11月 25日字 ; 《朝鮮獨立運動》 제2권, p.126 참조.

245) 愼鏞廈, 〈獨立軍의 靑山里獨立戰爭의 硏究〉, 《韓國民族獨立運動史硏究》, p.501 참조.

그러나 독립군은 청산리 독립전쟁에서 2천 명의 작은 병력으로 일본군 동지대(5천 명)를 섬멸하여 1,200명을 전사시키고 패전시킴으로써, 일본군이 2단계의 작전목표를 달성하기는커녕 제1단계의 목표달성조차 완전히 실패하게 만들어, 일본군의 〈간도지방불령선인초토계획〉과 간도 침입작전을 완전히 붕괴시켜 버렸다.

대한군정서 독립군을 주력으로 한 독립군 부대들의 청산리 독립전쟁에서의 이러한 대승리는 간도 지방과 전체 만주지방의 독립운동을 보위하는 커다란 역사적 역할을 수행했으며, 이를 통하여 간접적으로 국내의 독립운동도 보위하고, 민족의 해방과 독립을 쟁취하려는 한국민족의 독립정신과 독립투쟁을 한층 더 고양시켜 주었다.

대한군정서 총재 서일은 청산리 독립전쟁에서 독립군의 전승과 일본군의 실패 요인을 다음과 같이 보고하였다.[246]

(1) 日本軍의 失敗 이유
① 兵家에서 가장 기피하는 輕敵의 행위로 險谷長林을 별로 搜索과 警戒도 없이 盲進하다가 항상 일부 혹은 전부의 함몰을 당한 것.
② 局地戰術에 대한 경험과 연구가 부족하여 森林과 山地 중에서 종종의 自相衝突을 낳은 것.
③ 日本軍人의 厭戰心과 避死逃生하는 怯懦心은 극도에 달하여 軍紀가 문란하며 射法이 不精하여 1발의 효과도 없이 亂射를 행한 뿐인 것.
(2) 獨立軍의 全勝 이유
① 生命을 돌아보지 않고 奮勇決鬪하는 獨立에 대한 軍人精神이 먼저 敵의 心氣를 압도한 것.
② 良好한 陣地를 先占하고 완전한 準備를 하여 射擊性能을 극도로 발휘한 것.
③ 應機隨變의 전술과 銳敏迅速한 활동이 모두 敵의 意表에서 벗어나서 뛰어난 것.

---

246)《獨立新聞》1921년 1월 18일자, 〈大韓軍政署報告〉참조.

한편 대한군정서 독립군 연성대장 이범석은 독립군의 전승 요인을 다음과 같이 지적하였다.[247]

① 滿洲의 특수한 地形을 잘 이용한 것.
② 망국 10년의 치욕이 뼈에 사무쳐서 勇戰奮鬪한 것.
③ 우수한 士官靑年學徒가 있었던 것.
④ 왕성한 攻擊精神이 있었던 것.
⑤ 마을 사람들의 열렬한 協助가 있었던 것.
⑥ 독립군은 홑옷과 초신(짚신)으로 민첩한 행동을 할 수 있었던 것.
⑦ 독립군은 그곳 地理에 정통했던 것.
⑧ 독립군은 戰鬪意識이 敵보다 강했던 것.
⑨ 독립군의 指揮力이 敵보다 우수했던 것.
⑩ 敵이 被動的 위치에 있었던 것.
⑪ 敵의 무거운 외투와 가죽구두 차림이 山岳戰에 불편했던 것.
⑫ 民衆들이 흉악한 敵을 미워한 것.

독립군의 항일무장투쟁 역사상 가장 큰 승전을 한 청산리 독립전쟁에는 대한군정서뿐만 아니라 대한독립군, 국민회군, 신민단, 한민회군, 의군부, 의민단, 광복단 등의 독립군 부대들이 참전을 했지만, 그 중에서도 대한군정서 독립군이 가장 규모가 큰 주력부대였으며 가장 큰 공헌을 하고 희생도 가장 컸던 독립군 부대였음을 주목할 필요가 있다.

10. 청산리 독립전쟁 이후의 대한군정서

대한군정서 독립군은 청산리 독립전쟁에서 승리한 후 소부대로 분산 행군하여 1920년 10월 28일경 安圖縣 黃口嶺村 부근에 도착하였다. 대한군정서 독립군은 이곳에서 10월 29일경 청산리 독립전쟁에 참가했던 다

---

247) 李範奭, 《우둥불》, pp.83~84 참조.

른 독립군 부대들과 군사통일 문제에 원칙적 합의를 보고, 북방으로 이
동하여 密山지방에 재집결하기로 합의하였다. 왜냐하면, 안도현은 일본
군의 간도침입작전지역(5縣) 밖이었으나, 서쪽으로부터 중국군과 합동
한 관동군 한 부대가 다가오고 있어 동·서 양면에서 협공 당할 위험성
이 있었기 때문이었다. 홍범도는 대오를 재정비하고 서로군정서와 연합
하여 국내진입을 감행할 것을 제의했으나, 병력과 탄약이 압도적으로
부족한 위에, 일본군이 한국인 동포들을 대량 학살하고 있어, 이 제안은
실현성이 없었다.[248]

　당시 일본군은 청산리 독립전쟁에서 패전하자 더욱 악랄하게 간도 지
방에 사는 한국민족 동포들을 무차별 학살하고, 촌락의 민가와 학교와
교회에 방화하는 잔인무도한 살인 만행을 자행하고 있었다. 庚申慘變,
庚申大虐殺, 間島大虐殺이라고 불리는 일본군의 학살 만행에 적어도
3,469명(일설 1만 명) 이상 되는 무고한 간도의 한국인이 살해당하였다.[249]
이러한 상황에서 소수의 독립군 부대로 국내진입을 단행했을 경우, 동
포들에게 발생할 피해에 대하여 독립군은 충분히 고려하지 않을 수 없
었다.

　대한군정서 독립군이 청산리 독립전쟁을 끝내고, 1920년 11월 초순에
黃口嶺村을 다시 출발한 후의 과정을 줄거리만 간단히 쓰면 다음과 같
다. 김좌진의 지휘하에 대한군정서 독립군은 11월 15일경 汪淸縣 春陽
鄕 北三岔口 부근에 도착하여 군량을 준비하고 겨울채비를 하였다.[250]
11월 하순에는 북방으로 이동하는 도중 왕청현 神仙洞에 주둔하여 지방
의 사관학생(사관연성소 지원등록자)들에게 소집령을 발포하고 겨울용
피복과 군량 조달에 진력하였다.[251] 12월 초순에는 中露聯合宣傳部와 연

---

248) 〈金佐鎭及洪範圖ノ武力部隊ノ行動ニ關スル件〉, 秘間情第70號, 1920年 11月 22日字 ;
　　《現代史資料》28, 〈朝鮮〉4, p.415 및 〈不逞團ノ行動〉, 秘間情第73號, 1920年 11月 26日
　　字 ; 《現代史資料》28, 〈朝鮮〉4, p.421 참조.
249) 《獨立新聞》1920년 12월 18일자, 〈西北間島同胞의 慘狀血報〉참조.
250) 〈不逞團ノ行動〉, 秘間情第73號, 1920年 11月 26日字 ; 《現代史資料》28, 〈朝鮮〉4, p.421
　　참조.

락을 취해서, 시베리아 쪽으로 이동하여 강력한 통합 독립군단을 편성하기 위한 준비로 간도 지방에 해산시킨 대한군정서 독립군 부대원들을 소집하기 위하여 12월 중순에 간부 몇 명을 소집위원에 임명해서 간도에 들여 보내어, 각 방면에서 활동하면서 소집령을 교부하고 입대를 권고하도록 하였다. 이에 김좌진·홍범도의 공동 명의로 된 다음과 같은 재소집 권고서를 반포하였다.

"解散했던 우리 軍士에게 告함.

過般 우리 군대의 兵士를 解散시켰던 것은 일시의 便法에 지나지 않은 것으로서 光復事業이 成就되지 않는 한 이를 解散하지 않아야 할 것이다. 지금 勞農政府와 約定하여 軍需를 충분하게, 그리고 武器와 彈藥은 制限없이 無料로 供給을 받게 되었다.

이에 와신상담하며 山野에 轉轉하면서 沐雨櫛風에 寧日없이 上下가 서로 血을 啜하여 盟約한 것을 지켜야 할 것이다."[252]

이 재소집 권고서에서도 보이는 바와 같이 대한군정서·대한독립군을 비롯한 독립군 부대들은 안도현을 출발하여 밀산으로 가는 도중에 中露聯合宣傳部와 연락이 되어 치타정부(노농정부) 쪽의 지원을 약속 받고 북방으로 이동한 것을 알 수 있다.

대한군정서 독립군은 1920년 12월 말경에 밀산에 도착하였다. 거의 같은 무렵에 다른 독립군 부대들도 약속과 연락에 따라 밀산에 도착하였다. 대한군정서는 이곳에서 총재 서일의 명의로 독립군 단체들의 대동단결에 의한 군사통일조직 형성과 친일분자 처단 및 경신참변 피해자 구출을 요청하는 다음과 같은 檄告文을 여러 독립군 단체들에게 발송하였다.

251) 〈秘間情第77號〉, 1920年 12月 3日字 ; 《現代史資料》 28, 〈朝鮮〉 4, pp.426~427 참조.
252) 〈軍政署ノ部隊員再召集〉, 極秘間情第88號, 1920年 12月 7日字 ; 《現代史資料》 28, 〈朝鮮〉 4, p.441.

"我韓이 獨立을 宣言함으로 內外가 同聲하야 上으로 臨時政府가 설립하고
下으로 民軍各團이 並起하야 일면으론 재정을 鳩聚하고 武器를 구입하며 일
면으로는 士官을 練成하고 軍人을 훈련하여 大者는 數千에 已達하고 小者도
數百에 不下이라. 赤手空拳으로 분기하여 전후 凡 二載의 間에 이만한 實力을
據有함은 참 우리 간고 民族의 心盡力竭處라 아니치 못할지라. 此等 實力을
各擧하여 진정한 분투를 勇決할진대 何를 圖하여 爲치 못하며 何를 禦하여 利
치 못하리오. 설혹 大勝利를 未獲한다 할지라도 寧히 白刃를 蹈하여 正義에
殉할지언정 그 苟退謀活하야 千古의 恥를 胎함과 曷若하리오. 好事의 魔와 順
境의 碍는 時勢에 관한 종종의 경우이니 우리는 다만 이를 直受橫避하고 謹始
愼終할 뿐이니라.

본년 8월 이래로 敵의 독균이 間島에 파급하야 中國의 軍隊는 적의 교섭에
奔勢하고 山匪의 小輩는 奸猾에 이용되어 敵軍이 一渡에 大局이 猝變이라. 頑
被讎賊은 詐機를 乘하여 天命을 無畏하며 正義를 背하여 人道를 박멸하니, 슬
프다 우리 무고 양민이 적의 毒鋒下에 원혼된 자는 기하이며 無算 財穀이 적
의 虐焰 중에 殘燼된 자는 기하이며, 當此地凍에 寒氣는 砭骨한데 無衣無家하
고 도로에 餓莩된 자는 또한 기하인가.

賊勢方熾에 羅網이 四擧하니 紙片에 大韓 二字만 現發되어도 그 家는 灰
盡을 당하며 彈皮의 室穀 일개만 노출되어도 그 人은 夷滅을 受하니 士女가
鉗口하고 도로에 以目이로다. 敎堂을 焚燬하고 學校를 毁破하여 文明을 박멸
에 天人이 共憤이라.

하물며 다시 兵卒을 四縱하여 民家의 수색을 爲名하고 財帛을 약탈하고 奸
淫을 강행하니 我族은 痛恨入骨에 怨溝가 益深이라. 영웅은 用武의 地가 무하
고 인민은 曷喪의 日만 유하도다. 惻者는 風聲에 自退하고 驚者는 曲木에 皆
走라. 言念及此에 寧不寒心가.

本署는 자못 一旅의 弱力으로 絶地에 孤立하여 將校는 復生의 心이 無하고
士卒은 敢死의 氣를 有하여 血戰 4·5일에 적의 연대장 이하 수십 장교와
1,200여의 병졸을 殺死하였도다.

그러나 衆寡가 異勢하고 行藏이 有時하여 부득이 險要를 退保하여 再擧를
謀할 뿐이므로 자에 左開를 檄佈하여 우리 同胞의 各團 執事諸公과 草澤巖穴
에 遯棲하신 첨군자의 동정을 懇要하노니, 대개 見義勇爲는 우리 獨立軍의 정
신이오 臨戰無退는 우리 獨立軍의 氣魂이니 엇지 計功謀利하여 大義를 成敗
의 間에 苟求하리오. 檄到卽日에 各히 奮義同情하여 現時의 대세를 만회하며

胥弱의 民族을 拯濟하여 大韓光復의 원훈대업을 克期 완성하시압.

左開

一. 讎敵을 摧抑하고 시국을 수습코자 할진대 群策群力을 집중하여 一心同
謀하는 것이 惟一良策이니 우리 獨立軍 各 團體는 속히 協合할 것.

一. 상금도 孤衆을 恃하고 衆議를 拂하여 合群戮力에 不肯하거나 또는 巧
飾佞蔽하여 戰爭을 회피하려는 자는 公衆에 佈明하고 聲罪行討할 것.

一. 군인은 國의 干城이오 장교는 兵의 司令이라. 그 人 곧 아니면 존망이
係在하나니 간혹 허명과 浮榮을 貪儉하는 자들이 문자를 稍解하면 參謀
라, 兵操를 略知하면 司令이라 함은 참으로 軍國生命을 중시치 않음이니
어찌 한심치 아니한가. 自玆以往으로 官稱其人하고 將得其人하여 軍功
을 완성케 할일.

一. 某團을 물론하고 그 武器는 모두 우리 인민의 고혈로 從出한 자이라. 이
를 공연히 地中에 深埋하고 戰時에 充用치 않음은 도저 불가하니 이를
無漏掘出하여 戰用에 供할 것.

一. 간혹 團體의 武力을 빙자하고 艱乏한 인민에게 무정한 徵索을 행하여
그 산업을 安保치 못하게 하는 자가 유할 시는 이를 역시 성토할 것.

一. 敵人에게 獻媚하여 同族을 殘害하는 자는 물론이어니와 간혹 양민을 공
갈 또는 甘誘하여 소위 居留民會의 명색에 참가케 하는 자는 그 元惡을
조사하여 徵刑할 것.

一. 이번 환난 중에 양민의 피살과 가옥의 被燒와 財穀의 被損한 자를 일일
이 整査하여 互相救恤할 것.

一. 檄到 3日 내에 各團에서 回示하심을 요함."[253]

대한군정서 독립군과 그 밖의 독립군 부대들은 군정서의 군사통일 호
소에 응하여 대동단결의 결의를 상호 연락한 다음, 러시아령 이만市에
체류하고 있던 대한국민의회와 中露聯合宣傳部 간부들의 안내를 받고
대오를 정비하여 1921년 1월에 흑룡강을 건너 러시아령 이만시로 들어
갔다.

대한군정서 독립군을 비롯한 여러 독립군 단체들은 이만에서 1921년

---

253) 《獨立新聞》 1921년 2월 25일자, 〈軍政署檄告文〉.

3월 그간 집결한 모든 독립군 부대들과 병사들은 모아서 대한의용군총
사령부(일명 대한총군부)를 조직하여 군사통일을 실현하였다. 여기에는
대한군정서 독립군을 비롯하여 대한독립군, 신민단, 국민회군, 군무도독
부, 의군부, 혈성단 등 기타 만주에서 건너온 독립군 부대들은 물론이요,
러시아령 연해주에서 온 靑龍隊, 사할린隊(朴일리아부대), 이만隊(朴그레
고리부대) 등의 독립군 부대들도 참가하여 총 병력이 3천여 명이나 되었
으며, 모든 독립군 부대들의 대동단결에 의한 군사통일이 실현되었다.[254]

그들은 다시 1921년 4월 12일에는 이만에서 대소 36개 단체의 수뇌들
이 모여 독립군 대회를 개최하고, 대한의용군 총사령부의 이름을 대한
독립단(또는 대한독립군단)이라고 바꿈과 동시에 체제를 재정비, 강화하
였다. 그 간부진은 다음과 같았다.[255]

총 재	徐 一
부총재	洪範圖
고 문	白 純, 金虎翼
외교부장	崔明祿(崔振東)
사령관	未定(金佐鎭 겸임설 있음)
참모부장	金佐鎭
참 모	李章寧, 羅仲昭
군사고문	李靑天
第1旅團長	金奎植
참 모	朴寧熙
제2여단장	安 武
참 모	李檀承
제2여단騎兵隊長	姜필립

254) 〈不逞鮮人團の軋轢〉, 高警第29446號, 1921秊 12月 16日字 ;《朝鮮獨立運動》(金正明 編),
제3권, p.519 참조.
255) 〈國外情報, 五月中間島地方情況並露領方面不逞鮮人の情勢〉, 高警第19918號, 1921年 6
月 25日字 ;《朝鮮獨立運動》제3권, pp.382~383 참조.

　대한독립단의 본부로서는 총재부를 두어 전체를 총괄하게 하고, 또한 대한독립단 본부에 외교부를 부설하기로 했으며, 당시까지 이만에 모인 독립군 병사들로 2개 여단을 편성하여 제1여단은 러시아령 이만에 여단 본부를 두고, 제2여단은 만주 영안현에 여단본부를 설치하기로 하였다.

　대한독립단의 위의 간부 구성에서도 보이는 바와 같이, 36개 단체가 독립군 대회를 열고 통합한 이 거대한 독립군의 군사통일체는 바로 대한군정서를 중심으로 하여 편성된 것임을 알 수 있다. 총재부의 총재는 대한군정서 총재였던 서일이 맡고, 사령부의 사령관과 참모부장은 대한군정서 사령관 김좌진이 맡았으며, 그 참모들은 李章寧・羅仲昭 등 대한군정서 사령부 참모진을 그대로 옮겨 놓았다. 독립군 2개 여단 중에서 제1여단은 金奎植・朴寧熙가 지휘하여 대한군정서 독립군 지휘체계를 옮겨 놓았고, 제2여단은 安武・李檀承이 지휘하여 국민회군・대한독립군・군무도독부군을 중심으로 하여 편성했으며, 제2여단 기병대는 대한군정서 계통인 姜필립이 지휘하여 러시아령의 독립군 부대를 관장하게 하였다. 이러한 체제 위에 대한독립군 사령관 홍범도를 부총재로, 러시아령 국민의회의 지도자들인 白純・金虎翼 등을 총재부의 고문으로 추대하였고, 군무도독부 부장 崔振東(崔明祿)을 신설한 외교부장에 임명했으며, 서로군정서 사령관 李青天을 군사고문에 추대하였다. 즉 대한독립단은 대한군정서를 확대하여 여기에 대한독립군・군무도독부・국민회군・서로군정서를 비롯한 모든 독립군 단체들을 통합한 체제로 편성된 것이었다.

　그들은 또한 대한독립단 사관학교를 寧安縣 三河漳 東溝에 설립하기로 결정하고, 교관에 李範奭・金洪國을 임명했으며, 교관 2명은 4월 하순 사관학교 설립지에 도착하여 모든 준비와 사관생도의 모집에 착수하기로 하였다. 또한 사령관 겸 참모부장 김좌진도 부하 10여 명을 인솔하고 영안현에 가서 사관학교 설립을 지휘하고 지원하기로 하였다. 또한 대한독립단 총재 서일은 玄天默을 북간도에 파견하고 羅仲昭를 서간도에 파견하여 독립군 단체의 통일, 볼셰비키파와 중국의 독립군 지원, 사

관학교 설립 등을 대대적으로 선전하여 독립사상을 고취하고 동지를 규
합하게 하기로 했다. 또 간도 지방의 독립운동을 고취하기 위하여 독립
군 1개 중대의 遊說隊를 조직해서, 모두 중국인 복장에 권총을 휴대하게
하고, 5월 하순에 寧古塔에서 간도로 들여보내 각지에 분파해서 활동케
하기로 했다.[256]

대한독립단의 군사통일과 이러한 항일무장투쟁 계획은 일제측도 놀
라고 있는 바와 같이 참으로 훌륭한 계획이었다. 만주와 러시아령의 한
국민족의 모든 독립군 부대들이 하나로 완전히 통합하여 서일·홍범도
의 지도하에 이청천의 자문을 받으며 김좌진이 3천 명의 대병력을 지휘
하게 되었고, 사관학교에서 독립군 장교와 병사들이 철저히 교육되고
훈련되어 독립군을 최강의 정예군으로 양성할 것이며, 애국청년들이 새
근거지에 끊임없이 찾아와서 독립군의 수는 날로 증가하고 있었으므로,
독립군의 무장투쟁 앞에는 밝은 전망이 뚜렷이 보이게 되었다. 그뿐만
아니라 대한독립단과 치타정부 사이에는 무기와 재정원조가 약정되어
있었다.[257]

그러나 대한독립단의 무장독립운동의 웅대한 계획은 '黑河事變'으로
말미암아 좌절당하게 되었다. 이르크츠크파 고려공산당의 군권 장악 시
도를 지원하는 코민테른 동양비서부는 1921년 3월 긴급하게 임시고려혁
명군정의회를 조직하고, 그 총사령관에 러시아인 갈란다라시빌리, 부사
령관에 러시아에 귀화한 한국인 吳夏默을 임명해서, 이만에 모인 만주
와 러시아령의 모든 독립군 부대들을 이르크츠크파 고려공산당의 오하
묵이 지휘하는 한인보병자유대대를 중심으로 통합하여 한국인의 적군
을 편성하려 하였다. 오하묵은 이를 위하여 이만의 대한독립단의 독립
군 부대들을 자유시 브라고웨시첸스크(러시아령 黑河)로 불러들였다. 코
민테른 동양비서부는 1921년 6월에 대한독립단의 모든 독립군 부대들이

---

256) 〈國外情報, 五月中間島地方情況並露領方面不逞鮮人の情勢〉, 高警第19918號, 1921年 6
月 25日字 ; 《朝鮮獨立運動》 제3권, p.383 참조.
257) 蔡根植, 《武裝獨立運動秘史》, pp.101~102 참조.

갈란다라시빌리와 오하묵이 지휘하는 고려혁명군정의회의 산하에 들어와 통합할 것을 요구하였다. 이에 대하여 대한독립단을 지원해 온 李東輝 계통의 상해파 고려공산당을 지지하는 사할린 의용대(朴일리아부대) 등이 거부반응을 보이자, 갈란다라시윌린과 오하묵 등은 사할린 의용대의 무장해제를 명령하였다. 사할린 의용대가 이를 거부하자 갈란다라시윌린은 러시아군 제29연대를 동원하여 사할린 의용대를 무력으로 공격케 함으로써, 사할린 의용대를 포함한 대한독립단 산하의 독립군에 사망 272명, 익사 37명, 행방불명 250여 명, 포로 917명의 참혹한 희생을 내었다.[258] 이것이 '黑河事變' 또는 '自由市慘變'이라고 부르는 독립군의 참변이었다.[259]

대한독립단의 독립군 부대들은 '흑하사변'으로 큰 타격을 입고, 다수가 살상되었으며 다수가 강을 건너 이탈하였고, 전군이 완전 무장해제 당하였다. 이르크츠크에 있던 코민테른 동양비서부는 1921년 7월 5일 고려혁명군정의회에 대하여 전군을 인솔하고 바이칼 호수 부근의 이르크츠크로 오라는 지령을 내렸다. 대한독립단의 만주에서 온 독립군 부대들은 무장해제된 상태에서도 이에 불복하여 크게 저항했으므로 이것이 바로 집행되지는 못하였다. 徐一·金佐鎭·羅仲昭 등 대한군정서 간부들은 비밀리에 자유시를 탈출하여 북만주로 돌아왔다. 고려혁명군정의회 사령관 갈란다라시빌리는 1921년 8월 5일 자유시의 나머지 한국인 독립군 부대 병사들을 이르크츠크로 수송하기 시작하였다. 홍범도·이청천·최진동·안무 등의 간부들도 이르크츠크로 이동되었다. 만주에서 들어간 대한독립단의 독립군 부대들은 이르크츠크로 이동하는 것을 대부분 반대하는 입장이었으나, 이미 무장해제되어 있는 상태였기 때문에 그들

---

258) 〈不逞鮮人團の軋轢〉, 高警第29446號, 1921奉 12月 16日字;《朝鮮獨立運動》 제3권, pp.518~519 참조. 한편 高麗革命軍政議會에서는 이때의 상대편 피해를 사망 37명, 부상 4명, 도망 50여 명, 포로 900여 명이라고 발표하였다.(《朝鮮獨立運動》 제3권, p.522 참조)
259) 《獨立新聞》 1922년 5월 6일자, 〈黑河事變의 眞相〉 및 1922년 5월 27일자, 6월 3일자 〈黑河事變의 眞相(續)〉 참조.

의 입장을 관철시킬 힘이 없었다.

코민테른 동양비서부는 1921년 8월 말에 다시 고려혁명군정의회를 폐지하고 한국인 독립군 부대 병사들을 소비에트 적군 제5군단 관할하의 한족여단으로 개편하였다. 이에 이전의 대한독립단에 참가했던 대한군정서 독립군 병사들도 탈출자 이외에는 다수가 적군 제5군단 한족여단에 편입당하게 되었다.

서일·김좌진·현천묵·조성환·나중소 등 이전의 대한군정서와 대한독립단 간부들은 탈출하여 북만주로 돌아온 후 이전의 대한군정서를 중심으로 9개 단체 대표자들이 모여 1922년 8월 4일 북만주에서 독립군 단체들의 군사통일체로서 대한독립단(또는 대한독립군단)을 재조직하고, 李範允을 단장에 추대하였다. 그들은 워싱턴회의를 기회로 포착하여 독립운동의 기세를 높이려고 노력하였다.

> "일방 間島 및 그 奧地에 在한 不逞鮮人은 李範允을 長으로 하는 大韓獨立軍團(大韓獨立團)에 統一되어 大同團結로써 太平洋會議를 기하여 擧勢를 기획하고 密山縣 지방에 在한 軍政署 총재 徐一 및 金佐鎭의 부하 수천 명(?)은 華府會議에 際하여 鮮內民心의 奮起를 促하기 위하여 各部署를 정하고 西北間島에 南下하여 책동하는 바 있다."[260]

그러나 만주에서 재조직된 대한독립단은 러시아령 이만에서 조직되었던 것과 같은 대규모 독립군단을 편성할 수 없었으며, 1922년 10월에는 快當別에 설치한 자위대가 마적의 습격을 받아 폐허화되는 참사가 일어났고, 이에 큰 충격을 받은 서일이 비탄 끝에 상심하여 자결하는 어려움을 겪었다. 그러나 대한독립단은 만주 독립군 단체의 군사통일이 항일무장투쟁 개발흥의 첩경이라고 보고, 1923년에도 집요하게 全滿洲의 독립군 단체들의 통일을 추구하여 노력하였다.

---

260) 《高等警察要史》(慶尙北道警察局), p.114.

"또 大韓獨立團(北路軍政署 殘黨)은 大正 12년말 玄天默 曹成煥 등이 東支
沿線에서 조직하여 同地方에 蟠居하여 不逞行動에 出하였으나 此亦 勢力으로
서는 特記할 것이 없었던바, 때마침 上海에서는 大正 12년 6월 國民代表會의
결열로 인하여 동년 9월 이래 國民代表會 改造派에 속하는 金東三 李震山 吳
東振 具春先 등 60명이 吉林에서 全滿各團體의 統一을 의론하였으나 一致되
지 아니하고, 또 國民代表會 創造派인 尹海 文昌範 등 일파는 寧古塔에서 各
團體統一을 策하였으나 이루지 못하고, 更히 李範允 金佐鎭 등 純獨立派는 또
同年 8월 東支沿線 小綏芬에서 同統一을 의론코자 했으나 此亦 이루지 못하
였던바……."[261]

대한독립단의 군사통일 운동이 별 성과를 내지 못하자 이에 포함되어
각지에서 활동하던 이전의 대한군정서 간부들이 다시 모여, 김좌진 등
만 그의 주장에 따라 계속 대한독립단의 군사통일체 활동을 계속하기로
하고, 다른 인사들은 1924년 3월에 독립된 대한군정서를 재조직하여 다
음과 같이 간부진을 정비하였다.[262]

총   재   玄天默
군사부장   曹成煥
서무부장   羅仲昭
재무부장   桂 和
참   모   曹成煥, 羅仲昭, 桂 和, 金奎植, 李章寧, 金 赫, 金 弼, 權寧滈

재건된 대한군정서는 1924년 4월 하순에 寧古塔에 있는 대종교당에서
대한군정서 연합총회를 열고 다음과 같은 사항을 결의하여 항일독립전
쟁을 준비하게 되었다.[263]

① 본부를 同賓縣에 두고 지부를 寧安縣에 둔다.

---

261) 위의 책, p.117.
262) 《獨立新聞》 1924년 3월 29일자, 〈北露軍政署總選擧〉 참조.
263) 《독립운동사》(독립운동사편찬위원회 편) 제5권, pp.452~453 참조.

② 통신기관을 哈爾賓·帽兒山·一面坡·烏吉密河·海林·牧丹江·穆稜·小綏芬·東寧에 설치한다.

③ 至急히 軍人 모집에 착수하고 募捐사무를 개시하여 武器·軍服을 준비한다.

④ 財政을 긴축하여 基金을 공고히 하며 각 지방과의 通信聯絡을 일층 신속 확실하게 한다.

⑤ 조선민족으로서 倭奴의 밀정이 되는 자는 곧 살육한다.

⑥ 본년은 甲子年에 해당하고, 朝鮮獨立 실현의 氣運이 익어오고 있다. 두만강을 건너 三角山 상에 太極旗를 세우고 만세를 높이 부르며 우리 民族이 倭奴의 壓政을 제거하고 열국에 우리의 獨立을 선포하는 최초 시기가 되는 것이다. 우리의 행동을 방해하는 자는 軍法에 의하여 엄히 처벌할 것이요, 우리 民族된 자는 이 때를 당하여 전력을 다해서 후원하여야 할 것이다.[264]

재건된 대한군정서는 1924년 5월부터 募捐隊를 하얼빈과 東寧縣, 北間島 방면으로 보내어 무기 구입을 위한 군자금을 모집하고, 흑룡강성 烏雲縣에 사관학교를 설립할 계획을 추진하며, 海林·一面坡·牧丹江 등지에도 지부 설치를 계획하는 등 대한군정서의 재건활동을 활발히 전개하였다. 또한 재건된 대한군정서의 독립군을 편성하기 위하여 이전의 대한군정서 독립군 간부였다가 고려혁명군을 조직하여 활동하고 있던 간부들을 다시 초빙하여 부서와 간부진을 다음과 같이 개편 강화하였다.[265]

총　재	玄天默
사령관	金奎植
군사부장	李範奭
통신부장	崔忠浩
외교부장	朴雲集
재무부장	梁賢

264) 〈朝特報第76號〉, 朝鮮軍參謀部, 1924年 7月 16日字 ; 《독립운동사》 제5권, p.452.
265) 위의 자료, pp.452~453 참조.

행정부장   朴斗熙
募捐부장   申青儂
검사부장   白桂華
軍 醫   金演元
서 기 장   申明植
고   문   曺成煥(曺煜)

전 만주의 독립군 단체들의 군사통일을 위하여 활동하고 있던 김좌진
등의 대한독립단이나, 재건된 대한군정서나 기본적으로 모두 청산리 독
립전쟁의 주역이었던 원래의 대한군정서의 후신이었으므로 북만주 지
역에서라도 군사통일을 실현하기 위하여 1925년 3월 10일 영안현 영고
탑에서 대한독립단 대표 金佐鎭·南星極·崔灝·朴斗熙·劉賢 등과 대한
군정서 대표 金赫·曺成煥·鄭信 등이 북만주 지방의 민간 지역대표들과
함께 모여 며칠간의 회의 끝에 3월 15일 마침내 북만주 지역의 통일된
독립군·독립운동단체로서 新民府를 창립하는 데 성공하였다.[266] 즉 대
한군정서는 청산리 독립전쟁 후 온갖 어려운 조건 속에서 대한독립단을
거쳐 신민부로 발전하게 된 것이었다.

11. 맺음말

이상에서 고찰한 바와 같이, 대한군정서는 그 기원을 1911년 重光團
에서부터 시작하여 3·1운동 후 대종교 계통의 민족주의자들과 신민회
계통의 민족주의자들의 합작으로 성립되었다. 대종교 신도들의 조직인
중광단은 3·1운동 직후 독립운동을 본격적으로 전개하기 위해 처음에
는 유교 신도들의 조직인 孔敎會와 합작하여 1919년 4월에 大韓正義團

---

266) 〈新民府創立總會〉, 1925年 5月 8日附, 在通化阿部分館主任發信 幣原外務大臣宛 報告要
    旨;《韓國獨立運動史》제4권, 資料篇, p.807 참조.

을 조직해서 독립군을 편성하기 위하여 비밀리에 결사대원을 모집하고, 1919년 8월에 산하에 독립군 무장단체로 大韓軍政會를 조직하게 되었다.

그러나 대한정의단의 대종교 지도자들이나 유교(孔敎會) 지도자들은 군사문제에는 비전문가들이었기 때문에, 정작 장정과 군자금과 무기가 어느 정도 준비되어 독립군 편성과 군사훈련의 과제가 절박하게 대두되자, 이 과제를 누구에게 위탁하여 합작할 것인가의 문제에 부딪히게 되었다. 대한정의단의 徐一·玄天默 등 대종교 지도자들은 이 문제를 新民會 계통의 무관인 김좌진 등을 초빙하여 그들과 합작해서 해결하였다. 그리하여 1919년 8월에 김좌진 등이 대한정의단의 군정회를 맡게 되고 독립군 편성과 군사훈련 과제를 수행하게 되었다.

그러나 대한정의단의 대종교 지도자들이 신민회 계통의 민족주의자들과 합작한 것은 공교회 계통의 유교 지도자들과 신도들에게 즉각 반발을 불러일으켰다. 왜냐하면 신민회 계통의 민족주의자들은 철저한 공화주의자들이었고, 반면에 공교회 계통의 민족주의자들은 군주제를 지지하는 復辟主義者들이었기 때문이다. 대한정의단과 대한군정회가 신민회 계통 무관들과 합작하여 공화주의 단체로 되자, 복벽주의자들인 공교회 계통의 지도자들은 이에 반발하여 李珪·金星極·姜受禧 등이 이탈해서, 금성극 등은 복벽파의 독립군 단체로 대한광복단을 새로 조직하고, 이규·강수희 등은 역시 복벽파의 대한정의군정사를 새로 조직하였다. 그 결과 대한정의단과 그 무장단체인 대한군정회는 대종교 계통의 민족주의자들과 신민회 계통의 민족주의자들이 합작한 순연한 공화주의 독립군 단체가 된 것이었다.

대종교 계통과 신민회 계통의 민족주의자들은 1919년 10월 이름만의 구분이었던 대한정의단과 대한군정회를 모두 합하여 전체를 대한군정부로 개편하였다. 그리고 대한군정부를 총재부와 사령부로 나누어, 총재부는 주로 대외적 대표와 행정·재정·조직·경리 등 民事를 관장하도록 하고, 사령부는 주로 신민회 계통에서 軍事만 전담하도록 하였다. 대한군정부의 총재는 徐一, 부총재는 玄天默이었고, 사령부의 사령관은 金

佐鎭이었다. 즉 대한군정부의 독립군은 신민회 계통의 김좌진이 전적으로 책임을 지고 창설한 것이었다.

대한군정부는 성립과 동시에 상해 대한민국 임시정부에 그 성립을 보고하고, 산하 독립군 군사기관으로서의 공인을 신청하였다. 임시정부는 1919년에 국무원 제205호로서 명칭을 대한군정부로부터 대한군정서로 변경할 것을 조건으로 하여 이를 승낙했으며, 대한군정부는 이 조건을 받아들여 공식 이름을 대한군정서로 바꾸었다. 임시정부는 이때 西間島의 한족회·신흥무관학교가 중심이 되어 편성한 독립군 단체에게 이미 서로군정서라는 명칭을 보내었으므로, 北間島의 대한군정서에 대해서는 이에 대비하여 공식 명칭보다 북로군정서라는 별칭을 지어 애용하였다.

대한군정서가 대종교 계통의 독립운동가들과 신민회 계통의 독립운동가들이 합작하여 성립되었다는 사실은 이 독립군 단체의 성격을 형성하는 데 큰 작용을 하였다. 대한군정서의 대종교 계통은 처음에는 공화주의에 대하여 뚜렷한 소신이 없다가 철저한 공화주의자들인 신민회 계통과 합작함으로써 공화주의를 지지하게 되고, 대한군정서 전체가 적극적으로 공화주의를 지향하는 진취적 독립군 단체로 확립된 것이었다. 또한 이 때문에 대한군정서는 모든 종류의 군주제를 부정하고 한국역사상 최초의 공화국(민국) 체제로 수립된 상해 대한민국 임시정부를 조선왕조 정부를 계승하는 정통성을 가진 정부로 적극 지지하고, 그 산하의 공식 군사기관이 될 것을 청원하여 승낙을 받았으며, 시종일관하여 임시정부와 긴밀한 관계를 가졌다.

또한 주목할 것은 대한군정서의 대종교 계통 지도자들이 김좌진 등 신민회 계통의 무관들과 합작했기 때문에 가장 진취적이고 최강의 정예 독립군 부대를 만들 수 있었다는 사실이다. 신민회는 이미 구한말 시기부터 국권회복을 위한 독립전쟁전략을 수립하고 만주에 무관학교와 독립군기지를 창설할 계획을 추진하면서, 일본 정규군과 현대전에서 대전하여 승리할 수 있는 정예 독립군의 창건과 훈련방법을 연구하고 수립하여 신흥무관학교 등에서 실천한 국권회복운동 단체였으며, 신민회 주요회원이었던 김좌진 등은 이 신민회의 방식을 응용 발전시켜 대한군정서의 독립군을 편성하고 훈련시킨 것이었다.

총재 徐一과 사령관 김좌진의 지휘하에 대한군정서는 1919년 가을부터 준비를 시작하여 1920년 2월 초에 북간도의 汪淸縣 西大坡 十里坪의 깊은 밀림의 요충지에다 병영을 짓고 연병장을 닦아 근거지를 설치하였다. 그리고 근거지의 동서남북의 산과 산기슭에 넓은 警戒線과 警衛線을 쳐서 참호를 파고 24시간 경계하게 하여 근거지에 적과 외부인이 접근하는 것을 철저히 방지하고 근거지를 엄중히 경위하게 하였다. 대한군정서는 약 1,100여 명의 장정을 모집하여 근거지의 병영에 현역으로 입영시켜서 철저한 군사훈련을 시켰다. 매일 오전 9시부터 11시까지의 오전 훈련에는 제식훈련을 철저히 실시했고, 오후 훈련은 오후 2시부터 밤중까지 계속하여 주로 사격술과 총검술을 비롯한 총기사용 훈련과 학과훈련을 철저히 실시해서 정예군대를 만들었다.

김좌진 등은 근거지를 설치하고 장정을 모집하여 독립군을 편성할 때 동시에 신민회의 방식에 따라 1920년 2월 초에 근거지 안에다 먼저 사관연성소(무관학교)를 설립하였다. 김좌진 등은 서간도의 신흥무관학교에 도움을 요청하여 교관 李範奭과 졸업생 장교 朴寧熙·白鍾烈·姜華麟·吳祥世·崔海·李雲崗·金勳 등을 비롯한 다수의 훈련장교들과 각종의 교재를 공급받고, 모집한 장정 가운데 18세 이상 30세 이하의 초·중등교육을 받은 신체 건강하고 애국심이 투철한 우수한 청년 300여 명을 선발하여 입교시켜서 사관연성소를 열어 사관교육을 시작하였다. 사관연성소 소장은 사령관 김좌진이 겸임하였다. 사관연성소의 교육은 당시의 긴급한 필요에 응해서 6개월 과정의 속성과였으며, 과목은 ① 정신교육 ② 역사(세계 각국 독립사와 한·일관계사) ③ 군사학 ④ 術科(병기操用法, 부대지휘운용법) ⑤ 체조 및 구령법 등이었다. 그들은 두 개의 연병장에서 사관생도들에게 철저한 군사훈련을 실시했으며, 술과는 일본군의 모형을 만들어 놓고 실탄 사격연습을 시켰다. 대한군정서 독립군은 모든 병사들이 사관연성소에서 기초훈련을 철저히 받아 전반적으로 막강했지만, 그 중에서도 최정예부대는 사관연성소 생도대였다. 대한군정서는 그후 근거지 이동에 당하여 사관연성소 졸업생으로 약 300명의 연성대를 편성했는데, 이들은 일당백의 최정예부대로서 대한군정서 독립군의 승전의 주역이 되었다. 청산리 독립전쟁의 白雲坪전투와 泉水坪전투에서 일본군을 전면에서 섬멸한 것도 연성대였으며, 다른 전투들에서 승리의 주역이 된 것도 주로 연성대였다. 독립군을 창설하면서 처음부터 무관학교(사관연성소)를 설립한 것도 다른 독립군 부대들이 갖지 못했던 대한군정서 독립군의 특징이었지만, 다른 독립군 부대들에는 없던 연성대의 최정예부대가 대한군정서 독립군의 막강한 전투력의 골간이었음을 주목할 필요가 있을 것이다.

대한군정서 독립군의 1920년 7월 초의 실병력은 汪淸縣의 근거지에 있던 병력이 일반군인 약 600명, 사관생도 약 300명, 경비대 약 200명, 합계 1,100여 명(3개 대대)였으며, 이 밖에 1개 대대가 근거지 밖의 延吉縣에 배치되어 있었다.

대한군정서 독립군의 또 하나의 특징은 무기를 잘 공급하여 독립군 부대들 가운데서 무장이 가장 잘 갖추어진 부대라는 사실이었다. 대한군정서 독립군 병사 1인의 휴대 무장을 보면, 소총 1개에 탄환 500발, 수류탄 1개, 좁쌀 6되, 짚신 1켤레씩이었다. 그 밖에도 총기, 탄약 등이 우마차 20량분이 있었다. 특히 주목할 것은, 대체로 독립군 부대들의 무기가 소총이었으며 기관총을 1정이라도 갖춘 독립군 부대는 드물었는 데 비하여, 대한군정서 독립군은 4~6정의 기관총을 보유하고 기관총 중대를 편성하고 있었으며, 그뿐만 아니라 여기에 2문의 박격포까지 소유하고 있었다. 白雲坪전투와 漁郞村전투에서 대한군정서 독립군은 이 기관총과 박격포를 사용하여 승전에 크게 활용하였다. 이러한 기관총과 박격포의 중무장은 당시 독립군 부대로서는 이례적으로 잘 갖추어진 무장이었다고 말할 수 있다.

대한군정서는 또한 만주 일대 세력권 지역에 치밀한 警信組織을 만들어 기민한 通信과 警査를 실행하였다. 즉 세력권 내에 34개 警信分局을 두고, 분국 안에 인구 약 100호마다 警信分課를 두며, 각 분과 내에는 分區로서 인구 매10호마다 統을 편성하여, 그 안에서 일어나는 모든 일에 대하여 즉각 통신과 연락을 하고, 동포를 보호하도록 하며, 일본군과 일제의 동태를 정찰하고, 군사상의 기밀을 경사하도록 하였다. 대한군정서의 이 경신조직은 매우 잘 짜여 있어 세력권 안에서 대한군정서의 자치가 가능하게 했으며, 독립군에게 군자금과 군수품을 조달하는 조직망으로도 활동하였다. 이와 같이 고도의 치밀한 경신조직을 만드는 데 성공한 독립군 단체는 대한군정서와 대한국민회가 가장 대표적이었다.

대한군정서 독립군은 일제의 압력에 굴복하여 중국군이 독립군 토벌에 출동하게 되자, 孟富德의 중국군과 비밀리에 협상하여 1920년 9월 17~18일에 걸쳐 서대파 근거지를 떠나서 근거지 이동을 시작하였다. 대한군정서 독립군은 300명의 別隊를 북방으로 이동시키고, 200명의 전투력이 약한 병사들은 일단 해산시켜 새 근거지가 설치된 후에 명령에 따라 모이도록 한 다음, 약 600명의 정예군만을 이끌고 10월 12~13일에 三道溝 청산리 부근에 도착하였다.

한편 일제는 중국군을 동원한 한국 독립군의 토벌이 완전히 실패로 돌아가고 독립군 부대들의 근거지 이동만 가져오자, 琿春事件을 조작한 후 5개 사단에서 차출한 2만 5천 명의 대병력으로 그들의 〈間島地方不逞鮮人剿討計劃〉에 의거하여 한국 독립군 토벌을 위한 간도 침입을 자행하였다. 이 가운데에서 5천 명의 東(아즈마)지대가 삼도구 청산리에 있는 대한군정서 독립군과 二道溝에 있는 홍범도 연합부대를 포위하여 토벌하려 하자, 독립군 부대들이 공격을 가하여 청산리 독립전쟁이 전개되게 되었다. 1920년 10월 21일부터 26일 새벽까지 삼도구와 이도구에서 연속되어 전개된 청산리 독립전쟁에는 10여 개의 전투들이 포함되는데, 이 가운데에서 청산리 白雲坪전투, 泉水坪전투, 맹개골전투, 萬麒溝전투, 쉬溝전투 등은 대한군정서 독립군이 단독으로 수행한 전투였고, 漁郎村전투, 天寶山전투 등은 대한군정서 독립군과 홍범도 연합부대가 공동으로 수행한 전투였으며, 完樓溝전투와 古洞河谷전투는 홍범도 연합부대가 단독으로 수행한 전투였다.

대한군정서 독립군은 최강의 정예독립군으로서, 청산리 독립전쟁에서 그들이 담당한 전투들에서 기습섬멸전으로 일본군을 공격하여 일본군을 크게 섬멸하고 전승을 거두었다. 대한군정서 독립군과 홍범도 연합부대가 주력으로 참가하여 승리한 청산리 독립전쟁에서 독립군은, 일본군 1,200여 명을 전사시키고 일제가 독립군을 토벌하기 위하여 수립한 〈간도지방불령선인초토계획〉과 간도침입작전을 완전히 붕괴시켜 버렸다. 일본군은 간도 침입 때 2만 5천 명의 병력으로 제1단계에서는 무장독립군을 완전히 섬멸하고, 제2단계에서는 촌락에 잠복하고 있는 비무장 독립운동세력까지 뿌리뽑아 간도지방의 한국민족 독립운동을 완전히 소멸시킬 것을 목표로 하고, 이것을 달성함으로써 국내 독립운동을 고립 차단시켜 이를 완전히 소멸시키려고 하였다. 그러나 일본군은 이 목표를 달성하기는커녕 제1단계에서조차 대한군정서 독립군과 홍범도 연합부대 독립군에게 청산리 독립전쟁에서 패배하여 일본군의 작전은 완전히 실패하였다.

그리하여 대한군정서 독립군을 주력으로 한 독립군 부대들의 청산리 독립전쟁의 대승리는, 일본군의 간도 침입작전을 완전히 실패로 돌려줌으로써 만주지방의 한국민족 독립운동을 보위한 커다란 역사적 역할을 수행했으며, 이를 통하여 간접적으로 국내의 독립운동도 보위하고, 민족의 해방과 독립의 쟁취를 위하여 싸우는 한국민족의 독립정신을 한층 더 고양시키고 무장독립운동을 한층 더 발전시켜 주었다.

대한군정서 독립군은 청산리 독립전쟁에서 승리한 후 安圖縣 黃口嶺村 부근에 도착하였다가, 다시 북만주로 이동하여 1920년 12월 말경 密山에 도착하였다. 대한군정서는 이곳에서 총재 徐一의 명의로 독립군단체들의 대동단결에 의한 군사통일조직 형성을 요청하는 격고문을 여러 독립군 단체들에게 발송하였다. 밀산에 모인 대한군정서 독립군과 그 밖의 독립군 단체들은 군정서의 군사통일 호소에 응하여 대동단결의 결의를 상호 연락한 다음, 치타정부의 군사원조의 약속을 받고 러시아령 대한국민의회와 中露聯合宣傳部 간부들의 안내를 받으며 1921년 1월에 흑룡강을 건너 러시아령 이만으로 들어갔다.

대한군정서 독립군을 비롯한 여러 독립군 단체들은 이만에서 1921년 3월 그간 모인 모든 독립군 부대들과 병사들 3천여 명을 모아서 대한의용군총사령부(일명 대한총군부)를 조직하여 군사통일을 실현하였다. 그들은 1921년 4월 12일 이만에서 다시 대소 36개 독립군 단체들의 수뇌들이 모여 독립군 대회를 개최하고, 대한의용군 총사령부의 이름을 대한독립단(또는 대한독립군단)이라고 바꿈과 동시에 체제를 재정비 강화하였다. 이때 독립군의 군사통일체인 대한독립단은 대한군정서를 중심으로 하여 편성된 것으로서, 총재는 徐一, 부총재는 洪範圖, 사령관과 참모부장은 金佐鎭, 참모는 李章寧·羅仲昭가 맡은 골격 위에 대한독립군·군무도독부·국민회군·서로군정서를 비롯한 모든 독립군 단체들을 통합한 것이었다.

대한독립단은 웅대한 무장독립운동의 계획을 세우고 실행하기 시작했으나, 1921년 6월 '黑河事變'이 일어나 좌절당하게 되었다. 徐一·金佐鎭·羅仲昭 등 대한군정서 간부들은 자유시를 탈출하여 북만주로 돌아왔고, 다수의 병사들은 코민테른 동양비서부와 고려혁명군정의회에 의하여 이르크츠크로 이송되어 소비에트 적군 제5군단 산하 한족여단으로 개편되었다. 북만주로 돌아온 이전의 대한군정서와 대한독립단 간부들은 1922년 8월 4일 북만주에서 9개 독립군 단체들의 군사통일체로서 대한독립단을 재건하고, 전 만주 독립군 단체들의 군사통일을 추진하였다. 김좌진을 중심으로 한 대한독립단의 군사통일 운동이 순조롭지 아니하자, 1924년 3월 玄天默을 총재로 하여 대한군정서가 재조직되어 독자활동을 시작하였다. 재건된 대한독립단이나 재건된 대한군정서나 그 기원은 원래의 동일한 대한군정서에서 나온 것이므로 두 단체는 북만주의 주민대표들과 독립운동 단체들을 규합하여 1925년 3월 15일 북만주지역의 군사통일체로서 신민부를 창립하였다. 즉 1919년 성립된 대한군정서는 청산리 독립전쟁에서 승리하고 험난한 길을 걸으면서 1925년 신민부로 발전하게 된 것이었다.

대한군정서 독립군과 그의 업적은, 한국민족 독립운동사와 한국근대
사에서 찬란하게 빛나는 영원불멸의 큰 별이라고 하지 않을 수 없을 것
이다.

(《한국독립운동사연구》 제2집, 1998)

大韓新民團 獨立軍의 연구

1. 머리말

이 글은 3·1운동 직후 만주와 러시아령에서 조직된 40여 개의 무장독립군 단체 가운데에서 종래 주목받지 못해 왔으나 사실은 주목해야 할 독립군 단체였던 대한신민단이라는 독립군운동 단체를 학계에 소개하기 위한 것이다.

대한신민단은 규모는 크지 않았으나 기독교도들이 조직한 무장독립운동 단체로서, 기독교도들이 무장독립군을 편성하여 일제와 武裝鬪爭을 전개한 사실도 주목해야 할 뿐 아니라, 그들이 스스로 구한말의 新民會를 계승한 단체라고 표방하고 있던 사실도 주목해야 할 것이다. 또한 대한신민단은 역시 구한말 신민회의 함경도 총감이었던 李東輝가 1918년 6월 한국인 최초의 사회주의 정당으로서 창립한 韓人社會黨이 블라디보스토크에서 대표자회의를 개최했을 때 같은 계열이라고 하여 韓人社會黨에 합당해서, 그 후 기독교도의 대한신민단이 사회주의 정당인 한인사회당과 합동하여 그의 지원을 받으며 무장투쟁을 전개한 사실도 매우 흥미로운 바가 있다.

특히 주목할 것은 대한신민단 독립군이 규모가 작았음에도 매우 용감하게 항일무장투쟁을 전개하여 끊임없이 국내진입작전을 전개하고, 일본군의 최초의 월강토벌대를 패배시킨 '三屯子戰鬪'를 단독 수행하여 승전한 독립군 부대였다는 사실이다.

독립군의 삼둔자전투는 바로 鳳梧洞戰鬪로 이어지는 고리가 되고, 봉오동전투는 다시 靑山里獨立戰爭으로 이어지는 고리가 되었는데, 대한신민단 독립군은 봉오동전투에도 참가하여 그 대승리에 큰 몫을 담당했을 뿐 아니라, 뒤이은 청산리독립전쟁에도 참가하여 용전분투해서 자기의 몫을 다 수행한 큰 업적을 내었다.

여기서는 자료가 부족하지만, 대한신민단 독립군의 성립과정과 그 독립군 무장활동을 자료가 허락하는 한 실증적으로 자세히 밝혀서, 종래 잊혀졌던 독립운동 단체 발굴작업의 일환으로 삼으려고 한다.

2. 대한신민단의 성립

대한신민단은 이전의 기독교 장로교파 목사이며 新民會 회원이었던 金圭冕을 중심으로 하여 주로 기독교도들이 3·1운동 직후 北間島와 러시아령 沿海州에서 결성한 독립군 운동 단체였다.

대한신민단측의 자료는 신민단을 조직한 주체세력에 대하여, "우리나라 宗敎會에 가장 유명하며 해외종교독립을 선언한 聖理敎에서 이미 교도 수만인을 모아 주체가 되었으며 올 봄 독립운동의 시기를 포착하여 新民團의 이름으로써 의용대를 모집하였다"[1]고 설명하였다. 일제의 자료는 "대한신민단은 金圭冕 일파의 大韓基督敎(聖理敎) 신도의 단결한 것이다"[2]라고 하여, 이것이 대한기독교(일명 성리교)라고 불렸던 기독교의 한 교파 중심의 독립운동단체임을 밝히고 있다.[3] 대한신민단이 처음

---

1) 〈騷密 第6126號, 獨立運動ニ關スル件〉(國外日報 第104號), 1919年 8月 5日字 (姜德相 編)《現代史資料》26,〈朝鮮〉2, p.252.

2) 〈騷密 第2764號, 獨立運動ニ關スル件〉(國外日報 第73號), 1919年 5月 21日字 ;《現代史資料》26,〈朝鮮〉2, p.177.

3) 大韓基督敎(聖理敎)가 어떠한 교파인지 아직 분명치 않으나, 위의 자료들에서 볼 때, 당시 外국선교사의 지배하에 있던 한국인 기독교도의 일부가 만주와 러시아령에서 해외종

성립된 일자는 1919년 3월 12일로 추정된다.[4] 대한신민단은 처음 성립
때에는 근거지를 북간도의 汪淸縣 春華鄕 草帽頂子에 설치하고, 春華鄕
中蘭家蹚子를 제외한 六道講 동쪽의 春華鄕 전부와 敬信鄕 전부에 걸
쳐 세력을 갖고 운동을 시작하였다.[5]

대한신민단은 구한말의 국권회복운동 단체인 新民會를 직접적으로
계승한 단체이며, 독립군 단체로서 독립전쟁의 군사행동을 하는 교전단
체로서는 '會'보다 '團'이 더 적합하다고 하여 '大韓新民團'이라고 이름하
였다. 《新民團報》 제1호의 〈신민단문답〉은 대한신민단이 구한말의 신
민회를 계승, 발전시킨 단체임을 스스로 다음과 같이 밝히고 있다.

(문) 新民團은 어떠한 목적으로 成立되었는가?

(답) 新民團은 우리 民族의 精神을 團結하고 힘을 合하여 大韓獨立을 完成
시키려고 하는 것이다.

(문) 新民團이 成立하고 몇 個月이 되었는가?

(답) 新民團의 歷史를 모두 말하면 我國이 아직 日本의 奸計 抑壓을 받기
前부터 我國 愛國者는 先進諸氏 등이 新民會라는 秘密機關을 조직하
고 大韓 13道 各州 및 해외에는 美國 中國 露國은 물론 우리 同胞가
거류하는 지방마다에서 新民會員을 모집하고 10명 이상을 가진 곳마다
에 秘密機關을 설치하였다. 이로부터 이 機關을 運轉하여 前年 我國
서울에서 일어난 朝鮮總督寺內暗殺事件이 생기었다. 그 때 新民會의
비밀서류가 일본인의 수중에 들어가 108인은 新民會員으로서 고통을
받게 되었다.

(문) 이 新民會는 언제 新民團이 되었는가?

(답) 新民團이라고 改名한 것은 本年 獨立運動의 시작했을 때부터이다.

교(國外 선교를 의미)의 독립을 선언하고 외국인 선교사의 지배로부터 벗어나 한국인의
주체적 자주적 선교와 신앙을 표방하면서 '大韓基督教' 또는 '聖理教'라고 스스로 불렀던
매우 민족주체성이 강한 교파였던 것으로 추정된다.

4) 大韓新民團이 1919년 공포한 宣布文·憲章·宣誓文·團綱의 선포일자가 檀紀, 4252년 3
월 12일로 되어 있는데, 이 날짜(3월 12일)가 바로 대한신민단의 창립일자를 찾아 소급한
것이라고 추정된다.

5) 〈騷密 第2764號, 獨立運動ニ關スル件〉(《國外日報 第73號), 1919年 5月 21日字 ; 《現代史
資料》 26, 〈朝鮮〉 2, p.117 참조.

(문) 왜 會를 고쳐 團이라고 했는가?

(답) 이전 平時에 있어서는 이 團(會—인용자)의 이름에 의하여 精神의 團結에 全力을 다했으며 民族團合을 목적으로 하여 평범하게 會라고 칭했으나, 現在는 일이 있을 때는 이 團의 명의를 가지고 軍事行動도 하려고 하며, 交戰團體의 行動도 취하려고 하면 會라고 칭하는 것보다 團이라고 칭하는 것이 有力하다.[6]

만주와 러시아령에서 3·1운동 전후에 新民會를 계승한 몇 개 독립운동 단체들이 신민회 회원들에 의해 조직되었는데, 대한신민단은 그 중에서 대한기독교(성리교) 계통의 회원들이 주동이 되어 독립운동 단체로 성립된 것임을 위의 자료에서 확인할 수 있다. 이 때문에 대한신민단이 자료에 따라서는 '大韓新民會'라는 이름으로 나오기도 하며, 또 그 후이 단체 스스로가 '大韓獨立新民團', '大韓國獨立新民團' 등의 이름으로 선언문을 공포하기도 했으나 모두 대한신민단과 동일한 단체였다.

대한신민단의 성립 당시의 단장과 간부는 다음과 같았다.[7]

단 장	金圭冕
부 단 장	(결 원)
경리국장	李存洙
재 무	韓京瑞
서 기	朴在涉
惣 察	李 仁·李元俊

이 밖에도 金準(俊)根, 李春範, 李春甫 등이 간부로 활약하였다.[8]

단장 金圭冕(일명 金周冕)은 함경북도 慶興 출신으로서 1919년 당시

---

6) 〈騷密 第6126號, 獨立運動ニ關スル件〉(國外日報 第104號) 1919年 8月 5日字；《現代史資料》26, 〈朝鮮〉2, p.252.

7) 〈騷密 第2764號, 獨立運動ニ關スル件〉(國外日報 第73號), 1919年 5月 21日字；《現代史資料》26, 〈朝鮮〉2, p.177 참조.

8) 〈騷密 第5127號, 獨立運動ニ關スル件〉(國外日報 第98號), 1919年 7月 3日字；《現代史資料》26, 〈朝鮮〉2, pp.216~217 참조.

38세의 원래 장로교파의 목사였으며, 신민회 함경도 총감 李東輝 밑에 있던 신민회 회원이었던 것으로 보인다. 김규면은 1917년 2월경에 羅子溝 小綏芬 등지를 거쳐서 간도로부터 블라디보스토크를 빈번히 왕래하면서 '太平洋書院'이라는 서점의 설립을 추진하기도 하고, 외국인 선교사로부터 독립한 대한기독교(성리교)라는 교파를 만들어 간도와 러시아령 연해주 일대에서 포교에 힘쓰다가, 3·1운동이 일어나게 되자 대한기독교 신도들을 중심으로 하여 대한신민단을 조직한 것으로 보인다.[9]

신민회 함경도 총감이었던 이동휘가 1918년 4월 하바로브스크에서 한국인 최초의 사회주의 정당인 '韓人社會黨'을 창당하고, 3·1운동 직후 1919년 4월에 블라디보스토크 신한촌에서 한인사회당대표자대회를 개최하게 되자, 같은 신민회 계보인 김규면은 이에 참가하여 한인사회당과 대한신민단의 합당에 합의하였다. 그러나 대한신민단이 해체된 것은 아니고 독자적 독립군 단체로 활동하면서 한인사회당과 긴밀한 유기적 통합과 연대를 갖게 되었다.

단장 김규면은 1919년 5월 초에 러시아령 니코리스크 부근에서 이동휘와 만나 독립운동에 관한 의견을 교환한 후 대한신민단 본부를 블라디보스토크 新韓村으로 옮겼다. 그 이유는 중국 영토에서의 한국민족 독립운동에 대한 중국관헌의 감시가 엄중하여 독립운동의 본부를 두는 것은 불안한 데 비해서, 러시아령에서는 일본관헌이 한국인을 체포할 권리가 없어 독립운동의 본부를 두기에 더 안전하다고 판단되었기 때문이었다. 이에 대한신민단은 1919년 5월 초에 본부를 블라디보스토크 신한촌에 이전하여 단장 김규면과 경리국장 李存洙는 여기서 회무를 처리하고, 간도에는 支部와 議事部를 두게 되었다.[10]

대한신민단은 성립 초부터 그 기초가 공고하고 독립운동의 계획과 실

---

9) 〈騷密 第5858號, 獨立運動ニ關スル件〉(國外日報 第108號), 1919年 7月 23日字;《現代史資料》26,〈朝鮮〉2, p.235 참조.

10) 〈騷密 第4815號, 獨立運動ニ關スル件〉(國外日報 第92號), 1919年 6月 26日字;《現代史資料》26,〈朝鮮〉2, pp.208～209 참조.

행방법도 착실하여 일반으로부터 호평을 받았으며, 단원과 기부금 모집도 좋은 성적을 얻었다고 일제의 정보자료는 다음과 같이 보고하였다.

新民團은 다른 獨立運動機關에 비교하여 基礎가 자못 鞏固하고 運動計劃의 實行方法 등에 있어서도 着實한 바가 있어서 一般으로 好評이 있다. 團員 및 寄附金의 모집 등은 好成績을 내고 있는 중이며 團員은 이미 3萬에 달하고 結束은 매우 확고하다. 寄附金은 60萬루불에 달했다고 칭한다. 琿春縣 東溝 지방에 있어서는 지금 아직 團員 및 寄附金의 모집을 계속하고 있는 중이다.[11]

이 보고자료에서도 대한신민단이 한국인 이주민들의 확고한 지지와 호평 속에서 튼튼한 기초를 갖고 성립되었음을 알 수 있다.

3. 대한신민단의 목적

대한신민단의 최상위 목적은 신민단 綱領 제1조에서 규정한 바와 같이 '조국의 완전독립'[12]을 실현하는 것이었으며, 〈신민단문답〉에서 스스로 밝힌 바와 같이 '대한독립을 완성하는 것'[13]이었다.

대한신민단은 조국의 완전독립이 실현되면 그것을 민주공화제의 독립국으로 영원히 보전할 것을 목적으로 함을 대한신민단 헌장 제1조에서, "대한국신민단은 民主制에 의하여 독립국을 건설하고 영원히 보전할 것"[14]이라고 규정하여 밝히었다.

---

11) 〈騷密 第4815號, 獨立運動ニ關スル件〉(國外日報 第92號), 1919年 6月 26日字;《現代史資料》26, 〈朝鮮〉2, p.209.

12) 〈騷密 第6137號, 獨立運動ニ關スル件〉(國外日報 第115號), 1919年 8月 6日字, 〈大韓國新民團綱領〉;《現代史資料》26, 〈朝鮮〉2, p.255.

13) 〈騷密 第6126號, 獨立運動ニ關スル件〉(國外日報 第114號), 1919年 8月 5日字, 〈新民團問答〉;《現代史資料》26, 〈朝鮮〉2, p.252.

14) 〈騷密 第6137號, 獨立運動ニ關スル件〉(國外日報 第115號), 1919年 8月 6日字, 〈大韓國新民團憲章〉;《現代史資料》26, 〈朝鮮〉2, p.255.

대한신민단의 이 최상위의 목적을 달성하기 위한 하위의 목적은 독립을 쟁취하기 위한 '독립군'을 편성하여 '독립전쟁'을 준비하고 독립전쟁을 실천하는 것이었다. 〈新民團問答〉은 이 점에 대하여 다음과 같이 설명하였다.

(문) 新民團 단원의 책임은 무엇인가?

(답) 물론 獨立戰爭에 銃을 들고 나가 倭奴와 싸우지 않으면 안 되는 것이다. 獨立運動에 金錢을 기부하지 않으면 안 되며, 獨立運動을 위하여一方 野心을 가진 자를 박멸하지 않으면 안 되며, 獨立事業에 대하여자기의 私益을 생각하는 자를 정벌하지 않으면 안 된다.[15]

대한신민단 단장 김규면은 이 점에 대하여 "본회에 가입하는 사람은 1戶에 1정씩의 총기를 준비해야 하는 규약을 두었는데 그 목적은 독립전쟁의 준비이다"[16]고 설명하였다.

대한신민단은 이러한 목적에 따라 신민단을 창단하자마자 "김규면의命에 의하여 이동휘 일파와 함께 먼저 羅子溝 지방에 무관학교를 설립하려고 기도했으며",[17] "朝鮮內地에 침입할 것을 계획하여 그 첫째로 단원의 모집을 완전히 하고 기부금을 다액 모집하여 무관학교를 설립해서단원의 군사교연을 행하려고"[18] 하였다.

대한신민단의 이러한 목적은 구한말 신민회의 국권회복을 위한 독립전쟁전략과 무관학교 설립을 비롯한 독립군기지 창설운동을 충실하게발전적으로 실천하려 한 것이었음을 알 수 있다.[19]

---

15) 〈騷密 第6126號, 獨立運動ニ關スル件〉(國外日報 第114號), 1919年 8月 5日字 ; 《現代史資料》 26, 〈朝鮮〉 2, p.252.

16) 〈騷密 第5858號, 獨立運動ニ關スル件〉(國外日報 第108號), 1919年 7月 23日字 ; 《現代史資料》 26, 〈朝鮮〉 2, p.235.

17) 〈騷密 第4815號, 獨立運動ニ關スル件〉(國外日報 第92號), 1919年 6月 26日字 ; 《現代史資料》 26, 〈朝鮮〉 2, p.209.

18) 〈騷密 第5127號, 獨立運動ニ關スル件〉(國外日報 第98號), 1919年 7月 3日字 ; 《現代史資料》 26, 〈朝鮮〉 2, p.217.

19) 愼鏞廈, 〈新民會의 創建과 그 國權恢復運動(上·下)〉 《韓國學報》 제8〜9집, 1977 ; 《韓

물론 대한신민단의 하위 목적은 독립전쟁을 준비하고 독립전쟁에 나가는 것에만 있었던 것은 아니었다. 민족의 대동단결과 實業과 교육에 힘쓰고 관습을 개혁하여 독립 후의 신국가의 신국민이 되는 준비를 하는 것도 중요한 하위 목적이었다. 대한신민단 헌장은 단원의 의무로서 '과감' '근면' '저축' '식산' '홍업' '위생' '교육'에 전력할 것을 규정하고 있으며,[20] 〈신민단문답〉도 이 점을 강조하여 다음과 같이 설명하였다.

(문) 獨立運動에 바로 나갈 수 없는 상태이면 신민단 단원은 어떠한 사업을 해야 하는가?

(답) 신민단원은 앞에 말한 바와 같이 單一한 義務(즉, 獨立戰爭 —인용자)만에 한정하지 않는다. 獨立戰爭을 개시하기에 이르면 물론 戰爭을 해야 한다. 만일 機會가 속히 오지 않아서 獨立에 수년을 요할지라도 우리들은 평탄한 마음으로써 農商工의 實業에 힘쓰고 金錢을 貯蓄하며 子弟를 충분히 敎育하여 단원 상호간에 團結해서 어떠한 일에도 團合하여 행하여야 한다. 産業을 융성케 하여 우리 團員 중에는 놀고먹는 자가 없기에 이르게 하며, 단원 10인 이상이 거주하는 지방마다에 團體를 組織하고, 우리는 그 단체에 복종하며, 일반 風俗習慣을 改良하여 他日 新國家의 國民이 되는 자격을 준비해야 한다.[21]

대한신민단의 헌장은 이 점에 대하여 "대한국 신민단 단원은 조국광복의 사업을 적극적으로 실행하며 나아가 세계적 新民의 생활을 계획한다"[22]고 하여, 대한의 신국가의 신국민이 세계적 신민이 되도록 준비할

　　國民族獨立運動史硏究》(乙酉文化社), 1988, pp.13~140 및 〈新民會의 獨立軍基地 創建運動》《韓國文化》 제4집, 1983 ;《韓國近代民族運動史硏究》(一潮閣), 1985, pp.126~166 참조.

20) 〈騷密 第6137號, 獨立運動ニ關スル件》(國外日報 第115號), 1919年 8月 6日字 ;《現代史資料》 26, 〈朝鮮〉 2, p.255.

21) 〈騷密 第6126號, 獨立運動ニ關スル件》(國外日報 第114號), 1919年 8月 5日字 ;《現代史資料》 26, 〈朝鮮〉 2, pp.252~253.

22) 〈騷密 第6137號, 獨立運動ニ關スル件》(國外日報 第115號), 1919年 8月 6日字 ;《現代史資料》 26, 〈朝鮮〉 2, pp.255.

것을 강조하였다.

또한 주목할 것은 대한신민단이 독립 쟁취의 성공 후에는 在野政黨으로 남아서 야심 많은 정치가들을 비판하고 국민의 자유와 평등을 옹호하는 야당 활동을 계속하겠다고 그 원대한 목적을 밝히고 있는 점이다.

(문).그러면 新民團은 義勇兵에 한정된 것인가?

(답) 아니다. 新民團은 물론 軍人이 되는 의무가 있을지라도, 원래 신민단의 취지는 군인모집만에 한정된 것이 아니다. 본단의 명의를 가지고 우리 民族全體의 大同團結에 힘쓰는 것으로서, 촌락에서 노동하는 부형도, 큰길에서 상업에 종사하는 형제도, 알든 모르든 誠意를 모으고 힘을 합하여 獨立成功 이전에는 獨立에 成功할 때까지 全力을 다하는 것이다. 獨立成功 後에는 在野政黨으로서 野心政客을 攻撲하여 正義와 誘導를 主掌하며 一般國民의 自由와 平等을 옹호하려고 하는 것이다.[23]

위와 같은 대한신민단의 목적을 보면 그것이 구한말 신민회의 목적의 골격을 1919년의 상황에 맞추어 계승 발전시킨 것임을 알 수 있다.

4. 대한신민단의 헌장·선서문·강령·선언서

대한신민단은 이 단체의 위와 같은 목적을 실현하기 위하여 7개조로 된 헌장을 제정하였다. 이 헌장은 ① 민주공화제의 독립국가 건설과, ② 평등 자결의 정신에 의한 단결을 활동 목표로 정립하고, 신민단 단원의 의무사항으로서 ① 비밀엄수 ② 무조건 복종 ③ 생명·재산의 헌납 ④ 조국광복의 실행 ⑤ 세계적 新民의 생활 계획 ⑥ 상호 존경과 친애의 실천 ⑦ 과감·근면·저축식산·홍업·위생·교육에의 전력 등을 규정하였다.

---

23) 〈騷密 第6126號, 獨立運動ニ關スル件〉(國外日報 第114號), 1919年 8月 5日字 ; 《現代史資料》 26, 〈朝鮮〉 2, p.252

또한 대한신민단은 일본박멸·조국광복·민권자립을 다짐하는 선서문을 제정하고, ① 조국의 완전독립 ② 민족의 大同主義 ③ 團의 기강의 확립을 골자로 하고 강령을 채택하였다.

대한신민단이 제정한 7개조의 헌장과 선언문과 3개조로 된 강령은 다음과 같았다.

大韓國新民團 憲章 宣布文

神人一致하고 中外協應하여 이제 團이 성립한 이래 여러 해가 되었다.[24] 自主獨立精神의 大發揮한 光明은 즉, 금일 大韓獨立宣言의 偉擧가 되었다. 이제 完全한 獨立과 自由의 福利를 子孫에게 世傳하기 위하여 本團의 憲章을 제정 선포하는 바이다.

大韓國新民團 憲章

제1조 大韓國新民團은 民主制에 의한 獨立國을 건설하고 또 영원히 保全할 것을 自任한다.

제2조 대한국신민단은 海內外를 불문하고 平等 自決의 精神으로써 團結한다.

제3조 대한국신민단 단원은 헌신적으로 秘密을 지키고 정당한 사업을 위하여 무조건 복종하는 자에 한한다.

제4조 대한국신민단 단원은 필요하다고 인정할 때에는 生命과 財産을 供獻할 의무가 있다.

제5조 대한국신민단 단원은 祖國光復의 擧를 적극적으로 실행하고 나아가 世界的 新民의 생활을 계획한다.

제6조 대한국신민단 단원은 相互 尊敬과 親愛의 正路를 실천한다.

제7조 대한국신민단 단원은 위의 의무를 실행하기 위하여 果敢 勤勉 儲蓄 殖産 興業 衛生 敎育에 專力한다.

宣誓文

尊敬하고 熱愛하는 我二千萬 동포국민이여,

大皇祖四千二百五十年 三月 一日 我大韓民族이 獨立을 宣言하고 나서 남

---

24) 대한신민단을 창립하면서 이와 같이 "團이 성립한 이래 여러 해가 되었다"고 한 것은 선포문의 기초자가 이 단체의 성립을 구한말 대한신민회 때부터 계산했기 때문인 것으로 보인다.

녀노소를 불문하고 一致團結하여 人道正義의 원수인 日本의 暴行 撲滅에 착
수하였다. 이제 本團은 全國民의 血誠을 대표하여 專心戮力 祖國의 國土光復
과 民權自立을 자에 宣言한다. 동포국민이여 奮起하라.

團綱

一. 祖國의 完全獨立을 誓圖한다.

二. 民族의 大同主義를 제창하고 局部的 黨派와 不公平的 野心을 박멸한다.

三. 團의 紀綱을 문란케 하고 神聖을 타락시키는 자는 敵으로 인정한다.

　　　大皇祖四千二百五十二年 三月 十二日 大韓獨立新民團[25]

대한신민단은 이상과 같은 헌장·선서문·강령을 제정하고 이를 공포
한 후, 그 실천활동과 관련하여 1919년 7월 6일 ① 상해 대한민국 임시
정부를 승인하고 원조할 것과 ② 파리 평화회의에 파견된 민족대표 金
奎植 일행의 독립운동 비용을 송금할 것을 결의하는 다음과 같은 선언
서를 공표하였다. 이것은 아직 통합임시정부가 수립되기 전의 일로서
매우 빠른 것이었다.

宣言書

대한국독립신민단은 아이천만동포의 앞에 我時局에 대한 決議案을 宣言한다.

본래부터 本團은 비밀리에 진행되었으나 현재 政見을 표면에 발표하지 않
으면 그 完成不能한 사정에 의하여 자에 團의 명의로 발표한다. 즉 本團綱領
은 제1로 맹세하여 祖國의 完全獨立을 꾀하는 것, 제2로 民族의 大同主義를
제창하여 원만한 단체의 조직을 꾀하는 것이다.

吾人의 時局을 注視하면 서울에서의 獨立宣言 後, 上海에서 臨時政府의 성
립은 우리 民族으로서 당연히 承認해야 할 것이다. 巴里平和會議에서 우리의
대표 金奎植씨가 가서 독립운동중이면 大韓國民인 吾人은 巴里에 旅費를 보내
고 運動力을 돕는 것은 당연의 義務일 것이다. 今에 이르러 본단이 이를 實行하
지 아니하면 제1로 本團 綱領에 위반이며, 제2로 民族大同團結에 有害하며, 제3
으로 吾人의 獨立完成에 障碍가 된다. 자에 앞과 같은 決議案을 宣言한다.

---

25) 〈騷密 第6137號, 獨立運動ニ關スル件〉(國外日報 第115號), 1919年 8月 6日字 ;《現代史
　　資料》 26, 〈朝鮮〉 2, p.255.

一. 上海政府를 承認하고 援助하는 것을 일반국민과 함께 協同實行할 것.
二. 巴里代表에 獨立運動費를 될 수 있는 한 發送할 것.

大韓民國元년 7월 6일 大韓獨立新民團[26)]

당시 임시정부의 수립은 ① 상해의 대한민국 임시정부와 ② 러시아령의 국민의회 임시정부와 ③ 서울의 漢城 정부가 각각 분립하여 그 통합이 득립운동가들 사이에서 추진되고 있었으며, 이것이 완전히 통합되어 통합 임시정부가 수립된 것은 1919년 9월의 일이었다. 그런데 아직 통합이 이루어지지 않고, 특히 上海와 러시아령 독립운동가들이 온갖 우여곡절의 협상을 벌이고 있는 도중에 블라디보스토크에 본부를 둔 대한신민단이 통합실현보다 2개월이나 앞서 7월 6일에 상해 임시정부를 승인하고 지원할 것을 결의하여 선언한 것은, 러시아령의 국민의회가 양도하여 상해의 대한민국 임시정부와 통합하도록 하는 데 큰 작용을 한 것으로 보인다. 여기서도 대한신민단의 성격의 일단을 잘 알 수 있다.

하물며 1919년 9월 10일 임시정부가 하나로 통합되어 '통합된' 대한민국 임시정부(9월 정부)가 수립되었을 때 대한신민단이 이를 지지한 것은 더 말할 필요가 없을 것이다.

5. 대한신민단 독립군의 편성

대한신민단이 국권회복을 위한 독립전쟁의 준비로 義勇隊로서 독립군을 편성한 것은 1919년 5월로 보인다. 이것은 3·1운동 후 독립군 부대 편성활동으로서는 상당히 빠른 것이다. 신민단의 1919년 5월 중의 활동이라고 해서 일제측이 보고한 다음의 무기구입 보고가, 신민단이 적어도 1919년 5월에는 독립군 부대를 편성했음을 명료하게 증명해 주고 있다.

---

26) 〈騷密 第6126號, 獨立運動ニ關スル件〉(國外日報 第126號), 1919年 8月 5日字 ;《現代史資料》 26, 〈朝鮮〉 2, p.251.

(三) (新民團의) 武備狀況

新民團이 露領 바라바시 거주 露國歸化鮮人 韓某(露名 사가리-)와 그 아들 韓光澤(露名 밋싸)을 중개로 하여 浦潮 露國兵器廠으로부터 買收한 兵器類는 다음과 같다.

機關銃　　　　2정
小　銃(五連發) 60정
爆　彈　　　　4개
목하 爆彈 300개를 調達中

위의 매수한 兵器類의 運搬에 관하여 苦心 중으로서, 浦潮로부터 海路로 南部烏蘇里 연안으로 수송하는 길이 아니면 陸路運搬의 외에 없으나 이 역시 발견의 우려가 있어 그 운반방법에 곤란이 있다고 한다. 혹은 露西亞軍衛戍司令官을 買收하여 露支國境까지 반출하여 草帽頂子에 送致하려고 협의중이며 또한 米國人으로부터도 武器購入先을 운동 중이라고 한다.[27]

대한신민단은 그 뒤에도 계속하여 다른 독립군 단체들과 함께 무기 구입에 큰 힘을 기울여 무장을 강화하였다.[28] 신민단 단장 김규면 등은 독립군 편성과 강화를 위하여 그 준비에 진력하였다.

新民團長 金圭冕은 過日 團員에 대하여 團員의 義務는 전혀 銃과 彈丸을 準備하는데 있으며, 이것을 할 수 없는 사람은 相當의 代金을 醵出하라고 說得했다고 한다.[29]

대한신민단은 본부를 블라디보스토크 신한촌에 두고, 간도에는 汪清縣과 琿春縣에 각각 지부를 설치하여, 본부와 지부마다 모두 독립군을 편성 배치했는데, 임시정부 파견원의 보고에 의하면 그 총병력은 약 500

---

27) 〈騷密 第4815號, 獨立運動ニ關スル件〉(國外日報 第92號), 1920年 6月 26日字 ; 《現代史資料》26, 〈朝鮮〉 2, p.209.

28) 〈露國過激派ト間島地方不逞鮮人團ノ關係〉;《現代史資料》27, 〈朝鮮〉 3, p.304 참조.

29) 〈不逞鮮人團ノ武器購入ニ關スル件〉;《現代史資料》27, 〈朝鮮〉 3, p.343.

명이었다.[30]

블라디보스토크 신한촌의 본부는 일본군의 시베리아 주둔 浦潮軍이 1920년 4월 5일 블라디보스토크 신한촌 습격을 자행하여 독립운동 단체를 습격하고 저명한 독립운동가들을 학살할 때 일본군의 습격을 받았으나 신민단은 기민하게 본부를 은폐하고 은신하여 화를 면하였다.[31] 본부와 혼춘현 지부의 신민단 독립군의 자료는 자세한 것이 남아 있지 않고, 후에 청산리 독립전쟁에 참가한 왕청현 지부의 신민단 독립군의 자료가 그 윤곽을 알 수 있게 남아 있다.

왕청현의 신민단 독립군은 근거지를 처음에 春華鄕 上石峴(일명 嘎呀河 獐洞)에 설치했다가 후에 延吉縣 明月溝로 이전했으며, 그 간부진은 다음과 같았다.[32]

단 장	金準根
부 단 장	朴承吉
사령장관	梁正夏
同 부 관	朱 洙
참 모 장	金昌順
재 무 장	李存洙
대 대 장	崔奎南

왕청현의 신민단 독립군은 병력이 약 200명이었으며, 소총 약 160정, 권총 약 50정, 폭탄 3상자, 망원경 3개, 소총탄환은 총 1정에 약 200발씩으로 무장되어 있었다.[33]

대한신민단은 독립군을 강화하고 그 군자금을 공급하기 위하여 만주

30) 《朝鮮民族運動年鑑》 1920年度附錄 ; 《朝鮮獨立運動》(金正明 編) 제2권, p.259 참조.
31) 〈鮮人ノ行動ニ關スル件〉 ; 《現代史資料》 27, 〈朝鮮〉 3, p.331 참조.
32) 〈不逞鮮人根據地並ニ各組織ニ關スル件〉, 1920年 8月 12日字 ; 《現代史資料》 27, 〈朝鮮〉 3, p.369 참조.
33) 〈不逞鮮人ノ根據地移動ニ關スル件〉 ; 《現代史資料》 27, 〈朝鮮〉 3, p.356 및 〈不逞鮮人ノ根據地並ニ各組織ニ關スル件〉 ; 《現代史資料》 27, 〈朝鮮〉 3, p.369 참조.

와 러시아령의 단원은 물론이요, 국내에도 '義捐隊'를 파견하여 단원을
확보하고 군자금을 모집하는 활동을 하였다. 예컨대, 1920년 7월 대한신
민단 단장 金圭冕은 金德宣에게 의연대를 조직하여 국내에 들어가서 단
원을 확보하고 군자금을 모집해 오도록 하였다.

金德善(宣)은 明月溝에 있는 왕청현 신민단 참모부에 가서 崔奎南과
崔義圭로부터 권총과 탄환, 군자금 모집에 필요한 서류와 여비 90여 원
을 받고 '大韓新民團義捐隊'를 조직하여 대장이 되어 부하로서 金基善·
鄭鎬涉·金鎬振·金在鳳·陳文弘·李寅涉 등 6명을 인솔해서 8월 7일 함
경북도 茂山에 들어온 후 茂山·富寧·鏡城·吉州·北靑·豊山·咸興·新
興 등지에서 활동하여 국내에서 새로이 185명을 신민단 단원으로 가입
시키고, 군자금으로서 현금 1,893원, 出金契約 33,878원을 모집하는 데
성공한 후, 서울에 대한신민단 지부를 설치하려고 활동하다가 일제경찰
에 체포당하였다.[34] 이 사례에서도 대한신민단이 독립군 강화와 군자금
모집을 위하여 얼마나 정력적으로 활동했는가를 할 수 있다.

대한신민단 독립군은 또한 독립군 단체들의 통합 또는 연합에 의한
軍事統一을 매우 적극적으로 추진하였다. 그 결과 1920년 5월 3일에 ①
新民團 ② 北路軍政署 ③ 軍務都督府 ④ 光復團 ⑤ 國民會 ⑥ 義軍府 등
6개 단체 대표들이 왕청현 봉오동에서 제1차 연합회의를 개최하여 독립
군 무장투쟁에 상호연합할 것을 합의한 후 18개항에 달하는 서약서에
공동 서명했는데, 신민단에서는 金準根과 李興秀가 대표로 참석하여 통
합을 추진하였다.[35]

대한신민단은 1920년 6월 21일 왕청현 嘎呀河 獐洞에서 제2차 연합회
의가 개최되었을 때에도 이에 참가하여 독립군 부대들의 통합에 의한
군사편제와 연합작전의 전개를 재확인하고 재합의하였다.[36] 또한 1920년

---

34) 〈高警 第397292號, 大韓新民團義捐隊檢擧〉, 1920年 12月 22日字 ; 《現代史資料》 27,
    〈朝鮮〉 3, pp.560~562 참조.
35) 〈間島不逞鮮人六團體ノ協議事項〉, 1920年 6月 2日字 ; 《現代史資料》 27, 〈朝鮮〉 3,
    pp.391~392 참조.

7월 1일 왕청현 嘎呀河에서 제3차 연합회의가 개최되어 9개 독립군 단체 대표들이 모여서 군사통일의 실현을 결의할 때, 신민단에서는 金準根이 대표로 참석하여 통합을 공동으로 추진하였다.[37]

대한신민단 독립군은 규모는 그리 크지 않았으나 3·1운동 후 편성된 수많은 독립군 부대들 중에서도 핵심적으로 중요한 독립군 부대가 되어 있었음을 알 수 있다.

6. 대한신민단 독립군의 三屯子전투

3·1운동 후 1920년 말경까지 간도와 러시아령 일대에서 대한신민단처럼 조직된 독립군 단체는 약 40여 개에 이르렀다. 이러한 독립군 단체들은 숫자는 많고, 무장투쟁의 의욕도 높았으나, 반드시 대한신민단처럼 잘 무장되어 있거나 군사훈련을 잘 받은 병사들로 편성되어 있었던 것은 아니었다. 이러한 독립군 단체들 가운데에서 비교적 잘 무장되어 있고 전투능력이 큰 독립군 단체들은 간도와 러시아령 연해주의 한국민족 교민단체에 의하여 잘 뒷받침되고 있던 독립군 부대들이었다. 北路軍政署, 西路軍政署, 國民會軍(大韓國民軍), 軍務都督府, 大韓獨立軍, 義軍府, 光復軍, 韓民會軍, 大韓新民團, 義民團, 血誠團, 光復軍總營, 新興學友團, 普合團, 光韓團, 大韓正義軍政司 등이 비교적 잘 무장되어 있던 독립군 부대들이라고 할 수 있다.

만주와 러시아령에서 3·1운동 후 편성되어 급속히 성장한 독립군 부대들은 1919년 8월 洪範圖가 지휘하는 대한독립군이 선도하여 독립운동 단체들의 오랜 꿈의 하나인 국내진입작전을 대담하게 감행하기 시작하였다.[38] 대한독립군은 1919년 8월 두만강을 건너 함경남도 惠山鎭에 진

---

36) 〈不逞鮮人行動狀況報告〉, 1920年 6月 30日字 ;《現代史資料》 27, 〈朝鮮〉 3, p.352 참조.
37) 〈不逞鮮人行動狀況報告〉, 1920年 7月 6日字 ;《現代史資料》 27, 〈朝鮮〉 3, pp.354~355 참조.

입을 감행하여 일본군 수비대를 습격하고 섬멸했으며,[39] 1919년 9월에는 함경남도 甲山郡에 진입하여 金井駐在所 등 일제 식민지 통치기관을 습격했고, 1919년 10월에는 평안북도 江界의 滿浦鎭에 진입하여 이를 점령하고 慈城郡으로 진출하여 일본군과 교전해서 일본군 70여 명을 살상시키고, 일본군을 패주시켰다.[40] 이에 고무된 여러 독립군 부대들이 이듬해부터는 실력과 기회만 있으면 끊임없이 크고 작은 국내진입 유격전을 감행하였다.

일본군측 보고자료에 의하면, 1920년 1월부터 3월까지의 3개월 사이에 독립군 부대들의 국내진입이 24회에 달하였다.[41] 또 상해 임시정부의 집계에 따르면 1920년 3월 1일부터 6월초까지의 3개월 사이에 독립군 부대들의 국내진입 유격전이 32회에 달했으며, 일제 관서와 군경주재소를 파괴한 것이 34개소에 달하였다.[42]

특히 함경북도 穩城郡과 鍾城郡을 비롯한 두만강변의 고을과 압록강변의 고을에는 이틀이 멀다하고 크고 작은 독립군 부대들의 국내진입 유격전이 감행되어 일본군 수비대를 습격하고 일본군을 수세에 몰아세웠다.[43] 이러한 독립군 부대들의 활동 중에 일찍부터 대한신민단 독립군의 국내진입 유격전이 포함되어 있었음은 물론이다.

그런데 1920년 6월초에 大韓北路督軍府(부장 崔振東)와 합동작전을 하던 대한신민단 독립군이 삼둔자전투를 전개하여 그 후 큰 전투를 촉

---

38) 愼鏞廈, 〈洪範圖의 大韓獨立軍의 抗日武裝鬪爭〉,《韓國學報》제43집, 1986 [《韓國近代民族運動史硏究》(一潮閣), 1988, pp.297~300 참조].

39) 《韓國獨立運動史》(愛國同志援護會 編) 1956, p.305 참조.

40) 〈朝鮮民族運動年鑑〉, 1919年 10月 24日字 ;《朝鮮獨立運動》제2권, p.208 참조.

41) 〈對岸不逞鮮人ノ江岸侵入情況一覽表〉(1920年 自 1月 至 3月), 1920年 3月 29日字 ;《現代史資料》27, 〈朝鮮〉3, pp.647~648 참조.

42) 《獨立新聞》1920년 12월 25일자, 大韓民國 臨時政府 軍務部 發表 〈北懇島에 在한 我獨立軍의 戰鬪情報〉 참조.

43) 〈不逞鮮人團國境憲兵監視所來襲狀況ノ件報告〉, 朝憲警機 第560號, 1920年 4月 10日字 ;《現代史資料》27, 〈朝鮮〉3, pp.619~624 및 〈穩城地方侵襲에 關한 詳報〉, 咸鏡北道知事報告, 高警 第12537號, 1920년 4월 21일자 ;《韓國獨立運動史》(國史編纂委員會 編), 제3권, 資料篇, pp.712~716 참조.

매한 계기가 일어났다. 독립군 1개 소대가 和龍縣 月新江 三屯子를 출발하여 두만강을 건너서 1920년 6월 4일 鍾城郡 江陽洞으로 진입하여 일본군 憲兵軍曹 福江이 인솔하는 헌병순찰소대를 격파하고 귀환하자, 일본군 南陽守備隊長 新美 中尉가 인솔하는 일본군 1개 중대가 두만강을 건너 간도로 철수한 독립군 부대를 추격하였다. 일본군은 삼둔자에 이르러 무고한 한국인 민간인을 학살하고,[44] 계속 독립군을 추격하는 것을 독립군은 삼둔자 서남방에 잠복하여 일본군 新美 중위의 1개 중대를 기다리다가 6월 6일 밤 10시경에 이를 섬멸하여 버렸다. 이것이 삼둔자 전투로서, 일본군이 처음으로 불법 월강하여 간도 내지까지 독립군을 추격했다가 독립군에게 패전한 첫 전투였다.

상해 임시정부 군무부는 삼둔자전투에 대해 다음과 같이 설명하였다.

> 6월 4일 오전 5시에 我軍 1소대는 和龍縣 月新江 三屯子에서 출발하야 鍾城郡 북방 약 5리 되는 同郡 江陽洞 상류로 渡涉하야 該地 倭敵의 步哨長 憲兵軍曹 福江三太郎의 인솔한 敵兵(憲兵巡査兵丁) 약 1소대를 격파하였고 그후 日暮하므로 江을 渡還하야 敵情을 경계이던 중 倭敵 南陽守備隊長 新美二郎 步兵中尉는 和龍縣戰敗의 報를 聞하고 즉시 그 부하 1中隊兵과 憲兵巡査 10여 명을 인솔하고 復讎戰主義로 渡江하야 我軍을 향하고 전진할새 我의 搜索兵은 此를 발견하고 즉시 本隊에 警報하니 我軍의 사령관 崔振東은 그 부하 1소대를 三屯子 서남방 蔭蔽地에 은폐케 한 후 약간의 兵員을 出하야 伴擊하다가 伴退하매 倭敵은 진격행동을 취하야 隱伏한 我의 部隊 前方에 도착할 時(4일 오후 10시)에 급사격으로 敵의 부대를 破滅하니 그 殘兵은 三屯子 북방으로 敗走하고.[45]

그런데 일본군측의 보고자료는 6월 4일 두만강을 건너 국내에 진입해서 일본군을 공격하고 삼둔자에서 일본군과 교전한 독립군 부대는 新民

---

44) 〈電報, 第168號〉(發信 堺總領事 代理, 受信 內田外務大臣), 1920年 6月 11日字 ; 《現代史資料》27, 〈朝鮮〉3, p.607 참조.

45) 《獨立新聞》1920년 12월 25일자 4면, 〈北懇島에 在한 我獨立軍의 戰鬪情報〉.

團에 속하는 朴承吉의 부하 약 30명이라고 다음과 같이 보고하였다.

　　間島 일명 三屯子에서 6월 4일의 交戰한 不逞鮮人은 新民團에 속한 朴承吉의 부하로서 약 30명이었으며, 일정의 服裝을 하고 露國式 銃을 휴대하고 있다. 交戰 당시 17, 8명 되는 것을 가지고 혹은·일부 前夜 鮮地에 건너갔었다고 보아진다.[46)]

즉, 삼둔자전투에서 일본군을 패주시킨 독립군 부대는 다름 아닌 대한신민단의 박승길이 지휘하는 1개 소대였던 것이다. 당시 이 지역은 大韓北路督軍府(부장 崔振東)의 작전지역이었는데, 新民團의 朴承吉小隊는 북로독군부와 긴밀한 연계를 가지면서 국내진입 유격전을 전개하고 나와서 삼둔자전투에서 일본군 추격중대를 섬멸한 것이었다.

삼둔자전투는 봉오동전투를 가져오고 봉오동전투는 청산리 독립전쟁을 가져오는 고리가 되었는데, 그 첫 고리인 삼둔자전투를 대한신민단 독립군이 감행하여 승리를 한 것이었다.

7. 대한신민단 독립군의 봉오동전투 참가

대한신민단 독립군의 한 중대인 李興秀가 인솔하는 60명의 독립군 부대는 뒤이은 봉오동전투에도 참가하여 큰 승리를 쟁취하는 데 한몫을 하였다.

함경북도 羅南에 본부를 두었던 일본군 제19사단은 일본군이 삼둔자전투에서 패전한 데 크게 분개해서 安川少佐가 지휘하는 越江追擊大隊를 편성하여 두만강을 건너 국내진압작전을 전개하는 독립군의 근거지인 간도 和龍縣 鳳梧洞까지 들어가서 독립군을 섬멸하고 오도록 하였

---

46) 〈復命書〉, 在間島局子街分館警察署, 機密 第59號, 1920年 7月 6日字 ; 《現代史資料》 27, 〈朝鮮〉 3, p.632.

다. 일본군 安川 추격대대는 간도에 들어오자 安山 후방 고지에서 신민 단 朴承吉 소대 등의 공격을 받았음에도 화룡현 봉오동까지 독립군을 추격해 왔다.[47]

독립군측은 이에 앞서 崔振東이 지휘하는 軍務都督府와 洪範圖가 지 휘하는 대한독립군과 安武가 지휘하는 國民會軍(대한국민군)이 상당한 기간 동안의 협상 끝에 1920년 5월 28일경 합동에 성공하여 '大韓北路督 軍府'라는 이름의 연합부대를 편성해서 최진동의 군무도독부의 근거지 인 봉오동에 근거지를 설치하고 있었다. 뿐만 아니라 李興秀가 지휘하 는 新民團 독립군의 60여 명의 1개 중대도 대한북로독군부와 연합작전 을 펴면서 봉오동에 주둔하고 있었다. 이 때문에 봉오동에는 홍범도의 대한독립군 63명, 최진동의 군무도독부군 100여 명, 이홍수의 신민단 60 여 명 등 220여 명이 진을 치고 있었고,[48] 그 밖에 봉오동의 인접 주변에 안무의 국민회군 등 모두 700~900명의 독립군이 주둔하게 되었다. 이 때 봉오동에 진을 치고 있던 대한북로독군부의 부장은 최진동이었고, 부관은 안무였으며, 사령부장은 홍범도였다.[49]

대한북로독군부와 신민단이 이러한 연합독립군을 편성하여 봉오동 일대에 진을 치고 있을 때, 일본군 제19사단의 安川 추격대대가 독립군 을 추격하여 봉오동 골짜기 입구까지 찾아 들어온 것이었다. 대한북로 독군부 부장 최진동과 사령부장 홍범도는 일본군 1개 대대가 독립군 소 부대를 추격하여 봉오동에 접근하고 있다는 보고를 받자 이를 섬멸하기 로 결정하고, 봉오동의 주민들을 대피시킨 후에, 제1중대장 李千五는 중 대원을 인솔하고 봉오동 윗마을 서북단에, 제2중대장 姜尙模는 동산에, 제3중대장 姜時範은 북산에, 제4중대장 曹權植은 서북남단에 매복하여

---

47) 〈電報, 第166號〉(發信 堺總領事代理, 受信 內田外務大臣), 1920年 6月 15日字 ;《現代史 資料》27, 〈朝鮮〉3, p.608 참조.

48) 〈復命書〉, 在間島局子街分館警察書, 機密 第59號, 1920年 7月 6日字 ;《現代史資料》27, 〈朝鮮〉3, p.632 참조.

49) 〈國民會制令〉, 國民 第73號, 1920年 5月 8日字 ;《現代史資料》27, 〈朝鮮〉3, pp.80~81 참조.

기다리게 하고, 사령부장 홍범도 자신은 2개 중대를 이끌고 서산 북단에
매복하였다. 李興秀의 신민단은 일본군이 진입해 들어오는 남단에 매복
하였다.[50]

부장 최진동과 사령부장 홍범도는 군무국장 李園으로 하여금 본부 병
력과 잔여 중대를 인솔하고 서북고지에서 탄약과 식료를 공급하면서 만
일의 경우에 퇴로를 확보하도록 하였다. 그들은 전 독립군에게 일본군
추격대대의 본대가 독립군의 포위망 안에 완전히 들어올 때까지 미동도
하지 말고 매복해 있다가 사령부장의 발포 신호에 따라 일제사격으로
총공격을 가해서 포위망 안에 들어온 일본군을 섬멸하도록 하였다.

사령부장 홍범도는 또한 제2중대 제3소대 제1분대장 李化日에게 약
간의 병력을 주어 高麗嶺 북쪽 1,200미터 고지와 그 북쪽 마을에 대기하
고 있다가 일본군이 나타나면 교전하는 체하면서 일본군을 포위망 안으
로 유인해 오도록 하였다.[51]

북로독군부와 신민단의 독립군이 봉오동의 동서남북에 완벽한 포위
망을 쳐놓고 기다리고 있는 줄을 알지 못하고, 일본군 安川 추격대대는
1920년 6월 7일 오전 6시 30분 봉오동 골짜기 입구에 도착하여 전위중대
를 봉오동 쪽으로 내보내었다. 독립군 李化日分隊는 이를 맞아 유인하
기 위한 교전을 한다는 것이 너무 용감히 싸워서 일본군 전위중대가 참
패를 하고 퇴각해 버렸다.

일본군 추격대대 본대가 여기서 돌아갔으면 봉오동전투는 없었을 것
이나, 일본군은 북로독군부와 신민단 독립군의 병력이 막강한 것을 알
지 못하고 대오를 정돈하여 같은 날인 6월 7일 11시 30분에 봉오동 골짜
기 안으로 진입하기 시작하였다. 일본군 척후병이 오후 1시에 독립군의
포위망 안에 도착해도 독립군이 이를 통과시켜 주자 일본군 추격대대
본대는 안심하고 독립군의 포위망 안으로 깊숙이 들어오게 되었다.

---

50) 〈鳳梧洞戰況略圖〉;《現代史資料》27, 〈朝鮮〉3, p.639의 新民團의 位置 참조.
51)《獨立新聞》1920년 12월 25일자, 〈北懇島에 在한 我獨立軍의 戰鬪情報〉 참조.

사령부장 홍범도는 이때를 기다렸다가 일제 공격 명령의 신호 총성을 울리었다. 매복해 있던 독립군이 동서남북의 4면에서 정확히 조준을 하고 있다가 맹렬한 집중사격을 가하니 일본군은 상대가 될 수 없었다. 일본군은 神谷 중대와 中西 중대를 전면에 내세워 필사의 응전을 하고 기관총 중대까지 난사를 했으나, 독립군이 매복해 은폐하고 있어서 정확한 조준을 할 수 없었으므로 막대한 전사자만 내었다. 일본군은 포위망 안에 빠져서 3시간을 응전하다가 사상자가 격증하자 더 버티지 못하고 후퇴하기 시작하였다. 강상모가 지휘하는 독립군 제2중대는 도주하는 일본군을 추격하여 또다시 심대한 타격을 주었다.[52] 일본군은 완전히 참패하여, 일본군측 자료에 의하면 미처 대피하지 못하고 봉오동에 남아 있던 노인과 어린이 등 한국인 민간인 16명을 학살한 다음 패잔병을 이끌고 퇴각하였다.[53] 이것이 독립군과 일본군 사이의 봉오동전투이다.

상해 임시정부 군무부에 따르면, 이 봉오동전투에서 일본군은 전사 157명, 중상 200여 명, 경상 100여 명을 내고 참패하였다.[54] 한편 독립군측의 피해는 전사 4명, 중상 2명으로 경미하였다.[55] 독립군은 봉오동전투에서 대승리를 쟁취한 것이었다. 이 승전에서 북로독군부 독립군과 함께 이흥수가 지휘하는 신민단 독립군이 참전하여 큰 몫과 공헌을 한 것이었다.

중국신문 《上海新聞報》는 봉오동전투에 대하여, 일본군이 한국 독립군에게 대패해서 일본군이 150명의 전사자와 수십 명의 부상자를 내었고, 독립군은 160정의 소총과 3정의 기관총을 노획했으며, 일본군은 이 패전 후에 중국의 和龍縣이 관할하는 治江의 건널목 나루의 통행을 금지하고 있다고 다음과 같이 보도하였다.

---

52) 《獨立新聞》1920년 12월 25일자, 〈北懇島에 在한 我獨立軍의 戰鬪情報〉 참조.
53) 〈電報, 暗號 第952號〉, 1920년 7월 6日字 ; 《現代史資料》27, 〈朝鮮〉3, p.609 참조.
54) 《獨立新聞》1920년 12월 25일자, 〈北懇島에 在한 我獨立軍의 戰鬪情報〉 참조.
55) 위와 같음.

6월 6일 밤에 일본군 수 명이 강을 건넜다가 獨立軍에 체포되어 그 중 5명이 죽었다. 對岸의 (일본군) 大隊는 이 전투의 소식을 듣고 모두 강을 건너 사격을 개시했으나 뜻밖에 獨立軍이 산길을 모두 잘 알고 四路에 잠복하여 기습공격을 했으므로 日本軍은 大敗했으며, 당시 전사자가 150명, 부상자가 수십명이었고 나머지는 모두 강을 건너 도주하였다. 이번의 전쟁에서 (독립군은) 소총 160정, 기관총 3정, 手鎗 수 개를 노획하였다. 日本軍은 이번의 失敗 후에 장차 우리의 和龍縣이 관할하는 洽江의 渡口의 통행을 모두 封禁하고 교통을 끊을 것이라고 한다.[56]

상해 임시정부의 《독립신문》도 독립군의 봉오동전투에서의 대승리를 대대적으로 보도하였다.[57] 간도의 대한국민회도 통고문 〈호외〉를 발행하여 각 지회를 통해서 이 지방 한국인들에게 한국 독립군이 봉오동전투에서 대승리를 쟁취했음을 널리 알리고 이것이 독립전쟁의 본격적 시작이므로 그에 대한 준비를 강화할 것을 촉구하였다.[58]

독립군의 봉오동전투의 승리는 한국민족과 일본군에게 다 같이 심대한 충격을 주었다. 독립군의 봉오동전투의 대승리는 독립군들뿐만 아니라 전체 독립운동가들과 전체 한국민족들의 사기를 크게 높였다. 독립군은 봉오동전투를 '독립전쟁의 第1回戰'이라고 부르면서 다음 전투를 위한 준비를 대폭 강화하고 있다고 일제측은 비밀리에 다음과 같이 보고하였다.

我越江追擊隊에 반항하여 交戰한 不逞團은 該戰鬪(봉오동전투- 인용자)에서 비상한 大勝利를 얻고 我軍(일본군- 인용자)을 朝鮮側에서 격퇴한 것같이 고취하고 있다. 또한 이를 獨立戰爭의 第1回戰이라고 칭하여, 금후 계속될 전투에 대해서 糧食의 준비, 看護隊의 조직, 兵員의 모집 등에 더욱 힘쓰고 있다. 다음과 같은 격문을 띄워 크게 선전에 노력하고 있으며, 今回의 戰鬪를 교묘히

---

56) 《上海新聞報》 1920年 6月 27日字 ; 《現代史資料》 27, 〈朝鮮〉 3, p.617.
57) 《獨立新聞》 1920년 6월 22일자, 〈獨立軍勝利〉 및 《獨立新聞》 1920년 6월 24일자, 〈獨立軍連戰連勝〉 참조.
58) 《獨立新聞》 〈號外〉, 1920年 6月 10日字 ; 《現代史資料》 27, 〈朝鮮〉 3, pp.615~616 참조.

악용하여 기세를 높이고 있다. 鳳梧洞 방면에는 다수의 不逞團이 집합하고 있는 모양이다. 또한 이를 기회로 하여 각 團體간의 結束을 굳게 하고 있다. 금회의 追擊은 도리어 惡結果를 後에 잉태한 것으로 관찰된다.[59]

일제의 조선군사령관은 또한 봉오동전투 후에 한국민족과 독립운동가들의 사기가 크게 고무되어 독립군이 더욱 증강되고 있으며, 재전투 준비를 신속하게 실행하고 있다고 다음과 같이 보고하였다.

間島派遣員의 報. 我追擊隊의 철거후 獨立軍의 各團은 매우 敏速하게 我兵과의 交戰을 선전하고 있다. 都督府는 軍情報 新報號外를 발행하고, 國民會도 인쇄물로써 獨立軍은 日兵과 交戰의 결과 적 150명을 죽이고 敵을 鮮地에 격퇴하여 大勝을 얻었다고 고취하며 獨立氣勢의 興振을 策謀하고 있다. 獨立軍 各團體는 계속하여 交戰을 예상하고 軍事行動에 대한 各團聯絡의 방법 및 食糧, 壯丁 등의 再戰鬪準備를 신속히 행하고 있는 것 같으며, 壯丁들이 속속 獨立軍에 들어가고 있다.[60]

뿐만 아니라 일본군은 봉오동전투에서의 패전에 큰 충격을 받고, 계속하여 더욱 증강되어 가는 독립군의 군세를 두려워하게 되었다. 일본 군은 봉오동전투에서 패전한 직후 그 전모 보고문에서, 봉오동에 있는 독립군 부대들이 정식의 군복을 착용하고 임명 등에 辭令을 쓰고 있으며 전적으로 (정규군과 같은) 통일된 군대조직을 갖추고 있다고 경악하고 있으며, 중국측이 이를 묵인하고 있으므로 중국측에 경고할 필요가 있다고 다음과 같이 보고하였다.

금회 다음의 사실을 확인하였다. 對岸不逞鮮人團은 正式의 軍服을 사용하고 그 任命 등에 辭令을 쓰며 禮式을 制定하고 있는 등 전적으로 統一된 軍隊組織을 이루고 있다. 그러나 支那측은 이를 묵인하고 있는 상황이므로 이제 警

59) 〈電報 第166號, 暗 第8203號〉, 1920年 6月 15日字 ;《現代史資料》 27, 〈朝鮮〉 3, p.608.
60) 〈電報 朝特 第45號〉, 1920年 6月 15日字 ;《朝鮮獨立運動》 제3권, p.178.

告를 줄 필요가 있다.[61]

일본군은 봉오동전투에서 참패한 후에는 독립군의 막강함을 체험하고, 독립군은 中國軍警으로서는 이를 '진압'할 수 없는 막강한 군대이며, 독립군이 간도지방을 장악하게 될 뿐 아니라 독립군이 계획하고 있는 국내진입작전이 본격적으로 감행되면 일제의 식민지 통치는 심각한 위협을 받게 될 형편에 있다고 다음과 같이 보고하였다.

> 이상과 같이 間島에 있어서의 不逞鮮人團의 威力은 더욱 强大를 加하여 무시할 수 없는 現勢에 在한 것으로 볼 수 있다. 이에 一朝에 그들이 兇威를 나타내기에 이르면 支那軍警 같은 것은 도저히 이를 鎭定할 수 없으며 홀연히 間島地方은 그들에게 유린될 것임은 명료한 것이다.……그들이 壯丁의 모집, 銃器의 준비, 軍糧의 징발 등 극력 軍資와 武力充實에 노력하고 있는 것으로 보면 그들이 계획하고 있는 朝鮮國境의 습격 및 間島地方 日本官憲의 取締에 대한 反抗的 行動은 기회를 타서 감행하기에 이를 것이라고 관측할 수 있다.[62]

대한신민단 독립군은 독립군 무장투쟁의 고양과 한국민족의 사기앙양을 가져오고 일본군에게 이와같이 큰 충격을 준 봉오동전투에 대한북로독군부와 함께 참가하여 그 대승리에 큰 몫을 한 것이었다.

8. 대한신민단 독립군의 청산리 독립전쟁 참가

대한신민단 독립군은 뒤이어 전개된 1920년 10월의 청산리 독립전쟁에도 참가하여 자기의 몫을 다하였다.

봉오동전투 참패에 충격을 받고 한국민족 독립군 부대들의 군세 증강

61) 〈電報 密 第102號〉, 1920年 6月 15日字 ; 《現代史資料》 27, 〈朝鮮〉 3, p.585.
62) 〈今後ニ於ケル間島地方不逞鮮人團行動ニ關スル觀察〉, 高警 第21186號, 1920年 7月 21日字 ; 《現代史資料》 27, 〈朝鮮〉 3, p.358.

에 놀란 일본군은 이에 대한 두 가지 대책을 추진하였다. 그 하나는 만주군벌 張作霖에게 압력을 가하여 일본군의 지도와 감시 아래 중국군을 출동시켜서 독립군을 '토벌'하는 대책이었고,[63] 다른 하나는 1920년 7월 하순부터 〈間島地方不逞鮮人剿討計劃〉이라는 일본군의 직접 출동에 의한 독립군 '토벌' 계획을 입안하여 8월에 이를 확정한 것이었다.[64]

중국측의 만주군벌 장작림은, 중국군이 독립군을 '토벌'하지 않으면 일본군이 간도에 '출병'하여 직접 독립군을 '토벌'하겠다는 일제측의 대대적 위협을 받게 되자, 이에 굴복하여 일본군 파견장교의 감시하에 중국군을 출동시켜 한국 독립군을 '토벌'하겠다고 1920년 7월 24일 일본군에게 통지하였다. 일본군이 8월 15일 이에 동의하자, 중국측은 駐延吉 中國陸軍 第2混成旅團步兵第1團長 孟富德을 사령관으로 하여 한국 독립군 '토벌'을 목적으로 중국군을 출동시키게 되었다.[65]

그러나 맹부덕과 중국군 간부들 가운데에는 일본군의 강요에 굴복한 중국군의 한국 독립군 '토벌'에 찬성하지 않는 사람이 많았으며, 중국관헌의 간부들 가운데에는 한국인들과 친분이 있고 한국민족 독립운동에 대한 동정자가 많이 있었다. 이에 간도의 大韓國民會를 비롯한 독립운동 단체의 간부들은 중국군 토벌대 편성의 정보를 입수하자, 맹부덕의 중국군측과 비밀리에 교섭을 한 결과 양측의 비밀 '타협'이 이루어지게 되었다.[66] '타협'의 요지는, 독립군은 중국측의 입장을 고려하여 현재 일본측에게 잘 알려진 근거지를 일본측의 눈에 잘 띄지 않는 삼림지대로 옮기는 근거지 이동을 단행하고, 중국군은 독립군의 이동 행군과 삼림지대에서의 새 근거지 건설을 방해하지 않는다는 것이었다.[67]

---

63) 《間島出兵史》(上) ; 《朝鮮統治史料》(韓國史料研究所 編) 제2권, pp.6~8 참조.

64) 〈間島地方不逞鮮人剿討計劃〉, 1920年 8月 調表 ; 《現代史資料》 28, 〈朝鮮〉 4. pp.116~121 참조.

65) 〈齋情 第1號〉, 1920年 8月 25日字 ; 《現代史資料》 28, 〈朝鮮〉 4, p.95 참조.

66) 〈孟司令官代表崔鴻鈞의 具春先에게의 書簡〉 ; 《現代史資料》 27, 〈朝鮮〉 3, pp.122~123 참조.

67) 愼鏞廈, 〈獨立軍의 靑山里獨立戰爭의 研究〉, 《韓國民族獨立運動史研究》(乙酉文化社),

독립군과 중국군 사이에 이러한 비밀 '타협'이 이루어지자, 만주 길림성의 延吉縣, 琿春縣, 汪淸縣, 和龍縣의 4현에 근거지를 설치했던 한국민족의 독립군 부대들은 1920년 8월 하순부터 근거지 대이동을 시작하게 되었다. 먼저 延吉縣 明月溝(중국명 廟溝)에 근거지를 설치하였던 홍범도가 인솔하는 대한독립군이 1920년 8월 하순에 제일 먼저 근거지를 이동하여 1920년 9월 21일경에 安圖縣과 접경지대인 和龍縣 二道溝 漁郎村 부근에 도착하였다.[68]

대한신민단 독립군은 琿春지부의 신민단이 최진동이 인솔하는 군무도독부의 이동 경로를 따라 羅子溝 방면으로 이동하였고,[69] 汪淸지부의 신민단은 삼도구 청산리를 거쳐서[70] 홍범도의 대한독립군이 이동하여 주둔한 이도구 어랑촌 부근으로 이동하였다.[71]

이 밖에 國民會軍, 義軍府, 光復團, 義民團 등과 다른 독립군 부대들도 근거지 이동을 단행하였다. 북로군정서는 마지막으로 9월 17~18일 근거지였던 왕청현 서대파를 떠나 10월 12~13일에 걸쳐 삼도구 청산리 부근에 도착하였다.[72]

孟富德의 중국군은 1920년 8월 28일부터 9월 27일까지 1개월간 한국민족의 독립군을 '수색' '토벌'한다고 출동해서 독립군 부대들의 근거지 대이동만 결과한 채 아무런 독립군 '토벌'도 하지 못하고 작전을 종결하였다. 출동한 500명의 중국군은 독립군을 '토벌'할 의사도 없었을 뿐 아

1985, pp.403~404 참조.

68) 〈電報〉(發信 關東軍參謀長, 受信 次長), 1920年 9月 21日字 ;《現代史資料》28,〈朝鮮〉4, p.264 참조.

69) 〈不逞鮮人團ノ合同計劃〉, 間情 第20號, 1920年 10月 18日字 ;《現代史資料》28,〈朝鮮〉4, p.361 참조.

70) 〈不逞鮮人團狀況〉, 秘間情 第14號, 1920年 10月 16日字 ;《現代史資料》28,〈朝鮮〉4, p.355 참조.

71) 〈十月中得タル情報ニ據ル間島地方不逞鮮人情報槪況〉 ;《現代史資料》28,〈朝鮮〉4, p.392 참조.

72) 〈秘間情 第13號〉(間島日本總領事館), 1920年 10月 13日字 ;《現代史資料》28,〈朝鮮〉4, p.355 참조.

니라, 설령 의사가 있었다고 할지라도 한국민족의 독립군은 이미 수천
명의 막강한 군대로 성장하여, 만일 '토벌'을 하려고 한다면 중국군이 섬
멸될 형편이었다. 그 결과 중국군을 동원하여 한국 독립군을 '토벌'해 보
려던 일본군의 기도는 완전히 실패하게 되었다. 중국군에 파견되었던
일본군 정보장교도 독립군의 '토벌'은 일본군이 직접 주체가 되어 실행
하지 않으면 불가능하다는 비밀보고서를 일본군 사령부에 제출하고 임
지로 돌아갔다.[73]

일제는 중국군을 동원한 한국민족의 독립군 '토벌'이 완전히 실패로
돌아가자, 그들이 이미 1920년 8월에 확정한 〈間島地方不逞鮮人剿討
劃〉에 의거하여 일본군이 직접 간도에 '출병'해서 독립군을 '토벌'하기로
최종 결론지었다. 그러나 간도는 중국의 영토로 되어 있었기 때문에 일
본군이 중국의 주권을 침해하여 간도에 침입할 구실이 없었다. 이에 일
제는 그들이 매수하여 조종하는 馬賊團의 하나로 하여금 1920년 10월 2
일 琿春을 습격해서 일본영사관에 방화하도록 하는 이른바 '혼춘사건'을
조작하였다.

일제는 일본 영사관을 보호한다는 구실로 羅南에 사단본부를 두고 있
던 제19사단 중에서 安部大隊를 10월 2일 그날로 혼춘에 불법 파견함과
동시에, 일본정부는 1920년 10월 7일 내각회의에서 일본 육군성이 제출
한 〈간도지방불령선인초토계획〉에 따라 한국민족의 독립군을 '토벌'할
목적으로 일본군을 간도에 '출병'시킬 것을 결정하였다.[74]

그러나 중국 영토인 간도에 일본군을 '출병'시키려면 중국정부의 승
인이 필요했으므로, 일본정부는 중국정부에 온갖 교섭과 공작을 하고
압력을 가했지만 중국정부는 10월 13일 이를 최종적으로 거부하였다.[75]
일본정부와 일본군은 중국정부의 거부로 합법적인 '간도출병'이 불가능
하게 되자 제국주의자들의 본색을 드러내어 중국정부의 거부에 관계없

---

73) 〈齋情 第12~13號〉;《現代史資料》 28, 〈朝鮮〉 4, pp.105~116 참조.
74) 〈大正九年十月閣議決定〉;《現代史資料》 28, 〈朝鮮〉 4, pp.184~186 참조.
75) 〈間島出兵に關する件〉, 1920年 10月 14日字 ;《朝鮮獨立運動》 제3권, p.193 참조.

이 일본군을 간도에 '출병'시켜 군사작전을 단행할 것을 10월 14일 일방적으로 선언하였다.[76] 이것은 중국의 주권을 완전히 무시하고 자행된 간도 '침입'이었다.

일본군이 불법적 간도 침입을 자행하면서 한국민족의 독립군 '토벌'을 위하여 동원한 병력의 규모는, 제19사단 전부, 제20사단 일부, 그리고 시베리아 연해주 주둔군[浦潮軍]인 제11사단·제13사단·제14사단의 일부 등 5개 사단에서 차출된 2만 5천 명의 거대한 규모이었다.[77] 여기에 관동군의 일부 병력까지 동원하여 중국군과 합동 형식으로 서간도로의 독립군 이동을 막고 서쪽으로부터 독립군에 압박을 가하도록 했으며,[78] 비행기반까지 동원하였다.[79]

일본군은 이 거대한 병력으로 독립군을 이중으로 포위하여 '섬멸'하려고 하였다. 즉 ① 일본군 5개 사단에서 차출한 2만 5천 명의 병력과 관동군에서 동원한 병력으로 북간도의 독립군 부대들 전체를 동서남북으로 모두 넓게 포위하여 그 포위망을 조여 들어가고, ② 그 포위망 안에서 다시 제19사단 주력의 1만 2천 명의 병력을 磯林(이소바야시)지대·木村(기무라)지대·東(아즈마)지대의 3개 지대로 나누어서 북간도 일대를 3개 구역으로 분할하여 각 지대가 1개 구역씩 맡아 오지에 들어가 내부에서 좁게 포위하여 독립군 각 부대를 수색해서 전투를 통하여 독립군 부대들을 모두 '섬멸'한다는 것이었다.[80]

일본군은 독립군 '토벌'의 작전목표를 2단계로 나누어 설정하였다. 즉 ① 제1단계에서는 작전 개시일로부터 1개월 이내에 독립군 무장대를 철저히 색출하여 '섬멸'하고 반복 토벌을 되풀이 실시하여 독립군을 전원 '섬멸'하거나 검거해서 독립군의 무장항쟁을 근원까지 철저히 박멸한다

76) 〈間島出兵に關する件〉, 1920年 10月 14日字 ; 《朝鮮獨立運動》 제3권, p.193 참조.

77) 《間島出兵史》(上) ; 《朝鮮統治史料》 제2권, pp.43~44 참조.

78) 〈大臣ヨリ關東軍司令官へ電報案〉 ; 《現代史資料》 28, 〈朝鮮〉 4, p.197 참조.

79) 《間島出兵史》(上) ; 《朝鮮統治史料》 제2권, p.43 참조.

80) 위의 자료, p.44 참조.

는 것이요, ② 제2단계는 제1단계가 끝난 후로부터 다시 1개월 이내에
촌락에 잠복하고 있는 독립군 여당과 민간인 독립운동가를 철저히 색출
하여 무장독립군 운동은 말할 것도 없고 비무장 독립운동까지 뿌리를
뽑겠다는 것이었다.[81]

일본군이 이러한 작전 목표 아래 간도 침입을 시작했을 때, 대한신민
단 독립군은 이도구 부근에 주둔하고 있었다. 일본군의 토벌 공격이 예
견되자, ① 신민단을 비롯하여 ② 대한독립군 ③ 국민회군 ④ 의민단 ⑤
한민회군 등 이도구 부근에 이동하여 주둔한 5개 독립군 부대 대표들은
이도구 北蛤蟆塘에서 대표자회의를 열고, 홍범도를 사령관으로 하여 하
나의 독립군 연합부대를 편성하며, 군사행동의 통일에 의한 연합작전을
전개해서 일본군의 공격에 대응하기로 다음과 같이 결정하였다.

① 5개 단체(大韓獨立軍과 國民會軍을 합하여 하나의 國民會로 보면 4團－
  인용자)의 武力을 갖고 軍事行動의 統一을 기할 것.
② 國籍者(한국인의 國民會에 등록된 자－인용자)의 總動員을 행하고 예정
  의 部署에 취임시킬 것.
③ 軍糧·軍需品의 긴급 징집에 착수할 것.
④ 警察隊를 조직하여 각 방면에 密行시켜서 日本軍隊의 動靜을 探査할 것.
⑤ 日本軍隊에의 應戰은 그 虛를 찌르거나 또는 山間에 유인하여 必勝을
  기하도록 하고, 그 이외에는 전투를 개시하지 않을 것.[82]

일본군측의 정보자료도 신민단의 독립군 약 200명이 홍범도 부대 등
과 '공동동작' 중임을 다음과 같이 보고하였다.

茂山間島(二道溝 일대를 의미－인용자) 부근에 집합한 不逞鮮人의 主力은
洪範圖部隊로서, 安武가 인솔한 國民會隊員과 共同動作하고 병력 600 내지

---

81) 위의 자료, pp.40~41 참조.
82) 〈十月中得タル情報ニ據ル間島地方不逞鮮人行動槪況〉;《現代史資料》 28, 〈朝鮮〉 4,
  pp.402~403 참조.

800이 되는 외에 義軍團 300명, 新民團 약 200명 등이라고 한다.[83]

화룡현 이도구에서 독립군 연합부대를 편성한 신민단, 대한독립군, 국민회군, 한민회군, 의민단 등은 연합작전을 결정한 후에 국민회를 통하여 일본군에 대항하는 광복사업의 전쟁준비를 하고 있다고 일본군 조사자료는 다음과 같이 보고하였다.

이상에 因하여 國民會는 光復事業 成敗의 秋라고 하여 各戶에 日貨 10圓의 징수를 개시하고, 그 動産·不動産의 10분의 1을 모집할 것이라는 포고를 발하였다고 한다.[84]

신민단이 포함된 홍범도 연합부대는 이도구에 주둔하여 일본군과 일전을 전제로 전투준비를 하면서[85] 한편으로 인접지역인 삼도구에 주둔한 북로군정서와 연합작전을 협의하였다.[86] 일본군의 조사자료도 "홍범도 일파의 독립군 및 김좌진이 인솔하는 軍政署부대는 공동동작을 執하기에 이른 것 같다"[87]고 보고하였다. 북로군정서 연성대장이었던 李範奭도 이도구와 삼도구 일대의 독립군 부대들은 연합작전을 전개하기로 합의하여 작전지역을 분담했다고 회고하였다.[88]

한편 일본군은 그들의 작전목표에 따라 넓은 포위망을 좁혀 들어오면서, 磯林지대가 10월 14일 琿春河 골짜기에 출동하기 시작했으며, 木村

---

83) 〈十月中得タル情報ニ據ル間島地方不逞鮮人行動槪況〉;《現代史資料》 28, 〈朝鮮〉 4, p.392.

84) 위의 자료, pp.402~403.

85) 〈秘間情 第11號, 不逞鮮人團ノ行動〉, 1920年 10월 14日字;《現代史資料》 28, 〈朝鮮〉 4, pp.353~354 참조.

86) 〈秘間情 第18號, 不逞鮮人團ノ行動〉, 1920年 10월 18日字;《現代史資料》 28, 〈朝鮮〉 4, p.359 참조.

87) 〈各不逞團ノ合同〉, 秘間情 第14號, 1920年 10月 16日字;《現代史資料》 28, 〈朝鮮〉 4, p.356 참조.

88) 李範奭,《우둥불》, pp.88~89 참조.

지대가 10월 17일 汪淸 방면으로 출동했고, 東지대가 10월 15일 龍井에 도착한 후 10월 18일 삼도구에 있는 김좌진의 북로군정서와 이도구에 있는 홍범도 연합부대(신민단 독립군 포함)를 찾아서 출동하였다.

우리가 사용하는 광의의 청산리 독립전쟁은 일본군 東지대가 삼도구와 이도구 일대의 독립군 부대들을 포위 섬멸하려고 시도하자 북로군정서와 홍범도 연합부대가 반격하여 일어난 일련의 전투들을 총칭한 독립전쟁을 가르키는 것이다. 일본군 동지대가 삼도구의 북로군정서 독립군과 이도구의 홍범도 연합부대를 포위하고 '토벌'하려고 하자 독립군 부대들이 공격을 시작하여 1920년 10월 21일 오전 9시 삼도구 청산리 白雲坪 부근의 골짜기에서 시작된 전투가 이도구 부근으로 옮겨지면서 10월 26일 새벽까지 계속하여 약 6일간 10여 차례의 대소 전투들을 전개하면서 한국민족의 독립군이 일본군을 패전시키고 이도구와 삼도구에서 철수할 때까지 연속되었다. 이러한 전투들은 동일한 대상의 적 東지대에 대한 동일지역에서의 독립군의 연속된 전투이기 때문에 하나로 묶어서 청산리 독립전쟁이라고 광의로 개념화하는 것이다.

따라서 광의의 청산리 독립전쟁에는 삼도구 청산리 白雲坪에서 전개된 백운평전투뿐만 아니라 이도구에서 전개된 完樓溝전투, 泉水坪전투, 漁郞村전투, 맹개골전투, 萬麒溝전투, 쉬溝전투, 天寶山전투, 古洞河谷전투 등도 포함하게 된다. 또한 봉오동전투에는 북로군정서(약 600명)뿐만 아니라 대한독립군(약 300명), 국민회군(약 250명), 신민단(약 200명), 의군부(약 150명), 한민회군(200명), 광복단(약 200명), 의민단(약 100명) 등 홍범도 연합부대를 형성한 독립군 단체들도 참가한 것이 된다.[89]

청산리 독립전쟁에 포함된 위의 전투들 중에서 백운평전투, 천수평전투, 맹개골전투, 만기구전투, 쉬구전투 등은 북로군정서 독립군이 단독으로 수행한 전투였다. 한편 청산리 독립전쟁에 포함된 전투들 중에서 어랑촌전투와 천보산전투는 북로군정서 독립군과 홍범도 연합부대가

---

89) 愼鏞廈,〈獨立軍의 靑山里戰爭의 戰鬪들의 構成〉,《史學硏究》 제38호, 1984 참조.

공동으로 수행한 전투였으며, 완루구전투와 고동하곡전투는 홍범도 연합부대가 단독으로 수행한 전투였다.

대한신민단 독립군은 홍범도 연합부대에 들어가 있었기 때문에, 청산리 독립전쟁에서 신민단이 참가한 전투는 완루구전투, 어랑촌전투, 천보산전투, 고동하곡전투 등이었다.

청산리 독립전쟁의 최초의 전투는 김좌진이 지휘하는 북로군정서 독립군이 1920년 10월 21일 오전 9시부터 일본군 토벌대의 하나인 山田보병연대를 삼도구 청산리 골짜기의 백운평 부근에서 섬멸하여 최초로 승리한 전투였다. 북로군정서 독립군은 山田 보병연대가 김좌진의 북로군정서를 '토벌'하겠다고 청산리 입구까지 찾아나자, 청산리 골짜기 백운평 부근 빈터 위의 절벽 위에 병력을 매복시켜 놓고 일본군을 이 빈터로 유인해 들여 집중사격으로 기습 섬멸해 버렸다. 이 백운평전투에서 일본군은 모두 200~300명의 전사자를 내고 참패하였다.[90]

대한신민단이 참가한 완루구전투는 홍범도 연합부대(新民團, 大韓獨立軍, 國民會軍, 韓民會軍, 義民團, 光復團)가 이도구 완루구에서 1920년 10월 21일 늦은 오후부터 22일 새벽에 걸쳐 일본군 東지대 본대와 대전해서 奇計를 발휘하여 다른 일본군 한 부대를 끌어넣어서 일본군 東지대의 한 부대를 섬멸한 전투였다. 상해 임시정부 군무부는 완루구전투의 내용을 다음과 같이 설명하였다.

時에 敵의 支隊(보병 1대대, 기관총 3중대)는 兩路를 岐하야 一은 南完樓溝로, 一은 北完樓溝 서편으로 향하야 我軍 第1聯隊(홍범도 연합부대−인용자)를 포위 공격하려는 중 我軍의 同聯隊는 偵察斥候의 察報를 聞하고 이미 배치하였던 抵抗線이 戰을 始하는 동시에 我의 豫備隊는 삼림 中間路를 우회하여 敵의 翼側을 돌연히 사격하는 중 北完樓로 進하던 敵의 一隊는 오히려 我軍이 中央高地에 在하야 자가의 友軍과 戰하는 줄 誤認하고 敵이 敵軍을 猛射하니 我軍과 敵軍에게 포위공격을 受한 一隊는 全滅에 陷하였는데 그 수는 400여

---

90) 朴殷植, 《韓國獨立運動之血史》; 《朴殷植全書》 上卷, p.639 참조.

명이더라.[91]

즉, 일본군 東지대 본대의 대부대가 2개 부대로 나누어 홍범도 연합부대(新民團 포함)를 포위해서 南完樓溝와 北完樓溝의 양로로 좁혀들어오자,[92] 홍범도 연합부대는 이미 배치한 저항선에서 전투를 시작하는 한편, 예비대로 하여금 삼림의 중간로를 돌아서 일본군의 측면을 공격하게 하였다. 북완루구로 진격하던 일본군의 다른 한 부대는 홍범도 연합부대의 예비대가 이미 삼림의 중간로를 빠져 나와서 측면에 위치하게 된 것은 알지 못하고, 따라서 중간로에 있는 것은 일본군의 한 부대임을 알지 못하고, 중간로에 있는 것이 여전히 독립군인 줄 알고, 중간로에 있는 일본군에 기관총대의 집중사격을 가하였다. 이에 중간로에 위치한 일본군은 한쪽 측면에서는 신민단 독립군을 포함한 홍범도 연합부대의 공격을 받고 다른 측면에서는 오인한 일본군 다른 부대의 공격을 받아 양면의 협공을 받은 결과 전멸 상태에 빠져서 전사자가 400여 명에 달하는 참패를 보았다.[93] 여기서 주목할 것은 完樓溝전투에서 일본군 한 부대 400명이 전멸한 것은 일본군 부대들끼리의 '自傷'에만 의한 것이 아니라 홍범도 연합부대의 공격을 받아서 협공된 결과였다는 사실이다. 그리고 일본군을 공격한 홍범도 연합부대에는 신민단 독립군이 참가하여 용전분투해서 자기의 몫을 다했던 것이다.

한편, 북로군정서 독립군은 백운평전투에서 승리한 후 백리길을 강행군하여 이도구 甲山村에 도착했을 때, 일본군 1개 騎兵中隊가 천수평(샘물골)에 주둔하고 있다는 정보를 얻었다. 김좌진이 영솔하는 북로군정서 독립군은 이범석이 지휘하는 硏成隊를 전위 공격대로 내세워 이를 기습해서 일본군 기병 제27연대 소속 前哨騎兵中隊 116명을 전원 섬멸하였

91) 《獨立新聞》 1920년 12월 25일자, 〈北懇島애 在한 我獨立軍의 戰鬪情報〉.
92) 〈十月中ノ情報=據ル間島地方不逞鮮人行動槪況〉;《現代史資料》 28, 〈朝鮮〉 4, p.403 참조.
93) 《震檀》 第6號, 1920年 11月 14日字;《現代史資料》 28, 〈朝鮮〉 4, p.349 참조.

다.[94] 일본군은 오직 4명만이 용케도 말을 찾아 타고 탈출했을 뿐이었다. 북로군정서 독립군의 피해는 전사 2명과 부상 17명으로 경미한 것이었다.[95] 이것이 북로군정서 독립군이 완승을 거둔 泉水坪전투였다.

뒤이어 전개된 청산리 독립전쟁의 네 번째 전투이며 최대의 격전이었던 어랑촌전투에서는 북로군정서 독립군과 신민단이 포함된 홍범도 연합부대가 모두 참가하여 일본군을 패퇴시켰다.

북로군정서 독립군은 천수평전투에서 일본군 1개 기병중대를 섬멸한 후 바로 다음 전투를 준비하여 어랑촌 서남단 고지[96]를 선점하는 작전을 개시하였다. 왜냐하면 천수평에서 도망쳐 간 4명의 일본군 기병이 어랑촌에 설치한 그들의 기병연대 사령부에 사태를 보고했을 것이고, 이렇게 되면 일본군 대부대의 공격이 있을 것이 틀림없기 때문이었다. 북로군정서 독립군이 어랑촌 서남단의 고지를 점령하고 전투태세에 들어갔을 때 일본군도 이 고지를 선점하려고 달려왔으나, 이때는 이미 이 고지가 북로군정서 독립군이 선점한 후였다.

일본군은 고지 밑에서 고지 위에 있는 북로군정서 독립군을 포위한 후 병력과 화력의 우세를 믿고 연대 병력으로 기병연대장 加納 대좌의 지휘하에 10월 22일 오전 9시경부터 고지 밑에서 위의 독립군을 향하여 공격을 시작하였다. 북로군정서 독립군은 위에서 아래를 내려다보는 유리한 지형을 이용하여 기어올라오는 일본군을 공격하였다. 그러나 일본군 東지대의 주력은 어랑촌에 진을 치고 이 부근의 일본군 병력 5천 명을 모두 집결시키고 있었으므로 일본군의 숫자는 시간이 갈수록 증가한 방면에, 북로군정서 독립군의 숫자는 600명에 불과하였다. 북로군정서는 수적으로는 열세였으나 유리한 지형과 감투정신으로 용전분투하여 일본군의 돌격을 저지하며 힘겨운 혈전을 전개하였다.

대한신민단이 포함된 홍범도 연합부대는 완루구전투를 치르기고 서

---

94) 李範奭, 《우둥불》, 1971, pp.56~64 참조.

95) 李範奭, 〈屍山血河의 靑山里戰役〉, 《新東亞》 1969년 3월호 및 《우둥불》, p.63 참조.

96) 《獨立新聞》 1921년 3월 12일자, 〈北路我軍實戰記〉(二) '經戰將校金勳氏談'.

쪽으로 이동하던 중에 북로군정서 독립군이 일본군 연대병력에 포위되어 혈전을 전개하고 있다는 통보를 받고, 이를 지원하기 위하여 북로군정서의 전투지역으로 찾아왔다. 홍범도 연합부대는 북로군정서가 선점하고 있는 고지 바로 옆의 最高標高에 진을 치고 일본군을 맹공격하였다. 이에 일본군은 북로군정서 독립군을 포위했던 대병력을 나누어 신민단 독립군이 포함된 홍범도 연합부대의 독립군과도 전투를 전개하지 않을 수 없게 되었다.

북로군정서 독립군이나 홍범도 연합부대(신민단 포함) 독립군이나 모두 지형이 유리했기 때문에 돌격해 오는 일본군을 내려다보면서 기관총과 소총을 정확히 조준하여 퍼부었다. 일본군은 대대적 돌격을 감행했다가 격전 후에 300명의 전사자와 수많은 부상자를 내고 공격이 둔화되었다.[97] 그러나 병력과 화력이 우세한 일본군은 단념하지 않고 계속 공격을 시도하여, 오전 9시부터 시작된 전투가 해가 기울 때까지 그칠 줄 몰랐다. 일본군의 공격은 치열했으나 유리한 지형을 차지한 독립군은 동포들의 성원을 받아가며 더욱 용감하게 응전하여 일본군의 전진을 좌절시켰다. 마침내 해가 져서 어둠이 내리기 시작하자 일본군은 고지 점령을 단념하고 패퇴했으며, 독립군은 이 치열한 전투에서도 승리했으므로 북로군정서 독립군을 홍범도 연합부대가 있는 고지의 최고표고로 집합시켜서 추격하려는 적을 분쇄하고, 어둠을 타서 다시 부대를 소부대들로 나누어 안도현 방면으로 이동함으로써 漁郞村전투는 종결되었다.[98]

일본군은 어랑촌전투에서 크게 패하여 기병연대장 加納 대좌를 비롯해서 다수의 전사자와 부상자를 내었다. 북로군정서 사령부는 일본군의 전사자와 부상자를 1,600명으로 추산했으며, 중국관변은 일본군의 전사자와 부상자를 1,300명으로 추산하였다. 박은식에 의하면, 일본영사관의 비밀보고에서도 이도구전투에서 加納 연대장을 비롯하여 대대장 2명,

97) 《獨立新聞》 1920년 12월 25일자, 〈北懇島에 在한 我獨立軍의 戰鬪情報〉 참조.
98) 李範奭, 《우둥불》, pp.64~74 및 《獨立新聞》 1920년 12월 25일자, 〈北懇島에 在한 我獨立軍의 戰鬪情報〉 참조.

소대장 9명, 하사 이하 병사의 사상자가 800여 명에 달했다고 보고했다고 한다.[99] 상해 임시정부는 어랑촌전투에서 전사한 일본군이 300여 명이라고 발표했으며, 부상자 추계는 내지 않았다.[100] 이범석은 이 전투에서 일본군 전사자와 부상자를 加納 연대장을 포함하여 약 1천 명이라고 추산하였다.[101] 한편 독립군도 그동안의 전투들 가운데서는 어랑촌전투에서 피해가 가장 많았다.[102] 이범석은 이 전투에 북로군정서의 전사자와 부상자가 100여 명에 달했다고 회고하였다.[103] 일본군도 그들의 전보보고문에서 어랑촌전투에서 일본군이 패전한 사실을 간접적으로 인정하였다.[104]

여기서도 어랑촌전투가 얼마나 치열한 전투였는가를 알 수 있으며, 이 치열한 어랑촌전투에 대한신민단 독립군이 홍범도 연합부대의 일부로 참가하여 그 승리에 자기의 몫을 용감히 수행한 것이었다.

어랑촌전투를 끝내고 이튿날인 23일부터 독립군 부대들은 안도현 黃口嶺 방면으로 향하여 소부대를 편성해서 이동하였다. 이 독립군이 이동하는 도중에 북로군정서 독립군은 일본군 소부대들과 조우하여 맹개골전투, 만기구전투, 쉬구전투, 천보산전투 등을 치렀다.[105] 한편 홍범도 연합부대 독립군은 천보산전투와 고동하곡전투를 치렀다.[106]

이렇게 해서 1920년 10월 21일 아침부터 10월 26일 새벽까지 6일간에 걸쳐 연속적으로 전개된 한국 독립군과 일본군 사이의 청산리 독립전쟁

99) 朴殷植, 《韓國獨立運動之血史》;《朴殷植全書》上卷, pp.672~673 참조.
100)《獨立新聞》1920년 12월 25일자,〈北懇島에 在한 我獨立軍의 戰鬪情報〉참조.
101) 李範奭,《우둥불》, p.73 참조.
102)〈懇北視察員報告〉, 高警 第37231號, 1920년 11월 25일자;《朝鮮獨立運動》제2권, p.126 참조.
103) 李範奭,《우둥불》, p.73 참조.
104)〈電報〉朝特 第114號, 1920年 10月 25日字;《現代史資料》28,〈朝鮮〉4, p.222 참조.
105)《獨立新聞》1921년 3월 12일자,〈北路我軍實戰記〉(二) '經戰將校金勳氏談' 및《우둥불》, p.481 참조.
106)〈不逞團ノ脫出及糧食ノ補充〉, 間情 第44號, 1920년 10月 28日字;《現代史資料》28,〈朝鮮〉4, p.379 및〈電報〉朝特 第120號, 1920年 10月 28日字,《現代史資料》28,〈朝鮮〉4, pp.226~227 및《間島出兵史》(上);《朝鮮統治史料》, pp.58~59 참조.

은 한국민족 독립군의 대승리로 막을 내리게 되었다.

청산리 독립전쟁에서 패전한 일본군측의 피해에 대해서, 상해 임시정부의 《독립신문》은 일본군의 전사자를 약 1,200여 명이라고 계산하였다.[107] 이것은 상해 임시정부 군무부의 공식 추산이기도 하였다. 북로군정서가 청산리 독립전쟁 직후에 상해 임시정부에 제출한 정식 보고서에서는 일본군 전사자가 연대장 1명, 대대장 2명, 기타 장교 이하 사병 1,254명 등 합계 1,257명이며, 부상자는 장교 이하 약 200여 명이라고 하였다.[108] 북로군정서 연성대장 이범석은 일본군의 전사자와 부상자를 합하여 加納 연대장을 포함해서 약 3,300명이었다고 하였다.[109]

한편, 중국의 《遼東日日新聞》은 청산리 독립전쟁에서 일본군 전사자를 약 2천 명으로 추산하였다.[110] 박은식도 주로 중국인들의 보도와 전언에 의거하여 청산리 독립전쟁에서 일본군 전사자를 약 2천 명으로 추정하였다.[111]

한편, 일본군측은 청산리 독립전쟁에서 자기들의 피해에 의한 공식 발표는 하지 않고, 단지 "기대에 反하여 成績이 뜻밖에 좋지 않아서 다소 失敗로 終結되었다는 비난을 면하기 어렵다"[112]고 하여, 추상적으로만 敗戰을 인정하였다. 다른 자료에 따르면, 일본영사관의 비밀보고에서 일본군은 연대장 1명, 대대장 2명, 소대장 9명, 병사 800여 명의 사상자를 낸 피해를 입었다고 보고했다고 하였다.[113]

한편, 이범석은 북로군정서 독립군의 피해를, 전사 60여 명, 부상 90여 명, 실종 200여 명으로, 실종자는 그 후 대부분 부대로 복귀했다고 증언

107) 《獨立新聞》 1920년 12월 13일자, 〈我軍의 活動〉 참조.

108) 《獨立新聞》 1921년 1월 18일자, 〈大韓軍政署報告〉 참조.

109) 李範奭, 《우둥불》, p.83 참조.

110) 朴殷植, 《韓國獨立運動之血史》; 《朴殷植全書》 上卷, p.693 참조.

111) 위의 자료, p.692 참조.

112) 〈暗號電報〉, 暗 No. 17762, 別電, 1920年 11月 22日字〉; 《現代史資料》 28, 〈朝鮮〉 4, p.304.

113) 朴殷植, 《韓國獨立運動之血史》; 《朴殷植全書》 上卷, pp.672~673 참조.

하였다.[114] 상해 임시정부가 파견한 懇北시찰원 安定根의 당시 상해 임시정부에 제출한 비밀보고서에서는, 10월 22일부터 3일간의 전투에서 독립군 부대의 전사자와 부상자가 약 300여 명이라고 보고하였다.[115] 여기에 10월 21일의 백운평전투와 25, 26일의 소전투들에서의 피해를 합치면, 독립군 전사자는 130여 명, 부상자는 약 220명, 합계 350여 명의 사상자를 낸 것으로 추정된다.[116]

한국민족의 독립군은 이와 같이 청산리 독립전쟁에서 일본군을 패배시켰을 뿐 아니라, 일제가 1920년 7월부터 정밀하여 수립 집행한 〈간도지방불령선인초토계획〉과 간도침입작전을 무위로 끝나도록 완전히 붕괴시켜 버렸다. 앞에서도 쓴 바와 같이, 일본군은 5개 사단에서 차출한 2만 5천 명의 병력으로 독립군 '토벌'을 위해 간도에 침입할 때 작전을 2개월 이내에 2단계로 나누어, 제1단계에서는 무장독립군을 완전히 섬멸하고, 제2단계에서는 촌락에 잠복하고 있는 비무장 독립운동세력까지 뿌리뽑아서 간도 지방에서 한국민족의 독립운동을 완전히 소멸시킬 것을 목표로 하였다. 그러나 일본군은 이 목표를 달성하기는커녕, 청산리 독립전쟁에서 패배하여 제1단계의 목표조차 달성하지 못하고 완전히 실패하게 된 것이었다.

청산리 독립전쟁은 그리하여 일목군의 간도 침입을 완전히 실패로 돌려주고 만주 지방의 한국민족의 독립운동을 보위하는 커다란 역사적 역할을 수행했으며, 이를 통하여 간접적으로 국내의 독립운동도 보위하는 커다란 역사적 역할을 수행하였다.

대한신민단은 비록 규모가 작은 독립군 단체였지만 이러한 중요한 역할을 수행한 청산리 독립전쟁에 참가하여 용감히 분투함으로써 자기의

---

114) 李範奭, 《우둥불》, p.83 참조.
115) 〈懇北視察員報告〉, 高警 第37231號, 1920년 11월 25일자 ; 《朝鮮獨立運動》 제2권, p.126 참조.
116) 愼鏞廈, 〈獨立軍의 靑山里獨立戰爭의 硏究〉, 《韓國民族獨立運動史硏究》(乙酉文化社), 1985, p.501 참조.

맡은 몫을 다 해내고 한국민족 독립운동사에서 빛나는 공훈을 세운 것이었다.

9. 맺음말

大韓新民團 獨立軍은 청산리 독립전쟁 후 安圖縣 黃口嶺村으로 철수작전을 전개할 때에는 大韓獨立軍, 國民會軍, 義民團, 韓民會軍과 연합부대를 형성하여 梁道憲의 지휘하에 철수하였다.[117] 안도현에 모인 독립군 부대들은 1920년 11월 여기서 군사통일에 합의한 후, 안도현 서쪽으로 중국군과 합동한 관동군 한 부대가 다가오고 있어 동·서 양면으로부터 협공당할 위험이 있으므로 북쪽 密山을 향하여 이동하기로 결정하였다. 대한신민단 독립군은 밀산으로 이동할 때에는 북로군정서 독립군과 공동동작을 하여 이동하였다.[118]

대한신민단 독립군의 그 후의 과정을 간단히 적으면, 그들은 1920년 12월 말경에 밀산에 도착하였다. 북로군정서와 대한독립군을 비롯하여 다른 독립군 부대들도 비슷한 시기에 모두 밀산에 집결하였다. 그들은 李東輝 등의 노력으로 치타 노농정부의 지원을 약속받고, 독립군 부대의 대오를 정비하여 러시아령 이만에 체류하고 있던 대한국민의회 간부 등의 안내를 받으며, 1921년 1월에 흑룡강을 건너 러시아령 이만으로 들어갔다. 이만에 모인 독립군 부대들은 1921년 3월 이만에서 '大韓義勇軍 總司令部'(일명 大韓總軍府)를 조직하여 군사통일을 실현하였다. 대한신민단 독립군이 여기에 참가했음은 물론이다. 여기에는 北路軍政署, 大韓獨立軍, 國民會軍, 新民團, 義軍府, 軍務都督府, 血誠團 등 기타 만주

---

117) 〈梁道憲 / 逸走〉, 秘間情 第49號, 1920年 10月 30日字 ;《現代史資料》28, 〈朝鮮〉4, p.383 참조.

118) 〈不逞團 / 行動〉, 秘間情 第73號, 1920年 11月 26日字 ;《現代史資料》28, 〈朝鮮〉4, p.421 참조.

에서 온 독립군 부대들은 물론이요, 靑龍隊, 사할린隊(朴일리아부대), 이만隊 등 러시아령 연해주에서 온 독립군 부대들도 참가하여 병력이 3천여 명이 되었으며, 모든 독립군 부대들의 대동단결에 의한 군사통일이 실현되었다. 다시 독립군 부대들은 1920년 4월 12일 이만에서 대소 36개 독립운동단체의 수뇌들이 모여 독립군 대회를 개최하고, 대한의용군총사령부의 이름을 '大韓獨立團'이라고 바꾸었다. 대한신민단이 통합된 대한독립단에 참여했음은 물론이다. 대한독립단은 러시아 赤軍에 의하여 1921년 6월 黑河事變(자유시참변)의 참혹한 희생을 치르고 高麗革命軍政議會에 통합되었다가 이르크츠크로 이송되어 소비에트 赤軍 제5군단 소속 韓族旅團으로 개편되었다. 대한신민단 독립군의 다수는 이 한족여단에 흡수되고, 소수는 金準根의 인솔 아래 흑하사변 직후 북만주로 탈출하여 寧安縣에서 약 50명이 1922년 대한신민단을 재건하였다.

지금까지 고찰한 바와 같이 대한신민단은 3·1운동 직후인 1919년 3월 12일 만주 북간도의 汪淸縣 春華鄕 草帽頂子에 근거지를 두고 大韓基督敎(일명 聖理敎)라고 불렸던 獨立敎派의 기독교 신도들을 중심으로 하여 조직된 무장독립운동 단체였다. 대한신민단은 구한말의 국권회복운동 단체인 신민회를 직접적으로 계승하여 독립전쟁의 군사행동을 하는 독립군 단체로서 조직되었다. 신민회 함경도 총감이었던 李東輝가 1918년 4월 창립한 한국인 최초의 사회주의 정당 韓人社會黨이 1919년 4월 블라디보스토크에서 한인사회당대표자대회를 개최했을 때, 신민회 회원이었던 대한신민단 단장 金圭冕은 이에 참가하여 한인사회당과 대한신민단의 합당에 합의하고, 그 후 대한신민단은 독자적 활동을 하면서도 한인사회당과 긴밀한 유대를 갖게 되었다. 대한신민단은 1919년 5월에 본부를 블라디보스토크 新韓村으로 이전하고, 간도에는 汪淸지부와 琿春지부를 두었다.

대한신민단의 목적은 '조국의 완전독립을 실현하여 민주공화제의 신국가를 건설하는 것'이었으며, 이 목적을 달성하기 위하여 독립군을 편성해서 일제를 타도하기 위한 독립전쟁을 준비하고 독립전쟁을 실천하

는 것을 당면의 주요 임무로 삼았다. 또한 대한신민단은 독립쟁취의 성
공 후에는 재야정당으로 남아서 국민의 자유와 평등을 옹호하는 야당
활동을 할 것을 목적으로 삼는다고 하였다. 대한신민단은 이러한 목적
과 단원의 행동지침을 헌장과 선서문과 강령으로 제정하여 공포하였다.
또한 대한신민단은 통합임시정부(9월 정부)가 수립되기 2개월 전인 1919
년 7월 6일에 上海의 대한민국 임시정부를 승인하고 원조할 것과, 파리
평화회담에 파견된 한국대표 金奎植 일행의 독립운동 비용을 지원할 것
을 결의하는 선언서를 공표하여 임시정부의 통합과 그에 대한 지원을
촉진시켰다.

대한신민단은 그 목적에 따라 성립 직후부터 독립군 편성 준비를 시
작하여 적어도 1919년 5월에는 독립군을 편성했는데, 이것은 3·1운동
후 독립군 부대 편성으로서는 상당히 빠른 것이었다. 블라디보스토크의
본부와 汪淸·琿春의 두 지부 모두가 편성한 대한신민단 독립군은, 총병
력이 약 500명이었으며, 왕청지부의 신민단 독립군 병력은 약 200명이었
다. 대한신민단은 독립군을 강화하고 군자금과 단원을 모집하기 위하여
大韓新民團義捐隊를 국내에 파견하여 활동케 하였다. 또한 대한신민단
독립군은 북간도 지방의 독립군 단체들을 통합 또는 연합하며 군사통일
을 이룩하려는 운동에 매우 적극적으로 참가하여 이를 추진하였다.

대한신민단 독립군은 편성 후 1919년 겨울과 1920년 봄에 걸쳐 끊임
없이 국내진입 유격전을 전개하여 일본군 수비대를 기습 공격하였다.
그러다가 1920년 6월 4일 두만강을 건너 함경북도 鍾城郡 江陽洞으로
진입하여 일본군 헌병순찰소대를 격파하고 귀환했으며, 이를 추격하여
두만강을 건너 간도의 三屯子까지 신민단 독립군을 추격한 일본군 南陽
守備隊長 新美중위가 인솔하는 일본군 1개 중대를 대한신민단 독립군
의 朴承吉小隊가 삼둔자 서남방에서 잠복하여 기다리고 있다가 6월 6일
이를 공격하여 섬멸해 버렸다. 이것이 삼둔자전투로서 일본군이 처음으
로 월강하여 독립군을 추격했다가 참패한 전투였다.

羅南에 본부를 두었던 일본군 제19사단이 삼둔자전투에서 패전한 데

크게 분개해서 安川小佐가 지휘하는 越江 추격대대를 급파하여 독립군의 근거지의 하나인 간도의 和龍縣 鳳梧洞까지 추격해 찾아오자, 軍務都督府(사령관 崔振東)와 대한독립군(사령관 洪範圖)과 國民會軍(사령관 安武)이 합동한 大韓北路督軍府의 독립군과 李興秀가 지휘하는 大韓新民團 독립군 부대가 연합하여 매복하고 있다가, 일본군 安川 추격대대를 봉오동 골짜기 안으로 유인해 들여 기습 공격해서 섬멸해 버렸다. 이것이 유명한 鳳梧洞戰鬪로서, 이 전투의 총지휘는 최진동과 홍범도가 했지만, 이흥수의 大韓新民團 독립군 부대가 일본군 진입로의 남단 고지를 담당하여 매복하고 있다가 일본군을 공격하여 봉오동전투의 대승리에 큰 몫을 담당하였다. 대한신민단 독립군은 봉오동전투에도 참가하여 승리한 것이었다.

대한신민단 독립군은 일본군의 압력에 굴복한 중국군의 출동으로 근거지 이동을 단행하게 되자 琿春支部의 신민단 독립군은 羅子溝 방면으로 이동하였고, 汪淸支部의 신민단 독립군은 二道溝 漁郎村 방면으로 이동하였다. 일본군이 1920년 10월 2일 혼춘사건을 조작하여 이를 구실로 한국민족의 독립군을 '토벌'하겠다고 5개 사단에서 차출한 2만 5천명의 병력으로 간도 침입을 자행하자, 金準根이 지휘하는 왕청지부의 大韓新民團 독립군은 이도구에서 대한독립군, 국민회군, 의민단, 한민회군과 대표자회의를 열어 합동하고 홍범도를 사령관으로 한 연합부대를 편성해서 독립전쟁에 대비하였다. 일본군 東지대가 이도구와 삼도구를 포위하고, 그 안에 있는 독립군 부대들을 수색 토벌하려 하자 독립군 부대들은 공격을 개시하여 청산리 독립전쟁이 벌어지게 되었다. 金佐鎭이 영솔하는 北路軍政署 독립군이 맨 처음 1920년 10월 21일 삼도구 靑山里 白雲坪 부근에서 일본군 東지대의 山田보병연대를 섬멸하였고, 뒤이어 대한신민단 독립군이 합동한 홍범도 연합부대가 이도구의 完樓溝전투에서 東지대 본대의 한 부대를 섬멸하였다. 대한신민단 독립군은 홍범도 연합부대에 편입되어 1920년 10월 22일에는 북로군정서 독립군과 함께 漁郎村전투에 참가하여 하루종일 혈전을 전개해서 결국 일본군을 패퇴시켰다. 청산리 독립전쟁의 전투들 가운데에서 홍범도 연합부대에 합동하여 대한신민단 독립군이 참가한 전투는 완루구전투, 어랑촌전투, 천보산전투, 고동하곡전투 등이었다. 왕청현 지부의 대한신민단 독립군은 200명의 작은 규모의 독립군이었으나, 청산리 독립전쟁에 참가하여 용전분투해서 그 승리에 큰 공헌을 하고 독립군 부대로서 자기의 몫을 훌륭히 담당하여 수행한 것이었다.

대한신민단 독립군의 무장독립운동은 빛나는 업적을 내었으며, 이 시기 한국민족의 항일무장투쟁의 진취적 성격의 일단을 잘 나타내 주었다고 할 것이다.

(《동양학》 제18집, 단국대 동양학연구소, 1988)

大韓國民軍(國民會軍)의 武裝獨立運動

1. 머리말

3·1운동 직후 북간도에서 편성되어 항일무장 독립운동에서 큰 공훈을 세우고도 다른 단체들에 묻혀 잊혀진 독립군 부대들 가운데 大韓國民軍이 있다.

올해는 鳳梧洞戰鬪와 靑山里獨立戰爭의 대승리가 있은 지 70주년이 되는 해이다. 이 전쟁에 참가한 김좌진 장군 지휘하의 北路軍政署 독립군과 홍범도 장군 지휘하의 大韓獨立軍에 대해서는 학술 연구논문이 나왔다.[1] 그러나 봉오동전투와 청산리 독립전쟁에 모두 참가한 安武 장군 지휘하의 大韓國民軍(國民會軍)에 대해서는 청산리 독립전쟁에 대한 연구논문이나[2] 국민회에 대한 다른 논문들 속에 포함되어서 아주 간략하게 다루어졌을 뿐,[3] 독립된 연구논문은 아직 나오지 못하였다.

---

1) 申載洪, 〈北間島에서의 武裝抗日運動—北路軍政署를 중심으로〉, 《韓國史學》 제3집, 1980.
　愼鏞廈, 〈洪範圖의 大韓獨立軍의 抗日武裝鬪爭〉, 《韓國學報》 제43집, 1986.
　───, 〈大韓(北路)軍政署 獨立軍의 研究〉, 《한국독립운동사연구》 제2집, 1988.
　朴賢淑, 〈北間島 大韓軍政署의 研究〉(이화여자대학교 석사학위논문), 1988.
2) 愼鏞廈, 〈獨立軍의 靑山里獨立戰爭의 研究〉, 《韓國民族獨立運動史研究》(乙酉文化社), 1985, pp.438~440 참조.
3) 宋友惠, 〈北間島 大韓國民會의 組織形態에 관한 研究〉, 《한국민족운동사연구》 제1집, 1986 참조.

북간도에는 1860년대부터 두만강을 건너 한국인 이주민이 출현하기 시작하다가, 1907년경부터는 이주한 선각자들을 중심으로 교육 계몽운동이 활발히 일어났고, 1909년에는 김약연·정재면·이동춘·박찬익·이봉우 등이 懇民敎育會를 조직하여 교육운동을 전개하였다. 국권을 상실당한 후인 1912년에는 북간도 한국인들은 자치기관으로서 懇民會(회장 金躍淵, 부회장 金永學, 총무 鄭載冕)를 조직했다가 일제의 압력에 굴복한 중국측의 금압조치로 1914년에 이를 중단하였다. 이러한 상태에서 1919년 3월 1일 국내에서 3·1운동이 일어나자, 북간도에서는 龍井의 3·13 독립만세 시위운동을 일으키고 바로 朝鮮獨立期成會를 결성했다가 이를 종래의 간민회 조직에 기초하여 확대 개편해서 大韓國民會(회장 具春先, 부회장 徐相庸)를 조직하였다. 대한국민회는 북간도 전역에 지회 조직을 가졌던 방대한 규모의 한국인 자치기관이었으며 독립운동 단체였다.

大韓國民軍은 이러한 대한국민회의 직할 독립군으로서 창설된 군대였다. 여기서는 安武 장군 지휘하의 대한국민군의 항일무장투쟁을 간략히 정리하려고 한다

2. 대한국민군의 창설

대한국민군이 창설된 것은 늦게 잡아보아도 3·1운동 1주년이 되는 1920년 3월로 추정된다.[4]

간도의 대한국민회가 한국인 자치기관으로서 비무장 독립운동을 전

---

4) 대한국민군의 정확한 창설일자를 밝힌 자료는 아직 발견되지 않고 있으나, 장정 모집 후 2개월 동안의 군사훈련을 거친 것으로 되어 있는데, 1920년 5월에 安武의 대한국민군이 이전에 이미 창설되어 崔振東의 軍務都督府와 洪範圖의 大韓獨立軍과 연합해서 大韓北路督軍府를 편성한 것을 보면, 대한국민군이 적어도 이보다 2개월 이전인 1920년 3월에는 창설되었음을 알 수 있다.

개하다가 직할 독립군 부대로서 대한국민군을 창설하게 된 목적과 동기로서는 특히 다음과 같은 몇 가지 점을 지적할 수 있을 것이다.

첫째, 3·1운동 후 간도에서는 독립운동 방법으로서 독립전쟁 전략에 입각한 항일무장투쟁이 대세이고 주류이어서 30여 개의 독립군 단체가 우후죽순처럼 창립되었을 뿐 아니라, 비무장 교민단체들도 산하에 무장대를 설치하는 추세였으므로, 간도의 가장 규모가 큰 자치기관인 대한국민회도 직할 독립군 부대를 창설할 필요를 절감했던 것으로 보인다.

둘째, 대한국민회는 창립 때에는 비무장 독립운동단체로 결성되었으나, 독립운동의 진전에 따라 1920년 초부터는 대한국민회 자체를 점차 무장독립운동 중심의 단체로 전환시키려는 의도를 가졌던 것으로 보인다. 대한국민회 회장 具春先은 구한국군의 무관 출신이었다.

셋째, 상해 임시정부가 독립전쟁전략을 채택하여 軍籍登錄令을 반포했고, 간도 한국인들도 항일무장투쟁을 선호하는 분위기 속에서, 간도의 대한국민회가 비록 홍범도의 대한독립군 등 독립군 부대들을 지원하고 있었다 할지라도 공화주의 임시정부를 지지하는 직할 독립군 부대를 편성하여 항일무장투쟁을 지향할 필요가 절실했기 때문에 직할 독립군으로서 대한국민군의 창설을 추진했던 것으로 보인다.

이에 대한국민회 회장 구춘선은 1919년 가을부터 대한국민군(국민회군)을 창설하기 위하여 장정을 모집하기 시작했으며, 이듬해 봄까지도 상해 대한민국 임시정부를 지지하여 그 군적등록령에 의거해서 다음과 같이 장정을 모집하였다.

國民會 告諭文 第3號

大韓國民會長 具春先은 我 臨時政府 軍籍登錄令에 의하여 北間島 在留同胞에게 告한다.

同胞여, 我政府에서 軍籍登錄令을 發表하였다. 我等이 오랫동안 雲霓와 같이 바라오던 命令이 發表되었다. 그대들도 기다리고 나도 기다리던 바이니, 무엇을 주저할 것 없이 그대들도 登錄하고 나도 登錄하자.

同胞여, 獨立을 원하거나 自由를 원하면 獨立戰爭의 軍人이 되어야 할 것이다. 軍人이 되려면 速히 政府의 軍籍에 登錄하여야 한다. 同胞여, 我國土를 恢復하고 我國權을 恢復하기를 바라면 獨立戰爭의 軍人이 되어라. 大韓의 國土는 大韓人인 我等의 血로써 恢復하지 않으면 안 되며, 大韓의 國權은 大韓人인 我等의 力으로써 恢復하지 않으면 안된다.

同胞여, 軍人이 되려면 政府의 軍人이 되고, 죽으려면 正義의 共和旗幟의 下에 죽어야 한다. 獨立을 위하여 그대들도 죽고 나도 죽지 않으면 안 되지만, 죽을지라도 價値있는 곳에 죽고 成功하는 곳에 죽어야 한다. 임시정부의 外에 서있는 저들 復辟主義團体 등의 軍人이 되어 죽으면 어떠한 價値도 없고 어떠한 成功도 없다. 價値있고 成功있게 죽으려면 共和政府의 軍籍에 登錄하여 共和政府의 軍人이 되어야 한다.

同胞여, 싸우려면 싸워서 强敵에 이겨야 하며, 統一的 組織을 갖고 戰爭을 해야 한다. 그렇지 않아서 部分的 各 自家의 任意로 出戰하여 싸우면 勝利는 고사하고 도리어 獨立에 妨害가 될 염려가 있다. 실로 獨立을 위한 싸움에는 我等은 一切 軍務總長의 命令에 의하여 軍籍에 登錄하고, 總司令長官의 命令에 의하여 戰場에 出戰하지 않으면 안된다.

同胞여, 我政府에서는 今年부터 戰爭計劃에 가장 注力하여 그 計劃이 거의 成立되었으며, 海外에서는 訓練機關도 설치되어 軍人을 訓練하게 되었다. 그러므로 我等은 煩悶하지 말고 彷徨함이 없이, 我等은 軍籍에 登錄하고 命令에 의하여 出動하여야 한다

大韓民國 2年 4月　日

在北間島

大韓國民會長　具 春 先 印[5]

위의 告諭文에서 우리는 대한국민군이 다음과 같은 사상과 성격을 갖고 창설된 독립군이라는 사실을 알 수 있다.

첫째, 대한국민군은 대한국민회가 상해 임시정부의 군적등록령에 의거하여 병사를 모집하여 창설한 독립군이었다.

둘째, 대한국민군은 대한국민회가 독립전쟁전략에 찬동하여 국권과 국토의 회복을 위한 독립전쟁 수행을 목적으로 창설한 대한국민회의 직

---

5) 〈國民會 告諭文 第3號〉；《現代史資料》(姜德相 編) 27, p.18.

할 독립군이었다.

셋째, 대한국민군은 共和主義를 지지하고 復辟主義에 반대하는 사상과 노선의 독립군이었다.

넷째, 대한국민군은 사령관의 지휘하에서 궁극적으로 임시정부 군무총장의 명령에 따르는 독립군이었다.

다섯째, 대한국민군은 다른 독립군 부대들과 통일적 유기적 조직과 연계를 갖고 작전하는 독립군이었다.

대한국민회는 간도 지방뿐만 아니라 국내에까지 밀사들을 파견하여 장정 모집과 군자금 모집 활동을 비밀리에 전개하였다.[6]

대한국민회는 비교적 재정이 풍부한 편이었으므로, 이러한 조건에 기초하여 입대한 약 500명의 장정들에게 정예군으로서의 강인한 군사훈련을 시켰다.[7]

훈련은 ① 術科敎育 ② 學科로 구성되었다. 술과교육은 주간에 하루 5시간씩 집총교연과 집총야외교련을 시켰다. 집총교련은 일본의 보병교련과 동일하게 사격훈련이었으며, 집총야외교련은 약 6관의 모래를 넣은 배낭을 지고 山野를 각종의 步度로 행군하는 것이었다. 학과교육은 주로 정신교육으로서 주간과 야간에 걸쳐 2회 실시했는데, 주로 한민족 독립과 排日興韓 사상에 관한 애국 강의를 들었다.

병사들의 군복은 중국군 군복과 대략 비슷한 목면제로서 만들고 목면제 卷脚袢을 착용하였다. 식사는 조악하여 조밥에 반찬은 새나물(新草) 또는 파를 넣은 된장국이었다. 담배는 엽연초에 한정하여 허락했으며, 교관과 간부의 식사에는 이 외에 油餅(부치개)가 있었다.

이러한 방식으로 약 2개월간 훈련을 받은 장정들은 대한국민군 병사가 되어 부대 편제에 편입되었다. 창설 당시의 대한국민군은 사령관에 安武가 선임되고, 다음과 같이 간부진을 편성하였다.[8]

---

6) 〈軍資金募集及 壯丁徵募ニ關スル件〉;《現代史資料》27, p.346 참조.
7) 〈間島不逞團ニ徵セラレタリ壯丁ノ訓練及起居ニ關スル件〉1920年 5月 29日字;《現代史資料》27, p.347 참조.

사령관 安 武
부 관 崔翊龍
중대장 曺權植, 林炳極
餉 官 金碩斗, 許東奎

대한국민군 사령관 安武는 본명이 安秉鎬(호는 靑田)로서, 1883년 6월 29일 함경북도 鍾城郡 行營에서 安壽翼의 장남으로 출생하여 17세 때까지 지방 서당에서 수학하였다. 18세 때까지 이 지방 鎭衛隊의 병정으로 입대하여 下士官을 거쳐, 서울 敎練官養成所를 졸업한 후 함경북도 鏡城鎭衛隊의 교련관 장교로 근무하다가 후에 茂山의 중대본부로 전임하였다. 1907년 8월 진위대가 해산되자 경성의 咸一學校의 체육교사로 근무했으며, 1909년에는 무산에 신설된 普成學校의 교사가 되었다. 1910년 8월 일제가 나라를 병탄하자, 안무는 두만강을 건너 간도로 망명해서 和龍縣 開美洞에 정착하여 학교를 세우고 교육운동에 종사하다가, 3·1운동을 맞아 대한국민회가 조직되자 이에 가입하고, 대한국민회가 다시 직할 독립군 부대인 대한국민군을 창설하게 되자 그 사령관에 선임된 것이었다.[9]

대한국민군의 병력은 1920년 5~6월경에 대원이 약 500명으로서 그 무장상태는 군총 약 400정, 권총 약 150정, 그리고 약간의 수류탄을 갖고 있었다.[10] 또 다른 자료는 대한국민군의 무장상태를(1920년 7월 현재) 연발총 700정, 루카式 권총 30정, 남부식 권총 10정, 칠연발 권총 50정 등 총계 790정이라고 보고하였다.[11] 대한국민군은 당시 다수의 독립군 부대

8)〈間島에 있어서 不逞鮮人團의 狀況〉, 高警 第34318號, 1920年 10月 28日字 ;《韓國獨立運動史》(國史編纂委員會 編) 제3권, 資料篇, p.630 및〈秘間情 第85號〉;《現代史資料》28, pp.435~436 참조.

9)《抗日國民會軍》(國民會軍編纂委員會), 1974, pp.63~99 참조.

10)〈不逞鮮人團ノ根據地移動ニ關スル件〉 1920年 7月 14日字 ;《現代史資料》27, p.356 참조.

11)〈陶道尹ノ派遣セシ調査員齎セル不逞鮮人團体ノ實況ニ關シ報告ノ件〉;《現代史資料》27, p.372의 表 참조.

들 가운데에서 비교적 잘 무장된 독립군 부대였다고 볼 수 있다.

대한국민군의 처음 근거지는 汪淸縣 志仁鄕 依蘭溝였다.[12]

3. 대한국민군의 봉오동전투 참가

安武가 지휘하는 대한국민군은 창설 후 1920년 5월에 국민회의 독립군 통합(또는 연합)정책에 따라 洪範圖가 지휘하는 대한독립군과 일시 통합하여 국민회 군사기관의 총지휘관을 홍범도로 하고 攻日第1軍司令部를 편성하여 홍범도가 攻日제1군사령장관이 되었다.[13] 뒤이어 국민회의 주도하에 6개 독립군 단체들, 즉 ① 國民會 ② 新民團 ③ 北路軍政署 ④ 軍務都督府 ⑤ 光復團 ⑥ 義軍府 대표들은 1920년 5월 3일 자발적으로 汪淸縣 鳳梧洞에서 제1차 연합회의를 개최하여 '在北懇島 各機關協議會'를 조직하고 18개항의 연합 방침에 합의하였다.[14] 이 합의에 기초해서 국민회의 강력한 추진하에 안무가 지휘하는 대한국민군은 1920년 5월 27일 崔振東이 지휘하는 군무도독부와 홍범도가 지휘하는 대한독립군과 연합하여 '大韓北路督軍府'라는 연합부대를 편성하게 되었다.[15] 대한북로독군부의 간부 편성은 다음과 같았다.[16]

    大韓北路督軍府   府 長   崔振東(明祿)
                     부 관   安 武

12) 〈間島에 있어서 不逞鮮人團의 狀況〉, 高警 第34318號, 1920年 10月 28日字;《現代史資料》 27, p.630 참조.

13) 〈不逞鮮人根據地並ニ各組織ニ關スル件〉 1920年 8月 10日字;《現代史資料》 27, p.368 참조.

14) 〈間島不逞鮮人六團體ノ協議事項〉 1920年 6月 2日字;《現代史資料》 27, pp.391~392 참조.

15) 〈國民會軍制令〉, 國民發 第73號, 1920年 5月 28日字;《現代史資料》 27, pp.80~81 참조.

16) 《獨立新聞》 1920년 12月 25일자, 〈北懇島에 在한 我獨立軍의 戰鬪情報〉 및 〈國民會制令〉, 國民發 第73號, 1920年 5月 28日字;《現代史資料》 27, pp.80~81 참조.

北路第1軍 司令部　　　　部 長　　洪範圖
　　　　　　　　　　　　부 관　　朱 建
　　　　　　　　　　　　참 모　　李秉埰
　　　　　　　　　　　　餉 官　　安危同
　　　　　　　　　　　　군무국장　李 園
　　　　　　　　　　　　군무과장　具滋益
　　　　　　　　　　　　회계과장　崔鍾夏
　　　　　　　　　　　　검사과장　朴施源
　　　　　　　　　　　　통신과장　朴 英
　　　　　　　　　　　　輜重課長　李尙洙
　　　　　　　　　　　　餉務課畏　崔瑞日
　　　　　　　　　　　　피복과장　林炳極
　　　　　　　　　　　　제1중대장　李千五
　　　　　　　　　　　　제2중대장　姜尙模
　　　　　　　　　　　　제3중대장　姜時範
　　　　　　　　　　　　제4중대장　曺權植
　　　　　　　　　　　　제2중대제3분대장　李化日

　安武의 大韓國民軍이 대한북로독군부에 연합하여 편입되어 있을 때, 신민단 소속 독립군 1개 소대가 간도의 和龍縣 月新江 三屯子를 출발하여 두만강을 건너서 1920년 6월 4일 새벽 5시에 함경북도 鍾城郡 江陽洞으로 진입하여 일본군 憲兵軍曹 福江이 인솔한 헌병순찰소대를 격파하고 귀환한 국내진입 유격전이 있었다. 이에 일본군 南陽守備隊는 분개하여 수비대장 新美중위가 인솔한 일본군 1개 중대를 두만강을 건너 간도에 철수한 신민단 독립군을 추격하게 하였다. 일본군 新美중대는 두만강을 건너 삼둔자에 이르러 무고한 한국인 민간인을 학살하고,[17] 계속 독립군을 추격하는 것을, 신민단 독립군이 삼둔자 서남방에 매복하여 기다리고 있다가 이를 기습하여 패주시켜 버렸다.[18] 이것이 三屯子전

---

17) 〈電報〉 第168號, 1920年 6月 11日字 ;《現代史資料》27, p.607 참조.
18) 《獨立新聞》 1920년 12월 25일자,〈北懇島에 在한 我獨立軍의 戰鬪情報〉 참조.

투였다.

羅南에 사단본부를 두고 있던 일본군 제19사단은 이 패전에 크게 분격해서 安川 소좌가 인솔하는 월강추격대대를 편성하여 두만강을 건너 간도에까지 들어가서 독립군을 섬멸하고 돌아오도록 하였다. 일본군 安川추격대대는 간도에 들어오자 安山 후방 고지에서 독립군의 공격을 받았음에도 화룡현 봉오동까지 독립군을 추격해 왔다.[19]

군무도독부·대한국민군·대한독립군이 연합한 大韓北路督軍府 독립군 연합부대는, 李興秀가 인솔하는 신민단의 60명과 함께 모두 약 700~900명의 병력으로 봉오동 일대에 진을 치고 있다가, 일본군 1개 대대가 독립군 소부대를 추격하여 봉오동에 접근하고 있다는 보고를 받자 이를 섬멸하기로 결정하였다. 대한북로독군부 연합부대는, 봉오동 주민을 대피시킨 후에, 제1중대장 李千五는 중대원을 인솔하고 봉오동 윗마을 서남단에, 제2중대장 姜尙模는 동산에, 제3중대장 姜時範은 북산에, 제4중대장 曹權植은 서산 남단에 매복하여 기다리게 하고, 사령부장 홍범도 자신은 2개 중대를 이끌고 서산 북단에 매복하였다. 이흥수의 신민단은 일본군이 진입해 오는 입구의 남단에 매복케 하였다.[20]

또한 대한북로독군부는 제2중대 제3소대 제1분대장 李化日에게 약간의 병력을 주어 高麗嶺 북쪽 1,200미터 고지와 그 북쪽 마을에 대기하고 있다가 일본군이 나타나면 교전하는 체하면서 일본군을 포위망 안으로 유인해 오도록 하였다.[21] 그리고 전 독립군에게 일본군 추격대대의 본대가 독립군의 포위망 안에 완전히 들어올 때까지 미동도 하지 말고 매복해 있다가 사령부장의 발포 신호에 따라 일제사격으로 총공격을 가해서 포위망 안에 들어온 일본군을 섬멸해 버리도록 하였다.

대한북로독군부와 신민단 독립군이 봉오동 上村 동서남북에 완벽한 포위망을 쳐놓고 기다리고 있는 줄을 알지 못하고, 일본군 安川 추격대

---

19) 〈電報〉第166號, 1920年 6月 15日字 ; 《現代史資料》27, p.608 참조.

20) 〈鳳梧洞戰況略圖〉 ; 《現代史資料》27, p.639의 新民團의 位置 참조.

21) 《獨立新聞》1920년 12월 25일자, 〈北懇島에 在한 我獨立軍의 戰鬪情報〉 참조.

대는 1920년 6월 7일 오전 6시 30분 봉오동 골짜기 입구에 도착하여 척후병을 봉오동 쪽으로 내보내었다. 독립군 李化日부대는 이를 맞아 유인하기 위한 교전을 한다는 것이 너무 용감히 싸워서 일본군 척후중대가 참패를 하고 퇴각해 버렸다. 그러나 일본군 추격대대는 독립군이 소부대의 民兵團이라고 착각하고 대오를 정돈하여 같은 날인 6월 7일 11시 30분에 봉오동 골짜기 안으로 진입하기 시작하였다. 일본군 척후병이 오후 1시에 독립군의 포위망 안에 도착해도 독립군이 이를 통과시켜주자, 일본군 추격대대 본대는 안심하고 독립군의 포위망 안으로 깊숙이 들어오게 되었다.

독립군은 이때를 기다렸다가 사령부장의 신호총성을 공격명령으로 하여 동서남북의 4면에서 정확히 조준해서 집중사격을 가했으므로, 일본군은 이 기습공격에 독립군의 상대가 될 수 없었다. 일본군은 神谷 중대와 中西 중대를 전면에 내세워 필사의 응전을 하고 기관총 중대까지 난사를 했으나 독립군이 매복해 은폐하고 있어서 정확한 조준을 할 수 없었으므로 막대한 전사자만 내었다. 일본군은 포단망 안에 빠져서 3시간을 응전하다가 사상자가 격증해 가자 더 버티지 못하고 후퇴하였다. 대한북로독군부 제2중대는 도주하는 일본군을 추격하여 또다시 심대한 타격을 주었다.[22] 일본군은 완전히 참패하여, 일본군측 자료에 따르면 미처 대피하지 못하고 봉오동에 남아 있던 노인과 어린이 등 한국인 민간인 16명을 학살한 다음,[23] 패잔병을 이끌고 퇴각하였다. 이것이 鳳梧洞 戰鬪였다.

상해 임시정부 군무부에 따르면, 이 봉오동전투에서 일본군은 전사 157명, 중상 200여 명, 경상 100여 명을 내고 참패하였다.[24] 한편 독립군측의 피해는 경미한 것이었다.[25] 독립군은 봉오동전투에서 대승리를 쟁

---

22) 《獨立新聞》 1920년 12월 25일자, 〈北懇島에 在한 我獨立軍의 戰鬪情報〉 참조.

23) 〈電報〉, 暗號 第952號, 1920年 7月 6日字 ; 《現代史資料》 27, p.609 참조.

24) 《獨立新聞》 1920년 12월 25일자, 〈北懇島에 在한 我獨立軍의 戰鬪情報〉 참조. 이 자료에 의하면, 독립군측의 피해는 전사 4명, 중상 2명의 경미한 것이었다.

취한 것이었다.

중국신문《上海新聞報》는 봉오동전투에 대하여, 일본군이 한국독립군에게 大敗해서 일본군이 150명의 전사자와 수십 명의 부상자를 내었고, 독립군은 160정의 소총과 3정의 기관총을 노획했으며, 일본군은 이 패전 후에 중국의 和龍縣이 관할하는 洽江 건널목 나루의 통행을 모두 금지하고 있다고 보도하였다.[26]

상해 임시정부의《독립신문》도 독립군의 봉오동전투에서의 대승리를 대대적으로 보도하였다. 간도의 국민회도 통고문〈호외〉를 발행하여 각 지회를 통해서 이 지방 한국인들에게 한국 독립군이 봉오동전투에서 대승리를 쟁취했음을 널리 알리고, 이것이 독립전쟁의 본격적 시작이므로 그에 대한 준비를 강화할 것을 촉구하였다.[27] 독립군은 봉오동전투를 '독립전쟁의 제1회전'[28]이라고 부르면서 다음 전투를 위한 준비를 대폭 강화하고 있다고 일제측은 비밀리에 이를 보고하였다.

대한국민군은 독립군이 대승리를 쟁취한 이 봉오동전투에서 북로독군부에 연합 참전하여 큰 공훈을 세운 것이었다. 대한국민군이 봉오동전투에 참전했다는 사실은 대한국민군 사령관 安武가 대한북로독군부 府長의 副官으로, 대한국민군 중대장 曺權植이 중대원을 이끌고 봉오동전투에서 서산 남단에 매복하여 참전한 사실, 李園이 북로독군부 군무국장이었다는 사실, 대한국민군 중대장 林炳極이 대한북로독군부 피복과장의 직책을 담당했다는 사실을 통해서도 거듭 명확히 확인된다. 대한국민군은 봉오동전투에 참전하여 큰 공을 세운 것이었다.

봉오동전투 참패에 큰 충격을 받고 독립군의 군세 증강에 놀란 일본군은 이에 대한 두 가지 대책을 추진하였다. 하나는 만주군벌 張作霖에게 압력을 가하여 일본군의 지도·감시하에 중국군을 출동시켜서 독립

25) 위와 같음.
26) 《上海新聞》 1920年 6月 27日字 ;《現代史資料》 27, p.617 참조.
27) 《獨立新聞》〈號外〉 1920年 6月 10日字 ;《現代史資料》 27, pp.615~616 참조.
28) 〈電報〉第166號, 暗第8203號, 1920年 6月 15日字 ;《現代史資料》 27, p.608.

군을 토벌하는 대책이었고,[29] 다른 하나는 1920년 7월 하순부터 〈間島地
方不逞鮮人剿討計劃〉이라는 일본군의 직접 출동에 의한 독립군 토벌계
획을 입안하여 8월에 이를 확정한 것이었다.[30]

대한북로독군부의 독립군 연합부대는 봉오동전투 직후 독립전쟁을
위한 전력 증강 준비과정에서 해체되었으며, 대한국민군은 다시 독립되
어 安武의 지휘를 받게 되었다. 국민회는 독립군 부대들의 연합을 추구
하여, 1920년 6월 21일 汪淸縣 嘎呀河 獐洞에서 제2차 연합회의를 개최
하고 독립군 부대들의 통합에 따른 군사편제와 연합작전의 전개를 재합
의하였다.[31] 또한 독립군 부대들은 1920년 7월 1일 왕청현 알하하에서
제3차 연합회의를 개최하였다. 이 연합회의에는 북로군정서가 불참하고
그 밖에 9개 독립군 단체(國民會, 大韓獨立軍, 軍務都督府, 義軍府, 義民團,
新民團, 國民議事會, 韓民會, 光復團)의 대표들이 참석했는데, 安武는 국
민회 군무위원으로서 참석하였다. 이 제3차 연합회의에서는 간도의 독
립군 단체들을 하나로 통합하되, 그것을 행정부와 군사부 2부로 나누어
조직해서 군사통일을 실현하여 일본에 대한 독립전쟁을 전개하기로 합
의한 것이었다.[32] 이제 남은 문제는 이 연합회의에 불참한 북로군정서와
통합하는 문제뿐이었다. 북로군정서도 원칙적으로 통합에 찬성하고 있
었다.

독립군 부대들의 이러한 통합이 급속히 추진되고 있는 중에 일본군의
압력에 굴복한 중국군의 출동으로 말미암아 모든 독립군 부대들의 근거
지 이동 문제가 절박하게 대두되어 국민회에 관련된 독립군 단체들과
북로군정서와 통합은 미루어진 채 독립군 부대들은 근거지 이동을 단행
하게 되었다.

그러나 주목해야 할 것은 독립군의 근거지 이동시기에 대한국민군(국

---

29) 《間島出兵史》(上) ; 《朝鮮統治史料》(韓國史料研究所 編) 제2권, pp.6~8 참조.
30) 〈間島地方不逞鮮人剿討計劃〉, 1920年 8月調表 ; 《現代史資料》 28, pp.116~121 참조.
31) 〈不逞鮮人行動狀況報告〉 1920年 6月 30日字 ; 《現代史資料》 27, p.352 참조.
32) 〈不逞鮮人行動狀況報告〉 1920年 7月 6日字 ; 《現代史資料》 27, pp.354~355 참조.

민회군), 대한독립군, 신민단, 의군부, 한민회, 의민단, 광복단 등의 독립
군 부대들이 이도구 지방에 이동하여 홍범도를 사령관으로 추대하고 하
나의 독립군 연합부대를 편성하는 데 성공한 것은, 근거지 이동 이전의
이 제3차 연합회의(1920. 7. 1)의 합의 결정이 기초가 되었다는 사실이다.

4. 대한국민군의 청산리 독립전쟁 참가

봉오동전투에 참패당한 일본군이 이에 대한 대책의 하나로 만주군벌
張作霖에게 일본군의 감시와 지도 하에 중국군이 출동해서 독립군을 토
벌하지 않으면 일본군이 간도에 출병해서 독립군을 직접 토벌하겠다고
대대적 위협을 가하자, 장작림은 이에 굴복하여 駐延吉 중국육군 제2혼
성여단 보병제1단장 孟富德을 사령관으로 하여 한국 독립군 토벌을 목
적으로 중국군 500명을 출동시키게 되었다.

그러나 맹부덕의 중국군 간부들과 중국 관헌들 가운데에는 한국인과
친분이 있고 한국 독립운동에 대한 동정자가 많았으며, 일본군의 위협
에 굴복한 중국군의 출동에 불만을 가진 사람들이 많았다. 이에 간도의
국민회 등이 비밀교섭을 한 결과 맹부덕의 중국군측과 비밀 타협이 이
루어지게 되었다. 타협의 요지는, 독립군은 중국측의 난처한 입장을 고
려하여 현재 일본측에 잘 알려진 근거지를 일본측의 눈에 잘 띄지 않는
삼림지대로 옮기는 '근거지 대이동'을 단행하고, 중국군은 독립군의 이
동행군과 삼림지대에서 새 근거지를 건설하는 데 방해하지 않는다는 것
이었다.

독립군과 중국군 사이에 이러한 비밀타협이 이루어지자, 만주 길림성
의 延吉縣·琿春縣·汪淸縣·和龍縣 등에 근거지를 설치했던 한국민족
독립군 부대들은 8월 하순부터 근거지 대이동을 시작하게 되었다. 먼저
연길현 明月溝에 근거지를 설치했던 홍범도 지휘의 대한독립군이 1920
년 8월 하순에 근거지를 이동하여 1920년 9월 21일경에 安圖縣과 접경

지대인 和龍縣 二道溝 漁郎村 부근에 도착하였다.[33] 安武가 지휘하는 대한국민군은 국민회의 지시에 따라 8월 31일 근거지를 출발하여 9월 28일(음력 8월 17일)경 救世洞을 거쳐 어랑촌 부근에 도착하였다.[34]

이에 전후하여 신민단, 의군부, 의민단, 광복단 등도 이도구 어랑촌 부근으로 이동하였다.[35] 가장 규모가 큰 독립군 부대인 김좌진 지휘하의 북로군정서는, 마지막으로 9월 17~18일, 근거지였던 왕청현 西大坡를 떠나 10월 12~13일에 삼도구 청산리 부근에 도착하였다.[36]

맹부덕의 중국군은 1920년 8월 28일부터 9월 27일까지 1개월간 독립군을 수색 토벌한다고 출동해서 독립군 부대들의 근거지 대이동만 결과한 채 아무런 독립군 토벌도 하지 못하고 작전을 종결하였다.

일제는 중국군을 동원한 독립군 '토벌'이 완전히 실패로 돌아가자, 그들이 이미 1920년 8월에 확정한 〈간도지방불령선인초토계획〉에 의거하여 일본군이 직접 간도에 출병해서 독립군을 토벌하기로 최종 결론지었다. 그러나 남의 영토인 간도에 침입할 구실이 없었으므로, 일제는 그들이 매수하여 조종하는 마적단의 하나로 하여금 1920년 10월 2일 혼춘을 습격해서 일본영사관에 방화하도록 하는 이른바 '혼춘사건'을 조작하였다. 일본군은 이 '혼춘사건'을 구실로 중국의 주권을 무시하고 간도침입 작전을 감행하였다.

일본군이 불법적 간도 침입을 자행하면서 독립군 토벌을 위해 동원한 병력의 규모는, 제19사단 전부, 제20사단 일부, 그리고 시베리아 연해주 주둔군인 제11사단, 제13사단, 제14사단의 일부 등 5개 사단에서 차출된 2만 5천 명의 거대한 규모였다.[37] 여기에 관동군 병력 일부까지 동원하여 중국군과 합동 형식으로 독립군이 서간도로 이동하는 것을 막고 서

33) 〈電報〉 1920年 9月 21日字 ; 《現代史資料》 28, p.264 참조.
34) 〈不逞鮮人ノ狀況〉, 秘間情第51號, 1920年 11月 1日字 ; 《現代史資料》 28, p.385 참조.
35) 〈十月中得タル情報ニ據ル間島地方不逞鮮人情報 槪況〉; 《現代史資料》 28, p.392 참조.
36) 〈秘間情第13號〉, 1920年 10月 13日字 ; 《現代史資料》 28, p.355 참조.
37) 《間島出兵史》(上) ; 《朝鮮統治史料》 제2권, pp.43~44 참조.

쪽으로부터 독립군에 압박을 가하도록 했으며,[38] 비행기반까지 동원한 대규모의 것이었다.[39]

일본군은 이 거대한 병력으로 독립군을 2중으로 포위하여 섬멸하려고 했다. 즉 ① 일본군 5개 사단에서 차출한 2만 5천 명의 병력과 관동군 일부 병력으로 북간도의 독립군 전체를 동서남북으로 모두 넓게 포위하여 그 포위망을 조여 들어가고, ② 그 포위망 안에서 다시 제19사단 주력의 1만 2천 명의 병력을 磯林지대·木村지대·東지대의 3개 지대로 나누어서 북간도 일대를 3개 구역으로 분할하여 각 지대가 1개 구역씩 맡아 오지에 들어가 내부에서 좁게 포위하여 독립군 각 부대를 수색해서 전투를 통하여 독립군을 모두 섬멸한다는 것이었다.

일본군은 독립군 토벌의 작전목표를 2단계로 나누어 설정했다. 즉 ① 제1단계에서는 작전 개시일로부터 1개월 이내에 독립군 무장대를 철저히 색출하여 섬멸하고, 반복토벌을 되풀이 실시하여 독립군을 전원 섬멸하거나 검거해서 독립군의 무장항쟁을 근원까지 박멸한다는 것이요, ② 제2단계는 제1단계가 끝난 후로부터 다시 1개월 이내에 촌락에 잠복하고 있는 독립군 여당과 비무장 민간독립운동가들을 철저히 색출하여 무장 독립운동은 물론이요, 비무장 독립운동까지 철저히 뿌리를 뽑겠다는 것이었다.[40]

일본군이 이러한 작전목표 아래 간도 침입을 시작했을 때, 安武 지휘의 대한국민군은 이도구 지방에 주둔하고 있었다. 일본군의 토벌 공격이 예견되자, ① 대한국민군을 비롯하여 ② 대한독립군 ③ 신민단 ④ 의민단 ⑤ 한민회 등 이도구 지방에 이동해 주둔한 5개 독립군 부대 대표들은 이도구 北蛤蟆塘에서 대표자회의를 열고, 홍범도를 사령관으로 한 독립군 연합부대를 편성하여 군사행동의 통일로 일본군의 공격에 대응키로 다음과 같이 결정하였다.

---

38) 〈大臣ヨリ關東軍司令官ヘ電報案〉;《現代史資料》28, p.197 참조.
39) 《間島出兵史》(上);《朝鮮統治史料》제2권, p.43 참조.
40) 위의 자료, pp.40~41 참조.

① 5개 단체(大韓國民軍과 大韓獨立軍을 합하여 하나의 國民會로 보면 4
團-인용자)의 武力을 갖고 軍事行動의 統一을 기할 것.

② 國籍者(한국인의 國民會에 등록된 자-인용자)의 總動員을 행하고 예정
의 部署에 취임시킬 것.

③ 軍糧·軍需品의 긴급 징집에 착수할 것.

④ 警察隊를 조직하여 각 방면에 밀행시켜서 日本軍隊의 動靜을 探査할 것.

⑤ 日本軍隊에의 應戰은 그 虛를 찌르거나 또는 山間에 유인하여 必勝을
기하도록 하고, 그 이외에는 전투를 개시하지 않을 것.[41]

일본군측 정보자료도 안무의 국민회 대원이 홍범도 부대, 의군단, 신
민단 등과 '공동동작' 중임을 다음과 같이 보고하였다.

茂山間島(二道溝 일대를 말함-인용자) 부근에 집합한 不逞鮮人의 主力은
洪範圖部隊로서, 安武가 인솔한 國民會隊員과 共同動作하고 병력 600 내지
800이 되는 외에 義軍團 300명, 新民團 약 200명 등이라고 한다.[42]

간도의 국민회는 이 홍범도 지휘하의 독립군 연합부대에 대하여 여러
가지 재정지원을 하였다.[43]

대한국민군이 포함된 홍범도 연합부대는 이도구 지방에 주둔하여 일
본군과의 一戰을 전제로 전투준비를 하면서,[44] 한편으로 인접지역인 삼
도구에 주둔한 북로군정서와 연합작전을 협의하였다.[45] 북로군정서 연
성대장이었던 李範奭도 이도구와 삼도구 일대의 독립군 부대들은 연합
작전을 전개하기로 합의하여 작전지역을 분담했다고 회고하였다.[46]

---

41) 〈十月中得タル情報ニ據ル間島地方不逞鮮人行動槪況〉;《現代史資料》28, pp.402~403
참조.

42) 위의 자료, p.392 참조.

43) 위의 자료, pp.402~403 참조.

44) 〈不逞鮮人團ノ行動〉, 秘間情第11號, 1920年 10月 14日字;《現代史資料》28, pp.353~
354 참조.

45) 〈不逞鮮人團ノ行動〉, 秘間情第18號, 1920年 10月 18日字;《現代史資料》28, p.359 참조.

46) 李範奭,《우둥불》, pp.88~89 참조.

일본군 중에서는 東(아즈마)지대(약 5천 명)가 10월 18일부터 삼도구에 주둔한 金佐鎭의 북로군정서와 이도구에 주둔한 대한국민군 등 홍범도 연합부대를 포위하여 수색 토벌 작전을 시작하였다.

우리가 사용하는 광의의 개념의 '청산리 독립전쟁'은 일본군 東(아즈마)지대가 삼도구와 이도구 일대의 독립군 부대들을 포위 섬멸하려고 시도하자 북로군정서와 홍범도 연합부대가 반격하여 일어난 일련의 전투들을 총칭하는 것이다. 먼저 김좌진의 북로군정서 독립군이 일본군에 대한 공격을 시작하여 1920년 10월 21일 오전 9시 삼도구 청산리 白雲坪 부근에서 시작된 전투가 이도구 부근으로 옮겨지면서 10월 26일 새벽까지 계속하여 약 6일간 10여 개의 대소 전투들이 전개되었다. 이러한 전투들은 동일한 대상의 적 東(아즈마)지대에 대한 동일지역에서의 독립군의 연속된 전투였기 때문에 하나로 묶어서 '청산리 독립전쟁'이라고 광의로 개념화하는 것이다.

따라서 광의의 청산리 독립전쟁에는 삼도구 청산리 백운평 부근에서 전개된 백운평전투뿐만 아니라, 이도구에서 전개된 完樓溝전투, 泉水坪전투, 漁郎村전투, 맹개골전투, 萬麒溝전투, 쉬溝전투, 天寶山전투, 古洞下谷전투 등도 포함하게 된다. 또한 청산리 독립전쟁에는 북로군정서(약 600명)뿐만 아니라, 대한국민군(약 250명), 대한독립군(약 300명), 신민단(약 200명), 의군부(약 150명), 한민회군(약 200명), 광복단(약 200명), 의민단(약 100명) 등 홍범도 연합부대를 구성한 독립군 단체들도 참전하였다.

청산리 독립전쟁에 포함된 위의 전투들 가운데에서 백운평전투, 천수평전투, 맹개골전투, 만기구전투, 쉬구전투 등은 북로군정서 독립군이 단독으로 수행한 전투였다. 한편 어랑촌전투와 천보산전투는 북로군정서 독립군과 홍범도 연합부대가 공동으로 수행한 전투였으며, 완루구전투와 고동하곡전투는 홍범도 연합부대가 단독으로 수행한 전투였다.

김좌진이 지휘한 북로군정서 독립군은 청산리 독립전쟁의 주력으로서 참으로 빛나는 공훈을 세웠다. 이와 함께 안무의 대한국민군이 포함

된 홍범도 연합부대도 청산리 독립전쟁에 참전하여 큰 공훈을 세웠음이
역사적 사실이었다.

청산리 독립전쟁에 포함된 전투들 가운데에서 가장 격전이었던 어랑
촌전투에 김좌진의 북로군정서를 지원하여 安武의 대한국민군이 참전
했다는 사실은 일본군의 다음과 같은 비밀보고에서도 보고되었다.

二道溝 漁郞村 부근에서 目下 東少將이 거느린 部隊와 相對하는 賊徒의 主
力은 洪範圖, 安武가 거느린 國民會及 韓民會의 部隊 약 500명 정도이다.[47]

二道溝 漁郞村 부근에서 日本軍隊에 對峙한 不逞團의 主力은 洪範圖及 安
武가 거느린 部隊……[48]

또한 어랑촌전투 후에 독립군 부대들이 다시 원래의 소부대들로 분산
하여 안도현 방면으로 이동하는 과정에서 마지막으로 전개된 고동하곡
전투를 담당한 홍범도의 대한독립군에는, 어랑촌전투 직후 자기 부대를
미처 찾아가지 못한 안무의 대한국민군(國民會軍)과 김좌진의 북로군정
서 병사도 약간 포함되어 있었다.

(古洞河谷전투) 賊은 洪範圖가 거느린 약 300명, 國民會及 金佐鎭의 부하
약 50, 이와 함께 軍政署員이 약간 있으나 그 總員은 不明이다.[49]

위의 일본군측 자료들은 안무 지휘하의 대한국민군이 청산리 독립전
쟁에 참전했음을 명백히 증명하는 것이다.

청산리 독립전쟁에서 일본군은, 상해 임시정부 군무부의 공식 추계에
따르면 약 1,200명의 전사자를 내었다.[50] 북로군정서가 청산리 독립전쟁

47) 〈不逞鮮人ノ行動〉, 秘間情第40號, 1920年 10月 27日字 ; 《現代史資料》 28, p.376.
48) 〈十月中ノ情報ニ據ル間島地方不逞鮮人情報槪況〉; 《現代史資料》 28, p.404.
49) 〈電報〉 朝特第120號, 1920年 10月 28日字 ; 《現代史資料》 28, p.226.
50) 《獨立新聞》 1920년 12월 13일자, 〈我軍의 活動〉 참조.

직후에 상해 임시정부에 제출한 정식 보고서에서는 일본군 전사자가 연대장 1명, 대대장 2명, 기타 장교 이하 사병 1,254명 등 합계 1,257명이며, 부상자는 장교 이하 약 200명이라고 하였다.[51] 북로군정서 연성대장 이범석은 일본군의 전사자와 부상자가 합하여 加納 연대장을 포함해서 약 3,300명이라고 하였다.[52]

한편, 중국의 《遼東日日新聞》은 청산리 독립전쟁에서 일본군의 전사자를 약 2천 명으로 추산하였다.[53] 박은식도 주로 중국인들의 보도와 傳聞에 의거하여 청산리 독립전쟁에서 일본군 전사자를 약 2천 명으로 추정하였다.[54]

한편, 일본군측은 청산리 독립전쟁에서 자기들의 피해에 대한 공식발표는 하지 않고, 단지 "기대에 反하여 성적이 뜻밖에 좋지 않아서 다소 실패로 종결되었다는 비난을 면하기 어렵다"[55]고 하여 추상적으로만 패전을 인정하였다.

한편, 독립군의 피해에 대해서, 이범석은 북로군정서의 피해를 전사 60여 명, 부상 90여 명, 실종 200여 명으로서, 실종자는 그 후 대부분 부대로 복귀했다고 증언하였다.[56] 독립군 전체의 피해를 추산해 보면, 전사자는 130여 명, 부상자는 약 220명, 합계 약 350여 명의 사상자를 낸 것으로 추정된다.[57]

한국민족 독립군은 이상과 같이 청산리 독립전쟁에서 일본군을 패배시켰을 뿐 아니라, 일제가 1920년 7월부터 정밀하게 수립 집행한 〈간도지방불령선인초토계획〉과 간도침입작전을 무위로 끝나도록 완전히 붕괴시켜 버렸다. 앞에서도 쓴 바와 같이, 일본군은 5개 사단에서 차출한

---

51) 《獨立新聞》 1921년 1월 18일자, 〈大韓軍政署報告〉 참조.

52) 李範奭, 《우둥불》, p.83 참조.

53) 朴殷植, 《韓國獨立運動之血史》;《朴殷植全書》上卷, p.693 참조.

54) 위의 책, p.692 참조.

55) 〈暗號電報〉, 暗 No.17762, 別電, 1920年 11月 22日字;《現代史資料》 28, p.304.

56) 李範奭, 《우둥불》, p.83 참조.

57) 愼鏞廈, 〈獨立軍의 靑山里獨立戰爭의 硏究〉,《韓國民族獨立運動史 硏究》, p.501 참조.

2만 5천 명의 병력으로 독립군 토벌을 위해 간도에 침입할 때 작전을 2 개월 이내에 2단계로 나누어, 제1단계에서는 무장 독립군을 완전히 섬멸하고, 제2단계에서는 촌락에 잠복하고 있는 비무장 독립운동세력까지 완전히 뿌리뽑아서, 간도 지방에서 한국민족의 독립운동을 완전히 소멸시킬 것을 목표로 하였다. 그러나 일본군은 이 목표를 달성하기는커녕, 청산리 독립전쟁에서 패배하여 제1단계의 목표조차 달성하지 못하고 완전히 실패하게 된 것이었다.

독립군의 청산리 독립전쟁은 그리하여 일본군의 간도 침입을 실패로 돌려주고 만주 지방의 한국민족의 독립운동을 보위하는 커다란 역사적 역할을 수행했으며, 이를 통하여 간접으로 국내의 독립운동도 보위하고, 국민들에게 독립쟁취의 확신을 더욱 공고히 갖게 해주었으며, 민족독립 정신을 크게 고취시킨 커다란 역사적 역할을 수행하였다

대한국민군은 비록 규모가 크지 않은 독립군이었으나, 봉오동전투와 청산리 독립전쟁에 모두 참전하여 용감히 분투함으로써 자기의 몫을 다해내고 한국민족 독립운동사에서 빛나는 공훈을 세운 것이었다.

5. 맺음말

독립군 부대들은 청산리 독립전쟁 직후 일본군의 대규모 병력이 토벌 작전을 하는 속에서 연합부대의 병력 이동이 불리하므로, 청산리 독립 전쟁에서 대승을 거둔 다음 병력을 원래의 부대별로 분산하였다. 安武가 지휘한 大韓國民軍은 1920년 10월 말경에 安圖縣 黃口嶺村 부근에 도착하였다. 여기서 다시 독립군 부대 대표들의 회의 결과 분산해서 행군하여 密山에 집결하기로 합의되었다.

안무의 대한국민군은 1920년 12월 말경에 밀산에 도착한 것으로 보인다. 金佐鎭의 北路軍政署, 洪範圖의 大韓獨立軍 등 다른 독립군 부대들도 비슷한 시기에 모두 밀산에 도착하였다. 이에 그들은 러시아령 대한

국민의회 간부들의 안내를 받고 대오를 정비하기 위하여 1921년 1월에 흑룡강을 건너 러시아령 이만으로 들어갔다.

독립군 부대들은 이만에서 1921년 3월에 '大韓義勇軍總司令部'(일명 大韓總軍府)를 조직하여 군사통일을 실현하였다. 여기에는 北路軍政署, 大韓獨立軍, 大韓國民軍, 義軍府, 軍務都督府, 血誠團 등 간도에서 온 독립군 부대들은 물론이요, 靑龍隊, 사할린隊(朴일리아 지휘), 이만隊(朴 그레고리 지휘) 등 러시아령 연해주에서 온 독립군 부대들도 참가하여 병력이 3천여 명이 되었으며, 모든 독립군 부대들의 대동단결에 의한 군사통일이 실현된 것이었다.

대한의용군총사령부는 1921년 4월 12일에는 이만에서 다시 대소 36개 단체의 대표들이 모여 독립군대회를 개최하고, 대한의용군총사령부의 이름을 대한독립단이라고 바꿈과 동시에 체제를 재정비하였다. 그 간부진은 다음과 같았다.[58]

총　재	徐　一
부총재	洪範圖
고　문	白　純, 金虎翼
외교부장	崔振東(明祿)
사령관	未定(金佐鎭 겸임설 있음)
참모부장	金佐鎭
참　모	李章寧, 羅仲昭
군사고문	李靑天
第1여단장	金奎植
참　모	朴寧熙
第2여단장	安　武
참　모	李檀承
제2여단騎兵隊長	姜필립

---

58) 〈高警第19918號, 國外情報, 五月中 間島地方情況 並露領方面不逞鮮人の情勢〉, 1921年 6月 25日字;《朝鮮獨立運動》(金正明 編) 제3권, pp.382~383 참조.

위에서도 알 수 있는 바와 같이, 대한독립단은 당시의 독립군 병력으로 2개 旅團을 편성하여, 제1여단은 러시아령 이만에 여단본부를 두고, 제2여단은 중국(만주) 寧安縣에 여단본부를 두기로 했으며, 이 제2여단의 지휘를 안무가 맡은 것이었다.

또한 그들은 '대한독립단 사관학교'를 寧安縣 三河漳 東溝에 설립하기로 하고, 교관에 李範奭·金洪國을 임명했으며, 교관 2명은 4월 하순에 사관학교 설립지에 도착하여 제반 준비와 학생모집에 착수하기로 하였다. 또한 참모부장 김좌진도 부하 10여 명을 인솔하고 영안현에 가서 사관학교 설립을 돕기로 하였다.[59]

그러나 대한독립단의 이 웅대한 항일무장투쟁 준비사업은 '黑河事變'(자유시참변)으로 말미암아 좌절당하게 되었다. 간도의 독립군 부대들이 시베리아의 이만에 도착할 무렵인 1921년 2월에 러시아령 한인사회에서는 상해 임시정부를 지지하는 李東輝 계열의 上海派 고려공산당과 임시정부를 부정하고 코민테른 東洋秘書部의 지휘를 받는 이르크츠크파 고려공산당이 軍權을 장악하기 위한 헤게모니 투쟁을 벌이고 있었다. 상해파 고려공산당(李東輝, 朴鎭淳, 韓馨權, 李鏞, 張基永, 蔡英, 朴愛 등)은 한국인 무장부대들을 1차로 한국의 민족해방에 바로 직접 투입하려 하고, 이르크츠크파 고려공산당(吳夏默, 金夏錫, 崔高麗, 金萬謙 등)은 한인 무장부대를 시베리아 해방에 먼저 투입한 다음 한국민족 해방에 투입하려는 노선 차이도 있었다.

코민테른 동양비서부는 1921년 3월 긴급히 臨時高麗革命軍政議會를 조직하고 만주 간도로부터 들어오는 金佐鎭·洪範圖·安武·崔振東 등의 민족주의 독립군은 물론이요, 시베리아 한국인들이 조직한 모든 의용대를 이르크츠크파 고려공산당의 오하묵이 지휘하는 韓人步兵自由大隊를 중심으로 통합하여 한국인의 赤軍을 편성하려 하였다. 오하묵은 이를 위하여 이만의 대한독립단 독립군 부대들을 자유시 브라고웨시첸스크(러

59) 위의 자료, p.383 참조.

시아령 黑河)로 불러들였다. 코민테른 동양비서부는 고려혁명군정의회의
총사령관에 갈란다라시윌린, 부사령관에 오하묵을 임명하고 1921년 6월
에 자유시에 도착하여, 간도로부터 들어온 독립군 부대들을 포함한 全軍
이 고려혁명군정의회 산하에 들어와 통합할 것을 요구하였다. 이에 대하
여 이동휘 계열의 상해파 고려공산당을 지지하는 박일리아부대(사할린
의용대) 등이 거부반응을 보이자, 갈란다라시윌린과 오하묵 등은 사할린
의용대의 무장해제를 명령했고, 사할린 의용대가 이를 거부하자 갈란다
라시윌린은 러시아 적군 제29연대를 동원하여 사할린 의용대를 공격케
함으로써 사망 272명, 익사 37명, 행방불명 250여 명, 포로 917명의 참혹
한 희생을 내었다.[60] 이것이 '黑河事變'(자유시참변)이라고 부르는 사건이
었다.

안무의 대한국민군은 사할린 의용대의 주둔지에서 벗어나 있었고, 이
군권투쟁에서 중립을 지켰기 때문에 직접적 피해는 별로 입지 않았으
나, 최진동의 군무도독부군은 사할린 의용대와 함께 있다가 큰 피해를
입었다.

고려혁명군정의회는 대한독립단 병력을 무력으로 산하에 통합하여 3
개 연대를 편성했는데, 안무의 대한국민군은 홍범도의 대한독립군과 함
께 제3연대에 편입되었다.[61]

이르크츠크에 있던 코민테른 동양비서부는 1921년 7월 5일 다시 고려
혁명군정의회에 대해 全軍을 인솔하고 바이칼 호수 부근의 이르크츠크
로 오라는 지령을 내렸다. 그러나 간도에서 온 독립군들이 이에 불복하
여 이것이 바로 집행되지 못했다. 고려혁명군정의회 사령관 갈란다라시
빌리는 1921년 8월 5일부터 자유시의 모든 한국인 독립군들을 이르크츠
크로 수송하기 시작하였다. 간도로부터 들어간 독립군 부대들은 이미

---

60) 〈高警第29446號, 不逞鮮人團의 軋轢〉, 1921年 12月 16日字 ; 《朝鮮獨立運動》 제3권, pp.
   518~519 참조.

61) 金俊燁·金昌順, 《韓國共産主義運動史》 제1권(청계연구소), p.323 및 《在魯高麗革命軍
   隊沿革》, p.69 참조.

무장해제된 상태였기 때문에 그들의 입장을 관철시킬 힘이 없었다. 안무의 대한국민군도 이들에 포함되어 이르크츠크로 수송되었다.

코민테른 동양비서부는 1921년 8월 말에 다시 고려혁명군정의회를 폐지하고 소비에트 적군 제5군단 관할 하의 韓族旅團으로 개편하였다. 여기서 안무는 군권을 박탈당하고, 대한국민군도 대부분 이에 편입되어 완전히 해체되었다.

안무가 언제 이르크츠크를 떠나서 이만으로 돌아왔는지는 분명치 않으나, 추정하건대 1922년 후반기였던 것으로 보인다. 1923년 5월의《동아일보》보도는 안무가 이만에서 다른 독립군 부대 사령들과 함께 독립군 재건을 위하여 활동하고 있음을 보도하였다.

> 최근 아라사 沿海縣 이만에서 朝鮮獨立團 軍政署會議가 열리어 각지에 있는 獨立團의 영수들이 모여 △ 獨立軍人의 모집, △ 무기, 군복, 양식 등의 준비 △ 朝鮮內地 침입방법 등을 협의하였는데 참석자 중에서 중요한 인물은 아래와 같다더라. △ 金佐鎭 △ 洪範圖 △ 李靑天 △ 李秉采 △ 金奎麟(植의 誤字?) △ 安武 △ 鄭一武외 10여 명(해삼위 전보).[62]

安武는 독립군 재건을 위하여 1924년에 만주 간도에 잠입하였다. 안무는 1924년 9월 6일 밤 9시에 간도 용정 부근 八道溝 정팡이 지방 柳林 중에서 일본군의 기습 총격을 받고 중상을 입은 채 체포되어 慈惠病院에 입원했으나 바로 운명하였다.[63]

안무가 지휘한 대한국민군은, 존속기간은 2년도 채 되지 않았으나, 봉오동전투와 청산리 독립전쟁에 모두 참전하여 빛나는 공훈을 세웠다. 대한국민군은 흑하사변을 계기로 마침내 1921년 8월 해체당했으나, 그 사령관 안무는 간도로 돌아와 독립군 재건을 위해 활동하다가 1924년 9월 일본군의 기습으로 싸우다 순국한 것이었다.

---

62)《東亞日報》1923년 5월 11일자, 3면.
63)《抗日國民會軍》, p.331 참조.

올해 봉오동전투·청산리 독립전쟁 70주년을 맞이하여, 그늘 속에 가려져서 잊혀져버린 대한국민군과 그 사령관 안무의 애국적 역사의 한 면을 되찾을 필요가 있을 것이다.

(《汕耘史學》 제5집, 1991)

尹奉吉의 上海虹口公園 特攻義擧

1. 문제의 설정

대한민국 임시정부의 독립운동을 재검토하는 경우, 반드시 재평가하고 재검토해야 할 독립운동이 尹奉吉 의사의 上海 虹口公園 의거이다.

윤봉길 의거는 일제가 당시 일본군 10만 명과 비행기 100대를 투입해서 '上海事變'을 일으켜 중국군 30만 명의 저항을 물리치고 상해를 침략 점령한 일본군의 상해점령사령부 사령관 이하 군정 수뇌 7명을 섬멸한 대전과를 올리어 전세계를 놀라게 하였다. 윤봉길 의거는 1932년 4월 29일 오전에 상해 홍구공원으로 이동한 일본군 사령부를 기습 공격하여, 사령관 이하 최고 군정 수뇌들을 섬멸해 버린 특기할 전과를 낸 것이었다. 이것은 중국군 30만 명도 해내지 못하고, 어떠한 한국 독립군 부대도 단일 전투로는 해내지 못한 대전과였다.

문제는 윤봉길 의거의 이러한 대전과를 당시 일제측은 '테러'로 규정했는데, 이를 받아서 전세계가 윤봉길 '의거'를 '테러'로 보도했을 뿐 아니라, 그 후 민족운동을 다루는 지식인들 일부까지도 엄격한 검토 없이 이를 '테러'로 간주해 왔다는 사실이다. 이 때문에 윤봉길 의거는 아직까지도 정당한 평가를 제대로 받아오지 못한 측면이 있다고 할 수 있다.

이 글에서는 이러한 '테러' 여부의 성격 문제에 유념하면서 실증적 자료들에 기초하여 ① 윤봉길 의거를 불러일으킨 국제적 조건의 변동, ②

대한민국 임시정부의 대응, ③ 임시정부의 대응과 윤봉길 의거의 관계, ④ 윤봉길 의거의 내용, ⑤ 윤봉길 의거의 독립운동사상의 의의, ⑥ 윤봉길 의거의 '테러' '특공작전'의 판별 문제 등을 중심으로 윤봉길의 상해 홍구공원 의거 전반을 포괄적이고 실증적으로 밝히려고 한다.[1]

2. 일제의 도전에 따른 한국독립운동의 국제적 조건 변동

윤봉길의 상해 홍구공원 의거를 정확하게 이해하기 위해서는, 당시 일본제국주의의 중국 침략과정에 도전함으로써 조성된 중국에서의 한국 독립운동의 조건 변동을 반드시 먼저 고찰할 필요가 있다.

첫째로, 먼저 고찰해야 할 것은 일제가 1931년 7월 萬寶山事件을 조작하여 한국과 중국 양민족을 이간시키는 데 성공한 결과, 한국인에 대한 중국인의 악감정과 적대적 행동으로 滿洲와 中國關內에서 한국민족 독

---

1) 尹南儀, 《尹奉吉一代記》(正音文庫), 1975.

任重彬, 《千秋義烈 尹奉吉》(인물연구소), 1975.

《나라사랑》 제25집(1976), 〈梅軒 尹奉吉 특집호〉의 계몽적 논문들 : 송건호, 《윤봉길의 민족사상》; 윤병석, 《윤봉길의 상해의거》; 홍순옥, 《上海의거의 배경과 위치》; 조동걸, 《임시정부의 上海의거》; 박용옥, 《윤봉길의 농촌운동》; 임중민, 《유고로 본 매헌 정신》; 이민수, 《매헌 윤봉길의 생애》; 김홍일, 《윤의사의 폭탄과 나》; 조경환, 《푸른피가 천추 를 거슬러》; 정화암, 《상해의거에 얽힌 이야기》; 이강훈, 〈상해의거의 교훈〉; 배용순, 《영원한 남편 윤의사》; 윤남의, 《덕산시절의 선백》.

李炫熙, 〈李奉昌義士와 尹奉吉義士의 抗日投彈義擧〉, 《三·一運動과 臨時政府의 法統性》(동방도서), 1987.

金昌洙, 〈한인애국단의 성립과 활동〉, 《한국독립운동사연구》 제2집, 1988.

愼鏞廈, 〈尹奉吉〉, 《獨立運動家列傳》(한국일보사), 1989 참조.

尹奉吉義士義擧 60周年紀念 國際學術會議, 《韓國獨立運動과 尹奉吉義士》(1992. 4) 수록 논문들 : 尹炳奭, 〈1932년 上海義擧 전후의 國際情勢와 獨立運動의 동향〉; 愼鏞廈, 〈尹奉吉의 上海義擧와 그 意義〉; 胡春惠, 〈尹奉吉 義擧가 韓國獨立運動 및 中國社會에 미친 영향〉; 李康勳, 〈尹奉吉 義烈의 論贊과 民族精神〉.

金學俊, 《梅軒 尹奉吉 評傳》(의거60주년 기념사업추진위원회), 1992.

愼鏞廈, 〈尹奉吉의 農民運動과 民族獨立運動〉, 《韓國學報》 제81집, 1995.

───, 〈白凡 金九와 韓人愛國團의 獨立運動〉, 《조동걸교수 정년기념논총》(나남), 1997.

립운동이 거의 불가능하게 된 조건이다.

즉 만주 길림성 萬寶山 三城堡에서 한국인들이 친일적인 한 중국인으로부터 토지를 빌려 水田으로 개간하려고 水路를 시설하려 한 것이 수로 주변의 중국인 토지에 피해를 주게 되자, 수로 주변의 중국농민들이 1931년 7월 1～2일 공사장에 난입하여 수로공사를 중단시킨 일이 일어났다. 일본 關東軍은 이것을 한·중 양민족을 이간시키는 데 악용하려고 획책해서 기관총 3정 등으로 무장한 일본 경찰을 증파시켜 중국인들을 억압하고 수로공사를 강행시키는 한편, 한국 국내신문 長春지국에 근무하는 친일 중국인 張小峰을 시켜서, 중국인들의 습격을 받아 한국인들이 만보산에서 다수 살해되었다는 허위보도가 나가도록 공작하였다. 국내 한국인들은 이 허위보도에 속아서 격앙되어 1931년 7월 3일부터 9일 사이에 인천·서울·원산·신의주·평양 등지에서 중국인 109명을 살해하고 160여 명을 부상케 하였다. 생명의 위협을 느낀 6천여 명의 화교들이 황급히 중국으로 돌아갔으며, 만주에서는 중국인들이 이에 대한 보복으로 한국인들을 습격하여 살해하기 시작하였다.[2]

일제의 이 만보산사건 조작으로 말미암아 한·중 양민족의 연대는 완전히 깨졌을 뿐 아니라, 중국인들 사이에서 한국인에 대한 증오와 적대행동이 만연하게 되었다.

당시 한국민족의 국외 독립운동의 가장 큰 부분이 만주와 관내 등 중국에서 전개되고 있었으며, 중국에서의 한국민족 독립운동은 중국인들의 묵인과 이해와 협조 없이는 불가능하였다. 그런데 만보산사건 이후에는 중국인들의 한국민족 독립운동에 대한 묵인이나 협조는커녕 한국인들을 극도로 증오하게 되었으므로, 이러한 조건에서는 중국에서의 한국민족 독립운동은 불가능하게 된 것이었다. 이제 중국 영토 안에서의 한국민족 독립운동을 위해서는 무엇보다도 한·중 양민족의 연대 회복이 먼저 해결해야 할 매우 긴급한 과제로 대두된 것이었다.

---

2) 朴永錫,《萬寶山事件硏究》(아세아문화사), 1978 참조.

둘째로 주목해야 할 것은 일제의 9·18 만주침략이다. 일본 관동군은 한·중 양민족의 이간 분열에 성공하자, 1931년 9월 18일 만주 봉천의 북쪽 교외 柳條溝 부근의 남만주철도(일본 소유) 선로를 스스로 폭파하고, 이것을 '중국군의 소행'이라고 뒤집어씌우면서 군사침략작전을 시작하여, 약 4개월 만에 만주의 주요 도시와 철도연선을 모두 점령하였다. 뒤이어 일제는 1932년 3월 1일 괴뢰 만주국을 수립하여 전 청국황제 溥儀를 집정으로 취임시켜 만주지역을 중국으로부터 떼어내어 일제의 직접 지배 아래 두었다.

일제의 만주에 대한 직접 지배와 괴뢰 만주국의 성립은 만주 지방에서 벌이는 한국민족독립운동에 더욱 불리한 조건을 조성하였다. 중국인들도 일제에게 만주를 침탈당하여 울분에 싸였으나, 국력이 부족하여 그들로서도 어찌할 수가 없었다

셋째로 주목해야 할 것은 일제가 1932년 침략 도발한 1·28 上海事變이다. 일제는 육군이 주동이 되어 만주침략에 성공하자, 상해 방면에 파견되어 있던 일본 해군이 주도해서 경쟁적으로 상해를 침략 점령하여 중국 국내 침략의 교두보를 만들려고 획책하였다. 일본군은 중국인 불량배를 매수하여 1932년 1월 18일 일본 승려와 신자 2명을 습격케 해서 중상을 입혔다. 그 가운데 1명이 1월 24일 사망하자, 일제는 1월 27일에 24시간 시한부로 상해 시장의 사과, 가해자의 처벌, 피해자에 대한 배상, 排日운동의 단속 등을 요구하였다.

일제가 침략의 구실을 조작하고 있음을 알게 된 중국측이 1월 28일 오후 3시 일본측의 요구에 대한 수락의 뜻을 통고했음에도, 일본측은 1932년 1월 28일 밤 11시 10분 군사침략작전을 시작하였다.

중국측에서는 蔡廷楷가 지휘하는 제19로군이 시가전을 벌이면서 완강하게 항전하였다. 중국 국민당정부는 수도 南京이 상해와 가까워서 일본함대의 공격 위험이 있으므로 1월 29일 수도를 洛陽으로 임시 천도함과 동시에 蔣介石 예하의 張治中이 지휘하는 정예 제5로군(제87사단과 88사단)을 상해 방어에 투입하여 제19로군과 협동해서 상해를 지키도

록 하였다. 일부 민병대도 참가하였다. 일본군은 중국군의 완강한 저항
에 부딪혀 한때 고전을 면치 못했으나, 본국으로부터 해군과 육군을 증
파하여 병력 10만 명에 비행기 100여 대를 투입해서 집중공격을 자행하
여 1개월여의 치열한 전투 끝에 결국 중국군을 패배시켜 후퇴케 하고,
일본군이 상해를 점령해 버리고 말았다.

중국 국민들은 일본군의 불법적인 상해 침략과 점령에 통분하여 발을
구르며 치를 떨었으나, 중국군 30만 명을 투입하고서도 힘이 부족하여
상해를 지키지 못했으므로 어찌할 수가 없었다.

넷째로 주목해야 할 것은 당시 상해 프랑스 租界 안에 있던 대한민국
임시정부의 어려움이다. 임시정부는 성립기의 융성과는 달리 1923년 국
민대표대회 실패 이후 현저히 약화되었으며, 1927~1928년경에는 해외
동포들의 재정헌금도 거의 중단되고, 독립운동가들도 대부분 상해를 떠
나버려 소수의 임시정부 고수파들이 외롭게 임시정부의 간판을 지키고
있었다. 특히 1932년에는 일본군의 1 · 28 상해사변과 상해점령으로 말미
암아 연초부터 프랑스 조계 안에 있던 임시정부는 완전히 일본군의 포
위 안에 든 것이나 다름없이 고립되어 더욱 어려운 처지에 떨어지고 말
았다.[3]

3. 대한민국 임시정부의 대응과 임시정부 特務隊로서 韓人愛國團 창립

일본제국주의에 의해 조성된 이러한 중국 안에서의 독립운동의 조건
변동에 대하여 대한민국 임시정부는 최악의 역경 속에서도 대담하고 기
민하게 대응하였다. 이에 대한 임시정부의 대응의 하나가 '韓人愛國團'
의 창립이었다.

---

3) 金九,《白凡逸志》;《白凡金九全集》(백범김구선생전집편찬위원회 편, 대한매일신보사
   발행, 1999) 제2권, pp.741~742 참조.

우리가 먼저 주목해야 할 것은, '한인애국단'은 대한민국 임시정부가
국무회의에서 의결하여 설립한 '特務隊'(特攻隊)라는 사실이다.

임시정부는 한민족 독립운동을 고양시키고 '만보산사건'으로 조성된
중국인의 反韓감정 문제의 해결과 일본군의 만주침략(만주사변, 1931년
9월 18일)으로 조성된 위기의 타결책으로서, 특별기관으로 '특무대'를 설
치하여 그 대장에 白凡 金九를 임명하고, 모든 활동의 계획·실행·책임
을 지도록 결정하였다. 이에 김구는 이 특무대의 이름을 편의상 '한인애
국단'이라고 칭하면서, 임시정부 '특무대'로서 한인애국단을 1931년 11월
에 창립한 것이었다.

당시 임시정부를 포위하고 정밀한 첩보활동을 하고 있던 일제 정보당
국은 이에 대하여 당시 다음과 같이 보고하였다.

> 昭和 6년(1931년 - 인용자) 9월 滿洲事變 후 韓國臨時政府에서는 누차 國務
> 院會議를 개최하고 協議한 결과 임시정부의 頹勢를 만회하고 중국민중의 항일
> 기세가 오른 것을 기회로 …… 特務隊라는 機關을 設하고 불원 北京여행의 예
> 정이었던 內田滿鐵總裁를 암살하기로 결정하고, 金九를 隊長으로 임명하고 此
> 의 계획 並 실행의 一切를 一任함과 共히 임시정부 자금수입의 半額을 特務隊
> 에 지급하기로 하고, …….[4]

한편 당사자인 백범 김구는《백범일지》에서, 임시정부에서 논의한 결
과 한인애국단을 조직하기로 결정하고, 그 모든 책임을 백범이 전담하여
결과를 임시정부에 보고하도록 全權을 백범에게 위임했다고 다음과 같
이 기록하였다.

> 당시 정세로 말하면 우리 민족의 독립사상을 떨치기로 보거나 또 만보산사
> 건, 만주사변과 같은 것으로 우리 한인에 대하여 심히 악화된 중국인의 악감을

---

4) 〈櫻田門 및 虹口公園投彈에 대한 供述槪要〉,《韓國獨立運動史資料》(國史編纂委員會
編) 제2권, p.256.

풀기로 보거나 무슨 새로운 국면을 타개할 필요가 있었다. 그래서 우리 臨時政
府에서 논의한 결과 韓人愛國團을 조직하여 암살과 파괴공작을 하되, 돈이나
사람이나 내가 전담하고 그 결과를 정부에 보고하라는 전권을 위임받았다.[5]

위의 두 자료에서 '한인애국단'은 대한민국 임시정부의 국무회의에서
여러 차례의 회의의 결과 '특무대'로서 조직하기로 결정하여, 그 조직과
활동과 책임을 백범이 맡도록 임시정부가 전권을 백범에게 위임하여
1931년 11월에 조직된 임시정부의 특무대임을 명백하게 알 수 있다.

그러면 '한인애국단'이라는 명칭을 가진 임시정부의 이때 특무대는
어떠한 성격을 가진 것이었을까? 그것은 '독립군의 특공대'와 같은 성격
이었다고 필자는 해석한다.

이 점과 관련해서는 1932년 윤봉길 의거가 대성과를 낸 후, 이에 경탄
한 蔣介石의 도움으로 中國軍官學校 洛陽分校 안에 韓人班을 특설하여
약 100명의 한국인 청년들에게 장교훈련을 시켰다가 1년 후 일제측의
강력한 항의로 그들 가운데 약 80명을 중국이름으로 변성명시켜 南京의
中央軍官學校에 입학시킨 일이 있는데, 백범은 이때 이 사관생도들을
묶어 '韓國特務隊獨立軍'을 조직하였다.[6] 이것은 임시정부 특무대로서
'한인애국단'의 후신 성격을 가진 것이었는데, 그 명칭이 '한국특무대독
립군'으로서 '독립군'이라는 용어가 이때에는 연결되어 있는 것이다.

또한 윤봉길 의거 때, 윤봉길은 조국의 청년들에게 남긴 遺囑詩에서
"피끓는 청년제군들아 준비하세 / 군복입고 총메고 칼들며 / 군악 나팔
에 맞추어 행진하세"라고 기록하였다. 윤봉길도 독립군 항일무장전쟁에
참가를 호소하면서 홍구공원 의거에 나선 것이다.

이러한 사실들은 한인애국단의 활동을 당시 '항일무장전쟁의 범주'에
넣어 의식했음을 시사하는 것이라고 볼 수 있다. 그리고 이것은 한인애
국단을 지칭하는 특무대가 바로 독립군의 특무대와 같은 성격의 것이었

---

5) 金九,《白凡逸志》;《白凡金九全集》제2권, pp.751~752.
6)《思想彙報》第7卷, pp.35~36 및《朝鮮統治史料》제10권, pp.709~710 참조.

다고 볼 수 있는 근거의 일부를 보강해 주는 것이라고 필자는 생각한다.

백범이 창설한 한인애국단은 극비의 결사였기 때문에 그 정확한 인원과 단원 이름은 알 수 없다. 일제 정보기관은 한인애국단의 인원을 약 80명으로 추정했으며, 그 핵심단원으로 10여 명을 든 바 있다. 이를 중심으로 한인애국단원의 명단을 정리해 보면 다음과 같다.[7]

단장 金　九
단원 安恭根, 金東宇, 金海山, 嚴恒燮, 金弘壹(王雄), 安敬根, 孫昌道, 金毅漢, 白九波, 金鉉九, 孫斗煥, 周葉, 楊東浩, 李德柱, 兪鎭植, 李奉昌, 尹奉吉, 柳相根, 崔興植, 李秀峰, 李盛元, 李盛發, 王鐘浩, 李國革, 盧泰榮, 金競鎬, 金澈

그러나 백범이 그 단원을 발표한 일이 없고, 가명도 많이 사용했기 때문에, 큰 운동을 일으켜 드러난 경우 외에는 정확한 단원 구성을 현재로서는 알 수 없다.

백범 김구는 한인애국단 특공작전의 제1호로서, 단원 李奉昌을 일본의 수도 東京에 파견하여 日王에게 폭탄을 던졌으나 폭탄의 성능이 좋지 못하여 성공하지 못하였다. 그러나 한국인 독립운동가가 일본의 수도 동경에 들어가서 일왕을 겨냥한 특공작전을 감행한 사실에 전세계는 큰 충격을 받았다.

백범은 일제가 1·28 상해사변을 일으켜 상해를 점령하자, 한인애국단의 다음 특공작전으로 윤봉길의 상해 홍구공원 의거를 계획 추진한 것이었다.

---

7) 《白凡逸志》;《白凡金九全集》 제2권, pp.753~756과 《韓國獨立運動史資料》 제2권, 臨政篇 Ⅱ, pp.256~258, 《韓國民族運動史料》(國會圖書館 編) 3, 中國篇, p.826 및 《朝鮮統治史料》 제10권, pp.708~712에서 종합 작성함.

4. 대한민국 임시정부와 윤봉길 亡命의 관계

윤봉길은 1908년 6월 21일 충청남도 禮山郡 德山面 枾梁里에서 농민 尹璜의 아들로 태어났다. 윤봉길은 19세 때인 1926년 가을부터, 고향에서 농민운동을 시작해 '月進會'라는 단체를 조직해서 열심히 활동했다. 그러나 일제는 윤봉길의 온건한 농민운동까지 불온하게 간주해 방해하고 탄압하자, 농민운동까지도 나라를 먼저 찾은 다음에라야 제대로 할 수 있지, 일제 치하에서는 처음부터 큰 한계가 있음을 절감하였다.

윤봉길은 번민을 하며 심사숙고 끝에 독립운동을 하기 위하여 마침내 23세 때인 1930년 3월 6일 '丈夫出家生不還'(대장부가 집을 나가면 뜻을 이루기 전에는 살아 돌아오지 않는다)이라는 글을 남겨 놓고 중국을 향한 망명길에 올랐다.

윤봉길은 이때의 망명의 동기를 그 후 다음과 같이, 적 일제를 부수고 조국을 구하는 일을 하기 위한 것이었으며 상해 임시정부를 찾아가기 위한 것이었다고 기록하였다.

> 날이 가고 해가 갈수록 壓迫과 苦痛은 增加할 따름이었다. 나는 여기에 한 가지 覺悟가 섰다. 뻣뻣이 말라 가는 三千里 江山을 바라보고만 있을 수 없었다. 水火에 빠진 사람을 그대로 앉아 볼 수는 없었다. 각오란 나의 鐵拳으로 敵을 즉각 부수려 한 것이다. 鐵拳이란 널 속에 들어가면 無所用이다. 내 귀에 쟁쟁한 것은 上海 臨時政府였다. 上海를 목적하고 부모형제, 艾妻愛子와 고향 산천을 버리고 쓰라린 가슴을 부여잡고 압록강을 건넜다.[8]

즉 윤봉길은 상해 임시정부를 찾아가 독립운동을 하려고 망명한 것이었다. 윤봉길이 망명 후, 중국 靑島에서 1931년 10월 18일 고향(어머니)에 써보낸 편지에도 그의 출가와 망명의 동기를 설명하고 있다.

---

8) 윤봉길, 〈自書略歷〉; 국회도서관 편, 《韓國民族運動史料》(중국편), pp.720~722.

千思萬慮하여 보았으나 현재 경제고통은 점점 커 가는 반면 우리 가사는 점점 어려워진다. 이것이 어느 놈의 행동인가. 나는 이것이 逆境을 밟으려는 결심의 효시였다. 두 주먹으로 방바닥을 두드리며 항상 혼자 부르짖기를, 사람은 왜 사느냐? 理想을 이루기 위하여 산다. 이상은 무엇이냐? 목적의 성공자이다. 보라. 풀은 꽃이 피고 나무는 열매를 맺는다. 만물의 영장인 사람, 나도 이상의 꽃이 피고 목적의 열매가 맺기를 자신하였다. 그리고 우리 청년시대는 부모의 사랑보다, 형제의 사랑보다, 처자의 사랑보다 일층 더 剛毅한 사랑이 있는 것을 覺悟하였다. 나의 雨露와 나의 강산과 나의 부모를 버리고라도 이 길을 떠나간다는 결심이었다.[9]

윤봉길은 또한 상해의거 직후 일제 헌병대의 심문에 대해서도, 고향에서 동포들이 일본인에게 박해당하고 있는 데 분개하여 해외에서 독립운동을 하기 위해 상해 독립운동 기관을 찾아 망명한 것이라고, 다음과 같이 당당하게 응답했다고 일제 보고서는 기록하였다.

　　범인(윤봉길)의 自供에 의하면, 鄕里에서 同胞가 內地人(일본인 - 인용자)에게 박해당하고 있음에 분개하여 해외에서 獨立運動을 해야 한다는 사상을 품기에 이르렀다. 즉 17, 8세경부터 신문·잡지를 閱讀함에 이르자, 朝鮮은 그 固有의 文化를 갖고 自力으로 훌륭히 統治할 수 있음에도 불구하고 왜 日本에 服從하여 그 통치하에 있지 않으면 안 되는가. 世界文明의 進步된 今日 他國에 合倂되어 있는 것은 恥辱이라는 생각을 품기에 이르렀다. 신문지상에서 上海에 獨立運動의 機關이 있음을 알게 되자 同地에 가서 韓國獨立을 위하여 活動하려고 도래한 것이라고 한다.[10]

여기서 일제가 기록한 '上海 독립운동의 기관'이 상해 대한민국 임시정부였음은 말할 필요도 없다. 즉 윤봉길은 날이 가고 해가 갈수록 일제의 압박과 고통이 증가하는 식민지 상태의 비참한 조국의 현실 속에서 높은 고유문화를 가진 자기 조국이 일제의 식민지 지배를 받고 있는 치

---

9) 윤봉길, 〈중국 청도에서 고향 어머니에게 보낸 편지〉 제2신, 《매헌충의록》.
10) 日本內務省保安課, 《上海ニ於ケル尹奉吉爆彈事件顚末》(1932年 7月), p.19.

욕을 통탄하고 두 주먹으로 혼자 방바닥을 두드리며 혼자 부르짖고 번
민하다가 뻣뻣이 말라가는 삼천리 강산과 일제의 재앙에 빠진 동포들을
그대로 앉아 볼 수만 없어서, 부모의 사랑보다, 형제의 사랑보다, 처자의
사랑보다도 한층 더 剛毅한 사랑인 민족과 조국에의 사랑을 실천하여
적 일제를 철권으로 부수는 독립운동에 생명을 바칠 것을 결심하고, 처
음부터 상해 대한민국 임시정부를 찾아 23세 때인 1930년 3월 임시정부
가 활동하고 있는 중국으로 망명한 것이었다. 윤봉길은 1930년 3월말 신
의주를 거쳐 만주 安東에 도착해서, 안동에서 배를 타고 4월 상순에 靑
島에 도착하였다. 청도에서는 일본인 세탁소에서 일을 하여 약간의 여
비가 저축되자 청도를 출발하여 1931년 5월 8일 상해에 도착하였다. 윤
봉길은 상해에 도착하자 곧 프랑스 조계 안에 있는 대한민국 임시정부
의 민간 외곽단체인 大韓僑民團 사무소에 찾아가서 金九·金東宇 등과
면회를 하고 독립운동 참가 희망을 진술하였다.[11]

윤봉길은 김구의 알선으로 상해에서 처음에는 생계를 위하여 한국인
朴震이 경영하는 모자 제조공장인 중국채품공사에서 직공으로 일하면
서, 韓人工友親睦會를 조직하는 일 등의 활동을 하였다. 그러나 1932년
에 들어서자 북경으로부터 원료 반입이 끊겨 公司의 사업이 크게 축소
되고 윤봉길 등도 해고되었다. 윤봉길은 1932년 3월부터 프랑스 조계 馬
浪路 普慶里 23호 桂春方(전차 차장) 집에 기숙하면서 계춘방과 함께 매
일 오후 공동조계 홍구시장에 나가서 蔬菜場,[12] 粉類商을 개점하기도 하
였다.[13]

---

11) 《上海ニ於ケル尹奉吉爆彈事件顚末》, p.14 참조. 윤봉길의 중국 망명 직후부터의 생활과
    활동에 대해서는 자료에 따라 시기와 일정에 차이가 있으나, 여기서는 사건 직후에 일제
    관헌이 윤봉길 의사의 진술 내용과 자기들의 조사내용을 치밀하게 정리한 위의 자료가 새
    로이 입수되었으므로, 이 자료에 의거한다.

12) 윤봉길, 〈自書略歷〉 참조.

13) 《上海ニ於ケル尹奉吉爆彈事件顚末》, pp.15~16 참조.

5. 虹口公園 의거의 준비

윤봉길은 그 사이 백범 김구가 매주 1회 정도 공장주 朴震을 방문할 때마다 다른 직공들과 함께 백범을 중심으로 시국문제를 토론했으며, 백범의 지도와 친교가 더욱 돈독하게 되어 다른 곳에서 단독으로 여러 차례 면담하면서 독립운동을 토론했고, 1932년 1월에는 백범으로부터 한인애국단이 李奉昌을 파견했다는 말을 들을 정도로 확고하게 신뢰하는 사이가 되었다.[14]

윤봉길은 上海에 체류하는 시기에 일제의 萬寶山事件 조작, 9·18 만주침략, 1·28 상해침략 등을 겪으면서, 백범이 지휘하는 한인애국단이 상해의 江灣비행장 격납고와 부두 무기창고를 폭파하려는 특공작전을 추진할 때 윤봉길은 부두노동자로 침투하기도 했다.[15] 마침내 윤봉길은 백범을 만난 자리에서 李奉昌 의사와 같은 일이 필요할 때는 자기가 이를 담당하겠다고 자원하여, 상해의거 준비가 진행되기 시작하였다.[16]

일본군은 1·28 상해사변을 일으켜 상해를 무력 점령한 후 승리에 취하여 1932년의 天長節(일본 천황 생일 경축일, 4월 29일)은 일본군의 상해 점령전승 경축식을 겸해서 외국인 공동조계인 虹口公園(신공원)에서 거행할 예정이며, 경축식과 동시에 관병식이 있는데, 이번에는 장내에 매점을 설치하지 않을 것이므로 일본 거류민들은 日章旗와 함께 각자 도시락과 수통을 휴대하고 참석하라는 내용을 상해에서 발행되는 일본신문지상에 보도케 하였다.[17]

백범은 상해 홍구공원에서 일본군의 천장절 겸 전승경축식을 일제에

---

14) 《上海二於ケル尹奉吉爆彈事件顚末》, p.21 참조.

15) 金弘壹, 〈中·日戰爭과 臨政〉(三十年間의 獨立鬪爭記 完), 《思想界》 1965년 5월호 및 《白凡逸志》; 《白凡金九全集》 제2권, pp.754∼755 참조.

16) 《白凡逸志》; 《白凡金九全集》 제2권, p.755 참조.

17) 《上海二於ケル尹奉吉爆彈事件顚末》, p.39 참조.

게 대타격을 가하고 독립운동을 크게 고양시킬 일대 반전의 특공작전을 감행할 절호의 기회라고 판단하였다.[18] 왜냐하면, 이날의 전승경축식에는 상해 주둔 일본군사령부의 총사령관 이하 軍·政 수뇌들이 그대로 이동하여 모두 여기에 모일 것이기 때문이었다. 만일 여기에다 특공작전을 감행하여 성공하기만 한다면 중국군이 第19路軍과 第5路軍 등 30만 명을 투입하여 막대한 희생을 내면서 항전하고도 이기지 못해서 상해를 점령당한 것과 달리, 대한민국임시정부 특공대가 일본침략군 총사령부 전체를 폭파시키는 것과 동일한 전과를 낼 수 있는 것이었다. 오직 문제는 처음부터 자기의 생명을 바쳐야 하는 이 특공작전을 누가 감행할 것이며, 과연 이 작전이 성공하겠는가의 여부뿐이었다.[19]

윤봉길이 이 중대한 특공작전의 감행을 자원하였다. 이것은 참으로 殺身成仁의 결단이었다. 왜냐하면 특공작전의 감행은 작전수행과 동시에 자기도 기꺼이 생명을 바쳐야 하는 작전이었기 때문이다. 백범의 기쁨은 더 말할 나위도 없었다. 윤봉길의 특공작전은 앞에서도 밝힌 바와 같이 사전에 임시정부의 국무회의의 승인을 획득하였다.[20]

윤봉길은 한인애국단에 가입하고 1932년 4월 26일 한인애국단장 김구 앞에서 血書로 다음과 같은 〈선서문〉을 써 이 사명을 수행할 것을 맹세하였다.[21]

---

18) 〈尹奉吉判決書〉;《韓國民族運動史料》(중국편), pp.717~719.
19) 愼鏞廈, 〈尹奉吉의 農民運動과 民族獨立運動〉 참조.
20) 《韓國獨立運動史資料》 제2권, 〈櫻田門 및 虹口公園投彈에 대한 供述槪要〉, p.258. "결행 국무원회의에 자문하여 승인을 득함을 예로 한 모양으로, 4월 26일 홍구공원 사건계획을 국무회의에 제출하고, '래 4월 29일 홍구공원에서 일본육군의 열병식이 거행되므로 윤봉길이란 자를 사용하여 폭탄을 투척케 하여 재차 日支戰爭을 발발시키도록 계획을 진행하였다'고 該計劃 및 윤봉길의 인물 등을 설명하여 승인을 구하였던 바 조소앙, 조완구는 '현재 일본육군이 내호중인 此際에 如斯한 사건을 조선인이 결행한다면 조선인은 上海에 거주할 수 없게 될 것이라'고 반대한 데 대하여, 김구는 '본건은 鮮人이 결행한 것이라는 것을 절대 비밀로 하고 차의 절대비밀을 기하기 위하여 윤봉길에게는 鮮人이라는 것의 발각의 우려가 있는 물건은 일체 소지시키지 말고 결행과 동시에 자살할 것을 명령하여 놓았음으로써 如斯한 염려는 없다'고 설명하여 異議 없이 만장일치로 가결되었다" 참조.
21) 嚴恒燮, 《屠倭實記》(국제문화협회), 1946, p.56 참조.

　　나는 赤誠으로써 祖國의 獨立과 自由를 回復하기 위하여 한인애국단의 일원이 되어 중국을 침략하는 敵의 장교를 屠戮하기로 맹세하나이다.

大韓民國 14년 4월 26일

선서인 尹奉吉　

　　　　한인애국단 앞[22]

　　윤봉길은 이 선서문과 함께 사진촬영도 할 예정이었으나 날씨가 나빠 촬영은 중지하고 다음날로 연기하였다. 김구는 윤봉길에게 東方公寓에 숙소를 정하도록 하고, 또 일본군 白川 대장과 植田 중장의 사진을 구하여 얼굴을 익히도록 했으며, 일본 보자기 1장을 구입해 두도록 하였다.[23]

　　윤봉길은 4월 27일에는 安恭根의 집에서 양복을 입고 독사진 1장, 가슴에 선언문을 펴 붙이고 왼손에 폭탄, 오른손에 권총을 들고 태극기를 배경으로 한 사진 1장, 그리고 김구와 함께 찍은 사진 1장 등 모두 3장의 기념사진을 촬영하였다. 윤봉길은 이어 공동조계 오송로에 있는 일본인 상점에 가서 일본 보자기 1장을 구입하고 숙소를 동방공우로 옮겼다. 저녁 7시 30분경 김구가 동방공우로 윤봉길을 방문하여, 폭탄은 發音 4초 후에 폭발하도록 되어 있으며, 거사에 사용할 폭탄은 29일 아침에 手交할 것이라는 설명을 듣고, 28일 중국기독교청년회관에서 재회하기로 약속한 후 헤어졌다.[24]

　　윤봉길은 4월 28일에는 정오에 김구를 중국기독교청년회관에서 만나 회식을 하고, 일본인 상점에 가서 白川 대장과 植田 중장의 사진 1장씩을 구입한 다음 日章旗도 준비했다.[25] 이어서 경축식전이 꾸며지고 있는 현장을 답사하였다.[26] 윤봉길은 홍구공원을 답사하면서 그의 발에 밟힌

22) 독립기념관 소장, 〈윤봉길의 선서문 사진〉 및 《韓國民族運動史料》(중국편), p.720 참조.
23) 《上海ニ於ケル尹奉吉爆彈事件顚末》, pp.25~26 참조.
24) 위의 책, pp.26~27 참조.
25) 《白凡逸志》 ; 《白凡金九全集》 제2권, p.756 참조.
26) 《上海ニ於ケル尹奉吉爆彈事件顚末》, pp.27~28 참조. 자료에 따라서는 윤봉길이 虹口公園의 현장을 답사한 일자를 4월 27일의 일로 기록한 것도 있으나 이러한 자료들은 4월 28일의 윤봉길의 활동을 정밀하게 적지 못하고 있는 반면에, 위의 자료 《上海ニ於ケル尹

풀들이 어떤 것은 다시 일어나지 못하고 어떤 것은 다시 일어서는 것을 들여다보며 감회가 깊어 조국의 봄을 기다리는 다음과 같은 유촉시를 한 편 지었다.[27]

新公園에서 踏靑하며

萋萋한 芳草여
명년에 春色이 이르거든
왕손으로 더불어 같이 오게
靑靑한 방초여
명년에 春色이 이르거든
高麗江山에도 다녀가오
다정한 방초여
금년 4월 29일에
放砲一聲으로 맹세하세.

윤봉길이 4월 28일 거사장소인 홍구공원을 사전답사하고 저녁 6시 30분경 숙소인 동방공우로 돌아왔다. 저녁 7시 30분경 김구가 다시 찾아와 후일의 기록을 위해 〈自書略歷(履歷書)〉과 〈유서〉를 써달라고 청하자, 간단한 〈自書略歷〉과 白凡을 기리는 시 1편, 조국청년들에게 남기는 遺詩 1편, 두 아들에게 남기는 유시 1편을 약 2시간에 걸쳐 써서 앞서의 〈新公園을 踏靑하며〉의 감상시와 함께 김구에게 남겨 두었다.[28] 백범 선생을 기리는 윤봉길의 시는 그의 백범에 대한 생각을 잘 나타내주고 있다.[29]

奉吉爆彈事件顚末》은 4월 중순부터의 윤봉길의 활동을 일자별로 정밀하게 조사하여 기록하고 있으므로, 이 글에서는 위의 자료에 의거하였다.

27)《尹奉吉聽取書》;《韓國民族運動史料》(중국편), pp.723~724 참조.

28)〈폭탄범인 윤봉길의 약력과 유언〉;《韓國民族運動史料》(중국편), pp. 720~723 참조.

29)《尹奉吉聽取書》참조. 윤봉길은 이〈自書略歷〉과 遺詩들이 발표를 전제하지 않고 즉석에서 지은 것이며, 만약 발표를 전제로 했다면 좀더 잘 지을 수 있었다고 술회하고 있다.

白凡선생에게

높고 웅장한 청산이여	巍巍靑山兮
만물을 품어 기르는도다.	載育萬物
울울창창한 소나무여	鬱鬱蒼松兮
사시장철 변함이 없도다	不變四時
맑고 빛나는 봉황의 날개여	濯濯鳳翔兮
천 길이나 드높게 날아오르도다.	高飛千仞
온 세상이 모두 흐림이여	擧世皆濁兮
선생만은 홀로 맑아 있도다.	先生獨靑
늙을수록 더욱 강건해짐이여	老當益壯兮
오직 선생의 의기뿐이로다.	先生義氣
와신상담함이여	臥薪嘗膽兮
선생의 붉은 정성이로다.	先生赤誠

윤봉길은 또한 조국청년들에게는 독립운동, 독립군에 참가를 부탁하는 다음과 같은 유시 1편을 남기었다.

청년 제군에게

피끓는 청년 제군들은 아는가
무궁화 삼천리 우리 강산에
왜놈이 왜 와서 왜 걸대나
피끓는 청년 제군들은 모르는가
되놈 되와서 되가는데
왜놈은 와서 왜 아니 가나
피끓는 청년 제군들은 잠자는가
동천에 曙色은 점점 밝아 오는데
조용한 아침이나 광풍이 일어날 듯
피끓는 청년 제군들아 준비하세
군복 입고 총 메고 칼 들며
군악 나팔에 발맞추어 행진하세

윤봉길은 그의 두 아들에게는 다음과 같은 유시를 남기었다

강보에 싸인 두 병정에게
－두 아들 模淳과 淡에게

너희도 만일 피가 있고 뼈가 있다면
반드시 조선을 위해 용감한 투사가 되어라.
태극의 깃발을 높이 드날리고
나의 빈 무덤 앞에 찾아와 한 잔 술을 부어 놓아라.
그리고 너희들은 아비 없음을 슬퍼하지 말아라.
사랑하는 어머니가 있으니.
어머니의 교양으로 성공자를
동서양 역사상 보건대
동양으로 문학가 孟軻가 있고
서양으로 불란서 혁명가 나폴레옹이 있고
미국에 발명가 에디슨이 있다.
바라건대 너희 어머니는 그의 어머니가 되고
너희들은 그 사람이 되어라.

25세의 청년 윤봉길인들 유서를 쓰면서 어찌 고향에서 그를 손꼽아 기다리는 부모형제와 어여쁜 아내와 어린 두 아들을 애절하게 그리지 않았겠는가.

윤봉길은 〈自書略歷〉과 遺詩들을 쓴 후 김구와 함께 프랑스 조계 華龍路 元昌里 13호 김해산의 집으로 가서 도시락 폭탄과 멜빵이 달린 수통형 폭탄을 보고 사용방법을 배워 익혔다.[30] 이 폭탄은 김구가 중국군 장교로서 중국군 제19로군 병기창 주임으로 복무하고 있던 王雄(한국명, 金弘壹)에게 부탁하여 중국인 기술자 王伯修의 지도 밑에서 특별히 제조한 고성능 폭탄이었다.[31]

---

30) 《上海ニ於ケル尹奉吉爆彈事件顚末》, p.28 참조.
31) 《白凡逸志》;《白凡金九全集》 제2권, pp.756~757 참조.

6. 윤봉길의 虹口公園 의거 대성공

윤봉길은 거사일인 4월 29일 아침 6시경 동방공우를 나서서 金海山의 집으로 가 김구·김해산과 함께 최후의 조찬을 함께 하였다. 윤봉길은 조찬 후 폭탄 2개를 건네 받고, 그중 (27일 구입한) 도시락형 폭탄은 일본 보자기에 싸서 들고, 수통형 폭탄은 어깨에 멘 후, 김구와 함께 집을 나서 霞飛路까지 걸으면서 석별의 정을 나누었다. 김구는 이때 적당한 기회를 포착하여 폭탄 2개를 가능하면 모두 투척할 것을 권고하였다.[32]

윤봉길은 김구와 헤어져, 부근 法大汽車公司에서 자동차(택시)를 빌려 타고 목적지 홍구공원(新公園)을 향하여 출발해서 아침 일찍 7시 45분경 홍구공원 정문 앞에 도착하였다.[33] 새벽 일찍 공원에 도착한 것은, 윤봉길이 사전답사를 통하여 이른 새벽의 홍구공원 정문은 중국인 수위가 경비한다는 것을 알아내고, 이를 취약지점으로 판단하여, 입장권이 없는 상태에서 중국인 수위에게 일본인처럼 보여서 공원 안에 쉽게 뚫고 들어가기 위함이었다.[34] 윤봉길은 바로 중국인이 지키고 있는 정문으로 입장하려고 하였다.[35] 공원의 정문에서 중국인 정문수위가 입장권의 제시를 요구하자, 윤봉길은 "나는 일본인이다. 입장권 따위가 무슨 필요가 있는가"라고 일축하고 바로 장내로 들어갔다.[36] 윤봉길의 차림은 당시 일본인들 사이에 유행하던 스프링코트를 착용하고 일본 보자기에 싼 도시락과 일본 수통을 메었으며, 손에 日章旗를 들었으므로, 중국인 수

32) 《上海二於ケル尹奉吉爆彈事件顚末》, p.29 참조.
33) The China Weekly Review(Vol. 60 No. 11), 1932년 5월 14일자, "The Alleged True Story of the Hongkew Park Bombing", p.351 참조.
34) The China Weekly Review(Vol. 60 No. 10), 1932년 5월 7일자, "Some Strange Phases of the Bombing Incident", p.315 참조.
35) 〈上海虹口公園에서의 폭탄투척사건〉의 〈피고인(윤봉길) 訊問調書〉; 《韓國民族運動史料》(중국편), pp.713~717 참조.
36) 《上海二於ケル尹奉吉爆彈事件顚末》, pp.29~30 참조.

위의 눈에는 틀림없는 일본인으로 보였을 것이다.

윤봉길은 홍구공원 안에서 일반관람석에 혼입하여 축하식을 참관하기로 하였다. 당시 홍구공원의 관병식·경축식 배치상황을 보면, 아래 그림(그림 1)과 같이, 중앙 式壇을 중심으로 그 전면의 좌·우에 일본군 장교들이 도열하고, 전면 중앙부에는 일본인 재향군인과 의용대와 소학생들을 도열시켰다. 그리고 식단의 후면에는 그 바로 뒤에 衛兵들을 배치하여 식단으로부터 20미터 밖에다 일반관람석을 차리었다.[37]

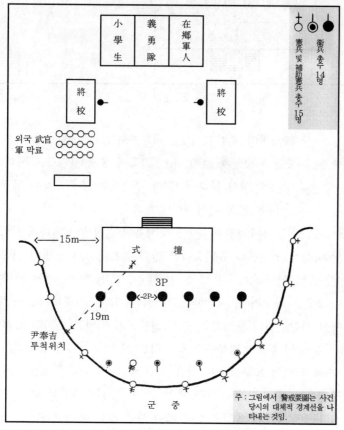

그림 1. 식장 경계 배치 要圖

---

37) 위의 책, p.9 참조.

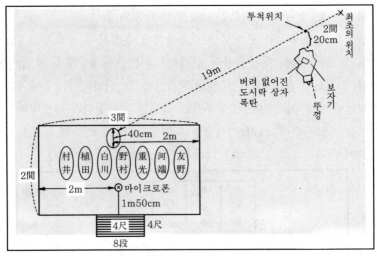

그림 2. 현장 약도

식단 단상에는 위의 그림과 같이, 시라카와(白川義則) 대장과 노무라 (野村吉三郎) 중장을 중앙에 앉게 하고, 좌측에는 제9사단장 우에다(植田 謙吉) 중장과 상해 총영사 무라이(村井), 우측에는 주중국공사 시게미쓰 (重光葵), 상해 거류민단장 가와바다(河端貞次), 거류민단 서기장 도모노 (友野) 등을 앉게 하여, 7명의 군·정 수뇌들이 단상에 列席하게 하였다.[38]

이날 참석자는 일본 거류민들 1만 명이 동원되고, 1만 명의 일본군인 들과 각국 외교관·武官들이 초청 참관되어 모두 2만여 명에 달하였다.

식은 2부로 나누어져, 제1부의 관병식은 오전 9시부터 虹口公園 앞 대로에서 기갑부대의 분열식을 펼쳐 일본군의 위력을 과시하고, 10시부 터 홍구공원 안에서 보병부대의 분열식을 시작하여 11시에 마쳤다. 제2 부의 축하식은 약 30분 휴게시간을 가진 후 11시 30분부터 시작하였다.

윤봉길은 관병식과 축하식을 관찰하면서 주위의 3중의 엄중한 경계 속에서 도저히 2개의 폭탄을 연속 투척하는 것은 불가능하다고 판단하 고, 수통형 폭탄을 던져 판가름을 내기로 결심하였다. 개회사와 축사가

---

38) 위의 책, p.10 참조.

있은 후에 비가 심하게 내리기 시작하고, 일본국가 '기미가요'(君が代) 합창이 시작되어 단상의 일본군 수뇌들과 참관자들이 모두 일어서서 엄숙하게 한눈을 팔지 않게 되자, 윤봉길은 '기미가요' 합창이 종료에 가까워 오는 순간에 지금이 최적의 기회라고 판단하여 이 시각을 선택하였다. 이것은 참으로 '정확한 순간'(the exact moment) 선택이었다.[39]

윤봉길은 이 순간을 선택함과 동시에 앞으로 전진하여 (식단을 향하여 우측 2間半의 지점에) 도시락형 폭탄을 땅에 내려놓고, 수통형 폭탄을 어깨에서 벗겨 오른손에 폭탄을 들고 왼손으로 안전핀을 잡아당겨 뽑은 후, 전방으로 2, 3명을 어깨로 밀어젖히면서 식단 후방 약 1간 정도의 거리까지 앞으로 달려나가서 시라카와(白川) 대장과 우에다(植田) 중장을 노리어 수통형 폭탄을 투척하였다.[40]

윤봉길이 투척한 폭탄은, 앞의 그림(그림 2)에서 볼 수 있는 바와 같이, 정확하게 시라카와 대장과 우에다 중장 바로 앞 단상 중앙에 떨어져 지축을 울리는 요란한 굉음을 내면서 폭발하였다. 단상에 있던 7명의 일본군 軍·政 수뇌들은 모두 일시에 쓰러졌고, 경축식장은 삽시간에 아수라장으로 변하였다. 이때가 1932년 4월 29일 오전 11시 50분경(일부 자료 11시 40분경[41])이었다.[42]

일본인의 활동이라고 착각이 들 만큼 일본인의 관습을 정확히 알고 기습공격했기 때문에 아무도 이를 저지할 틈을 얻지 못하였다.[43]

上海 파견 일본군 총사령관 시라카와 요시노리(白川義則) 대장은 중상

39) The China Weekly Review (Vol. 60 No. 10), 1932년 5월 7일자, "Some Strange Phases of the Bombing Incident", p.315, 321 참조.

40) 《昭和特高彈壓史》 第6卷, p.57, 〈1932年の上海朝鮮人の不穩狀況〉; 《朝鮮獨立運動》 제2권, pp.496~497 및 《上海ニ於ケル尹奉吉爆彈事件顚末》, p.30 및 The China Weekly Review (Vol. 60 No. 10), 1932년 5월 7일자, "Korean Bomb Thrower Wounds High Japanese Officials in Shanghai-One Succumbs", p.322 참조.

41) New York Herald Tribune, 1932년 4월 29일자, "Bomb Hurts Five Japanese Officials at Shanghais" 참조.

42) 《上海ニ於ケル尹奉吉爆彈事件顚末》, pp.30~31 참조.

43) The China Weekly Review(Vol. 60 No. 10), 1932년 5월 7일자, "Some Strange Phases of the Bombing Incident", p.315 참조.

을 입고 입원했다가 사망했으며, 우에다 겐키치(植田謙吉) 중장은 중상을 입고 오른쪽 발가락도 절단하였다.[44] 일본해군 제3함대 사령관 노무라 요시사부로(野村吉三郎) 중장은 중상을 입고 오른쪽 눈도 뽑아 내었으며, 주중국 공사 시게미쓰 마모루(重光葵)는 중상을 입고 오른쪽 다리도 절단하였다. 상해 거류민단장(행정위원장) 가와바다 사다쓰구(河端貞次)는 중상을 입고 즉사했으며, 상해 총영사 무라이(村井)와 거류민단 서기장 도모노(友野)는 중상을 입었다.[45]

윤봉길의 특공작전은 크게 성공하여 상해 파견 일본침략군 총사령부의 총사령관 이하 단상에 앉아 있던 군·정 수뇌 7명이 모두 섬멸당한 것이었다.[46]

윤봉길은 이어서 다음 도시락형 폭탄을 들려고 구부리는 순간에 일본 경비원과 일본 군경에게 덮쳐 군화·몽둥이로 잔혹하게 구타당해서, 두 번이나 기절상태로 쓰러졌다.[47] 윤봉길은 현장에서 일본 군경에 체포되어 끌려 나왔는데, "그는 머리에서부터 소매까지 피가 흘러내리고 있었으며, 심지어 소매에서도 피가 뚝뚝 떨어지고 있었다. 그는 이러한 부상에도 계속 싱긋 웃고 있었다"[48]고 목격한 현장 기자들이 보도하였다. 윤봉길은 현장에서 일제 군경에게 구타당해 피범벅이 된 상태에서도 그의 독립운동 특공작전의 대성공에 계속 환희의 미소를 보인 것이다.

일제는 윤봉길의 특공작전에 실로 심대한 타격을 입자, 상해 일본영사관 경찰이 총출동하여 프랑스 조계의 한국인 독립운동가들을 닥치는

---

44) 《上海申報》 1932年 5月 1日字,〈虹口炸彈案〉;《白凡金九全集》 제4권, pp.538~539 참조.

45) 《尹奉吉判決書》 및 《上海ニ於ケル尹奉吉爆彈事件顚末》, pp.5~8 참조.

46) *Honolulu Star Bulletin*, 1932년 4월 29일자, "High Japanese Officers Hurt in China Blast" 참조.

47) 《韓國民族運動史料》(중국편), p.704 및 *The Shanghai Times*, 1932년 4월 30일자 및 《新聞報》 1932년 4월 30일자 및 *China Press*, 1932년 4월 30일자 및 《中央日報》 1932년 5월 1일자 참조.

48) *The North China Herald*, 1932년 5월 3일자. "(……) he was streaming with blood from head to waist. It was even trickling from his sleeves. In spite of his wounds, he maintained a perpetual grin" 참조.

대로 검거하기 시작하였다.[49] 사건이 사건인 만큼 프랑스 경찰도 이번에
는 이를 막지 못하였다. 김구는 윤봉길의 특공작전에 관계없는 동포들
이 일제에 체포당하는 것을 염려하여 윤봉길의 배후는 김구와 韓人愛國
團임을 밝히는 성명서를 중국의 각 신문사에 돌리었다.[50]

윤봉길은 1932년 5월 25일 일본 상해파견군 군법재판에서 사형언도를
받고, 11월 18일 삼엄한 경비 속에 일본으로 호송되어 오사카 형무소에
수감되었다가, 12월 18일 가나자와(金澤) 육군형무소에 이감되었으며,
이튿날 1932년 12월 19일 아침 7시 30분 가나자와 교외 미고우시(三小
牛) 工兵작업장에서 일본군의 총살형 집행으로 25세의 젊은 나이에 殉
國하였다.[51]

7. 윤봉길의 上海 虹口公園 의거의 역사적 의의

윤봉길의 上海義擧는 1932년 4월 29일 하오 1시경 전세계에 뉴스로
보도되기 시작하여, 전세계 주요 신문들이 제1면에 대대적으로 이를 보
도하면서 세계를 경악케 하였다.[52] 처음에는 대부분 중국인이 일으킨 항
일 반침략투쟁의 일환이거나 일본인 혁명주의자의 활동으로 알았다가,
이튿날부터는 이것이 한국 청년 윤봉길의 항일독립운동임이 밝혀지고
보도되어[53] 전세계는 더욱 놀라게 되었다.[54]

---

49)《上海時報》 1932년 5월 1일자,〈日警逮捕韓國獨立黨人安昌浩等多人〉 및《天津大公
報》 1932년 5월 3일자,〈日方偵察炸彈案大捕韓國獨立黨人〉;《白凡金九全集》 제4권,
p.543, 546 참조.

50)《上海時報》 1932년 5월 10일자,〈虹口公園炸彈之研究資料:自署·韓人愛國團領首金九
述歷·次刺日要人案之經過〉 및〈虹口公園爆彈事件의 眞相, 1932. 5. 9〉;《白凡金九全集》
제4권, pp.569~577쪽 참조.

51)〈매헌 윤봉길 해적이〉,《나라사랑》 제25호, p.22 참조.

52) *The New York Times*, 1932년 4월 29일자, "Bomb at Shanghai Wounds 6 High
Japanese Officials; Shirakawa and Uyeda Hit" 참조.

53) *The New York Herald*, 1932년 4월 30일자, "Tokio Warlord Felled in Attack with Bomb

특히 윤봉길의 상해 특공작전 의거는 다음과 같은 몇 가지 측면에서 매우 큰 역사적 의의를 가진 독립운동이었다.

첫째, 윤봉길의 상해의거는 일제의 萬寶山事件 조작으로 붕괴된 한국과 중국 양민족의 연대를 다시 회복하여 강화하고, 중국 영토 안에서의 한국민족 독립운동을 다시 가능케 하는 여건을 만들어 주었다.[55] 중국인들은 중국군 제19로군과 제5로군 등 중국군 30만 명을 투입하여 1개월여 동안 치열한 항전을 벌이고서도 힘이 부족하여 패배해서 상해를 일본군에게 점령당하고 치욕과 울분에 떨다가, 한국청년 윤봉길의 의거로 일본침략군 사령부의 총사령관 이하 군·정 수뇌의 이동체가 궤멸되자 일제히 환호했으며, 윤봉길을 극구 칭송하고 한국인들에게 무한히 감사해 하였다.[56] 만보산사건으로 말미암은 한국인에 대한 중국인의 악감정과 적대감은 하루아침에 씻은 듯이 없어졌을 뿐만 아니라 도리어 한국인에 대한 감사와 협조로 급반전되어, 만주와 관내 등 중국 안에서의 한국민족 독립운동의 유리한 여건을 조성해 주게 되었다.[57]

둘째, 윤봉길의 상해의거는 대한민국 임시정부의 독립운동을 침체에서 부활시키고 활성화시키는 결정적 전기를 마련하였다. 임시정부와 연결된 윤봉길 특공작전 의거의 커다란 성과에 놀라고 고무된 다수의 국내외 동포들이 임시정부의 중요성과 그 독립운동을 재인식하여 재정 지원과 정신적 지원을 재개했을 뿐만 아니라, 중국국민당을 비롯한 중국 각 단체와 관민의 재정 지원과 편의 제공도 본격적으로 시작되어, 임시정부는 새로운 부흥의 전기를 마련하게 되었다. 예컨대 중국 중앙군 사령관 蔣介石은 "중국군 30만 명이 해내지 못한 일을 한 한국청년이 해

at Shanghai Review" 참조.

54)《時報》(中國) 1932년 4월 30일자, '虹口公園炸彈案 倫敦 日內瓦 南京 大喫一驚' 참조.

55) North China Daily News, 1932년 4월 30일자, "Korean Bomb Outrage at Hongkew Park" 참조.

56) North China Star, 1932년 4월 30일자, "Minister Shigemitsu and Consul General Murai Dangerously Hurt When Young Korean Throws Bomb" 참조.

57)《申報》(中國) 1932년 4월 30일자, '日本要人昨午被炸' 참조.

내었다"고 윤봉길 특공작전 의거를 매우 높이 평가하고, 중국군 사관학교 안에다 韓人將校 訓練班을 설치케 해주어, 여기서 양성된 한국청년들이 그 후 임시정부 光復軍과 朝鮮義勇隊 창설의 핵심세력이 되었다.[58]

셋째, 윤봉길의 상해의거는 중국 상해를 침략하여 점령한 일본 상해파견군 사령부의 총사령관 이하 軍·政 수뇌의 이동체를 섬멸함으로써 군사적으로나 정치적으로나 모두 일본제국주의자들에게 큰 타격을 주었다.[59] 중국군 30만 명의 치열하고 완강한 저항도 물리치고 상해를 무력점령한 일본군의 총사령관 이하 군·정 수뇌 7명을 한국청년 한 사람이 특공작전으로 궤멸시켰으니, 일본 침략군이 받은 실제적 타격은 이루 말할 수 없이 컸다. 일본군이 전쟁을 擴戰하는 경우 중국 청년들이나 한국 청년들 사이에서 제2·제3의 윤봉길이 계속 나와서 특공작전을 감행할 경우를 일제측은 상정하지 않을 수 없었다. 일본군이 중국 관내로의 확전을 단념하고 1932년 5월 5일 중국측과 긴급히 정전협정을 체결한 것은, 국제적 압력의 영향뿐만 아니라 윤봉길의 일본 상해파견군 총사령관 이하 총사령부 이동체 섬멸이 가한 타격의 영향이 매우 큰 것이었다.[60]

넷째, 윤봉길의 상해의거 성공은 일제의 잔혹무비한 식민지 통치하에서 신음하고 있던 한국민족의 독립정신을 다시 한번 일깨워 주고, 독립사상을 크게 고취했으며, 전반적으로 국내외 한국민족의 독립운동에 새로운 활기를 불어넣어 주었다.

당시 미국 캘리포니아주에서 발행되고 있던 《新韓民報》는 즉각 다음

---

58) 《白凡逸志》;《白凡金九全集》제2권, pp.764~765, 774~777 참조.

59) *The Washington Post*, 1932년 4월 29일자, "Four Japanese Officials are Bomb Victims : Chief of Shanghai Forces Mong Group Seriously Injured in Blast" 및 *Los Angeles Times*, 1932년 4월 29일자, "Bomb Hurt Japanese High Officials in Shanghai Blasts."

60) 《白凡逸志》;《白凡金九全集》, p.754에서 볼 수 있는 바와 같이, 김구는 윤봉길 의사의 虹口公園 의거로 중일전쟁이 일어나 확대되기를 기대한 면도 있었으나 당시의 중국국민들과 세계여론의 희망은 停戰協定이 체결되어 일본군이 上海로부터 철수할 것을 원하는 것이 지배적이었으며, 윤봉길 의사의 上海의거는 일본군의 야망을 일시 꺾어서 일본측이 정전협정을 서둘러 체결하는 데 결정적인 작용을 하였다.

과 같은 〈호외〉를 발행하여 전세계에 살포하였다.

號外!

청천벽력의 윤봉천(길) 의사의 폭탄 1개가
무도한 왜놈의 폭행자들을 징벌!
안창호씨가 피체되고 기타 두령도.

上海 29일. 왜황의 천장절을 공동조계 虹口公園에서 경축할 때에 청천에 벽력과 같은 한국 의사 윤봉천(길)씨의 작탄이 폭발되면서 왜거류민단위원장 하단은 흉부가 바쉬어져서 당장에 즉사하였고, 왜공사 중광은 넙죽다리가 맞아서 끊어진 바 10개월 동안 치료를 요구한 중상을 내었고, 육군대장 백천은 머리와 왼편 무릎이 중상하였고, 해군중장 야촌은 왼눈이 멀게 되며 이마와 어깨가 중상하였고, 육군중장 식전은 왼무릎이 중상하였고, 주上海 왜영사 촌정은 아래 지체가 중상하였고, 우야 서기장은 팔과 가슴이 중상하였다더라.

대한 의사 윤봉천(길)씨는 시년이 25세의 청년으로 이날 왜황 천장절에 101발의 예포를 놓으려고 준비했던 것을 바쉬고 虹口公園을 수라장을 만들었는데, 의사는 현장에서 포위된 바 생사를 알 수 없다고 하였더라.

上海 29일. 도산 안창호 선생이 법조계에서 체포되었다더라.

(부기) 왜놈의 극악한 독수는 물론 上海에 있는 우리 민족투쟁들을 일망타진코저![61]

특히 1931년 일제의 9·18 만주침략 후 강화된 일제의 탄압 속에서 국내에서의 민족독립운동과 만주에서의 항일무장투쟁에 윤봉길의 상해특공작전의 대성공이 준 고취와 고무는 참으로 큰 것이다.

다섯째, 윤봉길의 상해의거는 국제도시 상해를 무력침략하여 점령한 일본군의 동태를 전세계가 주시하는 속에 상해의 외국인 공동조계 안의 홍구공원에서 외국인들의 참관과 주시 하에 일본침략군 총사령관 이하 군·정 수뇌들을 섬멸한 것이었기 때문에, 전세계를 더욱 크게 놀라게 하고, 한국민족의 독립운동이 매우 완강하고 치열하게 전개되고 있음을

---

61) 《新韓民報》 1932년 4월 29일자, 〈號外〉.

더욱 효과적으로 전세계에 알리는 데 성공하였다.[62]

한국민족 독립운동의 용감성과 치속성을 전세계에 알리고 인식시키는 데에 윤봉길의 상해 특공작전 의거가 이룩한 성과는 참으로 큰 것이었다.

8. 虹口公園 의거는 '테러'인가, '특공작전'인가

이상과 같이 역사적 의의가 큰 윤봉길 의사의 상해 虹口公園 의거에 대해 일제측은 이를 '테러'라고 규정하면서 이를 폄하 비하시키려고 시도하였다.

반면에 대한민국 임시정부는 한인애국단을 임시정부의 特務隊라고 했으며, 따라서 한인애국단의 활동은 임시정부 특무대의 특무활동이라고 생각해 왔다. 여기서 특무활동은 번역하면 '특공작전'을 의미하며, 특무대는 특공대를 의미하는 것이라고 필자는 생각한다.

도대체 테러와 전쟁과 특공작전은 어떻게 다른가? 국내외의 사전들에서는 '테러'를 '정치적 적대자 또는 그 단체나 기관에 대한 파괴·구타·학살·방화 따위의 폭력을 행사하여 상대를 위협하거나 또는 공포에 빠뜨리게 하는 비합법적인 행위'라는 요지로 정의하고 있다.

한편, '전쟁'은 이를 '국가와 국가 사이의 무력에 의한 투쟁'이라고 정의하고 있으며, '특공작전'은 '敵地를 기습공격하는 행위 또는 작전'이고, 특공대는 '적지를 기습공격하기 위하여 특별히 훈련된 부대'라는 요지의 정의를 내리고 있다.

이러한 정의들에 따르면 행위주체가 국가(그 집행자로서의 정부) 사이의 무력투쟁이면 그것이 적대자를 파괴·구타·학살·방화하는 폭력을

---

62) *The China Weekly Review* (Vol. 60 No. 10), 1932년 5월 7일자, "Some Strange Phases of the Bombing Incident", p.316 참조.

행사해도 '전쟁'이고, 개인이 적대자나 적대기관에게 가한 그러한 행위는 비합법적인 것으로 되어 '테러'가 된다는 것으로 귀결된다.

일본침략군이 국가(또는 정부)의 명령으로 남의 나라나 적대기관에 대해서 파괴·구타·학살·방화 따위의 폭력을 행사하면 그것은 '전쟁행위'가 되고, 개인이 그렇게 하면 '테러'가 된다는 것이다. 그리하여 일본군이 한국을 침략하여 한국인을 파괴·구타·학살·방화한 것은 '전쟁'이고, 한국인 개인이 이러한 일본침략군에 대항하여 일본군을 파괴·암살·방화하면 동일한 행위가 '테러'가 된다는 것이다.

제국주의 국가들은 강력한 국가를 가졌기 때문에 그들의 국가의지에 의하여 자행한 파괴·학살·방화의 폭력행위는 '전쟁'이 되고, 그들이 敵地를 기습공격하는 것은 특공작전이 되지만, 국가를 빼앗긴 식민지 민족의 개인이나 단체는 국가가 없기 때문에 국가의지나 국가명령을 받지 못하고 국가회복을 위해 똑같은 폭력을 사용한 경우에 '테러'가 되는 것이다. 이러한 불공정한 개념이 어디 있는가?

다행히 윤봉길의 상해의거는 '대한민국 임시정부'라는 국가(망명정부)가 창설한 한인애국단이라는 특무대(특공대)의 작전이며, 한인애국단의 작전은 모두 임시정부에 보고되어 사전 또는 사후에 승인을 받은 것이므로 특공작전으로 보아야 할 것이다. 대한민국 임시정부는 한국민족에게는 국가주권을 대표하는 망명정부이기 때문이다. 또한 한인애국단의 활동을 보면, 모두 일본군의 삼엄한 경비망을 뚫고 전개된 특공작전임을 바로 알 수 있다. 이봉창의 東京 의거는 일본군의 삼엄하고 완벽한 경호망을 뚫고 들어가 日本王을 기습공격한 작전이었다. 윤봉길의 상해 홍구공원 의거는 강대한 일본침략군의 삼엄한 3중의 철통같은 경비망을 뚫어젖히고 감행된 기습공격 이었다.

한인애국단의 일본군사령부가 설치된 일본 군함 出雲號 폭파작전은 삼엄한 경비망을 바다 밑으로 뚫고 들어가다가 실패한 기습공격전이었다. 한인애국단의 일본군 江灣비행장 격납고와 부두 무기창고 폭파도 역시 일본군의 삼엄한 경비망을 뚫고 기습공격하는 작전계획이었다.

이러한 한인애국단의 일제에 대한 기습공격 작전은 모든 나라의 전쟁 중 정규군의 특공대가 戰時에 감행하는 특공작전과 완전히 같은 것이다.

대한민국 임시정부와 산하의 한인애국단은 임시정부 국무회의의 승인을 받고 김구의 지휘 아래 이러한 특공작전을 감행한 것이었다. 그것은 '테러'가 아니라 '특공작전'이었다.

만일 한인애국단의 일본군과 일제기관에 대한 위의 활동이 '테러'라면 일본군의 한국·중국 침략과 비무장 민간인과 기관에 가한 잔혹한 폭력은 군사작전이 아니라 테러보다 몇 천 배 더한 테러가 아닌가?

1932년 4월 29일 윤봉길의 상해 홍구공원 의거는 '테러'가 아니라, 대한민국 임시정부의 백범 지휘하의 특무대·특공대인 한인애국단이 임시정부 국무회의의 승인 아래 기획하고 수행한 '특공작전'이었다.

9. 맺음말

윤봉길은 上海 특공작전 의거를 통하여 한국민족 독립운동사에서 큰 의의를 가진 위대한 성과를 내고서도, 그 자신은 자기의 의거 목표와 성과를 매우 겸손하게 설명하였다.

윤봉길은 상해의거 뒤 체포된 바로 직후 일제 헌병대의 심문에 대해서 그의 행동의 성과와 의의를 1932년 다음과 같이 응답하였다.

현재 조선은 실력이 없기 때문에 적극적으로 일본에 反抗하여 獨立함은 당장은 불가능할 것이다. 그러나 만약 世界大戰이 발발하여 强國疲弊의 시기가 도래하면 그때야말로 조선은 물론이고 각 민족이 獨立하고야 말 것이다.

현재의 강도도 나뭇잎과 같이 自然凋落의 시기가 꼭 온다는 것은 필연의 일로서, 우리들 獨立運動者는 國家盛衰의 循環을 앞당기는 것으로써 그 역할을 삼는다. 물론 1·2명의 上級軍人을 살해하는 것만으로 獨立이 용이하게 실행될 리는 없다. 따라서 今回의 사건과 같은 것도 독립에는 당장 직접효과가 없음은 매우 잘 알고 있지만, 오직 기약하는 바는 이에 의하여 朝鮮人의 覺醒을

促求하고, 다시 세계로 하여금 朝鮮의 存在를 明瞭히 알게 하는 데 있다. 현재 세계지도에 朝鮮은 日本과 同色으로 채색되어 各國人은 朝鮮의 존재를 추호도 인정하지 않는 상황에 있다. 그러므로 此際에 '朝鮮'이라고 하는 觀念을 이러한 사람들의 뇌리에 깊이 새겨 넣은 것은 장래 우리들의 獨立運動에 관하여 결코 徒爾가 반드시 아님을 믿는다.[63]

얼마나 통찰력이 탁월하며 겸손하면서도 당당한 설명인가! 윤봉길은 25세의 젊은 나이에도 장차 세계대전이 발발하는 날 오늘날의 강국인 제국주의 열강도 피폐하게 되고 한국은 물론이요 약소민족들이 반드시 독립하게 될 것이라고 이미 1932년에 제2차세계대전 후의 한국독립과 약소민족 독립을 통찰하고 있지 않은가!

그러한 세계사의 대세 속에서 현재의 제국주의 열강 중 일본도 필연적으로 凋落의 시기가 올 것임을 윤봉길은 통찰하고 있었다. 그러한 속에서 독립운동가들이 하는 역할은 세계사의 진행을 앞당기고 독립의 도래를 앞당기는 역할이라고 윤봉길은 겸손하게 설명한 것이었다.

현재 한국민족은 실력이 없어 당장 독립쟁취도 불가능하고, 자기의 의거로 당장 독립이 용이하게 실행되는 것은 아님을 잘 알고 있었지만, 한국인의 민족적 각성을 촉구하여 독립운동을 고취시키고 '한국'을 잊어버린 전세계에 '한국'이라는 이름과 생각을 뇌리에 깊이 새겨 넣도록 함은, 장차 한국민족의 독립운동에 반드시 도움이 될 것임을 확신하여 의거를 일으켰다고 윤봉길은 겸손하게 설명한 것이었다.

물론 윤봉길의 상해 특공작전 의거는 그 자신이 겸손하게 설명한 바와 같은 작은 역할의 독립운동이 아니었다. 윤봉길의 상해의거는 앞에서 다섯 가지 측면을 들어 밝힌 바와 같이, 한국민족 독립운동사에서 참으로 획기적인 역사적 의의를 가진 매우 성과가 큰 독립운동이었으며, 한국민족 독립운동사에 하나의 이정표를 세운 독립운동이었다.

우리는 윤봉길의 상해 특공작전 의거를 '테러 행위'로 격하시키려는 온

---

63) 《上海ニ於ケル尹奉吉爆彈事件顚末》, pp.32~33 참조.

갖 궤변들을 물리치고 극복해야 하며, 어떠한 단위부대도 해내지 못하고 중국군 30만 명의 혈전도 해내지 못한 과업을 대한민국 임시정부 특무대·특공대인 한인애국단의 윤봉길의 특공작전이 수행해 내어 독립운동사에 영원불멸의 업적을 낸 참으로 위대한 업적을 정당하게 평가하고 기록해야 할 것이다.

윤봉길의 상해 홍구공원 의거는 대한민국 임시정부가 벌인 독립운동의 대성과이며, 대한민국 임시정부의 특무대·특공대인 白凡 金九 지휘하의 韓人愛國團의 특공작전이 이룬 대성과였다. 대한민국 임시정부 국무회의의 결정으로 김구는 한인애국단을 설치했을 뿐 아니라, 김구가 계획하고 지도한 윤봉길의 상해 의거 자체가 임시정부 국무회의의 승인을 받고 감행된 특공작전이었던 것이다.

대한민국 임시정부는 일본군이 상해를 점령하여 임시정부를 포위하고 있는 최악의 조건 속에서도, 과감하게 김구 지휘하의 한인애국단의 윤봉길 의거 특공작전을 감행해서 크게 성공함으로써 한민족 독립운동사에 찬란히 빛나는 대전과를 거두었던 것이다.

(《대한민국 임시정부수립 80주년 기념 논문집》,
한국근현대사학회·국가보훈처, 1999)

韓國光復軍의 창립과 무장독립운동

1. 머리말

韓國光復軍은 널리 아는 바와 같이 대한민국 임시정부의 직속 獨立軍 무력이다. 임시정부가 독립군 창설준비를 시작한 것은 매우 오래되었다. 임시정부는 1919년 9월 11일 공포된 통합임시정부의 임시헌법에서 독립전쟁에 대비한 군사제도를 헌법상 정립했으며, 임시정부 수립 직후 上海에서 陸軍武官學校를 설립하여 6개월 속성과정으로 1920년 5월 8일 제1회 졸업식을 거행하고 초급장교 19명을 배출하였다.[1] 이 무관학교의 초대 교장은 金義善, 2대 교장 겸 생도대장은 都寅權, 교관 겸 생도 중대장은 金鐵이었다. 이 무관학교는 제2회 졸업생 22명을 배출하고[2] 1920년 11월경부터 휴교상태에 들어가게 되었다.[3]

중국 東三省(만주)과 러시아령에는 3·1운동 직후 약 40개의 독립군 무장단체들이 조직되어 무장독립운동을 활발히 전개하기 시작했고, 그들 대부분이 이 시기에는 임시정부를 승인 지지했으므로, 성립 직후 임

1) 《獨立新聞》 1920年 6月 10日字 및 《韓國獨立運動史》(國史編纂委員會 編) 資料 2, 臨政篇 2, '卒業證書授與', p.140 참조.
2) 〈高警第2305號, 國外情報, 上海居住排日鮮人の書信〉; 《朝鮮獨立運動》(金正明 編) 제2권, p.408 참조.
3) 〈高警第13706號, 國外情況, 上海在住鮮人の狀況〉, 1921年 4月 29日字; 《朝鮮獨立運動》 제2권, p.437 참조.

시정부는 직속 독립군을 설치하지 않아도 만주의 독립군 부대들에게 일정한 영향력을 행사할 수 있었다. 그러나 1923년 국민대표회의 실패 전후부터는 임시정부는 극도로 약화되어 스스로 무력을 양성할 능력을 상실했을 뿐 아니라 만주·러시아령의 독립군까지도 현저히 약화되고, 그들도 임시정부에 대한 종래의 지지를 바꾸어 완전히 스스로 독자적인 활동을 했기 때문에 임시정부는 자기 직속의 독립군 편성 필요를 절감하게 되었다. 그러나 이 시기에는 임시정부 자체가 그러한 능력이 없었으므로 韓國勞兵會, 義烈團 등 다른 단체들이 주선하여 한국청년들을 黃埔軍官學校 등을 비롯한 여러 군관학교들에 입학시키어 독립군 사관 양성에 노력하였다.

그러나 1932년 尹奉吉의 上海 虹口公園 特攻義擧로 상황은 급전하기 시작하였다. 임시정부는 다시 소생하기 시작했으며, 중국측은 金九의 韓人愛國團 활동의 성과를 높이 평가하여 임시정부측의 김구와 중국 국민당의 蔣介石이 면담하여 임시정부의 독립군 무관양성에 대한 지원 합의가 이루어졌다. 그리하여 中國軍官學校洛陽分校 내에 한인특별반을 설치하고 1933년에는 만주의 독립군 지휘관 李靑天 등을 불러 들여 교관에 李靑天, 학생대장에 李範奭, 학생반장에 吳光鮮을 임명하고, 1934년 봄에는 약 90여 명의 한국인 청년들이 軍官 양성교육을 받게 되었다. 그러나 일본측이 중국에 강경한 항의와 위협을 계속하여 중국측의 필요로 결국 이청천, 이범석 등은 낙양분교와 관계를 끊게 되고, 한국인 사관후보생들은 중국명을 갖고 졸업생들은 중국군에, 재학생들은 南京의 中央軍官學校 본교에 전학시켜 훈련을 계속하도록 하였다.

또한 1932년에 金元鳳은 동창으로서 친분이 두터운 황포군관학교 출신 군단장 關麟徵의 도움으로 江蘇省 江寧縣에 '朝鮮革命軍事政治幹部學校'(통칭 조선혁명군간부학교)를 설치하여 한국인 청년들에게 독립군 장교훈련을 시켰다.

일제가 1937년 중·일전쟁을 도발하자 1938년에 김원봉 등이 먼저 朝鮮義勇隊를 조직하여 군사활동을 시작했고, 1939년에는 重慶에서 한국인 청년들이 韓國靑年戰地工作隊를 편성하여 전선에 나가서 활동을 시작하였다. 임시정부는 1932년 이후 각지를 전전하다가 1940년 중경에 정착하게 되자, 그동안 추구해 오던 직속 독립군 무력 창건사업을 시작하여 1940년 9월 韓國光復軍을 창건하게 되었다.

여기서는 한국광복군의 무장독립운동을 1940년 9월 17일 한국광복군 총사령부가 성립한 때부터 1945년 8·15 해방을 맞을 때까지 5단계로 나누어 고찰하기로 한다.

2. 한국광복군 총사령부의 성립

광복군 발전의 제1단계는 광복군 총사령부를 설립하고 처음의 광복군지대를 편성하기 시작한 단계이다.

한국광복군은 1940년 9월 대한민국 임시정부의 공식적 직할 國軍으로 중경에서 창군되었다. 원래 1940년 5월 민족주의 계통의 3대 정당인 韓國國民黨·韓國獨立黨·朝鮮革命黨이 합당하여 임시정부의 주체세력(겸 여당)으로서 새로운 한국독립당을 창당할 때에는 광복군을 黨軍으로서 창군할 계획이었으나, 그 후 대한민국 임시정부를 명실상부한 '임시정부'로 확대 개편 강화하고, 사회주의 계통의 독립운동 정당·단체도 포용하여 연립정부로서의 임시정부로 발전시켜 건국을 준비해야 할 필요성을 절감함에 따라, 대한민국 건국강령을 준비함과 동시에 광복군도 대한민국 임시정부의 '國軍'으로 창군 계획이 바뀐 것이었다.

광복군의 창군은 먼저 위로부터 조직을 시작하여 1940년 9월 17일 중경에서 韓國光復軍 總司令部(The Headquarters of Korean Independence Army)를 설치함으로써 성립되었다. 이날 임시정부는 중국군 당국의 비협조를 무릅쓰고 미주 동포들이 보낸 성금 비축분만을 사용하여 金九의 주도로 국무위원들과 중국인 요인들이 참석한 가운데 한국광복군 총사령부 成立禮典을 거행함과 동시에 편성된 광복군 총사령부의 부서는 다

음과 같았다.[4]

```
총사령    李靑天(원명 池大亨)
참모장    李範奭
참  모    李復源, 金學奎, 高雲起(원명 公震遠), 兪海濬, 李俊植
부관장    黃學秀
부  관    趙時元
주계장    安 勳(원명 趙擎韓)
주  계    李達洙(원명 池達洙), 王仲良(원명 羅泰燮), 閔泳玖, 金毅漢
```

임시정부는 광복군 총사령부의 성립 직후에 그동안 준비하던 改憲(제 4차 개헌)을 단행하여 임시의정원은 5장 42조로 된 臨時約憲을 제정 공포하였다. 종래의 국무위원제를 폐지하고 '主席制'를 채택하여 김구를 주석에 선출하고, 국무위원으로 李始榮·曹成煥·趙琬九·趙素昻·洪震·李靑天·車利錫·柳東說 등을 선출하였다. 이것은 임시정부에 김구의 리더십을 확립하여 임시정부를 개편한 것이었다.

임시정부는 주석제의 개편이 이루어지자 바로 뒤이어 1940년 11월 1일 〈大韓民國臨時政府 臨時統帥府官制〉를 제정, 공포하고 '統帥府'(大元帥府)를 설치하였다. 통수부의 구성은 다음과 같았다.[5]

```
주석  (임시정부 주석 )  金 九
막료  (참모총장)    柳東說
      (군무부장)    曹成煥
      (내무부장)    趙琬九
```

이 통수부의 조직에 의하여 임시정부 주석 김구는 광복군의 최고통수권자가 되고 金九(임시정부 주석) — 李靑天(광복군 총사령관)으로 이어지

---

4) 독립운동사편찬위원회, 《독립운동사》 제6권, p.186 참조.
5) 《大韓民國臨時政府公報》 1940년 10월 9일자, 號外 ; 《독립운동사》 제6권, p.199 참조.

는 지휘·명령체계가 확립되었으며, 한국광복군은 대한민국 임시정부의 직할군대로서 편제가 확립된 것이었다.

또한 광복군 총사령부는 중국군의 제도를 참조하여 〈광복군총사령부 組織條例〉를 제정하고, 총사령부에 ① 비서처 ② 참모처 ③ 副官處 ④ 정훈처 ⑤ 관리처 ⑥ 編練處 ⑦ 砲工兵處 ⑧ 경리처 ⑨ 군법처 ⑩ 위생처의 10개 부서를 두었으며, 다음과 같이 총사령부의 간부진을 개편하였다.[6]

총 사 령	李靑天
참 모 장	李範奭
총무처장	崔滄石(원명 崔用德)
참모처장	蔡衡世(원명 蔡元凱)
부관처장	黃學秀
경리처장	安 勳(원명 趙擎韓)
정훈처장	安 勳(겸임)
편련처장	宋 虎(원명 宋虎聲)
군의(위생)처장	劉振東

그리고 광복군 총사령부는 우선 시급한 당면 전략으로 다음과 같은 4개항을 채택하였다.[7]

① 군의 經費 및 機材 裝備는 外國援助로 충당한다.
② 대량으로 軍事幹部를 단기 훈련으로 양성하는 한편, 국내·만주·남북중국에 專員을 파견하여 동포 士兵을 招募 훈련한다.
③ 軍 창립 1개년 후에는 최소한 3개 師團을 편성하여 中·美·英 등 聯合軍에 交戰團體로 참가하여 전투를 전개한다.
④ 宣傳戰을 실시하여 밖으로 종전의 투쟁역사와 현재의 분투 상황을 소개하는 동시에 우리민족의 獨立자격이 충분함을 천명 선양하며, 안으로는

---

6) 《독립운동사》 제6권, pp.200~201 참조.
7) 《韓國獨立運動史》(愛國同志援護會 編) p.358 참조.

敵 후방의 동포를 고무 격동하여 총궐기하게 해서 폭동을 일으킬 것과 軍事行動에 향응 협력하도록 촉진한다.

여기서 주목할 것은 광복군 총사령부의 원래 계획은 중국의 재정·무기 등의 원조를 받아 1년 내에 3개 사단을 편성하려 했다는 사실이다. 광복군이 처음 3개 지대를 편성한 것은 지대를 사단으로 발전시킬 것을 전제로 한 것이었다고 볼 수 있다.

광복군을 3개 사단의 규모로 편성·강화하기 위해서는 동포들이 거주하지 않고 전선이 먼 重慶에서는 불가능하므로 임시정부 국무회의는 광복군 총사령부를 西安으로 이전할 것을 결정하였다. 이에 중경에는 총사령 李青天과 참모장 李範奭 외에 필요한 간부 몇 명만 남기고, 1940년 11월 광복군 총사령부를 전선 가까운 요지 서안으로 옮긴 다음 총사령부의 잠정 부서를 다음과 같이 정하였다.[8]

총 사 령 대리	黃學秀
참 모 장 대리	金學奎
총무처장 대리	安 勳(일명 趙擎韓)
참모처장 대리	金學奎(겸임)
부관처장 대리	趙時元
참 모	高雲起·李復源
경 리	閔泳玖·池達洙
기타 간부	全泰山·趙仁濟·李建祐·兪海濬·李俊植·羅泰燮·金光(일명 高永喜)·高一鳴·盧福善·吳光心·李復榮·趙順濟

서안의 광복군 총사령부는 임시정부가 전년에 파견했던 軍事特派團을 해체하여 총사령부에 통합한 후, 다음과 같이 3개 지대를 편성하고 그 근거지와 활동구역을 분담시켰다.[9]

---

8) 《독립운동사》 제6권, pp.205~206 참조.
9) 《韓國獨立運動史》(愛國同志援護會 編) p.357 참조.

第1支隊
지 대 장　李俊植
간　　부　盧泰俊·安椿生·盧福善·趙仁濟·李錫華·金紫東·李建祐
근 거 지　山東省 大同
활동구역　山西省 및 河南省
第2支隊
지 대 장　高雲起(일명 公震遠)
간　　부　羅泰燮(일명 王仲良)·高時福(일명 高一鳴)·李達洙·兪海濬
근 거 지　綏遠省 包頭
활동구역　察哈兒省 및 河北省
第3支隊
지 대 장　金學奎
간　　부　吳光心·申松植(일명 陳敬誠)·申奎燮·金光山·吳英姬·李復榮
근 거 지　安徽省 阜陽
활동구역　安徽省·江蘇省·山東省 일부

서안의 광복군 총사령부가 처음 획득한 큰 성과의 하나는 1939년 4월
부터 중국군 제1구전구 사령 胡宗南과 합작하여 서안에서 맹활약을 하
여 대원을 100여 명 확보하고 있던 羅月煥 지휘하의 韓國靑年戰地工作
隊를 광복군으로 흡수해서 第5支隊를 편성한 사실이었다.

第5支隊
지 대 장　羅月煥
간　　부　金東洙·朴基成·李何有·韓悠韓(일명　韓亨錫)·李海平·金夫
　　　　　成·金容珠
근 거 지　陝西省 西安
활동구역　陝西省·河南省·洛陽·鄭州

임시정부는 또한 招募사업을 강화하기 위하여 제1지대장 李俊植을
第1徵募分處 주임으로, 제2지대장 高雲起를 제2징모분처 주임으로, 金
文鎬를 제3징모분처 주임으로, 제5지대장 羅月煥을 제5징모분처 주임으

로 임명하여 士兵의 초모를 독려하였다.

광복군 각 지대의 대원들은 자기의 활동구역에서 ① 사병의 초모사업 ② 선전공작과 적 정보수집 ③ 항일공작과 유격전 감행 등을 맹렬히 전개하였으나, 제5지대를 제외하고는 약간의 성과밖에 낼 수 없었으며, 처음 1년간에 3개 사단병력을 초모하려던 계획은 처음부터 실현될 수 없었다.

그 근본 이유는 ① 중국측이나 임시정부에서 공작비용이 거의 공급되지 않았고, ② 중국군의 협조가 전연 없었기 때문이었다. 심지어 中國軍事委員會로부터는 한때 각 전선에서 공작하고 있는 한국광복군에 대하여 지원해 주지 말라는 지령이 각 戰區司令官에게 시달되니, 이로 인하여 광복군은 각 전구 책임자들로부터 냉담한 대우까지 받게 되었다.[10] 광복군이 중국 영토 내에서 군사활동을 하는 한 중국측의 협조의 크기와 깊이가 그 발전에 매우 큰 결정적 요인으로 작용하게 되었던 것이다. 그러나 각 지대의 활동 결과로 광복군은 총사령부 창설 후 약 200여 명의 병사를 가진 군대로 확립되었다.

3. 한국광복군과 9개항 行動準繩

광복군 발전의 제2단계는 광복군이 중국측의 재정원조를 얻기 위하여 중국측이 요구한 〈한국광복군 9개항 행동준승〉을 승인하고 그 질곡 속에서도 군대를 발전시키려고 투쟁한 단계이다.

한국광복군 총사령부가 성립하기 이전에 임시정부 金九 주석과 중화민국 蔣介石 총통 사이에 사전 양해와 협조 약속이 있었음에도 중국군 사위원회는 오래도록 광복군에 대한 지원방안을 제시하지도 않을 뿐 아니라, 광복군이 창군되어 전선에서 활동을 전개하는 도중에 이를 금지

---

10) 《독립운동사》 제6권, p.218 참조.

하도록 하라는 지시를 내려 광복군의 활동을 저해하기도 하였다. 광복
군으로서는 1941년 9월부터는 활동의 성과로 일선 지구에서 광복군에
입대하는 병사가 급증하는데, 겨울을 앞두고 무기는커녕 피복과 식량의
공급도 안 되었으므로 매우 초조하여, 임시정부와 광복군 대표들이 중
국의 국민당과 군사 당국자들에게 극력 교섭을 전개하였다.

중국측은 광복군 총사령부가 성립된 지 1년 2개월이 지난 1941년 11
월 15일에야 중국군사위원회 辦公廳이 광복군 행동에 대한 다음과 같은
문제의 9개항 준승을 통고해 왔다.

① 한국광복군은 中國의 항일작전 중에 있어서는 中國軍事委員會에 直屬하
고 參謀總長에 의하여 장악 운용된다.

② 한국광복군이 중국군사위원회의 統括指揮를 받아 중국에서 항전을 계속
하는 기간 및 韓國獨立黨 臨時政府가 한국경내로 進行하기 전에는 中國
最高統帥部만의 軍令을 접수하고 기타의 軍事令을 접수하거나 혹은 기
타 政治的 牽制를 접수할 수 없다. 한국독립당 임시정부와의 관계는 中
國軍令을 받은 기간 내에는 고유의 名義關係를 保留한다.

③ 중국군사위원회에서 한국광복군이 韓國內地 및 韓國邊境 접근지역을 향
하여 활동함을 원조하되 中國抗戰工作을 配合함을 원칙으로 하며, 韓國
境內로 진입하기 전에는 韓人이 吸收할 수 있는 지방을 활동구역으로 삼
는다. 군대의 편성기간 중에는 특별히 中國戰區第一線 부근에서 조직 훈
련하되 當地 最高軍事長官의 節制를 받아야 한다.

④ 戰區第一線 以後地區에서는 戰區長官 소재지 및 中國軍事委員會 소재
지에서만 連絡通信機關을 설립하되 部隊를 招募編成하여 임의로 逗留하
거나 혹은 기타 활동을 할 수 없다.

⑤ 한국광복군 총사령부 소재지는 중국군사위원회에서 지정한다.

⑥ 한국광복군은 陷落區 및 戰區 후방에서를 물론하고 中國국적의 사병을
초모 수합하거나 임의로 행정관리를 설치할 수 없고 中國文의 문화공작
이나 기술인원을 사용하려고 하는 경우에는 이를 군사위원회에서 파견
한다.

⑦ 한국광복군의 지휘 명령에 관한 것이나 문서와 무기의 청구 수령 등에 관
한 것은 중국군사위원회에서 辦公廳 軍事處에 지정하여 책임지고 연락 제

공한다.

⑧ 中·日戰爭이 종결되기 전에 한국독립당 임시정부가 이미 韓國境內에 進入하였을 때는 한국광복군과 임시정부의 관계는 따로이 명령규정을 議定하되 종전대로 中國軍事委員會의 軍令을 계속 접수하여 작전에 주력한다.

⑨ 중·일전쟁이 종결되었을 때에도 임시정부가 韓國境內에 진입하지 못하였을 경우 光復軍을 그 후 어떻게 運用할 것인가는 中國軍事委員會의 일관된 정책에 의하여 당시의 정황을 보아서 책임지고 처리한다.[11]

위의 〈한국광복군 9개항 행동준승〉은 그 내용에서도 일목요연하게 드러나는 바와 같이 중국측이 광복군을 지원하기 위한 규정이라기보다는, 오히려 재정지원을 미끼로 하여 광복군의 행동을 속박하고 통수권을 빼앗아가기 위한 규정의 성격을 가진 것이었다. 중국영토 내의 항일전에서 한국광복군이 중국군사위원회 소속 중국군 참모총장의 전체 작전범위에 연합하여 그 틀내에서 항전을 한다는 것은 있을 수 있는 것이었지만, 그 통수권을 완전히 박탈해 가고 활동범위를 극도로 제한한 것은 매우 불공평한 처사였다.

특히 ① 광복군이 중국최고통수부만의 軍令을 접수하고 다른 軍事令이나 정치적 견제를 접수할 수 없다고 한 제2항은, 임시정부와 광복군의 관계를 명의상의 것으로만 남기고, 의도적으로 한국광복군을 임시정부의 통수권으로부터 떼어내어 통수권을 완전히 빼앗아서 중국군사위원회에 예속시킨 조치였다. ② 중국군 戰區長官 소재지 및 중국군사위원회 소재지에만 광복군의 통신연락기관을 설립할 수 있고, 광복군이 임의로 부대를 초모 편성하여 임의로 주둔하거나 기타 활동을 할 수 없게 한 제4항은 광복군의 활동과 발전을 처음부터 제한 속박해 버린 것이었다. ③ 제6항을 설정하여 참모장·정훈처장·경리처장 등 핵심 처장들까지 중국군 장교들을 임명 배치한 것은, 광복군의 작전부문뿐 아니라 행

---

11) 《韓國獨立運動史》(國史編纂委員會 編), 資料 1, 臨政篇 1, p.452 참조.

정부문까지 중국군이 장악하려 한 것이었다. ④ 중일전쟁이 종결되기 전에 광복군이 한국영토 안에 진입한 경우에도 광복군이 임시정부의 명령을 받은 것이 아니라 중국군사위원회의 군령만 접수하도록 한 제8항이나, 중일전쟁이 종결되었을 때에도 광복군이 한국영토 안에 진입하지 못한 경우에는, 광복군의 운용을 임시정부가 아니라 중국군사위원회가 처리하도록 규정한 제9항은, 광복군을 임시정부의 군대로서가 아니라 중국군사위원회에 예속된 군대로 다룬, 매우 침해적이고 굴욕적인 조항이었다.

당시 대한민국 임시정부와 광복군은 군대를 편성해 놓고 중국측의 재정지원이 없으면 활동은커녕 餓死할 형편이었으므로 갑론을박의 격론 끝에 결국 이 굴욕적 9개항 준승이라도 받아들여 난관을 타개할 수밖에 없다고 결론짓고, 1941년 10월 19일 대한민국 임시정부 국무회의는 〈한국광복군 9개항 행동준승〉을 승인하게 되었다.

그러나 중국측이 강요한 〈한국광복군 9개항 행동준승〉은 그 후 한국광복군의 발전에 가장 큰 질곡이 되어 광복군이 계획대로 발전하지 못하게 작용한 가장 큰 저해적 요인이 되었다.

그 후 중국군사위원회는 중국군 장교들을 광복군 총사령부에 대거 파견하여 광복군의 활동을 일일이 간섭하고 규제하였다. 그러나 임시정부와 광복군은 이에 절망하지 아니하고, 9개항 행동준승의 언젠가의 폐기 또는 수정을 다짐하면서, 대한민국 임시정부의 직할 군대로서의 한국광복군의 발전을 꾸준히 추구하였다. 그 단적인 것이 9개항 행동준승 승인 직후인 1941년 11월 25일 임시정부 국무회의에서 의결된 〈韓國光復軍公約〉과 〈誓約文〉이다.

韓國光復軍公約

제1조 무장적 행동으로써 적의 침탈세력을 박멸하려는 한국남녀는 그 주의 사상의 여하를 막론하고 韓國光復軍의 軍人될 의무와 권리가 有함.

제2조 한국광복군의 군인된 자는 大韓民國 建國綱領과 한국광복군 지휘정신에 위반되는 주의를 軍內外에 선전하고 조직함을 부득함.

제3조 대한민국 건국강령과 한국광복군 지휘정신에 부합되는 黨義, 黨綱, 黨策을 가진 黨은 軍內에 선전하고 조직함을 得함.

제4조 한국광복군의 정신과 행동을 통일하기 위하여 軍內에 1종 이상의 정치조직을 置함을 불허함.

韓國光復軍誓約文

본인은 赤誠으로써 左列各項을 준수하옵고 만일 背誓하는 행위가 有하면 軍의 엄중한 처분을 감수할 것을 자에 선서하나이다.

一. 祖國光復을 위하여 헌신하고 일체를 희생하겠음.

二. 大韓民國 建國綱領을 절실히 推行하겠음.

三. 臨時政府를 적극 옹호하고 법령을 절대 준수하겠음.

四. 光復軍公約과 紀律을 엄수하고 상관명령에 절대복종하겠음.

五. 建國綱領과 指導精神에 위배되는 선전이나 정치조직을 군내외에서 행치 않겠음.[12]

위의 두 문건은 내부적으로 ① 한국광복군을 임시정부의 군대로서 발전시키고, ② 〈대한민국 건국강령〉을 이념으로 한 독립군으로 편성하며, ③ 한국독립당의 조직을 軍內에 심은 민족주의 독립군으로 발전시키려는 임시정부의 확고한 결의를 보인 것이었다고 말할 수 있다.

임시정부와 광복군은 9개항 행동준승의 제약 속에서 〈광복군총사령부暫行組織條例〉를 제정하여 임시편제로 중국군 장교들을 대폭 받아들여서 중국군의 심한 간섭을 받는 중에서도 꾸준히 활동을 강화해서, 그동안 제정하여 심의해 오던 〈대한민국 건국강령〉을 의정원에서 통과시키고 1941년 11월 25일 이를 정식으로 공포하였다. 이 건국강령은 趙素昻의 三均主義를 채택하여 정치, 경제, 교육의 균등을 골간으로 한 건국의 정치이념을 정립함과 동시에, 특히 경제균등 부문에서 사회민주주의 이념을 수용하여 사회민주주의 계통과 연합전선 형성의 기초를 마련하고, 독립전쟁에 의거한 復國의 3단계 전략을 정립한 획기적인 것이었다.

---

12) 위의 책, pp.456~457 참조.

이에 기초하여 사회민주주의 계통의 독립운동 단체인 朝鮮民族解放同盟이 1941년 12월 1일 대한민국 임시정부에 대한 옹호선언을 발표하고 임시정부에의 참가를 공포하였다.

임시정부는 일제가 1941년 12월 8일 하와이 진주만을 기습하여 태평양전쟁을 도발하면서 제2차세계대전이 태평양지역으로도 확전되자, 12월 10일 '對日本 宣戰布告'를 발표하였다.(중국도 1937년 이래 5년간 선전포고 없는 중일전쟁을 수행하다가 이날에야 정식으로 對일본 선전포고를 하였다.) 이것은 상당한 정치적 의미를 가진 것이었다. 중국국민당 정부는 12월 26일부터 한국광복군에 대한 재정원조를 시작하였다.

광복군은 활동을 강화하기 위하여 우선 1942년 2월 徵募第6分處를 편성하고 제6분처 주임에 金學奎를 임명하여 敵地 안에 있는 阜陽에 특파단을 인솔해서, 적 후방에서 초모사업과 제3지대 편성 확대 및 선전공작을 전개하도록 하였다. 또한 임시정부는 중국·미국·영국·소련 등에 대한민국 임시정부의 승인을 요구하면서 정부 안에 外交硏究委員會를 설치하여 외교활동의 강화를 추구했으며, 건국강령을 기초로 사회주의 계통 독립운동단체의 임시정부 참가를 추진하였다.

4. 朝鮮義勇隊의 편입과 광복군의 군사통일 및 개편 발전

광복군 발전의 제3단계는 朝鮮義勇隊의 편입에 의한 軍事統一의 실현과 그에 동반하는 광복군의 개편 발전 단계이다.

조선의용대는 金元鳳을 지휘자로 하여 1938년 10월 10일 창설되어 中國軍事委員會와 합작하여 그 산하에서 재정원조를 받으며 항일전을 전개하다가 광복군 창군 후에는 두 독립군의 통합문제가 대두되었다. 조선의용대에서는 임시정부와 광복군에 대하여 정치통일을 먼저 하고 다음에 군사통일을 실행하며, 통합된 독립군의 명칭을 朝鮮民族革命軍으로 할 것을 주장했다. 임시정부에서는 먼저 조선의용대가 광복군에 편입되어 들어오는 군사통일을 선행하고, 다음에 임시정부를 사회주의 독립운동단체도 참가한 연합정부로 개편한 정치통일을 실행할 것을 주장하였다. 이러한 협의 도중에 중국군의 馬占山이 東三省(만주)挺進司令官으로 임명된 것을 기회로 조선의용대는 그에 동반하여 한국인이 다수거주하는 滿洲(東三省)로 부대 일부를 침투시키려고 金枓奉·石井·金世日 등이 인솔하는 병력 120여 명을 특파했는데, 이들은 마점산이 있는 綏遠省을 찾아 북상하는 도중 陝西省 延安에 들렀다가 중국공산당 八路軍의 권고에 따라 연안에 머무르고 말았다. 조선의용대를 지원하며 지휘해 오던 중국국민당의 중국군사위원회는 크게 놀라 조선의용대에게 광복군에 통합할 것을 강력히 요구하게 되었다. 결국 김구·김원봉의 이전부터의 협상이 급진전되어서 군사통일에 합의가 이루어졌다.

임시정부 국무회의는 1942년 5월 13일 광복군 총사령부에 副司令 직책을 신설하여 조선의용대 편입 준비를 갖추었으며, 마침내 1942년 5월 18일 조선의용대를 광복군에 편입하여 제1지대로 개편하였다.[13] 그리고 5월 19일에는 김원봉을 광복군 부사령 겸 제1지대장에 임명하였다.

이와 동시에 광복군은 종래의 제1·2·3지대와 제5지대를 모두 통합하여 광복군 제2지대로 개편하고 지대장에 이범석을 임명하였다.

그리고 후의 일이지만 광복군은 埠陽에서 金學奎를 지대장으로 한 제3지대를 실제로 편성하여, 광복군은 모두 새로운 3개 지대로 대폭 확대 개편되었다. 3개 지대의 간부진은 다음과 같았다.

第1支隊(1942년 5월 현재)
지 대 장　　金元鳳
총무조장　　李集中
정훈조장　　金仁哲
제1區隊長　　金 俊
제2구대장　　李蘇民

---

13) 〈朝鮮義勇隊合編案〉;《韓國獨立運動史》資料 1, 臨政篇 1, p.448 참조.

제3구대장　　　朴孝三

第2支隊(1942년 5월 현재)
지 대 장　　　李範奭
총무조장　　　金容儀
정훈조장　　　安　勳(趙擎韓)
제1구대장　　　安椿生
제2구대장　　　盧泰俊

第3支隊(1945년 6월)
지 대 장　　　金學奎
부지대장　　　李復源
구 대 장　　　朴英俊(훈련대장 겸임)
제1소대장　　　金文澤
제2소대장　　　宋炳河
제3소대장　　　金在基

　조선의용대의 광복군 편입은 조선의용대의 전 병력이 모두 광복군 제
1지대로 편입된 것은 아니었다. 앞에서 언급한 바와 같이 金枓奉·石
井·金世日·朴孝三 등이 인솔하는 120여 명의 병력이 중국공산당 팔로
군과 합작하여 연안에 체류해 버렸기 때문에 중경의 광복군 총사령부와
제1지대에 남은 실제 병력은 약 100명 정도였다. 제2지대 병력이 약 180
명, 제3지대는 초모사업을 급속히 진전시키고 있었는데, 그 후 약 110명
의 대원을 확보했으므로 광복군의 총 병력은 총사령부의 병력(약 65명)
까지 합하면 (1945년 5월 현재)약 500명으로 확대된 셈이었다.[14]
　조선의용대의 광복군 편입에 따른 군사통일 실현은 광복군의 확대 강
화만 가져온 것이 아니라, 뒤이어 정치통일을 수반해서 대한민국 임시
정부의 민족연합정부로서의 개편과 통일을 가져왔다.
　즉 군사통일 후 정치통일을 위한 협의가 진전되어 朝鮮民族革命黨,

---

14) 〈光復軍現勢〉 ; 《韓國獨立運動史》 資料 1, 臨政篇 1, p.475 참조.

朝鮮民族解放同盟, 朝鮮革命者聯盟, 朝鮮民族革命者統一同盟 등 사회주의 독립운동 단체들이 대한민국 임시정부에 대한 지지성명을 발표하고 임시정부에 참가하게 되었다. 우선 1942년 10월 25일에 개최된 제34회 임시의정원회의에서는 개회에 앞서 10월 24일 의원보결선거를 실시해서 23명의 새 의원들을 당선시켰는데, 그 중에는 조선민족혁명당 당원이 6명, 조선혁명자연맹·조선민족해방동맹·조선민족혁명자통일동맹 당원이 5명으로 사회주의 계통(이전의 민족전선 계통)의 의원들이 대거 임시의정원에 참가하게 되었다. 그리하여 임시의정원은 민족주의 정당인 한국독립당을 여당으로 하고 조선민족혁명당 등 사회주의 정당과 무소속 의원들을 야당으로 한 명실상부한 統一議會로 개편 발전되었다. 의회통일이 달성된 것이었다. 이 통일의회에서는 국무위원으로서 柳東說·黃學秀·金奎植·張建相 등 야당 대표들을 추가로 선임했으며, 부주석제를 신설하여 야당대표에게 이 직위를 배정함으로써 임시정부를 연합 통일정부로 더욱 개편하기 위한 개헌안이 제출되었다.(이것이 통과된 것은 1944년 4월 22일 제36회 임시의정원회의에서이다)

또한 조선의용군의 광복군 편입에 따른 군사통일의 실현과 사회주의 독립운동 정당들의 임시의정원과 임시정부 국무위원에의 참가에 의한 정치통일의 실현은 연안의 조선독립동맹과 조선의용군(연안 조선의용대의 개칭)의 중경 대한민국 임시정부에 대한 승인을 유도하였다. 즉 연안에서 華北朝鮮靑年聯合會를 개편하여 金枓奉·崔昌益·한빈·武丁·朴孝三·朴一禹·許貞淑·金昌滿 등이 1942년 7월 조선독립동맹을 창립하고, 그 무력으로써 연안의 조선의용대를 확대하여 조선의용군으로 개편하면서, 그 강령에서 자기 단체를 독립운동을 대표하는 기관이라고 말하지 않고 스스로 '조선독립을 쟁취하기 위한 一地方團體'[15]라고 하여, 임시정부에의 연합을 대전제로 했으며, 조선의용군 병사들에게 매일 3시간씩 '聯合政府論'을 강의하고 학습케 했다. 또한 독립동맹이 晋西北支

---

15) 〈華北朝鮮獨立同盟綱領〉;《朝鮮民族運動》(金正明 編) 제5권, p.992 참조.

部 등 지부를 설치하면서 대회장에 毛澤東·蔣介石과 함께 대한민국 임시정부 주석 金九의 대형 사진을 걸어 놓고 설립총회를 했는데,[16] 이 사실들은 연안의 조선독립동맹과 조선의용군도 중경의 대한민국 임시정부를 통일정부로 인정하고, 임시정부와 연합에 의한 건국을 추구했음을 나타낸 것이라고 볼 수 있다.

조선의용대의 광복군 편입에 따른 광복군의 대대적 개편과 발전은 임시정부와 임시의정원의 통일정부·통일의회로의 개편과 발전으로 이어진 것이었다.

5. 光復軍工作隊의 인도·버마 전선 파견과 발전

광복군 발전의 제4단계는 英國軍과 합작하여 사관 공작대를 인도·버마 전선에 파견하고, 미군과의 합작도 모색하면서, 광복군의 발전을 위한 웅대한 설계를 하고, 중국과 〈한국광복군 9개항 행동준승'을 폐기한 단계이다.

광복군은 3개 지대가 중국의 항일전선에서 최전선과 적 후방에서의 선전전·심리전 활동이 연합국 참모들에게 특히 높이 평가되어 한국광복군 총사령부와 駐인도 영국군 동남아전구사령부가 합작하여 광복군의 심리전 공작대를 인도·버마 전선에 파견하기로 하고, 광복군 총사령 이청천과 주인도 영국군 동남아전구 사령관 대리 맥켄지(Colin McKenzie) 사이에 1943년 6월 협정이 체결되었다.[17] 광복군은 총사령부 창립 때에는 영문으로 'Korean Independence Army'라고 표기하다가 조선의용대 편입에 의한 개편 이후로는 'Korean National Army'라고 표기했으므로, 이 협정 때에는 물론 'Korean National Army'로 표기하였다. 이 협정에 의거하

---

16) 《解放日報》 1942年 11月 21日字 참조.
17) 《韓國獨立運動史》 資料 1, 臨政篇 1, pp.385~386 및 金承學, 《韓國獨立史》, p.303 참조.

여 제1차로 印度에 파견된 工作隊의 대원은 다음과 같다.[18]

대 장　韓志誠(제1지대 출신)
부대장　文應國(제2지대 출신)
대 원　安原生(총사령부 출신)·李英秀(제1지대 출신)·崔奉鎭·宋哲·朴永
　　　晋·金尙俊·羅東奎·金成浩(이상 제2지대 출신)

한국광복군공작대는 영문으로 'Korean National Army Liaison Unit'
라는 이름으로 1943년 8월에 인도에 도착하여, 주인도 영국군 제201부
대와 함께 최전선인 임팔(Imphal)전선에 파견되어 일본군에 대한 對敵
방송, 적 문서 번역, 전단 작성, 포로 심문 등 심리전 활동을 전개하여
큰 성과를 내었으며, 1945년 9월 10일까지 영국군과 합작하여 활동하였
다. 광복군 공작대의 규모는 크지 않았지만 성과는 커서, 영국군은 광복
군 공작대의 증파를 요청하였다. 그리고 주중국 미군도 그 성과에 주목
하여 미군 O.S.S.(Office of Strategic Service : 정보전략처)와 광복군의 합
작이 추진되었다. 이것은 광복군의 활동 반경을 넓히는 중요한 계기가
되었다.

특히 주목할 것은 광복군이 중국 공군과 미국 공군에서 복무하고 있
는 다수의 한국인 공군장교들을 차출하여 광복군의 '空軍'을 건설할 계
획을 세우고, 1943년 8월 19일 임시정부 안에 공군설계위원회를 설치하
여 공군의 창설을 추진했다는 사실이다.[19]

또한 광복군 총사령부는 장차 광복군이 국내에 진입할 날에 대비한
전력증강을 위하여 1943년 10월 19일에 李靑天·金元鳳·李復源 세 의원
의 이름으로 군사정책에 관한 다음의 건의안을 임시의정원에 제출하여
통과시켰다.

---

18) 독립운동사편찬위원회 편,《독립운동사》제6권, pp.477~478 참조.
19)《韓國獨立運動史》資料 1, 臨政篇 1, p.491 참조.

〈軍事政策에 관한 제안〉

光復軍 兵額의 표준을 30만명으로 정하고 이를 編練하기 위하여 조속한 기간 내에 下記 각항 工作의 착수 실천을 요함.

① 黃河 이북에 주재한 제1지대 朴孝三部隊에 派員하여, 이를 개편하고 통일적 공작 노선 및 방침의 지시를 부여할 것.

② 在滿 現有 韓人武裝大隊에 대표를 파견하여 이와 절실한 연결을 취하고, 가능한 범위의 원조를 주며, 통일적 작전 노선과 공작 방침을 지시할 것.

③ 國內와 滿洲 및 日本에 공작원을 밀파하여, 民衆 특히 學生 및 勞工層 조직에 주력하여 군사간부 후보의 調送과 장래 군사행동에 배합 궐기할 群衆暴動을 예비하게 할 것.

④ 中·英·美·蘇 등 동맹국에 군사대표를 파견하여 軍備 및 軍貨의 租借 등을 주제로 교섭할 것.

⑤ 在美代表團을 확대 조직하되 각 파의 유력한 활동 인물을 망라하여 통일적 외교를 전개하고, 軍資金 및 軍貨 租借와 각종 軍事特別技術 등 교섭에 전력하게 할 것.

⑥ 모스코바에 정부대표를 파견해서, 그 지방 유력한 韓人을 망라하여 대표단을 조직해서 韓人軍隊 특히 군사 특별기술인재 양성과 軍資金 및 軍貨 租借 등을 주제로 교섭하게 할 것.

⑦ 군사간부 훈연을 위하여 동맹국 각종 군사학교를 劃量 이용하는 외에 우리 獨營의 軍事幹部養成所를 설립할 것.

⑧ 영·미·소 등 盟國에 대하여 상당한 액수의 軍事借款을 교섭할 것.[20]

이 제안을 보면 광복군은 총사령부 성립 초기에는 3개 사단으로의 발전을 목표로 했다가, 조선의용대의 편입에 따라 광복군이 國軍(National Army)이 되었다고 자신을 갖게 되자, 국내진입 이전에 국외의 동포들을 총동원하여 30만 명의 총 병력으로의 발전을 정책목표로 확대하고 있음을 알 수 있다. 광복군은 연안의 조선의용군은 물론이요, 만주의 한인무장대도 당연히 국군으로서, 광복군에 포함하여 계산하고 있으며, 이 군사정책 실천을 위하여 1944년 3, 4월에 제정한 〈工作計劃〉과 〈工作事

20) 〈提案審査報告書 (2)〉;《韓國獨立運動史》資料 1, 臨政篇 1, pp.563~564.

項〉을 보면 광복군의 兵員을 보충하기 위하여 만주의 200만 동포는 물론이요, 러시아령 연해주로부터 1937년에 중앙아시아로 강제 이주당한 한국인 동포들로부터도 병력을 초모하기 위하여 이란에 대표를 파견할 계획을 세우고 있다.[21] 그러나 이 군사정책의 목표는 당시의 임시정부와 광복군의 실력으로는 매우 벅찬 것이었다고 말하지 않을 수 없다.

임시정부와 광복군은 이 시기에 광복군의 발전을 위하여 〈한국광복군 9개항 행동준승〉의 폐기를 여러 차례 중국측에 요구하고, 임시의정원은 1943년 12월 1일 본회의에서 〈광복군 9개 준승 취소안〉을 상정하여 만장일치로 통과시켰다. 중국측은 회답을 지연할 수 있는 데까지 지연하다가 1944년 8월 23일 마침내 중국군사위원회가 '광복군 9개 준승 폐지'를 통지해 옴으로써 한국광복군의 발전에 질곡이 되어 오던 중국측의 간섭과 굴레가 벗겨지게 되었다.

한편 임시정부는 광복군의 군사정책을 지원하기 위하여 1944년 3월에 정부 안에 國內工作特派委員會(위원장 金九, 위원 曹成煥, 成周寔)와 軍事外交團(군사외교단장 李靑天)을 설치하여 활동을 시작했으며, 제36회 임시의정원 회의에서는 1944년 4월 22일 제5차 개헌안을 통과시켜 副主席制를 신설해서 야당인 조선민족혁명당 대표로서 金奎植을 부주석에 선출하고, 야당 의원들을 국무위원에 다수 입각시켜 국내진입에 따르는 건국을 전제로 한 연합정부 체제의 政治統一을 강화하였다.[22] 또한 그동안 휴간되었던 《독립신문》을 속간하여 임시정부는 1919년 9월 통합 임시정부 수립 직후와 같은 성황과 활기를 되찾게 되었다. 각 정당 단체들은 4월 24일 연합정부를 지지 옹호하는 성명을 내었으며, 6월에는 프랑스 망명정부와 폴란드 망명정부가 대한민국 임시정부를 승인하는 통고를 해왔다.

---

21) 《資料韓國獨立運動》(秋憲樹 編) 제1권, p.174 참조.
22) 《韓國獨立運動史》 資料 1, 臨政篇 1, pp.168~173 참조.

6. 광복군의 특수훈련과 國內挺進 준비

광복군 발전의 제5단계는 광복군이 완전히 자주적 통수권을 회복하여 미군 O.S.S.와 합작해서 특수훈련을 시행하고 國內挺進을 준비한 단계이다.

광복군은 〈한국광복군 9개항 행동준승〉의 폐기에 성공한 후, 중국측과 우여곡절의 교섭 끝에 대한민국 임시정부의 광복군에 대한 통수권을 중국측이 인정하면서, 쌍방이 상호협조의 군사활동을 전개할 것을 규정한 중국과의 새로운 군사협정으로서 1945년 4월 4일 다음과 같은 〈韓國光復軍에 관한 韓·中兩方商定辦法〉을 체결하는 데 성공하였다.

① 韓國光復軍은 大韓民國 臨時政府에 소속하며, 祖國의 光復을 목적으로 한다.

② 한국광복군이 中國國境 내에 있어서 작전행동을 함에 있어서는 중국최고통수의 지휘를 받는다.

③ 한국광복군이 中國國境 내에 있어서 訓練·招募工作을 진행할 때에는 한·중 양방의 협상을 거쳐야 하며, 이에 대하여 중국은 필요한 협조와 편리를 제공한다.

④ 한국광복군의 연락사항에 관하여는 大韓民國 臨時政府와 中國軍事委員會가 대표를 보내어 협정케 한다.

⑤ 중국군사위원회는 連絡參謀 약간 명을 보내어 연락과 韓國光復軍의 工作을 協助한다.

⑥ 한국광복군이 필요로 하는 일체의 軍備는 借款形式으로 中國이 大韓民國 臨時政府에 제공한다. 단, 光復軍의 經常費는 중국 군대의 현행 급여 규정에 비추어 중국군사위원회가 매일 대한민국 임시정부에 발급한다.

⑦ 중국 각 포로수용소에 韓籍俘虜가 있을 때는 韓·中 쌍방의 査檢을 거친 후 韓國光復軍에 인도한다.

⑧ 본 辦法은 쌍방이 서로 문건을 교환함으로써 밝게 믿고 지켜야 한다.[23]

또한 광복군에서는 인도·버마 전선에 파견된 광복군 공작대의 활동 성과가 매우 큼이 증명되자, 중국에 주둔한 미 공군에서도 이에 관심을 가져, 광복군 총사령부에서는 1944년 12월 嚴道海·安原生·安炳武·陳春浩·安偶生·宋冕秀 등을 駐중국 미국대사관에 파견하여 '韓國人工作班'을 설치하게 되었으며, 미군측에서는 이 해 말에 昆明 주재 제14항공대에서 사젠트(Clyde B. Sargent)와 鄭雲樹(한국계 미군장교)를 파견하여 임시정부의 요인들을 면담하고 광복군 제1·2지대 본부를 방문하여 실정을 파악한 후 한·미 합작에 의한 광복군 특수훈련 계획이 구체화되었다.

그리하여 미국 국방부 전략정보처(Office of Strategic Service, O.S.S.)에서는 광복군 제2지대와 제3지대에서 선발된 대원들에게 특수훈련을 시키어 연합군이 한반도에 상륙할 때에 미리 한국영토 안에 투입할 특수병력을 양성하기 위해서 대한민국 임시정부 한국광복군 총사령부와 주중국 미군사령부 사이에는 1945년 3월경 다음과 같은 사항의 〈한·미 군사합작〉에 합의하게 되었다.

이때 광복군 제2지대에서는 지대장 이범석이 곤명에 있는 미군 O.S.S 지휘관들과 합의를 이루었으며, 제3지대에서는 지대장 김학규가 곤명의 O.S.S 지휘관과 주중국 미공군 사령관 첸놀트(Claire Lee Chennault) 소장과 면담하여 다음과 같은 사항의 합의가 이루어지게 되었다.

〈한·미 군사합작 합의사항〉
① 韓·美 양군은 공동의 적인 일본군을 박멸하기 위해서 상호 협력하여 공동작전을 전개한다.
② 韓國光復軍은 美軍으로부터 무전 기술과 기타 필요한 戰術을 훈련받고 敵陣과 韓半島에 잠입하여 연합군 작전에 필요한 군사정보를 제공한다.
③ 미군은 공동작전에 필요한 모든 武器, 機材 및 軍需物資를 한국광복군에게 공급한다.
④ 미군은 한국광복군에게 陸·海·空 交通 通信의 편의를 제공한다.

---

23) 위의 책, p.538 참조.

⑤ 기타 필요한 군사적 지원을 상호 제공한다.

⑥ 합의된 사항을 실천하기 위하여 각기 상부의 재가를 받고, 중국군사위원회의 동의를 얻는 데 상호 적극 노력한다.[24]

한국광복군과 미국 O.S.S 사이의 이러한 합의에 기초해 광복군 제2지대에서 약 90명과 제3지대에서 22명이 차출되어, 1945년 5월부터 3개월 과정으로 특수훈련을 받게 되었다. 교육훈련은 제2지대 대원들에게는 지대장 이범석의 책임 아래 미군장교 사젠트와 정운수가 담당하고, 제2지대 대원들에게는 지대장 김학규의 책임 아래 미군장교 윔스(Clarence B. Weems)와 버취(Gohn M. Berch)가 담당하였다. 훈련의 내용은 유격전에 필요한 각종 특수훈련, 유격대 조직방법, 무전 통신기술, 정보수집 방법, 적 군사시설물 파괴방법 등이 중심이었다. 이들은 훈련이 끝나면 미군 잠수함 등에 의하여 국내에 투입되어 무장활동과 연합군 상륙 교두보 확보작전 및 첩보활동을 할 병력이었다.

광복군 대원들에 대한 O.S.S의 특수훈련이 종료가 임박하자, 광복 전후에 광복군은 1945년 8월(일자불명)에 제2지대장 이범석을 총지휘관으로 하는 국내정진군 총지휘부를 편성하고 국내진입을 준비하였다. 즉 국내를 3개 지구로 나누어 제1지구(평안도, 황해도, 경기도) 대장에는 安椿生, 제2지구(충청도, 전라도) 대장에는 盧泰俊, 제3지구(함경도, 강원도, 경상도) 대장에는 盧福善을 임명하여, 각도 대원은 2~4개조로 편성하고 각 조의 인원은 3명씩으로 다음과 같이 편성하였다.[25]

    국내정진대장   李範奭
    부   관   金星根
    제1지구대장   安椿生

---

24) 金祐銓, 〈世界第2次大戰 秘話〉,《光復軍同志會報》제4호 ;《독립운동사》제6권, p.505 참조.
25)《독립운동사》제6권, pp.500~502 참조.

제2지구대장　　盧泰俊
제3지구대장　　盧福善
본부요원　　李在賢·閔泳秀·金奭東·李允章·江一成·吳健·崔鐵·韓景
洙·金東傑

제1지구
평안도반 반장 : 康楨善
　　　　1조 : 張德祺·桂義成·張鐵
　　　　2조 : 金湧·李志鴻·李宇卿
　　　　3조 : 金仲浩·田成胤·鮮于基
　　　　4조 : 金榮鎬·朴明光·安國寶
황해도반 반장 : 宋冕秀
　　　　1조 : 盧星煥·黃三龍·李東煥
　　　　2조 : 洪基華·申蒽泳·石鎬文
　　　　3조 : 李宇成·許鳳錫·宋秀一
경기도반 반장 : 張俊河
　　　　1조 : 李濬承·李明·朴樹德
　　　　2조 : 宋昌錫·鄭正山·崔文植
　　　　3조 : 金柔吉·吳庶熙·李淳承

제2지구
충청도반 반장 : 鄭一明
　　　　1조 : 李德山·朴永燮·金旭培
　　　　2조 : 張在敏·朴載華·宋錫亨
　　　　3조 : 尹致源·尹泰鉉·金世用
전라도반 반장 : 朴　勳
　　　　1조 : 魯能瑞·申國彬·金商乙
　　　　2조 : 李正善·張斗星·白俊基
　　　　3조 : 林裁南·韓宗元·朴金童

제3지구
함경도반 반장 : 金容珠
　　　　1조 : 石根永·太倫基·李旭昇
　　　　2조 : 崔鳳祥·金德元·金光玉

강원도반 반장 : 金俊燁
　　1조 : 李啓玄·林正根·李俊明
　　2조 : 高澈浩·洪在源·金成甲
　　3조 : 金春鼎·董邦石·李浩吉
경상도반 반장 : 許永一
　　1조 : 金聖煥·具滋民·李東學
　　2조 : 劉德亮·李志成·尹在賢
　　3조 : 李鍾鵡·李健林·李雲鶴

　광복군은 50명의 제1대를 8월 20일 안으로 국내에 침투시키기로 하였
다.[26] 그러나 광복군의 국내진입계획은 미군의 일본 본토에 대한 원자폭
탄 투하로 일본이 1945년 8월 10일 무조건 항복의사를 연합국에 통보하
고, 8월 15일 무조건 항복을 공표함으로써 실현되지 않은 채 제2차세계
대전이 종결되어 조국의 광복을 맞게 되었다.

7. 맺음말

　대한민국 임시정부 주석 金九는 1945년 8월 상순 西安으로 가서, 광복
군 제2지대 사무실에서 미군 O.S.S. 총 책임자 도노반(Wiliam B. Donovan)
장군과 국내진입에 관한 작전협의를 한 후 杜曲 終南山에 있는 광복군
의 특수훈련 비밀훈련소를 시찰하고 다시 西安으로 나왔을 때, 일본이
항복했다는 소식을 받게 되었다. 광복군의 국내진입을 준비하여 실천직
전에 있던 임시정부 주석 김구는 이때의 그의 소감을 다음과 같이 기록
하였다.

　'아! 왜적의 항복! 이것은 내게는 기쁜 소식이라기보다는 하늘이 무너지는

---

26) 金俊燁, 《長征－나의 光復軍時節》, 1987, p.411 참조.

듯한 일이었다. 천신만고로 수년간 애를 써서 참전할 준비를 한 것도 다 허사다. 西安과 阜陽에서 훈련을 받은 우리 청년들에게 각종 비밀한 武器를 주어 山東에서 미국 잠수함을 태워 本國으로 들여보내어서 국내의 요소를 혹은 파괴하고 혹은 점령한 후에 미국비행기로 무기를 운반할 계획까지 미국 육군성과 다 약속이 되었던 것을 한번 해 보지도 못하고 왜적이 항복하였으니 진실로 前功이 可惜이어니와 그보다도 걱정되는 것은 우리가 이번 전쟁에 한 일이 없기 때문에 장래에 국제간에 발언권이 박약하리라는 것이다.……

나는 西安에서 준비되고 있던 나를 위한 모든 환영회를 사퇴하고 즉시 杜曲으로 돌아왔다. 와 보니 우리 光復軍은 제 임무를 하지 못하고 전쟁이 끝난 것을 실망하여 침울한 분위기에 잠겨 있는데, 미국 교관들과 군인들은 질서를 잊으리만큼 기뻐 뛰고 있었다. 미국이 우리 光復軍을 수천 명을 수용할 兵舍를 건축하려고 일변 終南山에서 재목을 운반하고 벽돌가마에서 벽돌을 실어 나르던 것도 이날부터 일제히 중지하고 말았다. 내 이번 길의 목적은 西安에서 훈련받은 우리 軍人들을 제일차로 本國으로 보내고 그 길로 阜陽으로 가서 거기서 훈련받은 이들을 제2차로 떠나보낸 후에 重慶으로 돌아감이었으나 그 계획도 다 수포로 돌아가고 말았다.[27]

이상과 같이 임시정부의 국군으로 창건된 한국광복군은 그 웅대한 목표와 계획에 비하여 실제 병력은 약 500명(그 후 약 700명으로 증가)에 머물고, 작전목표도 수행하기 전에 일본의 항복을 맞았다. 그러나 광복군이 重慶에서의 최악의 여건에서 창군되어, 이 정도 규모로라도 성장한 것은 피나는 분투에 의한 것이었다. 특히 조선의용대를 편입하여 군사통일을 실현하고 이어 정치통일을 실현함으로써 임시정부가 명실상부한 통일연합정부로 발전하고 광복군이 통일독립군이 된 것은 획기적 의미를 가진 것이었다고 볼 수 있다.

또한 한국광복군이 1945년 8·15까지 온갖 어려운 조건에도 굴하지 않고 중국 관내에서 항일무장항전, 적 후방공작을 감행했을 뿐 아니라 영국군 및 미군 O.S.S.와 합작하여 항일작전을 수행하고 국내진입작전

---

27) 金九, 《白凡逸志》(白凡金九先生紀念事業協會), 1968, pp.348~349.

을 감행하려고 최후의 순간까지 무장독립운동을 전개한 사실은 높이 평
가받아야 할 것이라고 본다.

(《韓國武裝獨立運動에 관한 國際學術大會論文集》,
독립유공자협회, 1988 ; 2003년 1월 改題, 改稿)

찾아보기

1. 인 명

2. 용 어